Installation, Speichertechnologien und Computing mit Windows Server 2016

Craig Zacker ist Autor und Co-Autor Dutzender Bücher, Artikel und Websites zu Computer- und Netzwerkthemen. Außerdem war er bereits Englischlehrer, Redakteur, Netzwerkadministrator, Webmaster, Schulungsleiter, Servicetechniker, Literatur- und Philosophiestudent, Bibliotheksangestellter, Fotolaborant, Expedient und Zeitungsjunge. Er wohnt in einem kleinen Haus zusammen mit seiner wunderbaren Frau und einer neurotischen Katze.

Papier plus+ PDF.

Zu diesem Buch – sowie zu vielen weiteren dpunkt.büchern – können Sie auch das entsprechende E-Book im PDF-Format herunterladen. Werden Sie dazu einfach Mitglied bei dpunkt.plus+:

www.dpunkt.plus

Installation, Speichertechnologien und Computing mit Windows Server 2016

Original Microsoft Prüfungstraining 70-740

Craig Zacker

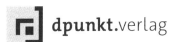

Craig Zacker

Übersetzung: Frank Langenau
Lektorat: Sandra Bollenbacher
Copy-Editing: Petra Heubach-Erdmann
Satz: Gerhard Alfes, mediaService, Siegen, www.mediaservice.tv
Herstellung: Susanne Bröckelmann
Umschlaggestaltung: Helmut Kraus, www.exclam.de
Druck und Bindung: M.P. Media-Print Informationstechnologie GmbH, 33100 Paderborn

Bibliografische Information der Deutschen Nationalbibliothek
Die Deutsche Nationalbibliothek verzeichnet diese Publikation in der Deutschen Nationalbibliografie;
detaillierte bibliografische Daten sind im Internet über http://dnb.d-nb.de abrufbar.

ISBN:
Print   978-3-86490-445-5
PDF   978-3-96088-488-0
ePub   978-3-96088-489-7
mobi   978-3-96088-490-3

Translation Copyright für die deutschsprachige Ausgabe © 2018 dpunkt.verlag GmbH
Wieblinger Weg 17
69123 Heidelberg

Authorized translation from the English language edition, entitled Exam Ref 70-740 Installation, Storage and Compute with Windows Server 2016, 1st Edition by Craig Zacker, published by Pearson Education, Inc, publishing as Microsoft Press, Copyright © 2017 by Craig Zacker
All rights reserved. No part of this book may be reproduced or transmitted in any form or by any means, electronic or mechanical, including photocopying, recording or by any information storage retrieval system, without permission from Pearson Eduction, Inc.
German language edition published by dpunkt.verlag GmbH, Copyright © 2017
ISBN of the English language edition: 978-0-7356-9882-6

Die vorliegende Publikation ist urheberrechtlich geschützt. Alle Rechte vorbehalten. Die Verwendung der Texte und Abbildungen, auch auszugsweise, ist ohne die schriftliche Zustimmung des Verlags urheberrechtswidrig und daher strafbar. Dies gilt insbesondere für die Vervielfältigung, Übersetzung oder die Verwendung in elektronischen Systemen.

Es wird darauf hingewiesen, dass die im Buch verwendeten Soft- und Hardware-Bezeichnungen sowie Markennamen und Produktbezeichnungen der jeweiligen Firmen im Allgemeinen warenzeichen-, marken- oder patentrechtlichem Schutz unterliegen.

Alle Angaben und Programme in diesem Buch wurden mit größter Sorgfalt kontrolliert. Weder Autor noch Verlag können jedoch für Schäden haftbar gemacht werden, die in Zusammenhang mit der Verwendung dieses Buchs stehen.

5 4 3 2 1 0

Inhaltsverzeichnis

Einführung   **xiii**

    Aufbau dieses Buchs xiii

    Microsoft-Zertifizierungen xiv

    Kostenlose E-Books von Microsoft Press xiv

    Microsoft Virtual Academy xiv

    Schneller Zugriff auf Onlinematerialien xiv

    Errata, Aktualisierung und Support für dieses Buch xv

    Wir möchten von Ihnen hören xv

    Bleiben Sie am Ball xvi

    Wichtig: Wie Sie dieses Buch beim Lernen für die Prüfung einsetzen xvi

Kapitel 1

Installieren von Windows Servern in Host- und Computingumgebungen   **1**

    Prüfungsziel 1.1: Server und Arbeitsauslastungen installieren, aktualisieren und migrieren 1

        Installationsanforderungen von Windows Server 2016 bestimmen 2

        Angemessene Windows Server 2016-Editionen gemäß Arbeitsauslastung bestimmen 5

        Windows Server 2016 installieren 7

        Windows Server 2016-Features und -Rollen installieren 13

        Windows Server Core installieren und konfigurieren 19

        Windows Server Core-Installationen mit Windows PowerShell, Befehlszeile und Remoteverwaltungsmöglichkeiten verwalten 23

        Windows PowerShell Desired State Configuration (DSC) implementieren, um die Integrität installierter Umgebungen einzurichten und aufrechtzuerhalten 28

        Aktualisierungen und Migrationen von Servern und Kernarbeitsauslastungen von Windows Server 2008 und Windows Server 2012 nach Windows Server 2016 durchführen 30

        Das angemessene Aktivierungsmodell für die Serverinstallation bestimmen 38

Prüfungsziel 1.2: Nanoserver installieren und konfigurieren 46

    Angemessene Nutzungsszenarien und Anforderungen für Nanoserver bestimmen 47

    Nanoserver installieren 48

    Rollen und Features auf Nanoserver implementieren 54

    Nanoserver verwalten und konfigurieren 56

    Nanoserver mit Windows PowerShell ferngesteuert verwalten 63

Prüfungsziel 1.3: Images für die Bereitstellung erstellen, verwalten und pflegen 65

    Windows Server-Virtualisierung planen 65

    Linux- und FreeBSD-Bereitstellungen planen 68

    Virtualisierungsarbeitsauslastungen mit dem MAP-Toolkit bewerten 69

    Überlegungen für die Bereitstellung von Arbeitsauslastungen in virtualisierten Umgebungen bestimmen 77

    Images mit Patches, Hotfixes und Treibern aktualisieren 78

    Rollen und Features in Offline-Images installieren 85

    Windows Server Core, Nanoserver-Images und VHDs mit Windows PowerShell verwalten und warten 86

Kapitelzusammenfassung 88

Kapitel 2

Implementieren von Speicherlösungen   91

Prüfungsziel 2.1: Datenträger und Volumes konfigurieren 91

    Konfigurieren von Sektorgrößen, die für verschiedene Workloads geeignet sind 92

    Konfigurieren von GUID-Partitionstabellen(GPT)-Disketten 94

    VHD- und VHDX-Dateien mit Server-Manager oder Windows PowerShell-Speichermodul-Cmdlets erstellen 99

    Virtuelle Festplatten bereitstellen 103

    Festlegen, wann NTFS- und ReFS-Dateisysteme verwendet werden sollen 104

    Konfigurieren der SMB-Freigabe und Sitzungseinstellungen über Windows PowerShell 118

    Konfigurieren von SMB-Server- und SMB-Client-Konfigurations-einstellungen mithilfe von Windows PowerShell 121

    Konfigurieren von Datei- und Ordnerberechtigungen 124

Prüfungsziel 2.2: Serverspeicher implementieren 138

    Speicherpools konfigurieren 138

    Layoutoptionen für einfachen Speicher, für Speicher mit Spiegelung
und für Speicher mit Parität für Datenträger oder Anlagen
implementieren 141

    Speicherpools erweitern 147

    Mehrstufigen Speicher konfigurieren 148

    iSCSI-Ziel und -Initiator konfigurieren 150

    iSNS konfigurieren 157

    Datacenter Bridging (DCB) konfigurieren 159

    Multipfad-E/A (MPIO) konfigurieren 162

    Nutzungsszenarien für Speicherreplikat bestimmen 166

    Speicherreplikat für Server-zu-Server-, Cluster-zu-Cluster- und
Stretched-Cluster-Szenarien implementieren 169

Prüfungsziel 2.3: Datendeduplizierung implementieren 174

    Deduplizierung implementieren und konfigurieren 174

    Angemessene Nutzungsszenarien für Deduplizierung bestimmen 177

    Deduplizierung überwachen 180

    Eine Sicherungs- und Wiederherstellungslösung mit Deduplizierung
implementieren 181

Kapitelzusammenfassung 182

Kapitel 3

Implementieren von Hyper-V   185

Prüfungsziel 3.1: Hyper-V installieren und konfigurieren 185

    Hardware- und Kompatibilitätsanforderungen für die Installation
von Hyper-V bestimmen 186

    Hyper-V installieren 190

    Verwaltungstools installieren 192

    Von vorhandenen Hyper-V-Versionen aktualisieren 193

    Verwaltung virtueller Computer delegieren 194

    Remoteverwaltung von Hyper-V-Hosts durchführen 195

    Virtuelle Computer mit Windows SharePoint Services Direct
konfigurieren 201

    Geschachtelte Virtualisierung implementieren 202

Prüfungsziel 3.2: Einstellungen für virtuelle Computer konfigurieren 203
  Einen virtuellen Computer erstellen 204
  Beim Ausführen eines virtuellen Computers Arbeitsspeicher hinzufügen
    oder entfernen 207
  Dynamischen Arbeitsspeicher konfigurieren 208
  Dynamische Speicherzuordnungen 210
  NUMA-Unterstützung konfigurieren 211
  Smart Paging konfigurieren 215
  Ressourcenmessung konfigurieren 216
  Integrationsdienste verwalten 218
  Virtuelle Computer der Generation 1 und 2 erstellen und konfigurieren
    und angemessene Nutzungsszenarien bestimmen 220
  Erweiterten Sitzungsmodus implementieren 224
  Virtuelle Computer für Linux und FreeBSD erstellen 226
  Linux Integration Services (LIS) installieren und konfigurieren 229
  FreeBSD Integration Services installieren und konfigurieren 230
  Sicheren Start für Windows- und Linux-Umgebungen implementieren 231
  Virtuelle Computer aus früheren Versionen von Hyper-V zu Windows
    Server 2016 Hyper-V übertragen und umwandeln 234
  Virtuelle Computer exportieren und importieren 235
  Discrete Device Assignment (DDA) implementieren 239
Prüfungsziel 3.3: Hyper-V-Speicher konfigurieren 240
  VHDs und VHDX-Dateien mit Hyper-V-Manager erstellen 241
  Freigegebene VHDX-Dateien erstellen 248
  Differenzierende Datenträger konfigurieren 250
  Virtuelle Festplatten ändern 252
  Pass-Through-Datenträger konfigurieren 254
  Größe einer virtuellen Festplatte ändern 256
  Prüfpunkte verwalten 258
  Produktionsprüfpunkte implementieren 260
  Einen virtuellen Fibre Channel-Adapter implementieren 261
  Quality of Service konfigurieren 264
Prüfungsziel 3.4: Hyper-V-Netzwerk konfigurieren 266
  Virtuelle Netzwerkschnittstellenkarten hinzufügen und entfernen 266
  Virtuelle Hyper-V-Switches konfigurieren 269
  Netzwerkleistung optimieren 275

MAC-Adressen konfigurieren 277

Netzwerkisolation konfigurieren 279

Legacy- und synthetische virtuelle Netzwerkadapter konfigurieren 280

NIC-Teamvorgang auf virtuellen Computern konfigurieren 282

Warteschlange für virtuelle Computer konfigurieren 285

RDMA auf Netzwerkadaptern aktivieren, die unter Verwendung
von SET an einen virtuellen Hyper-V-Switch gebunden sind 287

Bandbreitenverwaltung konfigurieren 289

Kapitelzusammenfassung 291

Kapitel 4

Implementieren von Windows-Container   **295**

Prüfungsziel 4.1: Windows-Container bereitstellen 295

Installationsanforderungen und angemessene Szenarien für Windows-
Container bestimmen 296

Windows Server-Containerhost in physischen oder virtualisierten
Umgebungen installieren und konfigurieren 297

Windows Server-Containerhost auf Windows Server Core oder
Nanoserver in einer physischen oder virtualisierten Umgebung
installieren und konfigurieren 301

Docker auf Windows Server und Nanoserver installieren 302

Docker Daemon-Startoptionen konfigurieren 306

Windows PowerShell für die Verwendung mit Containern konfigurieren . . . 307

Ein Basisbetriebssystem installieren 308

Ein Image markieren 310

Ein Betriebssystem-Image deinstallieren 311

Windows Server-Container erstellen 311

Prüfungsziel 4.2: Windows-Container verwalten 315

Windows- oder Linux-Container mit dem Docker-Daemon verwalten 315

Windows- oder Linux-Container mithilfe von Windows PowerShell
verwalten 317

Containernetzwerke verwalten 319

Container-Datenvolumes verwalten 324

Ressourcensteuerung verwalten 325

Neue Container-Images mit Dockerfile erstellen 327

Container-Images mit DockerHub-Repository für öffentliche und
private Szenarien verwalten 329

Container-Images mit Microsoft Azure verwalten 332

Kapitelzusammenfassung **332**

Kapitel 5

Hochverfügbarkeit implementieren — 335

Prüfungsziel 5.1: Hochverfügbarkeits- und Notfallwiederherstellungsoptionen
in Hyper-V implementieren 335

Hyper-V-Replikat implementieren 336

Livemigration implementieren 342

Shared Nothing-Livemigration implementieren 347

CredSSP- oder Kerberos-Authentifizierungsprotokoll für Livemigration
konfigurieren 348

Speichermigration implementieren 349

Prüfungsziel 5.2: Failoverclustering implementieren 351

Arbeitsgruppe, Cluster für einfache und mehrere Domänen
implementieren 354

Quorum konfigurieren 358

Clusternetzwerk konfigurieren 364

Einzelne Knoten oder Clusterkonfiguration wiederherstellen 367

Clusterspeicher konfigurieren 369

Clusterfähiges Aktualisieren implementieren 372

Paralleles Upgrade für Clusterbetriebssysteme implementieren 376

Freigegebene Clustervolumes konfigurieren und optimieren 377

Cluster ohne Netzwerknamen konfigurieren 382

Dateiserver mit horizontaler Skalierung implementieren 383

Verschiedene Szenarien für die Verwendung von SoFS statt eines
gruppierten Dateiservers bestimmen 386

Nutzungsszenarien für die Implementierung von Gastclustering
bestimmen 387

Eine Clusterspeicherplätze-Lösung mit freigegebenen
SAS-Speicheranlagen implementieren 388

Speicherreplikat implementieren 391

Cloudzeugen implementieren 391

VM-Resilienz implementieren 395
Freigegebenes VHDX als eine Speicherlösung für Gastcluster
    implementieren 396
Prüfungsziel 5.3: »Direkte Speicherplätze« implementieren **398**
Szenarioanforderungen für die Implementierung von
    »Direkte Speicherplätze« bestimmen 399
»Direkte Speicherplätze« mit Windows PowerShell aktivieren 401
Ein verteiltes »Direkte Speicherplätze«-Szenario in einem Cluster
    implementieren 402
Ein hyperkonvergiertes »Direkte Speicherplätze«-Szenario in einem
    Cluster implementieren 404
Prüfungsziel 5.4: Failovercluster verwalten **405**
Rollenspezifische Einstellungen einschließlich ständig verfügbarer
    Freigaben konfigurieren 406
VM-Überwachung konfigurieren 409
Failover und Einstellungen konfigurieren 411
Stretch- und standortabhängige Failovercluster implementieren 413
Node Fairness aktivieren und konfigurieren 416
Prüfungsziel 5.5: Umzug virtueller Computer in Clusterknoten verwalten **417**
Eine Livemigration durchführen 418
Eine Schnellmigration durchführen 419
Eine Speichermigration durchführen 420
Virtuelle Computer importieren, exportieren und kopieren 422
Integrität von Netzwerken virtueller Computer konfigurieren 422
Belastung beim Herunterfahren konfigurieren 424
Prüfungsziel 5.6: Netzwerklastenausgleich implementieren **424**
NLB-Voraussetzungen konfigurieren 425
NLB-Knoten installieren 427
Affinität konfigurieren 432
Portregeln konfigurieren 434
Clusterbetriebsmodus konfigurieren 435
NLB-Cluster aktualisieren 436
Kapitelzusammenfassung **436**

Kapitel 6

Serverumgebungen verwalten und überwachen — 439

Prüfungsziel 6.1: Serverinstallationen verwalten 439

WSUS-Lösungen implementieren 440

WSUS-Gruppen konfigurieren 451

Patchverwaltung in gemischten Umgebungen 455

Eine Antimalwarelösung mit Windows Defender implementieren 459

Windows Defender mit WSUS und Windows Update integrieren 464

Sicherungs- und Wiederherstellungsvorgänge mit Windows Server-Sicherung durchführen 466

Sicherungsstrategien für verschiedene Windows Server-Rollen und -Arbeitsauslastungen bestimmen, darunter Hyper-V-Host, Hyper-V-Gäste, Active Directory, Dateiserver und Webserver mit Windows Server 2016-eigenen Tools und Lösungen 479

Prüfungsziel 6.2: Serverinstallationen überwachen 484

Arbeitsauslastungen mit Leistungsüberwachung überwachen 484

Datensammlersätze konfigurieren 491

Geeignete Leistungsindikatoren für Prozessor, Arbeitsspeicher, Datenträger und Netzwerk für Speicher- und Computing-Arbeitsauslastungen bestimmen 494

Warnungen konfigurieren 500

Arbeitsauslastungen mit Ressourcenmonitor überwachen 501

Kapitelzusammenfassung 504

Index **507**

Einführung

Viele Windows Server-Bücher wollen jede Einzelheit über ein Produkt vermitteln. Am Ende sind solche Bücher riesig und schwer zu lesen. Ganz zu schweigen davon, dass man sich kaum alles merken kann, was man gelesen hat. Deshalb sind diese Bücher nicht die beste Wahl, um sich auf eine Zertifizierungsprüfung wie zum Beispiel Microsoft Exam 70-740 »Installation, Speicherung und Verarbeitung mit Windows Server 2016« vorzubereiten. In diesem Buch konzentrieren wir uns auf die Windows Server-Fähigkeiten, die Ihre Chancen verbessern, die Prüfung zu bestehen. Unser Ziel ist es, alle in der Prüfung bewerteten Fähigkeiten praxisorientiert abzudecken. Dieses Buch wird zwar nicht die einzige, vielleicht aber Ihre primäre Quelle für die Prüfungsvorbereitung sein. Die Informationen in diesem Buch sollten Sie mit praktischen Arbeiten in einer Laborumgebung kombinieren (oder als Teil Ihrer Arbeit in einer praktischen Umgebung).

Die Prüfung 70-740 richtet sich an IT-Experten, die mindestens drei Jahre Erfahrung im Umgang mit Windows Server besitzen. Das heißt nicht, dass Sie die Prüfung nicht auch mit weniger Erfahrung bestehen können, doch das dürfte wahrscheinlich schwieriger sein. Natürlich ist jeder anders. Es ist durchaus möglich, sich die erforderlichen Kenntnisse und Fähigkeiten für die Prüfung 70-740 in weniger als drei Jahren anzueignen. Doch egal, ob Sie leitender Windows Server-Administrator sind oder nur ein paar Jahre Ihrer Windows Server-Reise hinter sich haben, Sie werden die Informationen in diesem Buch als Ihre Hauptquelle für die Prüfungsvorbereitung wertvoll finden.

Dieses Buch deckt zwar die Themen jedes Prüfungsziels ab, kann aber nicht jede Prüfungsfrage behandeln. Denn nur das Microsoft Learning-Team hat Zugriff auf die Prüfungsfragen selbst und Microsoft ergänzt die Prüfung regelmäßig um neue Fragen, sodass es nicht möglich ist, mit den konkreten Fragen aufzuwarten. Betrachten Sie dieses Buch am besten als Ergänzung zu Ihrer einschlägigen Praxiserfahrung und anderen Schulungsunterlagen. Wenn Sie in diesem Buch auf ein Thema treffen, mit dem Sie sich nicht vollständig vertraut fühlen, sollten Sie sich über die im Text angegebenen Links weiterführende Informationen beschaffen und die Zeit nehmen, das Thema zu recherchieren und zu vertiefen. Auf MSDN und TechNet sowie in Blogs und Foren stehen Ihnen umfangreiche zusätzliche Informationen zur Verfügung.

Aufbau dieses Buchs

Dieses Buch ist organisiert nach der Liste »Bewertete Fähigkeiten«, die für die Prüfung veröffentlicht wurde. Die Liste »Bewertete Fähigkeiten« ist für jede Prüfung auf der Microsoft Learning-Website unter *https://aka.ms/examlist* zugänglich. Jedes Kapitel in diesem Buch entspricht einem Hauptthemenbereich in der Liste und die technischen Aufgaben in jedem Thema bestimmen die Organisation eines Kapitels. Da die Prüfung 70-740 sechs Hauptthemenbereiche abdeckt, umfasst das Buch auch sechs Kapitel.

Microsoft-Zertifizierungen

Microsoft-Zertifizierungen heben Sie aus der Masse heraus, da Sie damit eine breite Palette von Fertigkeiten und Erfahrungen mit aktuellen Microsoft-Produkten und -Technologien nachweisen können. Die Prüfungen und entsprechenden Zertifizierungen wurden entwickelt, um Ihre Kompetenzen zu bewerten, wenn Sie Lösungen mit Microsoft-Produkten und -Technologien entwerfen und entwickeln bzw. implementieren und unterstützen. Das gilt bei lokalen Bereitstellungen (On-Premise) wie auch in der Cloud. Eine Zertifizierung bringt zahlreiche Vorteile für Bewerber, Arbeitgeber und Organisationen mit sich.

> ***WEITERE INFORMATIONEN*** **Alle Microsoft-Zertifizierungen**
>
> Weitere Informationen über die Microsoft-Zertifizierungen (einschließlich einer vollständigen Liste der Zertifizierungen) finden Sie unter *https://www.microsoft.com/learning*.

Kostenlose E-Books von Microsoft Press

Angefangen bei technischen Übersichten bis zu tief gehenden Informationen zu speziellen Themen decken die kostenlosen E-Books von Microsoft Press ein großes Themenspektrum ab. Diese E-Books sind in den Formaten PDF, EPUB und Mobi für Kindle verfügbar und stehen unter folgender Adresse zum Download bereit:

https://aka.ms/mspressfree

Sehen Sie regelmäßig hier nach, was es Neues gibt!

Zu diesem Buch – sowie zu vielen weiteren dpunkt-Büchern – können Sie auch das entsprechende deutsche E-Book im PDF-Format herunterladen. Werden Sie dazu einfach Mitglied bei dpunkt.plus+:

www.dpunkt.plus

Microsoft Virtual Academy

Um Ihre Kenntnisse zu Microsoft-Technologien zu festigen, können Sie sich von Experten in kostenlosen Online-Trainings von der Microsoft Virtual Academy (MVA) anleiten lassen. MVA unterstützt Sie mit einer umfangreichen Bibliothek von Videos, Live-Events und mehr, um die neuesten Technologien zu erlernen und sich auf die Zertifizierungsprüfungen vorzubereiten. Was Sie brauchen, finden Sie hier:

https://www.microsoftvirtualacademy.com

Schneller Zugriff auf Onlinematerialien

Im gesamten Buch finden Sie vom Autor empfohlene Adressen von Webseiten (auch als URLs bezeichnet), auf denen Sie weiterführende Informationen finden. Da es bei manchen Adressen ziemlich mühevoll ist, sie in einen Webbrowser einzutippen, haben wir sie zu einer Liste zusammengestellt, auf die sich der Leser der gedruckten Ausgabe dieses Buchs beziehen kann.

Die Liste können Sie von *https://dpunkt.de/70-740* herunterladen.

Die URLs sind nach Kapitel und Überschriften geordnet. Wenn Sie im Buch auf eine URL stoßen, gelangen Sie über den entsprechenden Hyperlink in der Liste direkt zur angegebenen Webseite.

Errata, Aktualisierung und Support für dieses Buch

Wir haben uns sehr um die Richtigkeit der in diesem Buch enthaltenen Informationen und der begleitenden Inhalte bemüht. Aktualisierungen zu diesem Buch können Sie – in Form einer Liste von bestätigten Fehlern und deren Korrekturen – von der folgenden Webseite herunterladen:

https://aka.ms/examref740/errata

Sollten Sie Fehler finden, die dort noch nicht aufgeführt sind, würden wir uns freuen, wenn Sie uns auf dieser Seite darüber informieren (bitte in englischer Sprache).

Falls Sie zusätzlichen Support benötigen, können Sie sich an den englischsprachigen Buchsupport von Microsoft Press wenden. Sie erreichen ihn unter dieser E-Mail-Adresse:

mspinput@microsoft.com

Mit Anmerkungen, Fragen oder Verbesserungsvorschlägen zu diesem Buch können Sie sich aber auch an den dpunkt.verlag wenden:

hallo@dpunkt.de

Bitte beachten Sie, dass über unsere E-Mail-Adressen kein Support für Software und Hardware angeboten wird.

Für Supportinformationen bezüglich der Soft- und Hardwareprodukte besuchen Sie die Microsoft-Website *http:// support.microsoft.com*.

Wir möchten von Ihnen hören

Bei Microsoft Press steht Ihre Zufriedenheit an oberster Stelle. Daher ist Ihr Feedback für uns sehr wichtig, Lassen Sie uns auf dieser englischsprachigen Website wissen, wie Sie dieses Buch finden:

https://aka.ms/tellpress

Wir wissen, dass Sie viel zu tun haben. Darum finden Sie auf der Webseite nur wenige Fragen. Ihre Antworten gehen direkt an das Team von Microsoft Press. (Es werden keine persönlichen Informationen abgefragt.) Im Voraus vielen Dank für Ihre Unterstützung.

Über Ihr Feedback per E-Mail freut sich außerdem der dpunkt.verlag über:

hallo@dpunkt.de

Bleiben Sie am Ball

Falls Sie News, Updates usw. zu Microsoft Press-Büchern erhalten möchten, wir sind auf Twitter:

http://twitter.com/MicrosoftPress (Englisch)

https://twitter.com/dpunkt_verlag (Deutsch)

Wichtig: Wie Sie dieses Buch beim Lernen für die Prüfung einsetzen

Zertifizierungsprüfungen bewerten Ihre beruflichen Erfahrungen und Produktkenntnisse. Wenn Sie messen wollen, ob Sie für eine Prüfungsteilnahme bereit sind, testen Sie mithilfe dieses Prüfungstrainings Ihren Stand zu den in der Prüfung abgefragten Fähigkeiten. Ermitteln Sie die Themen, die Sie beherrschen, und die Bereiche, in denen Sie mehr Erfahrung benötigen. Um Ihre Fähigkeiten in spezifischen Bereichen aufzufrischen, haben wir auch Hinweise »Weitere Informationen« eingebaut, die Sie zu ausführlicheren Details außerhalb des Buchs lenken.

Das Prüfungstraining ist kein Ersatz für praktische Erfahrung. Und das Buch bringt Ihnen auch keine neuen Fähigkeiten bei.

Am besten runden Sie Ihre Prüfungsvorbereitung mit einer Kombination aus greifbaren Studienunterlagen und Kursen ab. Mehr zu den verfügbaren Schulungen finden Sie unter *https://www.microsoft.com/learning*. Microsoft Official Practice Tests sind für viele Prüfungen unter *https://aka.ms/practicetests* verfügbar. Außerdem können Sie sich nach kostenlosen Online-Schulungen und Live-Events der Microsoft Virtual Academy unter *https://www.microsoftvirtualacademy.com* umsehen.

Dieses Buch ist nach der Liste »Bewertete Fähigkeiten« organisiert, die für die Prüfung veröffentlicht wurde. Für die einzelnen Prüfungen finden Sie diese Liste auf der Microsoft Learning-Website unter:

> *https://aka.ms/examlist*
>
> *https://www.microsoft.com/de-de/learning/exam-list.aspx*

Diese Prüfungsreferenz beruht auf öffentlich zugänglichen Informationen und der Erfahrung des Autors. Um die Integrität der Prüfung zu schützen, haben auch Autoren keinen Zugriff auf die Prüfungsfragen.

KAPITEL 1

Installieren von Windows Servern in Host- und Computingumgebungen

Windows Server 2016 bietet Administratoren verschiedene Wege, um Server bereitzustellen. Wie gewohnt kann man das Betriebssystem auf einem physischen Computer installieren, doch man kann auch eine virtuelle Bereitstellung mithilfe von virtuellen Hyper-V-Computern schaffen und es gibt auch die neue Nanoserver-Installationsoption.

In diesem Kapitel geht es um folgende Prüfungsziele:

- Server und Arbeitsauslastungen installieren, aktualisieren und migrieren
- Nanoserver installieren und konfigurieren
- Images für die Bereitstellung erstellen, verwalten und pflegen

Prüfungsziel 1.1: Server und Arbeitsauslastungen installieren, aktualisieren und migrieren

> **WICHTIG** Haben Sie die Seite xvi gelesen?
> Dort finden Sie wertvolle Informationen zu den Fertigkeiten, die Sie für das Bestehen der Prüfung beherrschen müssen.

Zum Installieren von Windows Server 2016 gehört mehr, als nur einen Assistenten auszuführen. Das Bereitstellen von Servern – egal nach welcher Methode – erfordert sorgfältige Planung, bevor Sie überhaupt irgendwelche Hardware anfassen. Zu dieser Planung gehört die Auswahl der geeigneten Betriebssystemedition und der besten Installationsoption für die Ansprüche Ihrer Organisation. Wenn Sie bereits Server unter vorherigen Windows Server-Versionen betreiben, müssen Sie sich entscheiden, wie Sie sie auf Windows Server 2016 aktualisieren oder migrieren.

Dieser Abschnitt erläutert, wie Sie

- Installationsanforderungen für Windows Server 2016 bestimmen
- angemessene Windows Server 2016-Editionen gemäß Arbeitsauslastung bestimmen

- Windows Server 2016 installieren
- Windows Server 2016-Features und -Rollen installieren
- Windows Server Core installieren und konfigurieren
- Windows Server Core-Installationen mit Windows PowerShell, Befehlszeile und Remoteverwaltungsmöglichkeiten verwalten
- Windows PowerShell Desired State Configuration (DSC) implementieren, um die Integrität installierter Umgebungen einzurichten und aufrechtzuerhalten
- Aktualisierungen und Migrationen von Servern und Kernarbeitsauslastungen von Windows Server 2008 und Windows Server 2012 nach Windows Server 2016 durchführen
- das angemessene Aktivierungsmodell für die Serverinstallation bestimmen, zum Beispiel Automatic Virtual Machine Activation (AVMA), Key Management Service (KMS) und Aktivierung auf Active Directory-Grundlage

Installationsanforderungen von Windows Server 2016 bestimmen

Bei der Planung einer Windows Server 2016-Installation sind mehrere wichtige Entscheidungen zu treffen, die nicht nur die anfängliche Bereitstellung des Servers beeinflussen, sondern auch seine laufende Wartung. Der Windows-Installationsvorgang an sich ist relativ einfach, doch sowohl vor dem Kauf der Serverhardware und des Betriebssystems als auch nach der abgeschlossenen Installation sind verschiedene Optionen zu betrachten.

Unter anderem müssen Sie bei der Planung einer Serverbereitstellung folgende Fragen berücksichtigen:

- **Welche Windows Server 2016-Edition sollten Sie installieren?** Microsoft bietet Windows Server 2016 in verschiedenen Editionen an, die sich hinsichtlich der enthaltenen Features, der unterstützten Ressourcen und der Lizenzkosten unterscheiden. Die Einzelheiten der Editionen werden später in diesem Kapitel beschrieben.

- **Welche Installationsoption sollten Sie verwenden?** Die meisten Windows Server 2016-Editionen bieten zwei Installationsoptionen: Desktop Experience und Server Core. Die Desktop Experience umfasst sämtliche Windows-Features und eine vollständige grafische Benutzeroberfläche (GUI). Server Core hat eine minimale Benutzeroberfläche und einen erheblich reduzierten Fußabdruck, sodass diese Version mit weniger Hauptspeicher und Festplattenplatz als eine Installationsversion mit Desktopdarstellung auskommt. Daneben gibt es mit Nanoserver eine dritte Option, die noch weniger Ressourcen benötigt. Allerdings erscheint diese Option nicht im anfänglichen Installationsassistenten; Nanoserver stellen sie später mit Windows PowerShell bereit.

- **Welche Rollen und Features benötigt der Server?** Art und Anzahl der Rollen und Features, die Sie installieren wollen, können sich erheblich auf die Hardwareressourcen auswirken, die der Server benötigt, sowie auf die Edition, die Sie kaufen. Zum Beispiel verlangen komplexe Rollen wie zum Beispiel Active Directory Certificate Services und Failover Clustering typischerweise zusätzliche Ressourcen und sind nicht in allen Editionen verfügbar. Anwendungen von Drittanbietern schlagen ebenfalls in der Ressourcennutzung zu Buche.

- **Welche Virtualisierungsstrategie sollten Sie verwenden?** Da die Virtualisierung in Unternehmensnetzen immer mehr in den Vordergrund rückt, hat sich die Serverbereitstellung tief greifend verändert. Administratoren können virtuelle Computer von einem Hostserver auf einen anderen problemlos migrieren. Deshalb müssen Sie nicht nur die Rollen betrachten, die der physische Server ausführt, sondern auch berücksichtigen, welche Rollen auf den von ihm gehosteten virtuellen Servern gegebenenfalls benötigt werden. Wichtig ist auch abzuschätzen, welche Ressourcen erforderlich sein könnten, wenn ein Server zusätzliche virtuelle Computer während einer Katastrophensituation hosten muss.

Anhand der Antworten auf diese Fragen können Sie bestimmen, welche Ressourcen ein Server benötigt. Microsoft veröffentlicht minimale Hardwareanforderungen für eine Windows Server 2016-Installation, doch es lässt sich schwer vorhersagen, welche Ressourcen ein Server für einen effizienten Betrieb benötigt, nachdem Sie sämtliche Rollen, Features und Anwendungen für die vorgesehenen Aufgaben installiert haben.

Minimale Hardwareanforderungen

Wenn Ihr Computer die folgenden Mindestanforderungen an die Hardware nicht erfüllt, wird Windows Server 2016 nicht korrekt installiert (oder lässt sich überhaupt nicht installieren):

- Prozessor: 1,4 GHz 64 Bit
- RAM: 512 MB ECC für Server Core, 2 GB ECC für Server mit Desktopdarstellung
- Festplattenplatz: Mindestens 32 GB auf einem SATA- oder kompatiblen Laufwerk
- Netzwerkadapter: Ethernet, mit Durchsatz im GBit/s-Bereich
- Monitor: Super VGA (1024 x 768) oder höhere Auflösung
- Tastatur und Maus (oder kompatibles Zeigegerät)
- Internetzugriff

Die 32 GB freier Festplattenplatz sind als das absolute Minimum zu betrachten. Eine minimale Server Core-Installation, bei der lediglich die Rolle *Web Server (IIS)* hinzugefügt wird, sollte sich noch in 32 GB erfolgreich installieren lassen, doch wenn Sie sich für die Option *Server mit Desktopdarstellung* entscheiden und zusätzliche Rollen installieren wollen, brauchen Sie mehr Festplattenkapazität.

Windows Server 2016 unterstützt die Schnittstellen ATA, PATA, IDE und EIDE nicht für Boot-, Auslagerungsdatei- oder Datenlaufwerke. Die Systempartition benötigt zudem zusätzlichen Platz, wenn Sie das System über ein Netzwerk installieren oder wenn der Computer mit mehr als 16 GB RAM ausgerüstet ist. Die zusätzliche Festplattenkapazität ist für Auslagerungs-, Ruhezustand- und Dumpdateien erforderlich.

> **HINWEIS** Eine minimale Hardwarekonfiguration installieren
>
> Eine Windows Server 2016-Installation auf einem virtuellen Computer mit den Mindestanforderungen Einzelprozessorkern und 512 MB RAM schlägt fehl. Wenn Sie aber für die Installation mehr Speicher zuweisen und später auf 512 MB reduzieren, läuft das Betriebssystem.

Maximale Grenze für Hardware und Virtualisierung

Virtualisierung hat die Frage verkompliziert, welche Hardwarekonfigurationen Windows Server 2016 maximal unterstützt. Es ist nicht mehr nur eine einfache Angelegenheit von Anzahl der Prozessoren, Speicherkapazität und größtmöglicher Festplattenkapazität. Während man früher die maximale Anzahl von Prozessoren als Anzahl der Sockel verstanden hat, geht es jetzt um die Anzahl der Kerne und logischen Prozessoren. Außerdem gibt es heute bei manchen Ressourcen unterschiedliche Maximalwerte für physische und virtuelle Computer.

Die maximalen Hardwarekonfigurationen für Windows Server 2016 sehen so aus:

- **Prozessoren** Ein Serverhost unterstützt bis zu 512 logische Prozessoren (LPs), wenn Hyper-V installiert ist
- **Hauptspeicher** Bis zu 24 Terabyte pro Hostserver und bis zu 12 Terabyte pro virtuellem Computer
- **VHDX-Größe** Bis zu 64 Terabyte
- **Virtuelle Computer** Bis zu 1.024 pro Hostserver
- **Prozessoren in virtuellen Computern** Bis zu 240 pro virtuellem Computer

> **HINWEIS** Was ist ein LP?
>
> Hyperthreading ist eine spezielle Funktion von Intel-Prozessoren. Ein einzelner Kern kann zwei Threads gleichzeitig verarbeiten, wenn Hyper-V ausgeführt wird. Folglich betrachtet man einen Intel-Prozessor wie zwei logische Prozessoren (LP) pro Kern, wenn Hyper-V läuft, andernfalls wie einen LP. In einem AMD-Prozessor mit mehreren Kernen ist jeder Kern gleichbedeutend mit einem LP.

Angemessene Windows Server 2016-Editionen gemäß Arbeitsauslastung bestimmen

Windows Server 2016 ist in mehreren Editionen verfügbar, die sich unter anderem im Preis und in den Funktionen unterscheiden. Um eine Edition für Ihre Serverbereitstellung auszuwählen, sollten Sie die folgenden Fragen beantworten:

- Welche Rollen und Features müssen Sie auf dem Server ausführen?
- Wie werden Sie Lizenzen für die Server beziehen?
- Werden Sie Windows Server 2016 auf virtuellen oder physischen Computern ausführen?

Bei der Serverbereitstellung geht der Trend momentan zu relativ kleinen Servern, die jeweils eine einzelne Aufgabe ausführen, anstatt große Server mit vielen Aufgaben zu betrauen. Bei Cloudbereitstellungen, egal ob öffentlich, privat oder hybrid, ist es üblich, dass virtuelle Computer eine Rolle ausführen, beispielsweise als Webserver oder als DNS-Server. Genau aus diesem Grund hat Microsoft die Option der Server Core-Installation in Windows Server 2008 und Nanoserver in Windows Server 2016 eingeführt, sodass virtuelle Computer mit einem kleineren Ressourcenfußabdruck funktionieren können.

Bevor Sie sich jedoch für eine Installationsoption entscheiden, müssen Sie die passende Windows Server 2016-Edition für die Arbeitsauslastung auswählen, die Sie auf dem Server implementieren wollen. Es gibt folgende Windows Server 2016-Editionen:

- **Windows Server 2016 Datacenter**   Diese Edition ist für große und leistungsfähige Server in einer stark virtualisierten Umgebung vorgesehen. Die Lizenz erlaubt eine unbegrenzte Anzahl von Betriebssystemumgebungen (Operating System Environments, OSEs) oder Hyper-V-Containern. Die Datacenter-Edition umfasst zudem auch alle Features, die in den anderen Editionen nicht vorhanden sind, wie zum Beispiel Storage Spaces Direct, Storage Replica, abgeschirmte virtuelle Computer und einen neuen Netzwerkstack mit zusätzlichen Virtualisierungsoptionen.

- **Windows Server 2016 Standard**   Die Lizenz für die Standard-Edition gilt für zwei OSEs und umfasst die gleichen Kernfunktionen wie die Datacenter-Edition. Allerdings fehlen die neuen Speicher- und Netzwerkfunktionen, die in der Datacenter-Beschreibung aufgeführt sind.

- **Windows Server 2016 Essentials**   Diese Edition umfasst nahezu alle Funktionen der Standard- und Datacenter-Editionen; hier fehlt die Option für die Server Core-Installation. Außerdem ist die Essentials-Edition auf eine OSE (physisch oder virtuell) und ein Maximum von 25 Benutzern und 50 Geräten beschränkt. Im Unterschied zu den Standard- und Datacenter-Editionen bringt die Essential-Edition einen Konfigurationsassistenten mit. Er installiert Active Directory Domain Services und andere wichtige Komponenten, die für ein Netzwerk mit einem einzelnen Server notwendig sind.

- **Windows Server 2016 MultiPoint Premium Server**   Diese Edition ist nur für Academic Licensing verfügbar. Sie ermöglicht mehreren Benutzern den Zugriff auf einen Computer.

- **Windows Storage Server 2016 Server** Die nur über den OEM(Original Equipment Manufacturer)-Kanal verfügbare Storage Server-Edition wird als Teil der dedizierten Speicherlösung angeboten.

- **Windows Hyper-V Server 2016** Kostenloser Hypervisor-Download. Die einzige Funktion dieser Edition ohne grafische Benutzeroberfläche ist es, virtuelle Computer zu hosten.

> **HINWEIS Was ist eine OSE?**
>
> Microsoft bezeichnet Windows-Instanzen, die auf einem Computer ausgeführt werden, jetzt als Betriebssystemumgebung bzw. OSE (Operating System Environment). Eine OSE kann physisch oder virtuell sein. Zum Beispiel würde ein Server, der einen virtuellen Computer in Hyper-V ausführt, zwei OSEs verwenden, weil auch die Installation des physischen Servers als eine OSE zählt.

In Windows Server 2012 waren die Datacenter- und Standard-Editionen funktionell identisch. Der einzige Unterschied war die Anzahl der virtuellen Hyper-V-Computer, die Ihnen die Lizenz erlaubt zu erzeugen. In Windows Server 2016 beinhaltet die Datacenter-Edition mehrere neue Funktionen, die Ihre Entscheidung beeinflussen könnten, diese Edition ist der Standard-Edition vorzuziehen. Folgende Funktionen sind in der Datacenter-Edition enthalten, aber nicht in der Standard-Edition:

- **Direkte Speicherplätze** Erlaubt Administratoren, relativ preiswerte Laufwerkarrays zu verwenden, um hochverfügbare Speicherlösungen zu erstellen. Anstatt sich auf ein teures Array oder einen teuren Controller mit integrierter Intelligenz zur Speicherverwaltung zu stützen, ist die Intelligenz im Betriebssystem verankert, sodass sich preiswerte JBOD-Arrays (Just a Bunch Of Disks) verwenden lassen.

- **Speicherreplikat** Bietet Speicher-agnostische, synchrone oder asynchrone Volume-Replikation zwischen lokalen oder Remoteservern mithilfe des Protokolls Server Message Blocks Version 3.

- **Abgeschirmte virtuelle Computer** Schützt virtuelle Computer gegen Administratoren mit bösen Absichten, die Zugriff auf den Hyper-V-Hostcomputer haben, durch Verschlüsselung des VM-Status und seiner virtuellen Laufwerke.

- **Netzwerkcontroller** Bietet einen zentralen Automatisierungspunkt für Konfiguration, Überwachung und Fehlerbehebung der Netzwerkinfrastruktur.

Bei den meisten Organisationen wird die Entscheidung für eine Edition nach dem Preis erfolgen. Die Essentials-Edition ist kostengünstig und leicht zu verteilen, aber hinsichtlich des Funktionsumfangs eingeschränkt. Für kleine Unternehmen kann sie jedoch ideal sein.

Für mittlere bis große Organisationen steht die Entscheidung normalerweise zwischen der Standard- und der Datacenter-Edition an. Wenn die neuen Datacenter-Funktionen für Sie nicht wichtig sind, wird die Entscheidung höchstwahrscheinlich auf Ihrer Virtualisierungsstrategie basieren. Soll der Server eine relativ kleine Anzahl von virtuellen Computern ausführen, ist es möglicherweise wirtschaftlicher, mehrere Lizenzen für Standard-Editionen statt einer Datacenter-Lizenz zu kaufen. Bei den aktuellen Preisen bekommen Sie bis zu sieben Standard-Lizenzen (mit jeweils zwei OSEs) für weniger als die Kosten einer einzelnen Datacenter-Lizenz.

Des Weiteren ist die Frage zu berücksichtigen, wie Ihre Organisation möglicherweise wächst. Wenn Sie derzeit 10 virtuelle Computer betreiben, könnte es besser sein, einige Hundert Euro mehr für eine Datacenter-Lizenz auszugeben, die eine unbegrenzte Anzahl von OSEs für eine zukünftige Erweiterung bietet, statt für fünf Standard-Lizenzen.

PRÜFUNGSTIPP

Die Prüfung 70-740 kann auch Fragen zur Lizenzierung beinhalten, in denen Sie bestimmen müssen, welche Windows-Edition und wie viele Lizenzen erforderlich sind, um eine bestimmte Anzahl von virtuellen Computern auf einem Hyper-V-Server zu unterstützen, wobei die Lizenzierungskosten zu minimieren sind.

Windows Server 2016 installieren

Die Installation von Windows Server 2016 kann relativ einfach sein, wenn Sie eine Neuinstallation auf nur einem neuen Computer durchführen. Doch sie kann sich auch äußerst kompliziert gestalten, wenn Sie eine Massenbereitstellung automatisieren oder vorhandene Server auf das neue Betriebssystem migrieren.

Eine Neuinstallation ausführen

Von einer Neuinstallation – auch als Bare-Metal-Installation bezeichnet – spricht man, wenn Sie ein Betriebssystem auf einem Computer installieren, auf dem noch kein Betriebssystem vorhanden ist. Dazu müssen die Betriebssystemdateien auf einem bootfähigen Installationsmedium vorliegen. Windows Server 2016 ist zwar auf einer bootfähigen DVD erhältlich, doch die meisten Administratoren laden das Installationspaket als Festplatten-Imagedatei (mit der Erweiterung *.iso*) herunter.

- Um eine ISO-Datei auf einem physischen Computer zu installieren, müssen Sie die Datei auf einen Wechseldatenträger übertragen, beispielsweise einen USB-Speicherstick oder eine DVD. Das können Sie auf jedem anderen Computer durchführen, der Windows Server 2016 oder Windows 10 ausführt, indem Sie die ISO-Datei im *Datei-Manager* auswählen und dann im Menü *Datenträgerimagetools/Verwalten* auf die Schaltfläche *Brennen* klicken.

- Um Windows Server 2016 auf einem virtuellen Computer in Hyper-V zu installieren, können Sie die ISO-Datei direkt verwenden. Wenn Sie einen virtuellen Computer erstellen, spezifizieren Sie die ISO-Datei beim Konfigurieren des virtuellen DVD-Laufwerks. Beim Starten des virtuellen Computers erscheint die ISO-Datei und fungiert als bootfähiges Laufwerk im System.

Mit einem bootfähigen Datenträger führen Sie eine Neuinstallation von Windows Server 2016 auf einem physischen Computer wie folgt aus:

1. Schalten Sie den Computer ein und stecken Sie den USB-Speicherstick an oder legen Sie die Installations-DVD ein.
2. Drücken Sie gegebenenfalls die jeweilige Taste, um vom Installationsmedium zu booten. Windows lädt die Installationsdateien und zeigt dies mit einer Fortschrittsanzeige an.

> **HINWEIS** **BIOS-Einstellungen anpassen**
>
> Der PC verwendet für den Startvorgang das Gerät, das in den Systemeinstellungen (im BIOS) festgelegt ist. Gegebenenfalls müssen Sie diese Einstellungen ändern, damit der Computer vom verwendeten Installationsmedium starten kann. Wenn Sie mit der Arbeitsweise eines bestimmten Computers nicht vertraut sind, achten Sie während des Startvorgangs genau auf die (eventuell nur kurz sichtbaren) Anweisungen auf dem Bildschirm. In der Regel erscheint gleich zu Beginn, welche Taste zu drücken ist, um ins BIOS zu gelangen.

3. Der Computer lädt die grafische Benutzeroberfläche und die Seite *Windows Setup* erscheint (siehe Abbildung 1–1).

Abb. 1–1 Die Seite *Windows Setup*

4. Wählen Sie in den Dropdownlisten die passende Installationssprache, das Format von Datum und Uhrzeit sowie die Tastatur- oder Eingabemethode aus und klicken Sie dann auf *Weiter*. Es erscheint die nächste Windows Setup-Seite.

5. Klicken Sie auf *Jetzt installieren*. Der Windows Setup-Assistent startet und zeigt die Seite *Zu installierendes Betriebssystem auswählen* an.
6. Wählen Sie die gewünschte Betriebssystemedition und Installationsoption aus und klicken Sie auf *Weiter*. Damit gelangen Sie zur Seite *Anwendbare Rechtshinweise und Lizenzbedingungen*.
7. Aktivieren Sie das Kontrollkästchen *Ich akzeptiere die Lizenzbedingungen* und klicken Sie auf *Weiter*. Es erscheint die Seite *Wählen Sie eine Installationsart aus* (siehe Abbildung 1–2).

Abb. 1–2   Die Seite *Wählen Sie eine Installationsart aus*

8. Da Sie eine Neuinstallation und keine Aktualisierung ausführen, klicken Sie auf die Option *Benutzerdefiniert: nur Windows installieren (für fortgeschrittene Benutzer)*. Es erscheint die Seite *Wo möchten Sie Windows installieren?*, die Abbildung 1–3 zeigt.
9. Wählen Sie aus der angezeigten Liste die Partition aus, auf der Sie Windows Server 2016 installieren möchten, oder wählen Sie einen Bereich von nicht zugewiesenem Speicherplatz aus, wo das Setupprogramm eine neue Partition anlegen kann. Klicken Sie dann auf *Weiter*. Die Seite *Windows wird installiert* erscheint.

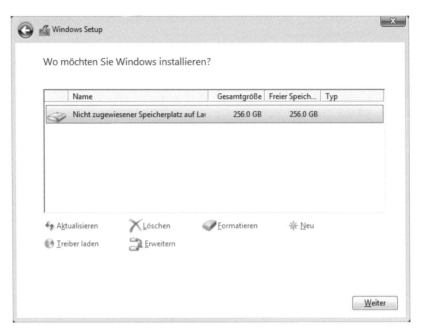

Abb. 1–3 Die Seite *Wo möchten Sie Windows installieren?*

10. Nach mehreren Minuten, während denen das Setupprogramm Windows Server 2016 installiert, startet der Computer (mehrmals) neu und die Seite *Einstellungen anpassen* erscheint, wie Abbildung 1–4 zeigt.

Abb. 1–4 Die Seite *Einstellungen anpassen*

11. Geben Sie in die Textfelder *Kennwort* und *Kennwort erneut eingeben* das Kennwort ein, das Sie dem lokalen Administratorkonto zuweisen wollen, und drücken Sie `Eingabe`. Das System schließt die Installation ab und der Windows-Sperrbildschirm erscheint.

Mit Partitionen arbeiten

Wenn Sie Windows Server 2016 installieren, kann es in manchen Fällen erforderlich sein, dass Sie mit Ihren Datenträgern und Partitionen arbeiten. Aus diesem Grund enthält das Setupprogramm auf der Seite *Wo möchten Sie Windows installieren?* Steuerelemente, über die Sie Partitionen auf Ihren Datenträgern erstellen, verwalten und löschen können.

Die Schaltflächen auf dieser Seite haben folgende Funktionen:

- **Aktualisieren** Zeigt Partitionen an, die als Ergebnis eines neu geladenen Treibers verfügbar sind.
- **Treiber laden** Ermöglicht Ihnen, Festplattentreiber von einem externen Medium wie zum Beispiel CD-ROM, DVD oder USB-Laufwerk hinzuzufügen.
- **Löschen** Entfernt eine vorhandene Partition von einem Datenträger, wobei alle ihre Daten permanent gelöscht werden. Partitionen löscht man beispielsweise, um nicht zugeordneten Festplattenplatz zusammenzufassen, sodass sich eine neue, größere Partition einrichten lässt.
- **Erweitern** Ermöglicht es, eine vorhandene Partition zu vergrößern, sofern nicht zugeordneter Speicherplatz unmittelbar nach der ausgewählten Partition vorhanden ist.
- **Formatieren** Erlaubt es, eine vorhandene Partition auf einem Datenträger zu formatieren, wobei alle Daten gelöscht werden. Neue Partitionen, die Sie für die Installation anlegen, brauchen Sie nicht zu formatieren. Vielleicht möchten Sie aber eine vorhandene Partition formatieren, um unerwünschte Dateien zu beseitigen, bevor Sie Windows Server 2016 darauf installieren.
- **Neu** Erzeugt eine neue Partition mit benutzerdefinierter Größe im ausgewählten Bereich von nicht zugeordnetem Speicherplatz.

Manchmal sind während einer Installation überhaupt keine Partitionen auf der Seite *Wo möchten Sie Windows installieren?* aufgelistet. Die Seite listet die Partitionen auf allen Festplattenlaufwerken des Computers auf, die das Setupprogramm mit seinen Standardtreibern erkennen kann. Wenn keine Partitionen erscheinen, hängt das damit zusammen, dass der Festplattencontroller des Computers einen Gerätetreiber benötigt, der bei den Standardtreibern von Windows nicht dabei ist. Manche Highend-Controller, beispielsweise für Laufwerkarrays, brauchen ihre eigenen Treiber, die Sie dann während des Setupprogramms installieren können.

Suchen Sie auf der Website des Festplattencontrollerherstellers nach einem Treiber, der Windows Server 2016 oder eine andere neuere Version von Windows Server unterstützt, und installieren Sie ihn wie folgt:

1. Klicken Sie auf der Seite *Wo möchten Sie Windows installieren?* auf die Schaltfläche *Treiber laden*. Es erscheint ein Meldungsfeld *Treiber laden*, wie es Abbildung 1–5 zeigt.

Abb. 1–5   Das Meldungsfeld *Treiber laden*

2. Legen Sie das Speichermedium mit den Treiberdateien in den Computer ein. Treiber können Sie auf CD, DVD, USB-Speicherstick oder Diskette bereitstellen.
3. Klicken Sie auf *OK*, wenn sich der Treiber im Stammverzeichnis des Speichermediums befindet, oder auf *Durchsuchen*, wenn Sie den Treiber in der Verzeichnisstruktur des Datenträgers suchen müssen. Eine Liste der auf dem Datenträger gefundenen Treiber erscheint auf der Seite *Select The Driver To Install*.
4. Wählen Sie den zutreffenden Treiber in der Liste aus und klicken Sie auf *Weiter*.
5. Wenn der Treiber geladen ist, erscheinen die Partitionen und der nicht zugeordnete Speicherplatz auf den zugeordneten Laufwerken in der Liste auf der Seite *Wo möchten Sie Windows installieren?*.
6. Wählen Sie die Partition oder den Bereich mit dem nicht zugewiesenen Speicherplatz aus, wo Sie Windows Server 2016 installieren möchten, und setzen Sie dann mit dem Rest der Installationsprozedur fort, wie weiter vorn in diesem Kapitel beschrieben.

Eine Massenbereitstellung ausführen

Wenn Sie eine große Anzahl von Servern installieren müssen, ist es denkbar, dass Sie einen Datenträger bereitstellen und das Betriebssystem auf jedem Computer manuell installieren. Doch dieses Vorgehen kann sich als untauglich erweisen. Für eine Massenbereitstellung des Betriebssystems können Sie auf eine serverorientierte Technik zurückgreifen wie zum Beispiel *Windows Deployment Services (WDS)*, um Imagedateien automatisch bereitzustellen.

WDS ist eine Rolle von Windows Server 2016, mit der Sie Datenträgerabbilder an Clients im Netzwerk liefern können. Damit das aber funktioniert, muss der Client den WDS-Server kontaktieren und den Vorgang einleiten können. Mit WDS sind Sie in der Lage, Bootimages zu erzeugen, die Sie auf Wechseldatenträger übertragen können, doch es ist dann immer noch notwendig, direkt an jedem einzelnen Computer den Installationsvorgang zu durchlaufen.

Mit dem Feature *Preboot Execution Environment (PXE)*, das im Lieferumfang der meisten Netzwerkkarten enthalten ist, ergibt sich ein besserer Weg, das WDS-Bootimage bereitzustellen. PXE ist in die Firmware des Adapters integriert und ermöglicht es einem Computer ohne Betriebssystem, einen DHCP(Dynamic Host Configuration Protocol)-Server im Netzwerk zu erkennen und von ihm eine Konfiguration anzufordern. Der DHCP-Server liefert dem Client die IP-Adresse eines WDS-Servers und der Client verwendet dann diese Adresse, um sich mit dem Server zu verbinden und ein Bootimage herunterzuladen. Das Clientsystem kann dann von diesem Image booten und ein WDS-Clientprogramm ausführen, das die Installation des Betriebssystems einleitet.

Das Installieren und Konfigurieren eines automatischen Softwarebereitstellungsdienstes wie WDS oder System Center Configuration Manager kann an sich eine recht komplizierte Aufgabe sein. Letztlich muss der Administrator entscheiden, ob sich der Zeit- und Kostenaufwand angesichts der Anzahl der bereitzustellenden Server lohnt.

Windows Server 2016-Features und -Rollen installieren

Windows Server 2016 umfasst vordefinierte Kombinationen von Diensten – sogenannte *Rollen* –, mit denen sich der Server für bestimmte Aufgaben konfigurieren lässt. Außerdem umfasst das Betriebssystem andere, kleinere Komponenten, die sogenannten *Features*. Windows Server 2016 kann zwar so viele Rollen ausführen, wie es die Hardwareressourcen unterstützen, doch der Trend geht derzeit zu spezialisierten Servern, die nur eine oder zwei Rollen übernehmen.

Um Rollen und Features in Windows Server 2016 hinzuzufügen, können Sie einen grafischen Assistenten in der Konsole Server-Manager nutzen oder die Rollen von der Windows PowerShell-Befehlszeile aus installieren, wie es die folgenden Abschnitte beschreiben.

Rollen mit Server-Manager installieren

Um Rollen und Dienste auf einem Computer unter Windows Server 2016 mit Server-Manager zu installieren, führen Sie die folgenden Schritte aus:

1. Öffnen Sie in Server-Manager das Menü *Verwalten* und wählen Sie *Rollen und Features hinzufügen* aus. Daraufhin startet der *Assistent zum Hinzufügen von Rollen und Features*.
2. Überspringen Sie die Seite *Vorbemerkungen*, um mit der Seite *Installationstyp auswählen* fortzufahren, die Abbildung 1–6 zeigt.

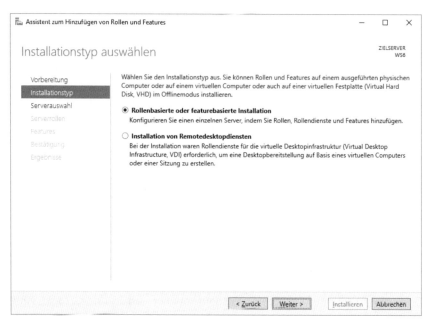

Abb. 1–6 Die Seite *Installationstyp auswählen* des Assistenten zum Hinzufügen von Rollen und Features

3. Klicken Sie auf *Weiter*, um die standardmäßig ausgewählte Option *Rollenbasierte oder featurebasierte Installation* zu übernehmen. Damit gelangen Sie zur Seite *Zielserver auswählen* (siehe Abbildung 1–7).

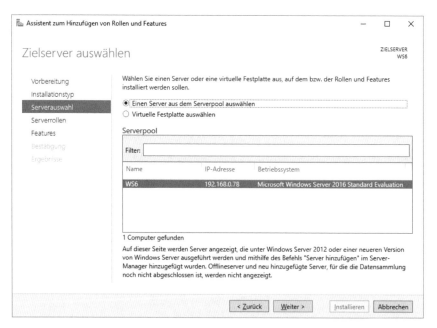

Abb. 1–7 Die Seite *Zielserver auswählen* im Assistenten zum Hinzufügen von Rollen und Features

4. Klicken Sie auf *Weiter*, um die Serverstandardeinstellungen zu übernehmen. Daraufhin wird die Seite *Serverrollen auswählen* geöffnet, die in Abbildung 1–8 zu sehen ist.

> **HINWEIS** **Mehrere Server konfigurieren**
>
> Wenn Sie Server-Manager erstmals starten, erscheinen nur die lokalen Server auf der Seite *Zielserver auswählen*. Allerdings können Sie andere Server zu Server-Manager hinzufügen, sodass Sie sie ferngesteuert verwalten können. Wenn Sie das tun, können Sie mit dem Assistenten zum Hinzufügen von Rollen und Features Komponenten für jeden Server, den Sie hinzugefügt haben, installieren. Es ist jedoch nicht möglich, mit dem Assistenten Komponenten auf mehreren Servern auf einmal zu installieren. Diese Aufgabe lässt sich aber mit dem Cmdlet *Install-WindowsFeature* in Windows PowerShell bewerkstelligen.

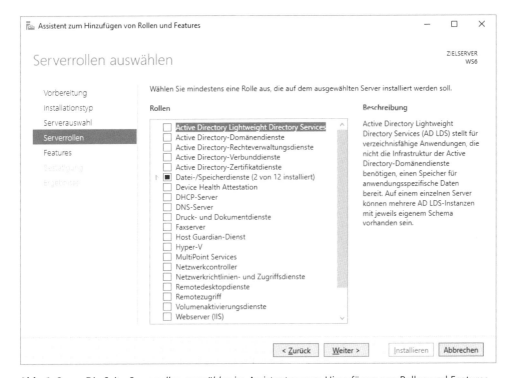

Abb. 1–8   Die Seite *Serverrollen auswählen* im Assistenten zum Hinzufügen von Rollen und Features

5. Wählen Sie die Rolle(n) aus, die Sie auf dem ausgewählten Server installieren möchten. Besitzen die ausgewählten Rollen andere Rollen- oder Featureabhängigkeiten, erscheint ein Dialogfeld *Sollen für <Rolle> erforderliche Features hinzugefügt werden?*.

6. Klicken Sie auf *Features hinzufügen*, um die Abhängigkeiten zu akzeptieren, und klicken Sie dann auf *Weiter*. Damit gelangen Sie zur Seite *Features auswählen*, die in Abbildung 1–9 zu sehen ist.

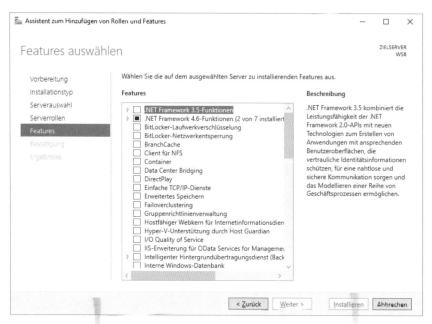

Abb. 1–9 Die Seite *Features auswählen* im Assistenten zum Hinzufügen von Rollen und Features

7. Markieren Sie alle Features, die Sie auf dem ausgewählten Server installieren möchten, und klicken Sie auf *Weiter*. Für die ausgewählten Features können wiederum Abhängigkeiten erscheinen.

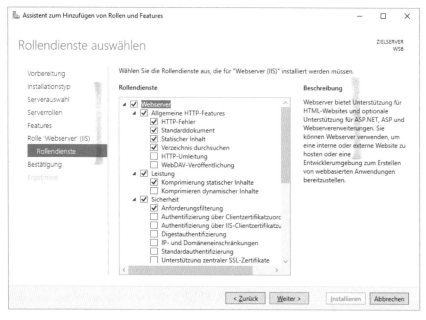

Abb. 1–10 Beispiel für eine Seite *Rollendienste auswählen* im Assistenten zum Hinzufügen von Rollen und Features

8. Der Assistent zeigt dann Seiten je nach den ausgewählten Rollen oder Features an. Die meisten Rollen haben eine Seite *Rollendienste auswählen*, auf der Sie die zu installierenden Elemente für die jeweilige Rolle festlegen können (siehe Abbildung 1–10). Es gibt auch Seiten mit einführenden Informationen oder Konfigurationseinstellungen. Vervollständigen Sie die einzelnen rollen- oder featurespezifischen Seiten und klicken Sie auf *Weiter*. Abschließend erscheint eine Seite *Installationsauswahl bestätigen*.

9. Auf der Seite *Installationsauswahl bestätigen* können Sie die folgenden optionalen Aktionen festlegen:

    - **Zielserver bei Bedarf automatisch neu starten** Bewirkt, dass der Server nach Abschluss der Installation automatisch neu startet, sofern die ausgewählten Rollen und Features dies erfordern.
    - **Konfigurationseinstellungen exportieren** Erzeugt ein XML-Skript, das die über den Assistenten ausgeführten Abläufe dokumentiert. Mithilfe dieses Skripts und Windows PowerShell können Sie dann die gleiche Konfiguration auf einem anderen Server installieren.
    - **Alternativen Quellpfad angeben** Legt den Speicherort einer Imagedatei fest, die die erforderliche Software für die Installation der ausgewählten Rollen und Features enthält. In einer Standardinstallation von Windows Server 2016 ist dies nicht notwendig, doch wenn Sie die Quelldateien mit der Funktion *Features bei Bedarf* vorher gelöscht haben, brauchen Sie eine Imagedatei, um Rollen und Features zu installieren.

10. Klicken Sie auf *Installieren*. Daraufhin erscheint die Seite *Installationsstatus*. Je nach den installierten Rollen und Features zeigt der Assistent gegebenenfalls Hyperlinks zu den Tools oder Assistenten an, die nach der Installation auszuführen sind. Klicken Sie nach Abschluss der Installation auf *Schließen*, um den Assistenten fertigzustellen.

Rollen mit Windows PowerShell installieren

Administratoren, die lieber von der Befehlszeile aus arbeiten, oder diejenigen, die an Systemen mit der Installationsoption Server Core zu tun haben, können Rollen und Features auch mit dem Cmdlet *Install-WindowsFeature* in Windows PowerShell installieren. Dieses Cmdlet hat folgende grundlegende Syntax:

```
install-windowsfeature -name featurename [-includeallsubfeature]
[-includemanagementtools]
```

Um eine Rolle oder ein Feature zu installieren, müssen Sie eine PowerShell-Sitzung mit administrativen Berechtigungen starten. Bestimmen Sie dann den korrekten Namen für die Rolle oder das Feature, die/das Sie installieren wollen. Hierfür können Sie alle in Windows verfügbaren Rollen und Features mit dem Cmdlet *Get-WindowsFeature* auflisten. Abbildung 1–11 zeigt den ersten Teil dieser Liste.

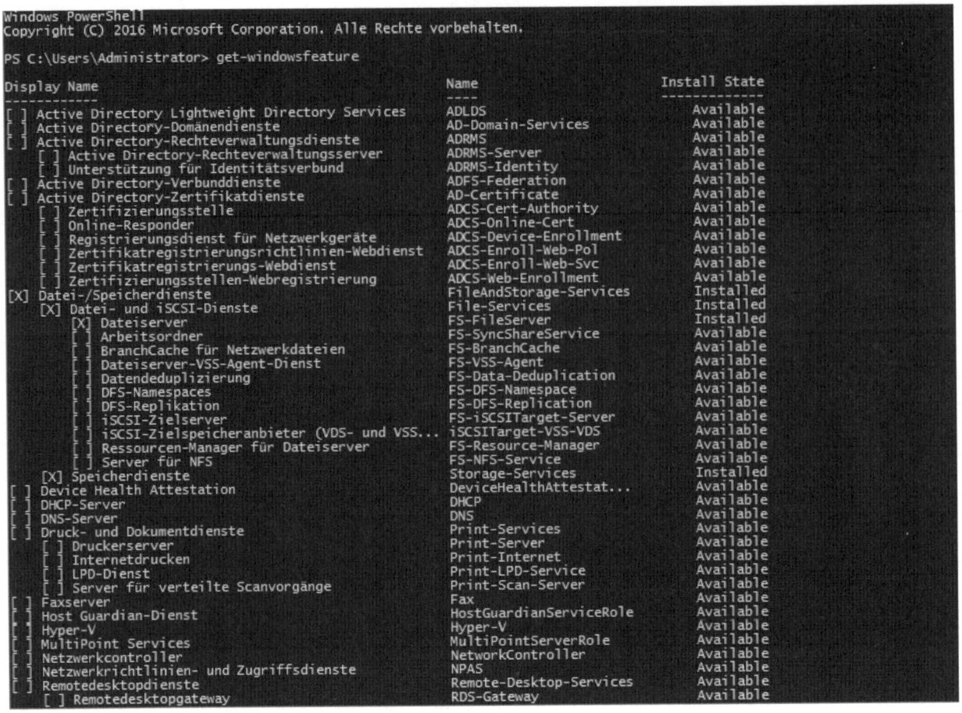

```
Windows PowerShell
Copyright (C) 2016 Microsoft Corporation. Alle Rechte vorbehalten.

PS C:\Users\Administrator> get-windowsfeature

Display Name                                                    Name                          Install State
------------                                                    ----                          -------------
[ ] Active Directory Lightweight Directory Services             ADLDS                         Available
[ ] Active Directory-Domänendienste                             AD-Domain-Services            Available
[ ] Active Directory-Rechteverwaltungsdienste                   ADRMS                         Available
    [ ] Active Directory-Rechteverwaltungsserver                ADRMS-Server                  Available
    [ ] Unterstützung für Identitätsverbund                     ADRMS-Identity                Available
[ ] Active Directory-Verbunddienste                             ADFS-Federation               Available
[ ] Active Directory-Zertifikatdienste                          AD-Certificate                Available
    [ ] Zertifizierungsstelle                                   ADCS-Cert-Authority           Available
    [ ] Online-Responder                                        ADCS-Online-Cert              Available
    [ ] Registrierungsdienst für Netzwerkgeräte                 ADCS-Device-Enrollment        Available
    [ ] Zertifikatregistrierungsrichtlinien-Webdienst           ADCS-Enroll-Web-Pol           Available
    [ ] Zertifikatregistrierungs-Webdienst                      ADCS-Enroll-Web-Svc           Available
    [ ] Zertifizierungsstellen-Webregistrierung                 ADCS-Web-Enrollment           Available
[X] Datei-/Speicherdienste                                      FileAndStorage-Services       Installed
    [X] Datei- und iSCSI-Dienste                                File-Services                 Installed
        [X] Dateiserver                                         FS-FileServer                 Installed
        [ ] Arbeitsordner                                       FS-SyncShareService           Available
        [ ] BranchCache für Netzwerkdateien                     FS-BranchCache                Available
        [ ] Dateiserver-VSS-Agent-Dienst                        FS-VSS-Agent                  Available
        [ ] Datendeduplizierung                                 FS-Data-Deduplication         Available
        [ ] DFS-Namespaces                                      FS-DFS-Namespace              Available
        [ ] DFS-Replikation                                     FS-DFS-Replication            Available
        [ ] iSCSI-Zielserver                                    FS-iSCSITarget-Server         Available
        [ ] iSCSI-Zielspeicheranbieter (VDS- und VSS...         iSCSITarget-VSS-VDS           Available
        [ ] Ressourcen-Manager für Dateiserver                  FS-Resource-Manager           Available
        [ ] Server für NFS                                      FS-NFS-Service                Available
    [X] Speicherdienste                                         Storage-Services              Installed
[ ] Device Health Attestation                                   DeviceHealthAttestat...       Available
[ ] DHCP-Server                                                 DHCP                          Available
[ ] DNS-Server                                                  DNS                           Available
[ ] Druck- und Dokumentdienste                                  Print-Services                Available
    [ ] Druckerserver                                           Print-Server                  Available
    [ ] Internetdrucken                                         Print-Internet                Available
    [ ] LPD-Dienst                                              Print-LPD-Service             Available
    [ ] Server für verteilte Scanvorgänge                       Print-Scan-Server             Available
[ ] Faxserver                                                   Fax                           Available
[ ] Host Guardian-Dienst                                        HostGuardianServiceRole       Available
[ ] Hyper-V                                                     Hyper-V                       Available
[ ] MultiPoint Services                                         MultiPointServerRole          Available
[ ] Netzwerkcontroller                                          NetworkController             Available
[ ] Netzwerkrichtlinien- und Zugriffsdienste                    NPAS                          Available
[ ] Remotedesktopdienste                                        Remote-Desktop-Services       Available
    [ ] Remotedesktopgateway                                    RDS-Gateway                   Available
```

Abb. 1–11 Ausgabe des Cmdlets *Get-WindowsFeature*

> **HINWEIS** **PowerShell-Terminologie**
>
> Im Unterschied zu Server-Manager unterscheidet Windows PowerShell in der Befehlssprache nicht zwischen Rollen und Features. Sämtliche Komponenten werden als Features angesprochen und mit dem Cmdlet *Install-WindowsFeature* installiert. Es gibt keine Cmdlets, die den Begriff Rolle (bzw. *Role*) enthalten.

Die Ergebnisliste zeigt zuerst alle Rollen und danach alle Features an. In der Spalte *Name* finden Sie die genaue Zeichenfolge, die Sie für den Parameter *Name* in der Befehlszeile von *Install-WindowsFeature* verwenden sollten.

Die Kontrollkästchen zeigen an, welche Komponenten derzeit im System installiert sind. Die Liste soll veranschaulichen, welche Komponenten untergeordnete Rollendienste oder Subfeatures sind, sodass Sie bestimmte Elemente einer Rolle installieren können, genau wie es in Server-Manager möglich ist. Außerdem können Sie den Parameter *IncludeAllSubFeature* hinzufügen, um alle untergeordneten Komponenten für eine Rolle zu installieren.

Im Unterschied zu Server-Manager, der automatisch die einer Rolle zugeordneten Verwaltungstools installiert, wenn Sie sie installieren, ist das beim Cmdlet *Install-WindowsFeature* nicht der Fall. Wenn Sie das MMC-Snap-In oder andere Tools installieren wollen, um eine Rolle oder ein Feature zu verwalten, müssen Sie den Parameter *IncludeManagementTools* auf der Befehlszeile hinzufügen.

Windows Server Core installieren und konfigurieren

Für viele Netzwerkadministratoren scheint eine grafische Benutzeroberfläche (GUI) auf einem Server, der sein Leben in einem Datencenter oder Serverschrank fristet, wie eine Verschwendung von Ressourcen auszusehen. In vielen Fällen haben Administratoren kaum noch Berührung mit den Servern, wenn die anfängliche Installation und Konfiguration abgeschlossen ist, höchstens noch zur Überprüfung von Protokollen, was aber auch ferngesteuert möglich ist. Server Core ist eine Installationsoption in Windows Server 2016, die den größten Teil der GUI eliminiert und einen Standardbildschirm mit nur einer Befehlszeilenoberfläche zurücklässt, wie Abbildung 1–12 zeigt.

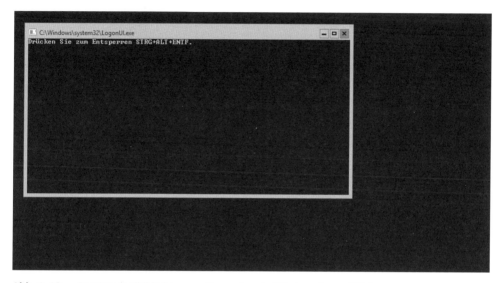

Abb. 1–12   Der Standardbildschirm von Server Core in Windows Server 2016

Server Core installieren

Wenn Sie Windows Server 2016 installieren, erscheint die Seite *Zu installierendes Betriebssystem auswählen* des Windows Setup-Assistenten, auf der die Option *Server Core* standardmäßig ausgewählt ist (siehe Abbildung 1–13). Im Unterschied zu Windows Server 2012 R2 erscheint der Begriff »Server Core« nicht auf der Seite. Die vollständige GUI-Option wird als *Desktopdarstellung* bezeichnet. (In Windows Server 2012 R2 hießen die Optionen *Server mit einer grafischen Benutzeroberfläche* und *Server Core-Installation*.) Mit Ausnahme dieser Seite ist die Installation des Betriebssystems die gleiche wie für die Option *Desktopdarstellung*, die weiter vorn in diesem Kapitel beschrieben wurde.

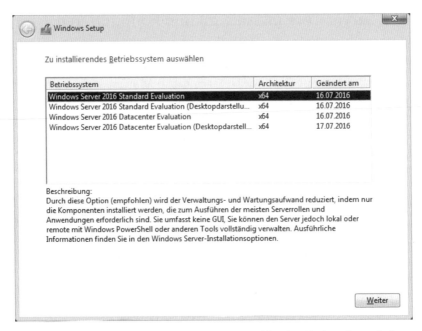

Abb. 1–13   Die Seite *Zu installierendes Betriebssystem auswählen* des Windows Setup-Assistenten

---

PRÜFUNGSTIPP

In Windows Server 2016 ist es nach der Installation des Betriebssystems nicht mehr möglich, die Elemente der grafischen Benutzeroberfläche hinzuzufügen oder zu entfernen. Außerdem gibt es keine Option *minimale Serverschnittstelle* wie in Windows Server 2012 R2. Folglich müssen Sie sich bereits zur Installationszeit zwischen einer vollständigen grafischen Benutzeroberfläche (ähnlich der von Windows 10) und einer reinen Befehlszeile entscheiden. In Windows Server 2012 R2 konnte man den Server mit der Option *grafische Benutzeroberfläche* installieren und dann die Features der grafischen Benutzeroberfläche entfernen, nachdem der Server eingerichtet war und lief. Das ist hier nicht mehr möglich. Administratoren, die sich an diese Praxis gewöhnt hatten, sollten sich dieser Änderung im Rahmen der Prüfung 70-740 bewusst sein.

Wenn Sie die Installationsoption *Windows Server Core* auswählen, erhalten Sie eine abgespeckte Version des Betriebssystems. Es gibt keine Taskleiste, keine Explorer-Shell, keinen Server-Manager, keine Microsoft Management Console (MMC) und praktisch keine anderen grafischen Anwendungen.

Server mit *Server Core* zu betreiben, bietet aber unter anderem folgende Vorteile:

- **Hardwareressourcenschonung**   Server Core eliminiert einige der speicher- und prozessorintensivsten Elemente des Windows Server 2016-Betriebssystems. Somit stehen mehr Systemressourcen für Anwendungen und wichtige Dienste zur Verfügung.

- **Geringerer Bedarf an Festplattenplatz** Server Core benötigt weniger Festplattenplatz für die installierten Elemente des Betriebssystems und weniger Platz für die Auslagerungsdatei. Dadurch ergibt sich eine maximale Nutzung der Speicherressourcen des Servers.
- **Weniger Aktualisierungen** Die grafischen Elemente von Windows Server 2016 werden am häufigsten aktualisiert. Die Ausführung von Server Core verringert demnach die Anzahl der Updates, die Administratoren anwenden müssen. Weniger Updates bedeuten auch weniger Neustarts und geringere Ausfallzeiten des Servers.
- **Kleinere Angriffsfläche** Je weniger Software auf einem Computer läuft, desto weniger Eingangstüren gibt es, die Angreifer nutzen können. Server Core reduziert die potenzielle Angriffsfläche, die das Betriebssystem Angreifern bietet, und erhöht damit dessen Sicherheit insgesamt.

Server Core konfigurieren

Um interaktiv mit einem Computer zu arbeiten, der mit der Option Server Core installiert wurde, können Sie die CMD-Befehlszeilenschnittstelle oder Windows PowerShell nutzen. Es ist auch möglich, sich remote mit dem Server zu verbinden, und zwar mit grafischen Tools wie zum Beispiel Server-Manager und MMC-Snap-Ins. Unmittelbar nach der Installation sind Sie allerdings eventuell gezwungen, einige grundlegende Aufgaben interaktiv auszuführen, beispielsweise den Netzwerkadapter zu konfigurieren, den Computer umzubenennen und den Server mit einer Domäne zu verbinden. Wollen Sie diese Aufgaben auf einem Computer unter Server Core mithilfe von Windows PowerShell fertigstellen, müssen Sie zuerst powershell in das CMD-Fenster eintippen, um eine PowerShell-Sitzung zu starten.

Existiert in Ihrem Netzwerk kein DHCP-Server, der den Netzwerkadapter des Computers automatisch konfiguriert, können Sie das manuell mit dem Cmdlet *New-NetIpAddress* bewerkstelligen. Zuerst müssen Sie mit dem Cmdlet *Get-NetAdapter* den Schnittstellenindex des Adapters ermitteln. Abbildung 1–14 zeigt die entsprechende Ausgabe.

```
PS C:\Users\Administrator> get-netadapter

Name        InterfaceDescription                ifIndex Status    MacAddress           LinkSpeed
----        --------------------                ------- ------    ----------           ---------
Ethernet 2  Microsoft Hyper-V Network Adapter #2       6 Up        00-15-5D-02-01-32       10 Gbps
Ethernet    Microsoft Hyper-V Network Adapter          4 Up        00-15-5D-02-01-30       10 Gbps


PS C:\Users\Administrator>
```

Abb. 1–14 Ausgabe des Cmdlets *Get-NetAdapter*

Anhand dieser Informationen können Sie die Schnittstelle des Adapters auswählen, die Sie konfigurieren möchten, und mit einem Befehl wie dem folgenden konfigurieren:

```
new-netipaddress -interfaceindex 6
    -ipaddress 192.168.0.200
    -prefixlength 24
    -defaultgateway 192.168.0.1
```

Die Befehlszeilenparameter haben folgende Bedeutung:

- **interfaceindex** Identifiziert den zu konfigurierenden Adapter im Computer anhand der Indexnummern, die das Cmdlet *Get-NetAdapter* anzeigt.
- **ipaddress** Legt die IP-Adresse fest, die dem Adapter zugewiesen werden soll.
- **prefixlength** Gibt den Wert der Subnetzmaske für diese IP-Adresse an, und zwar als Anzahl der Netzwerkbits in der IP-Adresse. Beispielsweise entspricht der *prefixlength*-Wert 24 der Subnetzmaske 255.255.255.0.
- **defaultgateway** Gibt die IP-Adresse eines lokalen Routers an, über den der Computer auf andere Netzwerke zugreifen soll.

Abbildung 1–15 zeigt die Ausgabe des Cmdlets *New-NetIpAddress*.

```
PS C:\Users\Administrator> new-netipaddress -interfaceindex 4 -ipaddress 10.0.0.200 -prefixlength 24 -defaultgateway 10.
0.0.1

IPAddress         : 10.0.0.200
InterfaceIndex    : 4
InterfaceAlias    : Ethernet
AddressFamily     : IPv4
Type              : Unicast
PrefixLength      : 24
PrefixOrigin      : Manual
SuffixOrigin      : Manual
AddressState      : Tentative
ValidLifetime     : Infinite ([TimeSpan]::MaxValue)
PreferredLifetime : Infinite ([TimeSpan]::MaxValue)
SkipAsSource      : False
PolicyStore       : ActiveStore

IPAddress         : 10.0.0.200
InterfaceIndex    : 4
InterfaceAlias    : Ethernet
AddressFamily     : IPv4
Type              : Unicast
PrefixLength      : 24
PrefixOrigin      : Manual
SuffixOrigin      : Manual
AddressState      : Invalid
ValidLifetime     : Infinite ([TimeSpan]::MaxValue)
PreferredLifetime : Infinite ([TimeSpan]::MaxValue)
SkipAsSource      : False
PolicyStore       : PersistentStore
```

Abb. 1–15 Ausgabe des Cmdlets *New-NetIpAddress*

Das Cmdlet *Set-DnsClientServerAddress* konfiguriert die DNS-Serveradressen, wie zum Beispiel:

```
Set-dnsclientserveraddress -interfaceindex 6
    -serveraddresses("192.168.0.1","192.168.0.2")
```

Mit dem Cmdlet *Add-Computer* lässt sich ein Computer umbenennen und in eine Domäne aufnehmen, wie das folgende Beispiel zeigt:

```
add-computer -domainname adatum.com
    -newname ServerB
    -credential adatum\administrator
```

Die Befehlszeilenparameter haben folgende Bedeutung:

- **domainname** Der Name der Domäne, der der Computer beitreten soll
- **newname** Ein Computername, den Sie dem Computer zuweisen möchten

- **credential** Die Domänen- und Kontonamen für einen Domänenbenutzer mit Berechtigung zum Domänenbeitritt

Windows Server Core-Installationen mit Windows PowerShell, Befehlszeile und Remoteverwaltungsmöglichkeiten verwalten

Obwohl die meisten standardmäßigen grafischen Hilfsmittel auf einem Server Core-Computer nicht zur Verfügung stehen, gibt es dennoch viele Möglichkeiten, den Server zu verwalten, und zwar sowohl lokal als auch remote. Im vorherigen Abschnitt haben Sie gelernt, wie Sie mit Windows PowerShell-Cmdlets den Netzwerkadapter konfigurieren und einer Domäne beitreten. Auf einem Server Core-Computer sind Tausende anderer PowerShell-Cmdlets verfügbar. Praktisch können Sie damit fast alle Aufgaben erledigen, die auch mit den grafischen Tools möglich sind, außer die Ergebnisse in ansprechender Form farbig in einem Fenster anzuzeigen. PowerShell bietet auch leistungsfähige Skriptingfunktionen, mit denen sich komplexe Aufgaben automatisieren lassen.

Mit dem Cmdlet *Get-Command* können Sie die lange Liste der verfügbaren PowerShell-Cmdlets anzeigen. Um zu erfahren, wie Sie ein bestimmtes Cmdlet verwenden, führen Sie das Cmdlet *Get-help* aus und übergeben ihm als Parameter den Namen des Cmdlets, zu dem Sie nähere Informationen haben möchten.

Neben Windows PowerShell enthält Server Core auch die standardmäßige CMD-Befehlsshell, über die Sie sämtliche Befehlszeilenprogramme starten können, die Bestandteil von Windows Server 2016 sind.

Zum Beispiel können Sie als Alternative zum PowerShell-Cmdlet *Add-Computer* das Tool *Netdom.exe* von der Befehlszeile aus starten, um einen Computer umzubenennen und ihn einer Domäne hinzuzufügen. Einen Computer benennen Sie mit dem folgenden Befehl um:

```
netdom renamecomputer %computername%
    /newname: newcomputername
```

Nachdem Sie den Namen des Computers geändert haben, müssen Sie diesen neu starten. Das erledigen Sie mit dem Tool *Shutdown.exe* wie folgt:

```
shutdown /r
```

Per *Netdom.exe* fügen Sie einen Computer mit dem folgenden Befehl zu einer Domäne hinzu:

```
netdom join %computername%
    /domain: domainname
    /userd: username
    /passwordd:*
```

Bei diesem Befehl bewirkt das Sternchen (*) im Parameter */passwordd:*, dass das Programm das Kennwort für das angegebene Benutzerkonto abfragt.

PowerShell ferngesteuert verwenden

Bei Server Core-Computern, die in Serverschränken oder Datencentern verschlossen sind oder die sich an entfernten Orten befinden, können Sie auf deren PowerShell-Prompts ferngesteuert zugreifen. In Windows Server 2016 ist der Dienst *Windows-Remoteverwaltung* (WinRM) standardmäßig aktiviert, sodass Sie mit dem Cmdlet *New-PSSession* eine PowerShell-Remotesitzung erstellen können, zum Beispiel:

```
new-pssession -computername rtmsvrd
```

In diesem Beispiel ist *Rtmsvrd* der entfernte Server Core-Computer, den Sie verwalten möchten. Mit diesem Befehl erstellen Sie eine Verbindung zum Remotecomputer und weisen ihm eine ID zu, wie Abbildung 1–16 zeigt.

Abb. 1–16   Ausgabe des Cmdlets *New-PSSession*

Nachdem Sie die Sitzung erstellt haben, richten Sie mit dem Cmdlet *Enter-PSSession* die Verbindung ein. Dabei geben Sie die ID der eben erstellten Sitzung an, wie Abbildung 1–17 zeigt.

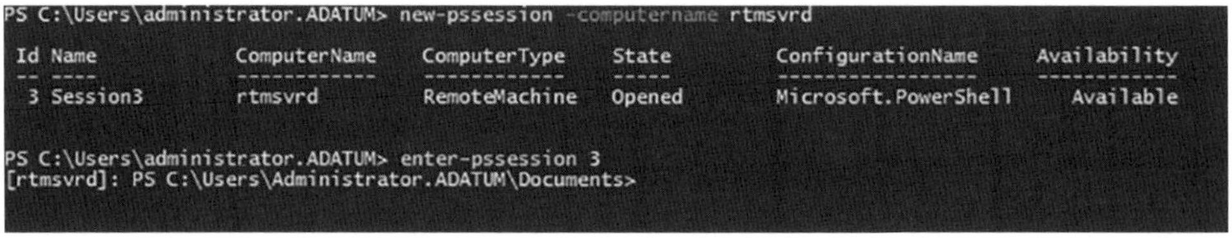

Abb. 1–17   Ausgabe des Cmdlets *Enter-PSSession*

Während Sie mit der Sitzung verbunden sind, werden die von Ihnen eingegebenen Befehle auf dem Remotecomputer ausgeführt, die Einstellungen des Remotecomputers konfiguriert und die Ressourcen des Remotecomputers genutzt.

Um die Sitzung zu verlassen und zum lokalen PowerShell-Prompt zurückzukehren, führen Sie das Cmdlet *Exit-PSSession* aus oder geben einfach exit ein. Die Sitzung bleibt dabei allerdings bestehen und Sie können zu ihr zurückkehren, indem Sie das Cmdlet *Enter-PSSession* erneut ausführen. Mit dem Cmdlet *Disconnect-PSSession* beenden Sie die Sitzung.

Server-Manager remote verwenden

Administratoren, die mit der CMD- oder der PowerShell-Befehlszeile nicht vertraut sind, können mit den grafischen Verwaltungstools auf einem anderen System einen Server Core-Computer verwalten. In der Server-Manager-Konsole, die zur Installationsoption Windows Server 2016 mit Desktopdarstellung gehört, können Sie mehrere Server zu der Benutzeroberfläche hinzufügen sowie Rollen und Features auf einem beliebigen Server hinzufügen und entfernen und die installierten Rollen überwachen.

In Server-Manager fügen Sie Server wie folgt hinzu:

1. Öffnen Sie Server-Manager und klicken Sie im linken Fensterbereich auf *Alle Server*. Daraufhin erscheint der Bereich *Server*, wie Abbildung 1–18 zeigt.

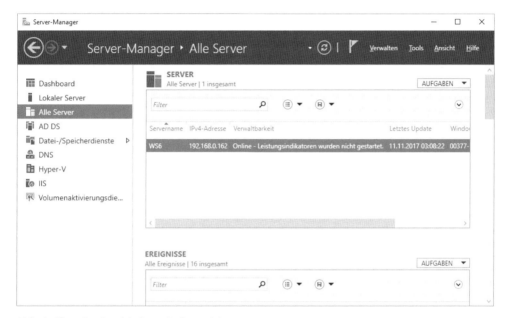

Abb. 1–18 Der Bereich *Server* in Server-Manager

2. Wählen Sie im Menü *Verwalten* den Befehl *Server hinzufügen*. Es erscheint das Dialogfeld *Server hinzufügen*.
3. Gehen Sie auf eine der folgenden Registerkarten, um nach Servern zu suchen:
   - **Active Directory** Ermöglicht es, nach Servern zu suchen, die bestimmte Windows-Versionen an bestimmten Active Directory-Orten ausführen.
   - **DNS** Ermöglicht es, das Domain Name System (DNS) nach Servern zu durchsuchen.
   - **Importieren** Hier können Sie eine Textdatei mit Servernamen bereitstellen.
4. Wählen Sie Suchparameter aus oder stellen Sie eine Textdatei bereit, um eine Liste der verfügbaren Server anzuzeigen, wie Abbildung 1–19 zeigt.

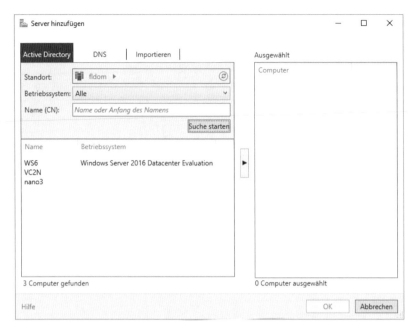

Abb. 1–19 Suchergebnisse nach Servern in Server-Manager

5. Markieren Sie die Server, die Sie in Server-Manager hinzufügen wollen, und klicken Sie auf den nach rechts weisenden Pfeil, um sie in die Liste *Ausgewählt* zu übernehmen.

6. Klicken Sie auf *OK*. Die Server in der Liste *Ausgewählt* erscheinen im Bereich *Server* (siehe Abbildung 1–20).

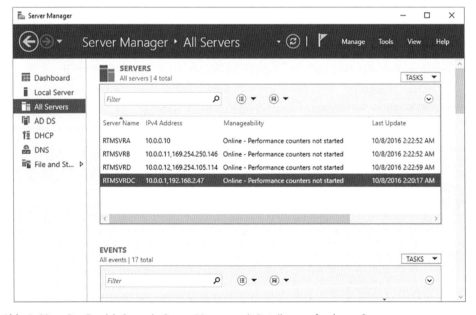

Abb. 1–20 Der Bereich *Server* in Server-Manager mit Details zu gefundenen Servern

MMC-Snap-Ins remote verwenden

Viele MMC-Snap-Ins für die Administration von Windows-Diensten erlauben es, eine Verbindung zu einem anderen Computer herzustellen und diesen remote zu verwalten. Zum Beispiel können Sie die Konsole *Ereignisanzeige* einer Windows-Installation mit vollständiger Benutzeroberfläche verwenden, um sich mit einem Server Core-Computer zu verbinden und dessen Protokolle anzuzeigen.

Um ein MMC-Snap-In mit einem anderen System zu verbinden, klicken Sie im Bereich *Aktionen* auf *Verbindung mit anderem Computer herstellen* (siehe Abbildung 1–21). Wählen Sie die Option *Anderer Computer* und geben Sie den Namen des Computers ein, den Sie verwalten möchten (oder suchen Sie nach diesem Computer).

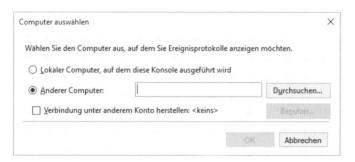

Abb. 1–21 Das Dialogfeld *Computer auswählen*

Will man Windows Server 2016 in der Standardkonfiguration mit einem MMC-Snap-In von einem anderen Computer aus verwalten, führt das zu einer Fehlermeldung. Das hängt damit zusammen, dass MMC auf das DCOM (Distributed Component Object Model) für die Remoteverwaltung zurückgreift und die Kommunikationseinstellungen für DCOM standardmäßig nicht aktiviert sind. Um sich per MMC mit einem Remotesystem zu verbinden, müssen Sie die folgenden Regeln in Windows-Firewall auf dem zu verwaltenden System aktivieren:

- COM+-Netzwerkzugriff (DCOM-In)
- Remote-Ereignisprotokollverwaltung (NP-In)
- Remote-Ereignisprotokollverwaltung (RPC)
- Remote-Ereignisprotokollverwaltung (RPC-EPMAP)

Mit dem Windows PowerShell-Cmdlet *Set-NetFirewallRule* können Sie diese Firewallregeln auf einem Server Core-Computer aktivieren:

```
set-netfirewallrule –name complusnetworkaccess-dcom-in
    –enabled true

set-netfirewallrule –name remoteeventlogsvc-in-tcp
    –enabled true
```

```
set-netfirewallrule –name remoteeventlogsvc-np-in-tcp
    –enabled true

set-netfirewallrule –name remoteeventlogsvc-rpcss-in-tcp
    –enabled true
```

Nachdem diese Regeln aktiviert sind, können Sie MMC-Snap-Ins mit dem Remoteserver verbinden.

Windows PowerShell Desired State Configuration (DSC) implementieren, um die Integrität installierter Umgebungen einzurichten und aufrechtzuerhalten

Desired State Configuration (DSC) ist ein Windows PowerShell-Feature, das mithilfe von Skriptdateien eine bestimmte Systemkonfiguration anwendet, überwacht und verwaltet. Die Skriptdateien werden auf einem zentralen DSC-Server gespeichert. Entweder holen Clients die Skripts vom Server oder der Server überträgt sie auf die Clients.

DSC besteht aus den folgenden drei Komponenten:

- **Konfigurationen**   PowerShell-Skripts mit Knotenblöcken, die die Namen der zu konfigurierenden Computer angeben, und Ressourcenblöcken, die die anzuwendenden Eigenschaftseinstellungen spezifizieren.

- **Ressourcen**   Die Bausteine, die Einstellungen oder Komponenten spezifizieren, sowie die Werte, die das Konfigurationsskript ihnen zuweisen sollte.

- **Lokaler Konfigurations-Manager (LCM)**   Das Modul, das auf dem Clientsystem läuft, Konfigurationen vom DSC-Server empfängt und sie auf den Computer anwendet.

Um DSC zu implementieren, erstellen Administratoren Konfigurationsskripts mit Ressourcenblöcken, kompilieren sie zu Modulen und stellen sie dann auf einem zentralen Dateiserver oder Webserver bereit. Der LCM, der auf den Clients läuft, empfängt die Konfigurationsmodule vom Server über eine Push- oder Pull-Architektur und wendet sie auf das System an. Außerdem verwaltet der LCM die Systemkonfiguration, indem er das System überwacht und sicherstellt, dass die geforderten Ressourceneinstellungen beibehalten werden, wobei er sie bei Bedarf erneut anwendet. DSC-Konfigurationen sind *idempotent*, d. h., dass sich die Skripts wiederholt auf ein System anwenden lassen, ohne dass Fehler oder andere unerwünschte Ergebnisse entstehen.

DSC-Konfigurationsskripts erstellen

Listing 1–1 zeigt ein einfaches DSC-Konfigurationsskript, um die DNS-Serveradresse des Clients zu konfigurieren. Dies ist nur das Basismodell für eine Konfiguration. Reale Konfigurationsskripts sind oftmals weit komplizierter und enthalten vollständige Systemkonfigurationen.

Listing 1–1 Beispiel für ein DSC-Konfigurationsskript

```
Configuration DnsClient
    Import-DscResource -ModuleName "xNetworking"
    Node ("ServerA","ServerB")
    {
        xDnsServerAddress DnsServer
        {
            Address       = 10.0.0.1
            AddressFamily = "Ipv4"
            InterfaceAlias = "Ethernet"
        }
    }
```

Die Befehle in diesem Skript führen die folgenden Funktionen aus:

- **Configuration**   Gibt den Namen der Konfiguration an, hier *DnsClient*.
- **Import-DscResource**   Lädt ein Modul namens *xNetworking*.
- **Node**   Spezifiziert die Namen der Computer, die konfiguriert werden sollen, hier *ServerA* und *ServerB*.
- **xDnsServerAddress**   Spezifiziert die Ressource in dem Modul, das konfiguriert werden soll, hier *DnsServer*.
- **Address**   Spezifiziert die DNS-Serveradresse, die der Ressource als Eigenschaft zugeordnet wird, hier 10.0.0.1.
- **AddressFamily**   Identifiziert die IP-Version der DNS-Adresse, in diesem Fall IPv4.
- **InterfaceAlias**   Identifiziert den Netzwerkadapter in den Knotensystemen, die konfiguriert werden sollen.

Wenn Sie das Konfigurationsskript ausführen, erzeugt PowerShell eine MOF(Management Object Format)-Datei für jeden Computer, der im Node-Block aufgeführt ist. Die MOF-Dateien sind die eigentlichen Skripts, die an die DSC-Clients verteilt werden.

Wenn DSC diese Konfiguration auf ein Clientsystem anwendet, prüft der LCM, ob die IPv4-DNS-Serveradresse für den angegebenen Netzwerkadapter korrekt konfiguriert ist. Trifft das zu, passiert nichts. Andernfalls konfiguriert der LCM den Netzwerkadapter.

DSC-Konfigurationen bereitstellen

Ein DSC-Konfigurationsmodul stellen Sie für Clients entweder in einer Pull- oder in einer Push-Architektur bereit. In einer Pull-Architektur sind die MOF-Dateien auf einem Pull-Server gespeichert, der als SMB-Server oder als IIS-Webserver mit einer OData-Schnittstelle arbeitet und mit einer eigenen DSC-Konfiguration eingerichtet ist.

Wenn Sie die MOF-Dateien auf dem Pull-Server veröffentlicht haben, konfigurieren Sie den LCM auf den Clientcomputern mit einem Konfigurationsskript, das die URL des Pull-Servers angibt und eine geplante Aufgabe erzeugt. Wenn sowohl der DSC-Server als auch der Client ordnungsgemäß konfiguriert sind, bewirkt die geplante Aufgabe auf dem Client, dass der LCM regelmäßig den Pull-Server nach Konfigurationen abfragt und das lokale System auf Übereinstimmung überprüft. Bei Bedarf lädt der LCM die Konfigurationsdateien vom Pull-Server herunter und wendet sie auf den Clientcomputer an.

In einer Push-Architektur führen Sie das Cmdlet *Start-DscConfiguration* auf dem Server aus und geben im Parameter *Path* den Ort an, wo die MOF-Dateien gespeichert sind. Standardmäßig schiebt das Cmdlet die angegebene Konfiguration auf alle Clients, die MOF-Dateien im angegebenen Pfad enthalten.

Aktualisierungen und Migrationen von Servern und Kernarbeitsauslastungen von Windows Server 2008 und Windows Server 2012 nach Windows Server 2016 durchführen

Wenn Sie Windows Server 2016 auf Servern mit Vorgängerversionen ausführen möchten, haben Sie zwei Möglichkeiten: aktualisieren oder migrieren. Eine Aktualisierung ist eine Form der Installation von Windows Server 2016, die Sie auf einem vorhandenen Server ausführen. Am Ende des Vorgangs haben Sie einen Computer, der Windows Server 2016 mit allen Rollen, Anwendungen, Konfigurationseinstellungen und intakten Datendateien ausführt. Bei einer Migration führen Sie eine Neuinstallation von Windows Server 2016 auf einem neuen Computer aus und übertragen sämtliche Rollen, Anwendungen, Konfigurationseinstellungen und Datendateien vom alten Computer auf den neuen. Microsoft empfiehlt, nach Möglichkeit Migrationen statt Aktualisierungen durchzuführen.

Server aktualisieren

Ein direktes Upgrade ist die komplizierteste Form der Windows Server 2016-Installation. Zudem dauert sie am längsten und bringt am wahrscheinlichsten Probleme während ihrer Ausführung mit sich. Bei einem direkten Upgrade legt das Setupprogramm einen neuen *Windows*-Ordner an und installiert die Windows Server 2016-Betriebssystemdateien in diesem Ordner.

Das ist aber erst die Hälfte des Prozesses. Das Programm muss dann die Anwendungen, Dateien und Einstellungen vom alten Betriebssystem migrieren. Das verlangt verschiedene Prozeduren, wie zum Beispiel das Importieren von Benutzerprofilen, Kopieren aller relevanten Einstellungen von der alten Registrierung in die neue, das Aufsuchen von Anwendungen und Datendateien sowie das Aktualisieren der Gerätetreiber auf neue Versionen.

Somit ist die Aktualisierung eigentlich gar keine richtige Aktualisierung, sondern vielmehr eine interne Migration zwischen zwei Betriebssystemen, die auf demselben Computer installiert sind. Das Potenzial für Probleme während einer Aktualisierung resultiert aus dem Umstand, dass das ursprüngliche Betriebssystem während des Prozesses in ein Verzeichnis Namens *Windows.old* wandert, wodurch es schwierig wird, den Computer zur ursprünglichen Konfiguration zurückzubringen. Bei einer Migration zwischen zwei Computern bleibt das ursprüngliche Betriebssystem unverändert und ist immer noch nutzbar, falls ein Problem auftreten sollte.

Während direkte Aktualisierungen oftmals reibungslos ablaufen, bedeutet die Komplexität des Aktualisierungsvorgangs und die große Anzahl von variablen Größen, dass viele Dinge potenziell schiefgehen können. Um die Risiken zu minimieren, müssen Administratoren den Aktualisierungsvorgang ernst nehmen, das System gut vorbereiten und in der Lage sein, alle eventuell auftretenden Probleme in den Griff zu bekommen.

Upgradepfade

In den meisten Fällen können Sie einen Computer unter Windows Server 2012 oder Windows Server 2012 R12 auf eine äquivalente Windows Server 2016-Edition aktualisieren. Allerdings gibt es folgende Beschränkungen beim Aktualisierungsprozess:

- **Versionen** Aktualisierungen von Windows Server 2012 und Windows Server 2012 R2 auf Windows Server 2016 werden unterstützt. Es gibt keinen direkten Upgrade-Pfad von irgendwelchen Versionen vor Windows Server 2012. Es jedoch möglich, eine Aktualisierung in zwei Schritten durchzuführen, zum Beispiel von 2008 zu 2012 und von 2012 zu 2016.
- **Editionen** Aktualisierungen zwischen gleichwertigen Betriebssystemeditionen werden unterstützt, ebenso wie von Windows Server 2012 Standard oder Windows Server 2012 R2 Standard zu Windows Server 2016 Datacenter. Aktualisierungen von den Datacenter-Editionen auf die Standard-Edition werden nicht unterstützt.
- **Installationsoptionen** Aktualisierungen zwischen Server Core-Computern und Computern mit grafischer Benutzeroberfläche werden in keiner Richtung unterstützt. Upgrades zwischen Nanoservern und anderen Windows Server-Installationsoptionen werden ebenfalls nicht unterstützt.
- **Plattformen** Aktualisierungen von 32-Bit- auf 64-Bit-Versionen von Windows Server sind noch nie unterstützt worden. Da Windows Server 2008 die letzte 32-Bit-Version dieser Betriebssystemfamilie war, gibt es ohnehin keinen Aktualisierungspfad auf Windows Server 2016.
- **Sprachen** Aktualisierungen von einer Windows-Sprachversion auf eine andere werden nicht unterstützt, unabhängig von der Version.
- **Arbeitsstationen** Aktualisierungen von den Windows-Workstation-Betriebssystemen auf Windows Server 2016 werden nicht unterstützt, unabhängig von der Version.

In allen nicht unterstützten Fällen erlaubt das Windows-Setupprogramm keine Aktualisierung, bietet aber an, eine Neuinstallation durchzuführen.

Eine Aktualisierung vorbereiten

Bevor Sie eine direkte Aktualisierung auf Windows Server 2016 in Angriff nehmen, sollten Sie eine Reihe von vorläufigen Prozeduren absolvieren, um mögliche Schwierigkeiten zu erkennen und Ihre Serverdaten zu schützen.

Die folgenden Punkte sollten Sie im Vorfeld vor einer Aktualisierung auf Windows Server 2016 abarbeiten:

- **Hardwarekompatibilität überprüfen** Vergewissern Sie sich, dass der Server die Mindesthardwareanforderungen für eine Windows Server 2016-Installation erfüllt. Im Allgemeinen sollte Ihre Hardware für Windows Server 2016 genügen, wenn bisher Windows Server 2012 oder Windows Server 2012 R2 zufriedenstellend darauf gelaufen sind. Haben Sie vor, die Hardware aufzurüsten, beispielsweise mit zusätzlichem Hauptspeicher, sollten Sie diese Arbeiten abschließen und die Computer gründlich testen, bevor Sie die Aktualisierung vornehmen. Oder Sie warten, bis die Aktualisierung fertiggestellt und ausgiebig getestet ist.

- **NIC-Teamvorgang entfernen** Windows Server 2016 bewahrt keine NIC-Teams während der Aktualisierung. Wenn Ihre vorhandenen Server in den NIC-Teamvorgang einbezogen sind, sollten Sie alle Teams entfernen, bevor Sie die Aktualisierung durchführen, und sie hinterher wieder einrichten.

- **Festplattenplatz überprüfen** Die Partition, auf der das alte Betriebssystem installiert ist, muss genügend freien Festplattenplatz bieten. Während der Aktualisierung muss die Partition beide Betriebssysteme gleichzeitig aufnehmen können. Nachdem die Aktualisierung erfolgreich abgeschlossen ist, können Sie die alten Dateien entfernen und so zusätzlichen Platz gewinnen.

- **Bestätigen, dass Software signiert ist** Die gesamte Software für den Kernelmodus auf dem Server muss einschließlich der Gerätetreiber digital signiert sein. Andernfalls lässt sich die Aktualisierung nicht fortsetzen. Wenn Sie für irgendwelche signierten Anwendungen oder Treiber kein Softwareupdate finden können, müssen Sie die Anwendung oder den Treiber deinstallieren, bevor Sie mit der Installation fortfahren.

- **Anwendungskompatibilität überprüfen** Das Setupprogramm zeigt eine Seite *Kompatibilitätsbericht* an, die auf mögliche Probleme mit der Anwendungskompatibilität hinweist. Manchmal lassen sich diese Probleme lösen, wenn Sie die Anwendungen aktualisieren. Legen Sie eine Bestandsliste der auf dem Server installierten Softwareprodukte an und konsultieren Sie die Websites der Hersteller in Bezug auf Aktualisierungen oder Ankündigungen von Unterstützung für Windows Server 2016. In einer Unternehmensumgebung sollten Sie – unabhängig davon, was der Hersteller sagt – alle Anwendungen auf Windows Server 2016-Kompatibilität überprüfen, bevor Sie Betriebssystemaktualisierungen durchführen.

- **Windows-Updates installieren** Bringen Sie das alte Betriebssystem mit den neuesten Patches auf den neuesten Stand, bevor Sie mit der Aktualisierung fortfahren.

- **Funktionalität des Computers gewährleisten** Vergewissern Sie sich, dass Windows Server 2012 oder Windows Server 2012 R2 ordnungsgemäß auf dem Computer läuft, bevor Sie mit der Aktualisierung beginnen. Überprüfen Sie das Ereignisprotokoll in Bezug auf Warnungen und Fehler. Da Sie ein direktes Upgrade aus dem vorhandenen Betriebssystem heraus ausführen, können Sie sich nicht darauf verlassen, dass Windows Server 2016 irgendwelche Probleme behebt, die den Start des Computers oder die Ausführung des Setupprogramms verhindern.

- **Eine Komplettsicherung ausführen** Bevor Sie irgendeine Aktualisierungsprozedur durchführen, sollten Sie das gesamte System sichern, und zwar vorzugsweise mit einem Produkt, das eine Notfallwiederherstellung bietet, damit Sie bei Bedarf zum ursprünglichen Zustand zurückkehren können. Zumindest sollten Sie Ihre wichtigen Datendateien sichern. Wechseldatenträger vereinfachen diesen Prozess, selbst wenn auf dem Computer kein passendes Sicherungsgerät installiert ist.

- **Windows Server 2016 kaufen** Kaufen Sie die richtige Windows Server 2016-Lizenz für das Upgrade. Außerdem müssen Sie das Installationsmedium und den Product Key (falls erforderlich) bereitlegen.

Eine Aktualisierungsinstallation ausführen

Wenn das System vorbereitet ist und alle erforderlichen Komponenten bereitstehen, läuft die eigentliche direkte Upgradeprozedur ähnlich wie eine Neuinstallation ab, außer dass sie länger dauert.

Anstatt das System von einem USB-Speicherstick oder einer Installations-DVD zu booten, starten Sie das alte Betriebssystem auf normale Weise und führen das Programm *Setup.exe* von Windows Server 2016 aus. Der Windows Setup-Assistent erscheint und der Installationsvorgang beginnt.

Der erste Unterschied ist, dass eine Seite *Wählen Sie aus, was Sie behalten möchten* erscheint (siehe Abbildung 1–22). Auf dieser Seite wählen Sie zwischen zwei Optionen: *Persönliche Dateien und Apps beibehalten*, was einem Upgrade entspricht, und *Nichts*, was eine Neuinstallation bedeutet.

Abb. 1–22 Die Seite *Wählen Sie aus, was Sie behalten möchten*

Dann informiert Sie die Seite *Kompatibilitätsbericht* über bekannte Inkompatibilitäten von Treibern und Anwendungen (siehe Abbildung 1–23).

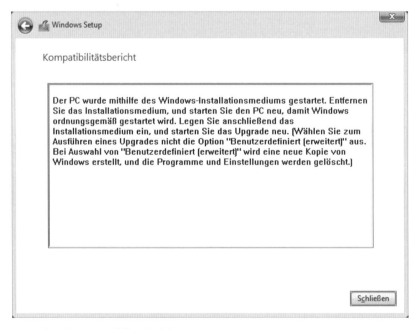

Abb. 1–23 Die Seite *Kompatibilitätsbericht*

Wenn das Setupprogramm irgendwelche potenziellen Kompatibilitätsprobleme anzeigt, müssen Sie das Setupprogramm gegebenenfalls schließen, um eine inkompatible Anwendung zu aktualisieren oder zu deinstallieren.

Nachdem Sie auf *Installieren* geklickt haben, aktualisiert das Setupprogramm das bisherige Betriebssystem Windows Server 2012 oder Windows Server 2012 R2 auf Windows Server 2016 und startet den Computer mehrmals neu. Abhängig davon, was auf dem Server installiert ist, dauert es eine ganze Zeit, bis das System die Installation abgeschlossen hat und der Windows-Anmeldebildschirm erscheint.

Rollen migrieren

Migration ist die bevorzugte Methode, einen vorhandenen Server durch einen Server zu ersetzen, auf dem Windows Server 2016 läuft. Im Unterschied zu einer direkten Aktualisierung kopiert eine Migration lebenswichtige Informationen von einem vorhandenen Server zu einer Neuinstallation von Windows Server 2016. Der vorhandene Server bleibt intakt und der neue Server enthält keine übrig gebliebenen Artefakte vom vorherigen Betriebssystem.

Während einer Migration gelten praktisch keine Einschränkungen, die vorher in Bezug auf Aktualisierungen aufgelistet wurden. Mit Windows Server-Migrationstools und den Migrationsrichtlinien, die mit Windows Server 2016 bereitgestellt werden, können Sie Daten zwischen Servern unter den folgenden Bedingungen migrieren:

- **Zwischen Versionen** Von jeder Windows Server-Version seit Windows Server 2003 SP2 bis Windows Server 2016. Dazu gehören auch Migrationen von einem Server, der unter Windows Server 2016 läuft, auf einen anderen.
- **Zwischen Plattformen** Von einem x86- oder x64-basierten Server auf einen x64-basierten Server, der unter Windows Server 2016 läuft.
- **Zwischen Editionen** Zwischen Servern, auf denen verschiedene Windows Server-Editionen laufen.
- **Zwischen physischen und virtuellen Computern** Von einem physischen Computer zu einem virtuellen Computer oder umgekehrt.
- **Zwischen Installationsoptionen** Von einem Computer, auf dem Windows Server 2012 oder Windows Server 2012 R2 mit der Installationsoption Server Core läuft, auf ein System mit vollständiger grafischer Benutzeroberfläche, auf dem Windows Server 2016 läuft. Außerdem können Sie Daten von einem System mit grafischer Benutzeroberfläche auf Windows Server 2016 Server Core migrieren.

> *HINWEIS* **Migrationsbeschränkungen**
>
> Windows Server 2016 unterstützt keine Migrationen zwischen verschiedenen Sprachversionen des Betriebssystems. Außerdem ist es nicht möglich, Daten von Server Core-Installationen von Windows Server 2008 zu migrieren, weil Server Core in dieser Version keine Unterstützung für Microsoft .NET Framework bietet.

Windows-Server zu migrieren unterscheidet sich erheblich von allen Migrationen, die Sie vielleicht bei Windows-Workstations durchgeführt haben. Anstatt eine einzige Migrationsprozedur auszuführen, die alle Anwendungen und Benutzerdaten vom Quell- zum Zielcomputer auf einmal kopiert, migrieren Sie Rollen oder Rollendienste individuell.

Windows Server 2016 umfasst eine Sammlung von Migrationsrichtlinien, die detaillierte und individuell zugeschnittene Anweisungen für die Migration aller von Windows Server 2016 unterstützten Rollen bereitstellen.

Manche Rollen setzen die Verwendung der Windows Server-Migrationstools voraus, während bei anderen eigene Migrationsfunktionen integriert sind. Normalerweise haben diese die Form eines Tools, das sämtliche Rolleneinstellungen und Daten in eine Datei sichert, die Sie auf den neuen Server kopieren und importieren können.

Windows Server-Migrationstools installieren

Windows Server-Migrationstools ist ein Windows Server 2016-Feature, das aus fünf Windows PowerShell-Cmdlets und Hilfedateien besteht und Administratoren in der Lage versetzt, bestimmte Rollen zwischen Servern zu migrieren.

Folgende fünf Cmdlets sind in Windows Server-Migrationstools enthalten:

- **Export-SmigServerSetting**   Exportiert bestimmte Windows-Features und Betriebssystemeinstellungen in einen Migrationsspeicher.

- **Get-SmigServerFeature**   Zeigt eine Liste von Windows-Features an, die sich vom lokalen Server oder aus einem Migrationsspeicher migrieren lassen.

- **Import-SmigServerSetting**   Importiert bestimmte Windows-Features und Betriebssystemeinstellungen aus einem Migrationsspeicher und wendet sie auf den lokalen Server an.

- **Receive-SmigServerData**   Erlaubt es einem Zielserver, migrierte Dateien, Ordner, Berechtigungen und gemeinsame Eigenschaften von einem Quellserver zu empfangen. Das Cmdlet *Send-SmigServerData* muss gleichzeitig auf dem Quellserver laufen.

- **Send-SmigServerData**   Migriert Dateien, Ordner, Berechtigungen und gemeinsame Eigenschaften von einem Quellserver auf einen Zielserver. Das Cmdlet *Receive-SmigServerData* muss gleichzeitig auf dem Zielserver laufen.

Bevor Sie die Cmdlets der Migrationstools verwenden können, müssen Sie das Feature Windows Server-Migrationstools auf dem Zielserver installieren, der unter Windows Server 2016 läuft, und dann die passende Version der Tools auf den Quellserver kopieren.

Windows Server-Migrationstools ist ein Standardfeature. Sie installieren es auf einem Windows Server 2016 mit dem Assistenten zum Hinzufügen von Rollen und Features in Server-Manager oder wie folgt mit dem Cmdlet *Install-WindowsFeature* in Windows PowerShell:

```
install-windowsfeature migration
```

Nachdem Sie das Feature Windows Server-Migrationstools auf dem Zielserver installiert haben, müssen Sie einen Verteilungsordner anlegen, der die Tools für den Quellserver aufnimmt. Dieser Verteilungsordner enthält die passenden Dateien für das Betriebssystem, das auf dem Quellserver läuft.

Mit der folgenden Prozedur erstellen Sie den Verteilungsordner auf einem Server unter Windows Server 2016, auf dem Windows Server-Migrationstools bereits installiert ist:

1. Öffnen Sie eine Eingabeaufforderung mit Administratorberechtigungen.
2. Wechseln Sie mit dem folgenden Befehl zu dem Verzeichnis, das die Dateien für Windows Server-Migrationstools enthält:

   ```
   cd\windows\system32\ServerMigrationTools
   ```
3. Starten Sie das Programm *SmigDeploy.exe* mit den passenden Befehlszeilenschaltern für die Plattform und Betriebssystemversion des Quellservers. Die Syntax lautet:

   ```
   SmigDeploy.exe /package
       /architecture [x86|amd64]
       /os [WS16|WS12R2|WS12|WS08|WS08R2|WS03]
       /path foldername
   ```

Das Programm *SmigDeploy.exe* erzeugt einen neuen Ordner in dem Verzeichnis, das Sie mit der Variablen *foldername* festlegen, und weist ihm einen Namen und Ort entsprechend den angegebenen Befehlszeilenschaltern zu. Wenn Sie zum Beispiel den folgenden Befehl eingeben und ⏎ drücken, erzeugt das Programm einen Ordner *c:\temp\SMT_ws12R2_amd64* mit den Server-Migrationstools:

```
SmigDeploy.exe /package
    /architecture amd64
    /os WS12R2
    /path c:\temp
```

Nachdem Sie den Verteilungsordner angelegt haben, kopieren Sie ihn mit Standardmitteln auf den Quellserver und registrieren dann Windows Server-Migrationstools auf dem Quellserver, indem Sie das Programm *SmigDeploy.exe* von der Eingabeaufforderung mit administrativen Rechten ausführen.

Wenn Sie *SmigDeploy.exe* ausführen, registriert das Programm Windows Server-Migrationstools auf dem Quellserver und öffnet ein Windows PowerShell-Fenster, in dem Sie diese Tools verwenden können.

Migrationsrichtlinien verwenden

Nachdem Sie die Windows Server-Migrationstools sowohl auf dem Quellserver als auch auf dem Zielserver installiert haben, können Sie Daten zwischen den beiden Systemen migrieren. Mit den Migrationstools lassen sich bestimmte Rollen, Features, Freigaben, Betriebssystemeinstellungen und andere Daten vom Quellserver auf den Zielserver, der unter Windows Server 2016 läuft, migrieren.

Beim Migrieren aller Windows Server-Rollen ist keinerlei Prozedur beteiligt, egal ob die Rollen ihre eigenen Migrationstools mitbringen oder nicht. Stattdessen stellt Microsoft detaillierte Migrationsrichtlinien für individuelle Rollen und manchmal für individuelle Rollendienste innerhalb einer Rolle bereit.

Eine typische Migrationsrichtlinie enthält beispielsweise folgende Elemente:

- **Anmerkungen zur Kompatibilität** Listen oder Tabellen mit speziellen Umständen, unter denen die Leitfadenprozeduren gelten, und Umständen, unter denen sie nicht gelten. Dazu gehören Anmerkungen in Bezug auf Migrationen zwischen verschiedenen Betriebssystemversionen, Plattformen und Installationsoptionen.

- **Inhalt der Richtlinien** Eine Liste der Abschnitte, die im Migrationsleitfaden erscheinen.

- **Migrationsüberblick** Eine Liste der erforderlichen Prozeduren, um die Migration abzuschließen. Enthält Verknüpfungen zu den Befehlen für die eigentlichen Prozeduren.

- **Migrationsanforderungen** Eine Liste von Software, Berechtigungen und anderen Elementen, die für die Fertigstellung der Migration erforderlich sind, sowie der geschätzte Zeitbedarf.

- **Aufgaben vor der Migration** Detaillierte Anweisungen für Prozeduren, die Sie vor Beginn der eigentlichen Migration abschließen müssen, unter anderem erforderliche Software installieren und vorhandene Daten sichern.

- **Migrationsprozeduren** Detaillierte Anweisungen für die individuellen Prozeduren, die Sie ausführen müssen, um die Migration fertigzustellen.

- **Prozeduren nach der Migration** Anweisungen zum Entfernen oder Deaktivieren einer Rolle vom Quellserver oder Wiederherstellen der Systeme auf ihre vorherigen Status.

Das angemessene Aktivierungsmodell für die Serverinstallation bestimmen

Eine Einzelhandelsversion von Windows Server 2016 erhalten Sie zusammen mit einem 25-stelligen Product Key. Diesen Produktschlüssel geben Sie während der Installation des Betriebssystems ein. Windows aktiviert ihn später bei einer Verbindung mit einem Microsoft-Server und validiert ihn. Für Netzwerkadministratoren, die für Dutzende oder Hunderte von Servern zuständig sind, dürfte es allerdings schwierig sein, auf jedem Computer einen anderen Schlüssel einzutippen – und es ist kaum praktikabel, sie im Nachhinein im Auge zu behalten. Um den Administratoren entgegenzukommen, bietet Microsoft unter anderem folgende Modelle der Volumenaktivierung, die diesen Aspekt der Massenverteilung vereinfachen:

- Mehrfachaktivierungsschlüssel (Multiple Activation Keys, MAK)
- Schlüsselverwaltungsdienst (Key Management Service, KMS)
- Aktivierung über Active Directory

Die folgenden Abschnitte beschäftigen sich mit diesen Volumenaktivierungsmethoden.

> **HINWEIS** Lizenzierung und Aktivierung
>
> Der Microsoft-Softwarevalidierungsprozess besteht aus zwei getrennten Teilen: Kaufen der Softwarelizenzen und Aktivieren der Produktschlüssel, die den Lizenzen zugeordnet sind. Die hier beschriebenen Volumenaktivierungsmechanismen sind nur dafür vorgesehen, die Produktschlüssel zu aktivieren, die Sie bereits über ein Volumenlizenzierungsprogramm erhalten haben.

Mehrfachaktivierungsschlüssel (MAK)

Ein *Mehrfachaktivierungsschlüssel (Multiple Activation Key, MAK)* ist letztlich ein Produktschlüssel, mit dem Sie mehrere Windows-Systeme aktivieren können. Er ist gedacht für relativ kleine Netzwerke, wie zum Beispiel solche Netze, die die Schwelle für die KMS-Aktivierung nicht erreichen. Durch MAK-Aktivierung muss der Administrator keinen separaten Produktschlüssel für jeden einzelnen Computer erwerben und verwalten.

Wenn Sie eine Vereinbarung zur MAK-Volumenlizenzierung mit Microsoft eingehen, können Sie einen Produktschlüssel bekommen, der die spezifische Anzahl der von Ihnen gekauften Lizenzen unterstützt. Wenn Sie später zusätzliche Lizenzen kaufen, können Sie sie Ihrem vorhandenen MAK hinzufügen.

Da Sie denselben MAK für mehrere Computer verwenden, können Sie den Produktschlüssel in ein Betriebssystemabbild einschließen oder ihn in einem Bereitstellungsskript angeben. Dann wird derselbe Schlüssel auf alle Computer kopiert.

Es gibt zwei Möglichkeiten, Windows-Computer mithilfe von MAK zu aktivieren:

- **Von MAK unabhängige Aktivierung** In diesem Modus muss jeder Computer, der MAK verwendet, eine individuelle Aktivierung mit Microsoft durchführen, entweder über eine Internetverbindung oder per Telefon. Administratoren können den MAK in ein Windows-Bereitstellungsskript einbinden, sodass alle neu installierten Computer den Schlüssel erhalten und ihn aktivieren, sobald sie mit dem Internet verbunden sind. Diese Option ist auch geeignet für Computer, die mit dem Firmennetz nicht verbunden sind, weil sie keine interne Serververbindung erfordert.

- **MAK-Proxyaktivierung** In diesem Modus empfangen Windows-Computer einen MAK von einem System, auf dem das *Tool für die Volumenaktualisierungsverwaltung* (VAMT) läuft. Das VAMT sammelt Installations-IDs von den Zielcomputern, sendet sie mit einer einzigen Verbindung an Microsoft und empfängt im Gegenzug Bestätigungs-IDs, die es an die Ziele verteilt. Proxyauthentifizierung ist für Systeme vorgesehen, die keinen direkten Zugriff zum Internet haben, entweder aus Sicherheitsgründen oder weil sie Teil einer Labor- oder Schulungsumgebung sind.

Schlüsselverwaltungsdienst (KMS)

Der *Schlüsselverwaltungsdienst* (*Key Management Service, KMS*) ist eine Client/Server-Anwendung, die Clientcomputer in die Lage versetzt, ihre lizenzierten Betriebssystemprodukte durch Kommunikation mit einem KMS-Hostcomputer im lokalen Netzwerk zu aktivieren. Clients müssen sich nicht mit dem Internet verbinden, um den Aktivierungsvorgang abzuschließen; beim Computer, der als KMS-Host arbeitet, ist das aber erforderlich.

KMS ist die von Microsoft für große Netzwerke empfohlene Aktivierungsmethode. Im Unterschied zu MAK-Aktivierungen, bei denen ein Server als Proxy fungiert, indem er individuelle Aktivierungstransaktionen für seine Clients ausführt, arbeitet der KMS-Host als tatsächliche Aktivierungsautorität für die Computer im Netzwerk. Nachdem der Product Key des KMS-Hosts validiert wurde, aktiviert der Host die Clientprodukte selbst und erneuert diese Produktaktivierungen regelmäßig.

Für Netzwerkadministratoren bedeutet dies, dass sie Massenbereitstellungen des Betriebssystems durchführen können, ohne für jeden einzelnen Computer einen Product Key angeben und ohne für jede Aktivierung eine eigene Internettransaktion fertigstellen zu müssen. Nachdem die Installation des lizenzierten Betriebssystems abgeschlossen ist, suchen die Clientcomputer einen KMS-Host im Netzwerk und aktivieren ihre Produkte automatisch. Weder aufseiten des Clients noch aufseiten des KMS-Hosts sind weitere Interaktionen erforderlich.

KMS-Beschränkungen

Bevor Sie sich für KMS als Volumenaktivierungen in Ihrem Netzwerk entscheiden, sollten Sie die Einschränkungen kennen, die Sie möglicherweise von der Verwendung von KMS abhalten. Die in Windows Server 2016 und Windows 10 enthaltene Version von KMS kann Windows Vista und spätere Versionen, Windows Server 2008 und spätere Versionen sowie Office 2010 und spätere Versionen aktivieren. Wenn Sie allerdings Windows 10 als KMS-Host einsetzen, können Sie nur die Workstation-Versionen von Windows aktivieren und nicht die Server-Versionen.

KMS setzt außerdem mindestens 25 Workstation-Systeme oder 5 Server-Systeme als Clients voraus. Das ist der sogenannte *Aktivierungsschwellenwert*. Wenn Computer ihre Aktivierungsanforderungen an den KMS-Host senden, verwaltet der Host einen Anforderungszähler und führt Aktivierungen erst aus, wenn der Zählerstand die Mindestanforderung erreicht. Hat der Host das Minimum noch nicht erreicht, wiederholen die Clients ihre Anforderungen alle zwei Stunden, um den aktuellen Aktivierungszählerstand des Hosts zu ermitteln. Und wenn der Aktivierungszählerstand eines betriebsfähigen Hosts jemals unter den Mindestwert fallen sollte, führt der KMS-Host keine weiteren Aktivierungen aus, bis er wiederhergestellt ist.

KMS-Hosts verwalten einen Cache von Aktivierungsanforderungen in der Gesamtgröße des doppelten Aktivierungsschwellenwerts. Demzufolge verwaltet ein Host einen Datensatz seiner 50 letzten Workstation-Anforderungen, damit er möglichst nicht unter das geforderte Minimum fällt. Aus diesem Grund empfiehlt Microsoft, dass Netzwerke, die KMS verwenden, mindestens 50 Computer umfassen. Netzwerke mit weniger als 50 Computern sollten andere Mechanismen für die Volumenaktivierung verwenden.

Im Unterschied zu individuellen und MAK-Aktivierungen, die einmalige Ereignisse sind, verfallen KMS-Aktivierungen nach 180 Tagen. Dies ist das *Aktivierungsintervall*. Die Clients versuchen, ihre Aktivierungen alle sieben Tage zu erneuern. Wenn ihnen die Reaktivierung nicht gelingt, verfallen ihre Produktaktivierungen.

Einen KMS-Host installieren

Um die Aktivierungen für ein Netzwerk praktisch jeder Größe zu verwalten, genügt ein einzelner KMS-Host. Aus Gründen der Fehlertoleranz setzen viele Organisationen allerdings zwei KMS-Hosts ein. Möchten Sie einen KMS-Host auf einem Computer unter Windows Server 2016 installieren, müssen Sie die Rolle *Volumenaktivierungsdienste* hinzufügen und dann die *Tools für die Volumenaktivierung* konfigurieren.

Um einen KMS-Host auf Windows Server 2016 zu installieren, müssen Sie zuerst einen KMS-Hostschlüssel vom Microsoft Volume Licensing Service Center (VLSC) abrufen. Schließen Sie dann die folgende Prozedur ab:

1. Starten Sie Server-Manager unter einem Konto mit administrativen Rechten und installieren Sie über den Assistenten zum Hinzufügen von Rollen und Features die Rolle *Volumenaktivierungsdienste* einschließlich der dafür erforderlichen Features.
2. Wenn die Installation der Rolle abgeschlossen ist, klicken Sie auf den Link *Volumenaktivierungstools*. Daraufhin startet der Assistent *Tools für die Volumenaktivierung* und zeigt die Seite *Volumenaktivierungsmethode auswählen* an, wie Abbildung 1–24 zeigt.

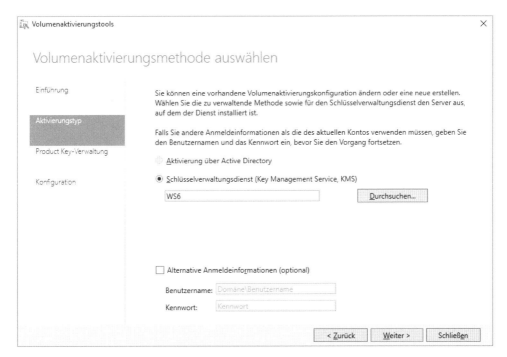

Abb. 1–24 Die Seite *Volumenaktivierungsmethode auswählen* im Assistenten *Volumenaktivierungstools*

3. Klicken Sie auf *Weiter*, um das lokale System als KMS-Server zu akzeptieren. Es erscheint die Seite *KMS-Host verwalten* (siehe Abbildung 1–25).

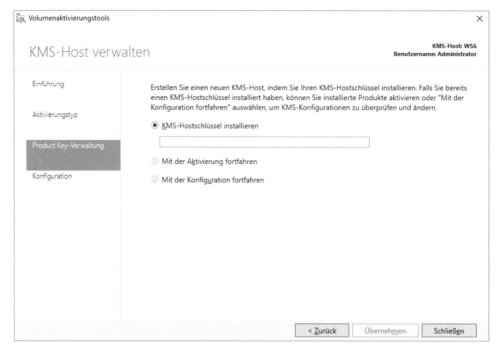

Abb. 1–25 Die Seite *KMS-Host verwalten* im Assistenten *Volumenaktivierungstools*

4. Geben Sie Ihren KMS-Hostschlüssel in das Textfeld ein und klicken Sie auf *Übernehmen*. Damit gelangen Sie zur Seite *Erfolgreiche Product Key-Installation*.
5. Klicken Sie auf *Produkte aktivieren*. Die Seite *Produkt aktivieren* erscheint.
6. Lassen Sie die Option *Online aktivieren* ausgewählt und klicken Sie auf *Übernehmen*. Der Assistent aktiviert den Schlüssel und geht zur Seite *Aktivierung erfolgreich*.
7. Klicken Sie auf *Schließen*.

> **HINWEIS** **KMS-Kommunikation**
>
> Ein Computer, der als KMS-Host fungiert, muss Verkehr durch TCP-Port 1688 erlauben. Achten Sie darauf, die Firewalls für diesen Verkehr entsprechend zu konfigurieren.

Nachdem der KMS-Host installiert und konfiguriert ist sowie sein Hostschlüssel aktiviert wurde, kann er Clients im Netzwerk aktivieren. Welche Produkte der KMS-Host aktivieren darf – und welche Betriebssysteme als KMS-Host fungieren können –, hängt vom Hostschlüssel selbst ab. Wenn Sie eine Vereinbarung zur Volumenlizenzierung mit Microsoft eingehen, geben Sie zum einen die Betriebssysteme an, die Sie ausführen wollen, und zum anderen, wie viele Computer

Sie bereitstellen möchten. Daraufhin liefert Microsoft Ihnen einen KMS-Hostschlüssel für die geeignete Volumenproduktgruppe.

Damit sich Clients mit einem KMS-Host verbinden können, müssen sie ihn erst einmal finden. Dabei stützen Sie sich auf das Domain Name System (DNS). Nachdem der KMS-Host aktiviert ist, erzeugt er einen SRV-Datensatz, der den Computer als solchen identifiziert. Die KMS-Clients im Netzwerk können dann mit standardmäßigen DNS-Abfragen den Host finden.

KMS-Clients konfigurieren

Windows-Editionen mit Volumenlizenzierung wie zum Beispiel die Enterprise-Editionen verwenden standardmäßig KMS, um das Betriebssystem zu aktivieren. Nach einer Massenbereitstellung dieser Betriebssysteme findet die Authentifizierung automatisch so lange statt, wie die Clients einen betriebsbereiten KMS-Host finden und sich mit ihm verbinden können.

Wenn Sie Computer mit Windows-Editionen betreiben, die standardmäßig keine KMS-Clients sind, beispielsweise Computer mit Einzelhandels-, MAK- oder KMS-Host-Lizenzen, können Sie sie als KMS-Clients konfigurieren, indem Sie ihnen *Generic Volume Licensing Keys (GVLKs)* geben, die von Microsoft veröffentlicht werden.

Aktivierung auf Active Directory-Grundlage

In Windows Server 2012 und Windows 8 hat Microsoft mit der Aktivierung über Active Directory eine dritte Volumenaktivierungsmethode eingeführt. Die *Aktivierung über Active Directory* ist KMS im Wesentlichen ähnlich, außer dass sie Active Directory Domain Services (AD DS) für die Kommunikation und die Datenspeicherung anstelle eines KMS-Hosts verwendet. Nachdem Sie Ihre AD DS-Gesamtstruktur konfiguriert haben, um die Aktivierung über Active Directory bereitzustellen, werden Computer mit GVLKs automatisch aktiviert, wenn sie der Domäne beitreten.

Active Directory kann nur Lizenzen aktivieren für Windows Server 2016, Windows Server 2012 R2, Windows Server 2012, Windows 10, Windows 8.1, Windows 8 und alle neueren Windows-Versionen. Für frühere Windows-Versionen wie zum Beispiel Windows Server 2008 R2 und Windows 7 müssen Sie einen Standard-KMS-Host oder MAK-Lizenzen verwenden.

Um Active Directory-basierte Aktivierung zu unterstützen, müssen Sie mindestens einen Domänencontroller betreiben, der Windows Server 2016, Windows Server 2012 R2 oder Windows Server 2012 ausführt, und das Schema Ihrer Gesamtstruktur muss sich mindestens auf der Ebene Windows Server 2012 befinden. Wenn also in Ihrem Netzwerk AD DS-Domänencontroller laufen, die unter Windows Server 2008 R2 oder früher laufen, müssen Sie entweder die Gesamtstrukturebene mindestens auf Windows Server 2012 anheben oder das Schema mindestens auf die Windows Server 2012-Ebene aktualisieren. Verwenden Sie dafür das Tool *Adprep.exe*.

Die Prozedur für die Konfiguration der Aktivierung über Active Directory ist nahezu gleich der weiter vorn ausführlich beschriebenen Prozedur für die Installation eines KMS-Hosts. Auf einem Computer unter Windows Server 2016, Windows Server 2012 R2 oder Windows Server 2012 müssen Sie die Rolle *Volumenaktivierungsdienste* hinzufügen und dann den Assistenten *Volumenaktivierungstools* ausführen. Der wesentliche Unterschied besteht darin, dass Sie auf der Seite *Volumenaktivierungsmethode auswählen* die Option *Aktivierung über Active Directory* wählen, wie Abbildung 1–26 zeigt.

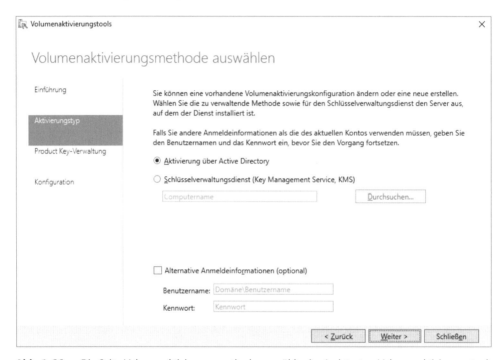

Abb. 1–26 Die Seite *Volumenaktivierungsmethode auswählen* im Assistenten *Volumenaktivierungstools*

Auf der Seite *Aktivierungsobjekte verwalten* (siehe Abbildung 1–27) geben Sie Ihren KMS-Hostschlüssel ein und spezifizieren einen Namen für das neue Aktivierungsobjekt, das in AD DS erzeugt wird. Nachdem der Hostschlüssel aktiviert ist, erzeugt der Assistent ein Aktivierungsobjekt in Ihrer AD DS-Domäne. Wenn die Seite *Aktivierung erfolgreich* erscheint, klicken Sie auf *Schließen*. AD DS ist nun bereit, Clients zu aktivieren.

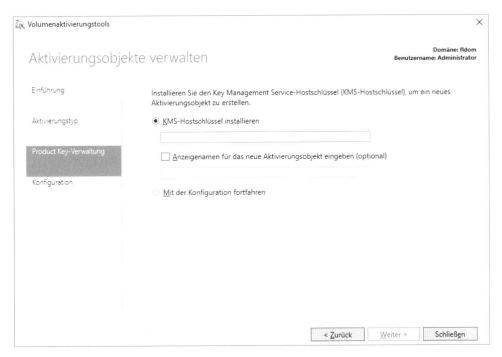

Abb. 1–27 Die Seite *Aktivierungsobjekte verwalten* im Assistenten *Volumenaktivierungstools*

Automatic Virtual Machine Activation (AVMA) verwenden

Die automatische Aktivierung virtueller Maschinen (Automatic Virtual Machine Activation, AVMA) vereinfacht die Aktivierung der virtuellen Maschinen (VMs), die Sie auf einem ordnungsgemäß aktivierten Hyper-V-Server erzeugt haben. Anstatt einen Product Key für jede einzelne VM eingeben und verwalten zu müssen, richtet AVMA eine Bindung zwischen dem Hostserver und dem Aktivierungsmechanismus auf jeder VM ein. Die virtuellen Maschinen werden automatisch aktiviert und bleiben aktiviert, selbst wenn sie auf andere Hyper-V-Server migriert werden.

Da der Hostserver als Aktivierungsagent für seine virtuellen Computer fungiert, kann AVMA Client-VMs aktivieren, wenn keine Internet-Verbindung besteht oder wenn sich der Server an einem entfernten Standort befindet. Administratoren können die Aktivierungsstatus der virtuellen Computer vom Hostserver aus überwachen, sogar dann, wenn sie keinen Zugriff auf die virtuellen Computer selbst haben.

Um AVMA zu verwenden, müssen Sie die Datacenter-Edition von Windows Server 2016 oder Windows Server 2012 R2 auf Ihrem Hyper-V-Hostserver ausführen. Die virtuellen Computer auf diesem Server können unter den Editionen Datacenter, Standard oder Essential von Windows Server 2016 (nur auf einem Windows Server 2016-Host) oder Windows Server 2012 R2 laufen.

Nachdem Sie die Hyper-V-Rolle auf dem Hostserver installiert haben, können Sie in der üblichen Art und Weise virtuelle Maschinen einrichten, die eines der unterstützten Betriebssysteme ausführen. Dann müssen Sie einen AVMA-Schlüssel installieren. Führen Sie dazu an einer Eingabeaufforderung mit erhöhten Rechten den folgenden Befehl aus:

```
slmgr /ipk AVMAkey
```

Der Wert für die Variable *AVMAkey* hängt vom Betriebssystem ab, das auf dem virtuellen Computer läuft. Microsoft veröffentlicht Schlüssel für alle unterstützten Betriebssysteme und Editionen, wie Tabelle 1–1 zeigt.

Edition	Windows Server 2016	Windows Server 2012 R2
Datacenter	TMJ3Y-NTRTM-FJYXT-T22BY-CWG3J	Y4TGP-NPTV9-HTC2H-7MGQ3-DV4TW
Standard	C3RCX-M6NRP-6CXC9-TW2F2-4RHYD	DBGBW-NPF86-BJVTX-K3WKJ-MTB6V
Essentials	B4YNW-62DX9-W8V6M-82649-MHBKQ	K2XGM-NMBT3-2R6Q8-WF2FK-P36R2

Tab. 1–1   AVMA-Schlüssel

Schnelltest

Welche der folgenden Angaben sind korrekte Aktivierungsschwellenwerte für das Key Management System (KMS)?

1. 5 Arbeitsstationen
2. 5 Server
3. 25 Arbeitsstationen
4. 25 Server

Antwort zum Schnelltest

KMS setzt Systeme mit mindestens 25 Arbeitsstationen (Nr. 3) oder 5 Serversysteme als Clients voraus. Dies ist der sogenannte Aktivierungsschwellenwert.

Prüfungsziel 1.2: Nanoserver installieren und konfigurieren

Die erstmals im Windows Server 2008-Release eingebundene Variante Server Core war eine abgespeckte Installationsoption, die weniger Hauptspeicher und weniger Speicherplatz benötigte. Außerdem waren die Anforderungen an die Wartung geringer und die Oberfläche für Angriffe kleiner. Server Core hat keine Windows Explorer-Shell, sodass Sie das System über die Eingabeaufforderung und PowerShell sowie durch Remoteverwaltung administrieren müssen.

In Windows Server 2016 hat Microsoft mit *Nanoserver* eine weitere Installationsoption veröffentlicht, die sogar noch schlanker ist. Nanoserver ist monitorlos; er besitzt keine lokale Benutzeroberfläche, keine Unterstützung für 32-Bit-Anwendungen und nur die grundlegendsten

Steuerelemente zur Konfiguration. Remote Desktop wird ebenfalls nicht unterstützt. Das System administrieren Sie über Remote-PowerShell-Verbindungen von WinRM (Windows Remote Management) und mit WMI(Windows Management Interface)-Tools.

Dieser Abschnitt erläutert, wie Sie

- angemessene Nutzungsszenarien und Anforderungen für Nanoserver bestimmen
- Nanoserver installieren
- Rollen und Features auf Nanoserver implementieren
- Nanoserver verwalten und konfigurieren
- Nanoserver mit Windows PowerShell ferngesteuert verwalten

Angemessene Nutzungsszenarien und Anforderungen für Nanoserver bestimmen

Nanoserver soll Cloud-basierte Infrastrukturdienste mit einem minimalen Fußabdruck in Bezug auf Ressourcen, Verwaltung und Angriffe bereitstellen. Die beiden grundlegenden Szenarien für Nanoserver-Bereitstellungen sind:

- Server Cloud-Infrastrukturdienste, wie zum Beispiel Hyper-V, Failover Clustering, Scale-Out File Server, DNS und Internetinformationsdienste (IIS)
- Cloud-orientierte(Born-In-The-Cloud)-Anwendungen, die auf virtuellen Maschinen, in Containern oder auf physischen Servern laufen, wobei Entwicklungsplattformen verwendet werden, die keine grafische Benutzeroberfläche voraussetzen

Nanoserver hat einen äußerst kleinen Fußabdruck, der einen sekundenschnellen Startvorgang des Servers erlaubt, der drastisch schneller als bei Windows Server oder Server Core abläuft, weniger Updates benötigt und eine wesentlich geringere Angriffsfläche bietet. Standardmäßig führt Nanoserver weniger als die Hälfte der Dienste und Prozesse aus verglichen mit einer vollständigen Windows Server-Installation und weit weniger als Server Core, wobei auch weniger offene Ports aufrechtzuerhalten sind.

Microsoft hat sich den Cloud-basierten Diensten verschrieben – egal ob öffentlich, privat oder hybrid – und dies hat zum Bedarf an hocheffizienten Servern geführt, die speziellen Aufgaben gewidmet sind. Eines der größten Hindernisse in diesem Bestreben war der relativ große Bedarf an Windows Server-Ressourcen, selbst in Server Core. Nanoserver ist darauf ausgelegt, eine effizientere Infrastruktur basierend auf einer virtuellen Maschine bereitzustellen, und zwar mit verringerten Anforderungen an Hardwareressourcenspeicherung, minimale Stillstandszeiten und vereinfachter Wartung.

Als virtueller Hyper-V-Computer läuft Nanoserver bemerkenswert effizient. Durch rein empirische Standards verwendet eine Nanoserver-VM weniger als die Hälfte des zugewiesenen Speichers eines leicht belasteten Memberservers, der die volle Windows Server-Desktopdarstellung ausführt, und auch weniger als ein Server Core-System. Zu Demonstrationszwecken konnte

Microsoft über 3.400 virtuelle Computer mit jeweils 128 MB RAM auf einem einzelnen Server mit acht 20-Kern-Prozessoren und einem Speicher von 1 TB ausführen.

Das monitorlose Wesen des Nanoserver-Designs bedeutet nicht, dass Administratoren auf PowerShell und Eingabeaufforderung als Verwaltungstools beschränkt sind, auch wenn diese sicherlich zur Verfügung stehen. Bei Bedarf können Sie sich mit einem Nanoserver remote über die standardmäßigen grafischen Windows-Tools verbinden, einschließlich Hyper-V-Manager und andere MMC(Microsoft Management Console)-Snap-Ins, Server-Manager und sogar die System Center-Konsolen.

Der Hauptmangel des Nanoserver-Designs ist zumindest an diesem Punkt seiner Entwicklung die relativ begrenzte Nützlichkeit. Der Server unterstützt nur eine kleine Teilmenge der Rollen und Features, die im vollständigen Windows Server-Produkt vorhanden sind. Allerdings sind die in Nanoserver unterstützten Rollen besonders gut für Cloud-Bereitstellungen geeignet. So können Sie IIS-Webserver, Dateiserver und Hyper-V-Server ausführen und – Cluster- und Containerunterstützung vorausgesetzt – diese Dienste sind sowohl robust als auch hochgradig skalierbar.

Nanoserver installieren

Für die Installation von Nanoserver gibt es keinen Assistenten wie für Windows Server und Server Core. Das Betriebssystem installieren Sie, indem Sie eine VHD (Virtual Hard Disk, virtuelle Festplatte) auf einem anderen Computer von der PowerShell-Befehlszeile aus erstellen. Dann erzeugen Sie mit der VHD einen virtuellen Hyper-V-Computer oder ein Bootlaufwerk für einen physischen Server.

Der Installationsdatenträger bzw. die Imagedatei von Windows Server 2016 enthält ein Nanoserver-Verzeichnis mit dem Nanoserver-Image, einem PowerShell-Modul und einem Unterverzeichnis mit den Paketdateien für die Rollen und Features, die das Betriebssystem unterstützt. Das importierte PowerShell-Modul liefert Ihnen die Cmdlets, mit denen Sie Nanoserver-Images erstellen und bearbeiten. Die Paketdateien enthalten speziell erzeugte Versionen der Rollen und Features, die Sie direkt in die VHD-Datei installieren können. Trotz der Ähnlichkeit der Versionen, die von Windows Server und Server Core verwendet werden, sind die Nanoserver-Rollen nicht austauschbar. Die Rollen vom vollständigen Windows Server-Produkt können Sie nicht auf einem Nanoserver-System installieren.

Ein Nanoserver-Image erstellen

Um ein neues Nanoserver-Image zu erstellen, öffnen Sie eine PowerShell-Sitzung mit Administratorrechten auf einem Computer, auf dem das Windows Server 2016-Installationsmedium geladen oder bereitgestellt wird. Dann wechseln Sie in den Ordner *NanoServer* auf dem Installationsdatenträger und importieren mit dem folgenden Befehl das Windows PowerShell-Modul, das erforderlich ist, um die Cmdlets für Nanoserver bereitzustellen:

```
import-module .\nanoserverimagegenerator -verbose
```

Indem Sie das Modul importieren, erhalten Sie Zugriff auf das Cmdlet *New-NanoServerImage*, mit dem Sie eine Nanoserver-VHD-Datei erzeugen.

Verwenden Sie die folgende grundlegende Syntax, um das Cmdlet *New-NanoServerImage* auszuführen:

```
new-nanoserverimage -deploymenttype guest|host
    -edition standard|datacenter
    -mediapath root
    -targetpath path\filename
    -computername name
```

Die erforderlichen Parameter für das Cmdlet *New-NanoServerImage* sind:

- **DeploymentType**   Gibt an, ob die Imagedatei auf einem virtuellen Hyper-V-Computer (Gast) oder einem physischen Server (Host) verwendet werden soll.
- **Edition**   Legt fest, ob die Standard- oder die Datacenter-Edition von Nanoserver installiert werden soll.
- **MediaPath**   Der Pfad zum Stammverzeichnis des Windows Server 2016-Installationsdatenträgers oder des bereitgestellten Images.
- **BasePath**   Ein Pfad auf dem lokalen System, wo das Cmdlet eine Kopie der Installationsdateien von dem Ort anlegt, der im Parameter *MediaPath* angegeben ist. Nachdem die Kopie erstellt ist, brauchen Sie für spätere *New-NanoServerImage*-Befehle nur noch den Parameter *BasePath* anzugeben und können den Parameter *MediaPath* weglassen. Dieser Parameter ist optional.
- **TargetPath**   Der vollständige Pfad- und Dateiname des neu anzulegenden Images. Die Dateierweiterung (*.vhd* oder *.vhdx*) gibt an, ob das neue Image für Generation 1 oder Generation 2 vorgesehen ist.
- **ComputerName**   Der Computername, der dem neuen Image zugewiesen werden soll.

Das folgende Beispiel zeigt einen Befehl, der ein standardmäßiges Image der Generation 2 für Nanoserver mit dem Computernamen *Nano1* für einen virtuellen Computer erzeugt:

```
new-nanoserverimage -deploymenttype guest
    -edition standard
    -mediapath d:\
    -targetpath c:\temp\nanoserver1.vhdx
    -computername nano1
```

Wenn Sie den Befehl ausführen, müssen Sie ein Kennwort eingeben, das dem *Administrator*-Konto im Nanoserver-Image zugewiesen wird. Die vom Cmdlet erzeugte Ausgabe ist in Abbildung 1–28 zu sehen.

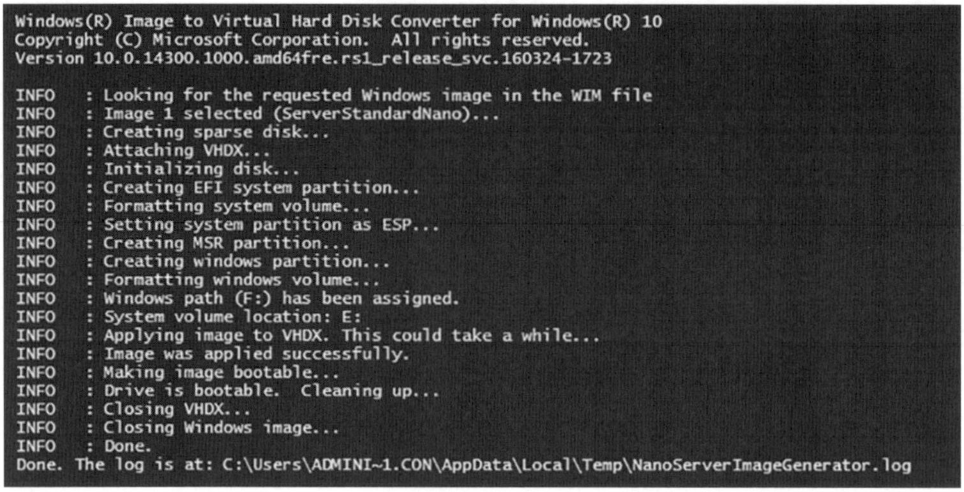

```
Windows(R) Image to Virtual Hard Disk Converter for Windows(R) 10
Copyright (C) Microsoft Corporation. All rights reserved.
Version 10.0.14300.1000.amd64fre.rs1_release_svc.160324-1723

INFO    : Looking for the requested Windows image in the WIM file
INFO    : Image 1 selected (ServerStandardNano)...
INFO    : Creating sparse disk...
INFO    : Attaching VHDX...
INFO    : Initializing disk...
INFO    : Creating EFI system partition...
INFO    : Formatting system volume...
INFO    : Setting system partition as ESP...
INFO    : Creating MSR partition...
INFO    : Creating windows partition...
INFO    : Formatting windows volume...
INFO    : Windows path (F:) has been assigned.
INFO    : System volume location: E:
INFO    : Applying image to VHDX. This could take a while...
INFO    : Image was applied successfully.
INFO    : Making image bootable...
INFO    : Drive is bootable. Cleaning up...
INFO    : Closing VHDX...
INFO    : Closing Windows image...
INFO    : Done.
Done. The log is at: C:\Users\ADMINI~1.CON\AppData\Local\Temp\NanoServerImageGenerator.log
```

Abb. 1–28 PowerShell-Ausgabe des Cmdlets *New-NanoServerImage*

Einer Domäne beitreten

Um ein neues Nanoserver-Image als Mitglied einer Domäne zu erstellen, führen Sie praktisch einen Offline-Domänenbeitritt aus. Dazu müssen Sie auf die Domäne zugreifen können, der der Nanoserver beitreten soll, sodass Sie eine Domänenbereitstellungsdatei – einen sogenannten *Blob* – abrufen und auf die neu erstellte VHD-Datei anwenden können.

Den Parameter *DomainName* des Cmdlets *New-NanoServerImage* können Sie nutzen, wenn Sie ein Image auf einem Computer erstellen, der Mitglied der Domäne ist, und Sie unter einem Konto angemeldet sind, das über die erforderlichen Rechte verfügt, um Domänencomputerkonten zu erstellen. Auf der *New-NanoServerImage*-Befehlszeile tragen Sie für den Parameter *DomainName* den Namen der Domäne ein, der das neue Image beitreten wird, wie das folgende Beispiel zeigt:

```
new-nanoserverimage -deploymenttype guest
    -edition standard
    -mediapath e:\wser16
    -targetpath e:\wser16\vc2n\vc2n.vhdx
    -computername vc2n
    -domainname fldom
```

Wenn die Befehlsverarbeitung abgeschlossen und das neue Image erstellt wurde, erscheint ein neues Computer-Objekt in Active Directory, wie Abbildung 1–29 zeigt.

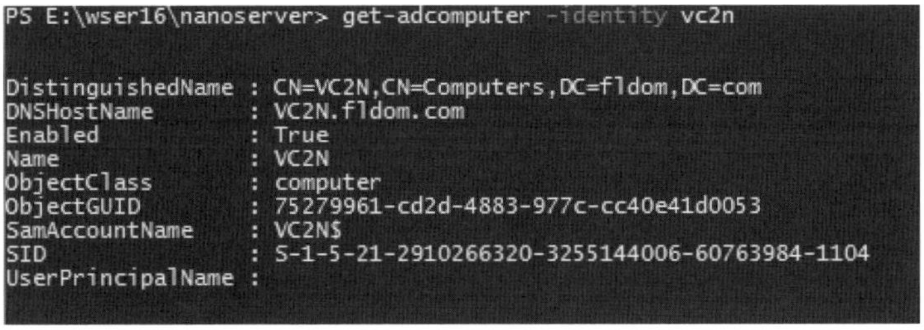

Abb. 1–29 Neues Nanoserver-Computerkonto in Active Directory

> **HINWEIS** Einen Domänencomputernamen wiederverwenden
>
> Wenn bereits ein Computerkonto mit dem im Parameter *ComputerName* angegebenen Namen in Active Directory existiert, können Sie ein Nanoserver-Image erstellen, um dieses Konto wiederzuverwenden, indem Sie den Parameter *ReuseDomainNode* an die Befehlszeile von *New-NanoServerImage* anfügen.

Es ist möglich, ein neues Nanoserver-Image einer Domäne hinzuzufügen, wenn Sie es auf einem Computer erstellen, der kein Domänenmitglied ist. Allerdings gestaltet sich dieser Prozess wesentlich schwieriger. In diesem Fall müssen Sie die Blob-Datei von einem Domänenmitgliedscomputer abrufen und sie dann auf den Computer kopieren, wo Sie *New-NanoServerImage* ausführen möchten.

Eine Blob-Datei erstellen Sie mit dem Tool *Djoin.exe*, das im Lieferumfang von Windows Server 2016 enthalten ist, mit folgender Syntax:

```
djoin /provision
    /domain domainname
    /machine computername
    /savefile filename.txt
```

Das folgende Beispiel zeigt einen *Djoin*-Bereitstellungsbefehl:

```
djoin /provision
    /domain fldom
    /machine nano3
    /savefile nano3blob.txt
```

Wenn Sie den Computer auf diese Weise bereitstellen, wird das Computerkonto in der Domäne angelegt und eine Textdatei mit dem Namen erstellt, den Sie im *Djoin*-Befehl angegeben haben. Obwohl das Blob eine Textdatei ist, sind die enthaltenen Informationen codiert, wie Abbildung 1–30 zeigt.

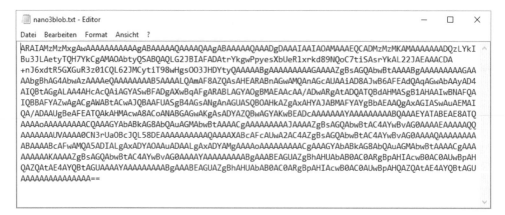

Abb. 1–30   Inhalt einer Blob-Datei, die von *Djoin.exe* erstellt wurde

Nachdem Sie die Blob-Datei auf den Computer kopiert haben, wo Sie das neue Nanoserver-Image erstellen wollen, führen Sie das Cmdlet *New-NanoServerImage* aus und geben im Parameter *DomainBlobPath* den Ort der Blob-Datei an:

```
new-nanoserverimage -deploymenttype guest
    -edition standard
    -mediapath e:\wser16
    -targetpath e:\vc2n\vc2n.vhdx
    -computername vc2n
    -domainblobpath e:\temp\nano3blob.txt
```

Eine Nanoserver-VM erstellen

Nachdem Sie mit dem Cmdlet *New-NanoServerImage* eine Nanoserver-VHD- oder -VHDX-Imagedatei erstellt haben, können Sie sie bereitstellen. Im Fall einer virtuellen Maschine (für die Sie *Guest* im Parameter *DeploymentType* spezifiziert haben) erstellen Sie einen neuen virtuellen Computer in Hyper-V. Dazu verwenden Sie die Nanoserver-VHD- oder -VHDX-Imagedatei als seine virtuelle Festplattendatei, anstatt eine neue zu erstellen.

Wenn Sie den virtuellen Computer mit dem Assistenten für neue virtuelle Computer im Hyper-V-Manager erstellen, wählen Sie auf der Seite *Virtuelle Festplatte verbinden* die Option *Vorhandene virtuelle Festplatte verwenden* und wählen die Nanoserver-Imagedatei, die Sie erstellt haben (siehe Abbildung 1–31).

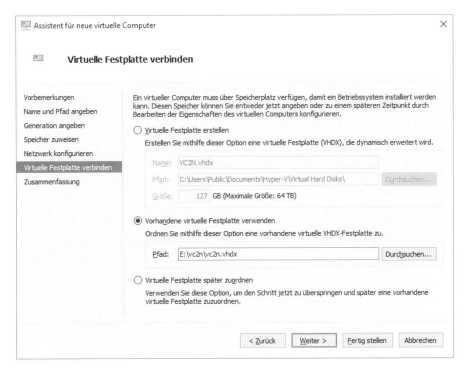

Abb. 1–31 Eine Nanoserver-VHDX-Imagedatei verwenden, um einen virtuellen Computer zu erstellen

Wenn Sie den virtuellen Computer mit dem PowerShell-Cmdlet *New-VM* erstellen, spezifizieren Sie im Parameter *VHDPath* den Namen und den Speicherort der Nanoserver-Imagedatei, zum Beispiel:

```
new-vm -name "vc2n"
   -generation 2
   -memorystartupbytes 1GB
   -vhdpath "e:\vc2n\vc2n.vhdx"
```

> **HINWEIS** **Den virtuellen Computer der korrekten Generation erstellen**
>
> Wie bereits erwähnt, spezifiziert die im Parameter *TargetPath* angegebene Dateierweiterung, ob das Cmdlet *New-NanoServerImage* ein Image der Generation 1 oder Generation 2 erzeugt. Wenn Sie den neuen virtuellen Computer in Hyper-V erstellen, sollten Sie darauf achten, einen virtuellen Computer der Generation 1 für eine VHD-Datei oder einen virtuellen Computer der Generation 2 für eine VHDX-Datei festzulegen.

Rollen und Features auf Nanoserver implementieren

Alle optionalen Softwarekomponenten, die Sie einer Nanoserver-VHD-Datei hinzufügen können, werden als Pakete bereitgestellt. Im *NanoServer*-Verzeichnis auf dem Windows Server 2016-Installationsmedium gibt es ein Unterverzeichnis *Packages* mit sämtlichen individuellen CAB(Cabinet)-Dateien, die wiederum Treiber, Rollen, Features und andere Komponenten enthalten, die Sie einer VHD hinzufügen können.

Nachdem das Cmdlet *New-NanoServerImage* eine VHD-Datei erstellt hat, fügt es alle Pakete hinzu, die Sie im Befehl spezifiziert haben. Zum Beispiel werden die Gast-Treiber, die durch den Parameter *DeploymentType* spezifiziert werden, als Paket bereitgestellt, das das Cmdlet in die VHD-Datei installiert.

Um zusätzliche Pakete zu installieren, die zum Lieferumfang von Nanoserver gehören, beispielsweise diejenigen, die Rollen und Features enthalten, können Sie optionale Parameter in die Befehlszeile von *New-NanoServerImage* einbinden. Das Cmdlet *New-NanoServerImage* kann folgende optionale Parameter übernehmen:

- **Compute** Installiert die Rolle *Hyper-V* im Image, das in der Variablen *TargetPath* angegeben ist.

- **Clustering** Installiert die Rolle *Failoverclustering* im Image, das in der Variablen *TargetPath* angegeben ist.

- **OEMDrivers** Fügt die in Server Core eingebundenen Treiber dem Image hinzu, das in der Variablen *TargetPath* angegeben ist.

- **Storage** Installiert die Rolle *Dateiserver* und andere Speicherkomponenten in dem Image, das in der Variablen *TargetPath* angegeben ist.

- **Defender** Installiert Windows Defender in dem Image, das in der Variablen *TargetPath* angegeben ist.

- **Containers** Installiert Hostunterstützung für Windows-Container in dem Image, das in der Variablen *TargetPath* angegeben ist.

- **Packages** Installiert ein oder mehrere Nanoserver-Pakete aus den folgenden:
    - **Microsoft-NanoServer-DSC-Package** Installiert das DSC(Desired State Configuration)-Paket auf dem Image, das in der Variablen *TargetPath* angegeben ist.
    - **Microsoft-NanoServer-DNS-Package** Installiert die Rolle DNS-Server in dem Image, das in der Variablen *TargetPath* angegeben ist.
    - **Microsoft-NanoServer-IIS-Package** Installiert die Rolle *IIS* in dem Image, das in der Variablen *TargetPath* angegeben ist.
    - **Microsoft-NanoServer-SCVMM-Package** Installiert den Agenten *System Center Virtual Machine Manager* in dem Image, das in der Variablen *TargetPath* angegeben ist.

- **Microsoft-NanoServer-SCVMM-Compute-Package** Installiert die Rolle *Hyper-V* in dem Image, das in der Variablen *TargetPath* angegeben ist, sodass es sich mit dem System Center Virtual Machine Manager verwalten lässt. Nicht mit dem Parameter *Compute* verwenden.
- **Microsoft-NanoServer-NPDS-Package** Installiert den Network Performance Diagnostics Service in dem Image, das in der Variablen *TargetPath* angegeben ist.
- **Microsoft-NanoServer-DCB-Package** Installiert Data Center Bridging in dem Image, das in der Variablen *TargetPath* angegeben ist.
- **Microsoft-NanoServer-SecureStartup-Package** Installiert Secure Startup in dem Image, das in der Variablen *TargetPath* angegeben ist.
- **Microsoft-NanoServer-ShieldedVM-Package** Installiert das Shielded Virtual Machine-Paket auf dem Image, das in der Variablen *TargetPath* angegeben ist (nur Datacenter-Edition).

Um eine Rolle oder ein Feature zu einer vorhandenen Nanoserver-VHD-Datei hinzuzufügen, können Sie das Cmdlet *Edit-NanoServerImage* verwenden, das dem Cmdlet *New-NanoServerImage* ähnelt, mit dem Sie die VHD-Datei erzeugen. Die Syntax sieht folgendermaßen aus:

```
edit-nanoserverimage -basepath path
    -targetpath path\filename
    -packages name
```

Das Cmdlet *Edit-NanoServerImage* übernimmt folgende Parameter:

- **BasePath** Der Pfad auf dem lokalen System, auf dem Sie vorher eine Kopie der Nanoserver-Installationsdateien mit dem Cmdlet *New-NanoServerImage* und dem Parameter *BasePath* erstellt haben.
- **TargetPath** Der vollständige Pfad und Dateiname eines vorhandenen Nanoserver-Images, das modifiziert werden soll.
- **Packages** Ein oder mehrere Nanoserver-Pakete, die in der Imagedatei installiert werden sollen, die im Parameter *TargetPath* angegeben ist. Die möglichen Werte für den Parameter sind die gleichen wie diejenigen, die weiter vorn für das Cmdlet *New-NanoServerImage* aufgelistet wurden. Sie können auch CAB-Dateien angeben, die Sie heruntergeladen oder selbst erstellt haben.

Zum Beispiel fügen Sie mit dem folgenden Befehl die Rolle *Webserver (IIS)* zu einer Imagedatei hinzu:

```
edit-nanoserverimage -basepath c:\nanoserver\base
    -targetpath c:\nanoserver\nano1.vhdx
    -packages microsoft-nanoserver-iis-package
```

Schnelltest

Sie möchten einen Nanoserver als Hyper-V-Server für Ihr Netzwerk einrichten. Welchen der folgenden Parameter geben Sie auf der *New-NanoServerImage*-Befehlszeile an?

1. */containers*
2. */packages*
3. */compute*
4. */clustering*

Antwort zum Schnelltest

Wenn Sie das Cmdlet *New-NanoServerImage* mit dem Parameter */compute* (Nr. 3) ausführen, wendet das Cmdlet die Rolle *Hyper-V* auf die neue Imagedatei an.

Nanoserver verwalten und konfigurieren

Nachdem Sie das VHD-Image in einem virtuellen Computer bereitgestellt und das Nanoserver-System gestartet haben, erscheint ein einfacher, zeichenorientierter Authentifizierungsbildschirm (siehe Abbildung 1–32).

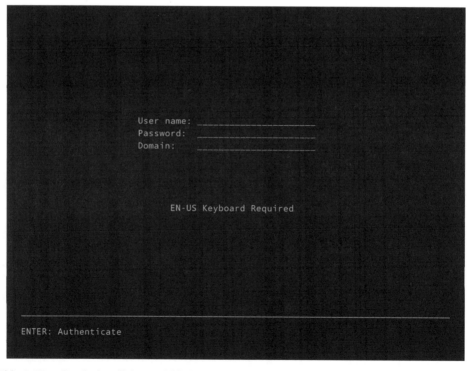

Abb. 1–32   Der Authentifizierungsbildschirm von Nanoserver

> **HINWEIS** **Kennwörter mit Sonderzeichen**
>
> Wie Abbildung 1–32 zeigt, ist bei der Eingabe der Anmeldeinformationen das Tastaturlayout EN-US wirksam. Wenn Sie also im Kennwort – wie es empfohlen wird – Sonderzeichen verwenden, sollten Sie sich vorher darüber informieren, wo diese auf einer englischen Tastatur liegen. So ist zum Beispiel der Unterstrich nicht mit ⇧+- wie auf einer deutschen Tastatur, sondern mit ⇧+ß einzugeben.

Wenn Sie sich anmelden, erscheint der Bildschirm *Nano Server Recovery Console* (Nanoserver-Wiederherstellungskonsole), wie Abbildung 1–33 zeigt. Dieser Bildschirm bietet nur die minimalen Steuerelemente, die Sie brauchen, um die Clientfunktionen für die Remoteverwaltung des Systems zu konfigurieren.

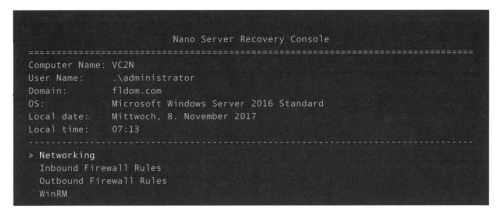

Abb. 1–33 Der Bildschirm der Wiederherstellungskonsole von Nanoserver

Hier können Sie die Netzwerkschnittstellen konfigurieren, die Windows-Firewallregeln festlegen und WinRM (Windows-Remoteverwaltung) konfigurieren. Sobald das System auf Rufe von Remoteverwaltungstools hören kann, gibt es von der Nanoserver-Konsole aus nichts mehr zu tun. Die gesamte nachfolgende Administration findet remote statt.

Die IP-Adresse für einen Nanoserver konfigurieren

Wie bei den anderen Windows Server-Installationsoptionen ist der DHCP-Client (Dynamic Host Configuration Protocol) von Nanoserver standardmäßig aktiviert. Wenn im Netzwerk ein DHCP-Server vorhanden ist, erhält Nanoserver eine IP-Adresse von ihm und konfiguriert automatisch den Netzwerkadapter des Systems. Steht kein DHCP-Server zur Verfügung, können Sie den Netzwerkadapter manuell mithilfe von Parametern in der Befehlszeile von *New-NanoServerImage* konfigurieren oder eine der neuen Funktionen nutzen, die in der Wiederherstellungskonsole von Nanoserver verfügbar sind.

In Nanoserver können Sie einen Netzwerkadapter konfigurieren, wenn Sie die VHD-Imagedatei erstellen, indem Sie die IP-Konfigurationseinstellungen auf der Befehlszeile von *New-NanoServerImage* angeben. Außerdem lassen sich die Einstellungen in einer vorhandenen VHD-Datei über das Cmdlet *Edit-NanoServerImage* bearbeiten. Beide Cmdlets übernehmen die folgenden Parameter:

- **InterfaceNameOrIndex** Identifiziert den Netzwerkadapter in dem Nanoserver, auf den die Einstellungen in den folgenden Parametern anzuwenden sind. In einem Computer mit einem einzelnen Netzwerkadapter sollte der Wert *Ethernet* genügen.

- **Ipv4Address** Spezifiziert die IPv4-Adresse, die dem Netzwerkadapter zuzuweisen ist, der durch den Parameter *InterfaceNameOrIndex* angegeben wird.

- **Ipv4SubnetMask** Spezifiziert den Wert der Subnetzmaske für die IP-Adresse, die im Parameter *Ipv4Address* angegeben ist.

- **Ipv4Gateway** Spezifiziert die IP-Adresse eines Routers in dem lokalen Netzwerk, in dem die im Parameter *Ipv4Address* spezifizierte IP-Adresse zu finden ist, die Zugriff auf andere Netzwerke bietet.

- **Ipv4Dns** Spezifiziert die IP-Adresse des DNS-Servers, den das System für die Suche nach Ressourcen verwenden soll.

Das folgende Beispiel zeigt eine *New-NanoServerImage*-Befehlszeile, die diese Parameter enthält:

```
new-nanoserverimage -deploymenttype guest
    -edition standard
    -mediapath d:\
    -targetpath c:\temp\nanoserver4.vhdx
    -computername nano4
    -domain contoso.com
    -interfacenameorindex ethernet
    -ipv4address 192.168.10.41
    -ipv4subnetmask 255.255.255.0
    -ipv4gateway 192.168.10.1
    -ipv4dns 192.168.10.2
```

Um den Netzwerkadapter manuell für eine statische IP-Adresse in der Wiederherstellungskonsole von Nanoserver zu konfigurieren, nachdem das Image erzeugt und bereitgestellt wurde, gehen Sie folgendermaßen vor:

1. Wählen Sie mit [↑]/[↓] den Eintrag *Networking* aus und drücken Sie [↵].

> **HINWEIS** **Die Wiederherstellungskonsole von Nanoserver verwenden**
>
> Die Wiederherstellungskonsole von Nanoserver reagiert nicht auf Mauseingaben, bietet nicht alle Tastaturfunktionen, unterstützt keinen numerischen Tastenblock und ignoriert die Tasten ⇪ (Feststelltaste) und NUM↓. In der Benutzeroberfläche navigieren Sie mit den Pfeiltasten oder der ⇥-Taste, um eine Option hervorzuheben, und drücken ↵, um sie auszuwählen. Die Legende am unteren Rand des Bildschirms gibt zusätzliche Tastenkombinationen an.

2. Im Bildschirm *Network Settings* (Netzwerkeinstellungen) wählen Sie einen Netzwerkadapter aus und drücken ↵.
3. Im Bildschirm *Network Adapter Settings* (Einstellungen für den Netzwerkadapter, siehe Abbildung 1–34) drücken Sie F11, um die IPv4-Einstellungen für den Adapter zu konfigurieren.

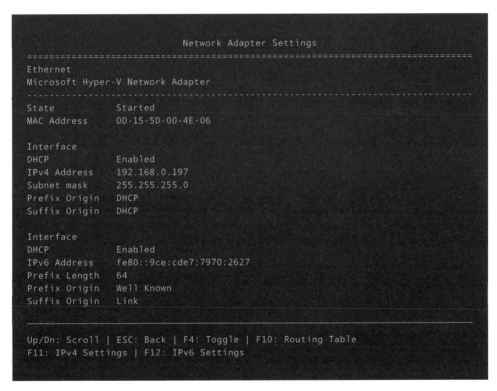

Abb. 1–34 Der Bildschirm *Network Adapter Settings* in der Wiederherstellungskonsole von Nanoserver

4. Im Bildschirm *IP Configuration* drücken Sie F4, um die Einstellung *DHCP* auf *Disabled* (Deaktiviert) zu schalten, wie Abbildung 1–35 zeigt.

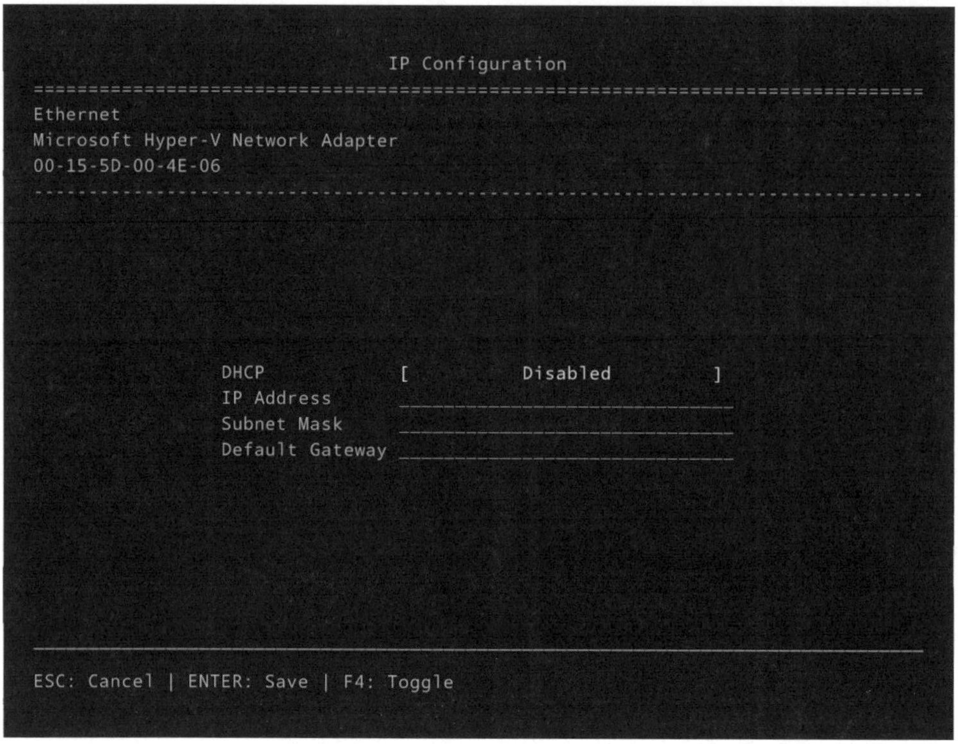

```
                              IP Configuration
================================================================================
Ethernet
Microsoft Hyper-V Network Adapter
00-15-5D-00-4E-06
--------------------------------------------------------------------------------




                    DHCP            [          Disabled        ]
                    IP Address          _____
                    Subnet Mask         _____
                    Default Gateway     _____




ESC: Cancel | ENTER: Save | F4: Toggle
```

Abb. 1–35   Der Bildschirm *IP Configuration* in der Wiederherstellungskonsole von Nanoserver

5. Drücken Sie [⇆], um zum Feld *IP Address* weiterzuschalten, und geben Sie eine IP-Adresse für den Adapter ein.

6. Drücken Sie [⇆], um zum Feld *Subnet Mask* zu gehen, und geben Sie die Subnetzmaske ein, die dieser IP-Adresse zugeordnet ist.

7. Drücken Sie [⇆], um zum Feld *Default Gateway* (Standardgateway) zu gelangen, und tippen Sie die Adresse eines Routers im Netzwerk ein.

8. Drücken Sie [↵], um die Einstellungen zu speichern.

9. Drücken Sie noch einmal [↵], um das Speichern zu bestätigen.

10. Drücken Sie [Esc], um zum Bildschirm *Network Adapter Settings* zurückzukehren.

11. Drücken Sie [F12], um die IPv6-Einstellungen zu konfigurieren, oder [F10], um die Routingtabelle zu bearbeiten, sofern dies erforderlich ist.

12. Drücken Sie zweimal [Esc], um zur Wiederherstellungskonsole von Nanoserver zurückzukehren.

> **HINWEIS** Eine DNS-Serveradresse konfigurieren
>
> Normalerweise ist es nicht möglich, in der Wiederherstellungskonsole von Nanoserver eine DNS-Serveradresse einzutragen. Um die DNS-Serveradresse für eine anfängliche Konfiguration von Nanoserver zu konfigurieren, müssen Sie den Parameter *Ipv4Dns* auf der Befehlszeile der Cmdlets *New-NanoServerImage* oder *Edit-NanoServerImage* verwenden oder die Adresse per DHCP bereitstellen lassen.

Firewallregeln konfigurieren

Je nachdem, mit welchen Remotetools Sie Nanoserver verwalten wollen, müssen Sie gegebenenfalls die Windows-Firewallregeln bearbeiten, um den geeigneten Zugriff auf den Computer zu bekommen. Die lokale Benutzeroberfläche auf Nanoserver ermöglicht Ihnen, vorhandene Firewallregeln (sowohl eingehende als auch ausgehende) zu aktivieren und zu deaktivieren, um Ports bei Bedarf zu öffnen und zu schließen.

Wenn Sie in der Wiederherstellungskonsole von Nanoserver *Inbound Firewall Rules* (Eingehende Firewallregeln) oder *Outbound Firewall Rules* (Ausgehende Firewallregeln) auswählen, erscheint ein scrollbarer Bildschirm mit sämtlichen Standardregeln des Systems, wie Abbildung 1–36 zeigt.

```
                              Firewall Rules
================================================================================
Select an inbound rule to view
--------------------------------------------------------------------------------
> Datei- und Druckerfreigabe über SMBDirect (iWARP eingehend)
  Windows-Remoteverwaltung (HTTP eingehend)
  Windows-Remoteverwaltung (HTTP eingehend)
  Windows-Remoteverwaltung - Kompatibilitätsmodus (HTTP eingehend)
  Remotedienstverwaltung (RPC)
  Remotedienstverwaltung (NP eingehend)
  Remotedienstverwaltung (RPC-EPMAP)
  Datei- und Druckerfreigabe (NB-Sitzung eingehend)
  Datei- und Druckerfreigabe (SMB eingehend)
  Datei- und Druckerfreigabe (NB-Name eingehend)
  Datei- und Druckerfreigabe (NB-Datagramm eingehend)
  Datei- und Druckerfreigabe (Spoolerdienst - RPC)
  Datei- und Druckerfreigabe (Spoolerdienst - RPC-EPMAP)
  Datei- und Druckerfreigabe (Echoanforderung - ICMPv4 eingehend)
  Datei- und Druckerfreigabe (Echoanforderung - ICMPv6 eingehend)
  Datei- und Druckerfreigabe (LLMNR-UDP eingehend)
  Remote-Ereignisprotokollverwaltung (RPC)
  Remote-Ereignisprotokollverwaltung (NP eingehend)
  Remote-Ereignisprotokollverwaltung (RPC-EPMAP)
--------------------------------------------------------------------------------
Up/Dn: Highlight | ENTER: Select | ESC: Back
```

Abb. 1–36 Der Bildschirm *Firewall Rules* in der Wiederherstellungskonsole von Nanoserver

Wenn Sie eine Regel auswählen, erscheint ein Bildschirm mit den Details der Firewallregel, der Informationen über die Regeln enthält. Dazu gehören der Port, der von der Regel betroffen ist, und ob er momentan aktiviert ist (siehe Abbildung 1–37). Drücken Sie F4, um die Regel zu aktivieren bzw. zu deaktivieren.

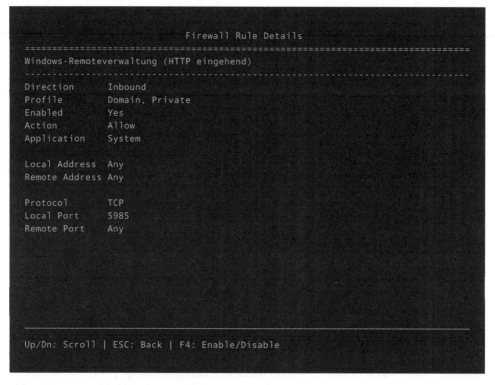

Abb. 1–37 Der Bildschirm *Firewall Rule Details* in der Wiederherstellungskonsole von Nanoserver

Diese Benutzeroberfläche bietet keinen vollständigen administrativen Zugriff auf Windows-Firewall. Sie soll Ihnen lediglich genügend Kontrolle bieten, um Remotezugriff auf den Nanoserver zu bekommen. Eine vorhandene Regel können Sie aktivieren oder deaktivieren, doch Sie können weder die vorhandenen Regeln modifizieren noch neue Regeln erstellen. Sobald Sie Remotezugriff auf den Nanoserver haben, können Sie über Standardtools wie zum Beispiel *Windows-Firewall mit erweiterter Sicherheit* oder mit den PowerShell-Cmdlets die vollständige Kontrolle über die Firewall ausüben.

Windows-Remoteverwaltung konfigurieren

Der Eintrag *WinRM* in der Wiederherstellungskonsole von Nanoserver bietet nur eine einzige Funktion: die Fähigkeit, den WinRM-Dienst und die Firewall auf ihre Standardeinstellungen zurückzusetzen, und zwar für den Fall, dass die Nanoserver-Konfiguration Sie davon abhält, eine Verbindung mit einem Remoteverwaltungstool einzurichten.

Nanoserver mit Windows PowerShell ferngesteuert verwalten

In den meisten Fällen sollte ein neu installierter Nanoserver mit einer geeigneten Netzwerkadapterkonfiguration bereit sein, auf eingehende Verbindungsgesuche von Remoteverwaltungstools zu lauschen. Um zum Beispiel die Verbindung zu einem Nanoserver per Windows PowerShell herzustellen, starten Sie eine PowerShell-Sitzung mit dem Cmdlet *New-PSSession* mit folgender grundlegender Syntax:

```
new-pssession -computername name
   -credential domain\username
```

Die Werte, die Sie in diesem Befehl für die Parameter *ComputerName* und *Credential* verwenden, hängen davon ab, ob der Nanoserver bereits Mitglied einer Domäne ist. Bei einem Nanoserver, der einer Domäne angehört, sollten Sie wie im folgenden Beispiel die Verbindung herstellen können, indem Sie den voll qualifizierten Domänennamen des Nanoservers und einen Domänenkontonamen angeben:

```
new-pssession -computername vc3n.fldom.com
   -credential fldom\administrator
```

Das Cmdlet fragt nach einem Kennwort für das Administratorkonto und erstellt eine neue Sitzung, wie Abbildung 1–38 zeigt. Die Ausgabe des Cmdlets gibt die ID für die Sitzung an. Diese ID verwenden Sie, um sich mit der Sitzung zu verbinden.

```
PS E:\vc2n> new-pssession -computername 192.168.0.91 -credential -\administrator

Id Name          ComputerName    ComputerType    State    ConfigurationName       Availability
-- ----          ------------    ------------    -----    -----------------       ------------
 9 Session9      192.168.0.91    RemoteMachine   Opened   Microsoft.PowerShell    Available

PS E:\vc2n>
```

Abb. 1–38   Eine PowerShell-Sitzung zu einem Nanoserver erstellen

Wenn der Nanoserver keiner Domäne angehört, kann das Erstellen einer neuen Sitzung komplizierter sein. Zuerst müssen Sie prüfen, ob sich der Computername des Nanoservers auflösen lässt. Wurde der Netzwerkadapter durch DHCP konfiguriert, können Sie den Namen des Computers wahrscheinlich im Parameter *ComputerName* verwenden wie im folgenden Beispiel:

```
new-pssession -computername vc3n
   -credential
   -\administrator
```

Fehlt der Domänenname im Parameter *Credential*, fragt das Cmdlet das Kennwort für das lokale Konto ab.

Haben Sie den Netzwerkadapter manuell konfiguriert, müssen Sie eventuell die IP-Adresse des Nanoservers statt seines Computernamens verwenden, wie es im folgenden Beispiel zu sehen ist:

```
new-pssession -computername 192.168.0.91
   -credential
   -\administrator
```

Zweitens müssen Sie höchstwahrscheinlich den Nanoserver in die Liste *Vertrauenswürdige Hosts* in der Implementierung der Windows-Remoteverwaltung hinzufügen. Andernfalls versucht das Cmdlet, die Sitzung mithilfe von Kerberos zu authentifizieren, was bei einem nicht zur Domäne gehörenden Host scheitert.

Um einen Computer zur Liste *Vertrauenswürdige Hosts* per PowerShell hinzuzufügen, geben Sie seinen Namen oder seine IP-Adresse im Cmdlet *Set-Item* an, wie es folgendes Beispiel zeigt:

```
set-item wsman:\localhost\client\trustedhosts "192.168.0.91"
```

Außerdem können Sie das Tool *Winrm.exe* von der Eingabeaufforderung aufrufen:

```
winrm set winrm/config/client @{TrustedHosts="192.168.0.91"}
```

Nachdem Sie erfolgreich eine PowerShell-Sitzung erstellt haben, können Sie sich mit ihr wie im folgenden Beispiel per Cmdlet *Enter-PSSession* verbinden, wobei Sie die ID angeben, die in der Ausgabe von *New-PSSession* angezeigt wird:

```
enter-pssession -id 9
```

Haben Sie sich erfolgreich mit der Sitzung verbunden, wechselt das Prompt der Eingabeaufforderung und schließt jetzt den Computernamen ein, wie es in Abbildung 1–39 zu sehen ist.

Abb. 1–39   Mit einer PowerShell-Sitzung auf einem Nanoserver verbinden

Wenn Sie mit der Sitzung verbunden sind, arbeiten Sie mit den PowerShell-Ressourcen des Nanoservers. Die Version Windows PowerShell 5.1, die Bestandteil von Windows Server 2016 ist, existiert jetzt in zwei Editionen: Desktop und Core. Sowohl die vollständige Version von Windows Server 2016 als auch Server Core beinhaltet die Desktop-Edition. Nanoserver bringt die Core-Edition von PowerShell mit, wie es die Variable *$PSVersionTable* anzeigt (siehe Abbildung 1–40).

Abb. 1–40   Inhalt der Variablen *$PSVersionTable*

PowerShell Core ist eine Teilmenge von PowerShell Desktop, der viele Funktionen fehlen. Administratoren und Entwickler mit vorhandenem PowerShell-Code sollten diesen auf einer PowerShell Core-Implementierung testen.

> **TIPP** **Fehlende Kernfeatures von PowerShell**
> Eine Liste der in PowerShell Core nicht eingeschlossenen Funktionen finden Sie unter *https://docs.microsoft.com/de-de/windows-server/get-started/powershell-on-nano-server*.

Um sich von einer verbundenen Sitzung zu trennen, verwenden Sie das Cmdlet *Exit-PSSession* oder tippen einfach Exit ein. Das Prompt der Eingabeaufforderung wechselt zur ursprünglichen Form zurück und Sie arbeiten wieder mit dem Hostcomputer.

Prüfungsziel 1.3: Images für die Bereitstellung erstellen, verwalten und pflegen

Virtualisierte Serverumgebungen zu erstellen, ist eine Aufgabe, bei der Sie nicht nur die eingesetzte Hardware betrachten müssen, sondern auch die Anforderungen Ihrer Organisation. Virtuelle Maschinen bieten unter anderem den Vorzug, dass man mit ihren virtuellen Festplatten offline arbeiten kann, um Updates und Features anzuwenden.

Dieser Abschnitt erläutert, wie Sie

- Windows Server-Virtualisierung planen
- Linux- und FreeBSD-Bereitstellungen planen
- Virtualisierungsarbeitsauslastungen mit dem Microsoft Assessment and Planning(MAP)-Toolkit bewerten
- Überlegungen für die Bereitstellung von Arbeitsauslastungen in virtualisierten Umgebungen bestimmen
- Images mit Patches, Hotfixes und Treibern aktualisieren
- Rollen und Features in Offline-Images installieren
- Windows Server Core, Nanoserver-Images und VHDs mit Windows PowerShell verwalten und warten

Windows Server-Virtualisierung planen

Virtualisierung ist zu einem wichtigen Tool in der Netzwerkadministration geworden. Bei relativ niedrigen Kosten für Hochleistungshostserver ist es möglich, viele virtuelle Server auf einem einzelnen Computer bereitzustellen. Dies bietet unter anderem folgende Vorteile:

- **Hardwarekompatibilität** Da die Hardware in einer virtuellen Maschine virtuell ist, sind Treiberkompatibilitätsprobleme praktisch ausgeschlossen. Anstatt getrennte Computer mit der erforderlichen Hardware auszustatten und sich mit den unvermeidlichen Fragen der Treiberinstallation und -wartung herumschlagen zu müssen, lassen sich virtuelle Maschinen in Minuten bereitstellen und kommen ohne Treiberwartung aus.

- **Kleinere Datencenter**   Ein Datencenter mit 10 Hostservern beansprucht weniger Platz als eines mit 50 oder mehr physischen Servern. Zudem sind Stromversorgung und Kühlung einfacher und preiswerter, was umweltfreundlicher ist und Kosten spart.
- **Upgradefähigkeit**   Wenn die Arbeitsbelastungen zunehmen, ist es mit Virtualisierung ganz einfach, einer virtuellen Maschine so viel Hauptspeicher- oder Festplattenspeicherkapazität hinzuzufügen, wie benötigt wird.
- **Bereitstellung**   Neue virtuelle Server stellen Sie in Stunden bereit, anstatt Tage damit zu verbringen, die Hardware für einen neuen physischen Server bewilligen zu lassen, zu beschaffen und zu installieren.
- **Effizienz**   Virtuelle Maschinen ermöglichen es Ihnen, die Ressourcen des Hostservers effizienter zu nutzen. Physische Server, die einer einzigen Anwendung gewidmet sind, laufen selten mit hoher Auslastung; die meiste Zeit liegt sie bei 20 Prozent oder weniger. Wenn mehrere VMs auf einem einzelnen Host laufen, können Sie die Ressourcen, die jeder VM zugeteilt sind, anpassen und über einen größeren Zeitraum besser ausnutzen.
- **Betriebszeit**   Techniken wie Live-Migration und Failover-Clustering sind weit einfacher in einer virtuellen Serverumgebung zu implementieren als mit physischen Computern. Das heißt, dass Administratoren virtuelle Server leichter am Laufen halten können, selbst wenn ungeplante Unterbrechungen auftreten.
- **Wartung**   Wenn weniger physische Computer laufen, sind auch weniger Updates zu installieren und es ist einfacher, eine flache Umgebung mit einem physischen Servermodell statt mit vielen Modellen zu warten. Alle diese Dinge tragen zu verringerten Wartungskosten bei.
- **Notfallwiederherstellung**   Weil sich virtuelle Maschinen leicht von einem Server auf einen anderen migrieren lassen, kann die Wiederherstellung nach einem Hardwareausfall, der zum Abschalten eines Hostservers geführt hat, so einfach sein wie das Aktivieren einer Replik der virtuellen Maschine auf einem anderen Server.
- **Testen**   Bei virtuellen Maschinen ist es recht einfach, eine isolierte Umgebung für das Testen und die Bewertung von Serverkonfigurationen, Softwareprodukten und Aktualisierungen einzurichten.
- **Isolierte Anwendungen**   Eine große Anzahl von Anwendungen auf physischen Servern bereitzustellen, erfordert entweder einen separaten Computer für jede Anwendung oder jede Menge Kompatibilitätstests. Mit Virtualisierung können Sie leicht eine separate VM für jede Anwendung bereitstellen und bei Bedarf die virtuellen Hardwareressourcen modifizieren, die jeder virtuellen Maschine zugeordnet sind.
- **Cloudmigration**   Virtuelle Server abstrahieren von der zugrunde liegenden Hardware des Computers, sodass die letztendliche Migration von Servern in eine private oder öffentliche Cloud eine relativ einfache Angelegenheit ist.
- **Rendite (Return on Investment, ROI)**   Alle diese Faktoren tragen zu einer Rendite bei, die die Kosten des Virtualisierungsprojekts wettmachen sollte. In der Entwurfsphase des Projekts sollte die Rendite besondere Betrachtung finden.

Wenn Sie eine virtualisierte Umgebung für Ihr Unternehmen ins Auge fassen, sollte die Planungsphase mehrere wichtige Fragen beinhalten, die wir als Nächstes behandeln.

Welche Server sollte man virtualisieren?

Einen entscheidenden Teil der Planung macht es aus, den Umfang des Virtualisierungsprojekts zu definieren, indem Sie entscheiden, welche Ihrer Server wann virtualisiert werden sollen. Wenn Sie von Grund auf ein neues Netzwerk aufbauen, können Sie leicht alle Server virtuell bereitstellen, wobei Sie nur Anwendungen und Technologien implementieren, die mit der virtuellen Umgebung kompatibel sind. Allerdings klappt das nicht immer so leicht. Für viele Administratoren bedeutet Virtualisierung die Anpassung vorhandener physischer Server an eine virtuelle Welt.

Mit Virtualisierung können Sie beginnen, wenn Sie alle neu benötigten Server als virtuelle Maschinen bereitstellen. Anstatt einen physischen Server für eine einzelne Anwendung zu kaufen, sollten Sie ein besser ausgestattetes Modell anschaffen, um es als Hyper-V-Hostserver zu betreiben. Dann haben Sie auch gleich die notwendige Hardwareplattform parat, um mehrere virtuelle Computer für Ihre zukünftigen Ansprüche bereitzustellen.

Als Nächstes geht es um die Frage, ob Sie die vorhandenen physischen Server in virtuelle Maschinen konvertieren sollten. Eine solche sogenannte *P2V-Konvertierung* (Physical-to-Virtual-Konvertierung) setzt voraus, dass Sie mit den Anforderungen Ihrer Organisation und den technischen Aspekten des Vorgangs vertraut sind.

Welche Server sollten zuerst migriert werden?

Die Priorisierung des Virtualisierungsprojekts ist ein wichtiger Bestandteil des Plans, weil sie oftmals ein Lernprozess für die Administratoren ist, die die Migrationen durchführen und Sie auch die Geschäftsanforderungen der Organisation berücksichtigen müssen. Die vorhandenen Server können Sie gemäß den folgenden Prioritäten klassifizieren:

- **Geringes Risiko**   Die ersten Konvertierungen in virtuelle Server sollten mit Servern stattfinden, die Funktionen ausführen, die für die tägliche Arbeit nicht wichtig sind, beispielsweise Entwicklungs- und Testplattformen. Durch diese ersten Migrationen können Administratoren ein Protokoll für die Abläufe entwickeln, wie ein physischer Computer in einen virtuellen konvertiert wird.

- **Weniger wichtig**   Zur nächsten Priorität gehören Server, die Anwendungen ausführen, die für die Geschäftsabläufe nicht entscheidend sind. Zum Beispiel können Webserver, die Bestandteil einer Serverfarm sind, unterbrochen werden, weil andere Server ihre Aufgaben übernehmen können.

- **Stark genutzt**   Systeme, die häufig genutzt werden, aber für das Geschäft nicht entscheidend sind, sind der nächsten Priorität zuzurechnen, beispielsweise VPN-Server.

- **Geschäftsentscheidend**   Zuletzt migrieren Sie die Server, auf denen geschäftskritische Arbeiten laufen. Mittlerweile sollten die Administratoren, die mit der Konvertierung betraut sind, genügend Erfahrung gesammelt haben, um potenziellen Problemen begegnen zu können. Bei Servern, die häufig wechselnde Daten verarbeiten, beispielsweise E-Mail- und Datenbank-Server, führt man die Migration in der Regel offline durch.

Wie konvertiert man physische Server in virtuelle Server?

Bei der letzten Betrachtung geht es um die eigentliche Migration von einem physischen Server zu einem virtuellen. In diesem Migrationsprozess geht es darum, den Inhalt der physischen Festplatten im vorhandenen Server in virtuelle Festplatten (VHDs) zu konvertieren, die Hyper-V verwendet. Für eine derartige Konvertierung stehen viele Softwaretools zur Verfügung, die Sie ausprobieren und testen sollten, bevor Sie sie auf wichtige Daten anwenden.

In diesem Teil der Virtualisierung sollten Sie ein sorgfältig dokumentiertes Protokoll für den eigentlichen Konvertierungsvorgang entwickeln, nach dem bei allen folgenden Migrationen vorgegangen wird.

Linux- und FreeBSD-Bereitstellungen planen

Der Hyper-V-Dienst in Windows Server 2016 unterstützt das Erstellen von virtuellen Gastcomputern, auf denen verschiedene Linux- und FreeBSD-Betriebssysteme laufen. In diesem Fall bedeutet »unterstützt« mehr, als dass Hyper-V es Ihnen erlaubt, Linux- oder FreeBSD-Betriebssysteme auf einem virtuellen Computer zu installieren. Microsoft bietet technischen Support für Benutzer, die Probleme bei der Ausführung dieser Betriebssysteme auf Hyper-V haben.

Eine Distribution auswählen

Windows Server 2016 unterstützt FreeBSD und viele Linux-Distributionen, alle in mehreren Versionen. Leistungsebenen und Featureverfügbarkeit variieren je nach Betriebssystem und Version. Deshalb ist es wichtig, dass Sie die passende Distribution und die richtige Version entsprechend Ihren Anforderungen auswählen.

Um die beste Leistung von virtuellen Computern zu erhalten, die Linux oder FreeBSD ausführen, sollten Sie die von Microsoft entwickelten Treiber für Hyper-V-spezifische Geräte verwenden. Hyper-V kann die nativen Linux- und FreeBSD-Geräte emulieren, doch bieten diese weder das gleiche Leistungsniveau noch unterstützen sie viele der Verwaltungsmöglichkeiten des virtuellen Hyper-V-Computers.

Die Treiber für die Hyper-V-spezifischen Geräte werden als Linux Integration Services (LIS) und FreeBSD Integration Services (BIS) bezeichnet. Bei den neueren Versionen der Linux- und FreeBSD-Distributionen sind LIS und BIS in den jeweiligen Kernels bereits integriert, was den Installationsvorgang vereinfacht. Für ältere Versionen sind herunterladbare LIS- und BIS-Pakete vom Microsoft Download Center unter *http://www.microsoft.com/download* verfügbar.

> **HINWEIS** Unterstützte Linux- und FreeBSD-Distributionen
> Vollständige Auflistungen der Linux- und FreeBSD-Distributionen, die als Hyper-V-Gastbetriebssysteme unterstützt werden, sowie die unterstützten LIS- oder BIS-Funktionen finden Sie unter *https://docs.microsoft.com/de-de/windows-server/virtualization/hyper-v/Supported-Linux-and-FreeBSD-virtual-machines-for-Hyper-V-on-Windows*.

Der Funktionsumfang variiert unter den Linux-Distributionen je nach den Versionen von Gastbetriebssystem und Hostbetriebssystem. Zum Beispiel bringt Hyper-V in Windows Server 2016 die Unterstützung für Secure Boot in Linux-Gastbetriebssystemen mit, die in vorherigen Versionen nicht verfügbar war.

Virtualisierungsarbeitsauslastungen mit dem MAP-Toolkit bewerten

Windows-Geräte und Unternehmensanwendungen in einem großen Netzwerk bereitzustellen, heißt oftmals, dass eine große Anzahl von vorhandenen Computern zu bewerten ist, um zu ermitteln, ob sie die geeignete Hardware für das Betriebssystem besitzen.

Eine Hardwareinventur durchzuführen und zu pflegen, kann recht entmutigend sein, vor allem wenn Sie Computer und andere Netzwerkgeräte mit vielen verschiedenen Hardwarekonfigurationen haben, die sich an verschiedenen Standorten befinden. Microsoft bietet ein kostenloses Tool, das Sie für diesen Zweck einsetzen können: das *Microsoft Assessment and Planning (MAP)-Toolkit*.

Das MAP-Toolkit ist ein Inventarisierungs-, Beurteilungs- und Berichterstellungstool, mit dem Sie die Hardware und die Software auf Servern und Workstations entdecken und bewerten können, und zwar im Kontext verschiedener Beurteilungs- und Bereitstellungsszenarios.

MAP stellt vor allem die folgenden Funktionen bereit:

- Migrationsplanung
- Konsolidierung/Virtualisierung
- Planung privater/öffentlicher Clouds
- Verfolgung von Softwarenutzung

Im Unterschied zu einigen anderen derartigen Produkten ist MAP in der Lage, eine Inventarisierung auf Computern ohne erforderliche Agentensoftware auf der Clientseite durchzuführen. Das heißt, Sie können MAP auf dem einen System installieren und sich mit beliebigen oder allen anderen Computern in Ihrem Netzwerk verbinden, und zwar mithilfe von Standardtechniken wie zum Beispiel Active Directory Domain Services (AD DS), Windows Management Instrumentation (WMI), Remote Registry Service, Secure Shell (SSH) und dem Dienst Computerbrowser. Nachdem die Verbindung hergestellt ist, ruft MAP Informationen über die Hardware, Software und Leistung der Computer sowie über die Netzwerkinfrastruktur ab und fügt sie seiner Datenbank hinzu.

Der MAP-Erkennungsprozess kann sämtliche Windows-Versionen bis zurück zu Windows Server 2003 und Windows XP sowie alle Versionen von Microsoft Office erkennen. Außerdem erkennt das Toolkit verschiedene Produkte, die nicht von Microsoft stammen (beispielsweise VMWare-Virtualisierungsserver), und ausgewählte Linux-Distributionen. Neben Betriebssystemen kann MAP eine umfangreiche Palette von Microsoft-Serveranwendungen erkennen, einschließlich SQL Server, Exchange, SharePoint und Visual Studio.

Nachdem MAP Informationen über die im Netzwerk laufenden Systeme zusammengetragen hat, kann es die Inventarisierung auswerten und Berichte für verschiedene Aufgaben generieren. Zu den primären Funktionen des MAP-Toolkits gehört es, die Hardware der Computer im Netzwerk zu analysieren und ihre Bereitschaft für ein Upgrade auf die neueste Version des Betriebssystems zu ermitteln. Bei der Bewertung wird die Hardware in den Computern mit den Systemanforderungen für das neue Betriebssystem verglichen. MAP versichert sich zudem, ob die passenden Treiber für alle Geräte, die in den Computern installiert sind, verfügbar sind.

Außer die Bereitschaft eines Computers für ein Betriebssystemupgrade zu bewerten, kann das MAP-Toolkit auch Aufgaben übernehmen, die Ihnen bei der Planung eines Virtualisierungsprojekts helfen, unter anderem folgende:

- Identifizieren von virtuellen Computern, auf denen sowohl Hyper-V als auch VMware laufen, und detaillierte Informationen über ihre Hosts und Gäste einholen.

- Ausführen einer detaillierten Bewertung der Servernutzung und Empfehlungen vorbereiten für Serverkonsolidierung und die Platzierung von virtuellen Maschinen mithilfe von Hyper-V.

- Linux-Betriebssysteme und ihre zugrunde liegende Hardware erkennen und identifizieren sowie ihre Virtualisierung mit Hyper-V planen.

Das MAP-Toolkit installieren

Für das MAP-Toolkit sind verschiedene Installations- und Lizenzierungsvoraussetzungen zu erfüllen, bevor Sie die Software erfolgreich installieren können. MAP ist im Wesentlichen eine Datenbankanwendung, die auf Microsoft SQL Server 2012 Express basiert, einer abgespeckten, kostenlosen Version von SQL Server 2012. MAP kann auf jedem der folgenden Betriebssysteme laufen:

- Windows 10 (nur die Editionen Professional und Enterprise)
- Windows 8.1 (nur die Editionen Pro und Enterprise)
- Windows 8 (nur die Editionen Professional und Enterprise)
- Windows 7 mit Service Pack 1 (nur die Editionen Professional, Enterprise und Ultimate)
- Windows Server 2016
- Windows Server 2012 R2
- Windows Server 2012
- Windows Server 2008 R2 mit Service Pack 1

Die minimale Hardwarekonfiguration für einen Computer, der MAP ausführt, sieht so aus:

- 1,5 GHz-Dual-Core-Prozessor
- 2,0 GB RAM
- 1 GB freier Festplattenplatz
- Netzwerkadapter
- Grafikkarte mit einer Auflösung von 1024x768 oder höher

Bevor Sie MAP auf einem Windows-Computer installieren, sollten Sie sämtliche Updates für das Betriebssystem installieren. Außerdem brauchen Sie .NET Framework 4.5, das Sie ebenfalls im Microsoft Download Center bekommen.

Das MAP-Toolkit-Installationsprogramm überprüft diese Voraussetzungen, bevor es dem Setupprogramm erlaubt, fortzufahren. Die Berichterstellung ist die Hauptfunktion des MAP-Toolkits, nachdem es Daten über die Geräte im Netzwerk gesammelt hat. Da die Berichte, die MAP generiert, die Form von Excel-Tabellenblättern haben, brauchen Sie Microsoft Excel oder die kostenlose Excel Viewer-Anwendung, um sie zu öffnen.

MapSetup.exe ausführen

Das MAP-Toolkit ist als kostenloser Download vom Microsoft Download Center unter *http://www.microsoft.com/download* verfügbar. Wenn Sie das Programm *MapSetup.exe* starten, erscheint der *Setup-Assistent für das Microsoft Assessment and Planning Toolkit*.

Akzeptieren Sie die Lizenzbedingungen und wählen Sie den Ordner aus, in dem Sie das Toolkit installieren möchten. Der Assistent installiert das MAP-Programm und fragt Sie, ob Sie eine neue MAP-Datenbank anlegen oder eine vorhandene Datenbank verwenden wollen (siehe Abbildung 1–41).

Abb. 1–41 Eine MAP-Datenbank erstellen

> **HINWEIS** **MAP-Toolkit-Datenbanken**
> Standardmäßig installiert der MAP-Toolkit-Setup-Assistent den Datenbank-Manager von SQL Server 2012 Express und erstellt eine Instanz namens *LocalDB*, in der MAP die Informationen speichert, die über das Netzwerk gesammelt wurden. In den meisten Fällen genügt diese Standardkonfiguration für ein Netzwerk bis zu 20.000 Knoten. Für größere Netzwerke ist es allerdings möglich, eine Kopie von SQL Server 2012 Standard zu nutzen, die Sie bereits auf dem Computer installiert haben. Um SQL Server 2012 Standard mit MAP zu verwenden, müssen Sie zuerst SQL Server installieren und eine Nicht-Standardinstanz namens »MAPS« anlegen. Es ist weder möglich, MAP auf eine vorhandene SQL Server-Instanz zu verweisen, die nicht »MAPS« heißt, noch MAP auf eine SQL Server-Installation zu verweisen, die auf einem anderen Computer läuft.

Bestandsinformationen sammeln

MAP verwendet eine konsolenbasierte Benutzeroberfläche, um die Aufgaben für das Sammeln von Informationen und das Erstellen von Berichten zu konfigurieren. Wenn Sie MAP starten, erscheint die Konsole *Microsoft Assessment and Planning Toolkit*, wie Abbildung 1–42 zeigt.

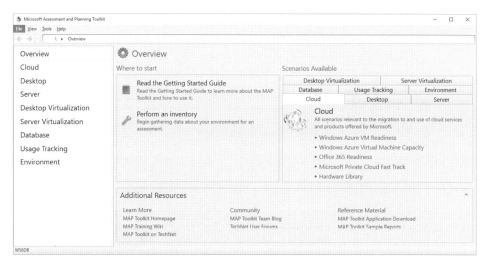

Abb. 1–42 Die Konsole *Microsoft Assessment and Planning Toolkit*

Nachdem Sie MAP mit einer Datenbank konfiguriert haben, können Sie eine von mehreren Methoden auswählen, um Bestandsinformationen von den Computern im Netzwerk zu sammeln. Wenn Sie in der Seite *Overview* der Konsole auf *Perform an inventory* klicken, startet der Assistent *Inventory And Assessment*. Dieser Assistent ist der Ausgangspunkt für sämtliche Szenarios der Bestandsaufnahme. Die in Abbildung 1–43 gezeigte Seite *Inventory Scenarios* listet die Basistypen der Informationen auf, die MAP ermitteln kann, und spezifiziert die Sammeltechniken, mit denen das Programm das Netzwerk sondiert. Eine *Sammeltechnik* (Collector Technology) spezifiziert die Mittel und das Protokoll, über das MAP mit den anderen Computern im Netzwerk kommuniziert.

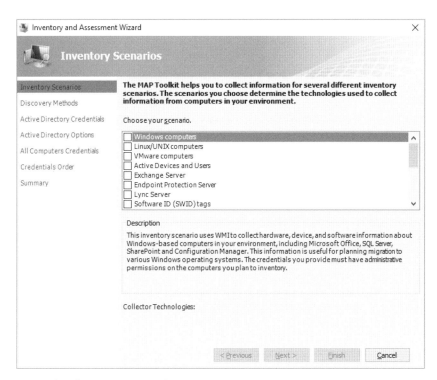

Abb. 1–43 Die Seite *Inventory Scenarios*

Nachdem Sie eines oder mehrere Szenarios der Bestandsaufnahme ausgewählt haben, zeigt der Assistent die Seite *Discovery Methods* (Erkennungsmethoden) an. Auf dieser Seite spezifizieren Sie ein oder mehrere Protokolle, die MAP verwenden soll, um die Computer im Netzwerk zu suchen und sich mit ihnen zu verbinden.

MAP unterstützt unter anderem die folgenden Erkennungsmethoden:

- **Use Active Directory Domain Services** Fragt einen Domänencontroller mit dem Protokoll LDAP (Lightweight Directory Access Protocol) nach Computern ab, die sich in bestimmten Domänen, Containern oder Organisationseinheiten befinden. Verwenden Sie diese Methode, wenn sämtliche Computer, die Sie inventarisieren wollen, in Active Directory-Domänen untergebracht sind.

- **Use Windows networking protocols** Verwendet die Win32-LAN-Manager-Schnittstelle, um mit dem Dienst *Computerbrowser* auf Computern in Arbeitsgruppen oder Domänen zu kommunizieren.

- **Use System Center Configuration Manager** Fragt den System Center Configuration Manager(SCCM)-Server ab, um Computer zu erkennen, die von SCCM verwaltet werden. Sie müssen Anmeldeinformationen für ein Konto mit Zugriff auf den Configuration Manager WMI-Anbieter auf dem Server bereitstellen.

- **Scan an IP address range** Fragt bis zu 100.000 Geräte anhand der IP-Adressen in einem angegebenen Bereich ab. Dadurch kann sich der Assistent mit Computern ohne Anmeldeinformationen und unabhängig von deren Betriebssystemen verbinden.

- **Manually enter computer names and credentials** Ermöglicht Ihnen, eine kleine Anzahl von Computern zu inventarisieren, indem Sie deren Computernamen, NetBIOS-Namen oder voll qualifizierte Domänennamen (FQDNs) eingeben.

- **Import computer names from a file** Bei dieser Methode können Sie den Namen einer Textdatei mit bis zu 120.000 Computernamen, NetBIOS-Namen, FQDNs oder IPv4-Adressen angeben.

Wenn Sie die Optionen auf dieser Seite auswählen, fügt der Assistent Seiten hinzu, auf denen Sie die Erkennungsmethode konfigurieren oder Anmeldeinformationen angeben können. Haben Sie zum Beispiel die Erkennungsmethode *Active Directory Domain Services* aktiviert, erscheint eine Seite *Active Directory Credentials*, auf der Sie ein Domänenkonto und ein Kennwort für einen Benutzer in der Gruppe *Domänenbenutzer* in jeder Domäne, die Sie abfragen möchten, bereitstellen müssen. Dann erscheint eine Seite *Active Directory Options*, auf der Sie spezifische Domänen, Container und Organisationseinheiten auswählen können.

Je nachdem, welches Inventarisierungsszenario Sie im Assistenten auswählen, müssen Sie entsprechende Anmeldeinformationen bereitstellen, die MAP benötigt, um auf die Computer im Netzwerk und deren Software zuzugreifen. Manchmal müssen Sie auch die Zielcomputer konfigurieren, um das von der Sammeltechnik verwendete Kommunikationsprotokoll zu akzeptieren.

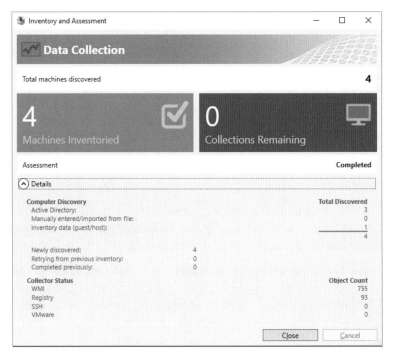

Abb. 1–44 Die Seite *Data Collection*

Auf der Seite *All Computers Credentials* des Assistenten können Sie mehrere Kontoeinträge erstellen, die Zugriff auf die verschiedenen Computer im Netzwerk bieten, und die Reihenfolge festlegen, in der das MAP-Toolkit sie verwendet.

Nachdem Sie die Assistentenkonfiguration abgeschlossen haben, klicken Sie auf *Finish* (Fertigstellen), um die Inventarisierung zu starten. Der Assistent zeigt auf einer Seite *Data Collection* den Fortschritt der Inventarisierung an (siehe Abbildung 1–44).

Nachdem Sie eine Hardwareinventur durchgeführt haben, können Sie die Seite *Server Virtualization* (siehe Abbildung 1–45) sehen, die Sie durch die restliche Prozedur der Datensammlung führt.

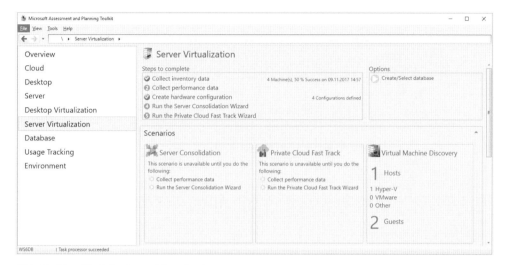

Abb. 1–45   Die Seite *Server Virtualization*

Klicken Sie auf den Link *Collect performance data*, um den Assistenten *Performance Metrics* zu starten. Dieser Assistent sammelt Leistungsdaten über die Computer im Netzwerk für eine bestimmte Zeitspanne, die Sie auf der Seite *Collection Configuration* festlegen.

Wählen Sie die Computer aus, von denen Sie Daten sammeln wollen, und stellen Sie die Anmeldeinformationen bereit, wie Sie es bereits vorher getan haben. Wenn der Assistent gestartet ist, erfasst er alle fünf Minuten Daten der Leistungsindikatoren von jedem Computer, wie Abbildung 1–46 zeigt, bis die angegebene Zeit abgelaufen ist.

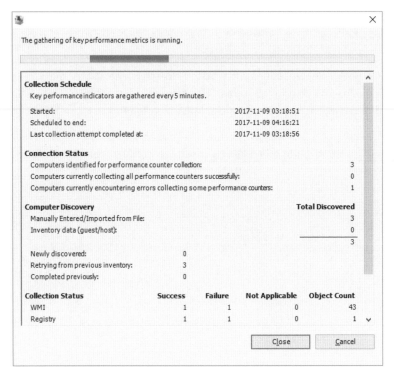

Abb. 1–46 Der Assistent *Performance Metrics* während der Leistungsdatenerfassung

Ergebnisse bewerten

Der *Inventory And Assessment*-Assistent speichert am Ende die ermittelten Daten in der SQL-Datenbank. Um das Serverkonsolidierungsszenario abzuschließen, müssen Sie den *Server Virtualization And Consolidation*-Assistenten starten. In diesem Assistenten spezifizieren Sie das Betriebssystem und die Hardwarekonfiguration Ihres Hyper-V-Hostservers sowie eine Nutzungsobergrenze für die verschiedenen Hostserverkomponenten.

Schließlich wählen Sie die Computer aus dem Inventar aus, die Sie in die Bewertung einschließen möchten. Wenn die Bewertung fertiggestellt ist, erscheinen die Ergebnisse auf der Konsole, wie Abbildung 1–47 zeigt.

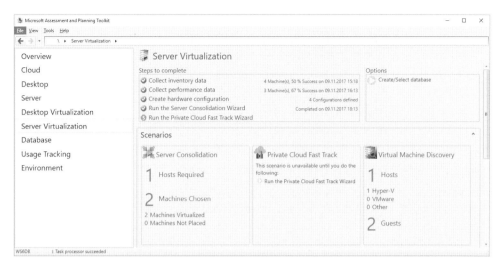

Abb. 1–47 Die fertiggestellte Seite *Server Virtualization*

Das MAP-Toolkit erstellt auch Berichte als Excel-Arbeitsmappen, die in diesem Szenario Details über die empfohlene Serverkonsolidierungsstrategie liefern (siehe Abbildung 1–48).

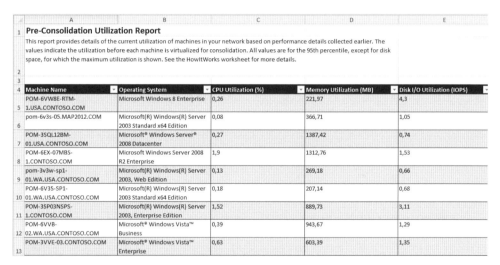

Abb. 1–48 Der *Server Consolidation*-Bericht

Überlegungen für die Bereitstellung von Arbeitsauslastungen in virtualisierten Umgebungen bestimmen

Viele der Arbeitsbelastungen in den heutigen Netzwerken lassen sich leicht von physischen auf virtuelle Server umstellen. Doch das geht nicht bei allen und vor allem sollten auch nicht alle umgestellt werden. Um zu ermitteln, welche vorhandenen Server die besten Kandidaten für Virtualisierung sind, betrachten Sie zuerst die folgenden Faktoren der Ressourcennutzung:

- **Arbeitsspeicher** Anwendungen mit großen Anforderungen an Arbeitsspeicher sind keine guten Kandidaten für Virtualisierung, weil sie einen übermäßigen Anteil der Arbeitsspeicherressourcen des Hostservers verbrauchen könnten. Wenn zum Beispiel eine Anwendung 32 GB Arbeitsspeicher beansprucht, wäre sie in einer virtuellen Maschine auf einem Hostserver mit insgesamt 48 GB Arbeitsspeicher nicht kosteneffizient.

- **Prozessor** Fast so wie bei den Anforderungen an den Arbeitsspeicher ist eine Anwendung, die ständig einen großen Anteil der CPU-Kapazität des physischen Servers beansprucht, auf einer virtuellen Maschine wahrscheinlich nicht effizient, weil sie für andere virtuelle Maschinen zu wenig Prozessorkapazität des Hostservers übrig lassen würde.

- **Netzwerk** Der Netzwerkdurchsatz ist ein entscheidender Faktor in einem Virtualisierungsprojekt, weil man die kombinierten Anforderungen aller virtuellen Maschinen berücksichtigen muss, die auf dem Server laufen. Dabei geht es um sämtliche Netzwerkdurchsatzanforderungen aller virtuellen Maschinen, die auf dem Hostserver ausgeführt werden, um sicherzustellen, dass sie nicht die Kapazität der physischen Netzwerkadapter übersteigen. Hier liegt oftmals der Grund, warum Administratoren nicht Dutzende von virtuellen Maschinen auf einem einzelnen Hostserver bereitstellen können.

- **Speicherung** Physische Server mit hohem Speicherdurchsatz funktionieren in einer virtualisierten Umgebung nicht gut, weil sie die Ein-/Ausgabeleistung der anderen virtuellen Maschinen bremsen könnten.

Diese Faktoren lassen sich entschärfen, wenn Sie die Hardwarekonfiguration des Hostservers erweitern.

So könnten Sie zum Beispiel einen physischen Computer mit 512 GB statt 48 GB Arbeitsspeicher kaufen, mit mehreren Multicore-Prozessoren, einem hochleistungsfähigen Speicherarray oder mehreren Netzwerkadaptern, doch Sie müssen auch in Betracht ziehen, ob sich diese zusätzlichen Ausgaben lohnen. Je höher die Hardwarekosten steigen, desto unwahrscheinlicher ist es, dass sich die Investitionen in das Projekt auszahlen. Es könnte wirtschaftlicher sein, einfach die ressourcenintensiven Anwendungen auf ihren physischen Servern zu belassen.

Images mit Patches, Hotfixes und Treibern aktualisieren

Mit dem Windows-Befehlszeilentool *Deployment Image Servicing and Management* (*DISM.exe*) lassen sich virtuelle Festplatten- (Virtual Hard Disk) und Windows-Imaging-Dateien modifizieren, während sie offline sind. Mit demselben Tool können Sie auch die folgenden Wartungsaufgaben wahrnehmen:

- Gerätetreiber hinzufügen und entfernen
- Sprachpakete hinzufügen und entfernen
- Updates hinzufügen und entfernen
- Dateien und Ordner hinzufügen und entfernen
- Betriebssystemfunktionen aktivieren oder deaktivieren

- Antwortdateien ausführen
- App-Pakete hinzufügen oder entfernen

Administratoren können diese Fähigkeit auf verschiedene Weise nutzen. Wenn Sie Images von Referenzcomputern erfassen, sodass Sie damit neue Computer bereitstellen können, veralten diese Images letzten Endes. Zunächst können Sie Betriebssystem- und Anwendungupdates auf Ihre bereitgestellten Workstations anwenden, wenn diese veröffentlicht werden. Allerdings wird es zunehmend schwieriger, neue Workstations bereitzustellen, weil Sie auf jede einzeln alle Updates und Änderungen anwenden müssen. Wenn dies passiert, ist es an der Zeit, eine Aktualisierung Ihrer Imagedateien anzugehen. Und das ist genau dann, wenn eine Alternative zum Erfassen neuer Images willkommen ist.

Die in Windows Server 2016 enthaltene Version 10.0 von *DISM.exe* kann Images der folgenden Betriebssysteme bedienen:

- Windows 10
- Windows 8.1
- Windows 8
- Windows 7
- Windows Server 2016
- Windows Server 2012 R2
- Windows Server 2012
- Windows Server 2008 R2
- Windows Server 2008 SP2
- Windows Preinstallation Environment (Windows PE) 5.0
- Windows PE 4.0
- Windows 3.0

Während DISM ursprünglich für WIM-Images konzipiert wurde, wie diejenigen auf den Windows-Installationsmedien, arbeiten viele (jedoch nicht alle) ihrer Funktionen auch mit Images auf virtuellen Festplatten (VHD und VHDX). Zum Beispiel können Sie *DISM.exe* verwenden, um VHD- oder VHDX-Images bereitzustellen und Treiber und Pakete hinzuzufügen oder zu entfernen sowie Windows-Features zu aktivieren und zu deaktivieren. Außer dem Arbeiten mit Imagedateien in ihrem Offlinezustand können Sie mit DISM auch bestimmte Funktionen auf dem Betriebssystem durchführen, das momentan auf dem Computer läuft.

Ein Image bereitstellen

Standardmäßig modifiziert man Imagedateien offline, indem man ein Image in einem Ordner bereitstellt, die expandierten Dateien ändert und dann die Änderungen zurück in die Imagedatei übernimmt. Um eine Imagedatei mithilfe von *DISM.exe* zu modifizieren, müssen Sie sie zunächst in einem Ordner bereitstellen. Dieser Vorgang kopiert sämtliche Dateien im Image in ihre expandierte Form. Dann können Sie mit den Kopien arbeiten und alle erforderlichen Änderungen vornehmen.

Um ein Image bereitzustellen, öffnen Sie eine Eingabeaufforderung mit erhöhten Rechten und verwenden folgende Syntax:

```
dism /mount-image
    /imagefile:filename
    /index:#
    /name:imagename
    /mountdir:pathname
```

Die Parameter haben folgende Bedeutung:

- /mount-image   Legt fest, dass der Befehl ein Image in einem Ordner bereitstellen soll.
- /imagefile:filename   Gibt den Namen und den Speicherort der bereitzustellenden Imagedatei an.
- /index:#   Spezifiziert die Nummer des bereitzustellenden Images innerhalb der WIM-Datei.
- /name:imagename   Gibt den Namen des bereitzustellenden Images innerhalb der WIM-Datei an.
- /mountdir:pathname   Gibt einen Ort auf der lokalen Festplatte an, wo Sie das Image speichern möchten.

Das folgende Beispiel zeigt einen typischen Bereitstellungsbefehl:

```
dism /mount-image
    /imagefile:e:\wser16\sources\install.wim
    /index:4
    /mountdir:c:\mount
```

Dieser Befehl übernimmt das vierte Image in der Datei *Install.wim*, die sich im Ordner *E:\Wser16\Sources* befindet, und stellt es im Ordner *C:\Mount* bereit. Abbildung 1–49 zeigt das Ergebnis des Befehls.

Abb. 1–49   Ein Image mithilfe von *DISM.exe* bereitstellen

> **HINWEIS** **Lese-/Schreib-Images bereitstellen**
>
> Wenn Sie ein Image direkt von einer schreibgeschützten Quelle bereitstellen, beispielsweise von einer Windows-Installations-DVD, stellt das Programm *DISM.exe* das Image im schreibgeschützten Modus bereit. Am Image können Sie keinerlei Änderungen vornehmen, selbst wenn es in einem Ordner auf einer Lese-/Schreib-Festplatte bereitgestellt wird. Um das Image von einem Windows-Datenträger bereitzustellen, müssen Sie zuerst die Datei *Install.wim* von der DVD auf eine Festplatte kopieren.

WIM-Dateien können zwar mehrere Images enthalten, doch bereitstellen lässt sich jeweils nur eines der Images in der Datei. Das ist der Grund für die Optionen */index* und */name* auf der Befehlszeile. Mit dem folgenden Befehl ermitteln Sie die Indexnummer oder den Namenswert für ein bestimmtes Image in einer Datei, die mehrere Images enthält:

```
dism /get-imageinfo
    /imagefile:x:\filename
```

Nachdem das Image bereitgestellt ist, können Sie damit weiterarbeiten, wie es die folgenden Abschnitte beschreiben.

Treiber zu einer Imagedatei hinzufügen

Bei einer Workstation mit einem Speicherhostadapter oder anderer Hardware, die Windows Server 2016 nicht nativ unterstützt, ist es für einen Administrator möglicherweise einfacher, einen Gerätetreiber für den Adapter zu einer vorhandenen Imagedatei hinzuzufügen, als eine neue Datei zu erfassen. Das gilt insbesondere, wenn es mehrere Workstation-Konfigurationen mit unterschiedlichen Treibern gibt.

Um einen Treiber zu einer Imagedatei hinzuzufügen, die Sie bereits bereitgestellt haben, verwenden Sie einen DISM-Befehl mit der folgenden Syntax:

```
dism /image:<Pfad_zum_Abbildverzeichnis>
    /add-driver
    /driver:<Pfad_zum_Treiber.inf>
    [/recurse]
```

- /image:<Pfad_zum_Abbildverzeichnis>   Gibt den Ort des bereitgestellten Images an, das Sie modifizieren möchten.

- /add-driver   Gibt an, dass Sie dem Image, das durch den Parameter */image* spezifiziert ist, einen Treiber hinzufügen möchten.

- /driver:<Pfad_zum_Treiber.inf>   Spezifiziert den Ort des Treibers, der dem Image hinzugefügt werden soll, und zwar entweder als Pfad zur Treiberdatei (mit einer *.inf*-Erweiterung) oder zum Speicherort des Ordners, an dem sich der Treiber befindet.

- /recurse   Wenn Sie einen Ordner ohne Dateinamen in der Option */driver* angeben, sucht das Programm nach Treibern in den Unterverzeichnissen des Ordners, der im Parameter */driver* angegeben ist.

> **HINWEIS   Der Parameter /image**
>
> Nachdem Sie mithilfe von *DISM.exe* ein Image bereitgestellt haben, beginnen fast alle Befehle, mit denen Sie das Image bearbeiten, mit dem Parameter */image*, der den Ort der Bereitstellung angibt, sodass DISM weiß, auf welches Image zugegriffen werden soll. Bei manchen Befehlen können Sie anstelle der Option */image* die Option */online* angeben, um das ausgeführte Betriebssystem als Ziel zu verwenden. Die Befehle, die Sie mit der Option */online* ausführen können, hängen von der Windows-Version ab, die derzeit ausgeführt wird.

Abbildung 1–50 zeigt ein Beispiel für diesen Befehl.

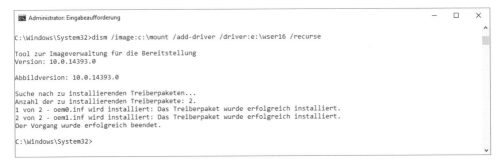

Abb. 1–50   Mit *DISM.exe* einen Treiber hinzufügen

> **HINWEIS   Treiber installieren**
>
> *DISM.exe* kann nur Treiber verwalten, bei denen eine Windows-Information-Datei (mit der Erweiterung *.inf*) dabei ist. Bei Treibern, die als ausführbare Dateien (*.exe*) gepackt sind, oder bei Microsoft Windows Installer-Paketen (*.msi*) ist es nicht möglich, sie einem Image mit dem Parameter */add-driver* hinzuzufügen. Allerdings können Sie mit Windows System Image Manager (SIM) eine Antwortdatei erstellen, die diese Treiber installiert, und dann die Antwortdatei per DISM mit dem Parameter */Apply-Unattend* dem Image hinzufügen.

Während der Treiber hinzugefügt wird, benennt DISM die Treiberdateien mit fortlaufend nummerierten Dateinamen wie *oem0.inf* und *oem1.inf* um. Von nun an müssen Sie die neuen Dateinamen verwenden, wenn Sie von der Befehlszeile aus auf die Treiber verweisen:

```
dism /image:c:\mount
    /get-drivers
```

Mit der Option */Get-DriverInfo* können Sie wie im folgenden Beispiel detaillierte Informationen über einen bestimmten Treiber anzeigen:

```
dism /image:c:\mount
   /get-driverinfo
   /driver:c:\drivers\driver.inf
```

Anhand dieser Informationen können Sie einen Treiber aus einem Image entfernen, indem Sie die Option */Remove-Driver* statt */Add-Driver* verwenden, zum Beispiel:

```
dism /image:c:\mount
   /remove-driver
   /driver:oem1.inf
```

Einer Imagedatei Updates hinzufügen

In etwa der gleichen Art und Weise, wie Sie einem bereitgestellten Image Treiber hinzufügen können, lassen sich auch Betriebssystemupdates hinzufügen, zum Beispiel Hotfixes und Sprachpakete, die als CAB- oder MSU-Dateien (Windows Update Stand-Alone Installer) gepackt sind.

Mit einem Befehl wie im folgenden Beispiel fügen Sie einem bereitgestellten Image ein Update hinzu:

```
dism /image:c:\mount
   /add-package
   /packagepath:c:\updates\package.msu
   [/ignorecheck]
```

- /image:c:\mount   Spezifiziert den Speicherort des Images, das Sie modifizieren möchten.

- /add-package   Zeigt an, dass Sie dem Image, das im Parameter */image* angegeben ist, ein Paket hinzufügen möchten.

- /packagepath:c:\updates\package.msu   Gibt den Speicherort des Pakets an, das Sie dem Image hinzufügen möchten. Diese Option kann auf eine einzelne CAB- oder MSU-Datei verweisen, einen Ordner, der eine einzelne erweiterte CAB- oder eine einzelne MSU-Datei enthält, oder einen Ordner, der mehrere CAB- oder MSU-Dateien enthält. Wenn die Option auf einen Ordner mit einer CAB- oder MSU-Datei verweist, durchsucht das Programm rekursiv alle Unterverzeichnisse nach zusätzlichen Paketen.

- /ignorecheck   Standardmäßig überprüft DISM jede Paketdatei, ob sie für das Betriebssystem gilt, das durch die Option */image* spezifiziert wird. Die Option */ignorecheck* unterdrückt diese Überprüfung und wendet das Paket unabhängig von der Betriebssystemversion an.

DISM.exe kann nur Pakete hinzufügen, die in Form von Kabinettdateien (*.cab*) oder Updatepaketen für das eigenständige Windows-Updateinstallationsprogramm (*.msu*) vorliegen.

> **HINWEIS** **CAB- und MSU-Dateien suchen**
>
> Es mag zwar so aussehen, als ob die meisten Updates, die Sie vom Microsoft Download Center herunterladen können, nicht für das Hinzufügen zu bereitgestellten Images geeignet sind, weil es sich um ausführbare Dateien (*.exe*) oder sektorbasierte Imagedateien (*.iso*) handelt, doch diese Pakete enthalten oftmals im Archiv die passenden *.cab*- oder *.msu*-Dateien. Sie können ein ausführbares Archiv erweitern oder eine *.iso*-Datei bereitstellen, um auf die darin enthaltenen Dateien zuzugreifen.

In einem einzigen DISM-Befehl können Sie mehrere */packagepath*-Optionen angeben, um mehrere Pakete zu installieren. Das Programm installiert die Pakete in der Reihenfolge, in der sie auf der Befehlszeile erscheinen.

Um ein Paket aus einer Imagedatei zu entfernen, verwenden Sie die Option */remove-package*, wobei Sie mit der Option */packagepath* das zu entfernende Paket spezifizieren. Außerdem können Sie mit der Option */get-packages* Informationen über alle Pakete in einem Image und mit der Option */get-packageinfo* Informationen über ein bestimmtes Paket anzeigen.

Images bestätigen und die Bereitstellung aufheben

Wenn Sie alle Modifikationen am bereitgestellten Image durchgeführt haben, müssen Sie die Änderungen bestätigen, in die ursprüngliche Windows-Abbilddatei zurückkopieren und die Bereitstellung des Images aufheben. Dazu verwenden Sie folgenden Befehl:

```
dism /unmount-image /mountdir:c:\mount /commit
```

Abbildung 1–51 zeigt das Ergebnis des Befehls. Der Parameter */commit* bewirkt, dass DISM Ihre Änderungen speichert. Um die Änderungen zu verwerfen und die Bereitstellung des Images aufzuheben, ohne die Änderungen zu speichern, geben Sie den Parameter */discard* anstelle von */commit* an.

Abb. 1–51 Die Bereitstellung eines Images mit *DISM.exe* aufheben

Rollen und Features in Offline-Images installieren

Mit DISM ist es auch möglich, Windows-Features in einem bereitgestellten Image zu aktivieren und zu deaktivieren. Hierfür müssen Sie zunächst den genauen Namen des Features per DISM mit der Option */get-features* ermitteln, wie folgendes Beispiel zeigt:

```
dism /image:c:\mount /get-features
```

Das Ergebnis des Befehls ist eine lange Liste von Windows-Features. Abbildung 1–52 zeigt den Anfang dieser Liste.

Abb. 1–52   Windows-Features mit *DISM.exe* anzeigen

Haben Sie das Feature gefunden, das Sie hinzufügen wollen, bilden Sie einen DISM-Befehl mit der Option */enable-feature*. Den genauen Featurenamen, wie er in der Liste von */get-features* zu sehen ist, setzen Sie in die Option */featurename* ein.

Die Syntax für den DISM-Befehl */enable-feature* lautet:

```
dism /image:folder /enable-feature /featurename:feature [/packagename:package]
[/source:path] [/all]
```

- */image:folder*   Spezifiziert den Speicherort des Images, das Sie modifizieren wollen.
- */enable-feature*   Zeigt an, dass Sie ein Windows-Feature in dem Image, das im Parameter */image* angegeben ist, aktivieren möchten.
- */featurename:feature*   Gibt den Namen des zu aktivierenden Features an. Es ist der Name zu verwenden, den die Option */get-features* liefert.
- [*/packagename:package*]   Spezifiziert den Namen des Pakets, das dem Feature übergeordnet ist. Diese Option ist nicht erforderlich, wenn Sie ein Windows Foundation-Feature aktivieren.

- [/source:path]   Spezifiziert den Pfad zu den Dateien, die erforderlich sind, um ein Feature, das vorher entfernt worden ist, erneut zu aktivieren. Das kann der /Windows-Ordner in einem bereitgestellten Image oder ein Windows-SxS(Side-by-Side)-Ordner sein.

- [/all]   Bewirkt, dass das Programm sämtliche übergeordneten Features für das angegebene Feature aktiviert.

Abbildung 1-53 zeigt ein Beispiel für den DISM-Befehl mit der Option /enable-feature.

Abb. 1-53   Ein Feature per *DISM.exe* aktivieren

In ein und demselben DISM-Befehl können Sie mehrere /featurename-Optionen unterbringen, solange das übergeordnete Paket aller angegebenen Features dasselbe ist. Zum Beispiel können Sie mehrere IIS-Features im selben Befehl auf einmal aktivieren, aber nicht ein IIS- und ein Hyper-V-Feature.

Der /disable-feature-Befehl arbeitet in der gleichen Weise wie /enable-feature und verwendet die gleiche grundlegende Syntax.

Windows Server Core, Nanoserver-Images und VHDs mit Windows PowerShell verwalten und warten

Wie in diesem Kapitel bereits weiter vorn erwähnt, stützt sich die Installationsoption Server Core von Windows Server 2016 in Bezug auf die Verwaltung und Wartung des Systems ausgiebig auf Windows PowerShell. Auf einem Server Core-System sind Windows PowerShell und die CMD-Eingabeaufforderung Ihre einzigen Instrumente, um interaktiv an der Konsole zu arbeiten.

Die Nanoserver-Installationsoption verlässt sich auf PowerShell für das Erstellen der Imagedateien, die Sie verwenden, um Nanoserver bereitzustellen. Außerdem können Sie mit dem Cmdlet *Edit-NanoServerImage* diese Imagedateien modifizieren, indem Sie deren Netzwerkkarteneinstellungen konfigurieren sowie Rollen- und Featurepakete hinzufügen.

Windows enthält ein DISM-Modul für Windows PowerShell, mit dem Sie praktisch die gleichen Modifikationen an VHD-Imagedateien durchführen können wie mit der EXE-Version des Befehlszeilentools *DISM.exe*.

Viele Windows PowerShell-Cmdlets im DISM-Modul entsprechen direkt ihren Befehlszeilenäquivalenten, auch im Hinblick auf genau die gleichen Optionen und die Syntax. Einige Cmdlets weisen aber leichte Unterschiede auf. Tabelle 1–2 listet die *DISM.exe*-Befehlszeilenoptionen und ihre äquivalenten Windows PowerShell-Cmdlets auf.

Dism.exe-Befehl	Windows PowerShell-Cmdlet
Dism.exe /Append-Image	Add-WindowsImage
Dism.exe /Apply-Image	Expand-WindowsImage
Dism.exe /Capture-Image	New-WindowsImage
Dism.exe /Commit-Image	Save-WindowsImage
Dism.exe /Export-Image	Export-WindowsImage
Dism.exe /Get-ImageInfo	Get-WindowsImage
Dism.exe /Get-MountedImageInfo	Get-WindowsImage -Mounted
Dism.exe /List-Image	Get-WindowsImageContent
Dism.exe /Mount-Image	Mount-WindowsImage
Dism.exe /Remove-Image	Remove-WindowsImage
Dism.exe /Remount-Image	Mount-WindowsImage -Remount
Dism.exe /Unmount-Image	Dismount-WindowsImage
Dism.exe /Image:<Pfad_zum_Abbildverzeichnis> /Add-Driver	Add-WindowsDriver
Dism.exe /Image:<Pfad_zum_Abbildverzeichnis> /Add-Package	Add-WindowsPackage
Dism.exe /Image:<Pfad_zum_Abbildverzeichnis> /AddProvisionedAppxPackage	Add-AppxProvisionedPackage
Dism.exe /Image:<Pfad_zum_Abbildverzeichnis> /Apply-Unattend	Apply-WindowsUnattend
Dism.exe /Image:<Pfad_zum_Abbildverzeichnis> /Disable-Feature	Disable-W.indowsOptionalFeature
Dism.exe /Image:<Pfad_zum_Abbildverzeichnis> /Enable-Feature	Enable-WindowsOptionalFeature
Dism.exe /Image:<Pfad_zum_Abbildverzeichnis> /Export-Driver	Export-WindowsDriver
Dism.exe /Image:<Pfad_zum_Abbildverzeichnis> /Get-Driverinfo	Get-WindowsDriver -Driver
Dism.exe /Image:<Pfad_zum_Abbildverzeichnis> /Get-Drivers	Get-WindowsDriver
Dism.exe /Image:<Pfad_zum_Abbildverzeichnis> /Get-Featureinfo	Get-WindowsOptionalFeature -FeatureName
Dism.exe /Image:<Pfad_zum_Abbildverzeichnis> /Get-Features	Get-WindowsOptionalFeature
Dism.exe /Image:<Pfad_zum_Abbildverzeichnis> /Get-Packageinfo	Get-WindowsPackage -PackagePath | -PackageName
Dism.exe /Image:<Pfad_zum_Abbildverzeichnis> /Get-Packages	Get-WindowsPackage
Dism.exe /Image:<Pfad_zum_Abbildverzeichnis> /GetProvisionedAppxPackages	Get-AppxProvisionedPackage
Dism.exe /Image:<Pfad_zum_Abbildverzeichnis> /Remove-Driver	Remove-WindowsDriver

Tab. 1–2   Windows PowerShell-Äquivalente für grundlegende *DISM.exe*-Befehlszeilenoptionen

Dism.exe-Befehl	Windows PowerShell-Cmdlet
Dism.exe /Image:<Pfad_zum_Abbildverzeichnis> /Remove-Package	Remove-WindowsPackage
Dism.exe /Image:<Pfad_zum_Abbildverzeichnis> /RemoveProvisionedAppxPackage	Remove-AppxProvisionedPackage
Dism.exe /Image:<Pfad_zum_Abbildverzeichnis> /SetProvisionedAppxDataFile	Set-AppXProvisionedDataFile

Tab. 1–2 Windows PowerShell-Äquivalente für grundlegende *DISM.exe*-Befehlszeilenoptionen

Kapitelzusammenfassung

- Windows Server 2016 ist in mehreren Editionen erhältlich, die sich im Funktionsumfang, den Fähigkeiten, der Lizenzierung und dem Preis unterscheiden.

- Auf einem einzelnen Computer lässt sich Windows Server 2016 normalerweise ganz einfach installieren, eine Massenbereitstellung kann aber äußerst kompliziert sein.

- Windows Server 2016 umfasst eine Sammlung von Rollen und Features, die Sie mithilfe von Server-Manager oder Windows PowerShell installieren können.

- Server Core ist eine Installationsoption mit geringem Ressourcenbedarf. Diese Version verwalten Sie remote oder von der Befehlszeile aus.

- Von einem Upgrade spricht man, wenn Sie Windows Server 2016 auf einem Computer installieren, auf dem eine frühere Version von Windows läuft. Bei einer Migration dagegen übertragen Sie Rollen, Einstellungen und Daten von einem vorhandenen auf einen neuen Server.

- Nach der Installation muss das Windows Server 2016-Betriebssystem aktiviert werden. Das kann nach verschiedenen Methoden geschehen, zu denen KMS (Key Management Service) und Active Directory-basierte Aktivierung gehören.

- Nanoserver ist eine Windows Server 2016-Installationsoption, die einen abgespeckten, monitorlosen Server bietet.

- Um Nanoserver zu installieren, erstellen Sie mithilfe von PowerShell eine VHD-Imagedatei und stellen sie als virtuelle Hyper-V-Maschine bereit.

- Nanoserver bringt eine begrenzte Auswahl von Rollen und Features mit, die mit denen anderer Windows Server-Installationsoptionen nicht austauschbar sind.

- Nanoserver verwalten Sie mit Remoteinstallationstools von einem anderen Computer aus.

- Die Virtualisierung von Windows-Servern müssen Sie sorgfältig planen und dabei sowohl Geschäftsfaktoren als auch technische Faktoren berücksichtigen.

- Windows Server 2016 Hyper-V unterstützt FreeBSD- und viele Distributionen von Linux-Betriebssystemen. Die Integrationsdienste, die Unterstützung für viele Features von Hyper-V bieten, werden in die Kernel der neuesten FreeBSD- und Linux-Versionen integriert.

- Das MAP-Toolkit umfasst eine Reihe von Assistenten, die Konfigurations- und Leistungsdaten der Computer im Netzwerk sammeln. Anhand dieser Informationen kann das Toolkit einen Serverkonsolidierungsbericht erstellen, der spezifiziert, welche Ihrer Server zu virtuellen Maschinen migriert werden sollten.

- Wenn Sie einen Virtualisierungsplan erstellen, sollten Sie nicht nur berücksichtigen, wann bestimmte Arbeitsbelastungen auf virtuelle Maschinen migriert werden sollten, sondern auch, ob sie überhaupt migriert werden sollten.

- Mit dem *DISM.exe*-Befehlszeilentool können Sie Imagedateien aktualisieren, indem Sie Patches, Hotfixes und Features hinzufügen.

Gedankenexperiment

In diesem Gedankenexperiment wenden Sie Ihre Fähigkeiten und Kenntnisse an, die Sie sich im Rahmen dieses Kapitels angeeignet haben. Die Antwort zu diesem Gedankenexperiment finden Sie im nächsten Abschnitt.

Alicia ist dafür zuständig, neue Computer mit Windows Server 2016 bereitzustellen. Die Computer fungieren als Hyper-V-Server und werden als Cluster ausgeführt. Um sicherzustellen, dass alle Computer identisch installiert und konfiguriert sind, hat Alicia die Datei *Install.wim* aus einem Windows Server 2016-Installationsimage auf ihren Arbeitscomputer kopiert. Sie möchte das Image mithilfe von *DISM.exe* bereitstellen, alle von den Computern benötigten Treiber hinzufügen und die Rolle *Hyper-V* aktivieren.

Alicia stellt das Image, das sie benötigt, in einem lokalen Verzeichnis namens *c:\winsvr* mithilfe des DISM-Befehls */mount-image* bereit. Dann fügt sie die erforderlichen Treiber mit dem Befehl */add-drivers* hinzu. Beide Prozeduren werden einwandfrei ausgeführt. Als Nächstes versucht sie, die Rolle *Hyper-V* mit dem folgenden Befehl zu aktivieren:

```
dism /image:c:\winsvr /enable-feature /featurename:Hyper-V
```

Dieses Mal scheitert der Befehl. Was muss Alicia tun, um die Rolle *Hyper-V* mithilfe von DISM erfolgreich zu aktivieren? Nachdem sie bestimmt hat, wie sie Hyper-V erfolgreich installiert, was muss Alicia tun, bevor sie das Image auf dem Computer bereitstellen kann?

Antworten zum Gedankenexperiment

Dieser Abschnitt enthält die Lösung für das Gedankenexperiment.

Alicia muss mit dem DISM-Befehl */get-features* die im Image verfügbaren Features auflisten. Dabei wird sie feststellen, dass der korrekte Name für die Rolle »Microsoft-Hyper-V« lautet. Diesen Namen muss sie in der Option */featurename* verwenden. Nachdem sie Hyper-V installiert hat, muss Alicia mit dem folgenden Befehl ihre Änderungen an der Imagedatei bestätigen und die Bereitstellung aufheben:

```
dism /unmount-image /mountdir:c:\winsvr /commit
```

KAPITEL 2

Implementieren von Speicherlösungen

Seit Jahren schon sind die Entwickler des Betriebssystems daran interessiert, die Speicherinfrastruktur in Windows Server zu erweitern. Windows Server 2016 bewahrt viele der altehrwürdigen Speichermechanismen und Verwaltungstools von vorherigen Versionen, verwirft andere, baut aber auch auf diesen Grundlagen mit neuen Funktionen auf, die Administratoren in die Lage versetzen, größere und zuverlässigere Speichersysteme zu schaffen.

Dieses Kapitel befasst sich mit folgenden Prüfungszielen:

- Datenträger und Volumes konfigurieren
- Serverspeicher implementieren
- Datendeduplizierung implementieren

Prüfungsziel 2.1: Datenträger und Volumes konfigurieren

Viele der grundlegenden Speichertechniken in Windows Server 2016 haben sich gegenüber der vorherigen Version nicht geändert. Allerdings ist es für Zertifizierungsprüfungen immer noch üblich, die Kenntnisse über diese Techniken zu testen, weil einige davon Aufgaben betreffen, mit denen Serveradministratoren häufig zu tun haben.

In diesem Abschnitt geht es um folgende Themen:

- Konfigurieren von Sektorgrößen, die für verschiedene Workloads geeignet sind
- Konfigurieren von GUID-Partitionstabellen(GPT)-Datenträger
- Erstellen von VHD- und VHDX-Dateien mithilfe von Server-Manager oder Windows PowerShell
- Virtuelle Festplatten einrichten
- Festlegen, wann NTFS- und ReFS-Dateisysteme verwendet werden sollen
- Konfigurieren von NFS- und SMB-Freigaben mithilfe von Server-Manager
- Konfigurieren der SMB-Freigabe und Sitzungseinstellungen über Windows PowerShell

- Konfigurieren von SMB-Server- und SMB-Client-Konfigurationseinstellungen mithilfe von Windows PowerShell
- Konfigurieren von Datei- und Ordnerberechtigungen

Konfigurieren von Sektorgrößen, die für verschiedene Workloads geeignet sind

Ein Festplattensektor ist ein Segment einer Spur. Jede Platte eines Festplattenlaufwerks ist in kreisförmige Spuren eingeteilt und jede Spur in Sektoren, wie Abbildung 2–1 zeigt. Traditionell sind Festplattensektoren 512 Bytes groß; neue Advanced Format-Festplatten verwenden bereits Sektoren mit je 4.096 Bytes. Die Sektorgröße wird während der Herstellung des Laufwerks eingerichtet und lässt sich nicht ändern.

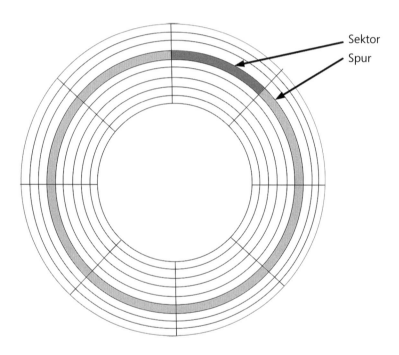

Abb. 2–1   Auf einer Platte eines Festplattenlaufwerks ist ein Sektor ein Segment einer Spur.

Allerdings können Sie die Größe der *Zuordnungseinheit* eines Festplattenvolumes ändern, die oft fälschlicherweise als *Sektor* bezeichnet wird. Zuordnungseinheit ist der offizielle Windows-Begriff, eine gebräuchliche Bezeichnung ist auch Block oder Cluster. Unter einer Zuordnungseinheit versteht man die kleinste Menge an Festplattenplatz, die der Computer auf dem Datenträger belegen kann, wenn er eine Datei speichert. Wird zum Beispiel eine 10-KB-Datei auf einer Festplatte mit Zuordnungseinheiten von 4 KB gespeichert, sind drei Zuordnungseinheiten oder 12 KB erforderlich. Da sich Zuordnungseinheiten nicht auf verschiedene Dateien aufteilen lassen, werden im Beispiel 2 KB Speicherplatz – der sogenannte *Schlupfspeicher* – verschwendet.

Die Größe der Zuordnungseinheit für ein Volumen legen Sie fest, wenn Sie es formatieren, wie Abbildung 2–2 zeigt. Welche Größe Sie als Zuordnungseinheit für eine Arbeitsauslastung wählen, ist ein Kompromiss zwischen Schlupfspeicher und Laufwerkseffizienz. Normalerweise wählt man die Größe einer Zuordnungseinheit basierend auf der durchschnittlichen Größe der Dateien, die man auf dem Volume speichern möchte. Wenn man sich für eine größere Zuordnungseinheit entscheidet, verschwenden alle kleinen Dateien, die auf dem Volume abgelegt werden, erheblich mehr Speicherplatz.

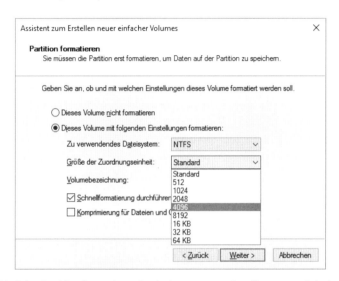

Abb. 2–2   Die Seite *Partition formatieren* des Assistenten zum Erstellen neuer einfacher Volumes

Zum Beispiel verschwendet das Speichern der oben erwähnten 10-KB-Datei auf einem Volume mit 4 KB großen Zuordnungseinheiten 2 KB. Ist das Volume mit 64 KB großen Zuordnungseinheiten formatiert, braucht man nur eine Zuordnungseinheit, verschwendet aber 54 KB Speicherplatz. Multipliziert mit Tausenden von Dateien, bleibt letztlich ein erheblicher Teil des Volumes ungenutzt.

Wenn Sie andererseits eine 1-MB-Datei auf einem Volume mit 4 KB großen Zuordnungseinheiten speichern, sind 250 Zuordnungseinheiten erforderlich. Bei einer Größe von 64 KB für eine Zuordnungseinheit braucht die Datei nur 16 Zuordnungseinheiten. Um auf die Datei zuzugreifen, muss das Laufwerk jede Zuordnungseinheit einzeln suchen und lesen. Zweifellos ist es nicht so effizient, 250 statt 16 Zuordnungseinheiten zu suchen und zu lesen. Das Laufwerk mit der größeren Zuordnungseinheit arbeitet also effizienter.

Das Problem wird noch durch den Grad der Fragmentierung auf dem Volume verkompliziert. Je mehr auf dem Volume geschrieben und überschrieben wird, desto wahrscheinlicher ist es, dass die Zuordnungseinheiten für eine Datei nicht nebeneinander liegen und das Laufwerk die Schreib-Lese-Köpfe mehrfach anheben und zu einer neuen Position bringen muss, um die jeweiligen Zuordnungseinheiten zu erreichen.

Die Kapazität von Festplatten hat dermaßen zugenommen, dass unterschiedliche Größen von Zuordnungseinheiten praktisch kaum noch ins Gewicht fallen. Für ein typisches Volume beträgt die durchschnittliche Größe des Schlupfspeichers pro Datei die halbe Größe der Zuordnungseinheit. Zum Beispiel gehen auf einem Volume mit einer Zuordnungseinheit von 4 KB im Durchschnitt 2 KB pro Datei an Schlupfspeicher verloren. Auf einem Volume mit einer 64 KB großen Zuordnungseinheit hat der Schlupfspeicher eine mittlere Größe von 32 KB pro Datei. Wenn Sie 10.000 Dateien auf jedem Volume speichern, verschwenden Sie 20 MB auf dem 4-KB-Volume und rund 300 MB auf dem 64-KB-Volume. Bei einer nominellen Kapazität der Festplatte von 2 TB oder mehr ist ein Verlust von 300 MB nicht der Rede wert, gleich gar nicht in Anbetracht des Effizienzgewinns.

Dies bedeutet allerdings nicht, dass Sie mit einer drastischen Leistungsverbesserung rechnen können, wenn Sie alle Ihre Laufwerke für die maximale Größe einer Zuordnungseinheit von 64 KB formatieren. Die Standardgröße der Zuordnungseinheit für ein NTFS-Volume unter 16 TB beträgt 4.096 Bytes (oder 4 KB) und dies ist normalerweise für ein Systemlaufwerk zweckmäßig. Wenn Sie jedoch auf bestimmten Volumes vorrangig große Dateien speichern, beispielsweise Datenbanken oder Videos, kann die Vergrößerung der Zuordnungseinheiten zu einer besseren Leistung führen.

> *HINWEIS* Größe von Hyper-V-Zuordnungseinheiten
>
> In Hyper-V verwenden VHD-Dateien bei internen Eingabe/Ausgabe-Operationen 512 Bytes und VHDX-Dateien bei internen Eingabe/Ausgabe-Operationen 4.096 Bytes. Demzufolge passt die Standardgröße der NTFS-Zuordnungseinheit von 4.096 Bytes gut zu den Eigenschaften der virtuellen VHDX-Festplattendatei. Wenn Sie jedoch eine 64 KB große Zuordnungseinheit auf einer VHDX verwenden, muss das System jede 64-KB-Zuordnungseinheit lesen, zwischenspeichern, 4.096 Bytes davon modifizieren und dann die gesamte Einheit zurück in die VHDX-Datei schreiben, was die Leistung negativ beeinflusst.

Konfigurieren von GUID-Partitionstabellen(GPT)-Disketten

Festplattenlaufwerke haben eine Partitionstabelle, die dem Betriebssystem die Positionen der Partitionen auf dem Datenträger mitteilt. Die ursprüngliche *MBR(Master Boot Record)*-Partitionstabelle[1] wurde 1983 eingeführt. Windows unterstützt sie immer noch und sie ist auch noch auf vielen Computern gebräuchlich. Aufgrund von Nachteilen der MBR-Partitionstabelle wurde Ende der 1990er Jahre die *GUID-Partitionstabelle (GPT)* geschaffen.

Haben Sie in einen Computer, auf dem Windows Server 2016 läuft, eine neue Festplatte eingebaut, müssen Sie den Datenträger erst einmal initialisieren. Wenn Sie das Snap-In *Datenträger-*

---

1. MBR – Master Boot Record. Der erste Sektor eines Speichermediums mit dem Startprogramm und einer Partitionstabelle

verwaltung starten, erkennt das Tool den neuen Datenträger und öffnet das Dialogfeld *Datenträgerinitialisierung*, wie es Abbildung 2–3 zeigt.

Abb. 2–3   Das Dialogfeld *Datenträger initialisieren* im Snap-In *Datenträgerverwaltung*

In diesem Dialogfeld legen Sie die Partitionsvariante mit folgenden Optionen fest:

- **MBR (Master Boot Record)**   Der MBR-Partitionsstil existiert seit etwa PC DOS 2.0, noch vor Windows, und bietet die meiste Kompatibilität. Er ist immer noch ein gebräuchlicher Partitionsstil für x86- und x64-basierte Computer.

- **GPT (GUID-Partitionstabelle)**   GPT ist seit Ende der 1990er Jahre präsent, doch keine x86-Versionen von Windows vor Windows Server 2008 und Windows Vista unterstützen diesen Stil. Heute wird GPT von den meisten Betriebssystemen unterstützt, einschließlich Windows Server 2016.

Unzulänglichkeiten von MBR

Wenn Sie die MBR-Option auswählen, legt das Betriebssystem einen Bootsektor am Anfang des Datenträgers an, der auf die Orte der einzelnen Partitionen verweist und einen Bootloader für das Betriebssystem enthält. Da diese lebensnotwendigen Informationen nur an einer Stelle auf dem Datenträger gespeichert sind, kann das Betriebssystem den Datenträger nicht mehr erkennen, wenn dieser Bootsektor beschädigt oder überschrieben wird. Dieser Partitionsstil war viele Jahre lang der Industriestandard und wird auch weiterhin von praktisch allen Betriebssystemen unterstützt.

Der MBR-Partitionsstil erlaubt Volumes bis zu einer Größe von 2 TB und bis zu vier primäre Partitionen. Die Größenbeschränkung ergibt sich aus der maximalen Größe von 32 Bit für die Partitionseinträge im MBR-Bootsektor. Als der MBR-Stil konzipiert wurde, gehörte die Vorstellung von einer 2-TB-Festplatte noch ins Reich der Fantasie, doch heute sind solche Festplatten allgemeingebräuchlich und diese Beschränkung stellt einen wesentlichen Mangel dar.

Für manche Szenarios ist die Beschränkung auf vier Partitionen ebenfalls ein Nachteil. Wenn Sie mehr als vier Partitionen auf einem MBR-Laufwerk haben wollten, mussten Sie seit PC DOS 3.3

im Jahre 1987 drei primäre Partitionen einrichten und die vierte zu einer erweiterten Partition machen. Dann konnten Sie mehrere logische Laufwerke auf der erweiterten Partition einrichten, wie es in Abbildung 2–4 bei *Vol4*, *Vol5* und *Vol6* zu sehen ist. Dieses Provisorium existiert bis zum heutigen Tag im MBR-Partitionsstil.

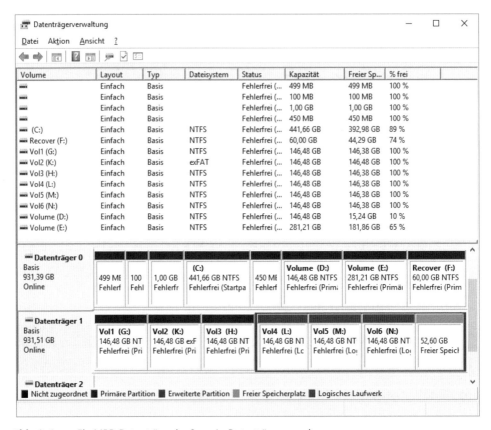

Abb. 2–4 Ein MBR-Datenträger im Snap-In *Datenträgerverwaltung*

Vorteile von GPT

Der Name des GUID-Partitionsstils ergibt sich daraus, dass jede Partition auf der Festplatte über einen global eindeutigen Bezeichner (Globally-Unique Identifier, GUID) verfügt. GPT ist Teil der UEFI[2], einer von Intel Ende der 1990er Jahre entwickelten Schnittstelle, um den ehrwürdigen BIOS(Basic Input/Output System)-Firmwarestandard zu ersetzen.

Im Unterschied zu MBR speichert GPT die Partitionsinformationen an mehreren Stellen verteilt über den gesamten Datenträger. Dazu gehören auch CRC-Daten[3], die es erlauben, Beschädi-

---

2. UEFI – Unified Extensible Firmware Interface, svw. vereinheitlichte erweiterbare Firmwareschnittstelle
3. CRC – Cyclical Redundancy Check, zyklische Redundanzprüfung; Verfahren, um Fehler bei der Übertragung und Speicherung von Daten erkennen und gegebenenfalls rekonstruieren zu können

gungen der Partitionstabelle zu erkennen und die Daten von einem anderen Ort wiederherzustellen. Dadurch ist der GPT-Partitionsstil robuster als MBR.

Vor allem aber sind GPT-Festplatten im Unterschied zu MBR-Festplatten nicht auf 2 TB beschränkt. Der GPT-Partitionsstil unterstützt Volumes bis zu 18 Exabytes (1 Exabyte = 1 Milliarde Gigabytes oder 260 Bytes).

Darüber hinaus unterliegt GPT nicht der Beschränkung auf vier Partitionen wie bei MBR. Die GPT-Spezifikation erlaubt eine unbegrenzte Anzahl von Partitionen, wobei aber die Windows-Implementierung von GPT die Anzahl der Partitionen auf 128 pro Datenträger limitiert. Somit ist es möglich, einen GPT-Datenträger mit sechs Partitionen einzurichten, wie Abbildung 2–5 zeigt.

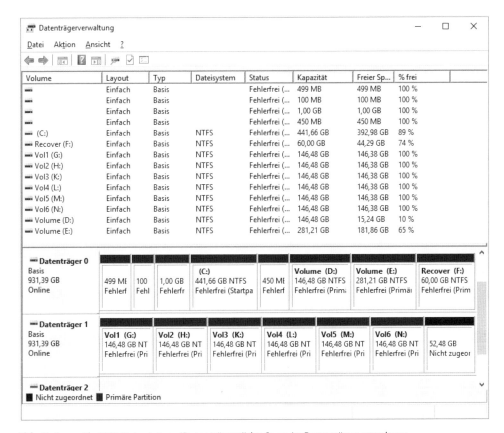

Abb. 2–5 Ein GPT-Datenträger (*Datenträger 1*) im Snap-In *Datenträgerverwaltung*

Einen Partitionsstil auswählen

Nur wenn die Architektur des Computers eine EFI(Extensible Firmware Interface)-basierte Bootpartition unterstützt, ist das Booten von einem GPT-Datenträger möglich. Andernfalls muss das Systemlaufwerk ein MBR-Laufwerk sein und Sie können GPT nur auf separaten nicht-bootfähigen Datenträgern verwenden, die der Datenspeicherung dienen.

Vor Windows Server 2008 und Windows Vista konnten alle x86-basierten Windows-Computer nur den MBR-Partitionsstil verwenden. Computer mit einer x64-Plattform konnten entweder den MBR- oder den GPT-Partitionsstil verwenden, wenn die GPT-Festplatte nicht die Bootfestplatte war.

Da mittlerweile Festplatten mit mehr als 2 TB verfügbar sind, ist die Auswahl eines Partitionsstils wichtiger denn je. Wenn Sie eine physische Festplatte mit dem herkömmlichen Snap-In *Datenträgerverwaltung* initialisieren, ist MBR der standardmäßige Partitionsstil, so wie bisher. Mit dem Snap-In können Sie auch einen Datenträger zwischen den MBR- und GPT-Partitionsstilen konvertieren, obwohl das nur auf Datenträgern möglich ist, auf denen Sie noch keine Partitionen oder Volumes eingerichtet haben.

Wenn Sie unter Windows Server 2016 eine Festplatte mit Server-Manager initialisieren, wird das GPT-Partitionsformat vorgegeben, egal, ob der Datenträger physisch oder virtuell ist. Server-Manager besitzt keine Steuerelemente, die MBR unterstützen, zeigt aber das Partitionsformat auf der Kachel *Datenträger* an.

Tabelle 2–1 vergleicht einige Eigenschaften der MBR- und GPT-Partitionsstile.

Master Boot Record (MBR)	GUID-Partitionstabelle (GPT)
Unterstützt bis zu vier primäre Partitionen oder drei primäre Partitionen und eine erweiterte Partition mit unbegrenzter Anzahl von logischen Laufwerken auf der erweiterten Partition.	Unterstützt bis zu 128 primäre Partitionen.
Unterstützt Volumes bis zu 2 TB.	Unterstützt Volumes bis zu 18 Exabyte.
Versteckte (nicht partitionierte) Sektoren speichern wichtige Daten für den Betrieb der Plattform.	Partitionen speichern wichtige Daten für den Betrieb der Plattform.
Replikation und zyklische Redundanzprüfung (CRC) sind keine Features der MBR-Partitionstabelle.	Replikation und CRC-Schutz der Partitionstabelle bieten erhöhte Zuverlässigkeit.

Tab. 2–1   Vergleich der MBR- und GPT-Partitionsstile

Booten von GPT-Datenträgern

In Bezug auf die Kompatibilität der Partitionsstile geht es vor allem um die Fähigkeit, von einem GPT-Datenträger zu booten. Windows kann von einem GPT-Datenträger nur booten, wenn der Computer über UEFI-Firmware verfügt und wenn er eine 64-Bit-Version von Windows ausführt. Server müssen mindestens unter Windows Server 2008 laufen und Workstations mindestens unter Windows Vista.

Heute sind nahezu alle Server auf dem Markt mit UEFI-Firmware ausgestattet und Windows Server 2016 ist nur in einer 64-Bit-Version verfügbar. Bei älterer Hardware müssen Sie sich davon überzeugen, ob der Computer UEFI-kompatibel ist, bevor Sie von einem GPT-Datenträger booten können.

Falls das Booten von einem GPT-Datenträger nicht möglich ist, können Sie dennoch MBR für Ihren Partitionsstil auf dem Bootdatenträger und GPT für die anderen Festplatten im Computer verwenden. GPT ist wichtig, wenn Ihre anderen Festplatten größer als 2 TB sind.

In Windows Server 2016 Hyper-V, Generation 1, emulieren virtuelle Maschinen die BIOS-Bootfirmware und müssen von einem virtuellen MBR-Datenträger booten. Wie bei einem physischen Computer können Sie auch zusätzliche virtuelle GPT-Festplatten einrichten. Wenn Sie allerdings eine virtuelle Maschine der Generation 2 erstellen, ist die Firmware UEFI und der Bootdatenträger verwendet den GPT-Partitionsstil. Zwar können Sie zusätzliche virtuelle Datenträger entweder mit dem GPT- oder mit dem MBR-Partitionsstil erstellen, doch gibt es keinen zwingenden Grund, bei MBR zu bleiben.

VHD- und VHDX-Dateien mit Server-Manager oder Windows PowerShell-Speichermodul-Cmdlets erstellen

Hyper-V stützt sich auf das VHD-Format[4], um die Daten von virtuellen Festplatten in Dateien zu speichern, die sich leicht von einem Computer auf einen anderen übertragen lassen. Neue VHD-Dateien können Sie auf einem Computer, auf dem Hyper-V läuft, mit dem Assistenten für neue virtuelle Datenträger anlegen, doch es ist auch möglich, VHDs auf Computern zu erstellen und zu verwenden, auf denen die Rolle *Hyper-V* nicht ausgeführt wird.

Windows Server 2016 unterstützt zwei Arten von virtuellen Festplattenimages, die nach ihrem Dateinamen wie folgt unterschieden werden:

- **VHD**   VHD-Images sind auf eine maximale Größe von 2 TB begrenzt und kompatibel mit Servern ab Windows Server 2008 oder Workstations ab Windows 7.

- **VHDX**   VHDX-Imagedateien können bis zu 64 TB groß sein und sie unterstützen auch 4 KB große logische Sektoren, um kompatibel mit den neuen Laufwerken zu sein, deren Sektoren von Haus aus 4 KB groß sind. VHDX-Dateien sind nicht abwärtskompatibel und können nur gelesen werden von Servern, auf denen mindestens Windows Server 2012 läuft, oder Workstations, die mindestens Windows 8 ausführen.

VHD- oder VHDX-Dateien mithilfe der Datenträgerverwaltung erstellen

Mit dem Snap-In *Datenträgerverwaltung* in Windows Server 2016 lassen sich VHD- und VHDX-Dateien erstellen und auf dem Computer bereitstellen. Sobald eine VHD- oder VHDX-Datei bereitgestellt wird, können Sie sie genau wie einen physischen Datenträger behandeln und Daten darauf speichern. Wenn Sie die Bereitstellung einer VHD- oder VHDX-Datei aufheben, werden die gespeicherten Daten in der Datei gepackt, sodass Sie sie bei Bedarf kopieren oder verschieben können.

Per Datenträgerverwaltung erstellen Sie eine VHD in folgenden Schritten:

---

4. VHD – Virtual Hard Disk, virtuelle Festplatte

1. Melden Sie sich bei Windows Server 2016 mit einem Administrator Konto an. Das Fenster *Server-Manager* erscheint.
2. Klicken Sie auf *Tools* und wählen Sie *Computerverwaltung*.
3. In der Konsole *Computerverwaltung* klicken Sie auf *Datenträgerverwaltung*. Das Snap-In *Datenträgerverwaltung* erscheint.

> **HINWEIS** **Die Datenträgerverwaltung starten**
>
> Das Snap-In *Datenträgerverwaltung* lässt sich auch starten, wenn Sie mit der rechten Maustaste auf die Schaltfläche *Start* klicken und *Datenverwaltung* aus dem Kontextmenü auswählen oder die Datei *Diskmgmt.msc* ausführen.

4. Im Menü *Aktion* wählen Sie *Virtuelle Festplatte erstellen*. Daraufhin erscheint das Dialogfeld *Virtuelle Festplatte erstellen und anfügen* (siehe Abbildung 2–6).

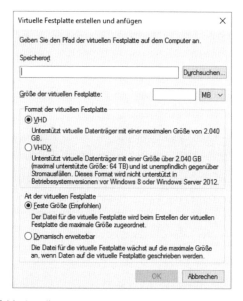

Abb. 2–6   Das Dialogfeld *Virtuelle Festplatte erstellen und anfügen*

5. Im Textfeld *Speicherort* geben Sie den Pfadnamen für die zu erstellende Datei ein.
6. Im Textfeld *Größe der virtuellen Festplatte* geben Sie die Maximalgröße der zu erstellenden Festplatte ein.
7. Im Abschnitt *Format der virtuellen Festplatte* wählen Sie die Option *VHD* oder *VHDX*.
8. Wählen Sie im Abschnitt *Art der virtuellen Festplatte* eine der folgenden Optionen:
    - **Feste Größe**   Weist den gesamten Festplattenplatz für die Gesamtgröße der VHD- oder VHDX-Datei auf einmal zu.
    - **Dynamisch erweiterbar**   Alloziert den Festplattenplatz für die VHD- oder VHDX-Datei, wenn Sie der virtuellen Festplatte Daten hinzufügen.

9. Klicken Sie auf *OK*. Das System erstellt die VHD- oder VHDX-Datei und fügt sie an, sodass sie als neuer Datenträger im Snap-In erscheint, wie Abbildung 2–7 zeigt.

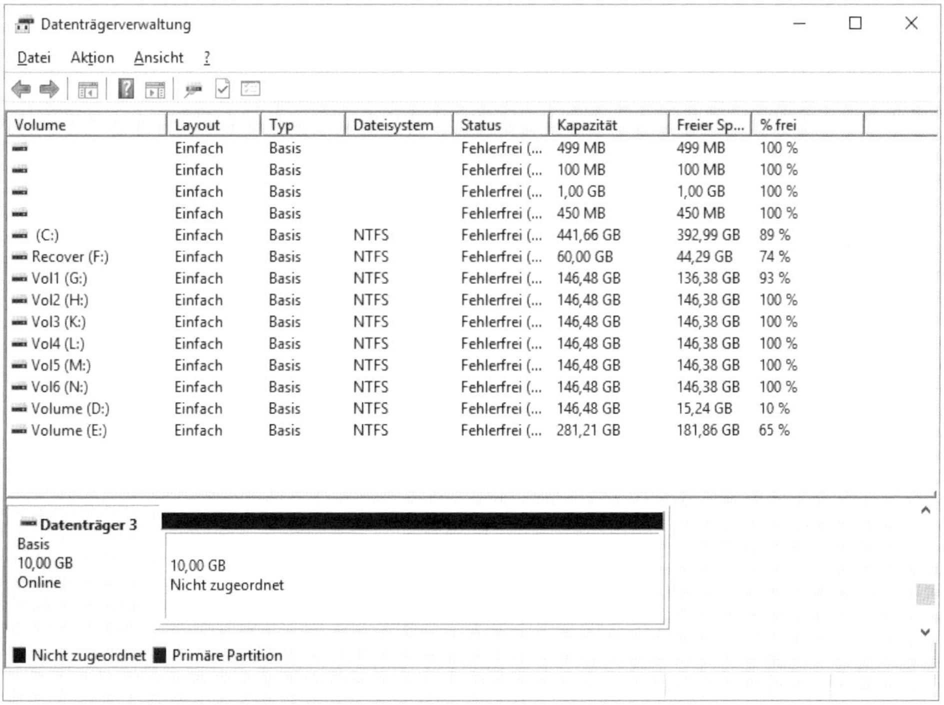

Volume	Layout	Typ	Dateisystem	Status	Kapazität	Freier Sp...	% frei
▬	Einfach	Basis		Fehlerfrei (...	499 MB	499 MB	100 %
▬	Einfach	Basis		Fehlerfrei (...	100 MB	100 MB	100 %
▬	Einfach	Basis		Fehlerfrei (...	1,00 GB	1,00 GB	100 %
▬	Einfach	Basis		Fehlerfrei (...	450 MB	450 MB	100 %
▬ (C:)	Einfach	Basis	NTFS	Fehlerfrei (...	441,66 GB	392,99 GB	89 %
▬ Recover (F:)	Einfach	Basis	NTFS	Fehlerfrei (...	60,00 GB	44,29 GB	74 %
▬ Vol1 (G:)	Einfach	Basis	NTFS	Fehlerfrei (...	146,48 GB	136,38 GB	93 %
▬ Vol2 (H:)	Einfach	Basis	NTFS	Fehlerfrei (...	146,48 GB	146,38 GB	100 %
▬ Vol3 (K:)	Einfach	Basis	NTFS	Fehlerfrei (...	146,48 GB	146,38 GB	100 %
▬ Vol4 (L:)	Einfach	Basis	NTFS	Fehlerfrei (...	146,48 GB	146,38 GB	100 %
▬ Vol5 (M:)	Einfach	Basis	NTFS	Fehlerfrei (...	146,48 GB	146,38 GB	100 %
▬ Vol6 (N:)	Einfach	Basis	NTFS	Fehlerfrei (...	146,48 GB	146,38 GB	100 %
▬ Volume (D:)	Einfach	Basis	NTFS	Fehlerfrei (...	146,48 GB	15,24 GB	10 %
▬ Volume (E:)	Einfach	Basis	NTFS	Fehlerfrei (...	281,21 GB	181,86 GB	65 %

▬ Datenträger 3
Basis
10,00 GB
Online

10,00 GB
Nicht zugeordnet

■ Nicht zugeordnet ■ Primäre Partition

Abb. 2–7 Eine neu erstellte und angefügte VHD

Nachdem Sie die VHD- oder VHDX-Datei erstellt und angefügt haben, erscheint sie als nicht initialisierte Festplatte im Snap-In *Datenträgerverwaltung* und im Server-Manager. Mit einem dieser Tools können Sie die Festplatte initialisieren und Volumes darauf erstellen, genau wie bei einer physischen Festplatte. Wenn Sie Daten auf den Volumes gespeichert haben, können Sie die VHD oder VHDX trennen und an einen anderen Ort verschieben oder in einer virtuellen Hyper-V-Maschine bereitstellen.

Erstellen von VHD- oder VHDX-Dateien mithilfe von Windows PowerShell

In Windows PowerShell erstellen Sie eine VHD oder VHDX mit dem Cmdlet *New-VHD*, das im Modul Hyper-V enthalten ist. Dieses Modul wird als Teil der Hyper-V-Verwaltungstools installiert. Wenn Sie Hyper-V nicht auf Ihrem System installiert haben, fügen Sie einfach mit dem folgenden Befehl die PowerShell-Tools hinzu:

```
install-windowsfeature -name hyper-v-powershell
```

Dieses Modul umfasst Cmdlets, mit denen Sie VHDs auflisten, erstellen, bereitstellen, zusammenführen und in der Größe ändern können. Das folgende Beispiel zeigt, wie Sie mit dem Cmdlet *New-VHD* eine neue VHD erstellen:

```
new-vhd -path c:\data\disk1.vhdx
    -sizebytes 10gb
```

Dieser einfache Befehl erzeugt eine 10 GB große VHDX-Datei namens *disk1* im Ordner *c:\data*.

Möchten Sie andere VHD-Features konfigurieren, können Sie die folgenden Parameter verwenden:

- **Path** Gibt den Speicherort an, an dem die VHD erstellt werden soll, und ihren Dateinamen. Aus der spezifizierten Dateierweiterung ergibt sich, ob eine VHD- oder eine VHDX-Datei erstellt wird.

- **SizeBytes** Spezifiziert die Größe, wenn die VHD angelegt werden soll, oder die maximale Größe bei einer dynamischen Festplatte. Die Größen geben Sie mit den Abkürzungen MB, GB bzw. TB an.

- **Fixed** Weist den gesamten Speicherplatz, der im Parameter *SizeBytes* festgelegt ist, unmittelbar beim Erstellen der VHD zu.

- **Dynamic** Erstellt eine VHD geringer Größe und lässt zu, dass sie bis zur maximalen Größe erweitert wird, die im Parameter *SizeBytes* angegeben ist.

- **Differencing** Erstellt einen differenzierenden Datenträger für den übergeordneten Datenträger, der im Parameter *ParentPath* angegeben ist.

- **ParentPath** Gibt Ort und Dateiname des übergeordneten Datenträgers an, für den der differenzierende Datenträger erstellt werden soll.

- **SourceDisk** Gibt Ort und Dateiname eines physischen Datenträgers an, der beim Erstellen auf die neue VHD kopiert werden soll.

Möchten Sie mit ein und demselben Befehl eine VHD erstellen und für die Verwendung vorbereiten, können Sie *New-VHD* mit anderen Cmdlets über das Pipe-Symbol (»|«) kombinieren, wie das folgende Beispiel zeigt:

```
new-vhd -path c:\data\disk1.vhdx
    -sizebytes 256gb
    -dynamic | mount-vhd -passthru | initialize-disk
    -passthru | new-partition
    -driveletter x
    -usemaximumsize | format-volume
    -filesystem ntfs
    -filesystemlabel data1
    -confirm:$false -force
```

Dieser Befehl erstellt eine neue 256 GB große dynamische VHDX-Datei im Ordner *c:\data*, stellt den Datenträger bereit, initialisiert ihn, erzeugt eine Partition mit dem Laufwerkbuchstaben *X* und formatiert schließlich die Partition mit dem NTFS-Dateisystem. Nach Abarbeiten des Befehls ist die neue VHD bereit, Daten entgegenzunehmen.

Virtuelle Festplatten bereitstellen

Zu den Vorteilen von VHD- und VHDX-Dateien gehört, dass Sie sie leicht auf jedes System verschieben können. Außerdem können Sie eine VHD- oder VHDX-Datei auf einem physischen oder virtuellen Computer bereitstellen und über das Dateisystem unter einem standardmäßigen Laufwerkbuchstaben darauf zugreifen. Wenn Sie eine Imagedatei bereitstellen, erhalten Sie vollständige Lese/Schreibfunktionen und können bei Bedarf sowohl auf einzelne Dateien als auch auf ganze Ordner zugreifen.

Eine virtuelle Festplatte stellen Sie mit dem Snap-In *Datenträgerverwaltung* oder mit Windows PowerShell-Cmdlets bereit.

Eine virtuelle Festplatte mit der Datenträgerverwaltung bereitstellen

Eine vorhandene VHD- oder VDHX-Datei können Sie mit dem Snap-In *Datenverwaltung* bereitstellen (dort »anfügen« genannt) oder trennen. Eine Datei stellen Sie in folgenden Schritten bereit:

1. Melden Sie sich bei Windows Server 2016 mit Administratorrechten an. Das Fenster *Server-Manager* erscheint.
2. Klicken Sie auf *Tools* und dann auf *Computerverwaltung*.
3. In der Konsole *Computerverwaltung* klicken Sie auf *Datenträgerverwaltung*. Das Snap-In *Datenträgerverwaltung* wird geöffnet.
4. Klicken Sie im Menü *Aktion* auf *Virtuelle Festplatte anfügen*. Es erscheint das Dialogfeld *Virtuelle Festplatte anfügen* (siehe Abbildung 2–8).

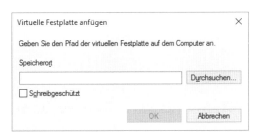

Abb. 2–8   Das Dialogfeld *Virtuelle Festplatte anfügen*

5. Im Feld *Speicherort* geben Sie Pfad und Dateinamen der bereitzustellenden VHD- oder VHDX-Datei an (eintippen oder über *Durchsuchen* ermitteln) und klicken auf *OK*. Die bereitgestellte Festplatte erscheint in der Konsole *Datenträgerverwaltung*.

Ist die virtuelle Festplatte bereits initialisiert, partitioniert und formatiert, erscheinen ihre Volumes mit den zugeordneten Laufwerkbuchstaben und sind einsatzbereit. Befindet sich die Festplatte noch in ihrem Ursprungszustand, müssen Sie sie initialisieren, ein Volume erzeugen und mit dem Dateisystem Ihrer Wahl formatieren, bevor Sie auf der Festplatte Daten speichern können.

Wenn Sie die Festplatte nicht mehr benötigen, können Sie sie auswählen und im Menü *Aktion* den Befehl *Virtuelle Festplatte trennen* wählen. Alle Änderungen, die Sie an der Struktur der Festplatte oder ihrem Inhalt gemacht haben, werden zurück in die ursprüngliche VHD- oder VHDX-Datei gesichert.

Eine VHD oder VHDX mit Windows PowerShell bereitstellen

Es gibt zwei PowerShell-Cmdlets, mit denen Sie vorhandene VHD- oder VHDX-Dateien bereitstellen können. Die Syntaxen dieser Cmdlets sind ähnlich, aber nicht identisch. Das Cmdlet *Mount-DiskImage* ist Teil des Moduls *Storage* und findet sich auf allen Computern, die Windows Server 2016 ausführen. Das Cmdlet *Mount-VHD* gehört zum Modul *Hyper-V* und steht nur auf Systemen zur Verfügung, auf denen die Hyper-V-Verwaltungstools installiert sind.

Verwenden Sie die folgende Syntax, um eine virtuelle Festplatte mit dem Cmdlet *Mount-DiskImage* bereitzustellen:

```
mount-diskimage -imagepath filename
```

Um ein bereitgestelltes Image zu trennen, verwenden Sie das Cmdlet *Dismount-DiskImage* mit demselben *imagepath*-Parameter.

Verwenden Sie die folgende Syntax, um eine virtuelle Festplatte mit dem Cmdlet *Mount-VHD* bereitzustellen:

```
mount-vhd -path filename
```

Ein bereitgestelltes Image können Sie auch mit dem Cmdlet *Dismount-VHD* trennen, dem Sie den gleichen *path*-Parameter übergeben.

Die folgenden Beispiele zeigen Befehlszeilen für die beiden Cmdlets:

```
mount-diskimage -imagepath c:\temp\diskimage.vhdx
```

```
mount-vhd -path c:\temp\diskimage.vhdx
```

Festlegen, wann NTFS- und ReFS-Dateisysteme verwendet werden sollen

Um Daten oder Programme auf einer Festplatte zu speichern, müssen Sie ein Dateisystem installieren, d. h. die zugrunde liegende Struktur, die eine organisierte Datenspeicherung auf dem Computer ermöglicht. Dateisysteme installieren Sie, indem Sie ein Volume auf der Festplatte formatieren, wie Abbildung 2–9 zeigt. In Windows Server 2016 sind zwar fünf Dateisystemoptionen verfügbar, doch kommen nur NTFS und ReFS für einen modernen Server infrage.

Abb. 2–9 Ein Volume mit ReFS formatieren

NTFS ist das Standarddateisystem für die Windows Server-Betriebssysteme seit dem Release von Windows NT 3.1 in 1993. Gegenüber den FAT-Dateisystemen, die es ersetzt, hat NTFS vor allem den Vorteil, den Benutzerzugriff auf Dateien und Ordner zu autorisieren, und zwar mithilfe von Berechtigungen, die in DACLs[5] gespeichert sind.

Darüber hinaus unterstützt NTFS lange Dateinamen und größere Dateien und Volumes als FAT. Die Maximalgröße für ein NTFS-Volume mit den standardmäßigen 4-KB-Zuordnungseinheiten beträgt 16 TB und mit den größtmöglichen 64-KB-Zuordnungseinheiten 256 TB.

> **HINWEIS FAT-Dateisysteme**
>
> Da den FAT-Dateisystemen[6] die Sicherheit fehlt, die NTFS bietet, ist jeder Benutzer, der auf Ihren Computer zugreifen kann, in der Lage, jegliche Dateien ohne Einschränkungen zu lesen. Zudem ist die Festplattengröße bei FAT-Dateisystemen beschränkt. FAT32 kann mit Partitionen größer als 32 GB oder Dateien größer als 4 GB nicht umgehen, während bei FAT eine Festplatte nicht größer als 4 GB oder eine Datei nicht größer als 2 GB sein darf. Aufgrund dieser Beschränkungen ist es nur dann vernünftig, FAT16 oder FAT32 zu verwenden, wenn für den Computer ein Dual-Boot mit einem Nicht-Windows-Betriebssystem oder einer vorherigen Version von Windows, die kein NTFS unterstützt, vorgesehen ist – eine für Server höchst unwahrscheinliche Konfiguration.

Außer diesen Fähigkeiten bringt NTFS die folgenden Funktionen mit:

- **Dateikomprimierung** NTFS unterstützt eine transparente On-the-fly-Komprimierung, jedoch nur für Volumes mit 4 KB großen Zuordnungseinheiten. Die Komprimierungsrate hängt von der Art der Datei ab, wobei Dateien mit sich wiederholenden Bitmustern mehr als andere komprimiert werden. Volumegröße, Anzahl der Dateien und Schreibhäufigkeit beeinflussen die Effizienz des Komprimierungssystems, was den Prozessor stark beanspruchen kann.

---

5. DACL – Discretionary Access Control List, svw. besitzerverwaltete Zugriffssteuerungslisten
6. FAT – File Allocation Table, Dateizuordnungstabelle

- **EFS**[7] NTFS kann ausgewählte Dateien und Ordner mit dem öffentlichen Schlüssel, der zu einem bestimmten Benutzer gehört, on-the-fly verschlüsseln. Das Dateisystem entschlüsselt dann die Dateien auf Abruf mit dem öffentlichen Schlüssel des Benutzers. EFS und NTFS-Komprimierung schließen sich gegenseitig aus; Dateien können entweder komprimiert oder verschlüsselt werden, nicht aber beides.

- **Kontingente** Administratoren können ein Kontingent für die Speichermenge festlegen, die einem bestimmten Benutzer zugeordnet wird, und die Schwellenwerte spezifizieren, bei denen Benutzer eine Warnung erhalten bzw. der Zugriff verwehrt wird.

- **Volumeschattenkopie** NTFS kann einen Verlauf von Dateiversionen verwalten. Dabei kopiert das System die Dateien an einen alternativen Speicherort, wenn sie auf die Festplatte geschrieben werden. Benutzer können dann bei Bedarf auf vorherige Versionen zugreifen und Anwendungen zur Datensicherung können sie nutzen, um momentan in Bearbeitung befindliche Dateien zu schützen.

- **Größenänderung** Benutzer können NTFS-Volumes (ausgenommen Systemvolumes) verkleinern oder erweitern, wenn im Volume genügend freier Platz oder nicht allozierter Platz auf dem Datenträger vorhanden ist, um die angeforderte Aktion zu unterstützen.

Bei *ReFS*[8] handelt es sich um ein neues Dateisystem, das in Windows Server 2012 R2 eingeführt wurde und praktisch unbeschränkte Datei- und Volumegrößen sowie eine höhere Robustheit bietet, die Fehlerprüfungstools wie zum Beispiel *Chkdsk.exe* überflüssig macht. Die maximale Größe eines ReFS-Volumes beträgt 280 Byte oder 1 Yobibyte. Die maximale Dateigröße ist 16 Exabyte (oder eine Million Terabyte), was weit größer ist, als irgendeine Speichertechnik heutzutage bereitstellen kann. Andererseits: Wer hätte von einigen Jahren erwartet, dass man über Terabyte-Laufwerke spricht?

ReFS schützt die Metadaten auf einem Volume und optional die Daten selbst mithilfe von Prüfsummen. Periodische Prüfungen finden im Hintergrund statt, während das Volume verwendet wird. Wenn das System eine Beschädigung erkennt, repariert es sie unverzüglich, ohne dass das Laufwerk offline geschaltet werden muss.

Die Funktionen zur Fehlererkennung und Reparatur machen ReFS besonders geeignet für »Speicherplätze«-Pools. In einem Speicherpool, der einen Spiegel- oder Paritätsspeicher verwendet, kann eine als beschädigt erkannte Datei auf einem ReFS-Volume automatisch mithilfe der duplizierten Spiegel- oder Paritätsdaten repariert werden. Auf virtuellen Festplatten unter Hyper-V implementiert ReFS Prüfpunkte und Sicherungen als Metadatenoperationen des Dateisystems, was ihre Geschwindigkeit und Effizienz erhöht.

ReFS verwendet das gleiche Berechtigungssystem wie NTFS und ist vollkommen kompatibel mit vorhandenen ACLs. Allerdings unterstützt ReFS keine NTFS-Features wie zum Beispiel Dateikomprimierung, EFS und Datenträgerkontingente. Darüber hinaus lassen sich ReFS-Festplatten nicht von Betriebssystemen lesen, die älter als Windows Server 2012 R2 und Windows 8 sind.

---

7. EFS – Encrypting File System, verschlüsselndes Dateisystem
8. ReFS – Resilient File System, robustes Dateisystem

Verbesserungen in ReFS in Windows Server 2016 und insbesondere seine Verbesserungen in der Verwendung von Hyper-V haben Microsoft zu der Feststellung veranlasst, dass es sich jetzt um das bevorzugte Datenvolume für das Betriebssystem handelt. Systemlaufwerke und Volumes, die Komprimierung, Verschlüsselung und andere Features, die nur bei NTFS verfügbar sind, benötigen, sollten NTFS weiterhin verwenden, doch alle anderen können von der Robustheit des ReFS profitieren.

NFS- und SMB-Freigaben mit Server-Manager konfigurieren

Netzwerkbenutzer können auf Ordner zugreifen, die Sie auf dem Server freigegeben haben. Nachdem Sie Ihre Festplatten auf einem Dateiserver initialisiert, partitioniert und formatiert haben, müssen Sie Freigaben erstellen, damit Benutzer auf diese Festplatten über das Netzwerk zugreifen können.

Bevor Sie aber tatsächlich Freigaben einrichten, sollten Sie eine Freigabestrategie entwickeln, die aus den Antworten auf Fragen wie die folgenden besteht:

- Welche Festplattenordner geben Sie frei?
- Welche Namen weisen Sie den Freigaben zu?
- Welche Freigabeberechtigungen gewähren Sie Ihren Benutzern?
- Welche Einstellungen für Offlinedateien verwenden Sie für die Freigaben?

Wenn Sie der designierte Ersteller-Besitzer eines Ordners sind, können Sie ihn in Windows Server 2016 freigeben, indem Sie in einem beliebigen Explorer-Fenster mit der rechten Maustaste auf den Ordner klicken, *Freigeben für* wählen, im Kontextmenü auf *Bestimmte Personen* klicken und dann den Anweisungen im Dialogfeld *Dateifreigabe* folgen, wie Abbildung 2–10 zeigt.

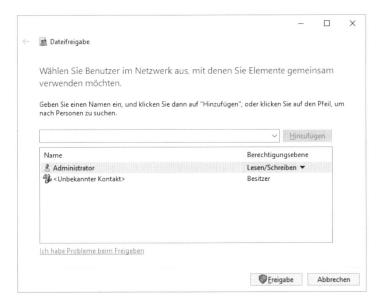

Abb. 2–10 Das Dialogfeld *Dateifreigabe*

Diese Methode, Freigaben zu erstellen, bietet eine vereinfachte Benutzeroberfläche, die nur begrenzte Kontrolle über Elemente wie zum Beispiel Freigabeberechtigungen enthält. Sie können nur festlegen, dass die Benutzer Lese- oder Lese/Schreib-Berechtigungen für die Freigabe bekommen.

Wenn Sie nicht der Ersteller-Besitzer des Ordners sind, können Sie stattdessen auf die Registerkarte *Freigabe* der Eigenschaftenseiten für den Ordner zugreifen. Über die Schaltfläche *Freigabe* auf dieser Registerkarte gelangen Sie zum selben Dialogfeld *Dateifreigabe*. Wenn Sie dagegen auf die Schaltfläche *Erweiterte Freigabe* klicken und das Kontrollkästchen *Diesen Ordner freigeben* aktivieren, erscheint das in Abbildung 2–11 gezeigte Dialogfeld. Im Dialogfeld *Erweiterte Freigabe* bietet Ihnen die Schaltfläche *Berechtigungen* mehr Kontrolle über die Freigabeberechtigungen, und zwar von der standardmäßigen Sicherheitsoberfläche von Windows aus.

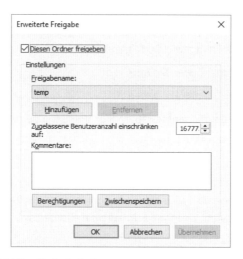

Abb. 2–11   Das Dialogfeld *Erweiterte Freigabe*

Um aber die volle Kontrolle über die Eigenschaften der Freigaben auf allen Ihren Festplatten und Servern zu bekommen, verwenden Sie die Seite *Datei- und Speicherdienste* im Server-Manager.

Windows Server 2016 unterstützt zwei Arten von Ordnerfreigaben:

- **SMBs**[9]   Ein Protokoll der Anwendungsschicht, das lange Zeit der Standard für die Datei- und Druckerfreigabe in Windows-Netzwerken gewesen ist.

- **NFS**[10]   Ein standardisiertes Dateisystemprotokoll, das typischerweise von UNIX- und LINUX-Distributionen verwendet wird.

Wenn Sie Windows Server 2016 installieren, installiert das Setupprogramm standardmäßig den Rollendienst *Speicherdienste* in der Rolle *Datei- und Speicherdienste*. Um jedoch Ordner als

---

9. SMB – Server Message Blocks
10. NFS – Network File System, Netzwerkdateisystem

SMB-Freigaben in Server-Manager zu erstellen, müssen Sie zuerst den Rollendienst *Dateiserver* installieren. Wenn Sie Ihre erste Ordnerfreigabe mit Datei-Explorer einrichten, installiert das System automatisch den Rollendienst *Dateiserver*.

Um NFS-Freigaben zu erstellen, müssen Sie den Rollendienst *Server für NFS* installieren. Diese Rollendienste lassen sich mit dem Assistenten zum Hinzufügen von Rollen und Features in Server-Manager installieren oder mit dem Cmdlet *Install-WindowsFeature* in Windows PowerShell, wie die folgenden Befehle zeigen:

```
install-windowsfeature -name fs-fileserver

install-windowsfeature -name fs-nfs-service
```

Eine SMB-Freigabe erstellen

Eine SMB-Freigabe erstellen Sie mit Server-Manager in folgenden Schritten:

1. Melden Sie sich bei Windows Server 2016 unter einem Administratorkonto an. Es erscheint das Fenster *Server-Manager*.
2. Klicken Sie auf das Symbol *Datei- und Speicherdienste* und im Untermenü auf *Freigaben*. Es erscheint die Seite *Freigaben*, wie Abbildung 2–12 zeigt.

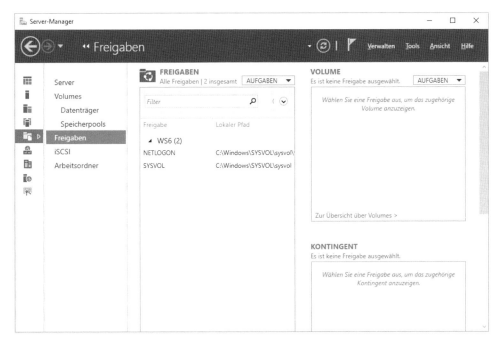

Abb. 2–12   Die Seite *Freigaben* in Server-Manager

3. Wählen Sie in der Kachel *Freigaben* im Menü *Aufgaben* den Eintrag *Neue Freigabe*. Der Assistent für neue Freigaben startet und zeigt die Seite *Profil für die Freigabe auswählen* an (siehe Abbildung 2–13).

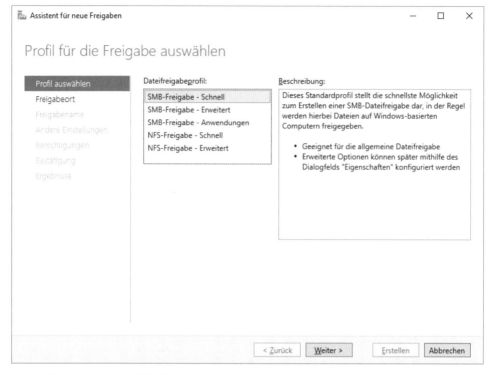

Abb. 2–13 Die Seite *Profil für die Freigabe auswählen* im Assistenten für neue Freigaben

4. Wählen Sie aus der Liste *Dateifreigabeprofil* eine der folgenden Optionen:

    - **SMB-Freigabe – Schnell** Erstellt eine grundlegende SMB-Freigabe mit vollständigen Freigabe- und NTFS-Berechtigungen.

    - **SMB-Freigabe – Erweitert** Erstellt SMB-Freigabe mit vollständigen Freigabe- und NTFS-Berechtigungen sowie zusätzlichen Diensten wie zum Beispiel *Unterstützung nach »Zugriff verweigert«*, Ordnerklassifizierung und Kontingente. Um diese Option auswählen zu können, muss auf dem Computer der Rollendienst *Ressourcen-Manager für Dateiserver* installiert sein.

    - **SMB-Freigabe – Anwendungen** Erstellt eine SMB-Dateifreigabe mit Einstellungen für Hyper-V, bestimmte Datenbanken und andere Serveranwendungen.

5. Klicken Sie auf *Weiter*. Damit gelangen Sie zur Seite *Server und Pfad für diese Freigabe auswählen*, wie Abbildung 2–14 zeigt.

6. Wählen Sie den Server aus, auf dem Sie die Freigabe erstellen wollen, und wählen Sie dann ein Volume auf dem Server aus oder spezifizieren Sie einen Pfad zum freizugebenden Ordner. Klicken Sie dann auf *Weiter*. Es erscheint die Seite *Freigabename angeben*.

7. Geben Sie in das Textfeld *Freigabename* den Namen ein, den Sie der Freigabe zuweisen möchten, und klicken Sie auf *Weiter*. Damit gelangen Sie zur Seite *Freigabeeinstellungen konfigurieren*.

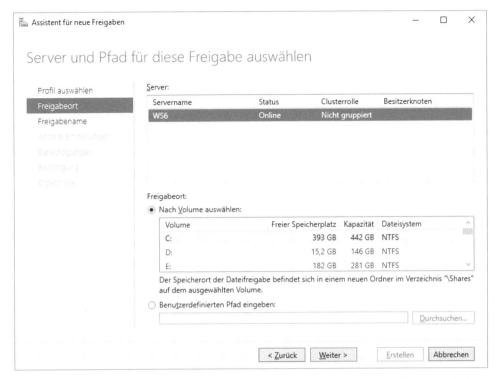

Abb. 2–14 Die Seite *Server und Pfad für diese Freigabe auswählen* des Assistenten für neue Freigaben

8. Wählen Sie einige oder alle der folgenden Optionen aus:

   - **Zugriffsbasierte Aufzählung aktivieren** Wendet Filter auf die freigegebenen Ordner basierend auf den Berechtigungen des individuellen Benutzers für die Dateien und Unterordner in der Freigabe an. Benutzer, die auf eine freigegebene Ressource nicht zugreifen können, sehen diese Ressource auch nicht im Netzwerk. Dieses Feature hindert Benutzer daran, nach Dateien und Ordnern zu suchen, auf die sie nicht zugreifen dürfen.

   - **Zwischenspeichern der Freigabe zulassen** Ermöglicht Clientsystemen, lokale Kopien von Dateien zu verwalten, auf die sie von Serverfreigaben zugreifen. Wenn ein Client die Option *Immer offline verfügbar* für serverbasierte Dateien, Ordner oder Freigaben auswählt, kopiert das Clientsystem die ausgewählten Daten auf das lokale Laufwerk und aktualisiert sie regelmäßig, sodass der Clientbenutzer immer auf sie zugreifen kann, selbst wenn der Server offline ist.

   - **Branch-Cache für die Dateifreigabe aktivieren** Ermöglicht Clientcomputern an Remotestandorten, Branch-Cache auszuführen, um Dateien zwischenzuspeichern, auf die von dieser Freigabe zugegriffen wird, sodass andere Computer am Remotestandort auf sie zugreifen können.

   - **Datenzugriff verschlüsseln** Veranlasst den Server, die Dateien in der Freigabe zu verschlüsseln, bevor er sie an den Remoteclient überträgt.

9. Klicken Sie auf *Weiter*. Es erscheint die Seite *Berechtigungen zur Zugriffssteuerung angeben* (siehe Abbildung 2–15).

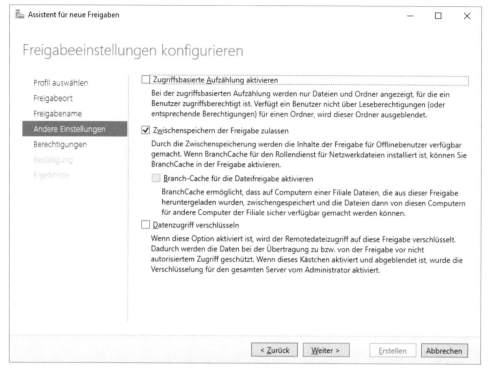

Abb. 2–15 Die Seite *Berechtigungen zur Zugriffssteuerung angeben* des Assistenten für neue Freigaben

10. Modifizieren Sie bei Bedarf die standardmäßigen Freigabe- und NTFS-Berechtigungen und klicken Sie auf *Weiter*. Die Seite *Auswahl bestätigen* erscheint.

11. Klicken Sie auf *Erstellen*. Wenn der Assistent die Freigabe erstellt hat, erscheint die Seite *Ergebnisse anzeigen*.

12. Klicken Sie auf *Schließen*. Die neue Freigabe erscheint auf der Kachel *Freigaben* der gleichnamigen Seite im Server-Manager.

Auf der Kachel können Sie eine Freigabe verwalten, indem Sie mit der rechten Maustaste darauf klicken und die Seite *Eigenschaften* öffnen oder auf *Freigabe beenden* klicken. Die Eigenschaftenseite für eine Freigabe in Server-Manager (siehe Abbildung 2–16) bietet Zugriff auf die gleichen Steuerelemente, die Sie im Assistenten für neue Freigaben auf den Seiten *Berechtigungen zur Zugriffssteuerung angeben* und *Freigabeeinstellungen konfigurieren* finden.

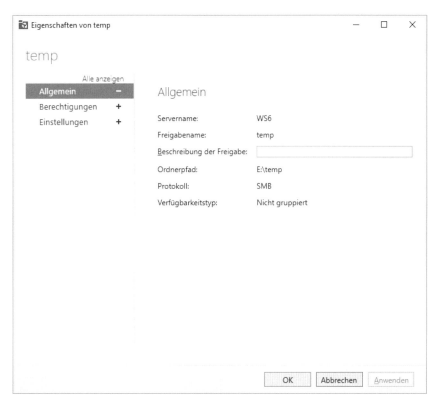

Abb. 2–16   Die Eigenschaftenseite einer Freigabe in Server-Manager

Eine NFS-Freigabe erstellen

Eine NFS-Freigabe erstellen Sie mit Server-Manager in folgenden Schritten:

1. Melden Sie sich bei Windows Server 2016 unter einem Administratorkonto an. Das Fenster *Server-Manager* erscheint.
2. Klicken Sie auf das Symbol *Datei- und Speicherdienste* und im Untermenü auf *Freigaben*. Es erscheint die Seite *Freigaben*.
3. Wählen Sie auf der Kachel *Freigaben* im Menü *Aufgaben* den Eintrag *Neue Freigabe*. Daraufhin startet der Assistent für neue Freigaben und zeigt die Seite *Profil für die Freigabe auswählen* an.
4. Wählen Sie in der Liste *Dateifreigabeprofil* eine der folgenden Optionen aus:
   - **NFS-Freigabe – Schnell**   Erstellt eine grundlegende NFS-Freigabe mit Authentifizierung und Berechtigungen.
   - **NFS-Freigabe – Erweitert**   Erstellt NFS-Freigaben mit vollständigen Freigabe- und NTFS-Berechtigungen sowie mit Zugriff auf zusätzliche Dienste wie zum Beispiel *Unterstützung nach »Zugriff verweigert«*, Ordnerklassifizierung und Kontingente. Um diese Option auswählen zu können, muss auf dem Computer der Rollendienst *Ressourcen-Manager für Dateiserver* installiert sein.

5. Klicken Sie auf *Weiter*. Damit gelangen Sie zur Seite *Server und Pfad für diese Freigabe auswählen*.
6. Wählen Sie den Server aus, auf dem Sie die Freigabe erstellen möchten, und wählen Sie dann entweder ein Volume auf dem Server aus oder spezifizieren Sie einen Pfad zum Ordner, den Sie freigeben möchten. Klicken Sie dann auf *Weiter*. Die Seite *Freigabename angeben* erscheint.
7. Geben Sie im Textfeld *Freigabename* den Namen ein, den Sie der Freigabe zuweisen möchten, und klicken Sie auf *Weiter*. Die Seite *Authentifizierungsmethoden angeben* erscheint, wie Abbildung 2–17 zeigt.

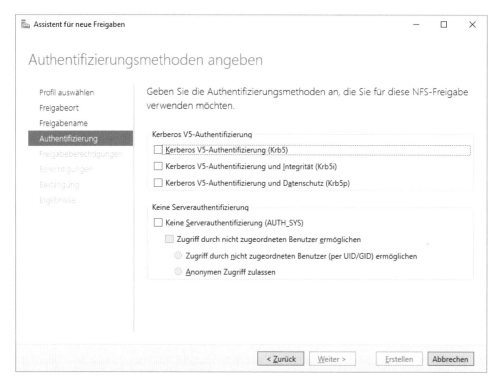

Abb. 2–17   Die Seite *Authentifizierungsmethoden angeben* des Assistenten für neue Freigaben

8. Aktivieren Sie die Kontrollkästchen für die Authentifizierungsmethoden, die Sie für den Zugriff auf die Freigabe verwenden möchten.
9. Klicken Sie auf *Weiter*. Damit gelangen Sie zur Seite *Freigabeberechtigungen angeben*.
10. Klicken Sie auf *Hinzufügen*. Das Dialogfeld *Berechtigungen hinzufügen* wird geöffnet, wie es Abbildung 2–18 zeigt.

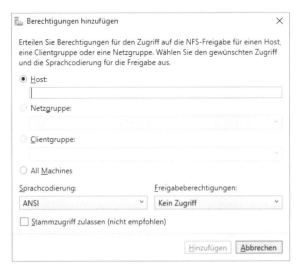

Abb. 2–18 Das Dialogfeld *Berechtigungen hinzufügen*

11. Geben Sie den Namen eines Hosts an, dem Sie Berechtigungen für die Freigabe erteilen wollen, oder wählen Sie die Option *All Machines*. In der Dropdownliste *Freigabeberechtigungen* legen Sie die Berechtigungen für den ausgewählten Host fest: *Lesen/Schreiben*, *Kein Zugriff* oder *Schreibgeschützt*.
12. Klicken Sie auf *Hinzufügen*. Der Host wird der Assistentenseite hinzugefügt. Wiederholen Sie die Schritte 10 bis 12, wenn Sie weitere Hosts hinzufügen wollen.
13. Klicken Sie auf *Weiter*. Damit gelangen Sie zur Seite *Berechtigungen zur Zugriffssteuerung angeben*.
14. Modifizieren Sie falls erforderlich die standardmäßigen NTFS-Berechtigungen und klicken Sie auf *Weiter*. Die Seite *Auswahl bestätigen* erscheint.
15. Klicken Sie auf *Erstellen*. Wenn der Assistent die Freigabe erstellt hat, erscheint die Seite *Ergebnisse anzeigen*.
16. Klicken Sie auf *Schließen*. Die neue Freigabe erscheint in der Kachel *Freigaben* auf der gleichnamigen Seite in Server-Manager.

Erweiterte Freigaben erstellen

Wenn Sie das Profil *SMB-Freigabe – Erweitert* oder *NFS-Freigabe – Erweitert* auswählen, zeigt der Assistent für neue Freigaben zwei zusätzliche Seiten an. Abbildung 2–19 zeigt die erste Seite *Ordnerverwaltungseigenschaften angeben*, auf der Sie *Ordnerverwendung*-Eigenschaftswerte für die Freigabe auswählen können. Diese Werte kennzeichnen den Typ der im freigegebenen Ordner gespeicherten Daten. Anhand dieser Einstellungen können Sie im Ressourcen-Manager für Dateiserver (FSRM[11]) Klassifizierungsregeln konfigurieren, die Aktionen auf Dateien basierend auf deren Klassifizierungseigenschaften veranlassen. Außerdem können Sie für

---
11. FSRM – File Server Resource Manager, Ressourcen-Manager für Dateiserver

den Ordner die E-Mail-Adressen des Besitzers oder Administrators angeben, der benachrichtigt werden soll, wenn einem Benutzer der Zugriff auf die Freigabe verweigert wird.

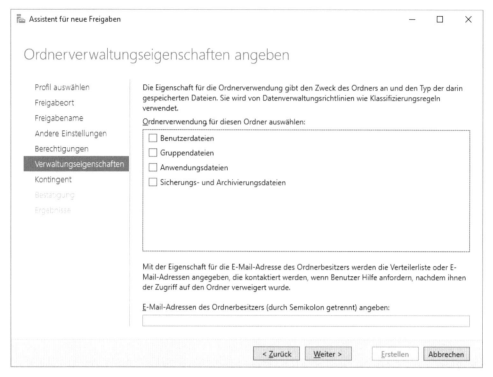

Abb. 2–19   Die Seite *Ordnerverwaltungseigenschaften angeben* des Assistenten für neue Freigaben

Die zweite hinzugefügte Seite ist die Seite *Kontingent auf einen Ordner oder auf ein Volume anwenden*, auf der Sie aus einer Liste von vordefinierten Kontingentvorlagen ein Kontingent auswählen können, das auf die Freigabe angewendet werden soll. Für eine feinstufigere Kontrolle der Kontingente müssen Sie FSRM verwenden.

Freigabeberechtigungen konfigurieren

Auf Windows-Systemen besitzen freigegebene Ordner ihr eigenes Berechtigungssystem, das vollkommen unabhängig vom NTFS und anderen Berechtigungssystemen ist. Damit Netzwerkbenutzer auf eine Freigabe auf einem Dateiserver zugreifen können, muss ein Administrator ihnen die entsprechenden Freigabeberechtigungen erteilen.

Standardmäßig erhält die spezielle Identität *Jeder* die Freigabeberechtigung *Zulassen/Lesen* für alle neuen Freigaben, die Sie mit Datei-Explorer erstellen. In Freigaben, die Sie mit Server-Manager einrichten, bekommt die spezielle Identität *Jeder* die Freigabeberechtigung *Zulassen/Vollzugriff*.

Netzwerkbenutzern, die über die erforderlichen Freigabeberechtigungen für den Zugriff auf einen Ordner verfügen, kann dennoch der Zugriff verweigert werden, wenn ihnen die benötigten NTFS-Berechtigungen fehlen. Umgekehrt verhält es sich genauso: Benutzer mit den richtigen NTFS-Berechtigungen können auf eine Freigabe über ein Netzwerk nicht zugreifen, wenn ihnen die erforderlichen Freigabeberechtigungen fehlen. Zudem ist wichtig zu wissen, dass Freigabeberechtigungen den Zugriff auf eine Freigabe nur über das Netzwerk steuern, während NTFS-Berechtigungen den Zugriff sowohl über das Netzwerk als auch auf der lokalen Maschine regeln.

Wenn Sie eine SMB-Freigabe mit Server-Manager erstellen, können Sie auf der Seite *Berechtigungen zur Zugriffssteuerung angeben* sowohl NTFS- als auch Freigabeberechtigungen für den freigegebenen Ordner konfigurieren. Über die Schaltfläche *Berechtigungen anpassen* gelangen Sie zum Dialogfeld *Erweiterte Sicherheitseinstellungen* für den freigegebenen Ordner. Die standardmäßig ausgewählte Registerkarte *Berechtigungen* zeigt die NTFS-Berechtigungen an.

Auf der Registerkarte *Freigabe*, die Abbildung 2–20 zeigt, konfigurieren Sie die Freigabeberechtigungen für den Ordner.

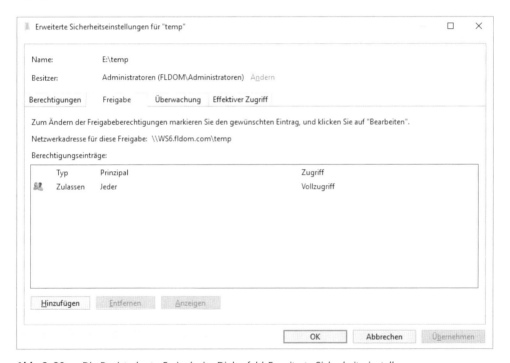

Abb. 2–20 Die Registerkarte *Freigabe* im Dialogfeld *Erweiterte Sicherheitseinstellungen*

Klicken Sie auf die Schaltfläche *Hinzufügen*, um das Dialogfeld *Berechtigungseintrag* für den Ordner zu öffnen. Hier können Sie einen Prinzipal – einen Benutzer oder eine Gruppe – und die Berechtigungen, die der Prinzipal erhalten soll, auswählen.

Das System der Freigabeberechtigungen von Windows ist relativ einfach und kennt nur drei Berechtigungen. Tabelle 2–2 listet die Berechtigungen auf und nennt die Fähigkeiten, die sie Benutzern gewähren.

Freigabeberechtigung	Erlaubt oder verweigert Sicherheitsprinzipalen ...
Vollzugriff	- Dateiberechtigungen zu ändern - Besitz von Dateien zu übernehmen - alle Aufgaben durchzuführen, die entsprechend der Berechtigung *Ändern* zulässig sind
Ändern	- Ordner zu erstellen - Dateien zu Ordnern hinzuzufügen - Daten in Dateien zu ändern - Daten an Dateien anzufügen - Dateiattribute zu ändern - Ordner und Dateien zu löschen - alle Aktionen durchzuführen, die entsprechend der Berechtigung *Lesen* erlaubt sind
Lesen	- Ordnernamen, Dateinamen, Dateidaten und Attribute anzuzeigen - Programmdateien auszuführen - auf andere Ordner im freigegebenen Ordner zuzugreifen

Tab. 2-2 Freigabeberechtigungen und deren Funktionen

In Bezug auf zugewiesene Freigabeberechtigungen müssen Sie auch wissen, dass sich diese nicht wie NTFS-Berechtigungen kombinieren lassen. Haben Sie einem Benutzer namens Alicia die Berechtigungen *Zulassen/Lesen* und *Zulassen/Ändern* für den freigegebenen Ordner *C:\Dokumente\Alicia* erteilt und entziehen ihm (sprich: Alicia) später alle drei Berechtigungen für den freigegebenen Ordner *C:\Dokumente*, verhindern die *Verweigern*-Berechtigungen, dass Alicia über die Freigabe *C:\Dokumente* auf irgendwelche Dateien zugreifen kann, was auch für die Dateien im Ordner *C:\Dokumente\Alicia* gilt. Allerdings kann sie trotzdem noch über die Freigabe *C:\Dokumente\Alicia* auf ihre Dateien zugreifen, weil sie hierfür die *Zulassen*-Berechtigungen besitzt. Anders ausgedrückt erbt die Freigabe *C:\Dokumente\Alicia* nicht die *Verweigern*-Berechtigungen von der Freigabe *C:\Dokumente*.

Wenn Sie eine NFS-Freigabe mit dem Assistenten für neue Freigaben im Server-Manager erstellen, können Sie über die Seite *Berechtigungen zur Zugriffssteuerung angeben* nur auf die NTFS-Berechtigungen zugreifen. Das hängt damit zusammen, dass Sie die Freigabeberechtigungen für die NFS-Freigabe bereits auf der Seite *Freigabeberechtigungen* des Assistenten konfiguriert haben.

Konfigurieren der SMB-Freigabe und Sitzungseinstellungen über Windows PowerShell

Für diejenigen, die lieber von der Befehlszeile aus arbeiten, bietet Windows Server 2016 ein Windows PowerShell-Modul *SmbShare*, mit dem Sie Ordnerfreigaben erstellen und verwalten können. Eine neue Freigabe erstellen Sie mit dem Cmdlet *New-SmbShare* und folgender Basissyntax:

```
new-smbshare -name sharename
    -path pathname
    [-fullaccess groupname]
    [-readaccess groupname]
    [-changeaccess groupname]
    [-noaccess groupname]
```

Zum Beispiel erstellen Sie mit dem folgenden Befehl eine neue Freigabe *Data* vom Ordner *C:\Docs* aus, wobei Sie der speziellen Identität *Jeder* die Berechtigung *Zulassen/Vollzugriff* erteilen:

```
new-smbshare -name data
    -path c:\docs
    -fullaccess everyone
```

Außer den hier aufgeführten Zugriffsparametern gibt es noch andere Parameter, die Sie auf der Befehlszeile angeben können, um Features zu implementieren, die der Assistent für neue Freigaben bietet. Dazu gehören unter anderem:

- **ConcurrentUserLimit #** Spezifiziert die maximale Anzahl von Benutzern, die sich gleichzeitig mit der Freigabe verbinden können. Der Wert 0 bedeutet eine unbegrenzte Anzahl von Benutzern.

- **CachingMode value** Spezifiziert den Typ der Offlinezwischenspeicherung, der den Freigabeclients erlaubt ist. Unter anderem sind folgende Werte definiert:
  - **None** Deaktiviert Offlinezwischenspeicherung beim Client.
  - **Manual** Ermöglicht Benutzern, Dateien für Offlinezwischenspeicherung auszuwählen.
  - **Programs** Speichert automatisch Programme und Dokumente offline zwischen.
  - **Documents** Speichert Dokumente automatisch offline zwischen.
  - **BranchCache** Aktiviert die Branch-Cache-Zwischenspeicherung auf dem Remoteclient.

- **EncryptData True|False** Veranlasst, dass der Server in der Freigabe verschlüsselt, bevor er sie an den Remoteclient überträgt.

- **FolderEnumerationMode AccessBased|Unrestricted** Implementiert oder deaktiviert *Zugriffsbasierte Aufzählung*. Die Standardeinstellung ist *Unrestricted* (Unbeschränkt).

- **Temporary** Bewirkt, dass die Freigabe nur bis zum nächsten Neustart des Computers bestehen bleibt.

Sitzungen verwalten

Nachdem Sie eine Freigabe – egal nach welcher Methode – erstellt haben, können Sie ihre Verwendung mithilfe von PowerShell-Cmdlets überwachen und verwalten. Zum Beispiel lassen sich mit dem Cmdlet *Get-SmbSession* alle aktuellen Clientsitzungen anzeigen, die mit den Freigaben des Servers verbunden sind, wie Abbildung 2–21 zeigt.

```
PS C:\Users\Administrator> get-smbsession

SessionId        ClientComputerName            ClientUserName        NumOpens
---------        ------------------            --------------        --------
309237645389     [fe80::e513:64ea:f24d:aacf]   FLDOM\administrator   2
309237645393     192.168.0.8                   FLDOM\ADMINISTRATOR   1
309237645397     [fe80::e1c7:c6c2:aba2:3cf7]   FLDOM\administrator   0

PS C:\Users\Administrator>
```

Abb. 2–21   Ausgabe des Cmdlets *Get-SmbSession*

Anhand der Informationen in diesem Listing können Sie eine bestimmte Sitzung mit dem Cmdlet *Close-SmbSession* beenden, und zwar wie im folgenden Beispiel, das die Sitzungs-ID verwendet, um die zu schließende Sitzung zu spezifizieren.

```
close-smbsession -sessionid 309237645393
```

Standardmäßig zeigt das Cmdlet eine Warnung an und Sie müssen bestätigen, dass Sie die Sitzung beenden wollen (siehe Abbildung 2–22). Wenn Sie die Befehlszeile mit dem Parameter *Force* ergänzen, fällt die Bestätigungsabfrage weg. Auf dem Clientcomputer erscheint keine Warnung und durch das Schließen der Sitzung gehen möglicherweise laufende Arbeiten des Clients verloren.

```
PS C:\Users\Administrator> get-smbsession

SessionId        ClientComputerName            ClientUserName        NumOpens
---------        ------------------            --------------        --------
309237645389     [fe80::e513:64ea:f24d:aacf]   FLDOM\administrator   2
309237645393     192.168.0.8                   FLDOM\ADMINISTRATOR   1
309237645397     [fe80::e1c7:c6c2:aba2:3cf7]   FLDOM\administrator   0

PS C:\Users\Administrator> close-smbsession -sessionid 309237645393

Bestätigung
Möchten Sie diese Aktion wirklich ausführen?
Der Vorgang "Close-Session" auf dem Ziel "309237645393" wird ausgeführt.
[J] Ja  [A] Ja, alle  [N] Nein  [K] Nein, keine  [H] Anhalten  [?] Hilfe (Standard ist "J"): j
PS C:\Users\Administrator>
```

Abb. 2–22   Ausgabe des Cmdlets *Close-SmbSession*

Sitzungen können Sie auch basierend auf den anderen Informationen in der Ausgabe von *Get-SmbSession* schließen, wie die folgenden Beispiele zeigen:

```
close-smbsession -clientcomputername 192.168.0.8
```

```
close-smbsession -clientusername fldom\administrator
```

Sitzungen können Sie nicht nur auflisten, sondern Sie können mit dem Cmdlet *Get-SmbOpenFile* auch die Dateien anzeigen, auf die Clients momentan zugreifen (siehe Abbildung 2–23).

```
PS C:\Users\Administrator> get-smbopenfile

FileId         SessionId      Path       ShareRelativePath   ClientComputerName            ClientUserName
------         ---------      ----       -----------------   ------------------            --------------
309237645469   309237645389   E:\temp\                       [fe80::e513:64ea:f24d:aacf]   FLDOM\administrator
309237645477   309237645389   E:\temp\                       [fe80::e513:64ea:f24d:aacf]   FLDOM\administrator
309237645845   309237645425   E:\temp                        192.168.0.8                   FLDOM\ADMINISTRATOR
309237645881   309237645425   E:\temp\nano3blob.txt  temp\nano3blob.txt  192.168.0.8       FLDOM\ADMINISTRATOR
309237645885   309237645425   E:\temp                temp                192.168.0.8       FLDOM\ADMINISTRATOR

PS C:\Users\Administrator>
```

Abb. 2–23   Ausgabe des Cmdlets *Get-SmbOpenFile*

Eine geöffnete Datei können Sie mit dem Cmdlet *Close-SmbOpenFile* zwangsweise schließen, wie das folgende Beispiel zeigt:

```
close-smbopenfile -fileid 309237645881
```

Eine Freigabe entfernen

Eine Freigabe können Sie mit dem Cmdlet *Remove-Smb-Share* zusammen mit allen ihren Sitzungen vollständig beenden. Dazu geben Sie den Namen der Freigabe auf der Befehlszeile wie im folgenden Beispiel an:

```
remove-smbshare -name data
```

Konfigurieren von SMB-Server- und SMB-Client-Konfigurationseinstellungen mithilfe von Windows PowerShell

Die Attribute einer Freigabe können Sie konfigurieren, wenn Sie die Freigabe erstellen, egal ob mit Server-Manager oder PowerShell. Die Konfigurationseinstellungen können Sie aber auch jederzeit nach der Erstellung der Freigabe mithilfe anderer Cmdlets im PowerShell-Modul *SmbShare* modifizieren.

Freigabeberechtigungen festlegen

Mit den folgenden Cmdlets lassen sich die Freigabeberechtigungen für eine bestimmte Freigabe ändern:

- **Get-SmbShareAccess**   Zeigt die Zugriffssteuerungsliste für eine benannte Freigabe an (siehe Abbildung 2–24).

Abb. 2–24   Ausgabe des Cmdlets *Get-SmbShareAccess*

- **Grant-SmbShareAccess**   Fügt einen *Zulassen*-Zugriffssteuerungseintrag zur ACL für eine benannte Freigabe hinzu. Zum Beispiel:

```
grant-smbshareaccess -name data
   -accountname adatum\administrator
   -accessright full
```

- **Revoke-SmbShareAccess**   Entfernt alle *Verweigern*-Berechtigungen für den angegebenen Sicherheitsprinzipal von einer benannten Freigabe. Zum Beispiel:

```
revoke-smbshareaccess -name data
   -accountname adatum\administrator
```

- **Block-SmbShareAccess**   Fügt einen *Verweigern*-Zugriffssteuerungseintrag in die ACL für eine benannte Freigabe hinzu. Zum Beispiel:

```
block-smbshareaccess -name data
    -accountname adatum\administrator
    -accessright full
```

- **Unblock-SmbShareAccess**   Entfernt sämtliche *Verweigern*-Berechtigungen für den angegebenen Sicherheitsprinzipal von einer benannten Freigabe. Zum Beispiel:

```
unblock-smbshareaccess -name data
    -accountname adatum\administrator
```

SMB-Serverkonfigurationseinstellungen konfigurieren

Das PowerShell-Modul *SmbShare* hat in Windows Server 2012 das Cmdlet *Set-SmbServer Configuration* eingeführt. Administratoren können damit viele zugrunde liegende Einstellungen für die SMB-Serverimplementierung konfigurieren. Um alle aktuellen Serverkonfigurationseinstellungen anzuzeigen, führen Sie das Cmdlet *Get-SmbServerConfiguration* wie in Abbildung 2–25 gezeigt aus.

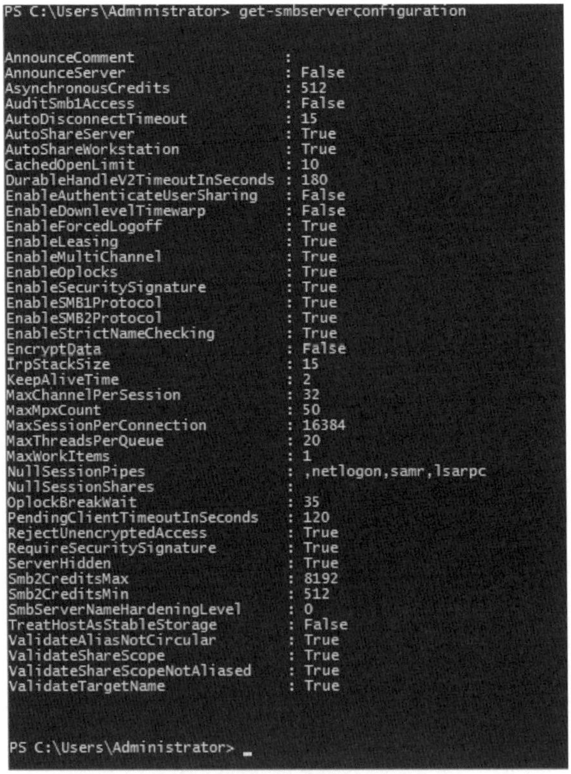

Abb. 2–25   Ausgabe des Cmdlets *Get-SmbServerConfiguration*

Zum Beispiel können Sie festlegen, welche Versionen des SMB-Protokolls der Server ausführen soll. Dazu führen Sie Befehle wie die folgenden aus:

```
set-SmbServerConfiguration -enablesmb1protocol $false
```

```
set-SmbServerConfiguration -enablesmb2protocol $false
```

Windows Server 2016 verwendet SMB in der Version 3, doch sind die vorherigen Versionen ebenfalls verfügbar, um ältere Clients zu unterstützen. Es gibt keinen eigenen Parameter, um SMB in der Version 3 allein zu aktivieren, weil Version 3 nicht ohne Version 2 lauffähig ist.

Die SMB-Versionen 2 und 3 bieten viele Features, die die Leistungsfähigkeit des Protokolls erweitern können, einschließlich Datenverschlüsselung und mehrkanaliger Link-Aggregation. Wenn Sie mit dem ersten Befehl die Version 1 von SMB deaktivieren, stellen Sie sicher, dass Ihre Clients die neuesten SMB-Versionen verwenden und von den neuen Features profitieren. Die SMB-Version 1 ist nicht erforderlich, außer wenn Sie Clients haben, die mit Windows XP oder früher laufen.

Der Befehl im zweiten Beispiel deaktiviert die SMB-Versionen 2 und 3, sodass der Server nur noch die ursprüngliche SMB-Version 1 verwendet. Damit deaktivieren Sie eine ganze Reihe von SMB-Features, was temporär zur Fehlersuche nützlich sein kann.

Wenn auf Ihrem Server SMB in der Version 3 läuft, können Sie mit den folgenden Befehlen die Verschlüsselung von SMB-Sitzungen für den gesamten Server oder für eine bestimmte Freigabe auf dem Server aktivieren:

```
set-smbserverconfiguration -encryptdata $true
```

```
set-smbserverconfiguration -name data
    -encryptdata $true
```

Bei aktivierter Verschlüsselung weist der Server standardmäßig jede Verbindung von einem Client ab, die nicht mindestens eine Verschlüsselung mit SMB in der Version 3 unterstützt. Dieses Verhalten können Sie mit dem folgenden Befehl außer Kraft setzen:

```
set-SmbServerConfiguration -rejectunencryptedaccess $false
```

Für das Cmdlet *Set-SmbServerConfiguration* gibt es noch Dutzende anderer Parameter. Mit dem folgenden Befehl zeigen Sie diese Parameter und deren Funktionen an:

```
get-help set-smbserverconfiguration -detailed
```

SMB-Clientkonfigurationseinstellungen konfigurieren

Genau wie bei SMB-Serverkonfigurationseinstellungen können Sie auch SMB-Clientkonfigurationseinstellungen mit PowerShell konfigurieren. Führen Sie das Cmdlet *Get-SmbClientConfiguration* aus, um eine Liste der verfügbaren Einstellungen anzuzeigen (siehe Abbildung 2–26).

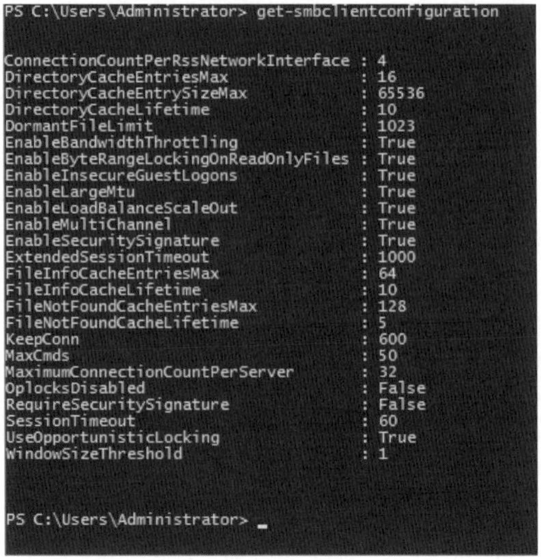

Abb. 2–26   Ausgabe des Cmdlets *Get-SmbClientConfiguration*

Wie bei den SMB-Serverkonfigurationsparametern brauchen Sie die meisten dieser Einstellungen für normale Verwendung nicht zu modifizieren. Wenn Sie jedoch die Erweiterungen in den neueren SMB-Versionen erkunden, werden Sie wahrscheinlich zu Testzwecken bestimmte Features temporär deaktivieren wollen.

Zum Beispiel kann die neue Multichannel-Funktion in SMB Ihre Computer in die Lage versetzen, einen größeren Durchsatz und eine bessere Fehlertoleranz bei der Kommunikation zu erreichen, wobei aber das Feature sowohl an den Client- als auch an den Servercomputer bestimmte Hardwareforderungen stellt, wie zum Beispiel mehrere Netzwerkadapter oder Adapter, die für den NIC-Teamvorgang konfiguriert sind.

SMB-Multichannel ist standardmäßig aktiviert. Sind Ihre Computer dafür ausgerüstet, sollten Sie dieses Feature auch nutzen. Wenn Sie allerdings im Zweifel sind, ob das Feature auf Ihren Systemen funktioniert, können Sie es testen, indem Sie Multichannel mit dem folgenden Befehl deaktivieren:

```
set-smbclientconfiguration -enablemultichannel $false
```

Sollte dieser Befehl Ihre SMB-Verbindungen bremsen, heißt das, dass Multichannel funktioniert hat. Dann können Sie diese Funktion wieder einschalten, indem Sie $false in $true ändern. Zeigt sich keine SMB-Leistungsänderung mit deaktiviertem Multichannel, liegt das Problem an einer anderen Stelle und muss ermittelt werden.

Konfigurieren von Datei- und Ordnerberechtigungen

Windows Server 2016 steuert im NTFS-Dateisystem den Zugriff auf Dateien und Ordner, Freigaben, Registrierungsschlüssel und AD DS-Objekte über Berechtigungen. Jedes dieser Berechtigungssysteme ist vollkommen unabhängig von den anderen, doch die Benutzeroberflächen, über die Sie sie verwalten, sind ähnlich.

Um die Berechtigungen zu speichern, verfügt jedes Element über eine *Zugriffssteuerungsliste* (ACL[12]), die individuelle Berechtigungszuweisungen – sogenannte *Zugriffssteuerungseinträge* (ACEs[13]) – zusammenfasst. Jeder Zugriffssteuerungseintrag besteht aus einem *Sicherheitsprinzipal* (dem Namen eines Benutzers, einer Gruppe oder eines Computers, denen Berechtigungen gewährt werden sollen) und den spezifischen Berechtigungen, die diesem Sicherheitsprinzipal zuzuweisen sind. Wenn Sie Berechtigungen in einem der Windows Server 2016-Berechtigungssysteme verwalten, erstellen und modifizieren Sie die ACEs in einer ACL.

Vor allem müssen Sie wissen, dass die Berechtigungen in allen Windows-Betriebssystemen als Teil des geschützten Elements gespeichert werden und nicht des Sicherheitsprinzipals, dem der Zugriff gewährt wird. Wenn Sie zum Beispiel einem Benutzer die erforderlichen NTFS-Berechtigungen für den Zugriff auf eine Datei gewähren, wird der ACE, den Sie erstellen, in der ACL der Datei gespeichert; er ist kein Bestandteil des Benutzerkontos. Die Datei können Sie auf ein anderes NTFS-Laufwerk verschieben – die Berechtigungen wandern mit ihr mit.

Abb. 2–27   Die Registerkarte *Sicherheit* des Eigenschaftenblatts einer Datei

Berechtigungen in Windows Server 2016 verwalten Sie über eine Registerkarte auf dem Eigenschaftenblatt des geschützten Elements, wie Abbildung 2–27 zeigt, wobei oben die Sicherheitsprinzipale und unten die ihnen zugeordneten Berechtigungen aufgelistet sind. Freigabeberechtigungen sind normalerweise auf einer Registerkarte *Freigabeberechtigungen* zu finden

---

12. ACL – Access Control List, Zugriffssteuerungsliste
13. ACE – Access Control Entry, Eintrag in einer Zugriffssteuerungsliste

und NTFS-Berechtigungen auf einer Registerkarte *Sicherheit*. Sämtliche Berechtigungssysteme von Windows verwenden die gleiche grundlegende Benutzeroberfläche, selbst wenn die Berechtigungen an sich variieren. Server-Manager bietet ebenfalls Zugriff auf NTFS- und Freigabeberechtigungen, wobei die Benutzeroberfläche aber geringfügig anders aussieht.

> **HINWEIS** NTFS- und Freigabeberechtigungen kombinieren
>
> Freigabeberechtigungen bieten nur begrenzten Schutz, doch dieser Schutz kann bei manchen kleinen Netzwerken ausreichend sein. Zudem können Freigabeberechtigungen auf einem Computer mit FAT32-Laufwerken die einzige Alternative sein, weil das FAT-Dateisystem keine eigenen Berechtigungen mitbringt. Allerdings sind Freigabeberechtigungen nicht notwendig in Netzwerken, die bereits ein gut geplantes System von NTFS-Berechtigungen verarbeiten. In derartigen Fällen können Sie getrost die Freigabeberechtigung *Vollzugriff* für *Jeder* zuweisen und den NTFS-Berechtigungen erlauben, die Sicherheit zu realisieren. Freigabeberechtigungen würden in dieser Mischung nur den Administrationsprozess verkomplizieren, ohne irgendeinen zusätzlichen Schutz zu bieten.

Im NTFS-Berechtigungssystem, das auch ReFS unterstützt, sind die beteiligten Sicherheitsprinzipale Benutzer und Gruppen, die im Sprachgebrauch von Windows *Sicherheits-IDs (SIDs)* verwenden. Versucht ein Benutzer, auf NTFS-Dateien oder -Ordner zuzugreifen, liest das System das Sicherheitstoken des Benutzers. Es enthält die SIDs für das Benutzerkonto und alle Gruppen, zu denen der Benutzer gehört. Dann vergleicht das System diese SIDs mit denen, die in den ACEs der Datei oder des Ordners gespeichert sind, um daraus die Zugriffsberechtigungen des Benutzers zu ermitteln. Dieser Vorgang ist die sogenannte *Autorisierung*.

> **HINWEIS** Berechtigungen zuweisen
>
> Obwohl Benutzer oder Gruppen als Sicherheitsprinzipale infrage kommen, denen Sie NTFS-Datei- und -Ordnerberechtigungen zuweisen, empfiehlt Microsoft, Berechtigungen besser nicht an einzelne Benutzer, sondern stattdessen an Gruppen zuzuweisen. Dadurch können Sie eine Berechtigungsstrategie ganz einfach realisieren, indem Sie Benutzer zu Gruppen hinzufügen und daraus entfernen.

Einfache und erweiterte Berechtigungen

Die Berechtigungssysteme in Windows Server 2016 sind nicht gleichzusetzen mit Schlüsseln zu einem Schloss, die entweder vollen oder überhaupt keinen Zugang bieten. Windows-Berechtigungen sind feinstufig konzipiert, sodass Sie den Sicherheitsprinzipalen spezifische Zugriffsstufen gewähren können. Zum Beispiel können Sie mit NTFS-Berechtigungen nicht nur steuern, wer Zugriff auf eine Tabellenkalkulation hat, sondern auch, welchen Grad des Zugriffs er bekommt. Vielleicht wollen Sie Ralf die Berechtigung erteilen, das Tabellenblatt zu lesen und zu modifizieren, jedoch Alicia nur erlauben, es zu lesen, während Ede es überhaupt nicht sehen darf.

Um diese Granularität zu realisieren, besitzt jedes Windows-Berechtigungssystem eine Palette von Berechtigungen, die Sie einem Sicherheitsprinzipal in jeder Kombination zuweisen können. Abhängig vom Berechtigungssystem kann es Dutzende von verschiedenen Berechtigungen geben, die für ein einzelnes Systemelement verfügbar sind.

Damit sich das System einfacher verwalten lässt, bietet Windows vorkonfigurierte Berechtigungskombinationen, die für die gebräuchlichsten Zugriffssteuerungsszenarios geeignet sind. Wenn Sie das Eigenschaftenblatt für ein Systemelement öffnen und einen Blick auf die Registerkarte *Sicherheit* werfen, sind die NTFS-Berechtigungen dort als *grundlegende Berechtigungen* aufgeführt. Grundlegende Berechtigungen sind Kombinationen von *erweiterten Berechtigungen*, die die feinstufigste Steuerung über das Element bieten.

> **PRÜFUNGSTIPP**
> Vor Windows Server 2012 wurden grundlegende Berechtigungen als Standardberechtigungen bezeichnet und erweiterte Berechtigungen als spezielle Berechtigungen. Kandidaten für Zertifizierungsprüfungen sollten diese alternativen Begriffe kennen.

Das NTFS-Berechtigungssystem umfasst 14 erweiterte Berechtigungen, die Sie Ordnern oder Dateien zuweisen können. Allerdings gibt es auch sechs grundlegende Berechtigungen, die verschiedenartige Kombinationen der 14 erweiterten Berechtigungen verkörpern. Sie können mit den grundlegenden oder den erweiterten Berechtigungen arbeiten und sogar beide Berechtigungstypen in einem einzigen ACE zuweisen, um eine spezielle Kombination zu erzeugen. Die meisten Benutzer arbeiten allerdings nur mit grundlegenden Berechtigungen. Viele Administratoren verwenden nur selten, wenn überhaupt, die erweiterten Berechtigungen direkt.

Falls Sie dennoch direkt mit erweiterten Berechtigungen arbeiten möchten, ist auch das in Windows möglich. Das Eigenschaftenblatt von Dateien oder Ordnern enthält auf der Registerkarte *Sicherheit* eine Schaltfläche *Erweitert*, über die Sie zum Dialogfeld *Erweiterte Sicherheitseinstellungen* gelangen (siehe Abbildung 2–28) und somit auf die Zugriffssteuerungseinträge für das ausgewählte Systemelement direkt zugreifen können. Von Server-Manager aus kommen Sie zum gleichen Dialogfeld über das Eigenschaftenblatt einer Freigabe.

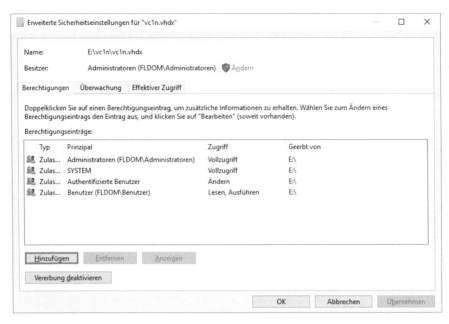

Abb. 2-28 Das Dialogfeld *Erweiterte Sicherheitseinstellungen*

Berechtigungen zulassen und verweigern

Wenn Sie einem Systemelement Berechtigungen zuweisen, erzeugen Sie praktisch einen neuen ACE in der ACL des Elements. Es gibt zwei ACE-Typen: Zulassen und Verweigern. Dadurch kann man die Berechtigungsverwaltung aus zwei Richtungen angehen:

- **Additiv** Man beginnt ohne Berechtigungen und gewährt dann individuellen Sicherheitsprinzipalen *Zulassen*-Berechtigungen, um ihnen die benötigten Zugriffsrechte zu gewähren.

- **Subtraktiv** Man gewährt zunächst individuellen Sicherheitsprinzipalen sämtliche möglichen *Zulassen*-Berechtigungen, sodass sie Vollzugriff auf das Systemelement haben, und erteilt ihnen dann *Verweigern*-Berechtigungen für die Zugriffsarten, die die Sicherheitsprinzipale nicht bekommen sollen.

Die meisten Administratoren bevorzugen den additiven Ansatz, weil Windows standardmäßig versucht, den Zugriff auf wichtige Systemelemente durch Zurückhalten von Berechtigungen zu begrenzen. In einer ordnungsgemäß konzipierten Berechtigungshierarchie ist aber die Verwendung von *Verweigern*-Berechtigungen oftmals überhaupt nicht erforderlich. Bei vielen Administratoren ist ihre Verwendung verpönt, weil es bei kombinierten *Zulassen*- und *Verweigern*-Berechtigungen in derselben Hierarchie recht schwierig sein kann, die effektiven Berechtigungen für ein bestimmtes Systemelement zu ermitteln.

Berechtigungen vererben

Das wichtigste Prinzip in der Berechtigungsverwaltung ist, dass Berechtigungen durch eine Hierarchie nach unten wandern – die sogenannte *Berechtigungsvererbung*. Die Vererbung von

Berechtigungen bedeutet, dass übergeordnete Elemente ihre Berechtigungen nach unten an ihre untergeordneten Elemente weitergeben. Wenn Sie zum Beispiel Alicia *Zulassen*-Berechtigungen für das Stammverzeichnis des Laufwerks D gewähren, erben sämtliche Ordner und Unterordner auf dem Laufwerk D diese Berechtigungen und Alicia kann auf sie zugreifen.

Das Prinzip der Vererbung vereinfacht das Zuweisen von Berechtigungen erheblich. Ohne Vererbung müssten Sie den Sicherheitsprinzipalen einzeln *Zulassen*-Berechtigungen für jede Datei, jeden Ordner, jede Freigabe, jedes Objekt und jeden Schlüssel zuweisen, auf die sie Zugriff benötigen. Mit Vererbung können Sie den Zugriff auf ein ganzes Dateisystem gewähren, indem Sie einen einzigen Satz von *Zulassen*-Berechtigungen erstellen.

Administratoren setzen in den meisten Fällen – ob bewusst oder nicht – auf Vererbung, wenn sie ihre Dateisysteme konzipieren. Die Position eines Systemelements in einer Hierarchie basiert oftmals darauf, wie die Administratoren planen, Berechtigungen zuzuweisen.

In manchen Situationen werden Sie verhindern wollen, dass untergeordnete Elemente die Berechtigungen von ihren übergeordneten Elementen erben. Das können Sie auf zweierlei Art bewirken:

- **Vererbung deaktivieren** Wenn Sie erweiterte Berechtigungen zuweisen, können Sie einen ACE so konfigurieren, dass er keine Berechtigungen an seine untergeordneten Elemente weitergibt. Dadurch blockieren Sie letztlich die Vererbung, auch wenn dies von Microsoft nicht empfohlen wird.
- **Berechtigungen verweigern** Wenn Sie einem Systemelement eine *Verweigern*-Berechtigung zuweisen, überschreiben Sie jegliche *Zulassen*-Berechtigungen, die das Element gegebenenfalls von seinen übergeordneten Objekten geerbt hat.

Was ist effektiver Zugriff?

Ein Sicherheitsprinzipal kann Berechtigungen auf verschiedenen Wegen erhalten und Administratoren müssen wissen, wie diese Berechtigungen zusammenwirken. Die Kombination von *Zulassen*- und *Verweigern*-Berechtigungen, die ein Sicherheitsprinzipal für ein bestimmtes Systemelement empfängt, egal ob explizit zugewiesen, vererbt oder über eine Gruppenmitgliedschaft erworben, wird als *effektiver Zugriff* für dieses Element bezeichnet. Da ein Sicherheitsprinzipal Berechtigungen aus vielen Quellen empfangen kann, kollidieren diese Berechtigungen oftmals, sodass Regeln definieren, wie Berechtigungen zum effektiven Zugriff zu kombinieren sind. Diese Regeln lauten:

- **Zulassen-Berechtigungen sind kumulativ** Empfängt ein Sicherheitsprinzipal *Zulassen*-Berechtigungen von mehr als einer Quelle, werden die Berechtigungen zu den effektiven Zugriffsberechtigungen zusammengefasst. Wenn zum Beispiel Alicia für einen Ordner die Berechtigungen *Zulassen/Lesen* und *Zulassen/Ordnerinhalt anzeigen* empfängt, die von dessen übergeordnetem Ordner vererbt werden, und die Berechtigungen *Zulassen/Schreiben* und *Zulassen/Ändern* für denselben Ordner von einer Gruppenmitgliedschaft erhält, ergibt sich der effektive Zugriff von Alicia für den Ordner aus der Kombination aller vier Berechtigungen.

- **Verweigern-Berechtigungen überschreiben Zulassen-Berechtigungen** Empfängt ein Sicherheitsprinzipal *Zulassen*-Berechtigungen, egal ob explizit, durch Vererbung oder von einer Gruppe, können Sie diese Berechtigungen überschreiben, indem Sie dem Prinzipal *Verweigern*-Berechtigungen des gleichen Typs gewähren. Wenn zum Beispiel Alicia die Berechtigungen *Zulassen/Lesen* und *Zulassen/Ordnerinhalt anzeigen* für einen bestimmten Ordner durch Vererbung empfängt und die Berechtigungen *Zulassen/Schreiben* und *Zulassen/Ändern* für denselben Ordner von einer Gruppenmitgliedschaft erhält, verhindern Sie, dass Alicia auf diesen Ordner zugreifen kann, indem Sie dem Ordner explizit die *Verweigern*-Berechtigungen zuweisen.

- **Explizite Berechtigungen haben Vorrang vor geerbten Berechtigungen** Wenn ein Sicherheitsprinzipal Berechtigungen empfängt, indem sie von einem übergeordneten Element oder von Gruppenmitgliedschaften geerbt werden, können Sie sie überschreiben, indem Sie unvereinbare Berechtigungen dem Sicherheitsprinzipal selbst explizit zuweisen. Wenn zum Beispiel Alicia die Berechtigung *Verweigern/Vollzugriff* für einen Ordner erbt, können Sie die *Verweigern*-Berechtigung überschreiben, indem Sie ihrem Benutzerkonto explizit die Berechtigung *Zulassen/Vollzugriff* zuweisen.

Anstatt alle möglichen Berechtigungsquellen zu untersuchen und zu bewerten, brauchen Sie lediglich das Dialogfeld *Erweiterte Sicherheitseinstellungen* zu öffnen und auf die Registerkarte *Effektiver Zugriff* zu gehen. Auf dieser Registerkarte können Sie den effektiven Zugriff für einen Benutzer, eine Gruppe oder ein Gerätekonto anzeigen und dabei auch den Einfluss spezifischer Gruppen bewerten lassen (siehe Abbildung 2–29).

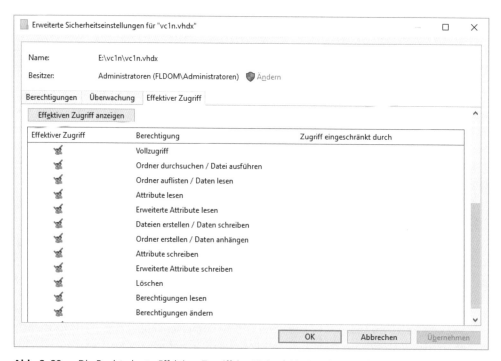

Abb. 2–29 Die Registerkarte *Effektiver Zugriff* des Dialogfelds *Erweiterte Sicherheitseinstellungen*

Grundlegende NTFS-Berechtigungen zuweisen

Die meisten Dateiserveradministratoren arbeiten fast ausschließlich mit grundlegenden NTFS-Berechtigungen, weil es bei den häufigsten Aufgaben der Zugriffssteuerung nicht erforderlich ist, direkt mit erweiterten Berechtigungen zu arbeiten. Tabelle 2–3 listet die grundlegenden Berechtigungen auf, die Sie NTFS-Dateien oder -Ordnern zuweisen können, und nennt die Fähigkeiten, die sie ihren Besitzern gewähren.

Standardberechtigung	Auf einen Ordner angewendet, kann ein Sicherheitsprinzipal ...	Auf eine Datei angewendet, kann ein Sicherheitsprinzipal ...
Vollzugriff	<ul><li>die Ordnerberechtigungen ändern</li><li>den Besitz des Ordners übernehmen</li><li>im Ordner enthaltene Unterordner und Dateien löschen</li><li>alle Aktionen ausführen, die allen anderen NTFS-Ordnerberechtigungen entsprechen</li></ul>	<ul><li>die Dateiberechtigungen ändern</li><li>den Besitz der Datei übernehmen</li><li>alle Aktionen ausführen, die allen anderen NTFS-Dateiberechtigungen entsprechen</li></ul>
Ändern	<ul><li>den Ordner löschen</li><li>alle Aktionen ausführen, die den Berechtigungen *Schreiben* sowie *Lesen, Ausführen* entsprechen</li></ul>	<ul><li>die Datei ändern</li><li>die Datei löschen</li><li>alle Aktionen ausführen, die den Berechtigungen *Schreiben* sowie *Lesen, Ausführen* entsprechen</li></ul>
Lesen, Ausführen	<ul><li>durch eingeschränkte Ordner navigieren, um zu anderen Dateien und Ordnern zu gelangen</li><li>alle Aktionen ausführen, die den Berechtigungen *Lesen* und *Ordnerinhalt anzeigen* entsprechen</li></ul>	<ul><li>alle Aktionen ausführen, die der Berechtigung *Lesen* entsprechen</li><li>Anwendungen ausführen</li></ul>
Ordnerinhalt anzeigen	<ul><li>die Namen der im Ordner enthaltenen Dateien und Unterordner anzeigen</li></ul>	<ul><li>nicht anwendbar</li></ul>
Lesen	<ul><li>die im Ordner enthaltenen Dateien und Unterordner anzeigen</li><li>Eigentümer, Berechtigungen und Attribute des Ordners anzeigen</li></ul>	<ul><li>den Dateiinhalt lesen</li><li>Besitz, Berechtigungen und Attribute der Datei anzeigen</li></ul>
Schreiben	<ul><li>neue Dateien und Unterordner innerhalb des Ordners erstellen</li><li>Ordnerattribute ändern</li><li>Besitz und Berechtigungen des Ordners anzeigen</li></ul>	<ul><li>die Datei überschreiben</li><li>die Dateiattribute ändern</li><li>Besitz und Berechtigungen der Datei anzeigen</li></ul>

Tab. 2–3 Grundlegende NTFS-Berechtigungen

Um einem freigegebenen Ordner grundlegende NTFS-Berechtigungen zuzuweisen, sind die Optionen im Wesentlichen die gleichen wie bei Freigabeberechtigungen. In Datei-Explorer öffnen Sie das Eigenschaftenblatt des Ordners und gehen auf die Registerkarte *Sicherheit* oder Sie öffnen in Server-Manager das Eigenschaftenblatt einer Freigabe, wie die folgenden Schritte zeigen:

1. Melden Sie sich bei Windows Server 2016 unter einem Konto mit Domänenadministratorrechten an. Das Fenster *Server-Manager* erscheint.
2. Klicken Sie auf das Symbol *Datei- und Speicherdienste* und im eingeblendeten Untermenü auf *Freigaben*. Die Seite *Freigaben* erscheint.

> **HINWEIS** Beliebigen Dateien Berechtigungen zuweisen
>
> NTFS-Berechtigungen sind nicht auf freigegebene Ordner beschränkt. Jede Datei und jeder Ordner auf einem NTFS-Volume besitzt eine ACL. Diese Schrittfolge beschreibt zwar das Zuweisen von Berechtigungen an einen freigegebenen Ordner, doch Sie können das Eigenschaftenblatt für eine beliebige Datei oder einen Ordner in einem Explorer-Fenster öffnen, auf die Registerkarte *Sicherheit* gehen und auf die gleiche Weise mit den jeweiligen NTFS-Berechtigungen arbeiten.

3. Klicken Sie mit der rechten Maustaste auf der Kachel *Freigaben* auf eine Freigabe und wählen Sie im Kontextmenü *Eigenschaften*. Daraufhin erscheint das Eigenschaftenblatt für die Freigabe.
4. Klicken Sie auf *Berechtigungen*. Die Seite *Berechtigungen* erscheint.
5. Klicken Sie auf *Berechtigungen anpassen*. Damit gelangen Sie zum Dialogfeld *Erweiterte Sicherheitseinstellungen* für den freigegebenen Ordner mit der Registerkarte *Berechtigungen* (siehe Abbildung 2–30). Dieses Dialogfeld gibt den Inhalt einer ACL ziemlich gut in der grafischen Benutzeroberfläche von Windows wieder. Jede Zeile in der Liste *Berechtigungseinträge* ist praktisch ein ACE und umfasst die folgenden Informationen:
    - **Typ** Legt fest, ob der Eintrag die Berechtigung zulässt oder verweigert.
    - **Prinzipal** Der Name des Benutzers, der Gruppe oder des Geräts, der/die die Berechtigung erhält.
    - **Zugriff** Spezifiziert den Namen der Berechtigung, die dem Sicherheitsprinzipal zugewiesen wird. Wenn der Eintrag mehrere erweiterte Berechtigungen zuweisen soll, erscheint das Wort »Spezial« in diesem Feld.
    - **Geerbt von** Gibt an, ob die Berechtigung geerbt ist, und wenn ja, woher sie geerbt wurde.
    - **Anwenden auf** Gibt an, ob die Berechtigung auf untergeordnete Objekte vererbt werden soll, und wenn ja, durch welche.

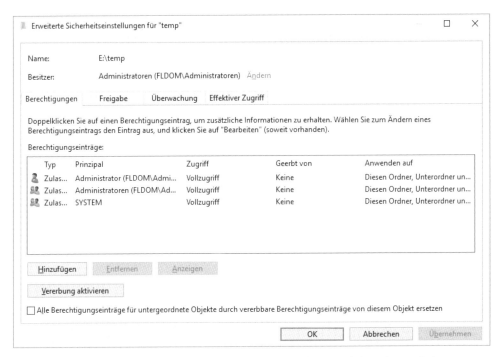

Abb. 2–30   Das Dialogfeld *Erweiterte Sicherheitseinstellungen* für einen freigegebenen Ordner

6. Klicken Sie auf *Hinzufügen*. Für die Freigabe erscheint ein Dialogfeld *Berechtigungseintrag*.

7. Klicken Sie auf den Link *Prinzipal auswählen*, um das Dialogfeld *Benutzer oder Gruppe auswählen* anzuzeigen.

8. Geben Sie den Namen des Sicherheitsprinzipals ein (oder suchen Sie nach dem Namen), dem Sie Freigabeberechtigungen zuweisen möchten, und klicken Sie auf *OK*. Wie Abbildung 2–31 zeigt, erscheint im Dialogfeld *Berechtigungseintrag* der Sicherheitsprinzipal, den Sie angegeben haben.

9. Wählen Sie in der Dropdownliste *Typ* den Berechtigungstyp, den Sie zuweisen wollen (*Zulassen* oder *Verweigern*).

10. Mit der Dropdownliste *Anwenden auf* legen Sie fest, welche Unterordner und Dateien die zugewiesenen Berechtigungen erben sollen.

11. Aktivieren Sie die Kontrollkästchen für die grundlegenden Berechtigungen, die Sie zuweisen wollen, und klicken Sie auf *OK*. Das Dialogfeld *Erweiterte Sicherheitseinstellungen* zeigt den neuen Zugriffskontrolleintrag an, den Sie eben erstellt haben.

12. Klicken Sie auf *OK*, um das Dialogfeld *Erweiterte Sicherheitseinstellungen* zu schließen.

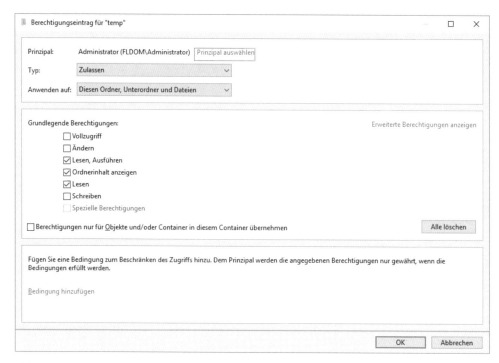

Abb. 2–31 Das Dialogfeld *Berechtigungseintrag*

13. Klicken Sie auf *OK*, um das Eigenschaftenblatt zu schließen.

> **HINWEIS** **Umfangreiche Berechtigungszuweisungen**
>
> Einem einzelnen Ordner Berechtigungen zuzuweisen, dauert nur einen Moment, doch für einen Ordner mit vielen Dateien und ihm untergeordneten Unterordnern kann dieser Vorgang wesentlich mehr Zeit beanspruchen, weil das System die ACL jedes Ordners und jeder Datei ändern muss.

Erweiterte NTFS-Berechtigungen zuweisen

In Windows Server 2016 ist die Benutzeroberfläche für die Verwaltung erweiterter Berechtigungen in dieselbe Benutzeroberfläche integriert, über die Sie grundlegende Berechtigungen verwalten. Wenn Sie im Dialogfeld *Berechtigungseintrag* auf den Link *Erweiterte Berechtigungen anzeigen* klicken, wechselt die Liste der grundlegenden Berechtigungen zu einer Liste der erweiterten Berechtigungen. Dann können Sie erweiterte Berechtigungen in beliebiger Kombination zuweisen, genau wie Sie es von grundlegenden Berechtigungen kennen.

Tabelle 2–4 listet die erweiterten NTFS-Berechtigungen auf, die Sie Dateien und Ordnern zuweisen können, und nennt die Fähigkeiten, die sie ihren Besitzern gewähren.

Erweiterte Berechtigung	Funktionen
Vollzugriff	Gewährt oder verweigert Sicherheitsprinzipalen sämtliche anderen erweiterten Berechtigungen.
Ordner durchsuchen/Datei ausführen	Die Berechtigung *Ordner durchsuchen* gewährt oder verweigert Sicherheitsprinzipalen die Fähigkeit, Ordner zu durchlaufen, für die sie keine Zugriffsberechtigung haben, sodass sie Dateien oder Ordner erreichen können, auf die sie zugreifen dürfen. Diese Berechtigung lässt sich nur auf Ordner anwenden. Die Berechtigung *Datei ausführen* gewährt oder verweigert Sicherheitsprinzipalen die Fähigkeit, Programmdateien auszuführen. Diese Berechtigung lässt sich nur auf Dateien anwenden.
Ordner auflisten/Daten lesen	Die Berechtigung *Ordner auflisten* gewährt oder verweigert Sicherheitsprinzipalen die Fähigkeit, die Namen der Dateien und Unterordner innerhalb eines Ordners anzuzeigen. Diese Berechtigung lässt sich nur auf Ordner anwenden. Die Berechtigung *Daten lesen* gewährt oder verweigert Sicherheitsprinzipalen die Fähigkeit, den Inhalt einer Datei anzuzeigen. Diese Berechtigung lässt sich nur auf Dateien anwenden.
Attribute lesen	Gewährt oder verweigert Sicherheitsprinzipalen die Fähigkeit, die NTFS-Attribute einer Datei oder eines Ordners anzuzeigen.
Erweiterte Attribute lesen	Gewährt oder verweigert Sicherheitsprinzipalen die Fähigkeit, die erweiterten Attribute einer Datei oder eines Ordners anzuzeigen.
Dateien erstellen/Daten schreiben	Die Berechtigung *Dateien erstellen* gewährt oder verweigert Sicherheitsprinzipalen die Fähigkeit, Dateien innerhalb des Ordners zu erstellen. Diese Berechtigung lässt sich nur auf Ordner anwenden. Die Berechtigung *Daten schreiben* gewährt oder verweigert Sicherheitsprinzipalen die Fähigkeit, die Datei zu ändern und vorhandenen Inhalt zu überschreiben. Diese Berechtigung lässt sich nur auf Dateien anwenden.
Ordner erstellen/Daten anhängen	Die Berechtigung *Ordner erstellen* gewährt oder verweigert Sicherheitsprinzipalen die Fähigkeit, innerhalb eines Ordners Unterordner zu erstellen. Diese Berechtigung lässt sich nur auf Ordner anwenden. Die Berechtigung *Daten anhängen* gewährt oder verweigert Sicherheitsprinzipalen die Fähigkeit, Daten am Ende der Datei hinzuzufügen, aber keine vorhandenen Daten in der Datei zu ändern, zu löschen oder zu überschreiben. Diese Berechtigung lässt sich nur auf Dateien anwenden.
Attribute schreiben	Gewährt oder verweigert Sicherheitsprinzipalen die Fähigkeit, die NTFS-Attribute einer Datei oder eines Ordners zu ändern.

Tab. 2–4   Erweiterte NTFS-Berechtigungen

Erweiterte Berechtigung	Funktionen
Erweiterte Attribute schreiben	▪ Gewährt oder verweigert Sicherheitsprinzipalen die Fähigkeit, die erweiterten Attribute einer Datei oder eines Ordners zu ändern.
Unterordner und Dateien löschen	▪ Gewährt oder verweigert Sicherheitsprinzipalen die Fähigkeit, Unterordner und Dateien zu löschen, selbst wenn die Berechtigung *Löschen* für den Unterordner oder die Datei nicht gewährt wurde.
Löschen	▪ Gewährt oder verweigert Sicherheitsprinzipalen die Fähigkeit, die Datei oder den Ordner zu löschen.
Berechtigungen lesen	▪ Gewährt oder verweigert Sicherheitsprinzipalen die Fähigkeit, die Berechtigungen für die Datei oder den Ordner zu lesen.
Berechtigungen ändern	▪ Gewährt oder verweigert Sicherheitsprinzipalen die Fähigkeit, die Berechtigungen für die Datei oder den Ordner zu ändern.
Besitz übernehmen	▪ Gewährt oder verweigert Sicherheitsprinzipalen die Fähigkeit, den Besitz der Datei oder des Ordners zu übernehmen.
Synchronisieren	▪ Gewährt oder verweigert verschiedenen Threads von Multithread-Mehrprozessor-Programmen, auf den Handle für die Datei oder den Ordner zu warten und mit einem anderen Thread zu synchronisieren, der ihn möglicherweise signalisiert.

Tab. 2–4   Erweiterte NTFS-Berechtigungen *(Forts.)*

Was ist Ressourcenbesitz?

Wenn Sie sich näher mit dem NTFS-Berechtigungssystem befassen, fällt Ihnen vielleicht auf, dass es scheinbar möglich ist, eine Datei oder einen Ordner auszusperren – das heißt, eine Kombination aus Berechtigungen zuzuweisen, die den Zugriff für gar niemanden erlaubt. Die Datei oder der Ordner wird damit unzugänglich. Praktisch stimmt das sogar.

Ein Benutzer mit administrativen Rechten kann sowohl seine Berechtigungen als auch die Berechtigungen beliebiger anderer Benutzer entziehen und damit unterbinden, dass sie auf die Ressource zugreifen. Allerdings gibt es im NTFS-Berechtigungssystem eine »Hintertür«, die verhindert, dass diese verwaisten Dateien und Ordner permanent unzugänglich bleiben.

Auf einem NTFS-Laufwerk haben alle Dateien und Ordner einen Besitzer und der Besitzer kann die Berechtigungen für die Datei oder den Ordner jederzeit ändern, selbst wenn der Besitzer selbst keine Berechtigungen hat. Standardmäßig ist der Besitzer einer Datei oder eines Ordners das Benutzerkonto, das die Datei oder den Ordner erstellt hat. Allerdings kann jedes Konto, dem die erweiterte Berechtigung *Besitz übernehmen* (oder die grundlegende Berechtigung *Vollzugriff*) zugewiesen ist, den Besitz der Datei oder des Ordners übernehmen.

Der Benutzer *Administrator* kann den Besitz beliebiger Dateien oder Ordner übernehmen, selbst von denen, bei denen der vorhergehende Besitzer sämtliche Administrator-Berechtigungen entzogen hat. Nachdem der Benutzer *Administrator* den Besitz einer Datei oder eines Ordners übernommen hat, kann er den Besitz nicht mehr zurück an den ursprünglichen Besitzer zuweisen. Dies verhindert, dass das Administrator-Konto auf die Dateien anderer Benutzer unerkannt zugreift.

Darüber hinaus ist der Datei- und Ordnerbesitz erforderlich, um Datenträgerkontingente zu berechnen. Wenn Sie Kontingente mit der maximalen Menge des Datenträgerplatzes, den bestimmte Benutzer konsumieren können, festlegen, berechnet Windows die aktuelle Datenträgerbeanspruchung eines Benutzers, indem die Größen aller Dateien und Ordner summiert werden, die der Benutzer besitzt.

Möchten Sie den Besitz einer Datei oder eines Ordners ändern, gehen Sie im Dialogfeld *Erweiterte Sicherheitseinstellungen* auf die Registerkarte *Effektiver Zugriff* und klicken neben der Einstellung *Besitzer* auf den Link *Ändern*.

Schnelltest

Petrina, eine neue Mitarbeiterin in der IT-Abteilung, wendet sich mit großen Augen und blassem Gesicht an Sie, ihren Vorgesetzten. Vor wenigen Minuten hat der Finanzchef den Helpdesk angerufen und Petrina gebeten, seinem neuen Assistenten die erforderlichen Berechtigungen zu erteilen, damit er auf seine persönliche Budget-Kalkulationstabelle zugreifen kann. Als sie versucht hat, die Berechtigungen zuzuweisen, hat sie versehentlich die Gruppe *BUDGET_USERS* von der Zugriffssteuerungsliste der Kalkulationstabelle gelöscht. Petrina ist verängstigt, weil diese Gruppe der einzige Eintrag in der ACL der Datei war. Jetzt kann niemand mehr auf die Datei mit der Kalkulationstabelle zugreifen, weder unter dem Konto des Finanzchefs noch mit dem Administratorkonto. Gibt es eine Möglichkeit, den Zugriff auf die Datei wiederzuerlangen, und wenn ja, wie?

Antwort für den Schnelltest

Auch wenn niemand mehr über die Berechtigungen verfügt, auf eine NTFS-Datei zuzugreifen, lässt sich die Datei dennoch retten. Der Besitzer einer Datei behält immer die Fähigkeit, dieser Datei Berechtigungen zuzuweisen. Petrina muss lediglich den Besitzer der Datei ermitteln und diese Person bitten, ihr die Berechtigung *Zulassen/Vollzugriff* zuzuweisen. Dann kann sie die erforderlichen Schritte unternehmen, die Berechtigungen für die Datei wiederherzustellen.

Prüfungsziel 2.2: Serverspeicher implementieren

Windows Server 2016 beherrscht eine breite Palette von erweiterten Speichertechniken, die es Administratoren erlauben, Server mit enormen Mengen von Speicherplatz auszurüsten, und zwar sowohl innerhalb als auch außerhalb des Computers. Diese Techniken bieten zudem verschiedene Fehlertoleranzmechanismen, was die Datenverfügbarkeit gewährleisten kann, wenn Geräteausfälle oder andere Störungen auftreten.

Dieser Abschnitt befasst sich mit folgenden Themen:

- Speicherpools konfigurieren
- Layoutoptionen für einfachen Speicher, für Speicher mit Spiegelung und für Speicher mit Parität für Datenträger oder Anlagen implementieren
- Speicherpools erweitern
- Mehrstufigen Speicher konfigurieren
- iSCSI-Ziel und -Initiator konfigurieren
- iSNS konfigurieren
- Datacenter Bridging (DCB) konfigurieren
- Multi-Path IO (MPIO) konfigurieren
- Nutzungsszenarien für Speicherreplikat bestimmen
- Speicherreplikat für Server-zu-Server-, Cluster-zu-Cluster- und Stretched-Cluster-Szenarien implementieren

Speicherpools konfigurieren

Windows Server 2016 realisiert eine Festplattenvirtualisierungstechnik namens »*Speicherplätze*«, die es erlaubt, auf einem Server den Speicherplatz von einzelnen physischen Festplatten zusammenzufassen und diesen Speicher neu zuzuweisen, um virtuelle Festplatten beliebiger Größe zu erstellen, wenn es durch die Hardware unterstützt wird. Eine derartige Virtualisierung ist oftmals in SAN[14]- und NAS[15]-Techniken zu finden, die erhebliche Investitionen in spezialisierte Hardware und administrative Fähigkeiten verlangen. »Speicherplätze« bietet ähnliche Fähigkeiten, verwendet aber normale direkt angeschlossene Festplattenlaufwerke oder einfache externe JBOD[16]-Arrays.

»Speicherplätze« verwendet verfügbaren Speicher auf Serverlaufwerken, um Speicherpools zu erstellen. Ein *Speicherpool* kann sich unsichtbar über mehrere Laufwerke erstrecken, was eine

---

14. SAN – Storage Area Network, Speichernetzwerk
15. NAS – Network Attached Storage, netzgebundener Speicher
16. JBOD – Just a Bunch of Disks, wörtlich: Nur ein Haufen Festplatten, d. h. ein Array unabhängiger Festplatten ohne Redundanz

akkumulierte Speicherressource ergibt. Diese können Sie je nach Bedarf erweitern oder reduzieren, indem Sie Festplatten in den Pool hinzufügen oder daraus entfernen. Mit dem Speicherplatz im Pool können Sie *virtuelle Festplatten* beliebiger Größe erstellen.

Nachdem Sie eine virtuelle Festplatte erstellt haben, können Sie darauf Volumes einrichten, genau wie auf einer physischen Festplatte. Server-Manager bringt die erforderlichen Tools mit, um Speicherpools und virtuelle Laufwerke zu erstellen und zu verwalten, und ermöglicht es auch, Volumes und Dateisystemfreigaben zu erstellen. Allerdings sind einige Beschränkungen zu beachten.

In Server-Manager erstellen Sie einen Speicherpool in folgenden Schritten:

1. Melden Sie sich bei Windows Server 2016 unter einem Konto mit Administratorrechten an. Die Konsole *Server-Manager* erscheint.
2. Klicken Sie auf *Datei- und Speicherdienste* und im eingeblendeten Untermenü auf *Speicherpools*. Es erscheint die Seite *Speicherpools*, wie sie in Abbildung 2–32 zu sehen ist.

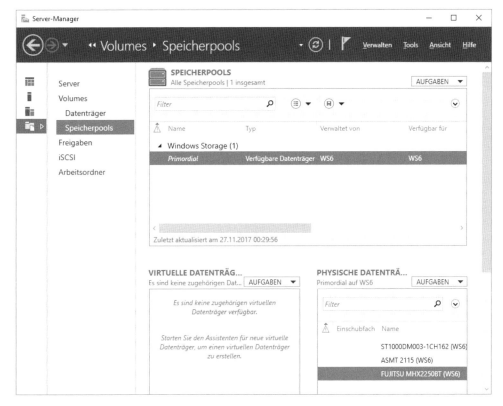

Abb. 2–32 Die Seite *Speicherpools* in Server-Manager

3. Klicken Sie in der Kachel *Speicherpools* auf *Aufgaben* und dann auf *Neuer Speicherpool*. Der Assistent für neue Speicherpools erscheint und zeigt die Seite *Vorbemerkungen*.

4. Klicken Sie auf *Weiter*. Damit gelangen Sie zur Seite *Name und Subsystem für Speicherpool angeben*.
5. Geben Sie in das Textfeld *Name* einen Namen für den Pool ein und klicken Sie auf *Weiter*. Es erscheint die Seite *Physische Laufwerke für den Speicherpool auswählen* (siehe Abbildung 2–33).

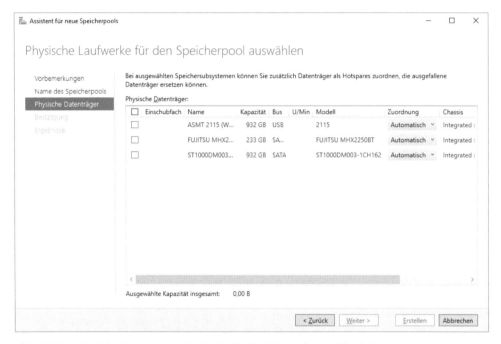

Abb. 2–33 Die Seite *Physische Laufwerke für den Speicherpool auswählen* in Server-Manager

> **HINWEIS** **Physische Laufwerke hinzufügen**
> Damit sich ein physisches Laufwerk zum Hinzufügen in einen Speicherpool auswählen lässt, muss es online und initialisiert sein, doch es braucht keine Volumes zu enthalten. In der Datenträgerverwaltung sollte die gesamte Festplatte als »Nicht zugeordnet« erscheinen.

6. Aktivieren Sie die Kontrollkästchen für die physischen Datenträger, die Sie in den Pool aufnehmen möchten, und klicken Sie auf *Weiter*. Die Seite *Auswahl bestätigen* erscheint.
7. Klicken Sie auf *Erstellen*. Der Assistent erstellt den Speicherpool.
8. Klicken Sie auf *Schließen*. Der neue Pool erscheint auf der Kachel *Speicherpools*.

Im Speicherpool fassen Sie den Speicherplatz der physischen Datenträger zusammen, die Sie dafür ausgewählt haben. Jetzt können Sie aus dem Poolspeicher beliebig viele virtuelle Datenträger erstellen. Ihre Größen müssen mit den Größen der einzelnen physischen Datenträger nicht unbedingt übereinstimmen.

Layoutoptionen für einfachen Speicher, für Speicher mit Spiegelung und für Speicher mit Parität für Datenträger oder Anlagen implementieren

Wenn Sie einen Speicherpool eingerichtet haben, können Sie virtuelle Datenträger mit diesem Poolspeicher erstellen. Ein virtueller Datenträger verhält sich fast wie eine physische Festplatte, außer dass die eigentlichen Daten gegebenenfalls auf einer beliebigen Anzahl von physischen Laufwerken im System gespeichert sind. Bei virtuellen Datenträgern ist auch Fehlertoleranz möglich, indem gespiegelte oder Paritätsdaten auf die physischen Festplatten im Speicherpool geschrieben werden.

> **HINWEIS** Virtuelle Datenträger und VHDs
>
> Verwechseln Sie virtuelle Datenträger in einem Speicherpool nicht mit VHD-Imagedateien, die von Hyper-V und anderen Windows-Anwendungen verwendet werden. Das sind zwei eigene Formen der virtuellen Speicherung. Diese Techniken sind besonders leicht in Windows PowerShell zu verwechseln, das Cmdlets für beide Formen umfasst. Bei »Speicherplätze«-Cmdlets ist der Term *VirtualDisk* üblich, während Hyper-V-Cmdlets *VHD* verwenden.

Virtuelle Datenträger können auch *dünn bereitgestellt* werden. Das heißt, Sie geben eine Maximalgröße für den Datenträger an, doch er ist am Anfang klein und wächst erst, wenn Sie darauf Daten speichern. Somit können Sie einen virtuellen Datenträger mit einer Maximalgröße erstellen, die größer als Ihre verfügbare Speicherkapazität ist.

Möchten Sie zum Beispiel maximal 10 TB für Ihre Datenbankdateien allozieren, können Sie einen spärlich bereitgestellten virtuellen 10-TB-Datenträger erstellen, selbst wenn Sie nur über einen 2-TB-Speicherpool verfügen. Die Anwendung, die den Datenträger verwendet, funktioniert normal und fügt sukzessive Daten hinzu, bis der Speicherpool nahezu aufgebraucht ist. Dann erhalten Sie eine Benachrichtigung vom System, dass Sie dem Pool mehr Speicher hinzufügen sollen. Nun können Sie weiteren physischen Speicher installieren und ihn dem Pool hinzufügen. Damit erweitern Sie den Pool allmählich, bis er die vollen 10 TB unterstützen kann, die für den Datenträger vorgesehen sind.

Einen virtuellen Datenträger erstellen

Einen einfachen virtuellen Datenträger erstellen Sie in folgenden Schritten:

1. Wählen Sie in Server-Manager auf der Seite *Speicherpools* in der Kachel *Speicherpools* einen Pool aus, den Sie vorher erstellt haben.
2. Klicken Sie in der Kachel *Virtuelle Datenträger* auf *Aufgaben* und dann auf *Neuer virtueller Datenträger*. Das Dialogfeld *Speicherpool auswählen* wird geöffnet.
3. Wählen Sie den gewünschten Speicherpool aus und klicken Sie auf *OK*. Daraufhin startet der Assistent für neue virtuelle Datenträger und zeigt die Seite *Vorbemerkungen* an.

4. Klicken Sie auf *Weiter*. Der Assistent präsentiert die Seite *Geben Sie den Namen des virtuellen Datenträgers an*.
5. Geben Sie in das Textfeld *Name* einen Namen für den virtuellen Datenträger ein und klicken Sie auf *Weiter*. Die Seite *Gehäuseresilienz angeben* erscheint.
6. Klicken Sie auf *Weiter*. Damit kommen Sie zur Seite *Wählen Sie die Speicheranordnung aus* (siehe Abbildung 2–34).

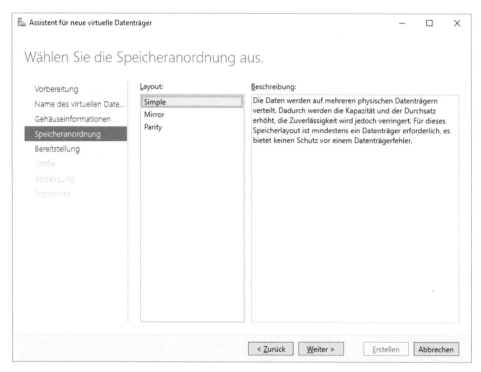

Abb. 2–34   Die Seite *Wählen Sie die Speicheranordnung aus*

7. Wählen Sie in der Liste *Layout* den Eintrag *Simple* aus und klicken Sie auf *Weiter*. Es erscheint die Seite *Geben Sie den Bereitstellungstyp an*.
8. Wählen Sie eine der folgenden Optionen aus:
   - **Dünn**   Zwar geben Sie eine Maximalgröße für den virtuellen Datenträger an, doch das System erstellt einen kleinen Datenträger und weist zusätzlichen Speicherplatz nach Bedarf zu. Diese Option bietet sich an für Situationen, in denen Sie noch nicht über genügend physischen Speicherplatz verfügen, um den benötigten virtuellen Datenträger einzurichten, später aber auf die volle Kapazität aufrüsten wollen.
   - **Fest**   Für den virtuellen Datenträger legen Sie eine Größe fest und das System weist den gesamten Speicherplatz zu, der erforderlich ist, um den Datenträger sofort zu erstellen.

   Klicken Sie auf *Weiter*. Damit kommen Sie zur Seite *Geben Sie die Größe des virtuellen Datenträgers an*.

9. Geben Sie eine Größe für den virtuellen Datenträger an oder wählen Sie die Option *Maximale Größe*, um den gesamten Platz im Speicherpool zu verwenden. Klicken Sie dann auf *Weiter*. Die Seite *Auswahl bestätigen* wird angezeigt.
10. Klicken Sie auf *Erstellen*. Der Assistent erstellt den virtuellen Datenträger und präsentiert die Seite *Ergebnisse anzeigen*. Deaktivieren Sie das Kontrollkästchen *Volume erstellen*, wenn dieser Assistent geschlossen wird.
11. Klicken Sie auf *Schließen*. Der virtuelle Datenträger erscheint in der Kachel *Virtuelle Datenträger* auf der Seite *Speicherpools*, wie es in Abbildung 2–35 zu sehen ist.

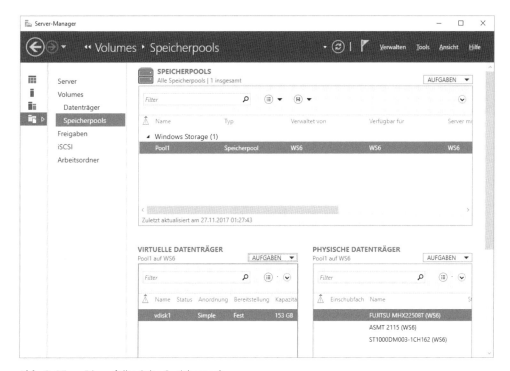

Abb. 2–35   Die gefüllte Seite *Speicherpools*

Wenn Sie einen virtuellen Datenträger erstellt haben, können Sie in der Kachel *Virtuelle Datenträger* mit der rechten Maustaste darauf klicken und *Neues Volume* auswählen, um den Assistenten für neue Volumes zu starten. Von hier an läuft das Erstellen eines Volumes genau wie beim direkten Erstellen auf einem physischen Datenträger ab.

Fehlertoleranz in »Speicherplätze«

Abhängig vom Charakter Ihrer Organisation und Ihrer Daten kann Fehlertoleranz für Ihre Dateiserver Luxus oder absolute Notwendigkeit sein. Bei manchen Unternehmen mag ein Festplattenausfall einen Produktionsausfall von wenigen Stunden bedeuten. Für die Abteilung zur Auftragsannahme bedeutet er vielleicht entgangene Einnahmen. Und wenn es um Krankenhausdaten geht, ist möglicherweise mit lebensbedrohlichen Situationen zu rechnen. Je nachdem, wo sich Ihre Organisation in diesem Gefährdungsbereich einordnen lässt, brauchen Sie möglicherweise einen Fehlertoleranzmechanismus, damit Ihre Benutzer immer auf ihre Anwendungen und Daten Zugriff haben.

Das Wesen der Fehlertoleranz ist unmittelbare Redundanz. Wenn ein Exemplar einer Datei aufgrund eines Datenträgerfehlers oder -ausfalls nicht mehr zugänglich ist, steht ein weiteres Exemplar online und kann ihren Platz fast unmittelbar einnehmen. Wenn Sie einen virtuellen Datenträger in einem Speicherpool erstellen, bietet die Assistentenseite *Wählen Sie die Speicheranordnung aus* die folgenden drei Optionen:

- **Simple** (Einfach)   Der Computer schreibt die Daten in Streifen über alle Laufwerke im Pool, was maximale Leistung und Wirtschaftlichkeit bedeutet, aber keine Fehlertoleranz bietet.

- **Mirror** (Spiegel)   Der Computer schreibt dieselbe Datei auf zwei oder drei verschiedene physische Datenträger, sodass beim Ausfall eines Datenträgers immer noch eine Kopie für den unmittelbaren Zugriff zur Verfügung steht. Beim Spiegeln der Daten treten kaum Leistungseinbußen auf, doch ist diese Form der Fehlertoleranz recht aufwendig, denn Sie bezahlen das Zwei- oder Dreifache des Preises für den eigentlich benötigten Speicherplatz.

- **Parity** (Parität)   Der Computer schreibt die Daten streifenweise über drei oder mehr physische Datenträger im Pool zusammen mit Paritätsinformationen, mit denen das System die Daten wiederherstellen kann, wenn ein physischer Datenträger ausfällt. Die Leistung ist etwas geringer, weil der Server zusätzliche Paritätsdaten schreibt, doch ist diese Option weniger aufwendig als Spiegeln.

Wenn Sie die Option *Mirror* auswählen, zeigt der Assistent zusätzlich die Seite *Resilienzeinstellungen konfigurieren* an (siehe Abbildung 2–36). Die Option *Zwei-Wege-Spiegelung* setzt zwei physische Laufwerke voraus und bietet Schutz gegen einen einzelnen Laufwerksausfall. Die Option *Drei-Wege-Spiegelung* erfordert fünf physische Laufwerke und bietet Schutz gegen den Ausfall von zwei Laufwerken.

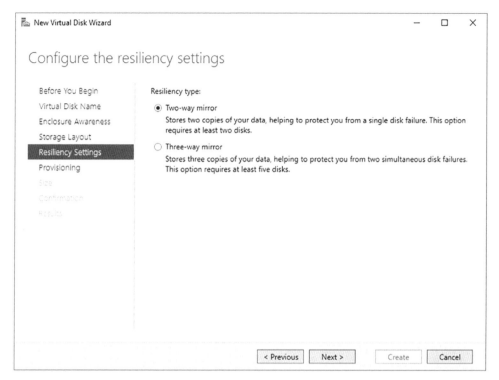

Abb. 2–36 Die Seite *Resilienzeinstellungen konfigurieren*, auf der Sie zwischen Zwei-Wege- und Drei-Wege-Spiegelung auswählen können

Wenn Sie sich auf der Seite *Wählen Sie die Speicheranordnung aus* für die Option *Parität* entschieden haben, ist keine zusätzliche Konfiguration erforderlich. Enthält jedoch Ihr Speicherpool nicht genügend physische Laufwerke, um die Anordnung zu unterstützen, zeigt der Assistent einen Fehler an und fordert Sie auf, eine andere Option auszuwählen.

> **HINWEIS** Das Wesen der Parität
>
> Die *Parität* nutzen viele Speichertechniken als Hilfsmittel, mit dem sich Datenredundanz bei Schreiboperationen realisieren lässt. Um die Paritätsinformationen – das sogenannte *Paritätsbit* – für ein Laufwerkarray zu berechnen, addiert das System die Werte der korrespondierenden (an gleichen Positionen befindlichen) Datenbits auf jedem Laufwerk im Array und stellt fest, ob die Summe gerade oder ungerade ist. Daraus leitet sich der Wert für das Paritätsbit ab, das diesen Datenbits entspricht. Das System wiederholt diesen Prozess für jede Bitposition auf den Laufwerken. Wenn ein Laufwerk wegen eines Hardwarefehlers ausfällt, kann das System jedes verlorene Datenbit wiederherstellen, indem es seinen Wert aus den verbliebenen Datenbits und dem Paritätsbit berechnet.
>
> Nehmen wir zum Beispiel bei einem Array mit fünf Laufwerken an, dass die ersten vier Laufwerke die Werte 1, 1, 0 und 1 für ihr erstes Bit enthalten. Die Summe der vier Bits ist 3. Diese Zahl ist ungerade, das System setzt das erste Bit des fünften Laufwerks – d. h. des Paritätslaufwerks – auf 0 und zeigt damit ein ungerades Ergebnis für die Gesamtanzahl der Bits auf den anderen vier Laufwerken an. Nehmen wir nun an, dass ein Laufwerk ausfällt. Wenn es sich um das Paritätslaufwerk handelt, sind die eigentlichen Daten ohnehin nicht betroffen und die Ein/Ausgabeoperationen können normal weiterlaufen. Fällt eines der vier Datenlaufwerke aus, ist die Summe der ersten Bits auf den verbliebenen drei Laufwerken entweder ungerade oder gerade. Wenn die Summe gerade ist, muss das Bit auf dem fehlenden Laufwerk eine 1 gewesen sein, weil wir wissen, dass die Parität gerade ist. Bei ungerader Summe muss das Bit auf dem fehlenden Laufwerk eine 0 gewesen sein. Nachdem die fehlerhafte Laufwerkshardware ersetzt worden ist, kann das System mithilfe dieser Berechnungen die verlorenen Daten rekonstruieren.

Eine andere Variante für Fehlertoleranz in »Speicherplätze« ist es, eines oder mehrere der physischen Laufwerke als Hotspares zu designieren. Ein Hotspare ist ein Laufwerk, das zwar Bestandteil des Pools ist, dessen Platz aber erst genutzt wird, sobald ein Laufwerksfehler auftritt. Um ein Laufwerk als Hotspare zu designieren, wenn ein Speicherpool erstellt wird, ändern Sie auf der Seite *Physische Laufwerke für den Speicherpool auswählen* die Standardeinstellung für *Zuordnung* von *Automatisch* in *Hot-Spare*, wie Abbildung 2–37 zeigt.

Wenn ein physisches Festplattenlaufwerk dem Betriebssystem einen Schreibfehler meldet (normalerweise nachdem es sich stillschweigend aus mehreren Fehlerzuständen selbst wiederhergestellt hat), markiert das System das Laufwerk als ausgefallen und aktiviert ein Hotspare, sofern ein solches existiert. Bei einem Lesefehler versucht das System, den Fehler nach Möglichkeit zu korrigieren, indem die fehlenden Daten mithilfe einer Spiegel- oder Paritätskopie auf den Datenträger zurückgeschrieben werden. Falls das fehlschlägt, beginnt die Schreibfehlerprozedur.

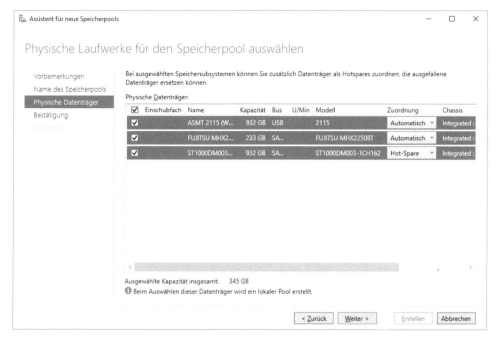

Abb. 2–37 Die Seite *Physische Laufwerke für den Speicherpool auswählen* mit einem Hotspare

Speicherpools erweitern

Zu den Vorzügen von »Speicherplätze« gehört, dass sich ein Speicherpool jederzeit mit zusätzlichen physischen Laufwerken erweitern lässt. Die Laufwerke, die Sie im Server bzw. seinem Speicherarray installiert haben, können fabrikneu sein oder Sie können vorhandene Laufwerke umfunktionieren, indem Sie alle Volumes darauf löschen. Wenn Sie ein physisches Laufwerk in einen vorhandenen Speicherpool einfügen, wird der neue Speicherplatz einfach addiert. Haben Sie einen Pool erstellt, der größer ist als die physisch im Computer vorhandene Speicherkapazität, gleicht der Speicherplatz auf dem hinzugefügten Laufwerk die bestehende Differenz aus.

Einen vorhandenen Speicherpool erweitern Sie in folgenden Schritten:

1. Wählen Sie im Server-Manager auf der Seite *Speicherpools* in der Kachel *Speicherpools* einen vorhandenen Pool aus.
2. Klicken Sie mit der rechten Maustaste auf den vorhandenen Pool und wählen Sie im Kontextmenü den Befehl *Physischen Datenträger hinzufügen*. Das Dialogfeld *Physischen Datenträger hinzufügen* wird geöffnet (siehe Abbildung 2–38).

Abb. 2–38   Das Dialogfeld *Physischen Datenträger hinzufügen*

3. Wählen Sie das/die Laufwerk(e) aus, das/die Sie dem Pool hinzufügen möchten, und klicken Sie auf *OK*. Der Speicherplatz der neuen Laufwerke wird dem Speicherpool hinzugefügt.

Mehrstufigen Speicher konfigurieren

In Windows Server 2016 ist *mehrstufiger Speicher* ein »Speicherplätze«-Feature, bei dem Administratoren ihre leistungsfähigeren Speichergeräte für die am häufigsten genutzten Dateien verwenden können. Um mehrstufigen Speicher in Windows Server 2016 verwenden zu können, erstellen Sie einen Speicherpool, der sowohl SSDs[17] als auch normale Festplattenlaufwerke (HDDs[18]) enthält. SSDs sind schneller als HDDs, aber auch wesentlich teurer. Dann erstellen Sie einen virtuellen Datenträger, der Speicherplatz von beiden Laufwerktypen enthält. Sobald Benutzer Daten auf dem virtuellen Laufwerk speichern, kopiert das System transparent die am häufigsten verwendeten Dateien von den HDDs auf die SSDs und liefert damit verbesserte Zugriffszeiten für diese Dateien.

Wenn Sie in Server-Manager mit dem Assistenten für neue virtuelle Datenträger einen neuen virtuellen Datenträger erstellen, ist auf der Seite *Geben Sie den Namen des virtuellen Datenträgers an* das Kontrollkästchen *Speicherebenen auf diesem virtuellen Datenträger erstellen* verfügbar, und zwar nur dann, wenn der Speicherpool sowohl SSDs als auch HDDs als physische Laufwerke enthält. Darüber hinaus brauchen Sie auch genügend physische Laufwerkskapazitäten von jedem Typ, um die geplante Anordnung zu unterstützen, die Sie beim Erstellen des virtuellen Datenträgers festlegen. Möchten Sie zum Beispiel einen mehrstufigen virtuellen Datenträger mit einer Zwei-Wege-Spiegel-Anordnung einrichten, müssen mindestens zwei SSDs und zwei HDDs verfügbar sein.

---

17. SSD – Solid State Drive, Halbleiterlaufwerk; ein »Laufwerk«, das Flash-Speicherzellen als Speichermedium verwendet und keine beweglichen Teile enthält
18. HDD – Hard Disk Drive, eine herkömmliche Festplatte mit Magnetscheiben als Speichermedium

> **HINWEIS** **Medientypen erkennen**
>
> Windows erkennt die Typen der installierten oder angeschlossenen Speichergeräte und weist ihnen Medientypen – SSD und HDD – zu, sodass »Speicherplätze« ermitteln kann, welche Geräte für jede Schicht zu verwenden sind. Sollte das System die Laufwerke einmal nicht korrekt identifizieren (wenn Sie beispielsweise VHDs auf den physischen Laufwerken erstellen, die für virtuelle Hyper-V-Maschinen vorgesehen sind), können Sie den Medientyp manuell mit dem Cmdlet *Set-PhysicalDisk* in Windows PowerShell mit dem Parameter *MediaType* festlegen.

Wenn Sie das Kontrollkästchen aktivieren, ändert sich die Seite *Geben Sie die Größe des virtuellen Datenträgers an*, wie Abbildung 2–39 zeigt. Anstatt eine Gesamtgröße für den virtuellen Datenträger festzulegen, spezifizieren Sie getrennte Größen für *Schnellere Ebene* und *Standardebene*.

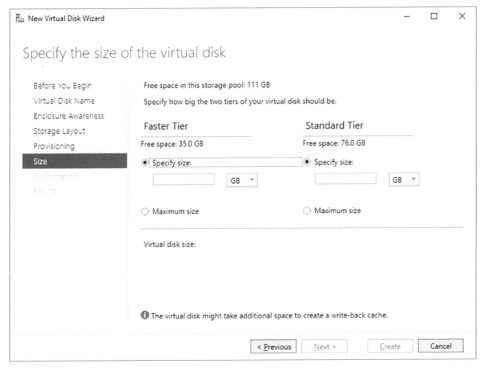

Abb. 2–39 Steuerelemente für mehrstufigen Speicher im Assistenten für neue virtuelle Datenträger

Sobald der virtuelle Datenträger in Gebrauch ist, können Administratoren mit dem Cmdlet *Set-FileStorageTier* bestimmte Dateien der einen oder der anderen Ebene zuordnen, sodass sie immer vom angegebenen Datenträgertyp angesprochen werden.

iSCSI-Ziel und -Initiator konfigurieren

Ein *SAN (Storage Area Network)* ist eine Technologie, um in Unternehmen Speicherressourcen bereitzustellen und diesen Speicherplatz für andere angeschlossene Geräte verfügbar zu machen. Auf der einfachsten Ebene ist ein SAN lediglich ein Netzwerk, das ausschließlich Hochgeschwindigkeitsverbindungen zwischen Servern und Speichergeräten zugeordnet ist. Anstatt Festplattenlaufwerke in Servern zu installieren oder direkt angeschlossene Laufwerkseinheiten zu verwenden, besteht ein SAN aus einem oder mehreren Laufwerksarrays mit Netzwerkadaptern, die über normale Netzwerkkabel (Twisted Pair oder Glasfaser) mit Servern verbunden sind.

Die frühesten SANs mit serieller Netzwerktechnik verwenden den Fibre Channel-Standard. Fibre Channel-Netzwerke bieten eine ausgezeichnete SAN-Leistung, doch aufgrund der hohen Kosten und der erforderlichen Qualifikation, um solche Netze zu installieren und zu verwalten, findet man sie außer in sehr großen Unternehmensinstallationen nur selten. Eine alternative SAN-Technik ist *internet Small Computer System Interface (iSCSI,* Aussprache etwa ei-skasi), die Server und Speichergeräte in die Lage versetzt, SCSI-Verkehr über ein normales IP-Netzwerk auszutauschen, anstatt ein dediziertes Fibre Channel-Netzwerk zu verwenden. Dadurch ist iSCSI eine weit wirtschaftlichere und praktischere Lösung, die die SAN-Technik in den Bereich von kleinen und mittelgroßen Installationen platziert.

Da iSCSI ein Standard-IP-Netzwerk für die Funktionalität der unteren Schicht verwendet, können Sie die gleichen Kabel, Netzwerkadapter, Switches und Router ohne Modifikationen für ein SAN nutzen, genau wie für ein LAN oder ein WAN[19]. Schließen Sie einfach Ihre Server und Speichergeräte an ein vorhandenes Ethernet-Netzwerk an oder bauen Sie ein neues Netz mit kostengünstigen und überall verfügbaren Komponenten auf.

Durch seine relativ geringen Kosten und seine Einfachheit beherrscht iSCSI inzwischen die SAN-Industrie. Die umfassende Unterstützung für iSCSI in Windows Server 2016 und anderen Betriebssystemen hat zur Einführung vieler iSCSI-Speichergeräte mit einer großen Preisspanne geführt. Während ein SAN einst eine riesige Investition in Geld und Zeit erforderte, ist die Technik jetzt auch verfügbar für mittelständische Betriebe.

Initiatoren und Ziele

Die iSCSI-Kommunikation basiert auf zwei Elementen: Initiatoren und Ziele. Der *iSCSI-Initiator* – so genannt, weil er den SCSI-Kommunikationsvorgang initiiert – ist ein Hardware- oder Softwaregerät, das auf einem Computer läuft, das auf die Speichergeräte im SAN zugreift. In einem iSCSI-Netzwerk nimmt der Initiator die Stelle des Hostadapters ein, mit dem herkömmliche SCSI-Implementierungen die Verbindung von Speichergeräten zu einem Computer realisiert haben. Der Initiator empfängt E/A-Anforderungen vom Betriebssystem und sendet sie in Form von SCSI-Befehlen an die jeweiligen Speichergeräte im SAN.

---

19. WAN – Wide Area Network, Weitverkehrsnetz

Hardwarebasierte Initiatoren sind in der Regel als Host-Bus-Adapter (HBA) ausgeführt, d. h. als Erweiterungskarte, die die Funktionalität eines SCSI-Hostadapters und eines Gigabit-Ethernet-Netzwerkadapters in einem Gerät vereint. Hardwarebasierte Initiatoren entlasten den Hauptprozessor bei der SCSI-Verarbeitung.

Initiatoren können aber auch softwarebasiert sein, wie zum Beispiel das iSCSI-Initiator-Modul von Windows Server 2016. Wird ein Softwareinitiator verwendet, stellt der Computer die Verbindung zum Speichergerät über einen standardmäßigen Ethernet-Netzwerkadapter her.

Die andere Seite der iSCSI-Architektur ist das *iSCSI-Ziel*, das in ein Speichergerät integriert ist, beispielsweise ein Laufwerksarray oder einen Computer. Das Zielgerät empfängt SCSI-Befehle vom Initiator und übergibt sie an ein Speichergerät, das durch eine *logische Gerätenummer* (Logical Unit Number, LUN) dargestellt wird. Eine LUN ist praktisch eine Adresse, an der SCSI-Geräte eine bestimmte Speicherressource erkennen. Eine einzelne LUN kann eine ganze Festplatte, einen Teil eines Datenträgers oder einen Teil eines Laufwerkarrays kennzeichnen. Demzufolge kann ein einzelner Computer oder ein Laufwerkarray über viele LUNs verfügen, die durch mehrere Ziele dargestellt werden. Bei Laufwerkarrays, die iSCSI unterstützen, sind Ziele in der Firmware implementiert, was die verschiedenen Volumes im Array für iSCSI-Initiatoren im Netzwerk automatisch verfügbar macht. Es ist auch möglich, iSCSI-Ziele in Software zu implementieren, und zwar in Form eines Dienstes oder Dämons, der die gesamte Festplatte in einem Computer oder einen Teil davon den Initiatoren verfügbar macht.

Windows Server 2016 beinhaltet ein iSCSI-Ziel als Rollendienst iSCSI-Zielserver, der zur Rolle *Datei- und Speicherdienste* gehört. Mit den Funktionen von iSCSI-Initiator und -Ziel in Windows Server 2016 können Sie ein Laufwerk auf einem Server als Ziel designieren und dann mithilfe des Initiators auf einem anderen Computer darauf zugreifen. Unter praktischen Gesichtspunkten können Sie auch ein Laufwerkarray mit einem integrierten iSCSI-Ziel kaufen, es mit Ihrem Netzwerk verbinden und Windows-Computer im gesamten Netzwerk mit deren Initiatoren darauf zugreifen lassen.

Ein iSCSI-Ziel erstellen

Um ein iSCSI-Ziel in Windows Server 2016 zu erstellen, müssen Sie zuerst den Rollendienst *iSCSI-Zielserver* installieren. Das lässt sich mit dem Assistenten zum Hinzufügen von Rollen und Features in Server-Manager erledigen, wie Abbildung 2–40 zeigt, oder indem Sie den folgenden Befehl in einem Windows PowerShell-Fenster mit administrativen Rechten ausführen:

```
install-windowsfeature -name fs-iscsitarget-server
    -installmanagementtools
```

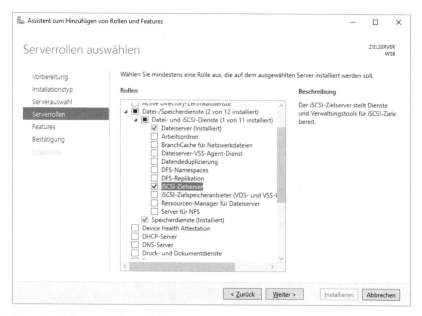

Abb. 2–40 Den Rollendienst *iSCSI-Zielserver* installieren

Nachdem Sie diesen Rollendienst installiert haben, können Sie die Verwendung von iSCSI demonstrieren, indem Sie einen virtuellen iSCSI-Datenträger und ein iSCSI-Ziel erstellen und dabei Speicherplatz auf einer der Festplatten des Computers belegen, wie es die folgenden Schritte erläutern:

1. Klicken Sie in Server-Manager auf das Symbol *Datei- und Speicherdienste* und im eingeblendeten Untermenü auf *iSCSI*. Die Seite *iSCSI* erscheint (siehe Abbildung 2–41).

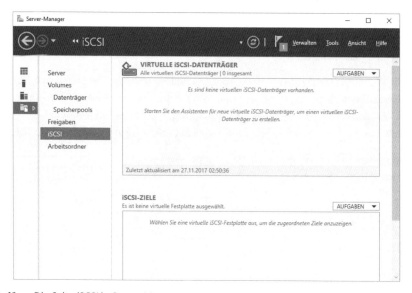

Abb. 2–41 Die Seite *iSCSI* in Server-Manager

2. Im Menü *Aufgaben* wählen Sie in der Kachel *Virtuelle iSCSI-Datenträger* den Befehl *Neuer virtueller iSCSI-Datenträger*. Der Assistent für neue virtuelle iSCSI-Datenträger startet und zeigt die Seite *Speicherort des virtuellen iSCSI-Datenträgers auswählen* an (siehe Abbildung 2–42).

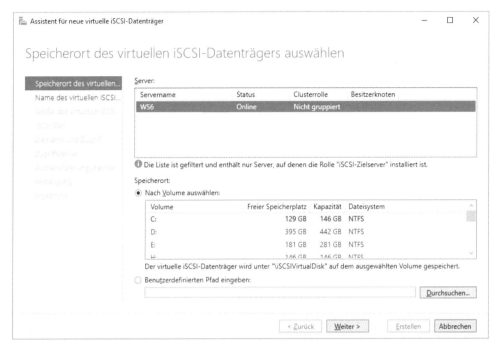

Abb. 2–42 Die Seite *Speicherort des virtuellen iSCSI-Datenträgers auswählen*

3. Wählen Sie das Volume aus, auf dem Sie einen virtuellen iSCSI-Datenträger erstellen wollen, und klicken Sie auf *Weiter*. Damit gelangen Sie zur Seite *Name des virtuellen iSCSI-Datenträgers angeben*.

4. Geben Sie einen Namen für den virtuellen iSCSI-Datenträger ein und klicken Sie auf *Weiter*. Daraufhin erscheint die Seite *Größe des virtuellen iSCSI-Datenträgers angeben* (siehe Abbildung 2–43).

5. Geben Sie eine Größe für den virtuellen iSCSI-Datenträger an und wählen Sie eine der Optionen *Feste Größe*, *Dynamisch erweiterbar* oder *Differenzierend*. Da der Assistent eine VHDX-Datei erzeugt, haben diese Optionen die gleichen Funktionen wie bei einem virtuellen Datenträger, den Sie in Hyper-V erstellen. Klicken Sie auf *Weiter*. Es erscheint die Seite *iSCSI-Ziel zuweisen*.

6. Lassen Sie die Option *Neues iSCSI-Ziel* ausgewählt und klicken Sie auf *Weiter*. Es erscheint die Seite *Zielname angeben*.

7. Geben Sie einen Namen für das iSCSI-Ziel ein und klicken Sie auf *Weiter*. Damit gelangen Sie zur Seite *Zugriffsserver angeben*, auf der Sie die iSCSI-Initiatoren bestimmen, die auf den neuen virtuellen Datenträger zugreifen werden.

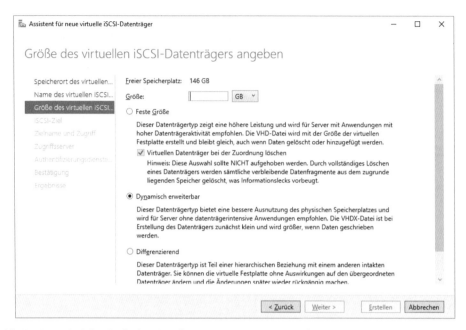

Abb. 2–43 Die Seite *Größe des virtuellen iSCSI-Datenträgers angeben*

8. Klicken Sie auf *Hinzufügen*. Das Dialogfeld *Wählen Sie eine Identifizierungsmethode für den Initiator aus* wird geöffnet (siehe Abbildung 2–44).

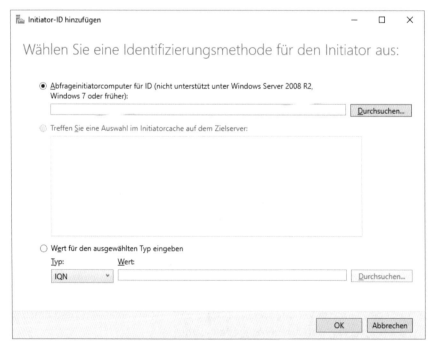

Abb. 2–44 Das Dialogfeld *Wählen Sie eine Identifizierungsmethode für den Initiator aus*

9. Wählen Sie die Option *Wert für den ausgewählten Typ eingeben*. Anschließend wählen Sie in der Dropdownliste *Typ* den Eintrag *IP-Adresse* aus, geben die IP-Adresse des Servers ein, der als iSCSI-Initiator fungiert, und klicken auf *OK*. Der Initiator-Computer wird zum Assistenten hinzugefügt.
10. Klicken Sie auf *Weiter*. Die Seite *Authentifizierung aktivieren* erscheint.
11. Klicken Sie auf *Weiter*, um die optionalen Authentifizierungseinstellungen zu übergehen. Die Seite *Auswahl bestätigen* erscheint.
12. Klicken Sie auf *Erstellen*. Der Assistent erstellt den neuen virtuellen iSCSI-Datenträger und ein iSCSI-Ziel.
13. Klicken Sie auf *Schließen*. Der Datenträger und das Ziel erscheinen auf den Kacheln auf der Seite *iSCSI*, wie Abbildung 2–45 zeigt.

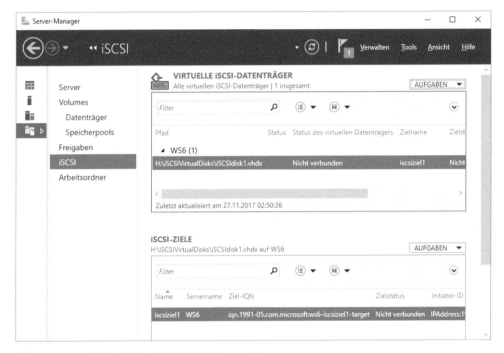

Abb. 2–45 Die aktualisierte Seite *iSCSI* in Server-Manager

Den iSCSI-Initiator verwenden

Wenn ein iSCSI-Ziel verfügbar ist – eines, das Sie auf einem Server erstellt haben, oder eines, das in einem Hardwaregerät integriert ist –, können Sie sich damit verbinden und auf dessen Speicher mithilfe des iSCSI-Initiators in Windows Server 2016 zugreifen. Im Unterschied zum iSCSI-Zielserver wird der iSCSI-Initiator standardmäßig in Windows Server 2016 installiert; hier gibt es nichts, was noch zu installieren wäre.

In folgenden Schritten erstellen Sie die Verbindung zu einem Ziel mithilfe des iSCSI-Initiators:

1. Melden Sie sich bei dem Computer an, den Sie als Zugriffsserver designiert haben, als Sie im Assistenten für neue virtuelle iSCSI-Datenträger ein Ziel erstellt haben.
2. Klicken Sie in Server-Manager auf *Tools* und dann auf *iSCSI-Initiator*. Daraufhin erscheint das Dialogfeld *Eigenschaften von iSCSI-Initiator*, das Abbildung 2–46 zeigt.

Abb. 2–46   Das Dialogfeld *Eigenschaften von iSCSI-Initiator*

3. Geben Sie auf der Registerkarte *Ziele* in das Textfeld *Ziel* die IP-Adresse des Computers ein, auf dem Sie das iSCSI-Ziel erstellt haben, und klicken Sie auf *Schnell verbinden*. Das Ziel erscheint im Feld *Erkannte Ziele*.
4. Klicken Sie auf *OK*.

Wenn der Initiator mit dem Ziel verbunden ist und Sie die Konsole *Datenträgerverwaltung* öffnen, sehen Sie, dass der virtuelle iSCSI-Datenträger, den Sie auf dem Zielcomputer erstellt haben, jetzt aufgeführt ist, wie Abbildung 2–47 zeigt.

Weil der virtuelle Datenträger eben erst erstellt worden ist, erscheint er in der Konsole *Datenträgerverwaltung* als *Offline* und *Nicht initialisiert*. Um den Datenträger zu verwenden, müssen Sie ihn online schalten, initialisieren und dann ein Volume darauf anlegen, genau wie bei einem Laufwerk im lokalen System.

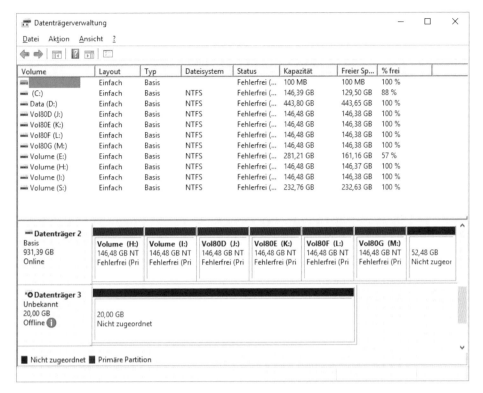

Abb. 2–47 Die Konsole *Datenträgerverwaltung*, die einen iSCSI-Zieldatenträger anzeigt

iSNS konfigurieren

In einer einfachen Demonstration von iSCSI-Ziel und -Initiator können Sie – wie bei der Demo im vorherigen Abschnitt – leicht die IP-Adressen der beteiligten Computer bestimmen und damit die iSCSI-Verbindung über das Netzwerk einrichten. Allerdings ist es in einer Unternehmensumgebung mit vielen iSCSI-Zielen, auf die viele Initiatoren zugreifen, unpraktisch, mit IP-Adressen zu arbeiten.

Nachdem die iSCSI-Ziele und -Initiatoren eingerichtet sind, bleibt noch zu klären, wie sich beide in iSCSI-Kommunikationen finden. Der sogenannte *Internet Storage Name Service* (*iSNS*) ermöglicht dies, indem er die Anwesenheit von Initiatoren und Zielen in einem Netzwerk registriert und auf Abfragen von iSNS-Clients antwortet. In Windows Server 2016 ist iSNS als Feature implementiert, das den Identifizierungsdienst für ein ganzes Netzwerk bereitstellen kann.

iSNS besteht aus den folgenden vier Komponenten:

- **iSNS-Server** Empfängt und verarbeitet Anforderungen und Abfragen von Clients im Netzwerk, wobei die iSNS-Datenbank als Informationsspeicher dient.
- **iSNS-Datenbank** Informationsspeicher auf einem iSNS-Server, der die von Clientregistrierungen bereitgestellten Daten enthält. Der Server ruft die Daten ab, um auf die Clientabfragen zu antworten.

- **iSNS-Clients** Komponente in iSCSI-Initiatoren und -Zielen, die Informationen über sich selbst bei einem iSNS-Server registriert und Abfragen an den Server nach Informationen über andere Clients sendet.
- **iSNS-Protkoll (iSNSP)** Protokoll, das für den gesamten Registrierungs- und Abfrageverkehr zwischen iSNS-Servern und -Clients verwendet wird.

Um einen iSNS-Server in Windows Server 2016 zu erstellen, müssen Sie zuerst das Feature *iSNS* installieren. Das lässt sich mit dem Assistenten zum Hinzufügen von Rollen und Features oder mit dem folgenden PowerShell-Befehl bewerkstelligen:

```
install-WindowsFeature -name isns
```

Wenn der iSNS-Server installiert ist, registriert er automatisch die iSCSI-Ziele, die im Netzwerk verfügbar sind. Die iSCSI-Initiatoren müssen Sie allerdings manuell registrieren, und zwar in folgenden Schritten:

1. Klicken Sie in Server-Manager auf *Tools* und dann auf *iSCSI-Initiator*. Das Dialogfeld *Eigenschaften von iSCSI-Initiator* erscheint.
2. Wechseln Sie zur Registerkarte *Suche* (siehe Abbildung 2–48).

Abb. 2–48 Die Registerkarte *Suche* im Dialogfeld *Eigenschaften von iSCSI-Initiator*

3. Klicken Sie im Abschnitt *iSNS-Server* auf *Server hinzufügen*. Das Dialogfeld *iSNS-Server hinzufügen* wird geöffnet.
4. Geben Sie die IP-Adresse oder den DNS-Namen des Servers ein, auf dem Sie das Feature *iSNS-Server* installiert haben, und klicken Sie auf *OK*.
5. Klicken Sie auf *OK*, um das Dialogfeld *Eigenschaften von iSCSI-Initiator* zu schließen.

Haben Sie den iSNS-Server zu Ihren iSCSI-Initiatoren hinzugefügt, werden sie in der iSNS-Datenbank registriert. Wenn Sie in Server-Manager *Tools/iSNS-Server* wählen, erscheint die Seite *Eigenschaften von iSNS-Server* (siehe Abbildung 2–49). Sie listet die iSCSI-Initiatoren auf, die Sie registriert haben.

Abb. 2–49   Die Seite *Eigenschaften von iSNS-Server*

Datacenter Bridging (DCB) konfigurieren

Das ursprüngliche Konzept des SAN verlangte nach einem separaten Netzwerk, das für den Speicherverkehr dediziert war. Server, die bereits mit dem LAN verbunden waren, brauchten einen zusätzlichen Netzwerkadapter, um die Verbindung zum SAN herzustellen und den Zugriff auf eigenständige Speichergeräte zu ermöglichen. Zu den wichtigsten Neuerungen von iSCSI gehört die Fähigkeit, ein standardmäßiges Ethernet-Netzwerk für seine Kommunikation zwischen Initiatoren und Zielen zu nutzen. Fibre Channel verfügt jetzt ebenso über einen FCoE[20]-Standard, um das Protokoll über ein Standardnetzwerk auszuführen. Allerdings wirft das eine

---

20. FCoE – Fibre Channel over Ethernet

Frage auf: Wenn es möglich ist, SAN-Verkehr über ein Standard-Ethernet-Netzwerk abzuwickeln, warum verwendet man dann nicht einfach das Netzwerk, das bereits vorhanden ist, und betreibt SAN- und LAN-Verkehr zusammen?

Die Gründe, warum dies keine gute Idee ist, haben mit der Art und Weise zu tun, wie Ethernet den Zugriff auf das Netzwerkmedium steuert. Ethernet ist ein »verlustbehaftetes« Protokoll, das Paketkollisionen einkalkuliert. Je mehr Verkehr im Netzwerk auftritt, desto größer ist die Anzahl der Kollisionen. Der TCP/IP-Verkehr in einem LAN kann mit Mechanismen zur Fehlererkennung und Fehlerkorrektur Pakete behandeln, die aufgrund von Kollisionen verloren gegangen sind. SAN-Protokolle sind sensibler, was verlorene Pakete angeht, und setzt im Allgemeinen einen ununterbrochenen Datenfluss voraus, um effizient zu funktionieren.

Unterm Strich arbeiten SAN- und LAN-Übertragungen nicht gut zusammen, sofern kein Mechanismus gewährleistet, dass jede Übertragungsart jederzeit die von ihr benötigte Bandbreite bekommt. Hier kommt Datacenter Bridging ins Spiel. Bei *Datacenter Bridging* (*DCB*) handelt es sich um eine Reihe von Standards, die vom IEEE[21] veröffentlicht werden. Sie definieren Mechanismen für die Flusssteuerung und Bandbreitenverwaltung in einem Netzwerk mit mehreren Verkehrstypen. Windows Server 2016 beinhaltet eine DCB-Implementierung, die Administratoren in die Lage versetzt, bestimmte Anteile der Bandbreite den verschiedenen Übertragungsarten im Netzwerk zuzuweisen. Das Ergebnis ist ein sogenanntes *Converged Network* (Zusammengeführtes Netzwerk). Indem zum Beispiel ein Anteil der Netzwerkbandbreite dem iSCSI-Verkehr zugewiesen wird, funktioniert das SAN auch dann noch ordnungsgemäß, wenn das LAN stark belastet ist.

Windows Server 2016 beinhaltet Datacenter Bridging als Feature, das Sie in der üblichen Weise mit dem Assistenten zum Hinzufügen von Rollen und Features in Server-Manager oder mit dem Cmdlet *Install-WindowsFeature* in PowerShell installieren können. Allerdings setzt die Implementierung von DCB in Ihrem Netzwerk spezialisierte Hardware wie auch Software voraus.

Damit ein Server DCB verwenden kann, benötigt er einen Converged Network Adapter (CNA), der die DCB-Standards unterstützt. Ein CNA ist ein Kombinationsgerät, das die standardmäßigen Ethernet-Netzwerkfunktionen bietet und darüber hinaus einen SAN-Hostbusadapter integriert, der iSCSI, FCoE oder eine Kombination von SAN-Typen unterstützt. Außerdem müssen die Speichergeräte DCB unterstützen, wie auch die Switches, die die Geräte miteinander verbinden.

Die DCB-Implementierung in Windows Server 2016 umfasst ein PowerShell-Modul namens *DcbQos*, mit dessen Cmdlets Sie den CNA im Server konfigurieren können, wie es die folgenden Abschnitte beschreiben.

---

21. IEEE – Institute of Electrical and Electronics Engineers

Das DCBX-Willing-Bit setzen

Die in den DCB-Standards definierte Einzelbitfunktion DCBX-Willing steuert die Quelle der CNA-Konfigurationseinstellungen. DCBX ist ein Mechanismus, durch den DCB-Geräte im Netzwerk ihre Konfigurationseinstellungen an andere Geräte weiterleiten können. Standardmäßig ist das DCBX-Willing-Bit in einem CNA auf *True* gesetzt, sodass die Speichergeräte oder Switches die Einstellungen ändern können. Wenn Sie das Bit auf *False* ändern, kann der CNA nur lokale Konfigurationseinstellungen empfangen, und zwar diejenigen, die Sie mit den DcbQos-Cmdlets in PowerShell erstellen.

Mit dem Cmdlet *Set-NetQoSbcdxSetting* setzen Sie das DCBX-Willing-Bit auf *False*:

```
set-netqosdcbxsetting -willing 0
```

Haben Sie den CNA unter Ihre Kontrolle gebracht, können Sie ihn entsprechend Ihrer Spezifikationen konfigurieren.

Verkehrsklassen erstellen

In *Verkehrsklassen* legen Sie fest, wie Sie die Übertragungsarten in einem converged Netzwerk trennen möchten. Standardmäßig gibt es eine einzige Verkehrsklasse, der 100 Prozent der Netzwerkbandbreite und alle acht Prioritätseinstufungen zugeordnet werden. Es lassen sich bis zu sieben zusätzliche Verkehrsklassen (insgesamt also acht Klassen) erstellen, wobei Sie sich aber davon überzeugen sollten, dass auch alle anderen DCB-Geräte im Netzwerk so viele Klassen erkennen können.

Eine neue Verkehrsklasse erstellen Sie mit dem Cmdlet *New-NetQosTrafficClass*, wie das folgende Beispiel zeigt:

```
new-netqostrafficclass -name "smb class"
    -priority 2
    -bandwidthpercentage 60
    -algorithm ets
```

Mit dem Cmdlet im obigen Beispiel erstellen Sie eine neue Verkehrsklasse für SMB-Verkehr, dem 60 Prozent der Netzwerkbandbreite und eine Priorität von 2 zugeordnet sind. Der Parameter *algorithm* gibt an, welchen der beiden – im DCB-Standard definierten – Übertragungsauswahlalgorithmen (*ETS* oder *Strict*) die Verkehrsklasse verwenden soll.

QoS-Richtlinien erstellen

Eine QoS[22]-Richtlinie spezifiziert den Verkehrstyp, für den eine Klasse vorgesehen ist. Wie das folgende Beispiel zeigt, erstellen Sie eine QoS-Richtlinie mit dem Cmdlet *New-NetQosPolicy*:

```
new-netqospolicy -name "smb policy"
    -smb
    -priorityvalue8021action 2
```

---

22. QoS – Quality of Service, Dienstgüte

In diesem Beispiel gibt der Parameter *smb* an, dass der Verkehr basierend auf TCP (Traffic Control Protocol) und UDP (User Datagram Protocol) Port 445 zu filtern ist, d.h. dem bekannten Port, der für SMB-Verkehr reserviert ist. Das Cmdlet übernimmt die folgenden Parameter:

- **SMB**   Filtert den Verkehr entsprechend TCP oder UDP Port 445.
- **iSCSI**   Filtert den Verkehr entsprechend TCP oder UDP Port 3260.
- **NFS**   Filtert den Verkehr entsprechend TCP oder UDP Port 2049.
- **LiveMigration**   Filtert den Verkehr entsprechend TCP Port 6600.
- **NetDirect <Port>**   Filtert den Verkehr entsprechend dem angegebenen Port.
- **Default**   Gilt für den gesamten Verkehr, der nicht anderweitig klassifiziert ist.

Außer diesen vordefinierten Filtern können Sie einen Verkehrstyp auch in anderer Form mithilfe der folgenden Parameter angeben:

- **AppPathNameMatchCondition**   Filtert den Verkehr, der von einer ausführbaren Datei generiert wird.
- **IpDstMatchCondition**   Filtert den Verkehr basierend auf einer bestimmten Zielportnummer.
- **IpDstPrefixMatchCondition**   Filtert der Verkehr basierend auf einer bestimmten IPv4- oder IPv6-Zieladresse.

Prioritätsbasierte Flusskontrolle (PFC) aktivieren

Die prioritätsbasierte Flusskontrolle (Priority-based Flow Control, PFC), wie in einem der DCB-Standards definiert, ist eine Methode, die den Netzwerkverkehr regelt, um verlustlose Datenübertragungen zu gewährleisten. Normalerweise aktiviert man PFC für Speicherverkehr, der keinen Paketverlust tolerieren kann.

Wie das folgende Beispiel zeigt, aktivieren Sie PFC für eine bestimmte Verkehrspriorität mit dem Cmdlet *Enable-NetQosFlowControl*:

```
enable-netqosflowcontrol -priority 3
```

Multipfad-E/A (MPIO) konfigurieren

Multipfad-E/A (Multipath I/O, MPIO) ist ein Windows Server 2016-Feature, das es einem Server, der per iSCSI, Fibre Channel oder SAS (Serial Attached SCSI) mit SAN-Geräten verbunden ist, ermöglicht, zu einem alternativen Pfad durch das Netzwerk zurückzukehren, wenn eine Verbindung scheitert.

Um Multipfad-E/A zu implementieren, brauchen Sie die folgenden Komponenten:

- **Multipfad-E/A-Feature** Windows Server 2016 beinhaltet ein Feature Multipfad-E/A, das Sie in Server-Manager mit dem Assistenten zum Hinzufügen von Rollen und Features oder in PowerShell mit dem Cmdlet *Install-WindowsFeature* installieren.

- **Gerätespezifisches Modul (Device Specific Module, DSM)** Jeder Netzwerkadapter oder Hostbusadapter im Server, der mit dem SAN verbunden wird, muss ein DSM besitzen. Das DSM der Multipfad-E/A-Implementierung in Windows Server 2016 ist mit vielen Geräten kompatibel, doch manche erfordern ein hardwarespezifisches DSM, das vom Hersteller bereitgestellt wird.

- **Redundante Netzwerkkomponenten** Für den Server, das Netzwerk und die Speichergeräte müssen redundante Komponenten vorhanden sein, die separate Pfade durch das Netzwerk bereitstellen. Der Server muss also mindestens mit zwei Netzwerkadaptern oder Hostbusadaptern ausgerüstet sein, die mit verschiedenen Netzwerksegmenten und verschiedenen Switches verbunden sind, damit bei Ausfall einer beliebigen Komponente immer noch ein Pfad zum Ziel verfügbar bleibt. MPIO kann bis zu 32 redundante Pfade unterstützen.

Nachdem Sie das Feature *Multipfad-E/A* installiert haben, können Sie in Server-Manager über *Tools/MPIO* auf die Seite *Eigenschaften von MPIO* zugreifen. Standardmäßig erscheint die Registerkarte *Geräte mit MPIO*, wie sie Abbildung 2–50 zeigt.

Abb. 2–50 Die Registerkarte *Geräte mit MPIO* auf der Seite *Eigenschaften von MPIO*

Anfangs erscheint nur das Microsoft-DSM im Feld *Geräte*. Um DSMs hinzuzufügen, die vom Hardwarehersteller bereitgestellt werden, gehen Sie auf die Registerkarte *DSM-Installation*, die in Abbildung 2–51 zu sehen ist, suchen den Speicherort der INF-Datei für das DSM auf und klicken auf *Installieren*. Diese Methode gilt nur für DSMs, die nicht durch eigene Installationssoftware unterstützt werden.

Abb. 2–51   Die Registerkarte *DSM-Installation* auf der Seite *Eigenschaften von MPIO*

Die Registerkarte *Multipfade suchen* (siehe Abbildung 2–52) zeigt Geräte an, für die MPIO mehrere Pfade durch das Netzwerk gefunden hat. Standardmäßig erscheinen auf dieser Registerkarte keine iSCSI-Geräte, doch sie lassen sich aktivieren, wenn Sie das Kontrollkästchen *Unterstützung für iSCSI-Geräte hinzufügen* einschalten.

> **HINWEIS**   **Geräte identifizieren**
>
> Geräte auf der Seite *Eigenschaften von MPIO* werden durch ihre Hardware-IDs identifiziert. Diese bestehen aus einer Herstellerkennung (Vendor ID, VID) mit acht Zeichen und einer Produktkennung (Product ID, PID) mit 16 Zeichen. Man nennt diese Kombination auch VID/PID.

Abb. 2–52 Die Seite *Multipfade suchen* auf der Seite *Eigenschaften von MPIO*

Geräte auffinden

Windows Server 2016 stützt sich auf Plug-and-Play (PnP), um die Speichergeräte, mit denen der Server verbunden ist, zu suchen und zu identifizieren. Ohne Multipfad-E/A würde ein Server mit zwei Netzwerkkarten, die mit einem einzelnen Speichergerät verbunden sind, durch PnP als zwei Speichergeräte gesehen.

Wenn MPIO installiert ist und PnP ein neues Speichergerät erkennt, durchsucht der MPIO-Treiber die verfügbaren DSMs, um dasjenige zu finden, das dem Gerät entspricht. Nachdem das DSM das Gerät angefordert hat, verifiziert der MPIO-Treiber, ob das Gerät aktiv und bereit für Daten ist. Wenn PnP dasselbe Gerät über eine andere Netzwerkschnittstelle noch einmal erkennt, identifizieren der MPIO-Treiber und das DSM das Gerät als solches und erstellen eine Multipfadgruppe, die mit einer einzigen Kennung adressiert wird.

DSM-Richtlinien

Neben Failover kann Multipfad-E/A auch Lastenausgleich unterstützen. Dabei verwenden Speicheranforderungen verschiedene Pfade zum SAN-Gerät, um Staus beim Netzwerkverkehr zu minimieren. Das Microsoft-DSM unterstützt die folgenden Richtlinien:

- **Failover** Der Server designiert einen Pfad als den primären Pfad und wechselt nur dann zu einem sekundären Pfad, wenn der primäre Pfad ausgefallen ist.

- **Failback** Der Server designiert einen Pfad als den primären Pfad, wechselt zu einem sekundären Pfad, wenn der primäre Pfad ausgefallen ist, und wechselt zum primären Pfad zurück, wenn die Verbindung wiederhergestellt ist.
- **Roundrobin** Das DSM verwendet jeden der verfügbaren Pfade nacheinander, um den Verkehr zwischen ihnen auszugleichen. Es gibt auch eine Variante Roundrobin mit Teilmenge, die eine Menge von primären Pfaden verwendet und einen oder mehrere Pfade als Standby für den Fall reserviert, dass alle primären Pfade ausfallen.
- **Geringste Warteschlangentiefe** Für jede Speicheranforderung wählt das DSM den Pfad mit den wenigsten ausstehenden Anforderungen aus.
- **Gewichteter Pfad** Jedem verfügbaren Pfad wird eine Gewichtung zugewiesen, wobei größere Zahlen eine geringere Priorität anzeigen. Für jede Anforderung verwendet das DSM den verfügbaren Pfad mit der geringsten Gewichtung.

Nutzungsszenarien für Speicherreplikat bestimmen

Speicherreplikat (SR) ist ein Windows Server 2016-Feature, mit dem Administratoren Volumes – synchron oder asynchron – replizieren können, um auf Ausfälle und eine Notfallwiederherstellung vorbereitet zu sein. Die zu replizierenden Speichergeräte können sich im selben Computer, im selben Datencenter oder auch in unterschiedlichen Städten befinden.

Speicherreplikat unterstützt zwei Arten der Replikation: synchron und asynchron.

- **Synchrone Replikation** Die Daten werden an zwei Ziele gleichzeitig geschrieben, bevor die auslösende Anwendung die Quittung der E/A-Anforderung erhält. In Speicherreplikat tritt dies auf, wenn die replizierten Volumes eine schnelle Verbindung teilen und sich die Daten unverzüglich zwischen den Volumes spiegeln lassen. Diese Art der Replikation gewährleistet, dass bei einem Ausfall kein Datenverlust auftritt und das System auf ein Volumereplikat zurückgreifen muss.
- **Asynchrone Replikation** Die Daten werden an ein einzelnes Ziel geschrieben und sofort quittiert. Dann werden sie zu einem zweiten Ziel repliziert, wobei die Quittung an den Replikationspartner gesendet wird, jedoch nicht an die ursprüngliche Anwendung, die die Schreibanforderung ausgelöst hat. In Speicherreplikat tritt dies auf, wenn die Volumes über eine relativ langsame Technik verbunden sind, gewöhnlich über größere Entfernungen hinweg, wie zum Beispiel WAN-Verbindungen. Der Datenschreibvorgang wird schnell quittiert und die Daten werden zwischen den Volumes gespiegelt, doch es gibt keine Garantie, dass die Daten jederzeit identisch sind, wenn ein Ausfall auftritt.

Speicherreplikat ist vor allem für die folgenden drei Szenarios konzipiert:

- **Server-zu-Server** Bietet synchrone oder asynchrone Replikation zwischen lokalen oder freigegebenen Speichervolumes auf zwei eigenständigen Servern, wie Abbildung 2–53 zeigt. Die Server können »Speicherplätze« mit lokalen Datenträgern, SAN-Speicherung oder freigegebenes SAS verwenden. Der Failover eines Servers zum Replikat geschieht manuell.

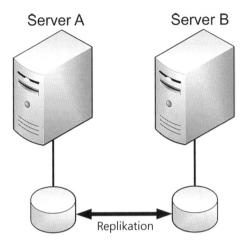

Abb. 2–53 Speicherreplikat-Konfiguration Server-zu-Server

- **Cluster-zu-Cluster** Bietet synchrone oder asynchrone Replikation zwischen zwei Clustern, wie Abbildung 2–54 zeigt. Die Cluster können »Speicherplätze« mit SAN-Speicherung oder freigegebenem SAS verwenden oder »Direkte Speicherplätze«. Failover eines Clusters zum Replikat geschieht manuell.

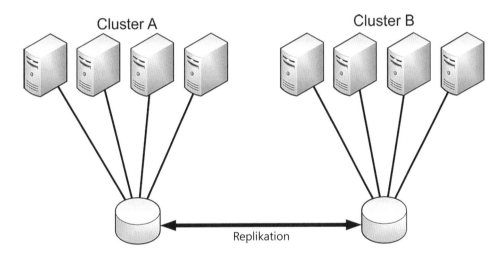

Abb. 2–54 Speicherreplikat-Konfiguration Cluster-zu-Cluster

- **Stretched-Cluster** Bietet synchrone oder asynchrone Replikation zwischen den Speichergeräten in einem asymmetrischen Cluster. In einem Stretched-Cluster werden die Clusterknoten zwischen zwei Sites – jede mit ihrer eigenen Speicherung – aufgeteilt, wie Abbildung 2–55 zeigt. Die Clustersites können »Speicherplätze« mit SAN-Speicherung, freigegebenes SAS oder »Direkte Speicherplätze« verwenden. Die Stretched-Cluster-Konfiguration ist die einzige von Speicherreplikat unterstützte Konfiguration, die eine automatisierte Failover-Funktion einschließt.

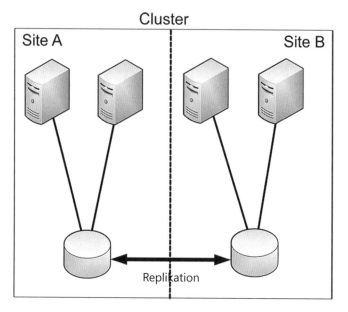

Abb. 2–55   Speicherreplikat-Konfiguration Stretched-Cluster

Auch wenn es viele Anwendungen für Datenreplikation gibt, ist SR dafür konzipiert, Failover-Funktionen bereitzustellen, wenn ein Geräteausfall oder ein anderer Notfall auftritt. Wenn Sie Ihre Daten in einen anderen Raum, ein anderes Gebäude oder eine andere Stadt replizieren, können Sie leicht Ihre Arbeitsbelastung auf einen anderen Standort verschieben, nachdem – oder sogar bevor – sich ein Notfall ereignet hat. Bei einem bevorstehenden Notfall, wie zum Beispiel einem sich nähernden Orkan, ist eine Organisation, deren Daten auf einem anderen Server, Knoten oder Cluster in einer anderen Stadt repliziert sind, vorbereitet, um im Handumdrehen auf das Replikat auszuweichen.

SR-Replikation ist eine Einbahnstraße von einem designierten Quellvolume zu einem Zielvolume. Wenn Sie die Replikationspartnerschaft zwischen ihnen einrichten, hebt SR die Bereitstellung des Zielvolumes und seines Laufwerkbuchstabens oder Bereitstellungspunkts auf. Das Zielvolume ist demzufolge für Benutzer nicht zugänglich, während es in eine Replikationspartnerschaft eingebunden ist. Falls Sie bei einem Ausfall (oder einem Test) auf die Replikation zugreifen müssen, entfernen Sie die Partnerschaft. Das Zielvolume ist dann wieder verfügbar.

Somit ist in einem Server-zu-Server- oder Cluster-zu-Cluster-Szenario das Failover manuell, in einem Stretched-Cluster dagegen automatisch, weil Knoten aus demselben Cluster bereits am alternativen Standort zusammen mit den replizierten Daten vorhanden sind.

Die von Speicherreplikat ausgeführte Replikation soll konzeptionell Windows-Tools verbessern, die Administratoren vielleicht von früher her kennen, wie zum Beispiel DFS[23]-Replikation, die dateibasiert und ausschließlich asynchron ist. SR verwendet SMB Version 3 für die Kommunikation, die Features wie zum Beispiel Kanalbündelung, Datenverschlüsselung und digitale Signa-

---

23. DFS – Distributed File System, verteiltes Dateisystem

turen bietet. Zudem ist die Replikation blockorientiert und nicht dateibasiert wie in der DFS-Replikation. Deshalb gibt es keine Probleme mit fehlenden Daten in der Replikation aufgrund von offenen Dateien, auf die während der Replikation nicht zugegriffen werden kann.

Selbst bei asynchroner Ausführung arbeitet RA-Replikation fortlaufend; sie basiert nicht auf Prüfpunkten, was bei einem Ausfall zu mehr verlorenen Daten führen kann, je nach dem Zeitpunkt des letzten Prüfpunkts. Das Potenzial für einen Datenverlust während der asynchronen Ausführung basiert normalerweise nur auf der Latenz der Verbindung zwischen den Replikationsvolumes.

Speicherreplikat für Server-zu-Server-, Cluster-zu-Cluster- und Stretched-Cluster-Szenarien implementieren

Die Implementierung von Speicherreplikat in einem Netzwerk müssen Sie sorgfältig planen und dabei eine ganze Reihe von Vorbedingungen erfüllen. Eine Replikationspartnerschaft lässt sich mit einem PowerShell-Cmdlet (*New-SRPartnership*) leicht einrichten, doch das passiert erst am Ende der ganzen Prozedur.

Speicherreplikat ist ein Windows-Feature, das nur in der Datacenter-Edition von Windows Server 2016 verfügbar ist. Das Feature installieren Sie über den Assistenten zum Hinzufügen für Rollen und Features in Server-Manager oder mit dem folgenden PowerShell-Befehl:

```
install-windowsfeature -name storage-replica, fs-fileserver
    -includemanagementtools
    -restart
```

> **HINWEIS** Dateiserver mit Speicherreplikat installieren
>
> Der Rollendienst *Dateiserver* (*FS-FileServer*) ist für die Arbeit von Speicherreplikat selbst nicht erforderlich. Er ist eingebunden, weil er benötigt wird, um das Cmdlet *Test-SR-Topology* auszuführen.

Als Nächstes müssen Sie die Speicherinfrastruktur für Replikation vorbereiten. Die individuellen Aufgaben für diesen Teil der Prozedur variieren je nach verwendetem Szenario – Server-zu-Server, Cluster-zu-Cluster oder Stretched-Cluster. Nachdem Sie die Server- oder Clusterspeicherinfrastruktur konfiguriert haben, geht es bei allen drei Szenarios mit den gleichen Schritten weiter: die Replikationstopologie testen und die SR-Partnerschaft zwischen Servern erstellen.

Die Speicherinfrastruktur vorbereiten

Um SR zu verwenden, müssen die als Replikationspartner fungierenden Server – ob eigenständig oder in einem Cluster – Windows Server 2016 Datacenter-Edition ausführen. Jeder Server sollte mindestens über 2 GB Hauptspeicher verfügen, wenigstens 4 GB werden empfohlen. Außerdem sollte die Infrastruktur wie folgt konfiguriert sein:

- Alle Server, Cluster oder Clustersites müssen jeweils über eine eigene Speicherinfrastruktur verfügen. Eine Server-zu-Server-Implementierung ist die einzige, die interne Laufwerke verwenden kann, doch sämtliche Szenarien können praktisch jede Art von externer Datenträgertechnik verwenden, einschließlich iSCSI, ein Fibre-Channel-SAN oder SAS. Allerdings wird in jedem Fall eine Mischung von SSD- und HDD-Laufwerken empfohlen.

- Als Vorkehrungen für die Speicherung verwenden Sie »Speicherplätze«, um mindestens zwei virtuelle Datenträger zu erstellen, einen für Protokolle und einen für Daten, wobei SSD-Laufwerke für das Protokollvolume verwendet werden. Alle physischen Datenträger, die für die Protokolle in beiden Replikationspartnern vorgesehen sind, müssen dieselbe Sektorgröße verwenden, genau wie alle physischen Datenträger, die die Daten speichern. Für alle Datenträger ist der GPT-Partitionsstil obligatorisch. Keine der replizierten Speicherungen darf auf dem Systemdatenträger, der das Betriebssystem enthält, untergebracht sein. Die Datenvolumes auf den beiden Replikationspartnern müssen die gleiche Größe haben. Das Gleiche gilt für die Protokollvolumes, die zudem mindestens 9 GB groß sein müssen. Die Datenvolumes können mehrstufigen Speicher und gespiegelte oder Paritätsdatenträger verwenden.

- Das Netzwerk, das die Replikationspartner verbindet, sollte genügend Geschwindigkeit und Bandbreite haben, um die Arbeitsbelastung zu bewältigen. Die Roundtrip-Latenz sollte bei etwa 5 ms liegen, um synchrone Replikation zu unterstützen. Für synchrone Replikation gibt es keine empfohlene Latenz.

- Alle Server müssen mit einer AD DS-Domäne verbunden sein, auch wenn die Domänencontroller nicht unbedingt Windows Server 2016 ausführen müssen.

- Die Firewallregeln für die Replikationspartner müssen den folgenden Verkehr in beiden Richtungen erlauben: ICMP[24], SMB (Ports 445 und 5445 für SMB Direct) und Web Services Management (WS-MAN, Port 5985).

Die SR-Topologie testen

Unter den PowerShell-Cmdlets, die zum SR-Feature gehören, findet sich auch das sogenannte *Test-SRTopology*, das eine Vielfalt von Vorbedingungs- und Leistungstests auf den beiden Servern, die zu Replikationspartnern werden, und deren Netzwerkverbindung ausführt und einen HTML-Bericht mit den Ergebnissen erzeugt.

Das Cmdlet übernimmt Parameter für die Namen der Server, die zur Quelle und zum Ziel der Replikationspartner werden, die zu replizierenden Volumes, die Länge des Tests und den Speicherort für den resultierenden Bericht, wie das folgende Beispiel zeigt:

```
test-srtopology -sourcecomputername servera
    -sourcevolumename f:
    -sourcelogvolumename e:
```

---

[24]. ICMP – Internet Control Message Protocol, Protokoll zum Austausch von Informations- und Fehlermeldungen, u. a. für den bekannten »Ping«-Befehl zuständig

```
-destinationcomputername serverb
-destinationvolumename f:
-destinationlogvolumename e:
-durationinminutes 30
-resultpath c:temp
```

Das Cmdlet prüft anfangs, ob die Server und die Speichersubsysteme den Anforderungen für SR genügen (siehe Abbildung 2–56).

Requirements Tests

The following tests were attempted. Hover over each test below to get more details.

Test
ⓘ **Volume Availability Test:** Volume **F:** exists on **RTMSvrH**
ⓘ **Volume Availability Test:** Volume **E:** exists on **RTMSvrH**
ⓘ **Volume Availability Test:** Volume **F:** exists on **RTMSvrI**
ⓘ **Volume Availability Test:** Volume **E:** exists on **RTMSvrI**
ⓘ **Partition Style Test:** Partition **F:** on **RTMSvrH** is a GPT-style partition
ⓘ **Partition Style Test:** Partition **E:** on **RTMSvrH** is a GPT-style partition
ⓘ **Partition Style Test:** Partition **F:** on **RTMSvrI** is a GPT-style partition
ⓘ **Partition Style Test:** Partition **E:** on **RTMSvrI** is a GPT-style partition
ⓘ **Volume Size Test:** Volume **F:** on **RTMSvrH** and **F:** on **RTMSvrI** are identical in size
ⓘ **File System Test:** File system on volume **E:** on **RTMSvrH** is **NTFS**
ⓘ **File System Test:** File system on volume **E:** on **RTMSvrI** is **NTFS**
ⓘ **Disk Sector Size Test:** Sector size of the volume **F:** on **RTMSvrH** and **F:** on **RTMSvrI** is identical
ⓘ **Log Disk Sector Size Test:** Sector size of the volume **E:** on **RTMSvrH** and **E:** on **RTMSvrI** is identical
ⓘ **Log Volume Free Disk Space Test:** The log volume **E:** in **RTMSvrH** has enough free space to hold the recommended log volume size of **8**GB
ⓘ **Log Volume Free Disk Space Test:** The log volume **E:** in **RTMSvrI** has enough free space to hold the recommended log volume size of **8**GB
ⓘ **Remote Server Management Test:** Target server **RTMSvrI** can be managed remotely using WMI
ⓘ **SMB Connectivity Test:** Firewalls are configured to allow SMB protocol traffic to and from **RTMSvrI**

Abb. 2–56   Testergebnisse für Speicherreplikat-Anforderungen

Das Cmdlet führt dann Leistungstests für eine Zeitspanne aus, die Sie in der Befehlszeile angeben. Um aussagekräftige Ergebnisse zu erhalten, führt man den Test am besten dann aus, wenn der Quellserver unter seiner üblichen Arbeitsbelastung läuft. Der Test misst anschließend die Synchronisierungsleistung zwischen Quelle und Ziel, um zu ermitteln, ob der Durchsatz für synchrone Replikation ausreichend ist, und stellt die Ergebnisse in einem Diagramm dar, wie es Abbildung 2–57 zeigt.

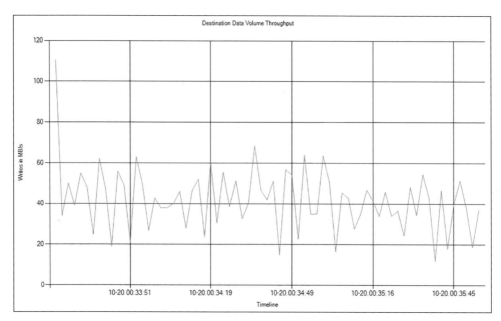

Abb. 2–57 Testergebnisse für den Speicherreplikat-Durchsatz

Clusterung konfigurieren

Nachdem Sie die Replikationspartner konfiguriert haben, können Sie die Clusterlösung weiter implementieren, und zwar für die Cluster-zu-Cluster- oder Stretched-Cluster-Szenarios. Für das Cluster-zu-Cluster-Szenario erstellen Sie in der üblichen Art und Weise zwei getrennte Failover-Cluster. Dann konfigurieren Sie jeden Cluster so, dass er Vollzugriff auf den anderen hat. Dazu verwenden Sie das Cmdlet *Grant-SRAccess* wie in den folgenden Beispielen:

```
grant-sraccess -computername servera
    -cluster clustera

grant-sraccess -computername serverb
    -cluster clusterb
```

Für ein Stretched-Cluster-Szenario erstellen Sie den Cluster und richten den Quelldatenträger für die Replikation mit dem Cmdlet *Add-ClusterSharedVolume* als freigegebenes Clustervolume ein. Mit der grafischen Failovercluster-Manager-Konsole können Sie dies ebenfalls tun und auch die Replikationspartnerschaft erstellen.

Die SR-Partnerschaft erstellen

Vorausgesetzt, dass Ihre Server und die Speicherinfrastruktur die Tests von *Test-SRTopology* bestanden haben und Ihre Cluster bereit sind, können Sie fortfahren und die eigentliche Replikationspartnerschaft zwischen den Quell- und den Zielservern einrichten. Dazu führen Sie das Cmdlet *New-SRPartnership* aus, dem Sie wie im folgenden Beispiel viele der gleichen Parameter wie bei *Test-SRTopology* übergeben:

```
new-srpartnership -sourcecomputername servera
    -sourcergname group1
    -sourcevolumename f:
    -sourcelogvolumename e:
    -destinationcomputername serverb
    -destinationrgname group2
    -destinationvolumename f:
    -destinationlogvolumename e:
```

Haben Sie die Partnerschaft eingerichtet, beginnt die anfängliche Synchronisierung, die je nach Größe der Volumes eine ganz Zeit dauern kann. Um den Replikationsvorgang zu überwachen, können Sie mit dem Cmdlet *Get-WinEvent* die Ereignisprotokolle von Windows für die folgenden Codes überprüfen: 5015, 5002, 5004, 1237, 5001 und 2200 (siehe Abbildung 2–58).

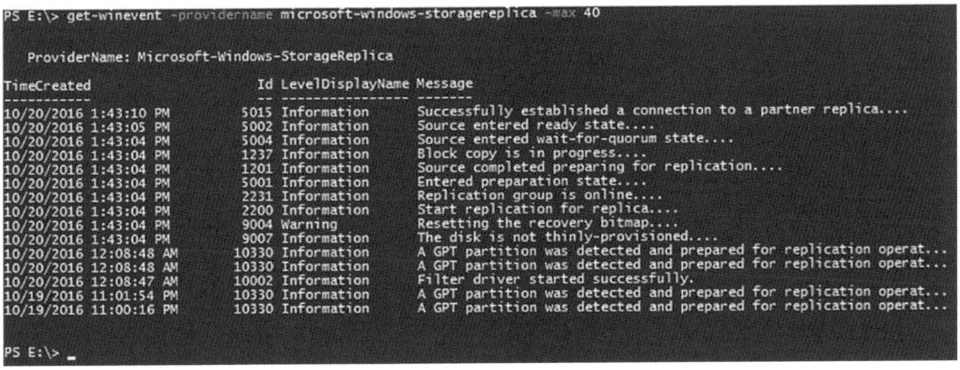

Abb. 2–58 Einträge im Ereignisprotokoll für Speicherreplikat

Außerdem können Sie den Status der Partnerschaft mit dem Cmdlet *Get-SRGroup* anzeigen, wie es Abbildung 2–59 zeigt.

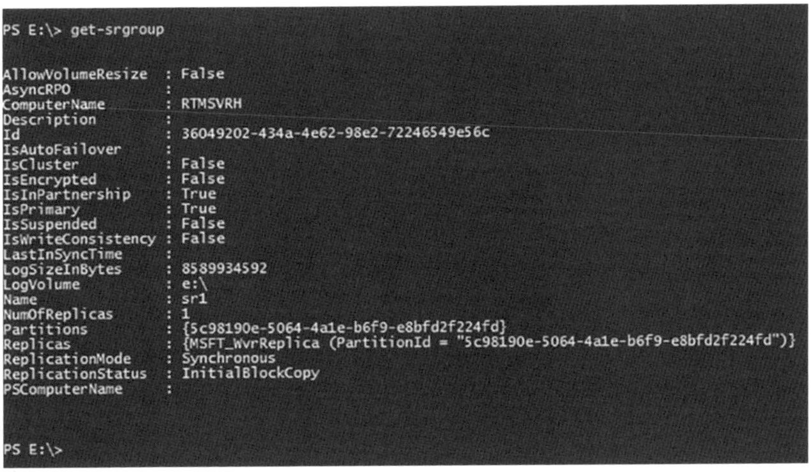

Abb. 2–59 Einträge im Ereignisprotokoll für Speicherreplikat

Sobald die Synchronisierungspartnerschaft einsatzbereit ist, können Sie ein Failover mit dem Cmdlet *Set-SRPartnership* auslösen, um die Rollen von Quelle und Ziel umzukehren, wie es folgendes Beispiel zeigt:

```
set-srpartnership -newsourcecomputername serverb
    -sourcergname group2
    -destinationcomputername servera
    -destinationrgname group1
```

Nach Ausführung dieses Cmdlets stehen die Zielvolumes wieder zur Verwendung bereit.

Prüfungsziel 2.3: Datendeduplizierung implementieren

Datendeduplizierung ist ein Rollendienst in Windows Server 2016, der Speicherplatz auf einem NTFS-Volume einspart, indem er redundante Daten ermittelt und nur eine Kopie dieser Daten anstelle von mehreren Exemplaren speichert. Dieses Prinzip liegt den meisten Produkten zur Datenkomprimierung zugrunde, doch Datendeduplizierung ist besser als viele andere Techniken, da sie auf der Ebene des Volumes und nicht der Datei arbeitet.

In diesem Abschnitt geht es um folgende Themen:

- Deduplizierung implementieren und konfigurieren
- Angemessene Nutzungsszenarien für Deduplizierung bestimmen
- Deduplizierung überwachen
- Eine Sicherungs- und Wiederherstellungslösung mit Deduplizierung implementieren

Deduplizierung implementieren und konfigurieren

Um Datendeduplizierung auf Ihren Volumes zu verwenden, müssen Sie zuerst den Rollendienst *Datendeduplizierung* installieren, der Teil der Rolle *Datei- und Speicherdienste* ist. Das können Sie mit dem Assistenten zum Hinzufügen von Rollen und Features oder wie folgt mit dem PowerShell-Cmdlet *Install-WindowsFeature* bewerkstelligen:

```
install-windowsfeature -name fs-data-deduplication
```

Sobald Datendeduplizierung installiert ist, verwalten Sie sie in Server-Manager oder mithilfe von PowerShell-Cmdlets.

Deduplizierung mit Server-Manager konfigurieren

Um Datendeduplizierung zu verwenden, müssen Sie sie für bestimmte Volumes aktivieren. Das tun Sie in Server-Manager in folgenden Schritten:

1. Klicken Sie in Server-Manager auf *Datei-/Speicherdienste* und dann auf *Volumes*. Die Seite *Volumes* erscheint.

2. Klicken Sie mit der rechten Maustaste auf eines der Volumes in der Kachel *Volumes* und wählen Sie im Kontextmenü *Datendeduplizierung konfigurieren*. Es wird das Dialogfeld *Deduplizierungseinstellungen* für das ausgewählte Volume geöffnet, wie Abbildung 2–60 zeigt.

Abb. 2–60   Das Dialogfeld *Deduplizierungseinstellungen*

3. In der Dropdownliste *Datendeduplizierung* wählen Sie eine der folgenden Optionen aus:
   - **Deaktiviert**   Verhindert jegliche Duplizierung.
   - **Allgemeiner Dateiserver**   Vorgesehen für typische Dateiserverfunktionen, wie zum Beispiel freigegebene Ordner, Arbeitsordner und Ordnerumleitung. Deduplizierung findet im Hintergrund statt und verwendete Dateien werden ignoriert.
   - **VDI-Server**   Für Hyper-V vorgesehen. Deduplizierung findet im Hintergrund statt. Verwendete Dateien und partielle Dateien werden optimiert.
   - **Virtualisierter Sicherungsserver**   Für Sicherungsanwendungen vorgesehen, beispielsweise Microsoft DPM. Deduplizierung hat Vorrang und verwendete Dateien werden optimiert.

4. Im Feld *Alter (in Tagen), ab dem Dateien dedupliziert werden sollen* geben Sie an, wie alt (in Tagen) Dateien sein müssen, bevor sie dedupliziert werden.

5. Die Liste *Auszuschließende Standarddateierweiterungen* listet die Dateitypen auf, die nicht dedupliziert werden. Diese Liste basiert auf der Option, die Sie in der Dropdownliste *Datendeduplizierung* ausgewählt haben. Um zusätzliche Dateitypen auszuschließen, geben Sie deren Dateierweiterungen im Textfeld *Auszuschließende benutzerdefinierte Dateierweiterungen* an.

6. Klicken Sie auf *Hinzufügen*, um das Dialogfeld *Ordner auswählen* zu öffnen, in dem Sie die Ordner festlegen können, die Sie aus der Deduplizierung ausschließen möchten.
7. Klicken Sie auf *Zeitplan für die Deduplizierung festlegen*. Das Dialogfeld *Deduplizierungszeitplan* für das ausgewählte Volume erscheint (siehe Abbildung 2–61).

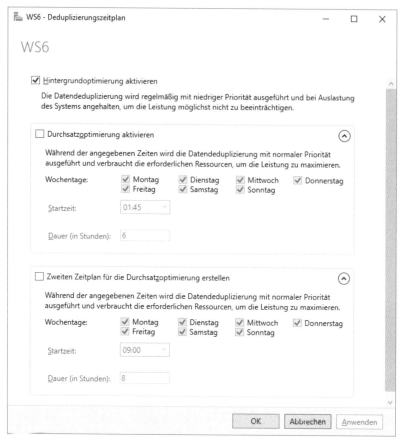

Abb. 2–61   Das Dialogfeld *Deduplizierungszeitplan*

8. Standardmäßig findet Deduplizierung im Hintergrund statt, und zwar als Prozess mit geringer Priorität, wenn das System nicht beschäftigt ist. Um einen Zeitplan für den Start der Deduplizierung mit normaler Priorität und maximaler Leistung zu erstellen, setzen Sie das Kontrollkästchen *Durchsatzoptimierung aktivieren*.
9. Wählen Sie die Wochentage, die Tageszeit und die Dauer des Deduplizierungsvorgangs aus.
10. Optional können Sie einen anderen geplanten Deduplizierungsprozess erstellen, wenn Sie das Kontrollkästchen *Zweiten Zeitplan für die Durchsatzoptimierung erstellen* aktivieren und die Wochentage, die Tageszeit und die Dauer konfigurieren. Klicken Sie dann auf *OK*.
11. Klicken Sie auf *OK*, um das Dialogfeld *Deduplizierungseinstellungen* zu schließen.

Deduplizierung per PowerShell konfigurieren

Um per PowerShell die Deduplizierung für ein Volume zu aktivieren, starten Sie das Cmdlet *Enable-DedupVolume* wie im folgenden Beispiel:

```
enable-dedupvolume -volume "e:" -usagetype default
```

Die Parameter haben folgende Bedeutung:

- **UsageType**   Spezifiziert den Typ der Arbeitsauslastung, für die das ausgewählte Volume verwendet wird. Die möglichen Werte lauten:
    - **Default**   Entspricht der Option *Allgemeiner Dateiserver* in Server-Manager.
    - **Hyper-V**   Entspricht der Option *VDI-Server (Virtual Desktop Infrastructure)* in Server-Manager.
    - **Backup**   Entspricht der Option *Virtualisierter Sicherungsserver* in Server-Manager.
- **Volume**   Spezifiziert das Volume (im Format "X:"), auf dem Deduplizierung zu aktivieren ist. Sie können mehrere Volumes angeben, die Sie jeweils durch Komma trennen, oder Sie verwenden eine GUID anstelle eines Laufwerkbuchstabens wie im folgenden Beispiel:

```
enable-dedupvolume -volume "\\?\volume{26a21bda-a627-11d7-9931-806e6f6e6963}"
-usagetype backup
```

Angemessene Nutzungsszenarien für Deduplizierung bestimmen

Um ein Volume zu optimieren, wählt Datendeduplizierung die Dateien aus, die für eine Optimierung infrage kommen, teilt sie in Blöcke variabler Größe auf und analysiert sie nach ihrer Eindeutigkeit. Ein eindeutiger Block wird in einen separaten Bereich des Datenträgers, den sogenannten *Blockspeicher*, kopiert und an seinen ursprünglichen Speicherorten durch ein spezielles Tag ersetzt. Dieser *Analysepunkt* verweist auf den neuen Speicherort des Blocks. Wenn ein Block mit einem bereits im Blockspeicher vorhandenen Block identisch ist, ersetzt das System ihn durch einen Analysepunkt und löscht den Originalblock.

Dieses Prinzip der Deduplizierung existiert schon lange, doch viele andere Produkte nutzen es für einzelne Dateien. Datendeduplizierung in Windows Server 2016 arbeitet für das gesamte Volume und nicht für jeweils nur eine Datei. Anstatt also eine Kopie des gleichen eindeutigen Blocks in jeder Datei zu speichern, gibt es nur eine Kopie für das gesamte Volume. Im Fall der Einzelinstanzspeichertechnik (SIS, Single Instance Store) in früheren Versionen von Windows Server, die von der Datendeduplizierung ersetzt wird, verwaltet ein Volume eine einzelne Kopie einer ganzen Datei statt mehrerer Duplikate. Da Blöcke normalerweise kleiner als Dateien sind, ist die Wahrscheinlichkeit größer, dass sie auf einem Volume mehrfach vorkommen, wodurch sich eine größere Komprimierungsrate ergibt.

Wenn eine Anwendung oder ein Benutzer Lesezugriff auf eine optimierte Datei anfordert, verwendet das System die Analysepunkte, um die Anforderung an die geeigneten Speicherorte im Blockspeicher umzuleiten. Der Anfordernde bekommt überhaupt nichts davon mit, dass die Datei dupliziert worden ist.

Wenn die Anwendung oder der Benutzer die Datei ändert, schreibt das System sie in ihrer standardmäßigen, nicht optimierten Form zurück auf das Volume. Die Datei bleibt bis zum nächsten Deduplizierungsjob unoptimiert. Diese Ansammlung von nicht optimierten Dateien infolge der Arbeitsauslastung des Volumes wird als *Churn* bezeichnet. Das Nachbearbeitungsprinzip des Systems verhindert jegliche Verzögerungen oder Störungen bei Volume-Schreibvorgängen.

Datendeduplizierung führt neben den Optimierungen auch andere Aufgaben aus. Die sogenannte *Garbage Collection* (Speicherbereinigung) durchsucht den Blockspeicher nach Blöcken, denen keine Analysepunkte mehr zugeordnet sind, normalerweise aufgrund von geänderten oder gelöschten Dateien. *Integrity Scrubbing* (Datenbereinigung) sucht im Blockspeicher nach beschädigten oder verfälschten Daten und ersetzt fehlende Daten durch Spiegel- oder Paritätsdaten. Schließlich stellt die *Deoptimierung* sämtliche optimierten Dateien auf einem Volume in ihre ursprünglichen Zustände wieder her und deaktiviert dabei Datendeduplizierung für dieses Volume.

Optimierungsraten

Die Menge an Speicherplatz, die sich bei Anwendung von Datendeduplizierung auf ein Volume einsparen lässt, hängt von mehreren Faktoren ab. Dazu gehören unter anderem die Formate der Dateien und die charakteristische Arbeitsauslastung, die die Daten generiert hat. In herkömmlichen dateibasierten Komprimierungsprodukten lässt sich eine binäre Programmdatei etwa um 50 Prozent komprimieren und ein Bitmapbild etwa um 80 Prozent. Wenn Sie Datendeduplizierung auf eine einzelne Datei anwenden, dürften die Ergebnisse ähnlich ausfallen.

Wenn Sie jedoch die Deduplizierung auf ein gesamtes Volume anwenden, vergleichen Sie Blöcke mit einem wesentlich größeren Pool. Während in einer einzelnen Datei vielleicht zehn identische Kopien eines spezifischen Blocks vorkommen, kann ein Vergleich desselben Blocks mit einem ganzen Volume möglicherweise Tausende oder Millionen von Kopien zutage fördern. Demzufolge sind die Speicherplatzeinsparungen, die aus der Deduplizierung des Datenträgers resultieren, in der Regel weit höher als die von einer dateibasierten Komprimierung.

Nehmen Sie als Beispiel ein Volume mit vielen Hyper-V-VHD-Imagedateien. Alle Images enthalten Windows 10-Gastbetriebssysteminstallationen, die von einem Softwareentwicklungsteam verwendet werden. Da die Inhalte der VHD-Dateien alle sehr ähnlich sein dürften, ist mit sehr vielen identischen Blöcken zu rechnen. Microsoft schätzt die Speicherplatzeinsparungen für ein Volume, das derartige Imagedateien enthält, auf 80 bis 95 Prozent. Somit lässt sich ein nahezu volles Volume mit 1 TB Daten auf 100 GB oder weniger reduzieren, was 900 GB neu geschaffenen freien Speicherplatz ergibt.

Dieses Beispiel steht für einen sehr günstigen Fall. Ein Volume auf einem Dateiserver, der eine typische Mischung von Benutzerdateien enthält, lässt sich vielleicht zu 50 bis 60 Prozent optimieren.

Arbeitsauslastungen bewerten

Bevor Sie Datendeduplizierung auf Ihren Volumes implementieren, sollten Sie die Arbeitsauslastungen, die Ihre Daten generieren, daraufhin untersuchen, ob sie gute Kandidaten für eine Optimierung sind. Zu den Faktoren, die diese Entscheidung beeinflussen können, gehören die charakteristische Arbeitsauslastung, die die Daten generiert, und die Eigenschaften der Daten selbst.

Der Optimierungsvorgang bedeutet für den Prozessor und die Hauptspeicherressourcen des Servers eine zusätzliche Belastung, die sich signifikant auf die Serverleistung auswirken kann. Da die Datendeduplizierung ein Nachbearbeitungsmodell verwendet, treten bei Datenschreibvorgängen keine Leistungseinbußen auf. Allerdings sollten Sie feststellen, ob sich in Ihrer Arbeitsauslastung Zeiten unterbringen lassen, zu denen die Optimierung stattfinden kann, ohne die Produktion zu beeinträchtigen. Eine Arbeitsauslastung mit nächtlichen Leerlaufphasen ist in dieser Hinsicht ein guter Kandidat für Deduplizierung, jedoch ein Server, der rund um die Uhr genutzt wird, eher nicht.

Die nächste Betrachtung gilt den Daten selbst. Die Nutzungsszenarios, die bei Datendeduplizierung vordefiniert sind, beziehen sich auf Daten, die besonders anfällig für Redundanz sind. Diese sind also gute Kandidaten für eine Optimierung. Zum Beispiel ist es bei allgemeinen Dateiservern oftmals so, dass Benutzer mehrere Kopien der gleichen Dateien speichern. Ebenso ist es bei Softwareentwicklern üblich, mehrere Builds zu speichern, die sich jeweils nur leicht voneinander unterscheiden. Wenn jedoch ein Volume eine große Anzahl von verschlüsselten Dateien enthält, verdeckt die Verschlüsselung die Redundanz und verhindert somit eine effektive Datendeduplizierung.

Zur Datendeduplizierung gehört das *Tool für die Auswertung der Einsparungen bei der Datendeduplizierung* (*Ddpeval.exe*), mit dem sich für ein Volume ermitteln lässt, welche Speichereinsparungen eine Optimierung bringen kann. *Ddpeval* ist ein Befehlszeilentool, das Sie mit dem Laufwerkbuchstaben des auszuwertenden Laufwerks aufrufen. Die Ergebnisse zeigen, welche Einsparungen im ausgewählten Datenset zu erwarten sind (siehe Abbildung 2–62).

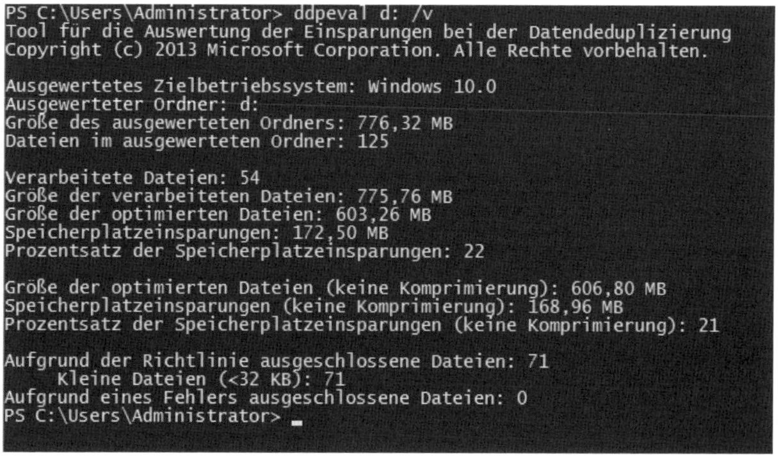
```
PS C:\Users\Administrator> ddpeval d: /v
Tool für die Auswertung der Einsparungen bei der Datendeduplizierung
Copyright (c) 2013 Microsoft Corporation. Alle Rechte vorbehalten.

Ausgewertetes Zielbetriebssystem: Windows 10.0
Ausgewerteter Ordner: d:
Größe des ausgewerteten Ordners: 776,32 MB
Dateien im ausgewerteten Ordner: 125

Verarbeitete Dateien: 54
Größe der verarbeiteten Dateien: 775,76 MB
Größe der optimierten Dateien: 603,26 MB
Speicherplatzeinsparungen: 172,50 MB
Prozentsatz der Speicherplatzeinsparungen: 22

Größe der optimierten Dateien (keine Komprimierung): 606,80 MB
Speicherplatzeinsparungen (keine Komprimierung): 168,96 MB
Prozentsatz der Speicherplatzeinsparungen (keine Komprimierung): 21

Aufgrund der Richtlinie ausgeschlossene Dateien: 71
     Kleine Dateien (<32 KB): 71
Aufgrund eines Fehlers ausgeschlossene Dateien: 0
PS C:\Users\Administrator> _
```

Abb. 2–62 Ausgabe des Programms *Ddpeval*

Andere Datentypen sind nur bedingt für eine Optimierung geeignet, was damit zusammenhängt, wie sie die Daten speichern und darauf zugreifen. Datendeduplizierung versucht, den Blockspeicher an Dateigrenzen entlang zu organisieren. Eine Dateileseanforderung wird in vielen Fällen auf aufeinanderfolgende Blöcke im Speicher zugreifen, was die Leistung verbessert. Dagegen haben Datenbankdateien kein zusammenhängendes Lesemuster und angesichts der Art und Weise, wie Datendeduplizierung eine in Blöcke aufgeteilte Datenbank speichert, kann es bei einem Lesevorgang erforderlich sein, auf Blöcke zuzugreifen, die über den gesamten Datenträger verstreut sind. Die Effizienz geht dadurch zurück. Bevor Sie Datendeduplizierung auf einem Produktionsserver implementieren, sollten Sie im Rahmen einer Testbereitstellung ermitteln, ob die realisierten Einsparungen eine gegebenenfalls auftretende Leistungseinbuße kompensieren können.

Deduplizierung überwachen

Nachdem Sie Datendeduplizierung installiert und auf Volumes aktiviert haben, wird die Kachel *Volumes* in Server-Manager um die Spalten *Deduplizierungsrate* und *Einsparungen durch Deduplizierung* erweitert, wie Abbildung 2–63 zeigt. Unter *Deduplizierungsrate* steht der Prozentsatz, der ursprünglich von den Dateien belegt und nun gelöscht wurde, und unter *Einsparungen durch Deduplizierung* finden Sie die Menge des freigegebenen Speicherplatzes in Gigabyte.

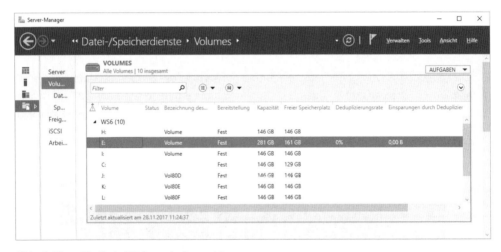

Abb. 2–63 Die Kachel *Volumes* in Server-Manager

Die Deduplizierung können Sie auch per PowerShell mit dem Cmdlet *Get-DedupStatus* überwachen. Wenn Sie das Cmdlet allein ausführen, zeigt es nur wenige Statistiken an. Um die gesamte Anzeige zu sehen, wie sie Abbildung 2–64 zeigt, leiten Sie die Ausgabe an das Cmdlet *Format-List* weiter:

```
get-dedupstatus | format-list
```

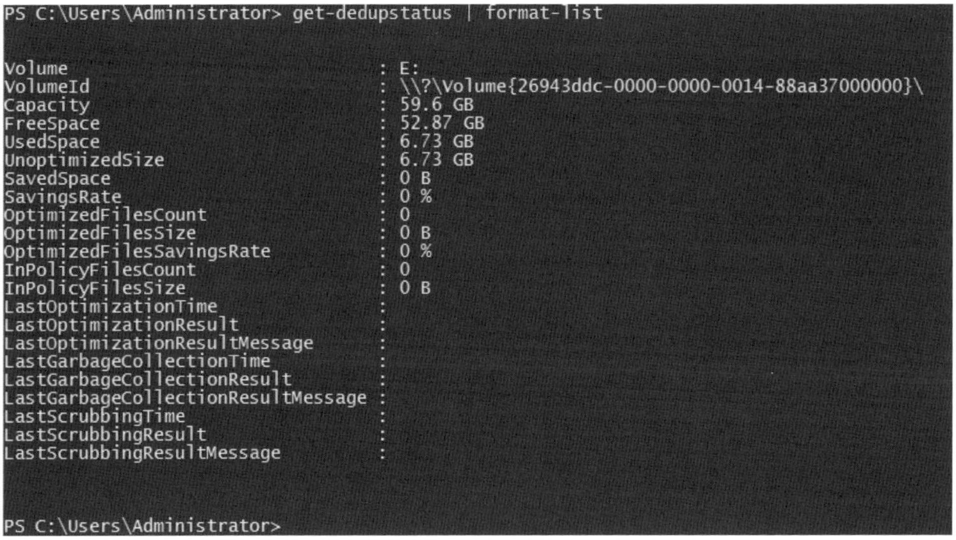

```
PS C:\Users\Administrator> get-dedupstatus | format-list

Volume                            : E:
VolumeId                          : \\?\Volume{26943ddc-0000-0000-0014-88aa37000000}\
Capacity                          : 59.6 GB
FreeSpace                         : 52.87 GB
UsedSpace                         : 6.73 GB
UnoptimizedSize                   : 6.73 GB
SavedSpace                        : 0 B
SavingsRate                       : 0 %
OptimizedFilesCount               : 0
OptimizedFilesSize                : 0 B
OptimizedFilesSavingsRate         : 0 %
InPolicyFilesCount                : 0
InPolicyFilesSize                 : 0 B
LastOptimizationTime              :
LastOptimizationResult            :
LastOptimizationResultMessage     :
LastGarbageCollectionTime         :
LastGarbageCollectionResult       :
LastGarbageCollectionResultMessage :
LastScrubbingTime                 :
LastScrubbingResult               :
LastScrubbingResultMessage        :

PS C:\Users\Administrator>
```

Abb. 2–64   Ausgabe des Cmdlets *Get-DedupStatus*

Ein *LastOptimizationResult*-Wert von 0 zeigt an, dass die Operation erfolgreich war. Wenn sich Jobs nach der anfänglichen Deduplizierung als nicht erfolgreich erweisen, hängt das normalerweise damit zusammen, dass die Deduplizierung nicht genügend Zeit hatte, um mit den Änderungen Schritt zu halten, die von der Arbeitsauslastung erzeugt wurden (*churn* genannt). Gegebenenfalls müssen Sie die Dauer der Deduplizierungsjobs oder die ihnen zugewiesene Priorität erhöhen, um das Problem zu lösen.

Den Verlauf der Deduplizierungsjobs eines Servers können Sie anhand der Windows-Ereignisprotokolle überwachen. Ereignisse der Datendeduplizierung finden Sie im Container *Anwendungs- und Dienstprotokolle\Microsoft\Windows\Deduplication\Operational*.

Eine Sicherungs- und Wiederherstellungslösung mit Deduplizierung implementieren

Sicherungen von Datenträgerlaufwerken, wie sie zum Beispiel Windows Server-Sicherung durchführt, sind besonders gute Kandidaten für die Optimierung, weil sich die von der Sicherungssoftware erzeugten Snapshots tendenziell nur wenig voneinander unterscheiden. Wenn Sie zum Beispiel jede Woche eine vollständige Sicherung eines Servers durchführen, hat sich wahrscheinlich nur ein geringer Prozentsatz der Serverdaten gegenüber der Vorwoche geändert und Datendeduplizierung kann diese Redundanz komplett beseitigen.

Und wenn Sie ein Volume, das bereits optimiert worden ist, sichern, kopiert Windows Server-Sicherung die Daten auf das Sicherungsziel in ihrem optimierten Zustand. Demzufolge ist es für das System nicht erforderlich, jede Datei in ihren nicht optimierten Zustand wiederherzustellen, zu kopieren und dann die Kopie auf dem Sicherungsvolume zu optimieren – das könnte eine äußerst schwere Belastung der Systemressourcen sein.

Die Nutzungsoption *Virtualisierter Sicherungsserver* ist speziell darauf ausgelegt, mit Sicherungssoftwarelösungen wie Microsoft System Center Data Protection Manager (DPM) zusammenzuarbeiten, bei denen die Sicherungssoftware auf einer virtuellen Hyper-V-Maschine läuft und ihre Backups in VHD- oder VHDX-Dateien auf einem Volume mit aktivierter Datendeduplizierung speichert.

Weil ein Sicherungsauftrag eine relativ große Menge neuer Daten generieren kann, unterscheiden sich die Optimierungseinstellungen für das Sicherungsszenario von denen der anderen Voreinstellungen: Sie erlauben es, die Optimierung mit hoher Priorität auf dem Server durchzuführen. Administratoren müssen die Optimierungsaufträge regelmäßig überwachen, um sicherzustellen, dass sie mit dieser Churn-Rate, die höher liegt als für einen allgemeinen Dateiserver typisch, Schritt halten können.

Kapitelzusammenfassung

- Die GUID-Partitionstabelle (GPT) ist eine Alternative zum MBR-Partitionsstil. GPT unterstützt größere Datenträger als MBR, erlaubt das Erstellen von mehr Partitionen, und bietet eine bessere Wiederherstellung bei Datenträgerfehlern, die die Partitionstabelle beschädigen.

- Windows unterstützt ein virtuelles Festplattenformat (VHD, Virtual Hard Disk), das Sie auf Hyper-V-Gästen oder für andere Zwecke verwenden können. Mit dem Snap-In *Datenträgerverwaltung* oder dem Cmdlet *Get-VHD* in Windows PowerShell können Sie Images im VHD-Format oder im neueren VHDX-Format erstellen.

- VHD- und VHDX-Imagedateien lassen sich auf einem physischen oder auf einem virtuellen Computer bereitstellen, sodass sie genau wie physische Datenträger funktionieren.

- Windows Server 2016 unterstützt sowohl das NTFS-Dateisystem als auch das neuere ReFS-Dateisystem, das größere Volumes ermöglicht, dem aber einige Fähigkeiten von NTFS fehlen.

- Windows kann Ordner mithilfe von SMB (dem ursprünglichen Standard für Windows-Laufwerksfreigabe) und NFS (dem Standard auf vielen UNIX/Linux-Distributionen) freigeben.

- Windows PowerShell umfasst eine Sammlung von Cmdlets, mit denen Sie Ordnerfreigaben und deren Berechtigungen verwalten können.

- NTFS verfügt über ein System von Berechtigungen, die es erlauben, den Benutzerzugriff auf Dateien und Ordner in verschiedenen Graden zu autorisieren.

- »Speicherplätze« ermöglichen es Administratoren, Speicherpools aus physischen Datenträgern zu erstellen. Dann können sie virtuelle Datenträger aus dem Poolspeicher erzeugen, ohne die Grenzen zwischen physischen Datenträgern beachten zu müssen.

- Virtuelle Datenträger in Speicherpools lassen sich konfigurieren für Spiegelung, wobei die Daten doppelt gespeichert werden, und für Parität, wobei die Datenbits mit Paritätsinformationen zur Datenwiederherstellung gespeichert werden.

- Mehrstufiger Speicher ist ein »Speicherplätze«-Feature, das schnellere SSD-Laufwerke in einem Speicherpool nutzt, um die am häufigsten verwendeten Dateien zu speichern.

- iSCSI ist ein SAN-Protokoll, das Windows-Server (Initiatoren genannt) in die Lage versetzt, sich mit Speichergeräten (Ziele genannt) über standardmäßige Ethernet-Hardware zu verbinden.

- iSNS ist im Wesentlichen eine Registrierung für iSCSI-Komponenten, die Initiatoren ermöglicht, die im Netzwerk verfügbaren Ziele zu lokalisieren.

- DCB (Datacenter Bridging) ist ein Mechanismus, um LAN- und SAN-Verkehr in einem Converged Network zu trennen. Hierfür erstellt DCB Klassen von Netzwerkverkehr, denen ein bestimmter Prozentanteil der verfügbaren Bandbreite zugeordnet wird.

- Multipfad-E/A ist ein Fehlertoleranzmechanismus, der es einem Server ermöglicht, bei Ausfall einer Komponente auf ein Speichergerät im Netzwerk über redundante Pfade zuzugreifen.

- Speicherreplikat ist ein Feature in der Datacenter-Edition, das Administratoren in die Lage versetzt, Replikationspartnerschaften zwischen Servern, zwischen Clustern oder innerhalb eines Stretched-Clusters zu erstellen.

- Datendeduplizierung ist ein Windows Server 2016-Feature, das Speicherplatz spart, indem es Dateien in Blöcke aufteilt und nur ein Exemplar für jeden redundanten Block speichert. Weil die Deduplizierung über ganze Volumes und nicht nur über einzelne Dateien arbeitet, kann die Einsparungsrate bei vielen Datentypen von 50% bis über 90% reichen.

- Datendeduplizierung hat drei vordefinierte Nutzungsszenarios, deren Einstellungen auf maximale Speicherplatzeinsparungen und Serverleistung ausgerichtet sind.

- Nachdem Sie die Datendeduplizierung aktiviert haben, können Sie mit PowerShell-Cmdlets und den Windows-Ereignisprotokollen den Fortschritt der Datendeduplizierungsjobs überwachen.

- Datendeduplizierung ist besonders geeignet für Sicherungsziele, da die dort gespeicherten Daten von Haus aus stark redundant sind.

Gedankenexperiment

In diesem Gedankenexperiment wenden Sie Ihre Fähigkeiten und Kenntnisse an, die Sie sich im Rahmen dieses Kapitels angeeignet haben. Die Antwort zu diesem Gedankenexperiment finden Sie im nächsten Abschnitt.

Sie arbeiten am Helpdesk für Contoso Corp., einen Auftragnehmer von staatlichen Behörden, und ein Benutzer namens Ralf ruft Sie an, um Zugriff auf die Dateien für Alamo, ein neu klassifiziertes Projekt, zu erhalten. Die Alamo-Projektdateien sind in einem freigegebenen Ordner auf einem Arbeitsgruppendateiserver gespeichert, der unter Windows Server 2016 läuft. Dieser Server steht in einer unterirdischen Datenspeichereinrichtung, abgesperrt und gesichert. Nachdem Sie sich davon überzeugt haben, dass Ralf über die entsprechende Sicherheitsfreigabe für das Projekt verfügt, erstellen Sie auf dem Server eine neue Gruppe namens *ALAMO_USERS* und fügen das Benutzerkonto von Ralf dieser Gruppe hinzu. Dann fügen Sie die Gruppe *ALAMO_USER* zur Zugriffskontrollliste für den Alamo-Ordner auf dem Dateiserver hinzu und weisen der Gruppe die folgenden NTFS-Berechtigungen zu:

- Zulassen/Ändern
- Zulassen/Lesen, Ausführen
- Zulassen/Ordnerinhalt anzeigen
- Zulassen/Lesen
- Zulassen/Schreiben

Zu einem späteren Zeitpunkt ruft Ralf Sie an und teilt Ihnen mit, dass er zwar auf den Alamo-Ordner zugreifen und die dort gespeicherten Dateien lesen kann, er aber nicht in der Lage ist, Änderungen zurück auf den Server zu speichern. Was ist die wahrscheinlichste Ursache für das Problem?

Antwort für das Gedankenexperiment

Dieser Abschnitt enthält die Lösung für das Gedankenexperiment.

Ralf besitzt wahrscheinlich nicht genügend Freigabeberechtigungen für den Lese-/Schreibzugriff auf die Alamo-Dateien. Wenn Sie einen Ordner auf einem Arbeitsgruppenserver mithilfe von Datei-Explorer freigeben, empfängt die spezielle Identität *Jeder* nur die Freigabeberechtigung *Lesen*. Nachdem Sie der Gruppe *ALAMO_USER* die Freigabeberechtigung *Zulassen/Vollzugriff* erteilt haben, sollte Ralf in der Lage sein, seine Änderungen in den Alamo-Dateien zu speichern.

KAPITEL 3

Implementieren von Hyper-V

Hyper-V ist die Hypervisor- und Hardware-Virtualisierungsplattform, die in Windows Server 2016 als Rolle integriert ist. Mit Hyper-V können Sie virtuelle Computer erstellen, die aus virtualisierten Äquivalenten von Computerhardware, Speicherressourcen und Netzwerkkomponenten bestehen, beispielsweise Netzwerkinterfaceadaptern und Switches. Virtuelle Computer funktionieren wie physische Computer, doch Administratoren können sie leicht speichern, verschieben und neu konfigurieren, um die Anforderungen anzupassen.

Dieses Kapitel befasst sich mit folgenden Prüfungszielen:

- Hyper-V installieren und konfigurieren
- Einstellungen für virtuelle Computer konfigurieren
- Hyper-V-Speicher konfigurieren
- Hyper-V-Netzwerk konfigurieren

Prüfungsziel 3.1: Hyper-V installieren und konfigurieren

Hyper-V ist eine Windows Server 2016-Rolle, die es ermöglicht, virtuelle Computer einzurichten, auf denen man ein Betriebssystem installieren und die man wie separate Computer verwenden kann. Ein Server, auf dem Windows Server 2016 mit installierter Rolle *Hyper-V* läuft, wird als Host bezeichnet. Die virtuellen Computer, die Sie in Hyper-V erstellen, heißen Gäste.

In diesem Abschnitt geht es um folgende Themen:

- Hardware- und Kompatibilitätsanforderungen für die Installation von Hyper-V bestimmen
- Hyper-V installieren
- Verwaltungstools installieren
- von vorhandenen Hyper-V-Versionen aktualisieren
- Verwaltung virtueller Computer delegieren
- Remoteverwaltung von Hyper-V-Hosts durchführen
- virtuelle Computer mit Windows PowerShell Direct konfigurieren
- geschachtelte Virtualisierung implementieren

Hardware- und Kompatibilitätsanforderungen für die Installation von Hyper-V bestimmen

Windows Server 2016 enthält die Rolle *Hyper-V*, mit der Sie virtuelle Computer erstellen können, die jeweils in ihrer eigenen isolierten Umgebung laufen. *Virtuelle Computer (Virtual Machines, VMs*[1]*)* sind selbstständige Einheiten, die Sie ganz einfach von einem Hyper-V-Hostserver auf einen anderen verschieben können, was die Bereitstellung von Netzwerkanwendungen und -diensten erheblich erleichtert.

Die Servervirtualisierung in Windows Server 2016 basiert auf einem Modul namens *Hypervisor*. Der auch als VMM (Virtual Machine Monitor) bezeichnete Hypervisor ist dafür zuständig, die physische Hardware des Computers zu abstrahieren und eine virtualisierte Hardwareumgebung für jeden virtuellen Computer zu erstellen. Jede VM besitzt ihre eigene (virtuelle) Hardwarekonfiguration und kann eine eigene Kopie eines Betriebssystems ausführen, das sogenannte *Gastbetriebssystem*. Demzufolge kann ein einzelner Computer, auf dem Windows Server 2016 mit der installierten Rolle Hyper-V läuft, Dutzende oder sogar Hunderte virtuelle Computer unterstützen, sofern genügend physische Hardware vorhanden und die richtige Lizenzierung gewährleistet ist. Diese VMs können Sie verwalten, als wären es eigenständige Computer.

Virtualisierungsarchitekturen

In frühen Virtualisierungsprodukten – Microsoft Virtual Server eingeschlossen – fügt die Virtualisierungssoftware die Komponente Hypervisor hinzu. Der Hypervisor läuft im Wesentlichen als Anwendung auf dem Hostbetriebssystem (siehe Abbildung 3–1) und ermöglicht es Ihnen, so viele virtuelle Computer zu erstellen, wie der Hostcomputer per Hardware unterstützen kann.

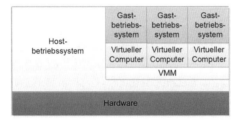

Abb. 3–1 Virtualisierung Typ II

Diese Anordnung, in der der Hypervisor auf dem Hostbetriebssystem läuft, wird *Virtualisierung Typ II* genannt. Das Hostbetriebssystem nutzt den Prozessor des Computers gemeinsam mit dem Hypervisor, wobei sich jeder die benötigten Taktzyklen nimmt und die Steuerung des Prozessors an den anderen zurückgibt.

Eine Virtualisierung Typ II kann adäquate virtuelle Computerleistung bereitstellen, insbesondere in Schulungs- und Laborumgebungen, doch sie bietet nicht die äquivalente Leistung von

---

[1]. VM – Virtual Machine, Virtueller Computer. Beide Begriffe und die Abkürzung VM werden von Microsoft wie auch in diesem Buch gleichbedeutend verwendet.

separaten physischen Computern. Demzufolge wird sie nicht empfohlen für Server mit hohem Verkehrsaufkommen in Produktionsumgebungen.

Die in Windows Server 2016 integrierte Hyper-V-Virtualisierung verwendet einen anderen Architekturtyp, und zwar *Virtualisierung Typ I*. Hier ist der Hypervisor eine Abstraktionsschicht, die direkt mit der physischen Hardware des Computers interagiert – das heißt, ohne dass ein Betriebssystem eingreift.

Der Hypervisor erzeugt individuelle Umgebungen, die sogenannten *Partitionen*, auf denen jeweils ihr eigenes Betriebssystem installiert ist und die auf die Hardware des Computers über den Hypervisor zugreifen. Im Unterschied zur Virtualisierung Typ II muss sich der Hypervisor die Prozessorzeit nicht mit einem Hostbetriebssystem teilen. Stattdessen designiert der Hypervisor die erste Partition, die er erstellt, als die übergeordnete Partition und alle darauf folgenden Partitionen als untergeordnete Partitionen, wie Abbildung 3–2 zeigt.

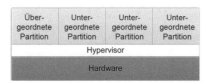

Abb. 3–2   Virtualisierung Typ 1

Die übergeordnete Partition greift auf die Systemhardware über den Hypervisor zu, genau wie die untergeordneten Partitionen. Der einzige Unterschied besteht darin, dass die übergeordnete Partition den Virtualisierungsstack ausführt, der die untergeordneten Partitionen erstellt und verwaltet. Die übergeordnete Partition ist außerdem zuständig für die Subsysteme, die die Performance der physischen Hardware des Computers direkt beeinflussen, wie zum Beispiel Plug & Play, Energieverwaltung und Fehlerbehandlung. Diese Subsysteme laufen auch in den Betriebssystemen auf den untergeordneten Partitionen, doch sie adressieren nur virtuelle Hardware, während die übergeordnete (oder Stamm-) Partition die physische Hardware behandelt.

Hyper-V-Hardwarebeschränkungen

In der Windows Server 2016-Version von Hyper-V hat sich die Skalierbarkeit des Systems gegenüber vorherigen Versionen verbessert. Ein Windows Server 2016-Hyper-V-Hostsystem kann mit bis zu 512 logischen Prozessoren arbeiten, wobei es bis zu 2.048 virtuelle CPUs und bis zu 24 TB physischen Speicher unterstützt.

Ein Server kann bis zu 1.024 aktive virtuelle Computer hosten und jeder virtuelle Computer der Generation 2 kann bis zu 240 virtuelle CPUs und bis zu 12 TB Speicher umfassen. Bei virtuellen Computern der Generation 1 sind es nur bis zu 64 virtuelle CPUs und bis zu 1 TB Speicher.

Darüber hinaus kann Hyper-V auch Cluster mit bis zu 64 Knoten und 8.000 virtuellen Computern unterstützen.

> **HINWEIS** **Hyper-V Server**
>
> Microsoft bietet auch ein dediziertes Produkt *Hyper-V Server*, das eine Teilmenge von Windows Server 2016 ist. Zu Hyper-V Server 2016 gehört die Rolle *Hyper-V*, die das Produkt standardmäßig während der Betriebssysteminstallation installiert. Abgesehen von einigen begrenzten Datei- und Speicherdiensten und Remotedesktopfunktionen umfasst das Betriebssystem keine anderen Rollen.
>
> Das Produkt Hyper-V Server ist zudem auf die Benutzeroberfläche Server Core beschränkt, auch wenn *Sconfig* dabei ist, eine einfache, skriptbasierte Konfigurationsoberfläche, wie sie Abbildung 3–3 zeigt. Hyper-V Server können Sie auch remote über Server-Manager und Hyper-V-Manager verwalten, genauso wie Sie es mit jeder anderen Server Core-Installation tun würden.

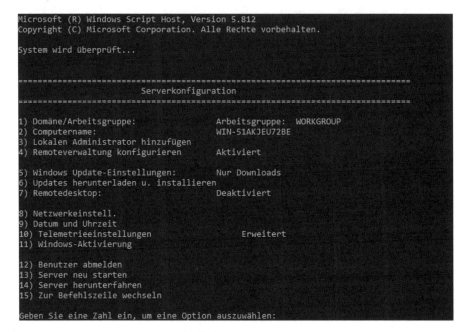

Abb. 3–3 Die Server Core-Benutzeroberfläche in Hyper-V Server

Hyper-V Server ist ein kostenloses Produkt, das Sie von der Microsoft-Website herunterladen können. Allerdings enthält Hyper-V Server keinerlei Lizenzen für virtuelle Instanzen. Für sämtliche Betriebssysteme, die Sie auf den erstellten virtuellen Maschinen installieren, müssen Sie die entsprechenden Lizenzen erwerben und die Systeme lizenzieren.

Microsoft empfiehlt, keine anderen Rollen mit Hyper-V zu installieren. Alle anderen Rollen, die der physische Computer ausführen muss, werden besser innerhalb einer der virtuellen Maschinen implementiert, die Sie mit Hyper-V einrichten. Zudem könnten Sie Hyper-V auf einem Computer mit der Installationsoption Server Core installieren, um den erforderlichen Overhead auf der Partition zu minimieren. Wie bei anderen Rollen schließt das Installieren von Hyper-V auf Server Core die Verwaltungstools aus, die Sie separat als Feature installieren müssen.

Die Hardwareanforderungen der Hyper-V-Rolle übersteigen die des Windows Server 2016-Betriebssystems selbst. Bevor Sie die Hyper-V-Rolle auf einem Server unter Windows Server 2016 installieren können, müssen folgende hardwareseitige Voraussetzungen erfüllt sein:

- Ein 64-Bit-Prozessor, der hardwareunterstützte Virtualisierung und SLAT[2] beherrscht. Dieser Virtualisierungstyp ist in Prozessoren verfügbar, die eine Virtualisierungsoption beinhalten, beispielsweise Intel Virtualization Technology (Intel VT) oder AMD Virtualization(AMD-V)-Technologie.
- Hardwareforcierte Datenausführungsverhinderung (DEP[3]), die Intel als eXecuted Disable (XD) und AMD als No eXecute (NS) beschreibt. CPUs verwenden diese Technologie, um Bereiche des Speichers entweder zum Speichern von Prozessoranweisungen oder zum Speichern von Daten zu isolieren. Insbesondere müssen Sie das Intel XD-Bit (execute disable bit) oder das AMD NX-Bit (no execute bit) aktivieren.
- VM Monitor Mode-Erweiterungen, in Intel-Prozessoren als VT-c realisiert.
- Ein System-BIOS oder UEFI[4], das die Virtualisierungshardware unterstützt und auf dem das Virtualisierungsfeature aktiviert wurde.
- Mindestens 4 GB Arbeitsspeicher. Der Computer muss nicht nur das Hyper-V-Hostbetriebssystem ausführen können, sondern auch über genügend physischen Speicher für alle Gastbetriebssysteme verfügen, die auf den virtuellen Maschinen laufen.

> **HINWEIS** **Hyper-V-Verwaltungstools**
>
> Virtualisierungshardware und BIOS/UEFI-Unterstützung sind notwendig, um die Rolle Hyper-V selbst zu installieren, nicht aber, um die Hyper-V-Verwaltungstools zu installieren. Einen Hyper-V-Server können Sie remote von jedem Windows-Computer aus verwalten, wenn Sie das Feature Hyper-V-Verwaltungstools installieren.

Um zu ermitteln, ob ein Computer über die benötigte Hardware verfügt, um die Rolle Hyper-V zu installieren, können Sie eine Windows PowerShell-Sitzung öffnen und das Programm *Systeminfo.exe* ausführen. Das Ergebnis ist eine Anzeige, wie sie in Abbildung 3–4 zu sehen ist. Im unteren Teil der Liste sind im Abschnitt *Anforderungen für Hyper-V* die Hypervisor-Fähigkeiten des Computers aufgeführt.

---

2. SLAT – Second-Level Address Translation, Adressübersetzung der zweiten Ebene
3. DEP – Data Execution Prevention, Datenausführungsverhinderung
4. UEFI – Unified Extensible Firmware Interface, vereinheitlichte erweiterbare Firmware-Schnittstelle

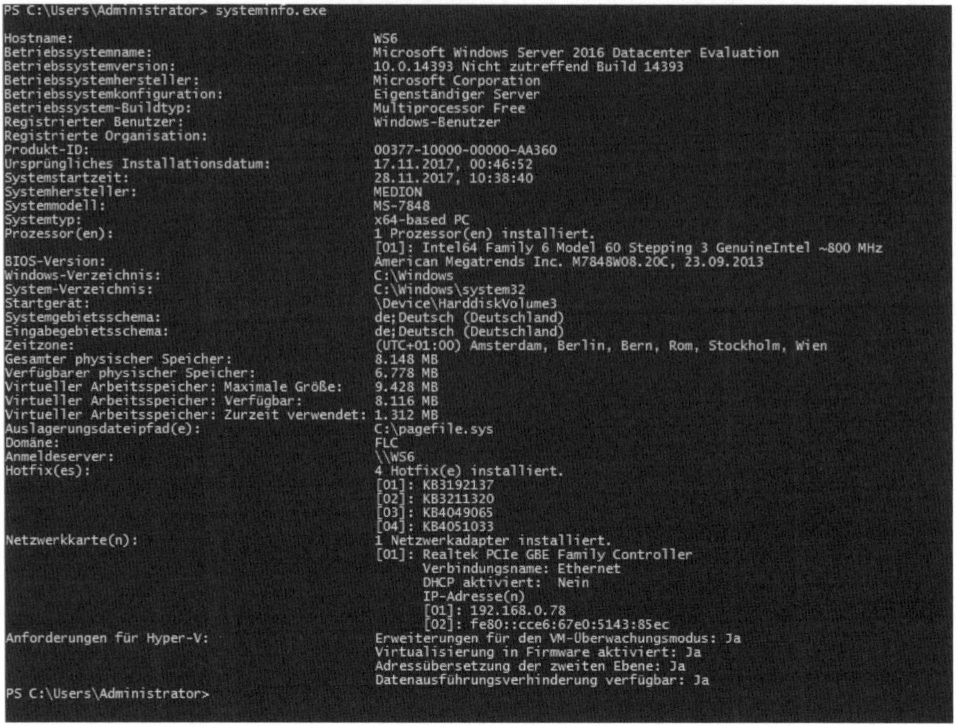

Abb. 3–4 Ausgabe des Programms *Systeminfo.exe*

Hyper-V installieren

Sobald Sie über die passende Hardware und die erforderlichen Softwarelizenzen verfügen, können Sie die Rolle Hyper-V mit dem Assistenten zum Hinzufügen von Rollen und Features in Server-Manager oder mit dem Cmdlet *Install-WindowsFeature* in Windows PowerShell zu Windows Server 2016 hinzufügen.

Hyper-V mit Server-Manager installieren

Um die Rolle *Hyper-V* mit Server-Manager zu installieren, führen Sie die folgenden Schritte aus:

1. Melden Sie sich an Windows Server 2016-Server unter einem Konto mit Administratorberechtigungen an.

2. In der Konsole *Server-Manager* wählen Sie *Verwalten/Rollen und Features hinzufügen*. Daraufhin startet der Assistent zum Hinzufügen von Rollen und Features und zeigt die Seite *Vorbemerkungen* an.

3. Klicken Sie auf *Weiter*. Damit gelangen Sie zur Seite *Installationstyp auswählen*.

4. Lassen Sie die Option *Rollenbasierte oder featurebasierte Installation* ausgewählt und klicken Sie auf *Weiter*. Es erscheint die Seite *Zielserver auswählen*.
5. Wählen Sie den Server aus, auf dem Sie Hyper-V installieren wollen, und klicken Sie auf *Weiter*. Der Assistent zeigt die Seite *Serverrollen auswählen* an.
6. Aktivieren Sie das Kontrollkästchen *Hyper-V*. Das Dialogfeld *Sollen für Hyper-V erforderliche Features hinzugefügt werden?* wird geöffnet.
7. Klicken Sie auf *Features hinzufügen*, um die Abhängigkeiten zu akzeptieren, und klicken Sie dann auf *Weiter*. Es erscheint die Seite *Features auswählen*.
8. Klicken Sie auf *Weiter*. Die Seite *Hyper-V* erscheint.
9. Klicken Sie auf *Weiter*. Die Seite *Virtuelle Switches erstellen* erscheint.
10. Aktivieren Sie das Kontrollkästchen für einen Netzwerkadapter und klicken Sie auf *Weiter*. Jetzt erscheint die Seite *Migration eines virtuellen Computers*.
11. Klicken Sie auf *Weiter*. Die Seite *Standardspeicher* erscheint.
12. Spezifizieren Sie optional Alternativen zu den Standardspeicherorten für virtuelle Datenträger und virtuelle Computerkonfigurationsdateien. Klicken Sie auf *Weiter*. Damit gelangen Sie zur Seite *Installationsauswahl bestätigen*.
13. Klicken Sie auf *Installieren*. Die Seite *Installationsstatus* wird angezeigt, während der Assistent die Rolle installiert.
14. Klicken Sie auf *Schließen*, um den Assistenten zu schließen.
15. Starten Sie den Server neu.

Wenn Sie die Rolle installieren, ändert sich der Startvorgang von Windows Server 2016, damit der neu installierte Hypervisor die Systemhardware direkt adressieren und dann das Betriebssystem als primäre Partition darauf laden kann.

Hyper-V mit Windows PowerShell installieren

Die Rolle Hyper-V können Sie auch mit dem Cmdlet *Install-WindowsFeature* installieren. Verwenden Sie dazu den folgenden Befehl:

```
install-windowsfeature –name hyper-v -includemanagementtools
    –restart
```

Wie gewohnt installiert das Cmdlet *Install-WindowsFeature* die zu einer Rolle gehörenden Verwaltungstools standardmäßig nicht. Sie müssen den Parameter *IncludeManagementTools* angeben, um Hyper-V-Manager und das Modul Hyper-V PowerShell zusammen mit der Rolle zu installieren.

PRÜFUNGSTIPP

Ist Ihr Windows Server 2016 als Gastbetriebssystem auf einem Hyper-V-Hostserver, der eine frühere Version von Windows Server ausführt, installiert, beispielsweise in einer Labor- oder Schulungsumgebung, ist es nicht möglich, die Rolle Hyper-V mit dem Assistenten zum Hinzufügen von Rollen und Features oder mit dem Cmdlet *Install-WindowsFeature* zu installieren. In beiden Fällen wird die Installation mit einer Fehlermeldung abgebrochen. Das ist darauf zurückzuführen, dass die virtuelle Maschine keine Funktionen zur Hardwarevirtualisierung besitzt und beide Tools auf Voraussetzungen prüfen, bevor sie die Installation der Rolle zulassen. Das Tool *DISM.exe* (Deployment Image Servicing and Management) führt diese Überprüfungen jedoch nicht durch und kann die Rolle Hyper-V auf einem laufenden System installieren, selbst wenn es ein virtueller Computer ist. Um Hyper-V mit *DISM.exe* zu installieren, führen Sie den folgenden Befehl an einer Eingabeaufforderung mit erhöhten Rechten aus:

```
dism /online
    /enable-feature
    /featurename:microsoft-hyper-v
```

Eine Hyper-V-Installation auf einem Gastbetriebssystem eignet sich nur für Ausbildungs- und Übungszwecke, etwa die Vorbereitung auf die Prüfung 70-740. Zwar können Sie virtuelle Computer erstellen und konfigurieren, doch Sie können sie nicht starten, weil die erforderliche Hardware nicht vorhanden ist. Wenn aber der Hyper-V-Hostserver Windows Server 2016 ausführt und über die richtige Hardware verfügt, ist Hyper-V-Verschachteln möglich.

Verwaltungstools installieren

Wenn Sie die Rolle *Hyper-V* hinzufügen, werden die Hypervisor-Software und – bei einer Server-Manager-Installation – auch die Verwaltungstools installiert. Die Hyper-V-Manager-Konsole ist das Hauptwerkzeug, um virtuelle Maschinen und ihre Komponenten auf Hyper-V-Servern zu erstellen und zu verwalten. Hyper-V-Manager bietet Ihnen eine Liste aller virtuellen Maschinen auf Windows Server 2016-Systemen und ermöglicht Ihnen, sowohl die Serverumgebungen als auch die Umgebungen der individuellen VMs zu konfigurieren. Zudem bietet Windows PowerShell ein Hyper-V-Modul, mit dessen Cmdlets Sie über diese Benutzeroberfläche sämtliche Verwaltungsarbeiten für virtuelle Computer ausführen können.

Sowohl der Hyper-V-Manager als auch die PowerShell-Cmdlets können Hyper-V-Server remote verwalten. Hierfür können Sie die Verwaltungstools an sich installieren, ohne die Hyper-V-Rolle zu installieren. Da keine Voraussetzungen zu erfüllen sind, um die Tools zu installieren oder zu verwenden, ist auch keine spezielle Hardware erforderlich.

Mit Server-Manager installieren Sie die Hyper-V-Verwaltungstools in folgenden Schritten:

1. Melden Sie sich bei dem Windows Server 2016-Server unter einem Konto mit Administratorrechten an.
2. Starten Sie in Server-Manager den Assistenten zum Hinzufügen von Rollen und Features.
3. Übernehmen Sie die Standardeinstellungen auf den Seiten *Installationstyp auswählen* und *Zielserver auswählen*.
4. Klicken Sie auf *Weiter*, um die Seite *Serverrollen auswählen* zu überspringen.
5. Auf der Seite *Features auswählen* scrollen Sie bis zu *Remoteserver-Verwaltungstools/Rollenverwaltungstools* und aktivieren das Kontrollkästchen *Hyper-V-Verwaltungstools*. Möchten Sie dagegen nur die *Hyper-V-GUI-Verwaltungstools* oder das *Hyper-V-Modul für Windows PowerShell* installieren, aktivieren Sie das entsprechende Kontrollkästchen. Klicken Sie dann auf *Weiter*.
6. Klicken Sie auf *Installieren*. Die Seite *Installationsstatus* erscheint, während der Assistent die Features installiert.
7. Klicken Sie auf *Schließen*, um den Assistenten zu schließen.

Um die Verwaltungstools mit Windows PowerShell zu installieren, rufen Sie das Cmdlet *Install-WindowsFeature* wie folgt auf:

```
install-windowsfeature -name rsat-hyper-v-tools
```

Möchten Sie nur den Hyper-V-Manager oder nur das Hyper-V-PowerShell-Modul installieren, rufen Sie einen der folgenden Befehle auf:

```
install-windowsfeature -name hyper-v-tools
```

```
install-windowsfeature -name hyper-v-powershell
```

Von vorhandenen Hyper-V-Versionen aktualisieren

Wenn Sie einen Server auf Windows Server 2016 aktualisieren, ist Hyper-V ein wichtiger Faktor im Planungs- und Durchführungsprozess. Windows Server 2016-Hyper-V bringt viele neue Features mit und es lohnt sich, davon zu profitieren, doch Sie müssen sich um Ihre vorhandenen virtuellen Computer kümmern, bevor Sie das Hostbetriebssystem aktualisieren.

Im ersten Schritt beim Upgrade eines Hostservers auf Windows Server 2016 sind die virtuellen Computer zu ihrem eigenen Schutz vom Host herunterzubringen. Das können Sie nach zwei Methoden bewerkstelligen:

- **Exportieren** Speichert die VM-Dateien einschließlich der virtuellen Datenträger in einem Ordner, den Sie festlegen. Später, wenn das Upgrade abgeschlossen ist, können Sie die VMs zurück in den Host importieren. Das Exportieren und Importieren von VMs kann längere Zeit dauern, weil Sie mit jedem virtuellen Computer individuell arbeiten müssen. Außerdem sind die VMs offline, solange sie als exportierte Dateien gespeichert sind. Die

VM-Dateien können Sie temporär in einen anderen Server importieren und dort ausführen, doch dauert der Vorgang dann doppelt so lange.

- **Hyper-V-Replikat** Erstellt eine Kopie einer laufenden VM als Offline-Replikat auf einem anderen Hostserver, einschließlich der virtuellen Datenträger. Weil die Quell-VM während der Replikation online bleibt, sind die Stillstandszeiten minimal und die Produktion kann weitergehen. Nachdem das Upgrade abgeschlossen ist, können Sie die Kopie zurück auf den ursprünglichen Host kopieren.

- **Shared Nothing-Livemigration** Verschiebt eine laufende VM ohne freigegebenen Speicher auf einen anderen Hostserver in derselben oder einer vertrauenswürdigen Domäne, praktisch ohne Stillstandszeiten.

Welche Lösung Sie wählen, sollte hauptsächlich davon abhängen, ob Ihre VMs Produktionsserver sind, die während der Aktualisierung laufen müssen. Nachdem die Gast-VMs sicher an einem anderen Ort untergebracht sind, können Sie fortfahren und den Hostserver aktualisieren oder seine Rollen auf eine neue Windows Server 2016-Installation auf einem anderen Computer migrieren (was die empfohlene Methode ist).

Verwaltung virtueller Computer delegieren

Die Hyper-V-Rolle können Sie nur installieren, wenn Sie unter einem Konto mit lokalen Administrator- oder Domänenadministratorrechten angemeldet sind. Nachdem die Rolle installiert ist, wird es aber kaum sinnvoll sein, diesen Zugriffstyp jeder Person zu gewähren, die mit virtuellen Maschinen auf dem Hyper-V-Host arbeitet.

Um diesem Problem zu begegnen, wird bei der Installation der Rolle *Hyper-V* in Windows Server 2016 eine lokale Gruppe *Hyper-V-Administratoren* eingerichtet, über die Sie Benutzern und Gruppen Berechtigungen zum Erstellen, Verwalten und Verbinden zu virtuellen Computern gewähren können. Mitglieder dieser Gruppe haben keinen anderen Zugriff auf das Hostbetriebssystem, weshalb Sie diese Berechtigung auch Nichtadministratoren gewähren können, ohne den Rest des Betriebssystems zu gefährden.

> **HINWEIS** Hyper-V-Administratoren autorisieren
>
> In vorherigen Versionen von Windows Server gab es das Tool *Autorisierungs-Manager* (*Azman.msc*), mit dem Administratoren Benutzern spezifische Berechtigungen gewähren konnten. Zum Beispiel konnten Sie einen Benutzer autorisieren, virtuelle Computer zu starten und zu stoppen, aber keine ihrer Einstellungen zu ändern. Seit dem Release Windows Server 2012 R2 gilt dieses Tool als veraltet (»deprecated«), obwohl es in Windows Server 2016 immer noch vorhanden ist. Die derzeit anerkannte Methode, granulare Hyper-V-Verwaltungsaufgaben zuzuweisen, ist die Verwendung des System Center Virtual Machine Managers (VMM). Dies ist allerdings ein separates, kostenpflichtiges Produkt.

Remoteverwaltung von Hyper-V-Hosts durchführen

Ist die Hyper-V-Rolle installiert, können Sie sie lokal mit der Hyper-V-Manager-Konsole oder den Cmdlets des Hyper-V-PowerShell-Moduls lokal verwalten. Häufig ist das nicht praktisch, etwa wenn der Hyper-V-Hostserver in einem entfernten Datencenter oder Serverschrank steht. Wie bei vielen anderen Windows-Diensten können Sie Hyper-V nach verschiedenen Methoden remote verwalten.

Remoteverwaltung mit Hyper-V-Manager

Wie die meisten Snap-Ins für die Microsoft Management Console (MMC) kann sich Hyper-V-Manager mit einem Remoteserver verbinden und dort die gleichen Funktionen ausführen, die auf dem lokalen System möglich sind. Hyper-V-Manager können Sie auf jedem Computer installieren, der Windows Server 2016 ausführt, egal ob die Rolle Hyper-V installiert ist oder nicht. Mittels Hyper-V-Manager ist die Verbindung zu jedem Computer möglich, auf dem die Hyper-V-Rolle läuft, egal ob die Hyper-V-Verwaltungstools installiert sind oder nicht.

Um Hyper-V-Manager auf Windows 10 zu installieren, müssen Sie das Paket Remoteserver-Verwaltungstools für Windows 10 herunterladen und installieren. Die Windows Server 2016- und Windows 10-Versionen von Hyper-V-Manager erlauben Verbindungen zu Hyper-V, das auf beliebigen Windows-Versionen seit Windows Server 2012 und Windows 8 läuft. Das Gegenteil trifft aber nicht unbedingt zu. Frühere Versionen von Hyper-V-Manager sind in ihrer Fähigkeit beschränkt, einen Windows Server 2016-Hostserver zu verwalten.

Die Hyper-V-Manager-Konsole verbinden Sie mit einem Remoteserver in derselben AD DS-Domäne in folgenden Schritten:

1. Öffnen Sie Hyper-V-Manager.
2. Klicken Sie mit der rechten Maustaste im linken Fensterbereich auf *Hyper-V-Manager* und wählen Sie im Kontextmenü *Verbindung mit dem Server herstellen*. Es erscheint das Dialogfeld *Computer auswählen* (siehe Abbildung 3–5).

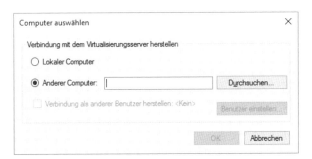

Abb. 3–5   Das Dialogfeld *Computer auswählen*

3. Wählen Sie die Option *Anderer Computer* aus und geben Sie den Namen oder die IP-Adresse des zu verwaltenden Computers ein. Sie können auch auf *Durchsuchen* klicken,

um ein Standarddialogfeld *Computer auswählen* zu öffnen, wie es Abbildung 3–6 zeigt, in dem Sie nach einem Computernamen suchen können.

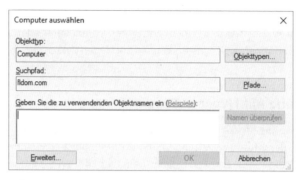

Abb. 3–6 Das Suchfeld *Computer auswählen*

4. Klicken Sie auf *OK*. Der ausgewählte Computer erscheint im linken Fensterbereich.
5. Wählen Sie im linken Fensterbereich den Computer aus, den Sie verwalten wollen. Im mittleren Fensterbereich erscheinen die virtuellen Computer auf diesem Computer.

Nun können Sie mit den virtuellen Computern und anderen Hyper-V-Komponenten des Remotecomputers genauso arbeiten, als wären sie im lokalen System vorhanden.

Wenn beide Computer zur selben AD DS-Domäne gehören, ist es leicht, die Verbindung zu einem remoten Hyper-V-Server herzustellen. Die Computer verwenden Kerberos für die Authentifizierung, die von einem Domänencontroller ausgehandelt wird. Befinden sich die Computer nicht in derselben Domäne oder in überhaupt keiner Domäne, ist der Authentifizierungsvorgang komplizierter, weil die Computer Kerberos nicht verwenden können. Demzufolge müssen Sie sie stattdessen für Credential Security Support Provider (CredSSP) als Authentifizierungsprotokoll konfigurieren.

Um die Systeme für Remoteverwaltung zu konfigurieren, führen Sie die folgenden Befehle in einer administrativen PowerShell-Sitzung aus. Auf dem remoten (verwalteten) Server:

```
enable-psremoting

enable-wsmancredssp
```

Der erste Befehl erstellt die erforderlichen Firewallregeln, um den eingehenden Verwaltungsverkehr zuzulassen. Der zweite Befehl erlaubt die Verwendung von CredSSP für die Authentifizierung.

Auf dem lokalen (verwaltenden) Computer:

```
set-item wsman:\localhost\client\trustedhosts
    -value "hypervserver.domain.com"

enable-wsmancredssp -role client
    -delegatecomputer "hypervserver.domain.com"
```

Der erste Befehl fügt den voll qualifizierten Domänennamen des zu verwendenden Hyper-V-Servers zur WSMan-Liste der vertrauenswürdigen Hosts auf dem lokalen System hinzu. Der zweite Befehl erlaubt CredSSP auf dem Client.

> *ACHTUNG* **Vertrauenswürdige Hosts verwenden**
>
> Den Namen des Remoteservers in die Liste der vertrauenswürdigen Hosts hinzuzufügen, ist zwar in einem Labor- oder Schulungsnetz akzeptabel, aber funktionell gleichbedeutend damit, dass Sie die Haustür sperrangelweit offen lassen und dazu die Verandabeleuchtung einschalten. Jeder, der Ihre Adresse kennt, kann ungehindert eintreten. In einer Produktionsumgebung ist es die bei Weitem einfachste und beste Lösung, beide Systeme mit einer Active Directory-Domäne zu verknüpfen. Wo das nicht möglich ist, sollten Sie SSL Server-Authentifizierungszertifikate für beide Computer von der Zertifizierungsstelle eines Drittanbieters beziehen und beide Computer sich damit gegenseitig authentifizieren lassen.

Remoteverwaltung mithilfe von Windows PowerShell

Hyper-V lässt sich auf einem Remoteserver auch per Windows PowerShell verwalten. Das Hyper-V-PowerShell-Modul bringt Dutzende von Cmdlets mit, die genügend Verwaltungsflexibilität bieten.

Es gibt vor allem zwei Wege, um Hyper-V mit PowerShell zu verwalten:

- **PowerShell-Remoting (auch** explizites **Remoting genannt)** Der Benutzer auf dem lokalen (verwaltenden) System öffnet eine Remotesitzung zum remoten (verwalteten) System. In diesem Modell muss das Hyper-V-Modul auf dem Remotesystem installiert sein, auf dem lokalen System braucht es nicht installiert zu werden.
- **Implizites Remoting:** Der Benutzer auf dem lokalen (verwaltenden) System führt ein Cmdlet mit einem Parameter *ComputerName* aus, das seine Funktion an das remote (verwaltete) System richtet. In diesem Modell muss auf dem lokalen System das Hyper-V-Modul installiert sein.

PowerShell-Remoting

Wenn Sie eine Remotesitzung zu einem anderen Computer per PowerShell einrichten, wechselt die Eingabeaufforderung, um den Namen des zu verwaltenden Computers widerzuspiegeln. Da Sie die Cmdlets ausführen, die auf dem anderen Computer verfügbar sind, muss auf dem Remoteserver das Hyper-V-Modul installiert sein.

PowerShell-Remoting hat einige herausragende Vorteile gegenüber der Hyper-V-Manager-Konsole. Erstens haben Sie Zugriff auf alle Cmdlets auf dem Remotesystem und nicht nur auf die im Hyper-V-Modul. Zweitens gibt es normalerweise keine Kompatibilitätsprobleme zwischen PowerShell-Implementierungen. Sie können eine Windows Server 2008-PowerShell-Sitzung verwenden, um sich problemlos zu einem Windows Server 2016-Hyper-V-Server zu verbinden. Mit Hyper-V-Manager ist dies nicht möglich.

Die Sicherheitsfragen, die für eine remote PowerShell-Sitzung relevant sind, entsprechen denen einer remoten Hyper-V-Manager-Sitzung. In diesem Fall könnten Sie das Cmdlet *Enable-PSRemoting* auf beiden Computern ausführen und auch hier Active Directory SSL-Zertifikate oder die Liste der vertrauenswürdigen Hosts auf dem Verwaltungssystem (in dieser Reihenfolge) verwenden.

Um die Verbindung zum remoten Hyper-V-Server von einer administrativen PowerShell-Sitzung herzustellen, müssen Sie zuerst mit dem Cmdlet *New-PSSession* wie im folgenden Beispiel eine Sitzung erstellen:

```
new-pssession -computername server1
```

Die Ausgabe dieses Befehls liefert Informationen über die neue Sitzung, einschließlich einer ID. Um der Sitzung beizutreten, rufen Sie das Cmdlet *Enter-PSSession* mit den Sitzungsnummern wie im folgenden Befehl auf:

```
enter-pssession #
```

Wenn Sie momentan nicht mit einem Konto angemeldet sind, das auf dem Remoteserver Administratorrechte besitzt, können Sie mit dem folgenden Befehl unter einem anderen Konto einer Sitzung beitreten:

```
enter-pssession # -credential (get-credential)
```

Dieser Befehl bewirkt, dass Ihr System nach einem Benutzernamen und einem Kennwort mit geeigneten Berechtigungen auf dem Remoteserver fragt.

Wenn Sie die Sitzung erfolgreich eröffnen können, wechselt die Eingabeaufforderung. Nun können Sie PowerShell-Befehle auf dem Remoteserver ausführen. Um die Sitzung zu verlassen, rufen Sie das Cmdlet *Exit-PSSession* auf oder geben einfach exit ein.

Zum Beispiel zeigt Abbildung 3–7 eine Reihe von PowerShell-Befehlen, die Folgendes ausführen:

1. Der erste Befehl erzeugt eine neue Sitzung mit der ID 5.
2. Während Sie sich immer noch im lokalen System befinden, zeigt das Cmdlet *Get-VM* einen einzelnen lokalen Computer namens *ServerH-01* an.
3. Wenn Sie in die Remotesitzung 5 eintreten, ändert sich die Eingabeaufforderung und zeigt den Namen des Remoteservers *rtmsvri* an.
4. Diesmal zeigt das Cmdlet *Get-VM* den virtuellen Computer auf dem Remoteserver namens *ServerI-01* an.
5. Der Befehl *exit* bringt die Eingabeaufforderung zu ihrer ursprünglichen Form zurück und die Steuerung geht wieder an das lokale System über.

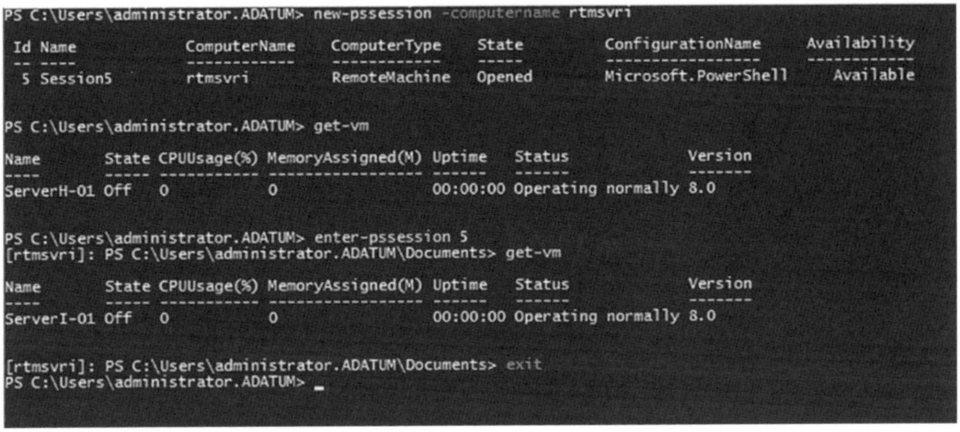

```
PS C:\Users\administrator.ADATUM> new-pssession -computername rtmsvri
Id Name            ComputerName    ComputerType    State    ConfigurationName       Availability
-- ----            ------------    ------------    -----    -----------------       ------------
 5 Session5        rtmsvri         RemoteMachine   Opened   Microsoft.PowerShell    Available

PS C:\Users\administrator.ADATUM> get-vm
Name        State CPUUsage(%) MemoryAssigned(M) Uptime   Status              Version
----        ----- ----------- ----------------- ------   ------              -------
ServerH-01  Off   0           0                 00:00:00 Operating normally  8.0

PS C:\Users\administrator.ADATUM> enter-pssession 5
[rtmsvri]: PS C:\Users\administrator.ADATUM\Documents> get-vm
Name        State CPUUsage(%) MemoryAssigned(M) Uptime   Status              Version
----        ----- ----------- ----------------- ------   ------              -------
ServerI-01  Off   0           0                 00:00:00 Operating normally  8.0

[rtmsvri]: PS C:\Users\administrator.ADATUM\Documents> exit
PS C:\Users\administrator.ADATUM>
```

Abb. 3–7 PowerShell-Befehle, die eine Hyper-V-Verwaltung demonstrieren

Implizites Remoting

Implizites Remoting setzt nicht voraus, dass Sie eine Sitzung mit dem Remoteserver einrichten. Stattdessen sind die PowerShell-Cmdlets selbst in der Lage, ein Remotesystem zu adressieren. Es gilt die allgemeine Regel, dass ein Cmdlet, das einen Parameter *ComputerName* unterstützt, implizites Remoting beherrscht. Zum Beispiel können Sie das Cmdlet *Get-VM* verwenden, um – ohne Parameter – den lokalen Server zu adressieren oder – mit dem Parameter *ComputerName* – einen Remoteserver, wie Abbildung 3–8 zeigt.

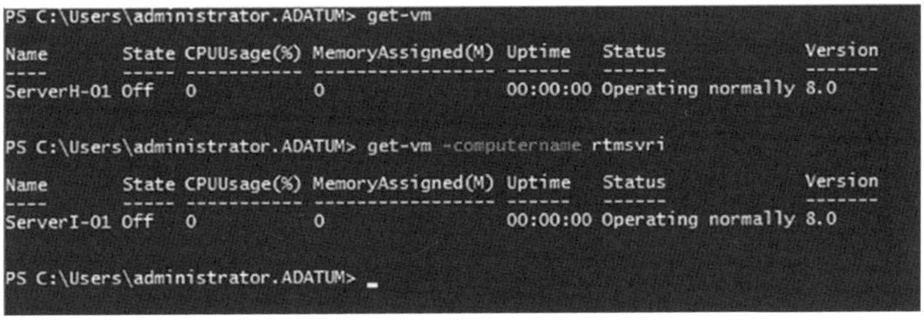

```
PS C:\Users\administrator.ADATUM> get-vm
Name        State CPUUsage(%) MemoryAssigned(M) Uptime   Status              Version
----        ----- ----------- ----------------- ------   ------              -------
ServerH-01  Off   0           0                 00:00:00 Operating normally  8.0

PS C:\Users\administrator.ADATUM> get-vm -computername rtmsvri
Name        State CPUUsage(%) MemoryAssigned(M) Uptime   Status              Version
----        ----- ----------- ----------------- ------   ------              -------
ServerI-01  Off   0           0                 00:00:00 Operating normally  8.0

PS C:\Users\administrator.ADATUM>
```

Abb. 3–8 PowerShell-Befehle, die implizites Remoting demonstrieren

Implizites Remoting ist unter anderem in folgenden Punkten eingeschränkt:

- Weil Sie die Cmdlets auf dem eigenen System ausführen, müssen Sie auf Ihrem Computer das Hyper-V-Modul installiert haben.
- Für diese Methode gibt es Versionsbeschränkungen, genauso wie sie in Hyper-V-Manager bestehen. Von Rechts wegen dürfen Sie nur PowerShell-Module für die Version von Windows installieren, die Sie auf Ihrem lokalen Computer ausführen. Wollen Sie einen unter Windows Server 2016 laufenden Server mit einem System verwalten, auf dem eine vorherige Version von Windows läuft, funktionieren Ihre Cmdlets eventuell nicht ordnungsgemäß.

■ Nicht jedes Cmdlet unterstützt die Verwendung eines Parameters *ComputerName*, sodass Ihre Möglichkeiten begrenzt sind.

Allerdings besticht implizites Remoting unter anderem dadurch, dass es bei einigen Cmdlets möglich ist, ein Zeichenfolgenarray im Parameter *ComputerName* zu übergeben. Damit können Sie ein Cmdlet für mehrere Computer auf einmal ausführen, wie Abbildung 3–9 zeigt. Das ist ein enormer Vorteil für Administratoren, die mit mehreren Hyper-V-Servern arbeiten. Weder Hyper-V-Manager noch Remote-PowerShell-Sitzungen bieten diese Möglichkeit.

```
PS C:\Users\administrator.ADATUM> get-vm -computername rtmsvri, rtmsvrh

Name       State CPUUsage(%) MemoryAssigned(M) Uptime   Status             Version
----       ----- ----------- ----------------- ------   ------             -------
ServerI-01 Off   0           0                 00:00:00 Operating normally 8.0
ServerH-01 Off   0           0                 00:00:00 Operating normally 8.0

PS C:\Users\administrator.ADATUM>
```

Abb. 3–9 PowerShell-Befehle, die implizites Remoting in Bezug auf mehrere Computer demonstrieren

---

HINWEIS **Hilfe abrufen**

Um zu erfahren, ob ein bestimmtes Cmdlet im Parameter *ComputerName* ein Zeichenfolgenarray unterstützt, rufen Sie *Get-Help* mit dem Namen des Cmdlets auf. Wenn nach der Zeichenfolge des Parameters *ComputerName* eckige Klammern stehen, wie Abbildung 3–10 zeigt, können Sie auf der Befehlszeile mehrere Computernamen spezifizieren.

```
PS C:\Users\Administrator> get-help get-vm

NAME
    Get-VM

ÜBERSICHT
    Gets the virtual machines from one or more Hyper-V hosts.

SYNTAX
    Get-VM [[-Name] <String[]>] [-CimSession <CimSession[]>] [-ComputerName <String[]>] [-Credential <PSCredential[]>]
    [<CommonParameters>]

    Get-VM [[-Id] <Guid>] [-CimSession <CimSession[]>] [-ComputerName <String[]>] [-Credential <PSCredential[]>]
    [<CommonParameters>]

    Get-VM [-ClusterObject] <PSObject> [<CommonParameters>]

BESCHREIBUNG
    The Get-VM cmdlet gets the virtual machines from one or more Hyper-V hosts.

VERWANDTE LINKS

HINWEISE
    Zum Aufrufen der Beispiele geben Sie Folgendes ein: "get-help Get-VM -examples".
    Weitere Informationen erhalten Sie mit folgendem Befehl: "get-help Get-VM -detailed".
    Technische Informationen erhalten Sie mit folgendem Befehl: "get-help Get-VM -full".

PS C:\Users\Administrator>
```

Abb. 3–10 PowerShell-Hilfe

Virtuelle Computer mit Windows SharePoint Services Direct konfigurieren

PowerShell Direct ist ein Instrument, um eine Verbindung zu einem Hyper-V-Gastbetriebssystem vom Hostbetriebssystem aus mithilfe einer PowerShell-Sitzung herzustellen. Administratoren, die gern mit PowerShell arbeiten, können dadurch schnell auf eine Gast-VM zugreifen, ohne ein VMConnect-Fenster öffnen, sich beim Gastbetriebssystem anmelden und ein PowerShell-Fenster öffnen zu müssen.

Um sich mit einem Gastbetriebssystem zu verbinden, öffnen Sie eine PowerShell-Sitzung mit administrativen Rechten auf dem Hyper-V-Host und rufen das Cmdlet *Enter-PSSession* wie im folgenden Beispiel auf:

```
enter-pssession -vmname server1
```

Daraufhin erscheint eine Aufforderung, die Anmeldeinformationen für den Zugriff auf den virtuellen Computer einzugeben. Nachdem Sie authentifiziert sind, wechselt die Eingabeaufforderung und gibt den Namen des virtuellen Computers an, genau wie beim Verbinden zu einem Remoteserver. In der VM-Sitzung können Sie so lange arbeiten, wie Sie müssen. Um die Sitzung zu beenden, geben Sie exit ein.

Wenn Sie den Parameter *VmName* verwenden, verhält sich das Cmdlet *Enter-PSSession* beim Einrichten der Sitzung zur VM anders. Im Unterschied zu einer Sitzung mit einem Remoteserver gibt es keine Probleme mit Authentifizierungsprotokollen oder vertrauenswürdigen Hosts.

Diese Fähigkeit lässt sich auch auf andere Weise verwenden. Wollen Sie etwa einen einzelnen PowerShell-Befehl auf dem virtuellen Computer ausführen, können Sie das Cmdlet *Invoke-Command* wie im folgenden Beispiel verwenden:

```
invoke-command -vmname server1
    -scriptblock {get-netadapter}
```

Dieser Befehl greift auf den virtuellen Computer namens *server1* zu und führt dort das Cmdlet *Get-NetAdapter* aus. Die resultierende Ausgabe erscheint auf dem Host und die Sitzung wird unmittelbar geschlossen.

Mit dem Cmdlet *New-PSSession* können Sie auch eine persistente Sitzung zur VM einrichten, fast so, als würden Sie sich mit einem remoten Hyper-V-Server verbinden, außer dass Sie hier den Parameter *VmName* statt *ComputerName* verwenden. In diesem Fall müssen Sie sich authentifizieren, während die Sitzung erstellt wird. Dann sind Sie in der Lage, die Sitzung jederzeit zu betreten und zu verlassen, und zwar mit den Cmdlets *Enter-PSSession* und *Exit-PSSession*, ohne sich erneut authentifizieren zu müssen. Erfahrene PowerShell-Benutzer sollten wissen, dass in einer persistenten Sitzung alle Variablen, die sie innerhalb der Sitzung zuweisen, verfügbar bleiben, bis die Sitzung beendet wird.

Die wahrscheinlich nützlichste Möglichkeit ist es, mit dem Cmdlet *Copy-Item* Dateien von und zu einem Gastbetriebssystem zu kopieren. Ist eine persistente Sitzung eingerichtet, können Sie das zum Beispiel mit den folgenden Befehlen tun:

```
copy-item -tosession (get-pssession)
   -path c:\temp\file.txt
   -destination c:\users

copy-item -fromsession (get-pssession)
   -path c:\users\file.txt
   -destination c:\temp
```

Geschachtelte Virtualisierung implementieren

Unter geschachtelter Virtualisierung versteht man die Fähigkeit, eine Hyper-V-Gast-VM in der Funktion eines Hyper-V-Hosts zu konfigurieren. In vorherigen Versionen von Windows Server scheiterten Versuche, Hyper-V mit Server-Manager oder PowerShell auf einem Gastbetriebssystem zu installieren, weil die erforderliche Unterstützung der Virtualisierungshardware in der virtuellen Maschine nicht gegeben ist. Dagegen ist es in Windows Server 2016 möglich, die VM so zu konfigurieren, dass Sie Hyper-V in einem Gastbetriebssystem installieren, virtuelle Maschinen innerhalb einer virtuellen Maschine erstellen und sie sogar ausführen können.

In einer Produktionsumgebung werden Sie kaum davon profitieren, doch für Test- und Schulungszwecke (beispielsweise die Vorbereitung auf eine Zertifizierungsprüfung) kann diese Möglichkeit ein Segen sein. Außerdem sind Sie dadurch in der Lage, Hyper-V-Container auf einem virtuellen Computer zu erstellen, was eine Hilfe sein kann für die Softwareentwicklung und andere Situationen, die mehr Isolierung erfordern, als sie Windows Server-Standardcontainer bereitstellen können.

Um einen verschachtelten Hyper-V-Hostserver zu erstellen, brauchen Sie einen physischen Host und einen virtuellen Computer auf diesem Host, die beide Windows Server 2016 ausführen. Darüber hinaus setzt der physische Host einen Intel-Prozessor mit VT-x und EPT[5]-Virtualisierungsunterstützung voraus.

Bevor Sie Hyper-V auf dem virtuellen Computer installieren, müssen Sie seinem virtuellen Prozessor den Zugriff auf die Virtualisierungstechnik auf dem physischen Computer verschaffen. Dazu müssen Sie die virtuelle Maschine herunterfahren und einen Befehl wie den folgenden auf dem physischen Host in einer PowerShell-Sitzung mit erhöhten Rechten ausführen:

```
set-vmprocessor -vmname server1
   -exposevirtualizationextensions $true
```

---

5. EPT – Extended Page Tables

Außerdem sind die folgenden Konfigurationsänderungen am virtuellen Computer vorzunehmen, der als Hyper-V-Host fungiert. Jede Änderung wird zuerst als Ort im Dialogfeld *VM-Einstellungen* in Hyper-V-Manager und dann als PowerShell-Befehl angegeben:

- Auf der Seite *Arbeitsspeicher* deaktivieren Sie das Kontrollkästchen *Dynamische Arbeitsspeicher aktivieren*.

    ```
    set-vmmemory -vmname server1
        -dynamicmemoryenabled $false
    ```

- Auf der Seite *Prozessor* setzen Sie *Anzahl virtueller Prozessoren* auf 2.

    ```
    set-vmprocessor -vmname server1
        -count 2
    ```

- Auf der Seite *Netzwerkkarte/Erweiterte Features* schalten Sie *Spoofing von MAC-Adressen aktivieren* ein.

    ```
    set-vmnetworkadapter -vmname server1
        -name "network adapter"
        -macaddressspoofing on
    ```

Nachdem Sie diese Einstellungen geändert haben, können Sie den virtuellen Computer starten, die Rolle Hyper-V installieren und geschachtelte virtuelle Computer erstellen. Während die virtuellen Computer auf dem geschachtelten Host laufen, funktionieren bestimmte Hyper-V-Features nicht, beispielsweise dynamische Größenänderung des Arbeitsspeichers, Prüfpunkte, Livemigration und Sichern/Wiederherstellen.

Prüfungsziel 3.2: Einstellungen für virtuelle Computer konfigurieren

Nachdem Sie Hyper-V installiert und Hyper-V-Manager konfiguriert haben, können Sie virtuelle Computer – auch als virtuelle Maschinen (VMs) bezeichnet – erstellen und die Einstellungen konfigurieren, die jeder einzelne virtuelle Computer im Betrieb verwendet. Dann installieren Sie Gastbetriebssysteme auf den virtuellen Computern, genauso als wären es physische Computer. Per Hyper-V-Manager oder Windows PowerShell erstellen Sie neue virtuelle Computer und konfigurieren deren Einstellungen.

Dieser Abschnitt beschäftigt sich damit, wie Sie

- beim Ausführen eines virtuellen Computers Arbeitsspeicher hinzufügen oder entfernen
- dynamischen Arbeitsspeicher konfigurieren
- Non-Uniform Memory Access(NUMA)-Unterstützung konfigurieren
- Smart Paging konfigurieren
- Ressourcenmessung konfigurieren

- Integrationsdienste verwalten
- virtuelle Computer der Generation 1 und 2 erstellen und konfigurieren und angemessene Nutzungsszenarien bestimmen
- erweiterten Sitzungsmodus implementieren
- virtuelle Computer für Linux und FreeBSD erstellen
- Linux Integration Services (LIS) installieren und konfigurieren
- FreeBSD Integration Services (BIS) installieren und konfigurieren
- sicheren Start für Windows- und Linux-Umgebungen implementieren
- virtuelle Computer aus früheren Versionen von Hyper-V zu Windows Server 2016 Hyper-V übertragen und umwandeln
- virtuelle Computer exportieren und importieren
- Discrete Device Assignment (DDA) implementieren

Einen virtuellen Computer erstellen

Hyper-V speichert die Dateien, aus denen virtuelle Computer bestehen, standardmäßig in den Ordnern, die Sie auf der Seite *Standardspeicher* während der Rolleninstallation festgelegt haben. Jeder virtuelle Computer verwendet die folgenden Dateien:

- Eine VM-Konfigurationsdatei (*.vmc*) im XML-Format, die die VM-Konfigurationsdaten einschließlich aller Einstellungen für den virtuellen Computer enthält
- Eine oder mehrere virtuelle Festplattendateien (*.vhd* oder *.vhdx*), um Gastbetriebssystem, Anwendungen und Daten für den virtuellen Computer zu speichern
- Gegebenenfalls eine Datei mit dem gespeicherten Status (*.vsv*), wenn der Computer in einen gespeicherten Zustand versetzt wurde

Einen virtuellen Computer in Hyper-V-Manager erstellen

Einen neuen virtuellen Computer erstellen Sie mit Hyper-V-Manager in folgenden Schritten:

1. Melden Sie sich beim Windows Server 2016-Hostserver unter einem Konto mit administrativen Rechten an.
2. Im Server-Manager-Fenster wählen Sie im Menü *Tools* den Eintrag *Hyper-V-Manager*. Die Konsole *Hyper-V-Manager* erscheint, wie Abbildung 3–11 zeigt.
3. Wählen Sie im linken Fensterbereich der Hyper-V-Manager-Konsole einen Hyper-V-Server aus.
4. Im Bereich *Aktionen* wählen Sie *Neu/Virtueller Computer*. Der Assistent für neue virtuelle Computer erscheint und zeigt die Seite *Vorbemerkungen* an.
5. Klicken Sie auf *Weiter*. Damit gelangen Sie zur Seite *Name und Pfad angeben*.

6. Geben Sie in das Textfeld *Name* einen Namen für den virtuellen Computer ein. Dieser Name wird auch von Hyper-V verwendet, um die VM-Dateien und -Ordner anzulegen. Klicken Sie dann auf *Weiter*. Der Assistent zeigt die Seite *Generation angeben* an.

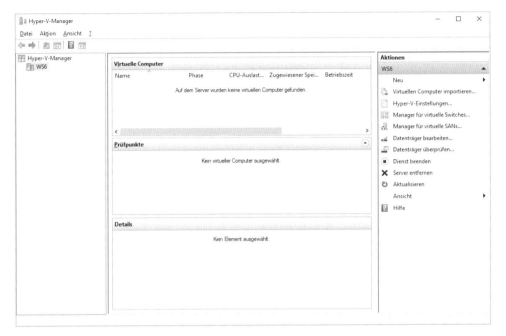

Abb. 3–11   Die Konsole *Hyper-V-Manager*

7. Legen Sie fest, ob Sie einen virtuellen Computer der Generation 1 oder Generation 2 erstellen möchten, und klicken Sie auf *Weiter*. Die Seite *Speicher zuweisen* erscheint.

8. Geben Sie im Eingabefeld *Arbeitsspeicher beim Start* die Größe des Speichers ein, den der virtuelle Computer verwenden soll, und klicken Sie auf *Weiter*. Es erscheint die Seite *Netzwerk konfigurieren*.

9. Wählen Sie in der Dropdownliste *Verbindung* einen virtuellen Switch aus und klicken Sie auf *Weiter*. Die Seite *Virtuelle Festplatte verbinden* erscheint.

10. Lassen Sie die Option *Virtuelle Festplatte erstellen* ausgewählt und geben Sie die Werte für die folgenden Felder ein:
    - **Name**   Gibt den Dateinamen für die virtuelle Festplatte (im *.vhdx*-Format) an.
    - **Pfad**   Gibt einen anderen als den Standardspeicherort für die virtuelle Festplatte an.
    - **Größe**   Gibt die maximale Größe der virtuellen Festplatte an.

11. Klicken Sie auf *Weiter*. Die Seite *Installationsoptionen* erscheint.

12. Lassen Sie die Option *Betriebssystem zu einem späteren Zeitpunkt installieren* ausgewählt und klicken Sie auf *Weiter*. Es erscheint die Seite *Abschließen des Assistenten für neue virtuelle Computer*.

13. Klicken Sie auf *Fertig stellen*. Der Assistent erstellt den neuen virtuellen Computer und fügt ihn in die Liste der virtuellen Computer in Hyper-V-Manager hinzu.

Diese Prozedur erzeugt einen virtuellen Computer, der gleichbedeutend mit einem fabrikneuen Computer ist. Er verfügt über die gesamte (virtuelle) Hardware, die er für die Ausführung benötigt, ihm fehlt aber jegliche Software.

Einen virtuellen Computer in Windows PowerShell erstellen

Per Windows PowerShell erstellen Sie einen neuen virtuellen Computer mit dem Cmdlet *New-VM* und der folgenden grundlegenden Syntax:

```
new-vm –name virtualmachinename
    –memorystartupbytes memory
    -generation #
    –newvhdsizebytes disksize
```

So erzeugt der folgende Befehl einen virtuellen Computer der Generation 2 namens *Server1* mit 1 GB Arbeitsspeicher und einer neuen virtuellen Festplatte von 40 GB:

```
new-vm –name "server1"
    –generation 2
    –memorystartupbytes 1gb
    –newvhdsizebytes 40gb
```

Darüber hinaus sind für das Cmdlet *New-VM* viele weitere Parameter festgelegt, die Sie sich über das Cmdlet *GetHelp* erläutern lassen können.

Einstellungen für den virtuellen Computer konfigurieren

Jeder virtuelle Hyper-V-Computer besteht aus Einstellungen, die die virtuellen Hardwareressourcen im Computer spezifizieren, und der Konfiguration dieser Ressourcen. Diese Einstellungen können Sie im Hyper-V-Manager über das Dialogfeld *Einstellungen* für den jeweiligen virtuellen Computer verwalten und modifizieren.

Wenn Sie einen virtuellen Computer im Hyper-V-Manager in der Liste *Virtuelle Computer* auswählen, wird eine Reihe von Symbolen in einem separaten Abschnitt des Fensterbereichs *Aktionen* angezeigt. Klicken Sie auf das Symbol für *Einstellungen*. Es erscheint das Dialogfeld *Einstellungen* (siehe Abbildung 3–12), das die vorrangige Konfigurationsbenutzeroberfläche für diesen virtuellen Computer ist. Hier können Sie alle Einstellungen ändern, die Sie beim Erstellen des virtuellen Computers konfiguriert haben.

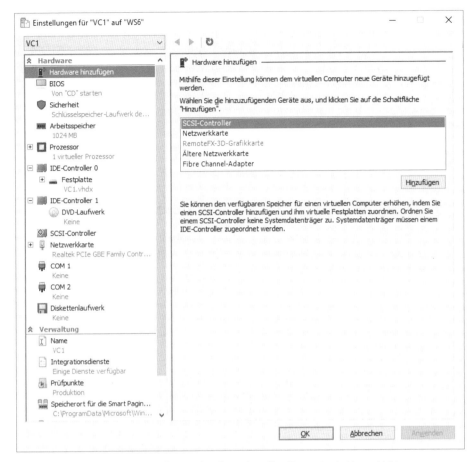

Abb. 3–12 Das Dialogfeld *Einstellungen* für einen virtuellen Computer in Hyper-V-Manager

Die Einstellungen eines virtuellen Computers können Sie auch mit den PowerShell-Cmdlets des Hyper-V-Moduls konfigurieren. Der folgende Befehl listet alle Cmdlets im Modul auf:

```
get-command -module hyper-v
```

Beim Ausführen eines virtuellen Computers Arbeitsspeicher hinzufügen oder entfernen

Im Dialogfeld *Einstellungen* können Sie auf der Seite *Arbeitsspeicher* festlegen, wie viel Arbeitsspeicher des Hostservers dem ausgewählten virtuellen Computer zugeordnet werden soll. Auf einem Hyper-V-Server, auf dem Windows Server 2012 R2 oder früher läuft, sind die Einstellungen auf der Seite *Arbeitsspeicher* eines laufenden virtuellen Computers grau dargestellt (d. h. deaktiviert). Diese Einstellungen lassen sich nicht modifizieren, wenn der virtuelle Computer läuft, ebenso wenig wie bei Memory Sticks, die man im laufenden Betrieb in einen physischen Computer steckt.

In Windows Server 2016 Hyper-V hat sich das allerdings geändert. Auf der Seite *Arbeitsspeicher* eines ausgeführten virtuellen Computers der Generation 1 oder Generation 2 ist die Einstellung *RAM* aktiviert und Sie können die Speicherzuordnung für den virtuellen Computer erhöhen oder verringern, während er läuft. Diese »heißen« Änderungen werden wirksam, sobald Sie auf die Schaltfläche *OK* oder *Anwenden* klicken.

Per PowerShell lässt sich die Speicherzuordnung mit dem Cmdlet *Set-VMMemory* wie im folgenden Beispiel festlegen:

```
set-vmmemory -vmname server1
    -startupbytes 1024mb
```

Dynamischen Arbeitsspeicher konfigurieren

Zu den primären Vorzügen von Hyper-V gehört die Fähigkeit, die Hardwareressourcen eines Servers effizienter zu nutzen. Vor Hyper-V lief ein Server typischerweise die meiste Zeit bei 10 bis 20 Prozent seiner Ressourcenkapazität. Die übrige Arbeitsspeicher- und Prozessorleistung blieb den gelegentlich vorkommenden Lastspitzen vorbehalten.

Dynamischer Arbeitsspeicher ist ein Hyper-V-Feature, das einem virtuellen Computer automatisch je nach Bedarf Arbeitsspeicher zuweist oder entzieht. Dadurch können Administratoren ihre Serverkonsolidierungsraten erhöhen.

Zum Beispiel könnten Sie auf einem Hyper-V-Server mit 16 GB RAM sieben virtuelle Computer mit 2 GB Arbeitsspeicher jeweils ohne dynamischen Speicher erstellen, weil damit zu rechnen ist, dass jeder einzelne dieser virtuellen Computer zeitweise die gesamten 2 GB benötigt. Vielleicht kommen aber diese virtuellen Computer die meiste Zeit mit 1 GB aus. Wenn dynamischer Arbeitsspeicher aktiviert ist, ließen sich zehn oder zwölf virtuelle Computer auf demselben Server unterbringen. Alle diese virtuellen Computer haben dann die 1 GB, die sie die meiste Zeit brauchen, und es bleiben mehrere Gigabyte Arbeitsspeicher übrig für temporäre Zuweisungen an virtuelle Computer in den Zeiten, in denen sie die vollen 2 GB benötigen.

Einstellungen für dynamischen Speicher

Um dynamischen Arbeitsspeicher zu verwenden, aktivieren Sie im Dialogfeld *Einstellungen* auf der Seite *Arbeitsspeicher* das Kontrollkästchen *Dynamischen Arbeitsspeicher aktivieren*, wie Abbildung 3–13 zeigt. Dann konfigurieren Sie die folgenden Speichereinstellungen:

- **RAM** Spezifiziert die Arbeitsspeichermenge, die Hyper-V dem virtuellen Computer beim Starten zuordnet.

- **Minimaler RAM** Spezifiziert die kleinste Arbeitsspeichermenge, die für den virtuellen Computer übrig bleibt, wenn der dynamische Arbeitsspeicher die Speicherzuordnung verringert. Die Standardeinstellung ist 512 MB.

- **Maximaler RAM** Spezifiziert die größte Arbeitsspeichermenge, die dynamischer Arbeitsspeicher dem virtuellen Computer überhaupt zuordnen kann. Die Standardeinstellung ist 1 TB, was dem maximal zulässigen Arbeitsspeicher für einen virtuellen Computer entspricht.
- **Arbeitsspeicherpuffer** Gibt den Prozentsatz des momentan reservierten Speichers an, den dynamischer Speicher als Puffer für spätere Erweiterung zurückhalten soll. Hyper-V ordnet diesen Pufferspeicher normalerweise nicht einem anderen virtuellen Computer zu, tut dies bei Bedarf aber trotzdem.

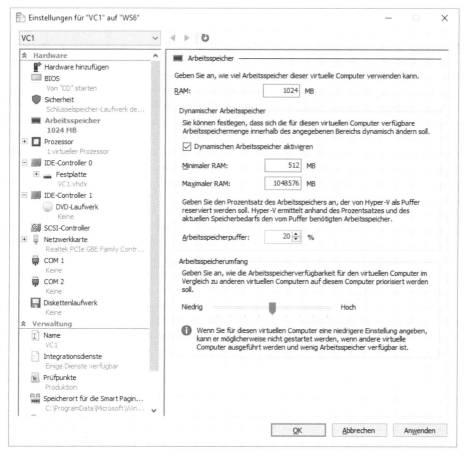

Abb. 3–13 Die Seite *Arbeitsspeicher* im Dialogfeld *Einstellungen* für einen virtuellen Computer im Hyper-V-Manager

> **HINWEIS** Einschränkungen bei dynamischem Arbeitsspeicher
>
> Zwar können Sie die Einstellung *RAM* ändern, wenn der virtuelle Computer ausgeführt wird und dynamischer Arbeitsspeicher nicht aktiviert ist, es gelten aber folgende Einschränkungen:
>
> - Bei laufendem virtuellen Computer können Sie dynamischen Arbeitsspeicher weder aktivieren noch deaktivieren.
> - Wenn dynamischer Arbeitsspeicher aktiviert ist, können Sie die Einstellung *RAM* nicht modifizieren.
> - Wenn der virtuelle Computer läuft, können Sie die Einstellung *Minimaler RAM* zwar verringern, aber nicht erhöhen.
> - Wenn der virtuelle Computer läuft, können Sie die Einstellung *Maximaler RAM* zwar erhöhen, aber nicht verringern.

Nicht jede Anwendung, die auf einem virtuellen Computer läuft, ist ein geeigneter Kandidat für dynamischen Speicher. Zum Beispiel ist Microsoft Exchange dafür ausgelegt, ständig den gesamten verfügbaren Arbeitsspeicher zu nutzen. Da Exchange Daten im RAM zwischenspeichert, wenn er für andere Zwecke nicht verwendet wird, kann eine dynamische Verringerung des verfügbaren Arbeitsspeichers zu einer Leistungsminderung führen. Wenn Sie in einer Produktionsumgebung virtuelle Computer betreiben, sollten Sie sich beim Hersteller der Anwendung rückversichern, bevor Sie dynamischen Speicher für die Anwendung aktivieren.

Dynamische Speicherzuordnungen

Wie alle Windows-Versionen benötigt auch Windows Server 2016 während des Startvorgangs mehr Arbeitsspeicher, als später für einen stabilen Betrieb erforderlich ist. Wenn der Startvorgang auf einem virtuellen Computer abgeschlossen ist, sinkt der Speicherbedarf des Gastbetriebssystems und Hyper-V fordert einen Teil des bisher zugeordneten Arbeitsspeichers zurück.

Das Anpassen des für einen virtuellen Computer reservierten Arbeitsspeichers ist eine kooperative Vereinbarung zwischen dem Speichermanager im Gastbetriebssystem, einem dynamischen Speichertreiber in den Hyper-V-Integrationsdiensten, die auf dem Gast laufen, und dem Hyper-V-Host selbst. Das Gastbetriebssystem geht davon aus, dass es nur mit dem Speicher arbeiten kann, der ihm momentan zugeordnet ist. Benötigt eine Anwendung, die auf dem Gast läuft, mehr Arbeitsspeicher, fordert sie ihn beim Speichermanager des Gastbetriebssystems an. Der Treiber für den dynamischen Arbeitsspeicher auf dem Gast erkennt diese Anforderung und informiert den Hyper-V-Server, der dem virtuellen Computer zusätzlichen Arbeitsspeicher zuordnet. Das Gastbetriebssystem ermittelt entsprechend dem Industriestandard Hot-Add-Speicher, ob es inzwischen über genügend Arbeitsspeicher verfügt, um die Anforderung der Anwendung zu erfüllen.

Eine ganz andere Geschichte ist es, den Arbeitsspeicher zu reduzieren, der dem virtuellen Computer zugeordnet ist. Denn es gibt zwar eine standardisierte Methode für das Gastbetriebssystem, Speicher im laufenden Betrieb hinzuzufügen (Hot-add von Arbeitsspeicher), aber keine Standardmethode, um die Zuordnung zu verringern. Wenn das Gastbetriebssystem weniger Arbeitsspeicher belegt, verwendet der dynamische Speicher einen sogenannten *Balloon-Treiber*, um den überschüssigen Speicher zu sperren, sodass Hyper-V diesen Speicher zurückfordern und anderswo zuordnen kann. Das Gastbetriebssystem geht davon aus, dass dieser Speicher immer noch da ist, und die Zuordnungstools zeigen ihn als noch vom Treiber gesperrt an, doch in Wahrheit hat Hyper-V den Speicher schon zurückgeholt.

Demzufolge zeigt das Gastbetriebssystem möglicherweise andere Speichernutzungszahlen als Hyper-V an. In einem derartigen Fall gilt die Regel, dass der Wert von Hyper-V korrekt ist und das Gastbetriebssystem vom Balloon-Treiber getäuscht wird. Das Gastbetriebssystem sieht den vom Treiber gesperrten und dann freigegebenen Arbeitsspeicher erst nach einem Neustart des virtuellen Computers.

Um die aktuellen Speicherzuordnungsdaten für einen virtuellen Computer anzuzeigen, gehen Sie in der Hyper-V-Manager-Konsole auf die Registerkarte *Arbeitsspeicher* (siehe Abbildung 3–14).

Abb. 3–14   Die Registerkarte *Arbeitsspeicher* für einen virtuellen Computer

NUMA-Unterstützung konfigurieren

NUMA (Non-Uniform Memory Access) ist eine Systemarchitektur, die die Speichereffizienz in Computern mit mehreren Prozessoren verbessert. NUMA ist eine Architektur, die die logischen Prozessoren eines Systems und dessen Arbeitsspeicher in *NUMA-Knoten* aufteilt, wobei jeder Knoten einen oder mehrere logische Prozessoren enthält sowie den Bereich von Arbeitsspeicher, der ihnen auf einem separaten Bus am nächsten liegt. Diese Knotenbusse werden dann miteinander durch einen anderen Bus verbunden, wodurch die Prozessoren auf den gesamten Systemspeicher zugreifen können.

Die Grundregel hinter NUMA lautet »naher Arbeitsspeicher ist schneller«. Jeder logische Prozessor betrachtet den Arbeitsspeicher innerhalb seines NUMA-Knotens als *lokalen Speicher*. Bei Arbeitsspeicher in anderen Knoten spricht man von *Remotespeicher* oder *Fremdspeicher*. Leistungsmäßig schneiden Prozessoren besser ab, wenn sie auf lokalen Speicher statt auf Remotespeicher zugreifen, weil die Wartezeiten geringer sind.

Als *NUMA-Verhältnis* eines Prozessors bezeichnet man das Verhältnis der Kosten für den Zugriff auf fremden Speicher zu den Kosten für den lokalen Speicherzugriff. In einem System mit symmetrischem Multiprocessing (SMP) sind alle Prozessoren und der gesamte Arbeitsspeicher über einen einzelnen Bus verbunden und das NUMA-Verhältnis beträgt 1:1.

Um von der NUMA-Architektur zu profitieren, sind bestimmte Anwendungen daraufhin optimiert, Prozessoren und Arbeitsspeicher nach Möglichkeit innerhalb desselben Knotens zu verwenden. Ein Beispiel für eine derartige Anwendung ist Microsoft SQL Server.

NUMA-Aufteilung

Genau wie Hyper-V die andere Hardware in einem physischen Computer für die virtuellen Computer virtualisiert, so wird auch die NUMA-Architektur virtualisiert. Standardmäßig versucht Hyper-V, einen virtuellen Computer mit den Ressourcen innerhalb eines einzelnen NUMA-Knotens zu starten. Wenn die NUMA-Architektur des physischen Computers innerhalb eines einzelnen Knotens nicht genügend Arbeitsspeicher bereitstellen kann, greift Hyper-V auf Arbeitsspeicher in anderen Knoten zurück. Dieser Vorgang heißt *NUMA-Aufteilung*.

Durch NUMA-Aufteilung können virtuelle Computer jeden auf dem Hostserver verfügbaren Arbeitsspeicher nutzen, und zwar unabhängig von dem Knoten, in dem sich der virtuelle Computer befindet. Dabei gibt es aber einige potenzielle Leistungsnachteile.

Die Leistung virtueller Computer und der Anwendungen kann zwischen Neustarts variieren, weil sich die Ausrichtung der NUMA-Knoten ändert. Zum Beispiel könnte der gesamte Arbeitsspeicher eines virtuellen Computers zunächst von einem einzelnen NUMA-Knoten zugewiesen werden. Wenn dann nach einem Neustartvorgang des virtuellen Computers der Arbeitsspeicher von mehreren Knoten zugewiesen werden muss, sind die Wartezeiten bei manchen Speicherzugriffen höher und die Leistung sinkt.

Um diese Situation zu vermeiden, können Sie einen Hyper-V-Server so konfigurieren, dass er keine NUMA-Aufteilung zulässt. Damit ist sichergestellt, dass die Leistung Ihrer virtuellen Computer und Ihrer Anwendungen selbst nach Neustarts konsistent ist. Allerdings hat dies auch Nachteile. Wenn die NUMA-Aufteilung deaktiviert ist und ein virtueller Computer nicht auf alle erforderlichen Ressourcen in einem einzelnen Knoten zugreifen kann, startet er nicht. Außerdem ist dynamischer Speicher nur in der Lage, auf den Arbeitsspeicher in einem einzelnen Knoten zuzugreifen.

Für einen Hyper-V-Server konfigurieren Sie die NUMA-Aufteilung in folgenden Schritten:

1. Klicken Sie im Hyper-V-Manager im Bereich *Aktionen* auf *Hyper-V-Einstellungen*. Das Dialogfeld *Hyper-V-Einstellungen* erscheint.
2. Wählen Sie in der Liste *Server* den Eintrag *Aufteilung auf NUMA*, um die Seite *Aufteilung auf NUMA* anzuzeigen (siehe Abbildung 3–15).
3. Deaktivieren Sie das Kontrollkästchen *Aufteilung virtueller Computer auf physische NUMA-Knoten zulassen*.
4. Klicken Sie auf *OK*.

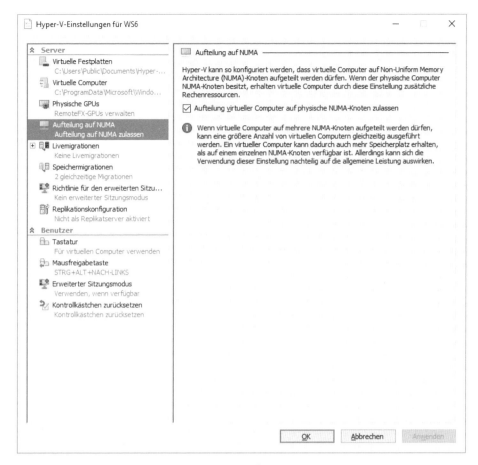

Abb. 3–15   Die Seite *Aufteilung auf NUMA* im Dialogfeld *Hyper-V-Einstellungen*

> **HINWEIS**   **Hyper-V-Einstellungen**
>
> Da sich die Einstellungen im Dialogfeld *Hyper-V-Einstellungen* auf alle virtuellen Computer auf dem Server auswirken, kann kein virtueller Computer mit Remotespeicher arbeiten, wenn Sie die NUMA-Aufteilung deaktivieren.

NUMA-Topologie

Wenn Sie einen virtuellen Computer erstellen, erzeugt Hyper-V eine virtuelle NUMA-Architektur, die der physischen NUMA-Architektur des Hostservers entspricht. Es ist aber möglich, die NUMA-Knoteneinstellungen für einen bestimmten virtuellen Computer zu modifizieren.

Wozu sollte das gut sein? Wenn Sie mit einem Hostserver arbeiten, auf dem mehrere NUMA-Knoten eingerichtet sind, und Sie eine NUMA-fähige Anwendung in einem virtuellen Computer ausführen, kann die Arbeitsspeichermenge, die Sie diesem virtuellen Computer zuordnen, entscheidend sein. Microsoft hat geschätzt, dass die Leistung eines virtuellen Computers um mehr als acht Prozent zurückgehen kann, wenn die Speicherzuordnung die Grenze des NUMA-Knotens überschreitet.

Wenn zum Beispiel jeder NUMA-Knoten auf einem Hostserver 16 GB Arbeitsspeicher umfasst, sollten den virtuellen Computern nicht mehr als 16 GB zugewiesen werden. In solchen Fällen kann sich die Leistung verringern, wenn der Arbeitsspeicher eines virtuellen Computers über 16 GB erhöht wird. Sollte also eine Anwendung mehr als 16 GB benötigen, ist es vorstellbar, die Größe der virtuellen NUMA-Knoten für die virtuellen Computer zu modifizieren, um ein Überschreiten der (virtuellen) Knotengrenzen zu verhindern. Selbstverständlich könnte der virtuelle Computer trotzdem die physischen Knotengrenzen des Hostservers überschreiten und somit gibt es wahrscheinlich eine gewisse Leistungsbeeinträchtigung, die allerdings nicht so stark ins Gewicht fällt wie eine Aufteilung in der virtuellen NUMA-Architektur.

Die NUMA-Einstellungen für einen virtuellen Computer konfigurieren Sie in folgenden Schritten:

1. Öffnen Sie im Hyper-V-Manager das Dialogfeld *Einstellungen* für den virtuellen Computer, den Sie konfigurieren möchten.
2. In der Liste *Hardware* erweitern Sie den Eintrag *Prozessor* und wählen den Untereintrag *NUMA* aus. Daraufhin erscheint die Seite *NUMA-Konfiguration*, die in Abbildung 3–16 zu sehen ist.

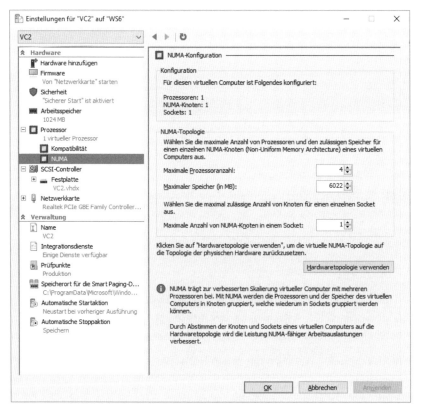

Abb. 3–16   Die Seite *NUMA-Konfiguration* im Dialogfeld *Einstellungen* eines virtuellen Computers

3. Legen Sie im Abschnitt *NUMA-Topologie* die Werte für die folgenden Einstellungen fest:
   - Maximale Prozessoranzahl
   - Maximaler Speicher (in MB)
   - Maximale Anzahl von NUMA-Knoten in einem Socket
4. Klicken Sie auf *OK*.

Smart Paging konfigurieren

Smart Paging ist ein Hyper-V-Feature, das dem Hostserver erlaubt, ausgleichend einzugreifen, wenn zu viel Speicher zugesichert wird. Kann der Host nicht genügend Arbeitsspeicher bereitstellen, um einen virtuellen Computer zu starten, legt er auf der Festplatte eine Speicherauslagerungsdatei an, aber nur während des Startvorgangs.

Wenn virtuelle Computer dynamischen Speicher verwenden, sind in der Regel verschiedene Werte für *RAM* und *Minimaler RAM* festgelegt. Dadurch kann der virtuelle Computer einen Teil seines Arbeitsspeichers nach Abschluss des Startvorgangs freigeben. Somit ist es möglich, gleichzeitig mehrere virtuelle Computer zu betreiben, die zusammen den gesamten verfügbaren Arbeitsspeicher im Hostserver verwenden. Das funktioniert, solange die virtuellen Computer laufen, doch wenn die virtuellen Computer einen Neustart ausführen, steht nicht genügend Arbeitsspeicher zur Verfügung, um die in der Einstellung *RAM* festgelegte Menge bereitstellen zu können.

Dies kann insbesondere dann auftreten, wenn mehrere virtuelle Computer so konfiguriert sind, dass sie automatisch starten, wenn der Hostserver hochfährt. Bei einem Hyper-V-Hostserver mit 16 GB Arbeitsspeicher sollten sich zehn virtuelle Computer ausführen lassen, die mit jeweils 1 GB für einen stabilen Betrieb auskommen. Wenn jedoch die Einstellung *RAM* für jeden dieser virtuellen Computer auf 2 GB gesetzt ist, verfügt der Hostserver nicht über genügend Arbeitsspeicher, um alle virtuellen Computer auf einmal zu starten. In diesem Fall gleicht der Host den Speichermangel mit Festplattenspeicher anstelle von RAM aus. Auch wenn die Festplattenzugriffe höchstwahrscheinlich wesentlich langsamer sind als die RAM-Zugriffe, tritt diese Speicherauslagerung nur in der Startphase des virtuellen Computers auf. Sobald der virtuelle Computer gestartet ist und einen Teil seines Arbeitsspeichers freigibt, wird die Speicherauslagerung beendet.

Smart Paging ist für den virtuellen Computer transparent, abgesehen von der eventuell zusätzlich erforderlichen Zeit zum Booten. Aus administrativer Sicht kann man bei Smart Paging lediglich einen alternativen Speicherort für die Paging-Dateien festlegen. Gehen Sie dazu im Dialogfeld *Einstellungen* eines virtuellen Computers auf die Seite *Speicherort für die Smart Paging-Datei* (siehe Abbildung 3–17).

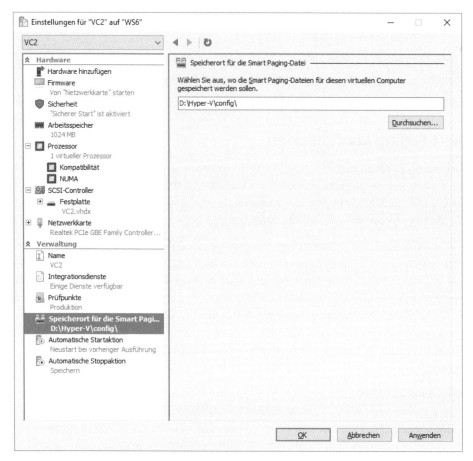

Abb. 3–17 Die Seite *Speicherort für die Smart Paging-Datei* im Dialogfeld *Einstellungen* eines virtuellen Computers

Standardmäßig legt Hyper-V die Paging-Datei im Ordner *Virtual Machines* an. Der einzige triftige Grund, den Speicherort zu ändern, hat mit den Kosten des Speicherplatzes auf der Festplatte zu tun, auf dem sich der designierte Ordner befindet. Wenn zum Beispiel der Ordner *Virtual Machines* auf einer SSD angelegt ist, werden Sie die Smart Paging-Datei vielleicht auf ein preiswerteres Medium verschieben wollen.

Ressourcenmessung konfigurieren

Die Ressourcenmessung ist ein Hyper-V-Feature, mit dem sich die von einem virtuellen Computer im Betrieb verwendeten Ressourcen verfolgen lassen. Vorgesehen ist das Feature für gebührenpflichtige private Clouds, die virtuelle Computer für Kunden hosten. Durch Messen ihrer Ressourcennutzung können Anbieter mit den Kunden auf Basis ihrer tatsächlichen Aktivitäten abrechnen oder die Einhaltung von Vertragsbedingungen bestätigen.

Implementiert ist die Ressourcenmessung in Windows PowerShell. Wenn Sie die Messung aktivieren, sammelt das System statistische Daten, bis Sie die Messung zurücksetzen und die Leistungsindikatoren wieder auf null gestellt werden.

Mit einem Befehl wie dem folgenden aktivieren Sie die Ressourcenmessung:

```
enable-vmresourcemetering -vmname server1
```

Sobald die Messung aktiviert ist, verfolgt das System die Nutzung der folgenden Ressourcen:

- **CPU** Gibt die Prozessornutzung eines virtuellen Computers in Megahertz (MHz) an. Weil die Messung in MHz und nicht mit einem Prozentwert erfolgt, bleiben die statistischen Daten gültig, selbst wenn der virtuelle Computer auf einen anderen Hostserver verschoben wird.
- **Arbeitsspeicher** Hyper-V verfolgt den minimalen, maximalen und durchschnittlichen zugeordneten Arbeitsspeicher, gemessen in Megabyte (MB).
- **Netzwerk** Gibt den gesamten eingehenden und ausgehenden Netzwerkdatenverkehr des virtuellen Computers in Megabyte an.
- **Festplattenspeicher** Gibt die gesamte Speicherkapazität der virtuellen Festplatten des virtuellen Computers an. Dazu kommt noch der Speicherplatz, der auf dem Host von Snapshots verbraucht wird.

Die statistischen Daten der Ressourcenmessung zeigen Sie für einen bestimmten virtuellen Computer mit einem Befehl wie dem folgenden an:

```
measure-vm -vmname server1
```

Die Ergebnisse des Befehls sind in Abbildung 3–18 zu sehen.

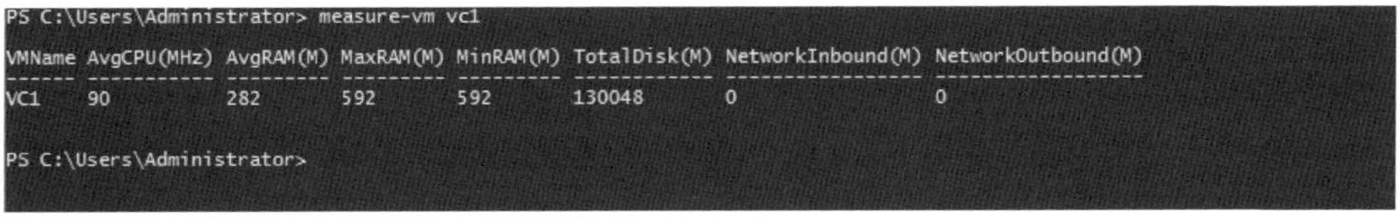

```
PS C:\Users\Administrator> measure-vm vc1
VMName  AvgCPU(MHz)  AvgRAM(M)  MaxRAM(M)  MinRAM(M)  TotalDisk(M)  NetworkInbound(M)  NetworkOutbound(M)
------  -----------  ---------  ---------  ---------  ------------  -----------------  ------------------
VC1     90           282        592        592        130048        0                  0

PS C:\Users\Administrator>
```

Abb. 3–18   Ausgabe des Cmdlets *Measure-VM*

Möchten Sie zusätzliche Indikatoren in die Ressourcenmessung einbeziehen, führen Sie das Cmdlet *Measure-VM* aus und leiten dessen Ausgabe mit dem Pipe-Befehl an das Cmdlet *Format-List* weiter, wie es aus Abbildung 3–19 hervorgeht, die auch die resultierende Ausgabe zeigt.

```
PS C:\Users\Administrator> measure-vm vc1|fl

VMId                              : 780615c1-bcf0-4f71-95ed-b5d13f3f1ff0
VMName                            : VC1
CimSession                        : CimSession: .
ComputerName                      : WS6
MeteringDuration                  :
AverageProcessorUsage             : 18
AverageMemoryUsage                : 543
MaximumMemoryUsage                : 592
MinimumMemoryUsage                : 592
TotalDiskAllocation               : 130048
AggregatedAverageNormalizedIOPS   : 0
AggregatedAverageLatency          : 0
AggregatedDiskDataRead            : 1
AggregatedDiskDataWritten         : 0
AggregatedNormalizedIOCount       : 8
NetworkMeteredTrafficReport       : {Microsoft.HyperV.PowerShell.VMNetworkAdapterPortAclMeteringReport,
                                    Microsoft.HyperV.PowerShell.VMNetworkAdapterPortAclMeteringReport,
                                    Microsoft.HyperV.PowerShell.VMNetworkAdapterPortAclMeteringReport,
                                    Microsoft.HyperV.PowerShell.VMNetworkAdapterPortAclMeteringReport}
HardDiskMetrics                   : {Microsoft.HyperV.PowerShell.VHDMetrics}
AvgCPU                            : 18
AvgRAM                            : 543
MinRAM                            : 592
MaxRAM                            : 592
TotalDisk                         : 130048

PS C:\Users\Administrator>
```

Abb. 3–19 Formatierte Ausgabe des Cmdlets *Measure-VM*

Um die statistischen Daten der Ressourcenmessung wieder auf null zurückzusetzen, führen Sie das Cmdlet *Reset-VMResourceMetering* wie im folgenden Beispiel aus:

    reset-vmresourcemetering -vmname server1

Mit dem Cmdlet *Disable-VMResourceMetering* schalten Sie die Ressourcenmessung für einen virtuellen Computer folgendermaßen ab:

    disable-vmresourcemetering -vmname server1

Integrationsdienste verwalten

Integrationsdienste ist ein Softwarepaket, das auf einem Gastbetriebssystem läuft und ihm ermöglicht, mit dem Hyper-V-Hostserver zu kommunizieren. Einige der Softwarekomponenten im Paket *Integrationsdienste* sind für ein bestimmtes Gastbetriebssystem konzipiert und werden automatisch ausgeführt, beispielsweise der weiter vorn in diesem Kapitel erwähnte Balloon-Treiber. Daneben gibt es andere Komponenten, die Administratoren bei Bedarf aktivieren oder deaktivieren können.

Um die Komponenten auszuwählen, die auf einem virtuellen Computer verfügbar sind, öffnen Sie im Dialogfeld *Einstellungen* des virtuellen Computers die Seite *Integrationsdienste* und aktivieren bzw. deaktivieren die jeweiligen Kontrollkästchen (siehe Abbildung 3–20).

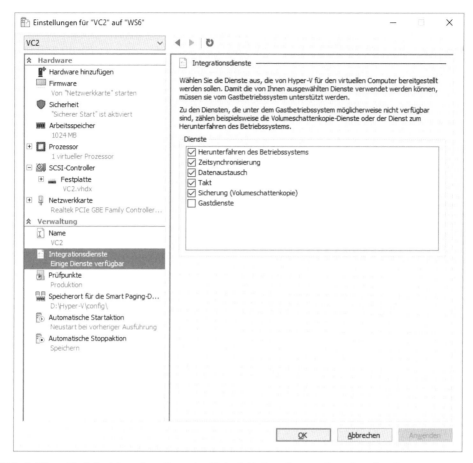

Abb. 3–20 Die Seite *Integrationsdienste* im Dialogfeld *Einstellungen* eines virtuellen Computers

Ein virtueller Computer, auf dem Windows Server 2016 läuft, umfasst sechs Komponenten der Integrationsdienste, die bis auf *Gastdienste* standardmäßig aktiviert sind. Die Komponenten erfüllen folgende Funktionen:

- **Herunterfahren des Betriebssystems** Ermöglicht es Administratoren, einen virtuellen Computer ordnungsgemäß herunterzufahren, ohne sich bei diesem anzumelden. Ein virtueller Computer lässt sich per Hyper-V-Manager oder mit dem Cmdlet *Stop-VM* in PowerShell herunterfahren.

- **Zeitsynchronisierung** Synchronisiert die Uhrzeit des virtuellen Computers mit der Uhrzeit des Hostservers. Diesen Dienst werden Sie nur dann deaktivieren, wenn Sie einen AD DS-Domänencontroller betreiben und das System so konfiguriert haben, dass es sich mit dem Zeitsignal aus einer externen Quelle synchronisiert.

- **Datenaustausch** Dieser auch als *Schlüssel-Wert-Paar* bezeichnete Dienst versetzt das Gastbetriebssystem in die Lage, Informationen auf einem virtuellen Computer mit dem Betriebssystem des Hyper-V-Hostservers über den VMBus zu teilen. Demzufolge ist keine Netzwerkverbindung erforderlich. Die Informationen werden auf einem Windows-Gast in der Registrierung und auf einem Linux/UNIX-Gast in einer Datei gespeichert. Anwendungsentwickler können mit WMI[6]-Skripts Anweisungen oder andere Informationen in Schlüssel-Wert-Paaren speichern, die dem Host zugänglich sein müssen.

- **Takt** Bewirkt, dass der virtuelle Computer in regelmäßigen Abständen ein Signal generiert, das seinen normalen Betrieb anzeigt. Der Hostserver erkennt, wenn das Taktsignal ausfällt, was auf einen nicht mehr reagierenden virtuellen Computer hinweist. Der aktuelle Zustand des Taktsignals wird im Hyper-V-Manager eines laufenden virtuellen Computers auf der Registerkarte *Zusammenfassung* (wie in Abbildung 3–21) oder in der Ausgabe des PowerShell-Cmdlets *Get-VMIntegrationService* angezeigt.

- **Sicherung (Volumeschattenkopie)** Ermöglicht es Administratoren, einen virtuellen Computer mittels Sicherungssoftware zu sichern, die auf dem Hostserver läuft. Eine derartige Sicherung schließt die VM-Konfiguration, die virtuellen Festplatten und alle Prüfpunkte ein. Die Volumes auf dem virtuellen Computer müssen das NTFS-Dateisystem verwenden und Volumeschattenkopie aktiviert haben.

- **Gastdienste** Ermöglicht es Administratoren, Dateien von und zu einem virtuellen Computer zu kopieren, und zwar per VMBus statt über eine Netzwerkverbindung. Um Dateien auf diese Weise zu kopieren, müssen Sie das PowerShell-Cmdlet *Copy-VMFile* verwenden.

Abb. 3–21 Die Registerkarte *Zusammenfassung* in Hyper-V-Manager

Virtuelle Computer der Generation 1 und 2 erstellen und konfigurieren und angemessene Nutzungsszenarien bestimmen

Wenn Sie im Hyper-V-Manager einen neuen virtuellen Computer erstellen, können Sie im Assistenten für neue virtuelle Computer auf der in Abbildung 3–22 gezeigten Seite festlegen, ob Sie einen virtuellen Computer der Generation 1 oder der Generation 2 erstellen wollen.

---

6. WMI – Windows Management Instrumentation

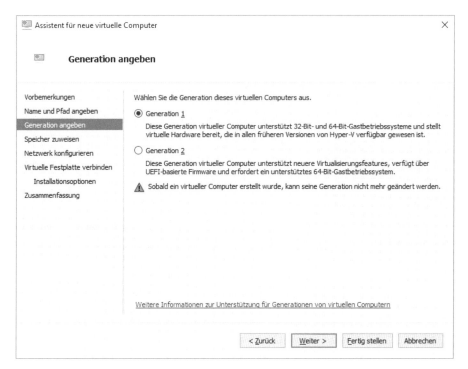

Abb. 3–22 Die Seite *Generation angeben* im Assistenten für neue virtuelle Computer

Das PowerShell-Cmdlet *New-VM* übernimmt auch einen Parameter *Generation*, den Sie in einem Befehl wie dem folgenden verwenden:

```
new-vm -name server1
    -generation 2
    -memorystartupbytes 1gb
    -newvhdpath "c:\disks\server1.vhdx"
```

Wenn Sie den Parameter *Generation* in der Befehlszeile weglassen, erstellt das Cmdlet standardmäßig einen virtuellen Computer der Generation 1.

Vorteile der Generation 2

Virtuelle Computer der Generation 1 sollen konzeptionell die Hardware simulieren, die in einem typischen Computer vorhanden ist, und dazu verwenden sie Treiber für spezifische Geräte wie zum Beispiel ein AMI BIOS, einen S3-Grafikadapter und einen Intel-Chipset- und Netzwerkadapter. Die virtuellen Computer, die Sie mit Hyper-V von Windows Server 2016 erstellen, sind vollständig kompatibel mit allen vorherigen Hyper-V-Versionen.

Dagegen verwenden virtuelle Computer der Generation 2 synthetische Treiber und softwarebasierte Geräte. Unter anderem haben sie folgende Vorteile:

- **UEFI-Start** Anstatt das herkömmliche BIOS zu verwenden, unterstützen virtuelle Computer der Generation 2 einen sicheren Startvorgang mithilfe von UEFI[7]. Diese Schnittstelle beschränkt einen Systemstart auf vorher signierte Treiber und lässt das Booten von Laufwerken größer als 2 TB mit GUID-Partitionstabellen zu. UEFI wird in virtuellen Computern vollständig emuliert, unabhängig von der Firmware im physischen Hostserver.

- **SCSI-Festplatten** Virtuellen Computern der Generation 2 fehlt der IDE-Festplattencontroller, über den virtuelle Computer der Generation 1 das System gestartet haben. An seine Stelle tritt ein hochleistungsfähiger virtueller SCSI-Controller für sämtliche Festplatten. Somit sind virtuelle Computer in der Lage, von VHDX-Dateien zu booten, bis zu 64 Geräte pro Controller zu unterstützen und Festplatten im laufenden Betrieb hinzuzufügen und zu entfernen.

- **PXE-Start** Der native virtuelle Netzwerkadapter in virtuellen Computern der Generation 2 unterstützt Startvorgänge von einem Netzwerkserver über Preboot Execution Environment (PXE).

- **SCSI-Start** Virtuelle Computer der Generation 2 können von einem SCSI-Gerät starten, wozu virtuelle Computer der Generation 1 nicht in der Lage sind. Virtuelle Computer der Generation 2 haben weder IDE- noch Floppy-Controllerunterstützung und können demzufolge nicht von solchen Geräten booten.

- **Größe des Startvolumes** Virtuelle Computer der Generation 2 können von einem Volume starten, das bis zu 64 TB groß ist, während Startvolumes bei Generation 1 auf 2 TB begrenzt sind.

- **Größenänderung des VHDX-Bootvolumes** In einem virtuellen Computer der Generation 2 können Sie ein VHDX-Bootvolume erweitern oder verringern, während der virtuelle Computer läuft.

- **Softwarebasierte Peripheriegeräte** Die Tastatur-, Maus- und Videotreiber in einem virtuellen Computer der Generation 2 sind softwarebasiert und werden nicht emuliert, sodass sie weniger ressourcenintensiv sind und eine sicherere Umgebung bieten.

- **Hot-Netzwerkadapter** In virtuellen Computern der Generation 2 können Sie virtuelle Netzwerkadapter hinzufügen und entfernen, während der virtuelle Computer läuft.

- **Erweiterter Sitzungsmodus** Virtuelle Computer der Generation 2 unterstützen einen erweiterten Sitzungsmodus, der Hyper-V-Manager- und VMConnect-Verbindungen zum virtuellen Computer mit zusätzlichen Fähigkeiten bereitstellt, beispielsweise Audio, Unterstützung der Zwischenablage, Druckerzugriff und USB-Geräte.

- **Abgeschirmte virtuelle Computer** Virtuelle Computer der Generation 2 lassen sich abschirmen, sodass die Festplatte und der Systemzustand verschlüsselt werden und nur für autorisierte Administratoren zugänglich sind.

---

7. UEFI – Extensible Firmware Interface

- **»Direkte Speicherplätze«** Virtuelle Computer der Generation 2, die Windows Server 2016 Datacenter Edition ausführen, unterstützen »Direkte Speicherplätze«, die eine hochleistungsfähige fehlertolerante Speicherlösung mit lokalen Laufwerken bereitstellen.

Beschränkungen der Generation 2

Ein virtueller Computer der Generation 2 lässt sich letzten Endes wesentlich schneller bereitstellen als seine Gegenstücke der Generation 1, er ist sicherer und schneidet zudem leistungsmäßig besser ab. Nachteilig bei einem virtuellen Computer der Generation 2 ist jedoch, dass er manche Gastbetriebssysteme nicht ausführen kann. Dazu gehören die folgenden Systeme:

- Windows Server 2008 R2
- Windows Server 2008
- Windows 7
- Einige ältere Linux-Distributionen
- Alle FreeBSD-Distributionen
- Alle 32-Bit-Betriebssysteme

> **HINWEIS** Generationen von virtuellen Computern konvertieren
>
> Nachdem Sie einen virtuellen Computer mit einer bestimmten Generation erstellt haben, gibt es in Windows Server 2016 an sich keine Möglichkeit mehr, die Generation zu ändern. Allerdings können Sie ein Skript namens *Convert-VMGeneration* vom Microsoft Developer Network herunterladen, das aus einem vorhandenen virtuellen Computer der Generation 1 einen neuen virtuellen Computer der Generation 2 erzeugt, wobei alle Geräte wie Floppylaufwerke, DVD-Laufwerke, die physische Medien verwenden, Legacynetzwerkadapter und COM-Ports entfernt werden. Das Skript ist unter *https://code.msdn.microsoft.com/ConvertVMGeneration* verfügbar.

Eine VM-Generation auswählen

Vorzugsweise sollten Sie virtuelle Computer der Generation 2 verwenden, außer in Situationen, in denen sie nicht unterstützt werden oder in denen sie die benötigten Features nicht unterstützen, wie zum Beispiel:

- Sie wollen einen BIOS-Startvorgang auf dem virtuellen Computer ausführen.
- Es ist eine VHD vorhanden, die UEFI nicht unterstützt, Sie wollen aber diese Schnittstelle in einem neuen virtuellen Computer verwenden.
- Sie möchten eine Gastbetriebssystemversion installieren, die Generation 2 nicht unterstützt.

- Sie haben vor, den virtuellen Computer auf einen Windows Server 2008 R2- oder einen anderen Hyper-V-Server zu übertragen, der virtuelle Computer der Generation 2 nicht unterstützt.
- Sie haben vor, den virtuellen Computer zu Windows Azure zu verschieben.

Erweiterten Sitzungsmodus implementieren

VMConnect (Virtual Machine Connection) ist das Tool, mit dem sich Hyper-V-Manager zu einem laufenden virtuellen Computer verbindet und auf dessen Desktop zugreift. Wenn Sie im Hyper-V-Manager einen virtuellen Computer auswählen und im Bereich *Aktionen* auf *Verbinden* klicken, starten Sie VMConnect. Allerdings können Sie das Tool auch ohne Hyper-V-Manager verwenden, indem Sie *VMConnect.exe* auf der Befehlszeile ausführen.

Der erweiterte Sitzungsmodus ist ein Hyper-V-Feature, durch das ein virtueller Computer, auf den über VMConnect zugegriffen wird, Ressourcen auf dem Computer nutzen kann, auf dem VMConnect läuft. So kann ein virtueller Computer, auf dem der erweiterte Sitzungsmodus aktiviert ist, Druckaufträge an den Drucker des Hostsystems senden, Anmeldungen mit dessen Smartcardleser abwickeln, Daten der Zwischenablage gemeinsam nutzen, Audiodaten wiedergeben oder aufzeichnen, die Bildschirmauflösung anpassen oder auf die Laufwerke des Hosts zugreifen.

In Windows Server 2016 ist der erweiterte Sitzungsmodus standardmäßig deaktiviert. Wenn Sie ihn verwenden wollen, müssen Sie ihn zuerst aktivieren, und zwar an zwei Stellen im Dialogfeld *Hyper-V-Einstellungen* auf dem Hostserver:

- Im Abschnitt *Server* aktivieren Sie auf der Seite *Richtlinie für den erweiterten Sitzungsmodus* das Kontrollkästchen *Erweiterten Sitzungsmodus zulassen* (siehe Abbildung 3–23).
- Im Abschnitt *Benutzer* aktivieren Sie auf der Seite *Erweiterter Sitzungsmodus* das Kontrollkästchen *Erweiterten Sitzungsmodus verwenden*.

Um den erweiterten Sitzungsmodus zu verwenden, muss das Hostsystem unter Windows Server 2016, Windows Server 2012 R2, Windows Server 2012, Windows 10, Windows 8.1 oder Windows 8 laufen. Der virtuelle Computer muss für die Generation 2 konfiguriert sein und Windows Server 2016, Windows Server 2012 R2, Windows 10 oder Windows 8.1 als Gastbetriebssystem ausführen. Außerdem muss auf dem Blatt *Systemeigenschaften* die Einstellung *Remotedesktop* aktiviert sein.

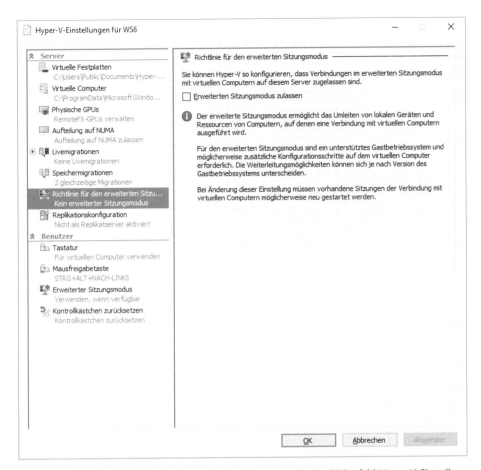

Abb. 3–23 Die Seite *Richtlinie für den erweiterten Sitzungsmodus* im Dialogfeld *Hyper-V-Einstellungen*

Wenn Sie sich mit einem virtuellen Computer verbinden, für den der erweiterte Sitzungsmodus aktiviert ist, erscheint ein zusätzliches Dialogfeld *Verbinden*, auf dem Sie die Bildschirmauflösung für den virtuellen Computer auswählen können (siehe Abbildung 3–24).

Abb. 3–24 Das Dialogfeld *Verbinden*

Wenn Sie auf *Optionen anzeigen* klicken und dann auf die Registerkarte *Lokale Ressourcen* gehen (siehe Abbildung 3–25), können Sie die Audiooptionen und lokalen Geräte auswählen, die der virtuelle Computer verwenden können soll. Ein Klick auf *Verbinden* öffnet dann den Desktop des virtuellen Computers im *VMConnect*-Fenster.

Abb. 3–25   Die Registerkarte *Lokale Ressourcen* des Dialogfelds *Verbinden*

Virtuelle Computer für Linux und FreeBSD erstellen

Hyper-V von Windows Server 2016 ist nicht auf Windows-Gastbetriebssysteme eingeschränkt. Auf einem virtuellen Computer können Sie viele Linux-Distributionen oder FreeBSD installieren. Je nach Distribution variieren die Installationsprozeduren. Auch in der Leistung unterscheiden sie sich. In manchen Fällen müssen Sie einige Standardeinstellungen des virtuellen Computers anpassen, um eine bestimmte Distribution zu unterstützen, doch in vielen Fällen läuft der Installationsvorgang ohne Probleme ab.

Wenn Sie einen virtuellen Computer, der Linux oder FreeBSD ausführt, erstellen wollen, müssen Sie zuerst überprüfen, ob die gewünschte Version des Gastbetriebssystems unterstützt wird. Microsoft hat die Unterstützung für mehrere Linux-Distributionen angekündigt, einschließlich CentOS, Red Hat, Debian, Oracle, SUSE und Ubuntu sowie FreeBSD. Diese sind in mehreren Versionen verfügbar und Sie müssen sicherstellen, dass die gewünschte Version auch unterstützt wird und dass sie die Hyper-V-Features unterstützt, die Ihnen wichtig sind.

> **WEITERE INFORMATIONEN**   Unterstützte Linux- und FreeBSD-Versionen
>
> Weitere Informationen zu den Versionen der jeweiligen Linux- und FreeBSD-Distributionen, die als Hyper-V-Gäste unterstützt werden, und den Features, die in jeder Distribution verfügbar sind, finden Sie auf der folgenden Seite der Microsoft TechNet-Site unter *https://technet.microsoft.com/de-de/windows-server-docs/compute/hyper-v/supported-linux-and-freebsd-virtual-machines-for-hyper-v-on-windows* (in Englisch).

Virtuelle Computer konfigurieren

Als Nächstes ermitteln Sie die Einstellungen für den virtuellen Computer, auf dem Linux oder FreeBSD als Gastbetriebssystem laufen soll. Auch hier sind die benötigten Einstellungen im Allgemeinen für das jeweils vorgesehene Betriebssystem spezifisch. Manche neuere Linux-Versionen können auf virtuellen Computern der Generation 2 laufen, andere nicht. Für die Versionen, die auf virtuellen Computern der Generation 2 ausgeführt werden, müssen Sie sich davon überzeugen, dass sie Secure Boot verwenden können. Bei diesen Betriebssystemen ist es höchstwahrscheinlich notwendig, dass Administratoren eigene Tests ausführen und damit die optimalen Einstellungen ermitteln, um die beste Leistung zu erreichen.

So wird die Ubuntu-Distribution von Linux als Hyper-V-Gastbetriebssystem unterstützt. Um jedoch einen virtuellen Computer für Ubuntu zu erstellen, müssen Sie die folgenden Punkte berücksichtigen:

- Verwenden Sie für virtuelle Computer der Generation 1 den Hyper-V-Netzwerkadapter und nicht den Legacynetzwerkadapter. Wenn es erforderlich ist, über das Netzwerk mit PXE zu booten, verwenden Sie einen virtuellen Computer der Generation 2, der PXE im Standardnetzwerkadapter unterstützt.

- Ubuntu kann auf dem virtuellen Computer der Generation 2 ausgeführt werden. Um aber Secure Boot zu nutzen, müssen Sie im Dialogfeld *Einstellungen* auf der Seite *Sicherheit* die Vorlage *Microsoft UEFI-Zertifizierungsstelle* auswählen.

- Viele Linux-Dateisysteme verbrauchen außergewöhnlich große Mengen von Festplattenplatz, was der standardmäßigen Blockgröße von 32 MB geschuldet ist, die Hyper-V beim Erstellen einer VHDX-Datei verwendet. Um Speicher zu sparen, empfiehlt Microsoft, eine VHDX-Datei mit einer Blockgröße von 1 MB anzulegen. Hierfür müssen Sie das PowerShell-Cmdlet *New-VHD* aufrufen und ihm den Parameter *BlockSizeBytes* übergeben, wie das folgende Beispiel zeigt:

  ```
  new-vhd -path c:\disks\server1.vhdx
      -sizebytes 40gb
      -dynamic
      -blocksizebytes 1mb
  ```

- Der GRUB-Bootloader in Ubuntu neigt zum Timeout, wenn der virtuelle Computer unmittelbar nach der Installation neu gestartet wird. Um dieses Problem nach der Installation anzugehen, können Sie in der Datei */etc/default/grub* den Wert *GRUB TIMEOUT* auf 100000 setzen, wie Abbildung 3–26 zeigt.

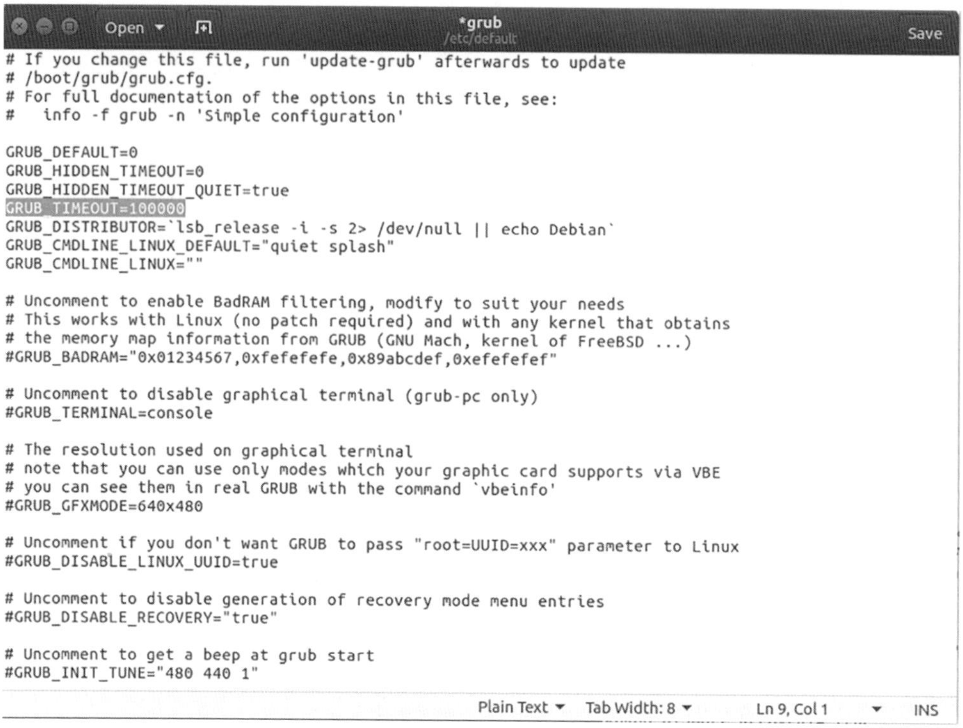

```
# If you change this file, run 'update-grub' afterwards to update
# /boot/grub/grub.cfg.
# For full documentation of the options in this file, see:
#   info -f grub -n 'Simple configuration'

GRUB_DEFAULT=0
GRUB_HIDDEN_TIMEOUT=0
GRUB_HIDDEN_TIMEOUT_QUIET=true
GRUB_TIMEOUT=100000
GRUB_DISTRIBUTOR=`lsb_release -i -s 2> /dev/null || echo Debian`
GRUB_CMDLINE_LINUX_DEFAULT="quiet splash"
GRUB_CMDLINE_LINUX=""

# Uncomment to enable BadRAM filtering, modify to suit your needs
# This works with Linux (no patch required) and with any kernel that obtains
# the memory map information from GRUB (GNU Mach, kernel of FreeBSD ...)
#GRUB_BADRAM="0x01234567,0xfefefefe,0x89abcdef,0xefefefef"

# Uncomment to disable graphical terminal (grub-pc only)
#GRUB_TERMINAL=console

# The resolution used on graphical terminal
# note that you can use only modes which your graphic card supports via VBE
# you can see them in real GRUB with the command `vbeinfo'
#GRUB_GFXMODE=640x480

# Uncomment if you don't want GRUB to pass "root=UUID=xxx" parameter to Linux
#GRUB_DISABLE_LINUX_UUID=true

# Uncomment to disable generation of recovery mode menu entries
#GRUB_DISABLE_RECOVERY="true"

# Uncomment to get a beep at grub start
#GRUB_INIT_TUNE="480 440 1"
```

Abb. 3–26   Die GRUB-Datei bearbeiten

Das Gastbetriebssystem installieren

FreeBSD und die meisten unterstützten Linux-Distributionen stehen in verschiedenen Formen zum Download bereit. In der Regel gibt es bootfähige Installationsdateien als ISO-Datenträgerimage, das Sie auf einem virtuellen Computer in ein virtuelles DVD-Laufwerk laden können, um das Installationsprogramm zu starten (siehe Abbildung 3–27). Die Installationsprogramme der aktuellen Linux- und FreeBSD-Betriebssysteme übertreffen ihre Windows-Pendants in Bezug auf Einfachheit und Effizienz, vor allem im Fall eines virtuellen Computers, bei dem die Hardwarekomponenten vollkommen vorhersehbar sind.

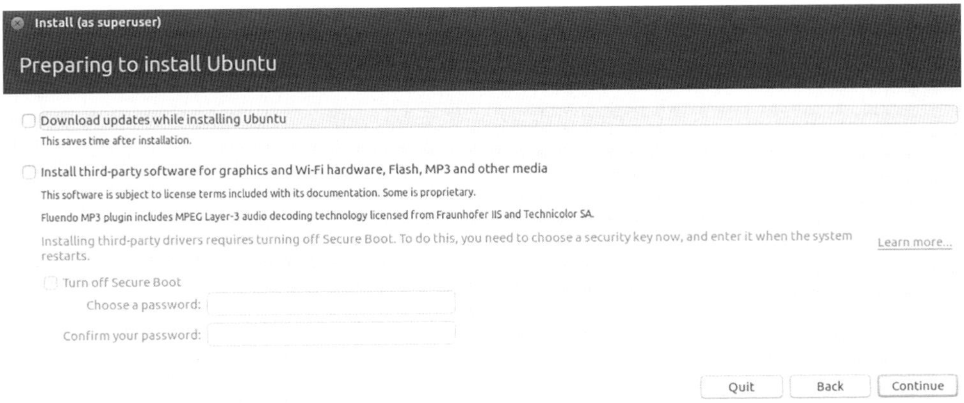

Abb. 3–27 Linux-Installation

Linux Integration Services (LIS) installieren und konfigurieren

Wie bereits weiter vorn in diesem Kapitel erwähnt, führen Hyper-V-Gastbetriebssysteme eine Sammlung von Treibern und anderen Komponenten aus – die sogenannten Integrationsdienste. Da sie für die Umgebung des Gastbetriebssystems konzipiert sind, gibt es verschiedene Implementierungen für die Linux- und FreeBSD-Betriebssysteme, namentlich *Linux Integration Services (LIS)* und *FreeBSD Integration Services (FIS)*.

Die verschiedenen Linux-Distributionen, die Hyper-V unterstützt, unterscheiden sich zwar zum Teil in ihren Implementierungen, bauen aber alle auf der gleichen Serie von Linux-Kernelversionen auf. Zu den neuesten Versionen gehören in allen unterstützten Distributionen LIS oder FIS als Bestandteil des Betriebssystems, was Microsoft als »integrierte« Implementierungen bezeichnet. Diese Implementierungen wurden gemeinsam mit den Entwickler-Communitys der einzelnen Distributionen entwickelt und sowohl von Microsoft als auch von den Co-Entwicklern des Betriebssystems getestet. Nach zufriedenstellenden Tests haben die Anbieter der Distributionen LIS in ihre Betriebssystem-Releases eingebunden.

Allerdings unterstützen nicht alle Implementierungen von Integrationsdiensten sämtliche verfügbaren Hyper-V-Features in allen Versionen des Gastbetriebssystems. Das hängt mit dem Wesen der Entwicklungs- und Verteilungsmethoden von Linux zusammen, wodurch oftmals ein bestimmtes Release nicht die neueste LIS-Implementierung enthält. Für solche Fälle stehen LIS- und FIS-Pakete als kostenlose Downloads im Microsoft Download Center bereit.

Je nach der Linux-Distribution und der Version, die Sie installieren wollen, gibt es drei mögliche Lösungen für das Problem der Integrationsdienste:

- **Nichts tun** In älteren Linux-Versionen, die LIS nicht enthalten, werden bei der Installation des Betriebssystems emulierte Treiber für die virtualisierte Hardware im virtuellen Computer erzeugt. Es ist keine zusätzliche Software erforderlich, doch die emulierten Treiber unterstützen nicht sämtliche Verwaltungsfeatures von Hyper-V und verhalten sich nicht so gut wie die Hyper-V-spezifischen Treiber im LIS-Paket.

- **LIS herunterladen und installieren**   In älteren Linux-Versionen, die LIS nicht enthalten, sollte man das LIS-Paket herunterladen und installieren. Das wirkt sich positiv auf die Leistung aus und man erhält zusätzliche Verwaltungsfeatures. In manchen Versionen bestimmter Linux-Distributionen (wie zum Beispiel CentOS und Oracle) haben Sie die Wahl, ob Sie das in das Betriebssystem integrierte oder das von Microsoft heruntergeladene LIS-Paket verwenden. In solchen Fällen unterstützt die heruntergeladene Version normalerweise Features, die die integrierte Version nicht zu bieten hat.
Der jeweilige Administrator muss entscheiden, ob sich diese zusätzlichen Features lohnen. So enthält zum Beispiel CentOS in der Version 6.4 eine LIS-Version, die die meisten verfügbaren Features unterstützt, es Ihnen aber nicht ermöglicht, die Größe von VHDX-Dateien zu ändern. Sollte Ihnen dieses Feature wichtig sein, können Sie das entsprechende LIS-Paket herunterladen und installieren.

- **Integrierte LIS-Funktionen verwenden**   In manchen Versionen bestimmter Distributionen, wie zum Beispiel den neuesten Ubuntu-Releases, ist LIS vollständig im Betriebssystem implementiert und es wird ausdrücklich davon abgeraten, das herunterladbare LIS-Modul zu installieren. In den neuesten Versionen der meisten Distributionen wird man nur selten auf das heruntergeladene LIS-Paket zurückgreifen müssen, weil der überwiegende Teil der Hyper-V-Features bereits in das Betriebssystem integriert ist.

Den herunterladbaren Versionen des LIS-Pakets sind Versionsnummern zugeordnet, was bei den integrierten Versionen nicht der Fall ist. Wenn Sie sich für das heruntergeladene LIS-Paket entscheiden, sollten Sie immer die neueste Version abrufen, nachdem Sie sich vergewissert haben, dass Microsoft das Paket für die Version des ausgeführten Gastbetriebssystems unterstützt. Microsoft bietet das LIS-Paket in zwei Formen an, als TAR-Datei im GZIP-Format, die Sie auf das Gastbetriebssystem herunterladen und installieren können, und als Datenträgerabbild im ISO-Format, das Sie in ein virtuelles DVD-Laufwerk laden können.

FreeBSD Integration Services installieren und konfigurieren

Seit der Version 10 unterstützt FreeBSD vollständig die FreeBSD Integration Services (BIS) in den jeweiligen Betriebssystem-Releases. Zusätzliche Software müssen Sie nicht installieren, außer wenn Sie FreeBSD in der Version 9 oder früher ausführen. Für die Versionen 8.x und 9.x sind Portierungen verfügbar, die BIS-Funktionalität bereitstellen können.

Sicheren Start für Windows- und Linux-Umgebungen implementieren

Der Mechanismus »Sicherer Start« (Secure Boot) ist Bestandteil von UEFI und soll gewährleisten, dass jede Komponente, die während des Startvorgangs eines Computers geladen wird, signiert ist und demzufolge vom Hersteller des Computers als vertrauenswürdig betrachtet wird. In Hyper-V unterstützen virtuelle Computer der Generation 2 den sicheren Start als Teil ihrer UEFI-Implementierung.

Bei einem herkömmlichen Systemstartvorgang führt der Computer einen Einschalttest (POST[8]) durch, nachdem er das BIOS initialisiert, die Systemhardware erkannt und die Firmware in den Arbeitsspeicher geladen hat. Danach startet das System den Bootloader. Da die Firmware und der Bootloader nicht verifiziert sind, können sie eine Form von Malware enthalten, beispielsweise ein Rootkit oder ein Bootkit. Normale Antivirus-Software erkennt solche Schadsoftware nicht und diese kann demzufolge das System infizieren, während sie für das Betriebssystem unsichtbar bleibt.

Secure Boot ersetzt die herkömmliche BIOS-Firmware durch UEFI-Firmware, die verifizieren muss, dass die Firmware, der Bootloader und andere Komponenten aus vertrauenswürdigen Quellen stammen. UEFI stellt mit vertrauenswürdigen Zertifikaten für das Betriebssystem und einem Plattformschlüssel, den der Computerhersteller bereitstellt, sicher, dass während des Startvorgangs keine nicht autorisierte Software geladen wird.

Windows und »Sicherer Start«

Wenn Sie einen virtuellen Computer der Generation 2 in Hyper-V erstellen, ist Microsoft der Computerhersteller und die UEFI-Firmware schließt Zertifikate für die Windows-Bootloader ein. Das heißt, dass Windows auf dem virtuellen Computer startet, weil eine Kette von vertrauenswürdigen Zertifikaten bis zur Wurzel reicht. Wenn Sie versuchen, den virtuellen Computer in einem Nicht-Windows-Betriebssystem zu booten, geht das System stillschweigend zum nächsten Element in der Bootreihenfolge über. Sollte ein virtueller Computer ständig versuchen, vom Netzwerk oder von einer DVD zu booten, und zwar unabhängig von der Bootreihenfolge, die Sie festlegen, liegt das Problem wahrscheinlich darin, dass der sichere Start gescheitert ist und das System den Start von der Festplatte umgeht.

Auf virtuellen Computern der Generation 2 ist der sichere Start standardmäßig aktiviert. Um ihn zu deaktivieren, gehen Sie im Dialogfeld *Einstellungen* des virtuellen Computers auf die Seite *Sicherheit* und deaktivieren das Kontrollkästchen *Sicheren Start aktivieren* (siehe Abbildung 3–28).

---

8. POST – Power-On Self Test

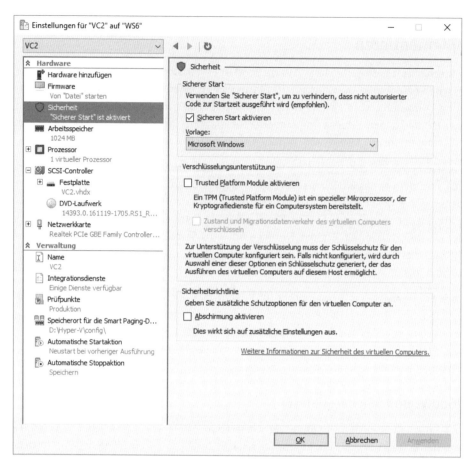

Abb. 3–28 Die Seite *Sicherheit* im Dialogfeld *Einstellungen* eines virtuellen Computers

Den sicheren Start können Sie auch in Windows PowerShell mit dem Cmdlet *Set-VMFirmware* deaktivieren, wie das folgende Beispiel zeigt:

```
set-vmfirmware -vmname server1
    -enablesecureboot off
```

Linux und sicherer Start

Wenn Sie eine Linux-Distribution auf einem virtuellen Computer der Generation 2 installieren, treten die weiter oben beschriebenen Probleme auf, wenn der sichere Start aktiviert ist. Da UEFI standardmäßig keine Zertifikate für Nicht-Windows-Betriebssysteme mitbringt, kann es den Linux-Bootloader nicht ausführen und das System versucht ständig, vom Netzwerk zu booten (siehe Abbildung 3–29).

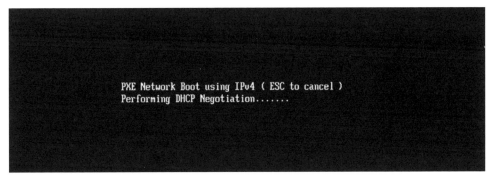

Abb. 3–29   Scheitern beim sicheren Start

Bestimmte Linux-Distributionen werden von Microsoft zum Beispiel dadurch unterstützt, dass Zertifikate für deren Bootloader in Windows Server 2016 Hyper-V eingebunden werden. Damit Sie auf diese Zertifikate zugreifen und den virtuellen Computer aktivieren können, um den virtuellen Computer in Linux zu starten, müssen Sie die Vorlage für den sicheren Start im Dialogfeld *Einstellungen* ändern. Standardmäßig ist die Vorlage *Microsoft Windows* ausgewählt. Die Zertifikate für die Linux-Betriebssysteme befinden sich in der Vorlage *Microsoft UEFI-Zertifizierungsstelle* (siehe Abbildung 3–30).

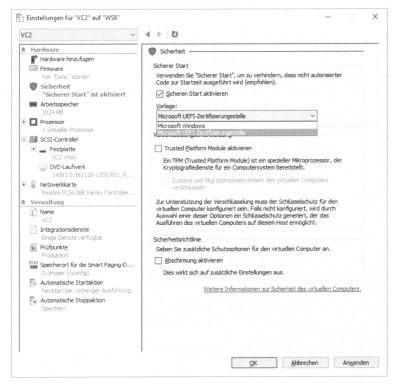

Abb. 3–30   Die Vorlagen für sicheren Start im Dialogfeld *Einstellungen* eines virtuellen Computers auf der Seite *Sicherheit*

Die Einstellung für die Vorlage lässt sich mit dem Cmdlet *Set-VMFirmware* ändern, wie es der folgende Befehl zeigt:

```
set-vmfirmware -vmname server1
    -securebootemplate microsoftueficertificate authority
```

Virtuelle Computer aus früheren Versionen von Hyper-V zu Windows Server 2016 Hyper-V übertragen und umwandeln

Jede Version von Hyper-V erstellt virtuelle Computer einer bestimmten Version. Die Version weist auf die Features hin, die auf diesem virtuellen Computer zur Verfügung stehen. Die in Windows Server 2016 erstellten virtuellen Computer tragen die Konfigurationsversionsnummer 8.0. Wenn Sie einen Hyper-V-Server von einer vorherigen Version auf Windows Server 2016 aktualisiert haben, sollten Sie auch Ihre virtuellen Computer aktualisieren.

Wenn Sie in vorherigen Versionen von Windows das Betriebssystem aktualisiert haben, wurden auch die virtuellen Computer aktualisiert. In Windows Server 2016 (und Windows 10) ist das nicht der Fall, weil Sie bei diesen Versionen von Hyper-V die Möglichkeit haben, virtuelle Computer auf Server zu übertragen, die andere Versionen von Windows ausführen.

Haben Sie zum Beispiel in Windows Server 2012 R2 Hyper-V virtuelle Computer erstellt, können Sie sie in einen Windows Server 2016 Hyper-V importieren und sie werden dort perfekt laufen. Wollen Sie jedoch von den neuesten Hyper-V-Features profitieren (beispielsweise einen Netzwerkadapter oder Arbeitsspeicher zu einem laufenden virtuellen Computer hinzufügen), müssen Sie den virtuellen Computer von Version 5.0 (der Version Windows Server 2012 R2) auf Version 8.0 aktualisieren.

Nachdem Sie den virtuellen Computer aktualisiert haben, können Sie ihn leider nicht mehr auf einem Windows Server 2012 R2-Server ausführen. Deshalb werden virtuelle Computer nicht mehr automatisch mit dem Betriebssystem aktualisiert. Wenn Sie jemals den virtuellen Computer auf den alten Server zurück verschieben müssen, sollten Sie ihn nicht aktualisieren. Ist geplant, ihn ausschließlich auf Windows Server 2016 Hyper-V auszuführen, dann können Sie ihn getrost aktualisieren.

Im Hyper-V-Manager zeigt jede Registerkarte *Zusammenfassung* eines virtuellen Computers dessen Konfigurationsversion an (siehe Abbildung 3–31).

Abb. 3–31 Die Registerkarte *Zusammenfassung* für einen virtuellen Computer im Hyper-V-Manager

Die Versionen aller virtuellen Computer auf einem Server zeigen Sie mit dem PowerShell-Cmdlet *Get-VM* und dem Wildcard-Zeichen (*) an, wie Abbildung 3–32 zeigt.

```
PS C:\Users\Administrator> get-vm *

Name    State    CPUUsage(%) MemoryAssigned(M) Uptime              Status           Version
----    -----    ----------- ----------------- ------              ------           -------
Ubuntu2 Off      0           0                 00:00:00            Normaler Betrieb 8.0
VC2     Off      0           0                 00:00:00            Normaler Betrieb 8.0
VC1     Running  0           726               02:01:31.1730000    Normaler Betrieb 8.0


PS C:\Users\Administrator>
```

Abb. 3–32   Ausgabe des Cmdlets *Get-VM*

Um einen virtuellen Computer auf einen anderen Server zu übertragen, können Sie ihn aus dem alten Server exportieren und in den neuen importieren. Mit dem Cmdlet *Get-VMHostSupportedVersion* listen Sie die Versionen von virtuellen Computern auf, die auf einem Server unterstützt werden (siehe Abbildung 3–33).

```
PS C:\Users\Administrator> get-vmhostsupportedversion

Name                                                        Version IsDefault
----                                                        ------- ---------
Microsoft Windows 8.1/Server 2012 R2                        5.0     False
Microsoft Windows 10 1507/Server 2016 Technical Preview 3   6.2     False
Microsoft Windows 10 1511/Server 2016 Technical Preview 4   7.0     False
Microsoft Windows Server 2016 Technical Preview 5           7.1     False
Microsoft Windows 10 Anniversary Update/Server 2016         8.0     True
Vorabversion                                                254.0   False
Experimentell                                               255.0   False


PS C:\Users\Administrator>
```

Abb. 3–33   Ausgabe des Cmdlets *Get-VMHostSupportedVersion*

Um dann den virtuellen Computer auf die Version zu aktualisieren, die der neue Server verwendet, wählen Sie im Bereich *Aktionen* den Eintrag *Konfiguration aktualisieren* und bestätigen Ihre Aktion. Die Versionsnummer auf der Registerkarte *Zusammenfassung* ändert sich und die Features des neuen Servers stehen nun im virtuellen Computer zur Verfügung.

Den virtuellen Computer können Sie auch mit dem PowerShell-Cmdlet *Update-VMVersion* aktualisieren, wie das folgende Beispiel zeigt:

```
update-vmversion -vm server1
```

Auf dieser Befehlszeile können Sie auch mehrere Namen von virtuellen Computern angeben, um diese mit einem einzigen Befehl zu aktualisieren.

Virtuelle Computer exportieren und importieren

Die Export- und Importfunktionen in Hyper-V dienen dazu, einen virtuellen Computer auf einen anderen Server zu verschieben oder eine Kopie eines virtuellen Computers auf demselben Server zu erzeugen. Wenn Sie einen virtuellen Computer exportieren, geben Sie den Namen eines Ordners an, in dem das System eine Kopie aller Dateien des virtuellen Computers einschließlich seiner Konfigurationsdateien, virtuellen Festplatten und sogar Prüfpunkte anlegt. Dann können Sie den virtuellen Computer auf denselben oder einen anderen Server importieren.

Um einen virtuellen Computer zu exportieren, wählen Sie im Bereich *Aktionen* den Befehl *Exportieren*. Daraufhin erscheint das Dialogfeld *Virtuellen Computer exportieren*, das in Abbildung 3–34 zu sehen ist. Geben Sie einen Speicherort an und klicken Sie auf *Exportieren*. Das System kopiert dann die Dateien in einen Unterordner, der nach dem virtuellen Computer benannt ist. Einen virtuellen Computer können Sie exportieren, wenn er ausgeführt wird oder angehalten ist.

Abb. 3–34   Das Dialogfeld *Virtuellen Computer exportieren*

Um einen virtuellen Computer per Windows PowerShell zu exportieren, führen Sie das Cmdlet *Export-VM* wie im folgenden Beispiel aus:

```
export-vm -name server1
   -path c\export
```

Dass der Exportvorgang läuft, ist in Hyper-V-Manager nur daran zu erkennen, dass im Bereich *Aktionen* ein Befehl *Exportieren abbrechen* erscheint. Sobald der Export abgeschlossen ist, tritt an seine Stelle wieder der Befehl *Exportieren*. Nun können Sie den Exportordner auf einen anderen Server kopieren oder ihn auf denselben Server importieren, um eine Kopie des virtuellen Computers zu erstellen.

Virtuelle Computer mithilfe von Hyper-V-Manager importieren

Einen exportierten virtuellen Computer importieren Sie mit Hyper-V-Manager in einen Hyper-V-Server in folgenden Schritten:

1. Im Hyper-V-Manager wählen Sie im Bereich *Aktionen* den Befehl *Virtuellen Computer importieren* aus. Daraufhin startet der Assistent *Virtuellen Computer importieren*.
2. Auf der Seite *Ordner suchen* geben Sie den Ordner an, der die exportierten Dateien enthält (oder gehen über die Schaltfläche *Durchsuchen* zum entsprechenden Ordner).
3. Auf der Seite *Virtuellen Computer auswählen* wählen Sie den zu importierenden virtuellen Computer aus.
4. Auf der Seite *Importtyp auswählen*, die Abbildung 3–35 zeigt, wählen Sie eine der folgenden Optionen aus:
    - **Virtuellen Computer direkt registrieren**   Diese Option belässt die exportierten Dateien an ihrem Speicherort und registriert den virtuellen Computer im Hyper-V-Server. Dabei wird die gleiche ID verwendet wie die des virtuellen Computers, von dem die Dateien exportiert wurden. Wenn der virtuelle Computer vom selben Server exportiert wurde, können Sie beide nicht gleichzeitig ausführen.

- **Virtuellen Computer wiederherstellen** Kopiert die exportierten Dateien entweder zu den Standardspeicherorten auf dem Server oder zu anderen Speicherorten, die Sie festlegen, und registriert den virtuellen Computer im Hyper-V-Server mit der gleichen ID wie die des virtuellen Computers, von dem die Dateien exportiert wurden. Wenn der virtuelle Computer vom selben Server exportiert wurde, können Sie beide nicht gleichzeitig ausführen. Sobald der Export abgeschlossen ist, können Sie die exportierten Dateien löschen oder sie erneut importieren.
- **Virtuellen Computer kopieren** Kopiert die exportierten Dateien entweder zu den Standardspeicherorten auf dem Server oder zu anderen Speicherorten, die Sie festlegen, und registriert den virtuellen Computer im Hyper-V-Server mit einer neuen ID. Damit ist es möglich, eine Kopie eines vorhandenen virtuellen Computers auf demselben Server zu erstellen und sie zusammen mit dem Original auszuführen.

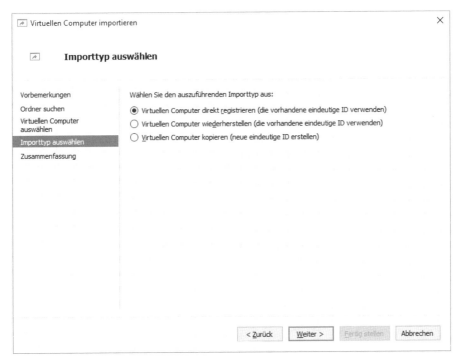

Abb. 3–35 Die Seite *Importtyp auswählen* im Assistenten *Virtuellen Computer importieren*

5. Wenn Sie die Optionen *Wiederherstellen* oder *Kopieren* gewählt haben, erscheint eine Seite *Ordner für die Dateien des virtuellen Computers auswählen*, auf der Sie verschiedene Speicherorte für die Konfigurations-, Prüfpunkt- und Smart Paging-Dateien angeben können.
6. Bei den Optionen *Wiederherstellen* und *Kopieren* erscheint eine Seite *Ordner zum Speichern virtueller Festplatten auswählen*, auf der Sie einen alternativen Speicherort für die VHD-Dateien des virtuellen Computers angeben können. Wenn Sie einen virtuellen Com-

puter vom selben Server importieren, müssen Sie einen anderen Ordner angeben, weil bereits VHD-Dateien mit den gleichen Namen vorhanden sind.

7. Klicken Sie auf *Fertig stellen*, um den Importvorgang zu starten.

Virtuelle Computer mithilfe von Windows PowerShell importieren

Per Windows PowerShell importieren Sie einen virtuellen Computer mit dem Cmdlet *Import-VM*. Möchten Sie einen virtuellen Computer mit der Option *Registrieren* importieren, bei der die exportierten Dateien nicht kopiert werden, verwenden Sie einen Befehl wie den folgenden:

```
import-vm -path c:\export\server1\virtualmachines\2b197d10-4dbe-4ea9-a54e-
cc0bb0f12d09.vcmx
```

Beachten Sie, dass Sie bei diesem Cmdlet den vollständigen Pfad zur Konfigurationsdatei des virtuellen Computers spezifizieren müssen.

Um einen virtuellen Computer mit der Option *Wiederherstellen* zu importieren, fügen Sie den Parameter *Copy* hinzu. Es veranlasst das Cmdlet, die exportierten Dateien in die Standardordner des neuen Servers zu exportieren:

```
import-vm -path c:\export\server1\virtualmachines\2b197d10-4dbe-4ea9-a54e-
cc0bb0f12d09.vcmx -copy
```

Möchten Sie verschiedene Speicherorte für die kopierten Dateien angeben, können Sie die folgenden Parameter auf der Befehlszeile hinzufügen:

- *VirtualMachinePath*
- *VhdDestinationPath*
- *SnapshotFilePath*
- *SmartPagingFilePath*

Um eine neue Kopie eines virtuellen Computers mit einer anderen ID zu erstellen, fügen Sie den Parameter *GenerateNewId* wie im folgenden Beispiel hinzu:

```
import-vm -path c:\export\server1\virtualmachines\2b197d10-4dbe-4ea9-a54e-
cc0bb0f12d09. vcmx
    -copy
    -generatenewid
```

Umgang mit Konflikten

Wenn Sie einen virtuellen Computer per Hyper-V-Manager in einen anderen Server importieren, fragt der Assistent Sie, ob irgendwelche Inkompatibilitäten auftreten. Haben zum Beispiel die virtuellen Switches auf den beiden Servern verschiedene Namen, fordert der Assistent Sie auf, einen der virtuellen Switches des neuen Servers auszuwählen.

Beim Importieren eines virtuellen Computers mit dem Cmdlet *Import-VM* tritt bei erkannten Inkompatibilitäten ein Fehler auf und der Befehl wird nicht komplett ausgeführt. Dann müssen Sie mit dem Cmdlet *Compare-VM* und den gleichen Parametern einen Bericht erzeugen, der die Inkompatibilität(en) dokumentiert. Je nach Ursache des Problems können Sie dann mit anderen Cmdlets die Situation bereinigen. Bei den oben erwähnten inkompatiblen Switches entfernen Sie mit dem Cmdlet *Disconnect-VMNetworkAdapter* die Switch-Zuweisung, bevor Sie den Import erneut versuchen.

Discrete Device Assignment (DDA) implementieren

Hyper-V hatte lange die Fähigkeit, Pass-Through-Datenträger zu erstellen, wobei Sie einen physischen Datenträger im Hyper-V-Host einem virtuellen Gastcomputer zuweisen. Der virtuelle Computer greift auf den Datenträger direkt zu, ohne eine VHD zu verwenden. Ein ähnliches Konzept ist Discrete Device Assignment (DDA), außer dass Sie jedes PCI Express-Gerät an einen virtuellen Computer weiterreichen können.

Zum Beispiel können Sie einen Grafikprozessor (GPU) mit DDA an einen virtuellen Computer weiterreichen und damit den virtuellen Computer mit einer Grafikleistung ausstatten, die vorher nicht möglich war. Außerdem können Sie einen Drahtlosnetzwerkadapter an einen virtuellen Computer weiterreichen und damit den virtuellen Computer mit WiFi-Funktionalität aufrüsten.

DDA wird grundsätzlich über PowerShell implementiert, vermutlich um nur Administratoren den Zugang zu ermöglichen und alle anderen vom Herumspielen damit abzuhalten. Bei jeder Art von Pass-Through-Einrichtung zwischen Hostserver und Gastbetriebssystem besteht ein immanentes Sicherheitsrisiko. Ein Angreifer auf den Gast kann über diesen Pass-Through-Kanal auf den Host zugreifen und möglicherweise den gesamten Server mit einem Fehler auf dem PCI Express-Bus lahmlegen.

Von höherer Warte aus gesehen sind beim Pass-Through eines Geräts per DDA folgende Schritte auszuführen:

1. Das zu übergebende Gerät identifizieren
2. Das Gerät auf dem Host deaktivieren
3. Die Bereitstellung des Geräts auf dem Host aufheben
4. Das Gerät mit dem virtuellen Computer verbinden

Auch wenn Sie meinen, dass dieser Ablauf einfach aussieht, sollten Sie trotzdem noch einmal nachdenken. Die einzelnen Schritte implementieren Sie mit den folgenden Cmdlets:

1. Der Befehl *Get-PnpDevice -PresentOnly* generiert eine lange Liste der Geräte, die Plug & Play auf dem Computer installiert hat, und zeigt Informationen über sie an. Wenn Sie ein Gerät auswählen und die Ausgabe des Cmdlets formatieren, können Sie die Instanz-ID des Geräts ermitteln. Das ist ein langer String, den Sie für den nächsten Schritt brauchen. Die Instanz-ID finden Sie auch im Geräte-Manager auf der Registerkarte *Details* unter dem Namen *Geräteinstanzpfad*.

2. Der Befehl *Disable-PnpDevice -InstanceID* deaktiviert das Gerät, indem er die installierten Treiber auf dem Host entfernt.

3. Der Befehl *Dismount-VmHostAssignableDevice -LocationPath* entfernt das Gerät aus der Steuerung des Hosts. Um einen Wert für den Parameter *LocationPath* zu erhalten, rufen Sie das Cmdlet *Get-PnpDeviceProperty* auf, für das Sie die Werte *KeyName* und *InstanceID* bereitstellen müssen. Der Speicherortpfad (*LocationPath*) ist ebenfalls im Geräte-Manager verzeichnet.

4. Das Cmdlet *Add-VMAssignableDevice -VM -LocationPath* verbindet das Gerät mit einem virtuellen Computer.

Bevor sich dieser letzte Befehl erfolgreich abarbeiten lässt, müssen Sie die folgenden Einstellungen im Dialogfeld *Einstellungen* des virtuellen Computers konfigurieren:

- Die Einstellung *Automatische Stoppaktion* muss auf *Virtuellen Computer ausschalten* gesetzt sein.
- Der virtuelle Computer kann dynamischen Speicher verwenden, doch die Einstellungen *RAM* und *Minimaler RAM* müssen gleich sein.

Letztendlich gibt es viele systemnahe Anforderungen, die das BIOS/UEFI des Hostservers und das vorgesehene Gerät erfüllen müssen. Einige dieser Anforderungen sind in der Software sichtbar, einige andere nicht. Das Cmdlet *Dismount-VmHostAssignableDevice* unterstützt einen Parameter *Force*, der es erlaubt, die Überprüfungen der Zugriffskontrolle (Access Control Services, ACS) zu ignorieren, die verhindern, dass PCI Express-Verkehr an die falschen Plätze geht. Dieser Parameter sollte nur mit äußerster Vorsicht verwendet werden.

Prüfungsziel 3.3: Hyper-V-Speicher konfigurieren

Dieser Abschnitt befasst sich mit den verschiedenen Features und Mechanismen, mit denen Windows Server 2016 das Speichersubsystem für die virtuellen Computer erweitert.

Im Einzelnen geht es in diesem Abschnitt um folgende Punkte:

- VHDs und VHDX-Dateien mit Hyper-V-Manager erstellen
- freigegebene VHDX-Dateien erstellen
- differenzierende Datenträger konfigurieren
- virtuelle Festplatten ändern
- Pass-Through-Datenträger konfigurieren
- Größe einer virtuellen Festplatte ändern
- Prüfpunkte verwalten
- Produktionsprüfpunkte implementieren
- einen virtuellen Fibre Channel-Adapter implementieren
- Quality of Service (QoS) konfigurieren

VHDs und VHDX-Dateien mit Hyper-V-Manager erstellen

Wenn Sie einen virtuellen Computer der Generation 1 im Hyper-V-Manager erstellen, richtet der Assistent zum Erstellen neuer virtueller Computer ein virtuelles Subsystem ein, das aus zwei IDE[9]-Controllern und einem SCSI[10]-Controller besteht, wie Abbildung 3–36 zeigt.

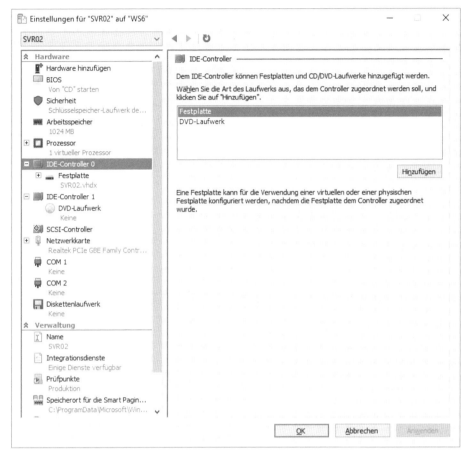

Abb. 3–36 Die Standardkonfiguration der Laufwerkcontroller bei einem virtuellen Computer

Die IDE-Controller hosten das Systemlaufwerk und das DVD-Laufwerk des virtuellen Computers. Wie bei ihren physischen Entsprechungen kann jeder IDE-Controller zwei Geräte hosten, sodass Sie zwei zusätzliche virtuelle Laufwerke erstellen und dem System hinzufügen können. Da der SCSI-Controller nicht belegt ist, können Sie zusätzliche Laufwerke erstellen und diesem Controller hinzufügen, um den virtuellen Computer mit mehr Speicher auszustatten. In einem virtuellen Computer der Generation 2 gibt es keinen IDE-Controller, weshalb das Systemlauf-

---

9. IDE – Integrated Drive Electronics, Standard für parallele Datenübertragung zwischen Computer und Peripheriegeräten (Festplatten, CDs etc.)
10. SCSI – Small Computer Systems Interface; (heute in der Regel) Standard für serielle Datenübertragung zwischen Computer und Peripheriegeräten (es gibt auch parallele SCSI-Versionen)

werk und das DVD-Laufwerk an den Standard-SCSI-Controller angeschlossen sind. Darüber hinaus ist es in einem virtuellen Computer egal welcher Generation möglich, zusätzliche SCSI-Controller einzurichten und Laufwerke daran anzuschließen. Indem mehrere Laufwerke und Controller erstellt werden, erlaubt es Hyper-V, virtuelle Speichersubsysteme zu konstruieren, die nahezu jede denkbare physische Speicherlösung nachbilden.

Formate virtueller Festplatten

Windows Server 2016 Hyper-V unterstützt die ursprüngliche VHD-Datenträgerimagedatei und das neue VHDX-Format. Das ursprüngliche VHD-Format ist auf eine maximale Größe von 2 TB begrenzt und mit allen Versionen von Hyper-V kompatibel. Windows Server 2012 R2 hat eine aktualisierte Version des Formats eingeführt, das die Dateierweiterung *.vhdx* verwendet. VHDX-Imagedateien können bis zu 64 TB groß sein und sie unterstützen logische Sektorgrößen von 4 KB, um mit nativen physischen Laufwerken dieser Sektorgröße kompatibel zu sein. VHDX-Dateien sind aber auch für größere Blockgrößen (bis zu 256 MB) geeignet, wodurch Sie die Leistung des virtuellen Speichersubsystems für bestimmte Anwendungen und Datendateitypen optimieren können.

VHDX-Dateien sind allerdings nicht abwärtskompatibel und können nur von den Hyper-V-Servern ab Windows Server 2012 R2 und ab Windows 8.1 gelesen werden. Wenn eine Migration Ihrer virtuellen Computer von Windows Server 2016 zu einer älteren Hyper-V-Version infrage kommt, sollten Sie das VHD-Dateiformat weiterhin verwenden.

Eine virtuelle Festplatte mit einem virtuellen Computer erstellen

Windows Server 2016 Hyper-V bietet verschiedene Methoden, um virtuelle Datenträgerdateien zu erstellen. So können Sie sie sofort einrichten, wenn Sie einen neuen virtuellen Computer erstellen, oder später einrichten und einem virtuellen Computer hinzufügen. Zwar haben Sie über die grafische Benutzeroberfläche in Hyper-V-Manager Zugriff auf die meisten VHD-Parameter, doch bieten die Windows PowerShell-Cmdlets, die in Windows Server 2016 integriert sind, die feinstufigste Kontrolle über das Datenträgerimageformat.

Wenn Sie in Hyper-V-Manager einen neuen virtuellen Computer erstellen, präsentiert Ihnen der Assistent für neue virtuelle Computer eine Seite *Virtuelle Festplatte verbinden* (siehe Abbildung 3–37), auf der Sie ein einzelnes Laufwerk mit Ihrem neuen virtuellen Computer verbinden können. Für dieses Laufwerk stehen Ihnen nur die drei folgenden Optionen zur Auswahl:

- **Virtuelle Festplatte erstellen** Hier können Sie den Namen, den Speicherort und die Größe für eine neue virtuelle Festplatte angeben. Allerdings lässt sich bei dieser Option nur eine dynamisch erweiterbare Festplatte im VHDX-Format erzeugen.

- **Vorhandene virtuelle Festplatte verwenden** Bei dieser Option können Sie den Speicherort einer vorhandenen VHD- oder VHDX-Datei angeben, die der virtuelle Computer als Systemlaufwerk verwendet.

- **Virtuelle Festplatte später zuordnen** Verhindert, dass der Assistent irgendwelche virtuellen Festplatten zur Konfiguration des virtuellen Computers hinzufügt. Eine Festplatte müssen Sie später manuell hinzufügen, bevor Sie den virtuellen Computer verwenden können.

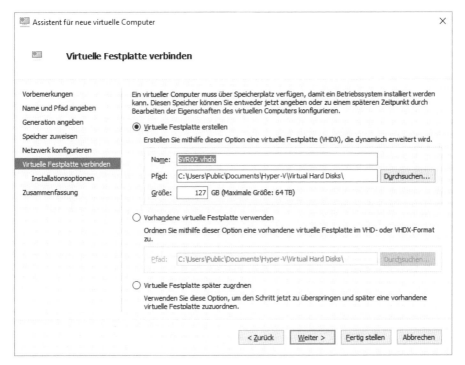

Abb. 3–37 Die Seite *Virtuelle Festplatte verbinden* im Assistenten für neue virtuelle Computer

Auf dieser Assistentenseite geht es darum, die virtuelle Festplatte zu erstellen, auf der Sie das Gastbetriebssystem des virtuellen Computers installieren, oder eine vorhandene virtuelle Festplatte auszuwählen, auf der ein Betriebssystem bereits installiert ist. Der Assistent erstellt immer eine dynamisch erweiterbare Festplatte, die bei einem virtuellen Computer der Generation 1 dem IDE-Controller 0 oder bei einem virtuellen Computer der Generation 2 dem SCSI-Controller zugeordnet ist. Wenn Sie eine virtuelle Festplatte mit anderen als den Standardeinstellungen einrichten wollen, wählen Sie die Option *Virtuelle Festplatte später zuordnen*, erstellen mit dem Assistenten für neue virtuelle Festplatten eine neue VHD- oder VHDX-Datei und fügen dann die virtuelle Festplatte dem virtuellen Computer hinzu.

> **HINWEIS** **VHD-Dateien herunterladen**
> Es ist bei Microsoft gängige Praxis, Evaluierungskopien der Produkte als Alternative zu den herkömmlichen installierbaren Datenträgerimages in Form vorinstallierter VHD-Dateien zu veröffentlichen. Nachdem Sie eine dieser Dateien heruntergeladen haben, können Sie einen virtuellen Computer auf einem Hyper-V-Server erstellen und die Option *Vorhandene virtuelle Festplatte verwenden* auswählen, um die VHD als Systemlaufwerk des virtuellen Computers bereitzustellen.

Eine neue virtuelle Festplatte in Hyper-V-Manager erstellen

In Hyper-V-Manager können Sie mit dem Assistenten für neue virtuelle Festplatten jederzeit eine virtuelle Festplatte erstellen, ohne sie einem virtuellen Computer hinzufügen zu müssen. Führen Sie dazu die folgenden Schritte aus:

1. Melden Sie sich bei dem Server, der Windows Server 2016 ausführt, unter einem Konto mit Administratorrechten an.
2. Starten Sie Hyper-V-Manager und wählen Sie im linken Fensterbereich einen Hyper-V-Server aus.
3. Im Menü *Aktionen* wählen Sie *Neu/Festplatte*. Der Assistent für neue virtuelle Festplatten startet.
4. Auf der Seite *Datenträgerformat auswählen*, die Abbildung 3–38 zeigt, wählen Sie eine der folgenden Formatoptionen aus:
   - **VHD**   Erstellt ein Image nicht größer als 2 TB im kompatiblen VHD-Format.
   - **VHDX**   Erstellt ein Image bis zu einer Größe von 64 TB im neuen VHDX-Format.
   - **VHD-Satz**   Erstellt ein Image für virtuelle Festplatten, die für Gastbetriebssysteme freigegeben sind. Außerdem unterstützt das Image Features wie direkte Größenänderung der Festplatte und hostbasierte Sicherungen.

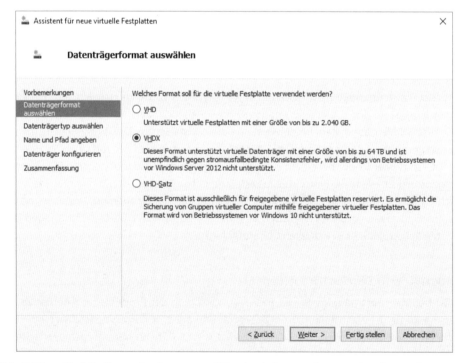

Abb. 3–38   Die Seite *Datenträgerformat auswählen* des Assistenten für neue virtuelle Festplatten

5. Wählen Sie auf der Seite *Datenträgertyp auswählen* eine der folgenden Optionen für den Datenträgertyp aus:
   - **Feste Größe** Die Imagedatei hat eine festgelegte Größe, in der der gesamte Festplattenplatz, der für das Erstellen des Abbilds erforderlich ist, beim Anlegen der Datei zugewiesen wird. Images fester Größe sind zwar im Sinne der Speicherung als verschwenderisch zu betrachten, weil sie große Mengen leeren Platz enthalten können, doch unter dem Aspekt der Leistungsfähigkeit sind sie auch effizient, weil es keinen Overhead aufgrund der dynamischen Erweiterung gibt und die Fragmentierung der Datei kleiner ist.
   - **Dynamisch erweiterbar** Die Imagedatei hat eine festgelegte maximale Größe, ist zu Beginn klein und wird bei Bedarf entsprechend der vom System geschriebenen Daten erweitert. Dynamisch erweiterbare Festplatten sparen zwar anfangs Festplattenplatz ein, doch ihr ständiges Wachstum kann eine starke Fragmentierung nach sich ziehen, was die Performance negativ beeinflusst.
   - **Differenzierung** Die Imagedatei, die sogenannte untergeordnete Datei, ist einem bestimmten übergeordneten Image zugeordnet. Das System schreibt sämtliche Änderungen an den Daten in der übergeordneten Imagedatei in das untergeordnete Image, um ein späteres Rollback zu erleichtern.
6. Auf der Seite *Name und Pfad angeben* geben Sie im Feld *Name* den Dateinamen für das Festplattenimage ein und spezifizieren – falls Sie das wünschen – einen anderen Speicherort als den Serverstandard für die Datei.

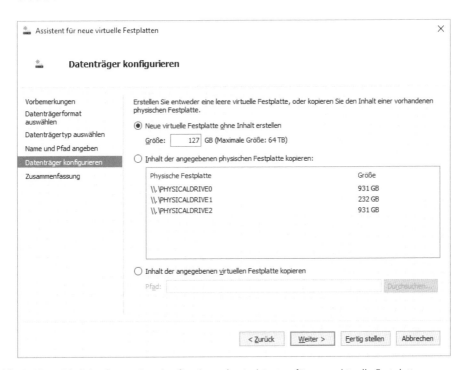

Abb. 3–39 Die Seite *Datenträger konfigurieren* des Assistenten für neue virtuelle Festplatten

7. Wählen Sie auf der Seite *Datenträger konfigurieren* (siehe Abbildung 3–39) eine der folgenden Optionen aus und legen Sie die entsprechenden Einstellungen fest:
   - **Neue virtuelle Festplatte ohne Inhalt erstellen**   Legt die Größe (oder die maximale Größe) der zu erstellenden Datenträgerdatei fest.
   - **Inhalt der angegebenen physischen Festplatte kopieren**   Ermöglicht es, eine der physischen Festplatten im Computer auszuwählen und ihren Inhalt auf die neue virtuelle Festplatte zu kopieren.
   - **Inhalt der angegebenen virtuellen Festplatte kopieren**   Ermöglicht es, eine vorhandene virtuelle Datenträgerdatei auszuwählen und ihren Inhalt in das neue Datenträgerabbild zu kopieren.
8. Auf der Seite *Abschließen des Assistenten für neue virtuelle Festplatten* klicken Sie auf *Fertig stellen*. Der Assistent erstellt das neue Datenträgerabbild und speichert es am angegebenen Speicherort.

Eine neue virtuelle Festplatte in Windows PowerShell erstellen

Neue virtuelle Festplatten können Sie auch mit Windows PowerShell erstellen. Dabei haben Sie mehr Kontrolle als über die grafische Benutzeroberfläche. Rufen Sie dazu das Cmdlet *New-VHD* mit der folgenden grundlegenden Syntax auf:

```
new-vhd -path c:\filename.vhd|c:\filename.vhdx
    -fixed|-dynamic|-differencing
    -sizebytes size
    [-blocksizebytes blocksize]
    [-logicalsectorsizebytes 512|4096]
```

Wenn Sie mit dem Cmdlet eine virtuelle Festplatte erstellen, bestimmt die Erweiterung, die Sie für den Dateinamen angeben, das Format (VHD oder VHDX) und Sie können die Blockgröße und die logische Sektorgröße für das Image spezifizieren, was in der grafischen Benutzeroberfläche nicht möglich ist. So erzeugt der folgende Befehl eine VHDX-Imagedatei der festen Größe von 500 GB mit einer logischen Sektorgröße von 4 KB:

```
new-vhd -path c:\diskfile.vhdx
    -fixed
    -sizebytes 500gb
    -logicalsectorsizebytes 4096
```

Virtuelle Festplatten zu virtuellen Computern hinzufügen

Da sich virtuelle Datenträgerabbilddateien unabhängig von anderen Aktionen erstellen lassen, können Sie mehr Einfluss auf deren Fähigkeiten nehmen. Nachdem Sie die VHD- oder VHDX-Dateien erstellt haben, können Sie sie einem virtuellen Computer hinzufügen.

Um einem physischen Computer ein Festplattenlaufwerk hinzuzufügen, müssen Sie es an einen Controller anschließen. Das Gleiche gilt prinzipiell auch für einen virtuellen Computer in Hyper-V. Im Dialogfeld *Einstellungen* für einen virtuellen Computer der Generation 1 in seiner Standardkonfiguration sehen Sie drei Controller, die mit *IDE-Controller 0*, *IDE-Controller 1* und *SCSI-Controller* bezeichnet sind. Jeder IDE-Controller unterstützt zwei Geräte. Die Standardkonfiguration des virtuellen Computers belegt einen Kanal an IDE-Controller 0 für die Systemfestplatte und einen Kanal an IDE-Controller 1 für das DVD-Laufwerk des Systems.

Wenn Sie im Assistenten für neue virtuelle Computer keine virtuelle Festplatte erstellt (d. h. die Option *Virtuelle Festplatte später zuordnen* gewählt) haben, müssen Sie IDE-Controller 0 ein Festplattenimage zuordnen, das als Systemlaufwerk dient. Ein virtueller Computer der Generation 1 kann nicht vom SCSI-Controller booten.

Einem virtuellen Computer fügen Sie ein virtuelles Systemlaufwerk in folgenden Schritten hinzu:

1. Wählen Sie in Hyper-V-Manager einen virtuellen Computer aus und öffnen Sie dessen Dialogfeld *Einstellungen*.
2. Wählen Sie *IDE-Controller 0* aus und dann auf der Seite *IDE-Controller* den Eintrag *Festplatte*. Klicken Sie auf *Hinzufügen*.
3. Auf der Seite *Festplatte* (siehe Abbildung 3–40) wählen Sie in den Dropdownlisten *Controller* und *Speicherort* den IDE-Controller und den Kanal aus, den Sie für die Festplatte verwenden möchten.

Abb. 3–40   Die Seite *Festplatte* im Dialogfeld *Einstellungen* eines virtuellen Computers der Generation 1

4. Lassen Sie die Option *Virtuelle Festplatte* ausgewählt, klicken Sie auf *Durchsuchen* und wählen Sie die Imagedatei aus, die Sie hinzufügen wollen.
5. Klicken Sie auf *OK*, um das Dialogfeld *Einstellungen* zu schließen.

Obwohl sich bei einem virtuellen Computer der Generation 1 ein SCSI-Laufwerk nicht als Systemlaufwerk verwenden lässt, können Sie dem SCSI-Controller virtuelle Datenlaufwerke hinzufügen, und bei virtuellen Computern der Generation 2 müssen Sie das sogar tun. Der Ablauf ist allerdings keineswegs identisch zu dem von virtuellen Computern der Generation 1.

Im Unterschied zu IDE-Controllern, die nur jeweils zwei Geräte unterstützen, lassen sich einem SCSI-Anschluss in Hyper-V bis zu 64 Laufwerke zuordnen. Darüber hinaus können Sie einem virtuellen Computer mehrere SCSI-Controller hinzufügen, was praktisch eine unbegrenzte Skalierbarkeit für Ihr virtuelles Speichersubsystem bietet.

Freigegebene VHDX-Dateien erstellen

Windows Server 2016 Hyper-V kann freigegebene virtuelle Festplattendateien erzeugen, um sie in Failoverclustern des Hyper-V-Gasts zu verwenden. Ein Failovercluster ist eine Gruppe von – physischen oder virtuellen – Computern, die dieselbe Anwendung ausführen. Sollte einer der Computer ausfallen, füllen andere Computer die Lücke aus. Damit ein Failovercluster funktionieren kann, müssen die Computer auf dieselben Daten zugreifen können. Das heißt nichts weiter, als dass die Speicherhardware – auch hier wieder physische oder virtuelle – gemeinsam genutzt werden kann.

Zum Beispiel können Sie einen Failovercluster mit mehreren Computern bilden, auf denen Microsoft SQL Server läuft. Jeder Computer – Knoten genannt – führt sein eigenes Exemplar der Anwendung aus, doch alle Knoten müssen in der Lage sein, auf dieselbe Datenbank zuzugreifen. Wenn Sie die Datenbank auf einer freigegebenen virtuellen Festplatte unterbringen und die einzelnen Computer im Cluster entsprechend konfigurieren (siehe Abbildung 3–41), können alle Computer auf die Datenbank zugreifen.

Vor der Veröffentlichung von Windows Server 2012 R2 ließ sich freigegebener Speicher für geclusterte virtuelle Computer nur mit physischer Speicherhardware realisieren. Windows Server 2012 R2 hat es dann mit einer virtuellen Lösung möglich gemacht, freigegebene VHDX-Dateien zu erstellen. In Windows Server 2016 existiert diese Fähigkeit immer noch, sodass Ihre vorhandenen Speicherkonfigurationen nach einem Upgrade funktionsfähig bleiben. Nun gibt es aber auch eine zweite Option, *VHD-Satz* genannt.

Freigegebene VHDX-Dateien weisen einige Mankos auf. Es ist weder möglich, sie in der Größe zu ändern oder zu migrieren, noch lassen sie sich vom Hostserver aus sichern oder replizieren. All dies können Sie aber mit VHD-Sätzen tun. Ihr einziger Nachteil ist, dass nur Windows Server 2016 auf sie zugreifen kann.

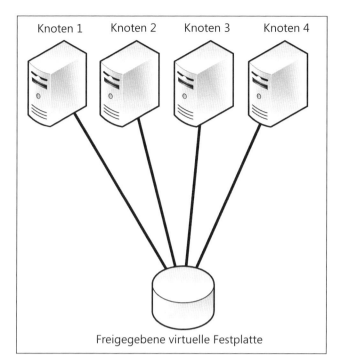

Abb. 3–41 Failovercluster mit einer freigegebenen virtuellen Festplatte

Eine freigegebene VHDX-Datei oder einen VHD-Satz erstellen Sie mit Hyper-V-Manager in folgenden Schritten:

1. Öffnen Sie im Hyper-V-Manager das Dialogfeld *Einstellungen* für den virtuellen Computer, in dem Sie die freigegebene Festplatte einrichten wollen.
2. Klicken Sie auf *SCSI-Controller*, wählen Sie dann auf der Seite *SCSI-Controller* den Eintrag *Freigegebenes Laufwerk* aus und klicken Sie auf *Hinzufügen*.
3. Auf der Seite *Freigegebenes Laufwerk* klicken Sie auf *Neu*, um den Assistenten für neue virtuelle Festplatten zu starten.
4. Auf der Seite *Datenträgerformat auswählen* wählen Sie eine der folgenden Optionen aus:
    - **VHDX**   Erstellt eine einzelne VHDX-Datei, auf die mehrere virtuelle Computer zugreifen können, die unter Windows Server 2016 oder Windows Server 2012 R2 laufen.
    - **VHD-Satz**   Erstellt eine 260-MB-VHDS-Datei und eine AVHDX-Sicherungsdatei, die die eigentlichen gespeicherten Daten enthält. In der VHDS-Datei stehen Metadaten, die erforderlich sind, um die Datenträgeraktivitäten der Clusterknoten zu koordinieren. Die AVHDX-Datei ist einfach eine normale VHDX-Datei, die unter die Kontrolle des Hypervisors gestellt wurde. VHD-Sätze sind nur per Windows Server 2016 zugänglich.

5. Auf der Seite *Datenträgertyp auswählen* wählen Sie eine der folgenden Optionen aus, die sowohl für VHDX-Dateien als auch VHD-Sätze gelten:
   - **Feste Größe**   Die Imagedatei hat eine festgelegte Größe, in der der gesamte Festplattenplatz, der für das Erstellen des Abbilds erforderlich ist, beim Anlegen der Datei zugewiesen wird.
   - **Dynamisch erweiterbar**   Die Imagedatei hat eine festgelegte maximale Größe, ist zu Beginn klein und wird bei Bedarf entsprechend der vom System geschriebenen Daten erweitert.
6. Auf der Seite *Name und Pfad angeben* legen Sie einen Dateinamen für das Festplattenimage im Feld *Name* fest und geben einen Speicherort für die Datei auf einem freigegebenen Clustervolume (CSV) an.
7. Wählen Sie auf der Seite *Datenträger konfigurieren* eine der folgenden Optionen aus und legen Sie die entsprechenden Einstellungen fest:
   - **Neue virtuelle Festplatte ohne Inhalt erstellen**   Legt die Größe (oder die maximale Größe) der zu erstellenden Datenträgerdatei fest.
   - **Inhalt der angegebenen physischen Festplatte kopieren**   Ermöglicht es, eine der physischen Festplatten im Computer auszuwählen und ihren Inhalt auf die neue virtuelle Festplatte zu kopieren.
   - **Inhalt der angegebenen virtuellen Festplatte kopieren**   Ermöglicht es, eine vorhandene virtuelle Datenträgerdatei auszuwählen und ihren Inhalt in das neue Datenträgerabbild zu kopieren.
8. Auf der Seite *Abschließen des Assistenten für neue virtuelle Festplatten* klicken Sie auf *Fertig stellen*. Der Assistent erstellt das neue Datenträgerabbild und speichert es am angegebenen Speicherort.
9. Klicken Sie auf *OK*, um das Dialogfeld *Einstellungen* zu schließen.

Um einen VHD-Satz in Windows PowerShell zu erstellen, verwenden Sie das Cmdlet *New-VHD* genau wie beim Erstellen einer beliebigen virtuellen Datenträgerdatei, außer dass Sie *.vhds* für die Erweiterung der zu erstellenden Datei angeben, wie es das folgende Beispiel zeigt:

```
new-vhd –path c:\diskfile.vhds
    –dynamic
    –sizebytes 1tb
```

Differenzierende Datenträger konfigurieren

Mit einem differenzierenden Datenträger haben Sie die Möglichkeit, eine vorhandene virtuelle Datenträgerimagedatei in ihrem ursprünglichen Zustand zu bewahren, während Sie sie in einem Betriebssystem bereitstellen und sogar ihren Inhalt ändern. Wenn Sie zum Beispiel ein Laborsystem aufbauen, können Sie eine Vergleichsbasis einrichten, indem Sie eine saubere Kopie eines Betriebssystems auf einem neuen virtuellen Datenträger installieren und die Umgebung Ihren Bedürfnissen entsprechend konfigurieren. Dann können Sie einen neuen untergeordneten differenzierenden Datenträger erstellen und dabei das Vergleichsbasis-Image als übergeordneten Datenträger verwenden. Alle darauf folgenden Änderungen, die Sie am System vornehmen, werden auf den differenzierenden Datenträger geschrieben, während der übergeordnete Datenträger unberührt bleibt. Mit dem Wissen im Hinterkopf, dass jederzeit eine Rückkehr zu Ihrer Vergleichsbasis-Konfiguration möglich ist, wenn Sie einen neuen differenzierenden Datenträger erstellen, können Sie nun frei im System experimentieren.

Darüber hinaus können Sie sogar mehrere differenzierende Datenträger einrichten, die auf dasselbe übergeordnete Image verweisen. Somit lässt sich ein Labornetzwerk mit jeder benötigten Anzahl an virtuellen Computern versorgen, ohne dass Sie das Betriebssystem wiederholt installieren müssen. Zudem sparen Sie dabei noch Festplattenplatz. Besonders nützlich dürfte dies für Softwareentwicklungen sein, bei denen ständig neue Builds des Produkts zu testen sind.

Es ist auch denkbar, mehrere Generationen von differenzierenden Datenträgern dadurch anzulegen, dass Sie eine Hierarchie von untergeordneten Datenträgern erstellen. In diesem Fall sind alle Datenträger, die vom übergeordneten Datenträger abzweigen, für die Funktionalität des Datenträgers wichtig.

Wenn Sie einen differenzierenden Datenträger mit dem Assistenten für neue virtuelle Festplatten erstellen und auf der Seite *Datenträgertyp auswählen* die Option *Differenzierung* auswählen, zeigt der Assistent eine geänderte Seite *Datenträger konfigurieren*, wie aus Abbildung 3–42 hervorgeht. Im Eingabefeld *Pfad* müssen Sie den Namen der Datei angeben, die als übergeordnetes Image dient.

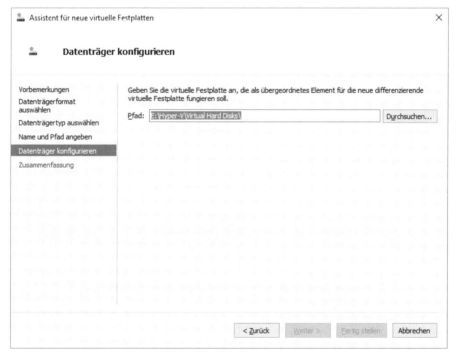

Abb. 3–42 Die Seite *Datenträger konfigurieren*, wenn im Assistenten für neue virtuelle Festplatten die Option *Differenzierung* ausgewählt wurde

Um per Windows PowerShell eine differenzierende Festplatte zu erstellen, führen Sie das Cmdlet *New-VHD* mit dem Parameter *Differencing* aus und spezifizieren mit dem Parameter *ParentPath* den Speicherort der übergeordneten Festplatte, wie es das folgende Beispiel zeigt:

```
new-vhd –path c:\disks\diffdisk.vhdx
    –sizebytes 1tb
    –differencing
    -parentpath c:\disks\parentdisk.vhdx
```

Virtuelle Festplatten ändern

In Windows Server 2016 können Sie virtuelle Festplattenimages nach verschiedenen Methoden verwalten und ändern, ohne sie einem virtuellen Computer hinzufügen zu müssen. So ist es mit dem Snap-In *Datenträgerverwaltung* oder per Windows PowerShell möglich, eine virtuelle Festplatte im Dateisystem eines Computers bereitzustellen und genauso auf deren Inhalt zuzugreifen, als wäre es ein physischer Datenträger.

Eine VHD bereitstellen

Mit dem Snap-In *Datenträgerverwaltung* stellen Sie eine virtuelle Festplatte in folgenden Schritten bereit:

1. Wählen Sie in der Konsole *Server-Manager* im Menü *Tools* den Eintrag *Computerverwaltung*.

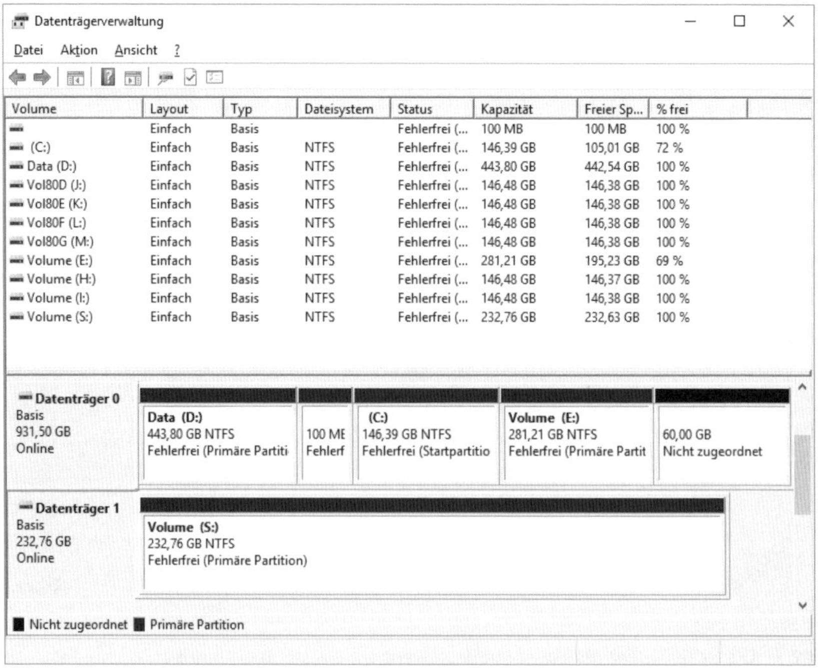

Abb. 3–43 Das Snap-In *Datenträgerverwaltung*

2. Klicken Sie im linken Fensterbereich der Konsole *Computerverwaltung* auf *Datenträgerverwaltung*.

3. Im Snap-In *Datenträgerverwaltung* (siehe Abbildung 3–43) wählen Sie im Menü *Aktion* den Befehl *Virtuelle Festplatte anfügen*.

4. Im Dialogfeld *Virtuelle Festplatte anfügen* (siehe Abbildung 3–44) geben Sie den Speicherort der anzufügenden virtuellen Festplatte ein (oder suchen diesen Speicherort über *Durchsuchen* auf) und klicken auf *OK*. Die Festplatte erscheint nun in der Benutzeroberfläche der *Datenträgerverwaltung*.

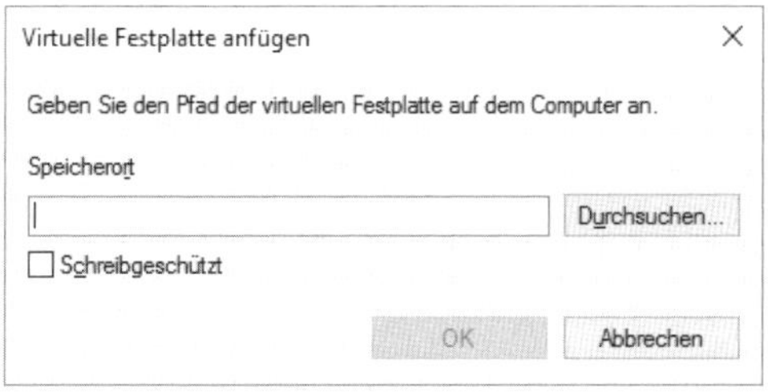

Abb. 3–44   Das Dialogfeld *Virtuelle Festplatte anfügen*

5. Schließen Sie die Konsole *Computerverwaltung*.

Jetzt wird der Inhalt der virtuellen Festplatte über einen Laufwerkbuchstaben bereitgestellt und Sie können den Inhalt mit allen Standardwerkzeugen bearbeiten, so als würden sich die Dateien auf einem physischen Festplattenlaufwerk befinden. Um die Bereitstellung der Festplatte aufzuheben und alle vorgenommenen Änderungen zurück in die virtuelle Datenträgerdatei zu speichern, wählen Sie im Menü *Aktion* den Befehl *Virtuelle Festplatte trennen* und geben den Speicherort der ursprünglichen Imagedatei an.

Um eine VHD- oder VHDX-Datei bereitzustellen oder die Bereitstellung aufzuheben, können Sie auch die PowerShell-Cmdlets *Mount-VHD* und *Dismount-VHD* wie in den folgenden Beispielen aufrufen:

```
mount-vhd -path c:\disks\server1.vhdx
```

```
dismount-vhd -path c:\disks\server1.vhdx
```

Rollen und Features offline installieren

Mit dem Cmdlet *InstallWindowsFeature* lassen sich Windows-Rollen und -Features auf einem laufenden virtuellen Computer installieren. Allerdings können Sie dieses Cmdlet auch verwenden, um Rollen und Features im VHD- oder VHDX-Image einer Systemfestplatte zu installieren, während sie offline ist.

Um in eine virtuelle Festplatte im Offlinemodus eine Rolle oder ein Feature zu installieren, fügen Sie dem Befehl *Install-WindowsFeature* den Parameter *Vhd* hinzu, wie das folgende Beispiel zeigt:

```
install-windowsfeature -vhd c:\disks\server1.vhdx
    -name web-server
    -includemanagementtools
```

Pass-Through-Datenträger konfigurieren

Wenn Sie einen virtuellen Computer erstellen, legt Hyper-V standardmäßig auch eine virtuelle Festplatte an. Außerdem haben Sie gelernt, wie Sie VHD- oder VHDX-Dateien erstellen, um virtuelle Computer mit zusätzlichem Speicher zu versorgen. Virtuelle Computer sind aber auch in der Lage, auf physische Datenträger im Hostserver direkt zuzugreifen.

Ein Pass-Through-Datenträger ist ein virtueller Datenträger, der nicht auf eine Datei verweist, die auf einem physischen Datenträger gespeichert ist, sondern auf ein physisches Laufwerk selbst, das auf dem Hostserver installiert ist. Wenn Sie eine Festplatte in einem virtuellen Computer mit einem der Controller verbinden, können Sie statt eines virtuellen Laufwerks auch ein physisches Festplattenlaufwerk auswählen.

Um einem virtuellen Computer ein physisches Festplattenlaufwerk hinzuzufügen, muss der virtuelle Computer allerdings exklusiven Zugriff darauf haben. Das heißt, Sie müssen den Datenträger im Hostbetriebssystem offline nehmen, und zwar mit dem Snap-In *Datenträgerverwaltung*, wie es Abbildung 3–45 zeigt, oder mit dem PowerShell-Cmdlet *Set-Disk*.

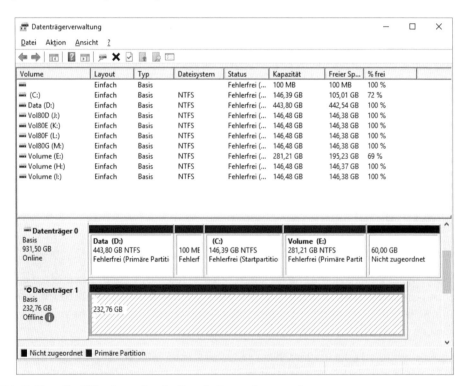

Abb. 3–45 Ein Offlinedatenträger im Snap-In *Datenträgerverwaltung*

Wenn Sie eine Festplatte mit dem Cmdlet *Set-Disk* offline nehmen wollen, müssen Sie zuerst die Nummer des Datenträgers, den Sie ändern möchten, mit dem Cmdlet *Get-Disk* in Erfahrung bringen. Dann führen Sie *Set-Disk* mit einem Befehl wie dem folgenden aus:

```
set-disk -number 1
    -isoffline $true
```

Nachdem der Datenträger offline geschaltet ist, wird im Dialogfeld *Einstellungen* auf der Seite *Festplatte* die Option *Physische Festplatte* aktiviert (siehe Abbildung 3–46) und die Festplatte lässt sich in der Dropdownliste auswählen.

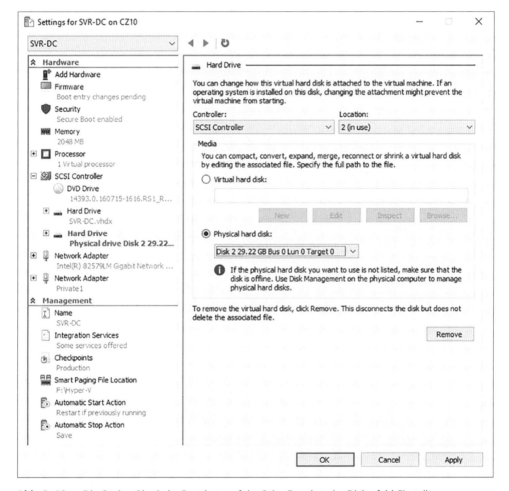

Abb. 3–46 Die Option *Physische Festplatte* auf der Seite *Festplatte* im Dialogfeld *Einstellungen*

Einen Pass-Through-Datenträger erstellen Sie in Windows PowerShell mit dem Cmdlet *Add-VMHardDiskDrive*, dem Sie den Parameter *DiskNumber* übergeben, wie das folgende Beispiel zeigt:

```
add-vmharddiskdrive -vmname server1
  -controllertype scsi
  -disknumber 2
```

Wenn Sie einen Pass-Through-Datenträger erstellen, sollten Sie sich im Klaren darüber sein, dass der virtuelle Computer auf die eigentliche physische Festplatte zugreift – er erstellt keine Kopie des Inhalts.

Größe einer virtuellen Festplatte ändern

Die Größe einer virtuellen Festplatte können Sie im Hyper-V-Manager mit dem Assistenten zum Bearbeiten virtueller Festplatten ändern, unabhängig davon, ob Sie die virtuelle Festplatte einem virtuellen Computer zugeordnet haben oder nicht.

Eine vorhandene VHD- oder VHDX-Datei bearbeiten Sie in folgenden Schritten:

1. Im Hyper-V-Manager klicken Sie im Bereich *Aktionen* auf *Datenträger bearbeiten*, um den Assistenten zum Bearbeiten virtueller Festplatten zu starten.
2. Auf der Seite *Virtuelle Festplatte suchen* geben Sie den Namen der VHD- oder VHDX-Datei ein, die Sie öffnen möchten (oder suchen diesen Speicherort über *Durchsuchen* auf).
3. Auf der Seite *Aktion auswählen* (siehe Abbildung 3–47) wählen Sie eine der folgenden Funktionen aus. Welche Funktionen hier erscheinen, hängt vom Typ des ausgewählten Datenträgers ab.

    - **Komprimieren** Verringert die Größe eines dynamisch erweiterbaren oder differenzierenden Datenträgers, indem leerer Speicherplatz gelöscht wird, wobei die Kapazität des Datenträgers unverändert bleibt.
    - **Konvertieren** Erstellt eine Kopie der Datenträgerimagedatei, sodass Sie das Format (VHD oder VHDX) oder den Typ (feste Größe oder dynamisch erweiterbar) ändern können.
    - **Erweitern** Erhöht die Kapazität des Datenträgers, indem leerer Speicherplatz zur Imagedatei hinzugefügt wird.
    - **Verkleinern** Verringert die Kapazität des Datenträgers, indem leerer Speicherplatz aus der Datei gelöscht wird. Die Option *Verkleinern* erscheint nur, wenn nicht partitionierter Speicherplatz am Ende des virtuellen Datenträgers verfügbar ist.
    - **Zusammenführen** Fasst die Daten auf einem differenzierenden Datenträger mit denen auf seinem übergeordneten Datenträger zu einer einzigen zusammengesetzten Imagedatei zusammen. Die Option *Zusammenführen* erscheint nur, wenn Sie einen differenzierenden Datenträger auswählen.

4. Arbeiten Sie entsprechend Ihrer Auswahl die übrigen Seiten ab, die der Assistent präsentiert, und klicken Sie auf *Fertig stellen*.

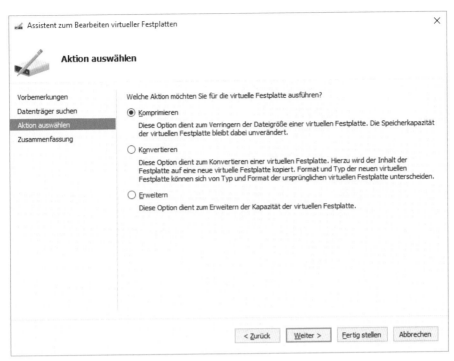

Abb. 3–47   Die Seite *Aktion auswählen* im Assistenten zum Bearbeiten virtueller Festplatten

Die Funktionen des Assistenten zum Bearbeiten virtueller Festplatten können Sie auch mit Windows PowerShell-Cmdlets ausführen. Eine virtuelle Festplattendatei (die als schreibgeschützter Datenträger bereitgestellt ist) komprimieren Sie mit dem Cmdlet *Optimize-VHD* wie im folgenden Beispiel:

```
optimize-vhd -path c:\disks\server1.vhdx
    -mode full
```

Eine virtuelle Festplattendatei konvertieren Sie mit dem Cmdlet *Convert-VHD*. Das folgende Beispiel zeigt, wie Sie eine VHD-Datei fester Größe in eine dynamische VHDX-Datei konvertieren:

```
convert-vhd -path c:\disks\server1.vhd
    -destinationpath c:\disks\server1.vhdx
    -vhdtype dynamic
```

Um eine virtuelle Festplatte zu erweitern oder zu verkleinern, rufen Sie das Cmdlet *Resize-VHD* mit dem Parameter *SizeBytes* wie im folgenden Beispiel auf. Derselbe Befehl kann eine virtuelle Festplatte erweitern oder verkleinern, je nach ihrer ursprünglichen Größe. Möchten Sie eine Festplatte auf die kleinstmögliche Größe verkleinern, können Sie den Parameter *ToMinimumSize* hinzufügen.

```
resize-vhd -path c:\disks\server1.vhdx
    -sizebytes 500gb
```

Mit dem Cmdlet *Merge-VHD* lässt sich ein differenzierender Datenträger mit seiner übergeordneten virtuellen Festplatte wie im folgenden Beispiel zusammenführen. Sind mehrere Generationen von untergeordneten Festplatten betroffen, führen Sie die jüngste untergeordnete Festplatte mit der übergeordneten Festplatte zusammen; alle dazwischenliegenden untergeordneten Festplatten werden dann ebenfalls zusammengeführt.

```
merge-vhd -path c:\disks\child.vhdx
    -destinationpath c:\disks\parent.vhdx
```

Prüfpunkte verwalten

In Hyper-V ist ein *Prüfpunkt* (engl. Checkpoint) eine Momentaufnahme von Zustand, Daten und Hardwarekonfiguration eines virtuellen Computers zu einem bestimmten Zeitpunkt. Mit Prüfpunkten ist es auf komfortable Art und Weise möglich, einen virtuellen Computer nach Belieben in einen vorherigen Zustand zu versetzen. Wenn Sie zum Beispiel einen Prüfpunkt unmittelbar vor Anwenden eines Systemupdates erstellen und sich das Update als problematisch erweisen sollte, wenden Sie einfach den Prüfpunkt an und bringen den virtuellen Computer zurück in den Zustand, den er vor dem ausgeführten Update hatte.

> **PRÜFUNGSTIPP**
>
> Vor Windows Server 2012 R2 wurden die Prüfpunkte in Hyper-V als Snapshots bezeichnet. Die Funktionsweise ist gleich geblieben, nur der Name hat sich geändert. In der Dokumentation werden Sie möglicherweise beide Begriffe finden und das Hyper-V-PowerShell-Modul definiert Aliasse, um beide Begriffe (d. h. checkpoint und snapshot) gleichberechtigt verwenden zu können. Auch in der Prüfung 70-740 können beide Begriffe vorkommen.

Einen Prüfpunkt erstellen

Ein Prüfpunkt lässt sich ganz einfach erstellen. Wählen Sie einen laufenden virtuellen Computer in Hyper-V-Manager aus und klicken Sie im Bereich *Aktionen* auf *Prüfpunkt*. In PowerShell führen Sie das Cmdlet *Checkpoint-VM* mit dem Namen des virtuellen Computers aus. Das System erzeugt im selben Ordner, in dem sich die Datei der virtuellen Festplatte befindet, eine Prüfpunktdatei mit der Erweiterung *.avhd* oder *.avhdx*. Der Prüfpunkt erscheint auch in der Anzeige von Hyper-V-Manager, wie Abbildung 3–48 zeigt.

Das Erstellen von Prüfpunkten erweist sich beim Entwickeln und Testen von Umgebungen in Hyper-V als hilfreich, doch weder für Produktionsumgebungen noch als Ersatz für Sicherungssoftware ist diese Methode zu empfehlen. Abgesehen davon, dass Festplattenplatz verbraucht wird, können Prüfpunkte die Gesamtleistung des Speichersubsystems in einem virtuellen Computer bremsen.

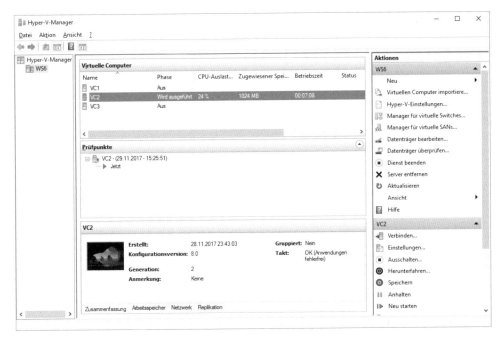

Abb. 3–48 Ein Prüfpunkt in Hyper-V-Manager

Einen Prüfpunkt anwenden

Um einen vorher erstellten Prüfpunkt anzuwenden und den virtuellen Computer in seinen vorherigen Zustand zu versetzen, markieren Sie im Hyper-V-Manager den Prüfpunkt (einfach darauf klicken) und wählen Sie im Menü *Aktionen* den Eintrag *Anwenden* (siehe Abbildung 3–49).

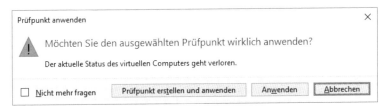

Abb. 3–49 Das Dialogfeld *Prüfpunkt anwenden*

In diesem Dialogfeld können Sie unter folgenden Optionen wählen:

- **Anwenden** Wendet den ausgewählten Prüfpunkt an und überschreibt den aktuellen Zustand des virtuellen Computers.
- **Prüfpunkt erstellen und anwenden** Erstellt einen neuen Prüfpunkt des virtuellen Computers, um seinen aktuellen Zustand zu bewahren, und wendet dann den ausgewählten Prüfpunkt an.

Per Windows PowerShell wenden Sie einen Prüfpunkt mit dem Cmdlet *Restore-VMCheckpoint* an, wie es das folgende Beispiel zeigt:

```
restore-vmcheckpoint -name checkpoint1
    -vmname server1
```

Sofern Sie dem Prüfpunkt beim Erstellen keinen Namen geben, wird dieser mit einer Kombination aus dem Namen des virtuellen Computers und dem Zeitstempel aus der Erstellungszeit gebildet. Eine Liste aller Prüfpunkte für einen bestimmten virtuellen Computer können Sie einschließlich ihrer Namen mit dem Cmdlet *Get-VMCheckpoint* anzeigen.

Produktionsprüfpunkte implementieren

Beim Erstellen von Prüfpunkten ist noch ein anderer Punkt zu beachten, der Microsoft dazu veranlasst hat, strengstens zu empfehlen, Prüfpunkte nicht auf virtuellen Computern in Produktionsumgebungen zu verwenden. Vor Windows Server 2016 hat das Erstellen eines Prüfpunkts den Speicherzustand aller laufenden Anwendungen gesichert und nicht nur den Zustand des virtuellen Computers selbst.

Für eine Testumgebung sind Prüfpunkte aber ein Segen, sodass ihr Anwenden den virtuellen Computer in genau den Zustand zurückbringen kann, in dem der Prüfpunkt erstellt wurde. In einer Produktionsumgebung kann aber bei einem virtuellen Computer das Wiederherstellen eines vorherigen Speicherzustands laufende Prozesse unterbrechen, wenn dieser virtuelle Computer mit Clients – beispielsweise einer Datenbank oder einem Mailserver – verbunden ist oder Daten zu anderen Systemen – etwa einem Domänencontroller – repliziert.

Aus diesem Grund gibt es in Hyper-V von Windows Server 2016 sogenannte *Produktionsprüfpunkte*, die auf den Dienst *Volumeschattenkopie* in Windows oder das Freeze-Feature des Linux-Dateisystems zurückgreifen, um einen Snapshot der Daten von einem virtuellen Computer zu erzeugen, ohne seinen Speicherzustand zu speichern. Die Verwendung von Produktionsprüfpunkten ist jetzt Standard auf allen virtuellen Computern mit Windows Server 2016. Der vorherige Prüfpunkttyp ist in Windows Server 2016 immer noch vorhanden und wird als *Standardprüfpunkt* bezeichnet.

Für Administratoren verhalten sich Produktionsprüfpunkte genau wie Standardprüfpunkte. Erzeugen und anwenden lassen sie sich mit den gleichen Tools und Techniken.

Um die Einstellungen der Standardprüfpunkte für einen virtuellen Computer zu ändern, öffnen Sie im Hyper-V-Manager das Dialogfeld *Einstellungen*, gehen auf die Seite *Prüfpunkte* (die Abbildung 3–50 zeigt) und wählen die Option *Standardprüfpunkte* aus. Mit den Steuerelementen auf dieser Seite können Sie auch den Speicherort für die Prüfpunktdateien des virtuellen Computers spezifizieren und Prüfpunkte insgesamt deaktivieren.

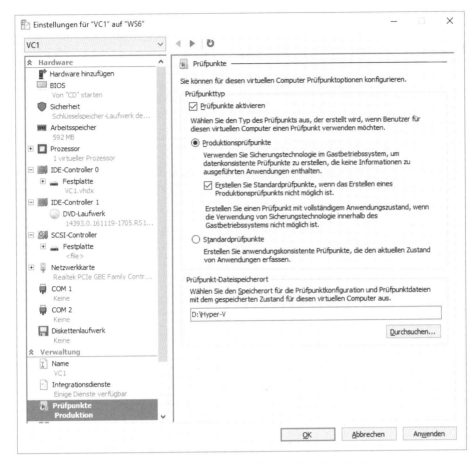

Abb. 3–50 Die Seite *Prüfpunkte* im Dialogfeld *Einstellungen* eines virtuellen Computers

Die Standardeinstellungen für Prüfpunkte lassen sich in PowerShell mit dem Cmdlet *Set-VM* ändern, wie das folgende Beispiel zeigt:

```
set-vm -name server1
    -checkpointtype standard
```

Außer dem Wert *Standard* unterstützt der Parameter *CheckpointType* auch den Wert *Production*, um die Einstellung auf ihren Standardwert (Produktionsprüfpunkte) zurückzusetzen, und den Wert *Disabled*, um das Erstellen von Prüfpunkten für den virtuellen Computer zu deaktivieren. Zusätzlich können Sie mit dem Parameter *SnapshotFileLocation* festlegen, in welchem Ordner das System die Prüfpunktdateien ablegen soll.

Einen virtuellen Fibre Channel-Adapter implementieren

In der Vergangenheit war es wegen der spezialisierten Netzwerktechnologien, mit denen Fibre Channel-Speichernetze (SANs) aufgebaut wurden, schwierig, sie mit virtualisierten Servern zu verwenden. Nun unterstützt aber Hyper-V seit der Windows Server 2012-Implementierung das Erstellen von virtuellen Fibre Channel-Adaptern.

Ein Hyper-V-Fibre Channel-Adapter ist praktisch ein Pass-Through-Gerät, über das ein virtueller Computer auf einen im Computer installierten physischen Fibre Channel-Adapter zugreifen kann und darüber wiederum auf die externen Speicherressourcen, die mit dem SAN verbunden sind. Diese Funktionalität erlaubt es Anwendungen, die auf virtuellen Computern laufen, auf Datendateien zuzugreifen, die auf SAN-Geräten gespeichert sind, und Sie können mit virtuellen Computern Servercluster mit freigegebenen Speichersubsystemen erstellen.

Um die Fibre Channel-Konnektivität zu unterstützen, brauchen die physischen Fibre Channel-Hostbusadapter im Hostserver Treiber, die explizit virtuelle Fibre Channel- und N-Port-ID-Virtualisierung (NPIV[11]) unterstützen. Folglich muss Ihr SAN in der Lage sein, seine angeschlossenen Ressourcen mithilfe von logischen Einheiten (LUNs[12]) zu adressieren.

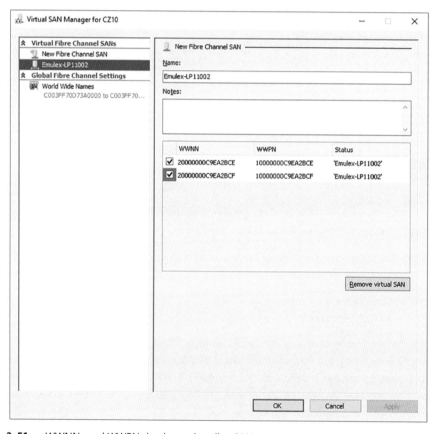

Abb. 3–51   WWNNs und WWPNs in einem virtuellen SAN

---

11. NPIV – N-Port-ID-Virtualisierung
12. LUN – Logical Unit Number, logische Einheit

Vorausgesetzt, dass die passende Hardware und Software auf dem Hostcomputer installiert ist, implementieren Sie die Fibre Channel-Funktionalität in Hyper-V, indem Sie zuerst ein virtuelles SAN erstellen. Hierzu rufen Sie den Manager für virtuelle SANs (siehe Abbildung 3–51) vom Hyper-V-Manager aus auf. Wenn Sie ein virtuelles SAN erstellen, erscheinen die WWNNs (World Wide Node Names) und WWPNs (World Wide Port Names) Ihres Hostbusadapters.

Im nächsten Schritt fügen Sie Ihrem virtuellen Computer einen Fibre Channel-Adapter hinzu. Gehen Sie dazu im Dialogfeld *Einstellungen* auf die Seite *Hardware hinzufügen*. Dann ist das virtuelle SAN, das Sie vorher eingerichtet haben, auf der Seite *Fibre Channel-Adapter* verfügbar, wie Abbildung 3–52 zeigt. Hyper-V virtualisiert das SAN und macht die WWNNs und WWPNs für den virtuellen Computer verfügbar.

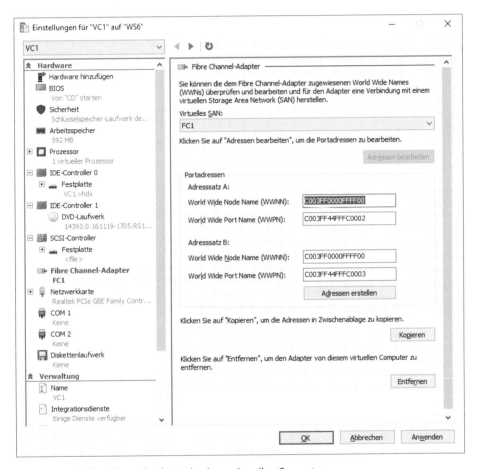

Abb. 3–52 Ein Fibre Channel-Adapter in einem virtuellen Computer

Quality of Service konfigurieren

Wenn Sie virtuelle Computer auf einem einzelnen Hyper-V-Host erstellen, sind gewöhnlich mehrere virtuelle Festplatten auf einer einzelnen physischen Festplatte untergebracht. Bei virtuellen Computern, die gleichzeitig ausgeführt werden und auf ihre virtuellen Festplatten von derselben physischen Festplatte zugreifen, kann eine virtuelle Festplatte unter Umständen die gesamte Ein-/Ausgabekapazität der physischen Festplatte vereinnahmen, was die anderen virtuellen Festplatten bremst. Um dies zu verhindern, lässt sich in Windows Server 2016 die Dienstqualität (Quality of Service, QoS) für eine bestimmte virtuelle Festplatte steuern.

In Hyper-V verwalten Sie die Dienstqualität mithilfe von Steuerelementen, in denen Sie die Minimal- und Maximalwerte für Ein-/Ausgabeoperationen pro Sekunde (Input/Output operations per second, IOPS) für eine Festplatte angeben können. Hierzu öffnen Sie das Dialogfeld *Einstellungen* für einen virtuellen Computer, erweitern die Komponente *Festplatte* und klicken auf *Quality of Service*. Auf der Seite *Quality of Service* aktivieren Sie das Kontrollkästchen *Verwaltung der Dienstqualität aktivieren* (siehe Abbildung 3–53).

Abb. 3–53 Die Steuerelemente für *Quality of Service* im Dialogfeld *Einstellungen* im Hyper-V-Manager

Nachdem Sie das Kontrollkästchen *Verwaltung der Dienstqualität aktivieren* aktiviert haben, können Sie die minimalen und maximalen IOPS-Werte für die Festplatte angeben, um ihren Durchsatz in 8-KB-Schritten zu drosseln. Diese Einstellungen lassen sich auch in Windows PowerShell konfigurieren, und zwar mit dem Cmdlet *Set-VMHardDiskDrive* wie im folgenden Beispiel. Die Parameter *ControllerType* und *ControllerNumber* geben das zu konfigurierende Laufwerk an, die Parameter *MinimumIOPS* und *MaximumIOPS* legen die QoS-Einstellungen fest.

```
set-vmharddiskdrive -vmname server1
    -controllertype scsi
    -controllernumber 0
    -minimumiops 10
    -maximumiops 500
```

Um die optimalen QoS-Einstellungen für ein bestimmtes Laufwerk zu ermitteln, sind etwas Überwachung und Anpassung erforderlich. Nachdem Sie die Ressourcenmessung auf dem virtuellen Computer aktiviert haben, können Sie mit dem Cmdlet *Measure-VM* seine aktuelle Festplattennutzung anzeigen, wie die folgenden Beispiele zeigen. Die Ausgabe des Cmdlets *Measure-VM* ist in Abbildung 3–54 zu sehen. Haben Sie die IOPS-Werte des virtuellen Computers unter *Arbeitsbelastung* überprüft, können Sie die jeweiligen QoS-Einstellungen auf null setzen.

```
enable-vmresourcemetering -vmname server1

measure-vm -vmname server1 | fl
```

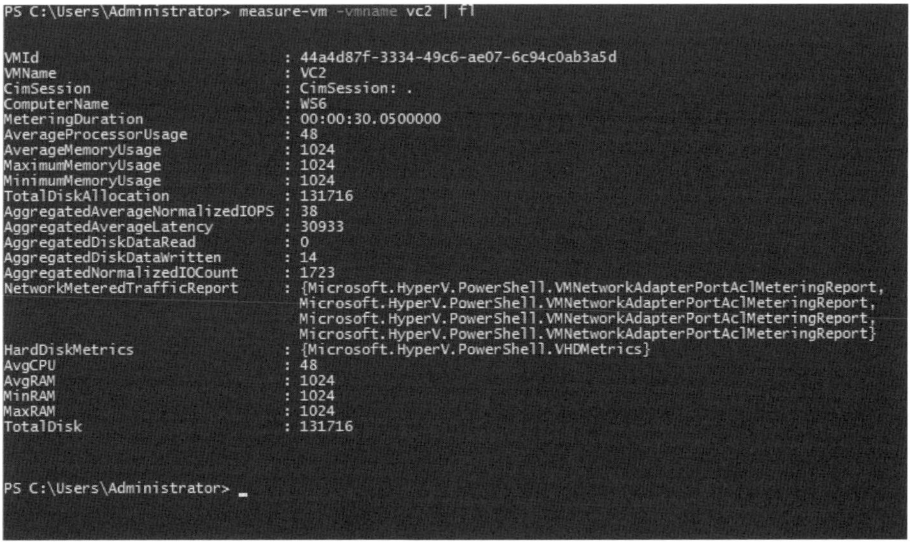

Abb. 3–54 Ausgabe des Cmdlets *Measure-VM*

Prüfungsziel 3.4: Hyper-V-Netzwerk konfigurieren

Die Netzwerkfunktionalität von Hyper-V versetzt Administratoren in die Lage, ein virtualisiertes Äquivalent von nahezu jeder physischen Netzwerkkonfiguration zu erstellen.

Im Einzelnen geht es in diesem Abschnitt um folgende Punkte:

- Virtuelle Netzwerkschnittstellenkarten (vNICs) hinzufügen und entfernen
- virtuelle Hyper-V-Schalter konfigurieren
- Netzwerkleistung optimieren
- MAC-Adressen konfigurieren
- Netzwerkisolation konfigurieren
- Legacy- und synthetische virtuelle Netzwerkadapter konfigurieren
- NIC-Teamvorgang auf virtuellen Computern konfigurieren
- Warteschlange für virtuelle Computer (virtual machine queue; VMQ) konfigurieren
- Remote Direct Memory Access (RDMA) auf Netzwerkadaptern aktivieren, die unter Verwendung von Switch Embedded Teaming (SET) an einen virtuellen Hyper-V-Schalter gebunden sind
- Bandbreitenverwaltung konfigurieren

Virtuelle Netzwerkschnittstellenkarten hinzufügen und entfernen

Genau wie ein physischer Computer kann ein virtueller Computer über mehrere Netzwerkadapter verfügen, die Verbindungen zu verschiedenen Netzwerken realisieren oder verschiedene Arten von Datenverkehr übertragen. Wenn Sie einen neuen virtuellen Computer erstellen, schließt die Standardkonfiguration einen virtuellen Netzwerkadapter ein. Im Assistenten für neue virtuelle Computer können Sie auf der Seite *Netzwerk konfigurieren* (siehe Abbildung 3–55) einen der virtuellen Switches auf dem Hostserver auswählen.

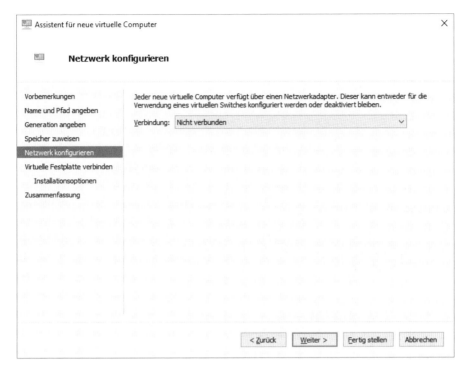

Abb. 3–55 Die Seite *Netzwerk konfigurieren* im Assistenten für neue virtuelle Computer

Wenn Sie beim Installieren von Hyper-V lediglich den standardmäßigen externen virtuellen Switch erstellen und dem Switch einen virtuellen Computer zuordnen, wird das System mit dem physischen Netzwerk verbunden. Zusätzliche Netzwerkadapter erstellen Sie in Ihren virtuellen Computern in folgenden Schritten:

1. Starten Sie Hyper-V-Manager, wählen Sie einen virtuellen Computer aus und öffnen Sie dessen Dialogfeld *Einstellungen*.
2. Wählen Sie in der Liste *Hardware hinzufügen* den Eintrag *Netzwerkkarte*[13] aus und klicken Sie auf *Hinzufügen*.

> **HINWEIS** Netzwerkadapter hinzufügen
>
> Auf einem virtuellen Computer der Generation 2 können Sie einen Netzwerkadapter hinzufügen und konfigurieren, während das System läuft. Bei virtuellen Computern der Generation 1 müssen Sie das System herunterfahren.

---

13. Netzwerkadapter – Netzwerkkarte: Das ist hier ein und dasselbe. Microsoft verwendet beide Begriffe gleichbedeutend nebeneinander, manchmal sogar auf derselben Seite eines Dialogfelds (zum Beispiel im Dialogfeld *Einstellungen* auf der Seite *Netzwerkkarte*). Anmerk. d. Übers.

3. Auf der Seite *Netzwerkkarte*, die in Abbildung 3–56 zu sehen ist, wählen Sie in der Dropdownliste *Virtueller Switch* den Switch aus, mit dem Sie den Netzwerkadapter verbinden möchten.

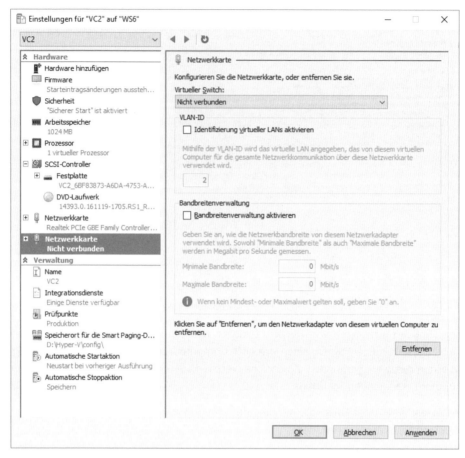

Abb. 3–56 Die Seite *Netzwerkkarte* im Dialogfeld *Einstellungen*

4. Ist der Hostcomputer an einer physischen Switching-Infrastruktur angeschlossen, die mit virtuellen LANs (VLANs) separate Subnetze aufbaut, können Sie das Kontrollkästchen *Identifizierung virtueller LANs aktivieren* setzen und eine VLAN-ID eingeben, um den Netzwerkadapter einem bestimmten VLAN in Ihrem physischen Netzwerk zuzuordnen.

5. Klicken Sie auf *OK*, um die neue Netzwerkkarte zu erstellen und das Dialogfeld *Einstellungen* zu schließen.

In einem virtuellen Hyper-V-Computer unter Windows Server 2016 lassen sich bis zu acht Netzwerkkarten einrichten. Per PowerShell erstellen Sie eine Netzwerkkarte mit dem Cmdlet *Add-VMNetworkAdapter*, wie das folgende Beispiel zeigt:

```
add-vmnetworkadapter -vmname server1
    -switchname private1
```

Um einen Netzwerkadapter in Hyper-V-Manager zu entfernen, wählen Sie ihn im Dialogfeld *Einstellungen* aus und klicken auf die Schaltfläche *Entfernen*. Der Eintrag für den Netzwerkadapter erscheint zunächst durchgestrichen, bis Sie auf die Schaltfläche *OK* oder *Anwenden* klicken. Per PowerShell entfernen Sie einen Netzwerkadapter mit dem Cmdlet *RemoveVMNetworkAdapter*, wie das folgende Beispiel zeigt:

```
remove-vmnetworkadapter -vmname server1
    -vmnetworkadapter nic1
```

Virtuelle Hyper-V-Switches konfigurieren

Ein *virtueller Switch* ist wie sein physisches Gegenstück ein Gerät, das auf der Schicht 2 des OSI-Modells (Open Systems Interconnection Model) arbeitet. An den Ports eines Switches sind die Netzwerkkarten der Computer angeschlossen. Jeder Computer, der mit dem Switch verbunden ist, kann Daten zu beliebigen anderen Computern übertragen, die am selben Switch angeschlossen sind. Zwar ist die Anzahl der Ports in einem physischen Switch begrenzt, doch es lassen sich auch mehrere Switches miteinander verbinden, sodass Administratoren Netzwerke praktisch jeder Größe aufbauen können.

Im Unterschied zu physischen Switches ist die Anzahl der Ports bei den virtuellen Switches, die Sie in Hyper-V erstellen, unbegrenzt und es ist nicht erforderlich, Switches miteinander zu verbinden oder Uplinks und Crossover-Schaltungen einzurichten.

Den virtuellen Standardswitch erstellen

Wenn Sie im Assistenten zum Hinzufügen von Rollen und Features die Rolle *Hyper-V* installieren, können Sie die ersten virtuellen Switches des Servers erstellen. Ohne Switch sind die virtuellen Computer auf Hyper-V nicht in der Lage, miteinander zu kommunizieren.

Auf der Seite *Virtuelle Switches erstellen* des Assistenten haben Sie Gelegenheit, einen virtuellen Switch für jeden der im Hostcomputer installierten physischen Netzwerkadapter zu erstellen. Diese Switches ermöglichen es den virtuellen Computern, auf die Netzwerke zuzugreifen, mit denen die physischen Adapter verbunden sind.

Wenn Sie auf diese Weise einen virtuellen Switch erstellen, ändert sich die Netzwerkkonfiguration im Hostbetriebssystem. Der neue virtuelle Switch erscheint im Fenster *Netzwerkverbindungen*. Ein Blick auf seine Eigenschaften (siehe Abbildung 3–57) zeigt, dass der Switch an den TCP/IP-Client des Betriebssystems gebunden ist.

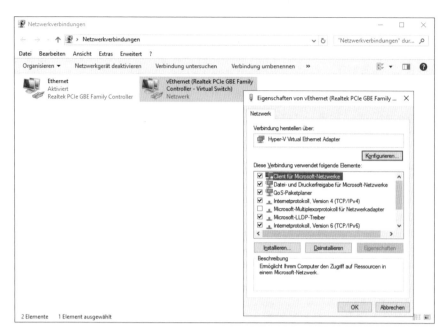

Abb. 3–57   Ein virtueller Switch und dessen Eigenschaften, angezeigt im Hostbetriebssystem

Unterdessen ändert Hyper-V auch die Eigenschaften der ursprünglichen Netzwerkverbindung, die den physischen Netzwerkadapter im Computer darstellt. Der physische Netzwerkadapter ist jetzt nur an den virtuellen Switch gebunden, wie Abbildung 3–58 zeigt.

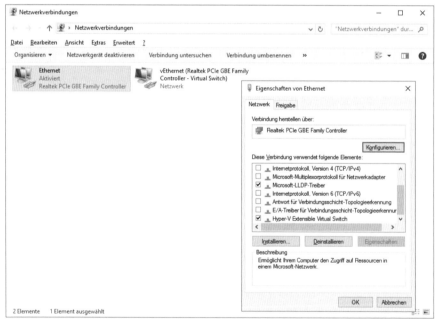

Abb. 3–58   An einen virtuellen Switch gebundener Netzwerkadapter im Hostbetriebssystem

Im Ergebnis wird die physische Netzwerkkonfiguration des Computers, in der sein Netzwerkadapter mit einem externen physischen Switch verbunden ist, durch die von Hyper-V erzeugte virtuelle Netzwerkkonfiguration überlagert. In dieser virtuellen Konfiguration ist der virtuelle Switch mit dem physischen Switch verbunden und der Netzwerkadapter im Hostbetriebssystem mit dem virtuellen Switch. Das interne virtuelle Netzwerk und das externe physische Netzwerk sind in einem einzigen lokalen Netzwerk (LAN) verbunden, so als hätten Sie zwei physische Switches miteinander verbunden.

Nachdem Hyper-V den virtuellen Switch erstellt und die Konfigurationsänderungen vorgenommen hat, werden alle neuen virtuellen Computer, die Sie mit dem virtuellen Switch verbinden, Teil dieses vereinigten Netzwerks, genau wie physische Computer, die an das physische Netzwerk über einen externen Switch angeschlossen sind.

In der Hyper-V-Terminologie ist diese Art von virtuellem Switch ein *externer Netzwerkswitch*, weil er Verbindungen bereitstellt, die zur Hyper-V-Umgebung extern sind. Diese Anordnung ist normalerweise für ein Produktionsnetzwerk zu bevorzugen, in dem virtuelle Hyper-V-Computer Dienste für das gesamte Netzwerk bereitstellen und nutzen.

Zum Beispiel erhält ein virtueller Computer, der mit diesem Switch verbunden ist, automatisch eine IP-Adresse von einem DHCP-Server (falls vorhanden) im physischen Netzwerk. Einen virtuellen Computer können Sie auch als DHCP-Server konfigurieren und ihm die Adressen für alle Systeme im – virtuellen oder physischen – Netzwerk bereitstellen lassen.

Bei dieser Anordnung können virtuelle Computer auch auf das Internet zugreifen, wobei sie den Router und die DNS-Server im externen Netzwerk verwenden. Die virtuellen Computer können dann Betriebssystemupdates aus dem Internet herunterladen, genau wie es oftmals bei externen Computern geschieht. Ein solcher virtueller Switch ist nicht in allen Situationen geeignet. Wenn Sie ein Labornetzwerk für Produkttests oder ein Schulungsnetz aufbauen, soll das Netz vermutlich nicht mit dem externen Netzwerk verbunden sein. In diesen Fällen können Sie im Hyper-V-Manager mit dem Manager für virtuelle Switches einen anderen Typ von virtuellem Switch erstellen.

Einen neuen virtuellen Switch erstellen

Hyper-V in Windows Server 2016 unterstützt drei Arten von Switches, die Sie im Manager für virtuelle Switches einrichten können.

Einen virtuellen Switch erstellen Sie in folgenden Schritten:

1. Im Hyper-V-Manager klicken Sie im Bereich *Aktionen* auf *Manager für virtuelle Switches*, um das Dialogfeld *Manager für virtuelle Switches* zu öffnen (siehe Abbildung 3–59).

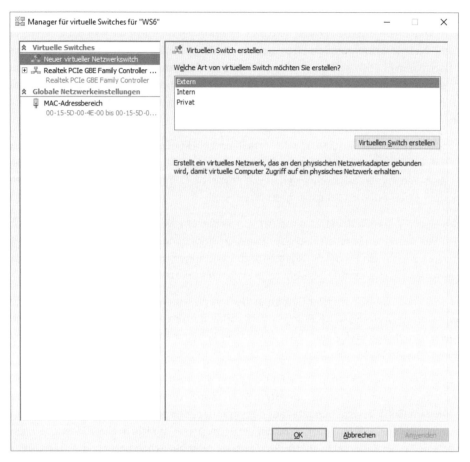

Abb. 3–59   Das Dialogfeld *Manager für virtuelle Switches* im Hyper-V-Manager

2. Auf der Seite *Virtuellen Switch erstellen* wählen Sie in der Liste eine der folgenden Arten aus und klicken dann auf die Schaltfläche *Virtuellen Switch erstellen*.

- **Extern**   Der virtuelle Switch wird an den Netzwerkprotokollstack im Hostbetriebssystem gebunden und einem physischen Netzwerkadapter im Hyper-V-Server zugeordnet. Virtuelle Computer, die auf dem Server laufen, können auf das Netzwerk zugreifen, mit dem der physische Adapter verbunden ist.

- **Intern**   Ein interner Netzwerkswitch ist an eine separate Instanz des Netzwerkprotokollstacks im Hostbetriebssystem gebunden, unabhängig vom physischen Netzwerkadapter und seinem angeschlossenen Netzwerk. Virtuelle Computer, die auf dem Server ausgeführt werden, können auf das virtuelle Netzwerk zugreifen, das durch den virtuellen Switch implementiert wird. Das Hostbetriebssystem kann auf das physische Netzwerk über den physischen Netzwerkadapter zugreifen. Die virtuellen Computer haben aber über den physischen Netzwerkadapter keinen Zugriff auf das physische Netzwerk.

- **Privat** Ein privater Netzwerkswitch existiert nur im Hyper-V-Server und ist nur den virtuellen Computern zugänglich, die auf dem Server ausgeführt werden. Das Hostbetriebssystem kann weiterhin über den physischen Netzwerkadapter auf das physische Netzwerk zugreifen, nicht jedoch auf das virtuelle Netzwerk, das vom virtuellen Switch erstellt wird.

3. Geben Sie auf der Seite *Eigenschaften für virtuellen Switch* (siehe Abbildung 3–60) einen Namen für den neuen Switch ein.

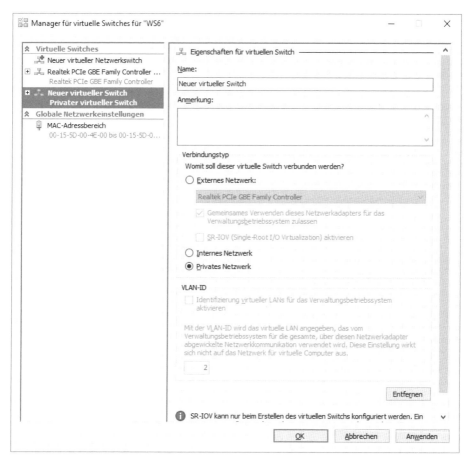

Abb. 3–60 Die Seite *Eigenschaften für virtuellen Switch*, auf der die Option *Privates Netzwerk* ausgewählt ist

4. Für einen externen Netzwerkswitch wählen Sie den physischen Netzwerkadapter aus, an den der virtuelle Switch gebunden wird, und konfigurieren bei Bedarf die folgenden Optionen:

    - **Gemeinsames Verwenden dieses Netzwerkadapters für das Verwaltungsbetriebssystem zulassen** Diese Option ist standardmäßig aktiviert, wenn Sie einen externen virtuellen Switch erstellen. Wird das Kontrollkästchen deaktiviert, ist das Hostbetriebssystem vom physischen Netzwerk ausgeschlossen, kann aber auf die virtuellen Computer zugreifen.

- **SR-IOV (Single Root I/O Virtualization) aktivieren** Ermöglicht es Ihnen, einen externen virtuellen Switch zu erstellen und ihn einem physischen Netzwerkadapter zuzuordnen, der SR-IOV unterstützt. Diese Option ist nur verfügbar, wenn Sie einen neuen virtuellen Switch erstellen. Ein vorhandener Switch lässt sich nicht für diese Option modifizieren.
- **Identifizierung virtueller LANs für das Verwaltungsbetriebssystem aktivieren** Ist der Hostcomputer mit einer physischen Switching-Infrastruktur verbunden, die mithilfe von virtuellen LANs (VLANs) separate Subnetze aufbaut, können Sie das Kontrollkästchen aktivieren und eine VLAN-ID eingeben, die dem virtuellen Switch mit einem bestimmten VLAN in Ihrem physischen Netzwerk zugeordnet wird.

5. Klicken Sie auf *OK*. Der neue virtuelle Switch wird erstellt.

Je nach Bedarf können Sie nun zusätzliche virtuelle Switches einrichten. Zwar lässt sich jeweils nur ein Switch für jeden physischen Netzwerkadapter im Computer zuordnen, Sie können aber mehrere interne oder private Switches erstellen, um so viele virtuelle Netzwerke aufzubauen, wie Sie benötigen.

Per Windows PowerShell erstellen Sie einen neuen virtuellen Switch mit dem Cmdlet *New-VMSwitch*, wie die folgenden Beispiele zeigen:

```
new-vmswitch -name lan1
    -netadaptername "ethernet 2"

new-vmswitch -name private1
    -switchtype private
```

Schnelltest

Harald stellt einen Hyper-V-Server unter Windows Server 2016 bereit und ist hinsichtlich der Optionen für virtuelle Switches verunsichert. Er verlangt, dass alle virtuellen Computer untereinander und auch mit Hostbetriebssystem kommunizieren können. Aber nur das Hostbetriebssystem sollte mit dem externen Netzwerk und dem Internet verbunden sein. Wie kann Harald diese Forderungen in Hyper-V umsetzen?

Antwort für den Schnelltest

Harald erstellt im Server-Manager mit dem Hyper-V-Manager einen virtuellen Switch. Als Art des virtuellen Switches wählt er die Option *Intern* aus. Die virtuellen Computer verbindet er mit dem internen Switch. Somit können die virtuellen Computer untereinander und mit dem Hostbetriebssystem kommunizieren.

Netzwerkleistung optimieren

Manche (physischen) Netzwerkadapter besitzen Features, die eine bessere Systemleistung dadurch ermöglichen, dass sie dem Systemprozessor bestimmte Aufgaben abnehmen und selbst ausführen. Hyper-V unterstützt einige dieser Features, wenn die Hardware im physischen Netzwerkadapter dafür ausgelegt ist.

Wenn Sie im Dialogfeld *Einstellungen* eines virtuellen Computers den Eintrag *Netzwerkkarte* erweitern, gelangen Sie zur Seite *Hardwarebeschleunigung*, die in Abbildung 3–61 zu sehen ist. Auf dieser Seite können Sie die folgenden Einstellungen zur Hardwarebeschleunigung konfigurieren:

- **Warteschlange für virtuelle Computer aktivieren** Eine Warteschlange für virtuelle Computer (Virtual Machine Queue, VMQ) speichert eingehende Pakete, die für virtuelle Computer vorgesehen sind, in separaten Warteschlangen im physischen Netzwerkadapter und liefert sie direkt an die virtuellen Computer aus. Dabei wird die Verarbeitung umgangen, die der virtuelle Switch auf dem Hostserver normalerweise vornimmt.

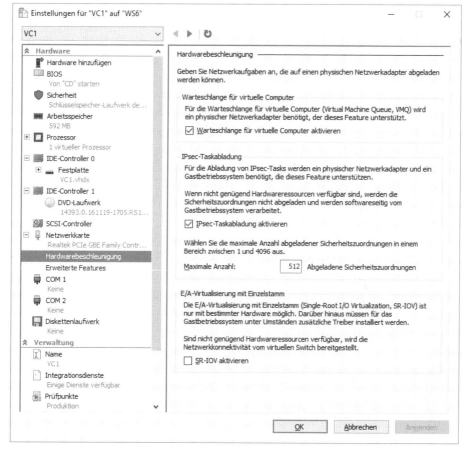

Abb. 3–61 Die Seite *Hardwarebeschleunigung* im Dialogfeld *Einstellungen* eines virtuellen Computers

- **IPsec-Taskabladung aktivieren** Diese Einstellung stützt sich auf die Verarbeitungsmöglichkeiten des Netzwerkadapters, einen Teil der kryptografischen Funktionen zu realisieren, die für IPsec erforderlich sind. Hier können Sie auch die maximale Anzahl der Sicherheitszuordnungen festlegen, mit denen der Adapter rechnen soll.

- **SR-IOV aktivieren** Bei dieser Einstellung kann der virtuelle Adapter die SR-IOV-Funktionalität des physischen Adapters verwenden. Durch SR-IOV können virtuelle Computer die Hardwareressourcen eines PCI-Express-Geräts – zum Beispiel eines Netzwerkadapters – gemeinsam verwenden.

Mehrere Switches erstellen

Wenn in Ihrem Hyper-V-Server mehrere physische Netzwerkadapter installiert sind, sollten Sie für jeden einen virtuellen Switch erstellen und die virtuellen Computer mit netzwerkintensiven Arbeitsauslastungen unter ihnen aufteilen, um die beste Leistung zu erzielen.

Ein privates Netzwerk erstellen

Sind auf einem Hyper-V-Server mehrere virtuelle Computer eingerichtet, die häufig miteinander kommunizieren, erstellen Sie im Manager für virtuelle Switches ein privates virtuelles Netzwerk und konfigurieren die virtuellen Computer so, dass diese es nach Möglichkeit verwenden. Die Netzwerkkommunikation ist in einem privaten Netzwerk effizienter als in einem externen Netzwerk, in dem andere Computer dasselbe Medium gemeinsam nutzen.

Ein privates Netzwerk richten Sie in folgenden Schritten ein:

1. Erstellen Sie im Manager für virtuelle Switches ein privates virtuelles Netzwerk.
2. Fügen Sie jedem Ihrer virtuellen Computer einen Netzwerkadapter hinzu und weisen Sie diesen dem privaten Switch zu.
3. Konfigurieren Sie den Adapter für jeden virtuellen Computer mit einer statischen IP-Adresse.
4. Fügen Sie der HOSTS-Datei auf jedem virtuellen Computer die Namen und IP-Adressen der anderen virtuellen Computer auf dem Hyper-V-Server wie im folgenden Beispiel hinzu:

```
192.168.10.11    vm-01.contoso.com
192.168.10.12    vm-02.contoso.com
192.168.10.13    vm-03.contoso.com
192.168.10.14    vm-04.contoso.com
192.168.10.15    vm-05.contoso.com
```

Bei HOSTS handelt es sich um eine Textdatei, die sich standardmäßig im Ordner *\Windows\system32\drivers\etc* befindet und nichts weiter als IP-Adressen und deren äquivalente Computernamen enthält. Bei der Kommunikation im Netzwerk fragen Windows-Computer immer zuerst die HOSTS-Datei ab. Das ist der erste Schritt bei der Namensauflösung, bevor sie auf DNS oder eine andere Lösung zurückgreifen. Indem Sie die privaten Netzwerkadressen in diese Datei schreiben, verwenden die virtuellen Computer zuerst das private Netzwerk, wenn sie mit den anderen virtuellen Computern auf dem Hyper-V-Server kommunizieren.

MAC-Adressen konfigurieren

Jeder – virtuelle oder physische – Netzwerkadapter besitzt eine MAC[14]-Adresse (manchmal auch *Hardwareadresse* genannt), die das Gerät eindeutig im Netzwerk identifiziert. Bei physischen Netzwerkkarten wird die MAC-Adresse vom Hersteller zugewiesen und dauerhaft in die Firmware des Adapters eingebrannt. Die MAC-Adresse besteht aus sechs Bytes, die normalerweise mit Hexadezimalziffern geschrieben werden. Davon dienen drei Bytes als Herstellerkennung (OUI, Organizationally Unique Identifier) und drei Bytes identifizieren eindeutig den Adapter selbst.

Die MAC-Adresse ist für den Betrieb eines LAN wichtig und auch die virtuellen Netzwerkadapter auf einem Hyper-V-Server benötigen sie. Der Server verfügt über mindestens eine reale MAC-Adresse, die von seinem physischen Netzwerkadapter stammt. Jedoch kann Hyper-V diese eine Adresse nicht für sämtliche virtuellen Adapter, die die virtuellen Computer mit dem Netzwerk verbinden, übernehmen.

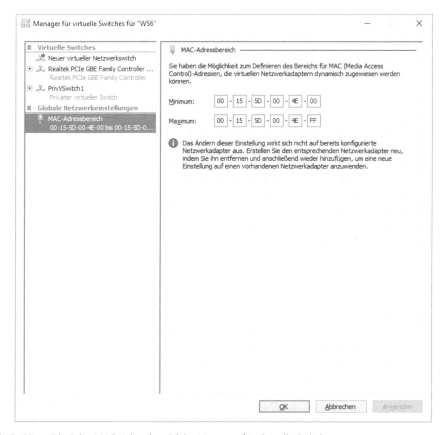

Abb. 3–62 Die Seite *MAC-Adressbereich* im Manager für virtuelle Switches

---

14. MAC – Media Access Control, Medienzugriffssteuerung (auch im Deutschen ist nur die Abkürzung MAC gebräuchlich)

Um MAC-Adressen für die virtuellen Adapter bereitzustellen, erzeugt Hyper-V einen Pool von Adressen und weist sie aus diesem Pool den Netzwerkadaptern zu, wenn Sie die Adapter erstellen. Möchten Sie den MAC-Adresspool für den Hyper-V-Server inspizieren oder ändern, öffnen Sie den Manager für virtuelle Switches und wählen unter *Globale Netzwerkeinstellungen* den Eintrag *MAC-Adressbereich* aus (siehe Abbildung 3–62).

> **HINWEIS** MAC-Adressen zuweisen
>
> Virtuelle Netzwerkadapter erhalten in Hyper-V standardmäßig dynamisch zugewiesene MAC-Adressen. Allerdings können Sie individuelle Adapter für Ihre virtuellen Computer auch mit statischen MAC-Adressen konfigurieren. Gehen Sie dazu im Dialogfeld *Einstellungen* auf die Seite *Erweiterte Features* der jeweiligen Netzwerkkarte.

Der MAC-Adressbereich in Hyper-V verwendet Werte, die wie folgt aufgebaut sind:

- **Bytes 1 bis 3**   Enthält den Wert 00-15-5D, der als OUI für Microsoft registriert ist.
- **Bytes 4 und 5**   Enthält die letzten beiden Bytes der IP-Adresse, die dem physischen Netzwerkadapter des Servers zugewiesen wurde, konvertiert in Hexadezimalschreibweise.
- **Byte 6**   Enthält einen Wert aus dem Bereich 00 bis FF, der 256 möglichen Adressen entspricht.

Der Hyper-V-Server weist die MAC-Adressen den Netzwerkadaptern in virtuellen Computern zu, wenn Sie die Adapter erstellen. Die Adapter behalten ihre MAC-Adressen permanent oder bis der Adapter aus dem virtuellen Computer entfernt wird. Der Server fordert frei gewordene Adressen zurück und vergibt sie bei Bedarf erneut.

Der Standardpool von 256 Adressen dürfte für die meisten Konfigurationen von virtuellen Hyper-V-Computern ausreichen. Andernfalls können Sie den Pool vergrößern, indem Sie die Werte für *Minimum* und *Maximum* ändern. Um doppelte Adressen zu vermeiden, sollten Sie nur das vorletzte Byte ändern, indem Sie es – wie das letzte Byte – zu einer Geräteadresse machen.

Zum Beispiel liefert der Bereich, der in der Abbildung zu sehen ist, 256 Adressen mit den folgenden Werten:

```
00-15-1D-02-24-00 bis 00-15-1D-02-24-FF
```

In diesem Wertebereich ändert sich nur das niederwertigste Byte. Wenn Sie auch das vorletzte Byte ändern, vergrößert sich der Pool wie im folgenden Beispiel von 256 auf 4096 Adressen:

```
00-15-1D-02-20-00 bis 00-15-1D-02-2F-FF
```

> **ACHTUNG** Doppelte MAC-Adressen
> Wenn Sie den MAC-Adresspool ändern und andere Hyper-V-Server in Ihrem Netzwerk betreiben, sollten Sie genau darauf achten, dass keine doppelten MAC-Adressen entstehen. Andernfalls müssen Sie mit Netzwerkproblemen rechnen.

Netzwerkisolation konfigurieren

Mit Hyper-V ist es möglich, praktisch jede vorhandene physische Netzwerkkonfiguration in einen virtuellen Raum zu überführen oder ein vollkommen getrenntes und isoliertes Netzwerk innerhalb der Hyper-V-Umgebung aufzubauen.

Die grundlegende Standardkonfiguration eines virtuellen Hyper-V-Computers verbindet dessen Netzwerkadapter mit einem externen virtuellen Switch und macht so dem Gastbetriebssystem auf dem virtuellen Computer das äußere Netzwerk zugänglich. Der virtuelle Computer kann dann von den Diensten profitieren, die im äußeren Netzwerk ausgeführt werden, und Datenverkehr über Router zu anderen Netzwerken – das Internet eingeschlossen – schicken.

Mit einer derartigen Anordnung können Sie auf einem einzelnen Hyper-V-Server viele physische Server zu virtuellen Computern zusammenfassen, indem Sie das gesamte Netzwerk zugänglich machen. Hier gibt es keine Unterscheidung zwischen dem physischen Netzwerk und dem virtuellen Netzwerk im Hyper-V-Raum.

Ein Produktionsnetzwerk in einen virtuellen Raum erweitern

In einem Hyper-V-Server können mehrere physische Netzwerkadapter installiert sein, die eventuell mit verschiedenen Netzwerken verbunden sind, um den Datenverkehr zu trennen, oder zum selben Netzwerk führen, um die verfügbare Bandbreite zu erhöhen. Ebenso lassen sich Adapter für SAN-Verbindungen dedizieren, für freigegebene Speicherung und Servercluster.

Microsoft empfiehlt, in einem Hyper-V-Server mindestens zwei physische Netzwerkadapter einzubauen, wobei der eine dem Hostbetriebssystem vorbehalten bleibt und der andere mit den virtuellen Computern verbunden wird. Wenn Sie mehr als zwei physische Adapter im Server installieren, können Sie separate externe virtuelle Netzwerkswitches für die physischen Adapter einrichten und jeden mit einem separaten virtuellen Computer verbinden.

Ein isoliertes Netzwerk erstellen

Zum Testen, Entwickeln und Auswerten oder für Schulungszwecke ist es zweckmäßig, eine isolierte Netzwerkumgebung einzurichten. Indem Sie interne oder private virtuelle Switches erstellen, können Sie ein Netzwerk aufbauen, das nur innerhalb des Hyper-V-Raums existiert – egal, ob das Hostbetriebssystem eingebunden ist oder nicht.

Ein derartiges isoliertes Netzwerk leidet an den Schwächen seiner Stärken. Wenn Sie das Gastbetriebssystem mithilfe der Windows-Bereitstellungsdienste installieren oder die virtuellen Computer mithilfe von DHCP konfigurieren wollen, müssen Sie diese Dienste im privaten Netzwerk installieren und konfigurieren. Zudem haben die Gastbetriebssysteme keinen Zugriff auf das Internet, sodass sie keine Betriebssystemupdates herunterladen können. Auch hierfür müssen Sie geeignete Ersatzkomponenten im privaten Netzwerk bereitstellen.

Um Ihre Systeme mit Softwareupdates zu versorgen, können Sie zwei Netzwerkadapter auf jedem Ihrer virtuellen Computer installieren und jeweils einen davon mit einem privaten Switch und den anderen mit einem externen Switch verbinden. Dieses Vorgehen erlaubt es den virtuellen Computern, auf das Internet und das private Netzwerk zuzugreifen.

Ein isoliertes Netzwerk lässt sich auch mithilfe von virtuellen LANs (VLANs) aufbauen. Das ist vor allem nützlich, wenn Sie virtuelle Computer auf verschiedenen Hyper-V-Servern betreiben und sie dem isolierten Netzwerk hinzufügen möchten. Indem Sie die Netzwerkadapter mit einem externen Switch verbinden und sie mit demselben VLAN-Identifizierer konfigurieren, können Sie ein Netzwerk innerhalb eines Netzwerks einrichten, das das VLAN gegenüber anderen Computern isoliert. Zum Beispiel können Sie einen DHCP-Server in Ihrem VLAN bereitstellen, ohne dass es zu Konflikten mit anderen DHCP-Servern in Ihrer Produktionsumgebung kommt.

Legacy- und synthetische virtuelle Netzwerkadapter konfigurieren

Wenn Sie im Dialogfeld *Einstellungen* auf der Seite *Hardware hinzufügen* das Gerät *Netzwerkkarte* auswählen, erstellen Sie einen *synthetischen Netzwerkadapter*, wie es in der Hyper-V-Terminologie heißt. Virtuelle Computer der Generation 1 unterstützen zwei Arten von Netzwerk- und Speicheradaptern: synthetische und Legacyadapter (manchmal auch als emulierte Adapter bezeichnet).

Ein synthetischer Adapter ist ein virtuelles Gerät, das keinem realen Produkt entspricht. Synthetische Geräte kommunizieren in einem virtuellen Computer mit dem Hostbetriebssystem über einen Hochgeschwindigkeitskanal – den sogenannten VMBus.

Virtuelle Hyper-V-Switches existieren im Hostbetriebssystem und sind Teil einer Komponente, die als Dienstanbieter für Netzwerkvirtualisierung (Virtualization Service Provider, VSP) bezeichnet wird. Der synthetische Netzwerkadapter im virtuellen Computer ist ein Virtualization Service Client (VSC). Der VSP und der VSC sind an den VMBus angeschlossen, der die Kommunikation zwischen beiden realisiert, wie Abbildung 3–63 zeigt. Der VSP im Hostbetriebssystem ermöglicht dem VSC im Gastbetriebssystem den Zugriff auf die physische Hardware im Hostcomputer, d. h. den physischen Netzwerkadapter.

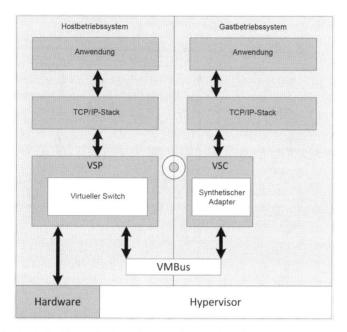

Abb. 3–63   Synthetische Netzwerkadapter kommunizieren über den VMBus.

Weil synthetische Adapter über den VMBus auf die Hardware zugreifen können, bieten sie eine wesentlich höhere Leistungsebene als die Alternative – ein Legacyadapter. Synthetische Adapter werden im Rahmen des Pakets *Integrationsdienste* implementiert, das auf unterstützten Gastbetriebssystemen ausgeführt wird. Synthetische Netzwerkadapter haben einzig den Nachteil, dass sie erst betriebsfähig sind, wenn die Integrationsdienste mit dem Betriebssystem auf dem virtuellen Computer geladen wurden.

Ein *Legacynetzwerkadapter* (manchmal auch emulierter Adapter genannt) ist ein normaler Netzwerkadaptertreiber, der mit dem Hostbetriebssystem über direkte Aufrufe an den Hypervisor kommuniziert, wie Abbildung 3–64 veranschaulicht. Diese Kommunikationsmethode ist erheblich langsamer als die über den VMBus, mit der die synthetischen Netzwerkadapter arbeiten, und demzufolge weniger erstrebenswert.

Der wesentliche Vorteil des Legacyadapters ist, dass man ihn verwenden kann, um einen virtuellen Computer der Generation 1 über das Netzwerk mithilfe von PXE (Preboot Execution Environment) zu booten. PXE ist ein Mechanismus, den Softwareentwicklungswerkzeuge wie zum Beispiel WDS (Windows Deployment Services) und SCCM (System Center Configuration Manager) nutzen, um Betriebssysteme auf neuen Computern über das Netzwerk zu installieren. Der synthetische Netzwerkadapter in virtuellen Computern der Generation 1 unterstützt PXE nicht.

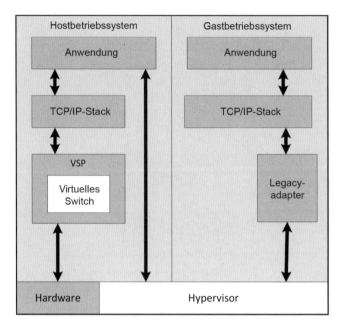

Abb. 3–64 Legacynetzwerkadapter, der mit dem Host über den Hypervisor kommuniziert

Um einen Legacyadapter zu installieren, gehen Sie genauso vor, wie weiter vorn beschrieben, außer dass Sie in der Liste *Hardware hinzufügen* den Eintrag *Ältere Netzwerkkarte* auswählen. Im Unterschied zu synthetischen Adaptern laden Legacyadapter ihre Treiber vor dem Betriebssystem, sodass Sie den virtuellen Computer mithilfe von PXE booten und ein Betriebssystem über das Netzwerk bereitstellen können. Allerdings leidet die Leistung mit dem Legacyadapter, weshalb Sie stattdessen einen synthetischen Adapter verwenden sollten, nachdem das Betriebssystem installiert ist.

Dies ist eines der wenigen Szenarios, in denen ein Legacyadapter einem synthetischen Adapter vorzuziehen ist. Das Gleiche gilt, wenn Sie ein Betriebssystem auf Ihren virtuellen Computern installieren, für das kein Paket *Integrationsdienste* verfügbar ist.

Bei virtuellen Computern der Generation 2 verschwindet die Unterscheidung zwischen synthetischen und Legacyadaptern. Es gibt keine Legacyadapter mehr und der synthetische Adapter ist in der Lage, einen PXE-Boot auszuführen.

NIC-Teamvorgang auf virtuellen Computern konfigurieren

Der NIC-Teamvorgang ist ein Windows-Feature, das es Administratoren ermöglicht, mehrere Netzwerkadapter zu einer Einheit zu verknüpfen, um die Leistung zu verbessern oder die Fehlertoleranz zu erhöhen. Virtuelle Hyper-V-Computer können ebenfalls vom NIC-Teamvorgang profitieren, doch sie sind auf Teams mit lediglich zwei Teilnehmern beschränkt, während die Teams des Hostbetriebssystems bis zu 32 NICs umfassen können.

Um den NIC-Teamvorgang in Hyper-V zu verwenden, müssen Sie die folgenden drei grundlegenden Aufgaben ausführen:

1. Den NIC-Teamvorgang im Windows Server 2016-Hostbetriebssystem erstellen
2. In Hyper-V-Manager einen externen virtuellen Switch für das NIC-Team erstellen
3. Den Netzwerkadapter in einem virtuellen Computer so konfigurieren, dass er mit dem virtuellen Switch, der das NIC-Team darstellt, verbunden ist.

Das NIC-Team erstellen

Da NIC-Teams aus physischen Netzwerkadaptern bestehen müssen, können Sie ein NIC-Team in einem virtuellen Computer erst einrichten, wenn Sie es im Hostbetriebssystem erstellt haben. Nach der Installation von zwei physischen Netzwerkadaptern im Computer können Sie im Server-Manager ein NIC-Team mit den folgenden Einstellungen anlegen (siehe Abbildung 3–65):

- **Teammodus**   Switchunabhängig
- **Lastenausgleichsmodus**   Hyper-V-Port
- **Standbyadapter**   Keine (Alle Adapter aktiv)

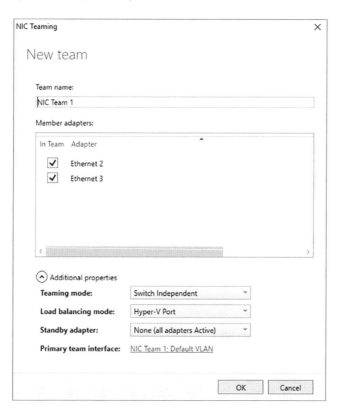

Abb. 3–65   Das Dialogfeld *NIC-Teamvorgang*

Wenn Sie das Team erstellen, wird der Microsoft-Multiplexortreiber für Netzwerkadapter installiert, der als eine der Komponenten der Netzwerkverbindungen erscheint, die das Team darstellen.

Den virtuellen Team-Switch erstellen

Haben Sie das NIC-Team angelegt, öffnen Sie den Manager für virtuelle Switches und richten einen neuen virtuellen Switch ein. Klicken Sie dazu auf *Extern* und wählen Sie in der Dropdownliste den Eintrag *Microsoft-Multiplexortreiber für Netzwerkadapter* aus, wie Abbildung 3–66 zeigt.

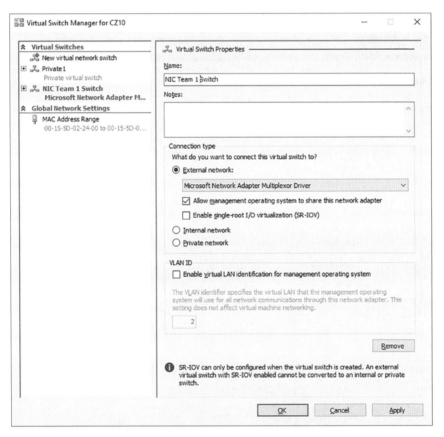

Abb. 3–66   Die Eigenschaften für einen NIC-Team-Switch auf der Seite *Eigenschaften für virtuellen Switch*

Einen virtuellen NIC-Team-Netzwerkadapter konfigurieren

Um einen virtuellen Computer für ein NIC-Team zu konfigurieren, fügen Sie im Dialogfeld *Einstellungen* einen virtuellen Netzwerkadapter hinzu oder ändern die Eigenschaften eines vorhandenen Adapters, sodass dieser den NIC-Team-Switch verwendet, den Sie im vorherigen Abschnitt erstellt haben (siehe Abbildung 3–67).

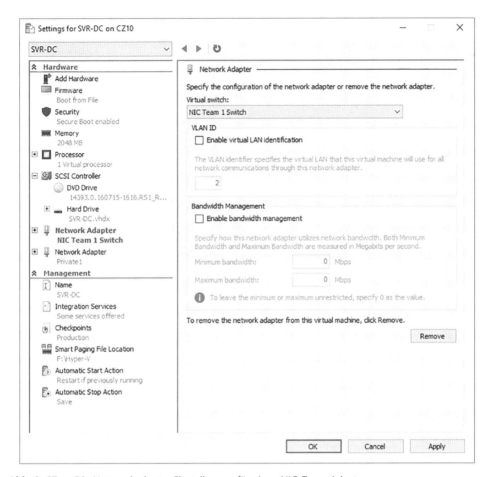

Abb. 3–67 Die Netzwerkadapter-Einstellungen für einen NIC-Team-Adapter

Schließlich müssen Sie die Seite *Erweiterte Features* für den Netzwerkadapter öffnen und das Kontrollkästchen *Verwendung dieses Netzwerkadapters als Teil eines Teamvorgangs im Gastbetriebssystem zulassen* aktivieren. Nun ist das NIC-Team für den virtuellen Computer einsatzbereit. Auch wenn Sie eines der Netzwerkkabel abziehen, hält das System seine Verbindung zum Netzwerk aufrecht.

Warteschlange für virtuelle Computer konfigurieren

Die Warteschlange für virtuelle Computer (Virtual Machine Queue, VMQ) ist ein Feature zur Erweiterung der Netzwerkleistung, das Windows Server 2016 automatisch aktiviert, wenn das System physische Netzwerkadapter erkennt, die mit 10 Gbit/s oder schneller arbeiten. Der VMQ-Prozess für eingehenden Netzwerkverkehr sieht folgendermaßen aus:

1. Ein Netzwerkadapter, der VMQ unterstützt, führt seine eigene interne Paketfilterung basierend auf der Zieladresse aus. Die Pakete für jedes Ziel werden in eine separate Warteschlange eingefügt.

2. Der Adapter sendet die Daten aus der Warteschlange für jedes Ziel an das Hostbetriebssystem.
3. Das Hostbetriebssystem leitet jede Warteschlange an einen anderen logischen Prozessor weiter, sodass es den Verkehr für mehrere Ziele gleichzeitig verarbeiten kann.
4. Das Hostbetriebssystem sendet die Pakete für jede Warteschlange an den virtuellen Switch.
5. Der virtuelle Switch leitet die Pakete in jeder Warteschlange über den passenden Port an den virtuellen Zielcomputer.

Da das Filtern im physischen Netzwerkadapter passiert, ist der Verarbeitungsaufwand im virtuellen Switch geringer. Jeglicher Datenverkehr, der den Filterkriterien nicht entspricht, wandert in eine Standardwarteschlange, die dann der Switch verarbeiten muss.

Damit die Hyper-V-Implementierung VMQ unterstützt, muss sie die folgenden Anforderungen erfüllen:

- Sowohl der Host als auch der Gast müssen Windows Server 2016 oder Windows Server 2012 R2 ausführen.
- Die physischen Netzwerkadapter im Hostserver müssen VMQ unterstützen.
- Auf dem Hostserver müssen die neuesten Treiber- und Firmwareversionen für die physischen Netzwerkadapter installiert sein.
- Für die Netzwerkadapter in den virtuellen Computern muss im Dialogfeld *Einstellungen* auf der Seite *Hardwarebeschleunigung* das Kontrollkästchen *Warteschlange für virtuelle Computer aktivieren* gesetzt sein. Außerdem können Sie mit einem PowerShell-Befehl wie dem folgenden VMQ für einen bestimmten Adapter aktivieren:

```
enable-netadaptervmq -name nic1
```

Wenn Sie die VMQ-Standardkonfiguration ändern möchten, brauchen Sie genaue Kenntnisse über die Eigenschaften der Hardware. So müssen Sie wissen, wie viele Warteschlangen Ihre Netzwerkadapter unterstützen, wie viele logische Prozessoren es im Hostserver gibt und wie die Warteschlangen den Prozessoren zugeordnet sind.

Um zu erfahren, ob Ihre physischen Netzwerkadapter VMQ unterstützen, führen Sie das Cmdlet *Get-NetAdapterVmq* in einem PowerShell-Fenster mit Administratorrechten aus. Bei einer leeren Antwort unterstützen Ihre Adapter VMQ nicht. Andernfalls zeigt das Cmdlet die kennzeichnenden Daten für die im Computer erkannten physischen Adapter sowie die folgenden Informationen an:

- **Enabled** Gibt an, ob der Adapter momentan VMQ verwendet.
- **BaseVmqProcessor** Identifiziert den ersten logischen Prozessor, den VMQ verwendet, um Warteschlangen vom Netzwerkadapter zuzuweisen.
- **MaxProcessors** Gibt die maximale Anzahl von logischen Prozessoren an, die VMQ verwendet, um Warteschlangen vom Netzwerkadapter zuzuweisen.

- **NumberOfReceiveQueues** Gibt die Anzahl der vom Netzwerkadapter unterstützten Netzwerkadapter an.

Als Nächstes können Sie mit dem Cmdlet *Get-NetAdapterVmqQueue* feststellen, welche Warteschlangen welchen logischen Prozessoren zugewiesen sind. Dieses Cmdlet zeigt folgende Informationen an:

- **QueueID** Die Anzahl der zugewiesenen Warteschlangen.
- **MacAddress** Die MAC-Adresse, der die Warteschlange zugeordnet ist. Ein leerer Wert für diese Eigenschaft kennzeichnet die Standardwarteschlange, die den gesamten ungefilterten Datenverkehr aufnimmt.
- **VlanID** Das VLAN, dem die Warteschlange zugeordnet ist, falls VLANs verwendet werden
- **Processor** Die Nummer des Prozessors, dem die Warteschlange zugeordnet ist
- **VmFriendlyName** Der Name des virtuellen Computers, der das Ziel für den Datenverkehr der Warteschlange ist. Wenn der Name des Hostservers in dieser Eigenschaft erscheint, handelt es sich um die Standardwarteschlange.

Die VMQ-Einstellungen können Sie mit dem PowerShell-Cmdlet *Set-NetAdapterVmq* ändern.

Am häufigsten ändern Administratoren die folgenden Parameter:

- **BaseProcessorNumber** Die Nummer des niedrigsten logischen Prozessors, den das System verwenden soll, wenn es Warteschlangen zuweist. Es hat sich bewährt, den ersten Prozessor oder die beiden ersten Prozessoren für das Hostbetriebssystem zu reservieren.
- **MaxProcessorNumber** Die Nummer des höchsten logischen Prozessors, den das System verwenden soll, wenn es Warteschlangen zuweist.
- **MaxProcessors** Gibt an, wie viele der logischen Prozessoren im Hostserver verwendet werden sollen, um Warteschlangen zu bedienen.

Der Befehl im folgenden Beispiel richtet den Netzwerkadapter namens NIC1 so ein, dass er die logischen Prozessoren 0 und 1 für den Hostserver reserviert und mit der Zuweisung von Warteschlangen bei Prozessor 2 beginnt:

```
Set-netadaptervmq -name nic1
   -baseprocessornumber 2
```

RDMA auf Netzwerkadaptern aktivieren, die unter Verwendung von SET an einen virtuellen Hyper-V-Switch gebunden sind

Der NIC-Teamvorgang ist eine Funktion von Windows Server 2016, die Sie mit oder ohne Hyper-V nutzen können. Demgegenüber ist *Switch Embedded Teaming (SET)* eine nur auf Hyper-V zugeschnittene Variante des NIC-Teamvorgang-Konzepts, die gänzlich innerhalb eines virtuellen Hyper-V-Switches implementiert ist.

Beim *Remotezugriff auf den direkten Speicher* (Remote Direct Memory Access, RDMA) handelt es sich um eine Hochgeschwindigkeitsnetzwerkübertragungsmethode, die große Datenmengen mit geringer Latenz und ohne Prozessormitwirkung senden kann. RDMA-fähige Netzwerkadapter übertragen die Daten direkt vom und zum Arbeitsspeicher der Anwendung, ohne die Daten puffern zu müssen. Netzwerktechniken wie zum Beispiel SMB Direct stützen sich auf RDMA, um ihre hohe Leistungsfähigkeit zu erreichen.

Erstmals kann nun Windows Server 2016 diese beiden Techniken kombinieren, um Hyper-V mit einer hochleistungsfähigen Netzwerklösung auszustatten, die mit mehreren physischen Netzwerkadaptern arbeitet.

Um einen virtuellen Hyper-V-Switch zu erstellen, der SET mit RDMA-Adaptern verwendet, sind folgende Punkte zu beachten:

- Im Hostserver können bis zu acht physische Netzwerkadapter installiert sein.
- Unterstützt werden alle physischen Netzwerkadapter, die den WHQL-Test (Windows Hardware Qualification and Logo) bestanden haben.
- Alle physischen Netzwerkadapter müssen hinsichtlich Modell, Firmware und Treibern identisch sein.
- Physische Netzwerkadapter, die sich mit mehreren Geschwindigkeiten betreiben lassen, müssen so konfiguriert sein, dass sie alle mit der gleichen Geschwindigkeit laufen.
- Die physischen Adapter brauchen nicht an demselben physischen Switch angeschlossen zu sein.
- Dringend empfohlen wird die Verwendung von DCB (Data Center Bridging), um den RDMA vom standardmäßigen Netzwerkverkehr zu trennen.

Mit dem PowerShell-Cmdlet *New-VMSwitch*, dem Sie den Parameter *EnableEmbeddedTeaming* übergeben, erstellen Sie einen virtuellen Switch, bei dem SET aktiviert wird, zum Beispiel:

```
new-vmswitch -name setswitch
    -netadaptername "nic1","nic2"
    -enableembeddedteaming $true
```

In der grafischen Benutzeroberfläche – im Manager für virtuelle Switches – gibt es keine äquivalente Einstellung.

Nachdem Sie den Switch erstellt haben, können Sie Ihren virtuellen Computern neue virtuelle Netzwerkadapter hinzufügen, zum Beispiel mit einem Befehl wie dem folgendem:

```
add-vmnetworkadapter -vmname server1
    -switchname setswitch
    -name set1
```

Ist das erledigt, können Sie RDMA auf den Adaptern im SET-Team aktivieren. Das Cmdlet *GetNetAdapterRdma* zeigt den aktuellen RDMA-Status der Adapter und die ihnen zugeordneten Namen an. Um RDMA zu aktivieren, führen Sie das Cmdlet *Enable-NetAdapterRdma* mit dem Namen aus, der in der Ausgabe von *Get-NetAdapterRdma* aufgelistet ist (siehe Abbildung 3–68).

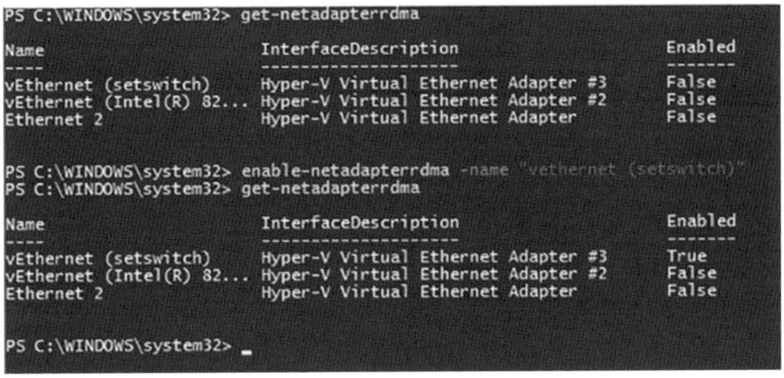

```
PS C:\WINDOWS\system32> get-netadapterrdma

Name                    InterfaceDescription                    Enabled
----                    --------------------                    -------
vEthernet (setswitch)   Hyper-V Virtual Ethernet Adapter #3     False
vEthernet (Intel(R) 82… Hyper-V Virtual Ethernet Adapter #2     False
Ethernet 2              Hyper-V Virtual Ethernet Adapter        False


PS C:\WINDOWS\system32> enable-netadapterrdma -name "vethernet (setswitch)"
PS C:\WINDOWS\system32> get-netadapterrdma

Name                    InterfaceDescription                    Enabled
----                    --------------------                    -------
vEthernet (setswitch)   Hyper-V Virtual Ethernet Adapter #3     True
vEthernet (Intel(R) 82… Hyper-V Virtual Ethernet Adapter #2     False
Ethernet 2              Hyper-V Virtual Ethernet Adapter        False


PS C:\WINDOWS\system32> _
```

Abb. 3-68   RDMA für SET-Team-Adapter aktivieren

Bandbreitenverwaltung konfigurieren

Um zu verhindern, dass irgendein virtueller Netzwerkadapter die verfügbare Bandbreite in einem virtuellen Switch an sich reißt, können Sie den kleinsten und größten zulässigen Bandbreitenwert konfigurieren. Wenn Sie im Dialogfeld *Einstellungen* für einen virtuellen Computer eine Netzwerkkarte auswählen, können Sie auf der Seite *Netzwerkkarte* das Kontrollkästchen *Bandbreitenverwaltung aktivieren* setzen, um die in Abbildung 3-69 gezeigten Einstellungen vornehmen zu können.

Die Einstellungen *Minimale Bandbreite* und *Maximale Bandbreite* im Hyper-V-Manager sind absolute Werte, das heißt, sie geben die Bandbreite in Megabit pro Sekunde (Mbit/s) an. Demzufolge hängen die verwendeten Einstellungen davon ab, welche Geschwindigkeit die physischen Netzwerkadapter im Hostserver erreichen, wie viele virtuelle Computer um die verfügbare Bandbreite des virtuellen Switches konkurrieren und wie wichtig die Arbeitsbelastungen auf den virtuellen Computern sind.

Die Einstellung *Minimale Bandbreite* stellt sicher, dass ein bestimmter Adapter nicht von den anderen virtuellen Computern überfordert wird, die sich um die gleiche Bandbreite bemühen. Selbst wenn ein anderer virtueller Computer nicht korrekt funktioniert und das Netzwerk flutet, sollte diese Einstellung gewährleisten, dass der Zugriff auf den Adapter nicht verweigert wird. Die Einstellung *Maximale Bandbreite* kann verhindern, dass ein nicht funktionierender oder störender Adapter die gesamte Bandbreite an sich bringt und damit die anderen virtuellen Computer aussperrt.

Achten Sie darauf, dass die Summe der maximalen Bandbreiten aller an den virtuellen Switch angeschlossenen virtuellen Computer die tatsächliche Bandbreite, die der physische Netzwerkadapter bereitstellt, nicht überschreitet. Wenn zum Beispiel im Hostserver ein physischer Adapter mit 1 Gbit/s eingebaut ist und die Einstellungen *Maximale Bandbreite* für die damit verbundenen virtuellen Computer in der Summe mehr als 1 Gbit/s ausmachen, entsteht ein Kampf um das Netzwerk und letztlich wird dem Hostserver selbst der Zugriff auf den Adapter verweigert.

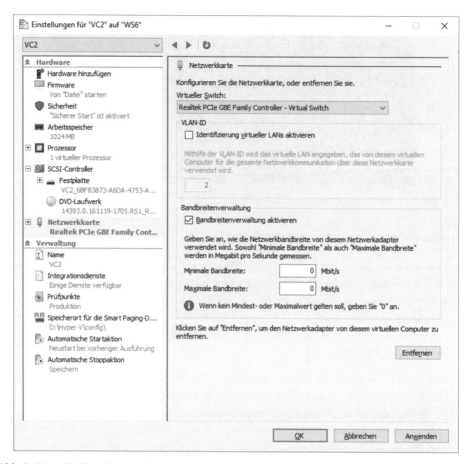

Abb. 3–69 Die Einstellungen der Bandbreitenverwaltung für einen virtuellen Netzwerkadapter

Diese Einstellungen können Sie auch in Windows PowerShell konfigurieren, und zwar mit dem Cmdlet *Set-VMNetworkAdapter*, das noch eine zusätzliche Möglichkeit bietet. Die Parameter, die den Einstellungen im Hyper-V-Manager entsprechen, sind *MaximumBandwidth* und *MinimumBandwidthAbsolute*.

Der zweite Parameter wurde so benannt, weil es auch einen Parameter *MinimumBandwidthWeight* gibt. Dieser spezifiziert, wie viel Bandbreite für den Adapter relativ zu den anderen Adaptern, die mit demselben virtuellen Switch verbunden sind, reserviert werden soll. Die Werte für den Parameter *MinimumBandwidthWeight* liegen im Bereich von 1 bis 100. Ein typischer Befehl, der die Bandbreitengewichtung für einen Adapter festlegt, sieht so aus:

```
set-vmnetworkadapter -vmname server1
    -name nic1
    -minimumbandwidthweight 75
```

Kapitelzusammenfassung

- Um die Rolle *Hyper-V* zu installieren, muss der Server über einen Prozessor mit Virtualisierungsfunktionen verfügen.

- Die Gruppe *Hyper-V-Administratoren* erlaubt es Ihnen, Benutzern und Gruppen die Möglichkeit einzuräumen, mit virtuellen Computern zu arbeiten, ohne ihnen volle Systemberechtigungen zu erteilen.

- Einen Hyper-V-Server können Sie von einem Remotestandort aus mit der Konsole Hyper-V-Manager oder per Windows PowerShell verwalten.

- PowerShell Direct ist ein Instrument, um eine PowerShell-Sitzung mit einem Gastbetriebssystem von seinem Hostserver aus einzurichten.

- Geschachtelte Virtualisierung ermöglicht es, Hyper-V auf einem virtuellen Computer zu installieren, wobei Sie praktisch einen Host aus einem Gast erstellen.

- In Windows Server 2016 können Sie den Umfang des Arbeitsspeichers ändern, den Sie einem virtuellen Computer zuordnen, während er ausgeführt wird.

- Dynamischer Arbeitsspeicher ist ein Hyper-V-Feature, das einem virtuellen Computer automatisch Arbeitsspeicher je nach Bedarf zuweist oder entzieht.

- NUMA ist eine Systemarchitektur, die Prozessoren mit lokalem Arbeitsspeicher paart, um die Leistung zu optimieren. Hyper-V umfasst eine virtualisierte NUMA-Architektur, die standardmäßig diejenige im physischen Computer spiegelt, die Sie aber entsprechend Ihren Anforderungen an Ihre virtuellen Computer ändern können.

- Smart Paging ist ein Hyper-V-Feature, das es zusammen mit dynamischem Arbeitsspeicher erlaubt, virtuelle Computer neu zu starten, wenn dem System der physische Arbeitsspeicher ausgeht. Dazu wird während des Startvorgangs auf der Festplatte eine Speicherauslagerungsdatei angelegt.

- *Integrationsdienste* ist ein Softwarepaket, das auf dem Gastbetriebssystem läuft und ihm ermöglicht, mit dem Hostbetriebssystem zu kommunizieren. In Hyper-V können Administratoren steuern, welche Komponenten der Integrationsdienste für jeden virtuellen Computer ausgeführt werden.

- Der erweiterte Sitzungsmodus erlaubt es Administratoren, remote auf virtuelle Computer zuzugreifen und dabei lokale Hardware – zum Beispiel Drucker und USB-Geräte – zu nutzen.

- Hyper-V unterstützt virtuelle Computer, die FreeBSD und verschiedene Linux-Distributionen als Gastbetriebssysteme ausführen.

- Sicherer Start (Secure Boot) ist Teil der UEFI-Schnittstelle und verhindert, dass nicht signierte und nicht verifizierte Software während des Systemstartvorgangs geladen wird. Hyper-V unterstützt Secure Boot auf virtuellen Computern der Generation 2.

- Discrete Device Assignment ist eine Pass-Through-Technologie, die einem virtuellen Computer ermöglicht, auf PCI Express-Geräte des Hostservers – beispielsweise Grafikprozessoren (GPUs) – zuzugreifen.

- Windows Server 2016 Hyper-V unterstützt zwei Arten von freigegebenen virtuellen Datenträgern – freigegebene VHDX-Dateien und VHD-Sätze. Mit beiden können Sie einen Hyper-V-Cluster aufbauen, in dem mehrere virtuelle Computer auf dieselben Daten zugreifen.

- Wenn Sie eine VHD- oder VHDX-Datei im Dateisystem bereitstellen, können Sie mit ihr offline arbeiten. Außerdem ist es mit PowerShell-Cmdlets möglich, Windows-Rollen und -Features in einer nicht bereitgestellten VHD zu installieren.

- Ein Pass-Through-Datenträger ist ein virtueller Datenträger, der nicht auf eine VHD-Datei verweist, sondern auf ein physisches Laufwerk im Hostserver.

- Windows Server 2016 unterstützt zwei Arten von Prüfpunkten: Standard- und Produktionsprüfpunkte. Standardprüfpunkte enthalten eine Kopie des Arbeitsspeicher- und Maschinenzustands eines virtuellen Computers. Ein Produktionsprüfpunkt speichert nur den Maschinenzustand und kann wiederhergestellt werden, ohne den aktuellen Speicherzustand des virtuellen Computers zu beeinflussen.

- Hyper-V unterstützt Fibre Channel-Adapter. Das sind Pass-Through-Geräte zu den physischen Hostbusadaptern, die auf dem Hostserver installiert sind. Dadurch kann ein virtueller Computer auf Speichergeräte in einem Fibre Channel-Speichernetz (SAN) zugreifen.

- Die virtuellen Festplatten in Hyper-V unterstützen QoS-Einstellungen, mit denen Sie die minimalen und maximalen E/A-Kapazitäten festlegen können. Dadurch lässt sich verhindern, dass eine virtuelle Festplatte die gesamte Ein-/Ausgabekapazität der physischen Festplatte, auf der sie gespeichert ist, vereinnahmt.

- Hyper-V verwendet synthetische Netzwerkadapter, um beste Leistung zu erzielen. Allerdings müssen virtuelle Computer der Generation 1 einen Legacynetzwerkadapter verwenden, um über das Netzwerk booten zu können.

- Per NIC-Teamvorgang lässt sich die Bandbreite mehrerer Netzwerkadapter bündeln, um eine bessere Leistung und Fehlertoleranz zu erreichen.

- Die Warteschlange für virtuelle Computer (VMQ) ist ein Feature zur Erweiterung der Netzwerkleistung. Dabei filtern Netzwerkadapter den eingehenden Datenverkehr und senden die Pakete für spezielle Ziele an spezifische logische Prozessoren.

- Switch Embedded Teaming ist in Windows Server 2016 Hyper-V eine Variante des NIC-Teamvorgang-Konzepts, die NIC-Teams in einem virtuellen Switch implementiert. Damit haben Sie die Möglichkeit, die RDMA-Funktionalität von bis zu acht physischen Netzwerkadaptern zu kombinieren.

Gedankenexperiment

In diesem Gedankenexperiment wenden Sie Ihre Fähigkeiten und Kenntnisse an, die Sie sich im Rahmen dieses Kapitels angeeignet haben. Die Antwort zu diesem Gedankenexperiment finden Sie im nächsten Abschnitt.

Alicia betreibt einen Computer, auf dem Windows Server 2016 mit 8 GB installiertem Arbeitsspeicher läuft und den sie als Hyper-V-Server konfiguriert hat. Mit dem Assistenten für neue virtuelle Computer hat sie acht virtuelle Computer mit einem RAM-Wert von jeweils 1024 MB eingerichtet. Allerdings gelingt es Alicia nicht, alle acht virtuellen Computer zu starten. Welche Einstellungen kann sie modifizieren, um das Problem zu lösen, ohne die RAM-Werte zu ändern?

Antwort zum Gedankenexperiment

Dieser Abschnitt enthält die Lösung für das Gedankenexperiment.

Alicia kann dynamischen Speicher auf jedem der acht virtuellen Computer aktivieren und den Wert für die Einstellung *Minimaler RAM* jeweils auf 512 MB setzen. Dadurch kann jeder virtuelle Computer mit 1024 MB Hauptspeicher beginnen und dann seinen Speicherbedarf verringern, sodass der nächste Computer starten kann.

KAPITEL 4

Implementieren von Windows-Container

Container sind ein Hilfsmittel, um virtualisierte, isolierte Betriebssystemumgebungen für die Bereitstellung und Ausführung von Anwendungen schnell bereitstellen zu können. Windows Server 2016 unterstützt Container in Zusammenarbeit mit einem Open-Source-Container-Modul namens Docker.

Dieses Kapitel befasst sich mit folgenden Prüfungszielen:

- Windows-Container bereitstellen
- Windows-Container verwalten

Prüfungsziel 4.1: Windows-Container bereitstellen

Seit den frühen Tagen von Windows ist Virtualisierung ein wichtiges Schlagwort gewesen. Virtueller Speicher ist schon seit Jahrzehnten gebräuchlich; Windows kann Festplattenplatz so nutzen, dass das System scheinbar mehr Arbeitsspeicher besitzt als tatsächlich vorhanden ist. Hyper-V virtualisiert Hardware, erstellt dabei Computer innerhalb eines Computers, die scheinbar ihre eigenen Prozessoren, Arbeitsspeicher und Festplatten haben, obwohl sie in Wirklichkeit die Ressourcen des Hostservers gemeinsam nutzen. Container sind ein neues Feature in Windows Server 2016, das Betriebssysteme virtualisiert.

In diesem Abschnitt geht es um folgende Themen:

- Installationsanforderungen und angemessene Szenarien für Windows-Container bestimmen
- Windows Server-Containerhost in physischen oder virtualisierten Umgebungen installieren und konfigurieren
- Windows Server-Containerhost auf Windows Server Core oder Nanoserver in einer physischen oder virtualisierten Umgebung installieren und konfigurieren
- Docker auf Windows-Server und Nanoserver installieren
- Docker Daemon-Startoptionen konfigurieren
- Windows PowerShell für die Verwendung mit Containern konfigurieren

- ein Basisbetriebssystem installieren
- ein Image markieren
- ein Betriebssystem-Image deinstallieren
- Windows Server-Container erstellen
- Hyper-V-Container erstellen

Installationsanforderungen und angemessene Szenarien für Windows-Container bestimmen

So wie virtuelle Computer gewissermaßen Abbilder von separaten Computern darstellen, bieten Container das, was wie separate Instanzen des Betriebssystems erscheint, wobei jeder Container mit eigenem Speicher und Dateisystem ausgestattet ist und eine saubere, neue Kopie des Betriebssystems ausführt. Im Unterschied zu virtuellen Computern allerdings, die separate Kopien des Betriebssystems ausführen, nutzen Container das Betriebssystem des Hostsystems gemeinsam. Weder ist es erforderlich, eine separate Instanz des Betriebssystems für jeden Container zu erstellen, noch führt der Container eine Bootsequenz aus, lädt Bibliotheken oder teilt den Betriebssystemdateien Arbeitsspeicher zu. Container starten sekundenschnell und Sie können mehr Container auf einem Hostsystem einrichten als virtuelle Computer.

Benutzer, die mit Containern arbeiten, sehen zunächst eine saubere Betriebssysteminstallation, die für Anwendungen bereitsteht. Die Umgebung ist vollkommen vom Host getrennt und auch von anderen Containern, was mit Namespace-Isolierung und Ressourcenkontrolle realisiert wird.

Namespace-Isolierung heißt, dass jeder Container nur auf die Ressourcen zugreifen darf, die für ihn verfügbar sind. Dateien, Ports und laufende Prozesse scheinen alle dem Container fest zugeordnet zu sein, selbst wenn sie mit dem Host und mit anderen Containern gemeinsam genutzt werden. Die Arbeitsumgebung sieht wie die eines virtuellen Computers aus, doch im Unterschied zu einem virtuellen Computer, der separate Kopien aller Betriebssystemdateien verwaltet, nutzt ein Container diese Dateien mit dem Host gemeinsam und kopiert sie nicht. Nur dann, wenn ein Benutzer oder eine Anwendung eine Datei in einem Container ändert, wird eine Kopie im Dateisystem des Containers angelegt.

Ressourcenkontrolle bedeutet, dass ein Container nur auf eine bestimmte Menge von Prozessorzyklen, Systemspeicher, Netzwerkbandbreite und anderer Ressourcen zugreifen darf, nicht auf mehr. Eine Anwendung, die in einem Container läuft, findet eine saubere Sandbox-Umgebung vor, ohne Zugriff auf Ressourcen, die anderen Containern oder dem Host zugeordnet sind.

Container-Images

Da sich neue Container in Sekunden erstellen lassen und jeder Container vollkommen isoliert ist, sind Container eine ideale Plattform für die Anwendungsentwicklung und das Testen von Software. Es gibt aber noch weitere Vorteile.

Container basieren auf Images. Um einen neuen Container zu erstellen, laden Sie ein Image aus einem Repository herunter und führen es aus. Wenn Sie ein Image von Windows Server 2016 Server Core ausführen, bekommen Sie einen Container mit einer sauberen Instanz des Betriebssystems, das in ihm läuft. Alternativ können Sie Windows Server-Images mit Rollen oder Anwendungen herunterladen, zum Beispiel mit Internet Information Services (IIS) oder Microsoft SQL Server, die bereits installiert und ausführungsbereit sind.

Das grundlegende Betriebssystemimage ändert sich niemals. Wenn Sie eine Anwendung im Container installieren und dann ein neues Image erstellen, enthält das resultierende Image nur die Dateien und Einstellungen, die für die Ausführung der Anwendung erforderlich sind. Natürlich ist das neue Image, das Sie erstellt haben, relativ klein, weil es nicht das gesamte Betriebssystem enthält. Um die Anwendung mit anderen Benutzern zu teilen, brauchen Sie ihnen nur das neue, kleinere Image zu schicken, sofern sie bereits das Basisbetriebssystemimage besitzen.

Dieser Vorgang kann sich über so viele Iterationen wie nötig fortsetzen, mit Schicht auf Schicht von Images auf dieser ursprünglichen Basis. Dies kann in einer äußerst effizienten Softwareentwicklungsumgebung resultieren. Anstatt riesige VHD-Dateien übertragen oder ständig neue virtuelle Computer erstellen und installieren zu müssen, brauchen Sie nur kleine Container-Images zu übertragen, die ohne Hardwarekompatibilitätsprobleme laufen.

Windows Server-Containerhost in physischen oder virtualisierten Umgebungen installieren und konfigurieren

Windows Server 2016 unterstützt zwei Arten von Containern: Windows Server-Container und Hyper-V-Container. Der Unterschied zwischen den beiden liegt im Grad der Containerisolierung, die sie bieten. Windows Server-Container arbeiten im Benutzermodus und nutzen alles mit dem Hostcomputer gemeinsam, Betriebssystemkernel und Systemspeicher eingeschlossen.

Aus diesem Grund ist es vorstellbar, dass eine Anwendung ob versehentlich oder bewusst in der Lage sein könnte, aus den Grenzen ihres Containers auszubrechen und andere Prozesse zu beeinflussen, die auf dem Host oder in anderen Containern laufen. Diese Option ist deshalb vorzuziehen, wenn die in verschiedenen Containern laufenden Anwendungen grundsätzlich vertrauenswürdig sind.

Hyper-V-Container bieten eine zusätzliche Isolationsstufe, indem sie mit dem Hypervisor eine separate Kopie des Betriebssystemkernels für jeden Container erstellen. Obwohl sie für die manuelle Verwaltung weder sichtbar noch zugänglich sind, erstellt Hyper-V virtuelle Computer, die Windows-Container enthalten, wobei sie die Basiscontainer-Images verwenden, wie Abbildung 4–1 zeigt. Die Containerimplementierung ist praktisch die gleiche, der Unterschied zeigt sich in den Umgebungen, in denen die beiden Arten von Containern existieren.

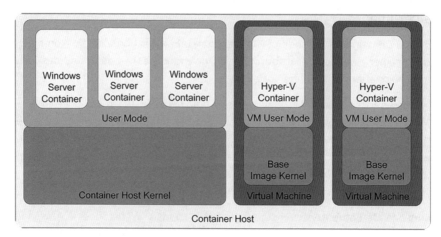

Abb. 4–1 Architektur von Windows-Containern

Weil Hyper-V-Container in einem virtuellen Computer existieren, verfügen sie über einen eigenen zugewiesenen Arbeitsspeicher sowie über isolierten Speicher und Netzwerk-E/A. Dies ergibt eine Container-Umgebung, die sich für das eignet, was Microsoft als »feindliche mehrinstanzfähige« Anwendungen bezeichnet, beispielsweise eine Situation, in der ein Unternehmen Container für Kunden bereitstellt, in denen sie ihren eigenen Code ausführen können, was nicht als vertrauenswürdig gilt. Somit bietet Windows Server 2016 mit den hinzugefügten Hyper-V-Containern drei Isolationsebenen, die von der getrennten Betriebssysteminstallation von virtuellen Hyper-V-Computern über die Hyper-V-Container mit getrenntem Kernel und Arbeitsspeicher bis hin zu Windows Server-Containern mit freigegebenen Kernels und anderen Ressourcen reichen.

Einen Containerhost installieren

Windows Server 2016 bringt ein Feature namens *Container* mit, das Sie installieren müssen, um Container zu unterstützen. Um aber Container zu erstellen und zu verwalten, müssen Sie Docker herunterladen und installieren. Das ist die Anwendung, die das Feature unterstützt.

Das Feature *Container* installieren Sie mit dem Assistenten zum Hinzufügen von Rollen und Features. Auf der Seite *Features auswählen* aktivieren Sie das Kontrollkästchen *Container* (siehe Abbildung 4–2).

> **HINWEIS** **Windows Server-Installation**
> Um Windows Server-Container zu erstellen, muss das Hostbetriebssystem auf dem Laufwerk C des Computers installiert sein, was standardmäßig gegeben ist. Die gemeinsame Nutzung des Betriebssystemkernels ist dadurch einfacher. Für das Erstellen von Hyper-V-Containern ist dies nicht erforderlich, weil der Hypervisor dafür zuständig ist, jedem Container eine Kopie des Kernels bereitzustellen.

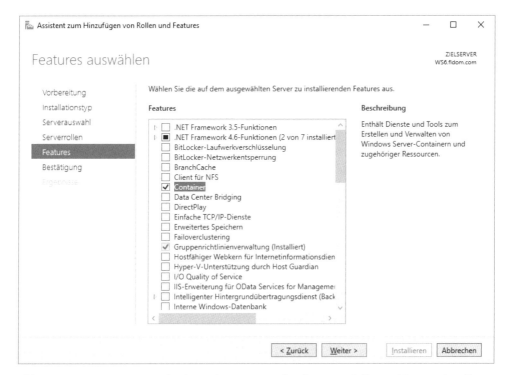

Abb. 4–2 Das Feature *Container* im Assistenten zum Hinzufügen von Rollen und Features installieren

Um Hyper-V-Container zu erstellen, müssen Sie sowohl das Feature *Container* als auch die Rolle *Hyper-V* installieren. Selbst wenn Sie für die Container keine virtuellen Computer erstellen, installiert die Rolle *Hyper-V* den Hypervisor. Dieser ist erforderlich, um die separate Kopie des Windows-Kernels für jeden Hyper-V-Container zu erstellen.

Die allgemeinen Hardwareanforderungen der Hyper-V-Rolle gehen über die Anforderungen des Betriebssystems Windows Server 2016 selbst hinaus. Bevor Sie die Hyper-V-Rolle auf einem Server unter Windows Server 2016 installieren können, muss folgende Hardware vorhanden sein:

- Ein 64-Bit-Prozessor mit hardwareseitiger Unterstützung der Virtualisierung und Second Level Address Translation (SLAT). Eine derartige Virtualisierung ist in Prozessoren vorhanden, die eine Virtualisierungsoption beinhalten, beispielsweise Intel-Virtualisierungstechnologie (Intel VT-x) oder AMD-Virtualisierung (AMD-V).

- Hardwaregestützte Datenausführungsverhinderung (Data Execution Prevention, DEP), bei Intel als eXecute Disable (XD) und bei AMD als No eXecute (NX) bezeichnet. CPUs verwenden diese Technik, um Speicherbereiche für Prozessoranweisungen von Speicherbereichen für Daten zu trennen. Bei Intel-Prozessoren muss das XD-Bit (eXecute Disable) aktiviert werden, bei AMD-Prozessoren das NX-Bit (No eXecute).

- Erweiterungen für den VM-Überwachungsmodus, bei Intel-Prozessoren als VT-c bezeichnet.

- Ein System-BIOS oder UEFI, das die Virtualisierungshardware unterstützt und auf dem die Virtualisierungsfunktion aktiviert wurde.

Wenn Sie die Hyper-V-Rolle mit dem Hyper-V-Manager installieren, fordert der Assistent zum Hinzufügen von Rollen und Features Sie auf, auch die Hyper-V-Verwaltungstools zu installieren. Erstellen Sie Hyper-V-Container, aber keine virtuellen Hyper-V-Computer, ist es nicht erforderlich, die Verwaltungstools zu installieren.

Container virtualisieren

Windows Server 2016 unterstützt die Verwendung von Containern in virtuellen Hyper-V-Computern. Das Feature *Container* und die Docker-Dateien können Sie in jedem virtuellen Computer installieren. Allerdings muss das System die Anforderungen für geschachtelte Virtualisierung erfüllen, damit sich auf einem virtuellen Computer Hyper-V-Container erstellen lassen.

Um einen geschachtelten Hyper-V-Hostserver zu erstellen, müssen sowohl der physische Host als auch der virtuelle Computer, auf dem Sie die Hyper-V-Container erstellen, Windows Server 2016 ausführen. Der virtuelle Computer kann mit den Installationsoptionen Desktopdarstellung, Server Core oder Nanoserver ausgeführt werden. Des Weiteren ist im physischen Host ein Intel-Prozessor mit VT-x und Unterstützung für Extended Page Tables (EPT) erforderlich.

Bevor Sie Hyper-V auf dem virtuellen Computer installieren, müssen Sie seinem virtuellen Prozessor die Virtualisierungstechnologie auf dem physischen Computer zugänglich machen. Dazu ist es erforderlich, den virtuellen Computer herunterzufahren und auf dem physischen Host in einer PowerShell-Sitzung einen Befehl wie im folgenden Beispiel auszuführen:

```
set-vmprocessor -vmname server1
    -exposevirtualizationextensions $true
```

Darüber hinaus sind die folgenden Konfigurationsänderungen auf dem virtuellen Computer, der als Hyper-V-Host fungiert, vorzunehmen (angegeben zuerst als Ort im Dialogfeld *Einstellungen* des virtuellen Computers im Hyper-V-Manager und anschließend als PowerShell-Befehl):

- Auf der Seite *Arbeitsspeicher* geben Sie dem virtuellen Computer mindestens 4 GB RAM und deaktivieren das Kontrollkästchen *Dynamischen Arbeitsspeicher aktivieren*.

    ```
    set-vmmemory -vmname server1
        -startupbytes 4gb
        -dynamicmemoryenabled $false
    ```

- Auf der Seite *Prozessor* setzen Sie *Anzahl virtueller Prozessoren* auf 2.

    ```
    set-vmprocessor -vmname server1
        -count 2
    ```

- Auf der Seite *Netzwerkkarte/Erweiterte Features* aktivieren Sie das Kontrollkästchen *Spoofing von MAC-Adressen aktivieren*.

    ```
    set-vmnetworkadapter -vmname server1
        -name "network adapter"
        -macaddressspoofing on
    ```

Nach diesen Änderungen können Sie den virtuellen Computer starten, die Rolle *Hyper-V* installieren und mit Docker fortfahren, um Hyper-V-Container zu erstellen.

Windows Server-Containerhost auf Windows Server Core oder Nanoserver in einer physischen oder virtualisierten Umgebung installieren und konfigurieren

Ein Computer, der mit der Option *Server Core* installiert wurde, kann als Containerhost fungieren. Die Anforderungen sind die gleichen wie für einen Server, der mit der Option *Desktopdarstellung* installiert wurde, außer dass Sie die erforderlichen Features entweder per Befehlszeile installieren oder das System remote verwalten müssen.

Nachdem Sie in eine PowerShell-Sitzung gewechselt sind, können Sie das Feature *Container* und die Rolle *Hyper-V* mit dem folgenden Befehl installieren:

```
install-windowsfeature -name containers, hyper-v
```

Nanoserver als Containerhost konfigurieren

Die Windows Server 2016-Installationsoption *Nanoserver* unterstützt sowohl Windows Server-Container als auch Hyper-V-Container. Die Nanoserver-Implementierung enthält Pakete, die das Feature *Container* und die Rolle *Hyper-V* unterstützen. Beides können Sie hinzufügen, wenn Sie ein Nanoserver-Image mit dem Windows PowerShell-Cmdlet *New-NanoServerImage* erzeugen, wie das folgende Beispiel zeigt:

```
new-nanoserverimage -deploymenttype guest
    -edition datacenter
    -mediapath d:\
    -targetpath c:\nano\nano1.vhdx
    -computername nano1
    -domainname contoso
    -containers
```

Dieser Befehl erzeugt ein Nanoserver-Image mit folgenden Eigenschaften:

- **deploymenttype guest** Erzeugt ein Image für die Verwendung auf einem virtuellen Hyper-V-Computer.
- **edition datacenter** Erzeugt ein Image mit der Datacenter-Edition von Windows Server.
- **mediapath d:** Greift auf die Nanoserver-Quelldateien von Laufwerk *D:* zu.
- **targetpath c:\nano\nano1.vhdx** Erzeugt eine VHDX-Imagedatei im Ordner *C:\nano* mit dem Namen *Nano1.vhdx*.
- **computername nano1** Weist dem Nanoserver den Computernamen *Nano1* zu.
- **domainname contoso** Veranlasst den Beitritt des Computers in die Domäne *Contoso*.
- **containers** Installiert das Feature *Container* als Teil des Images.
- **compute** Installiert die Rolle *Hyper-V* als Teil des Images.

Wenn Sie vorhaben, Hyper-V-Container auf dem Gast-Nanoserver zu erstellen, müssen Sie ihm Zugriff auf die Virtualisierungsfunktionen des Hyper-V-Servers bieten. Das bewerkstelligen Sie in folgenden Schritten:

1. Erstellen Sie einen neuen virtuellen Computer mit der von Ihnen erstellten Nanoserver-Imagedatei. Starten Sie ihn aber noch nicht.
2. Gewähren Sie dem virtuellen Computer auf dem Hyper-V-Hostserver Zugriff auf die Virtualisierungsfunktionen des physischen Prozessors im Hyper-V-Server mit einem Befehl wie dem folgenden:

   ```
   set-vmprocessor -vmname nano1
       -exposevirtualizationextensions $true
   ```
3. Starten Sie den virtuellen Nanoserver-Computer.

Wenn der virtuelle Nanoserver-Computer läuft, müssen Sie eine Remote-PowerShell-Sitzung von einem anderen Computer aus einrichten, damit Sie den Nanoserver-Computer verwalten können. Führen Sie dazu einen Befehl wie den folgenden auf dem Computer aus, mit dem Sie Nanoserver verwalten:

```
enter-pssession -computername nano1
    -credential
```

> **HINWEIS** **Nanoserver-Remoteverwaltung**
>
> Dieser Abschnitt geht davon aus, dass sich der Nanoserver in einem Netzwerk befindet, in dem ein DHCP-Server die TCP/IP-Einstellungen zuweist und er erfolgreich einer AD DS-Domäne beigetreten ist. Wenn dies nicht der Fall ist, müssen Sie die TCP/IP-Einstellungen für den Nanoserver von seiner Konsole aus manuell konfigurieren und dann den Nanoserver zur Liste der vertrauenswürdigen Hosts auf dem Computer hinzufügen, mit dem Sie ihn verwalten.

Docker auf Windows Server und Nanoserver installieren

Docker ist ein Open-Source-Tool, das seit Jahren die Containerfunktionalität für die Linux-Community realisiert. Da es nun portiert wurde, können Sie die gleiche Funktionalität in Windows implementieren. Docker besteht aus zwei Dateien:

- **Dockerd.exe** Das Docker-Modul, auch als Dienst oder Dämon bezeichnet, läuft im Hintergrund auf dem Windows-Computer.
- **Docker.exe** Der Docker-Client, eine Befehlsshell, in der Sie Container erstellen und verwalten.

Zusätzlich zu diesen beiden Dateien, die Sie herunterladen und installieren müssen, um Container zu erstellen, enthält Docker auch die folgenden Ressourcen:

- **Dockerfiles** Skriptdateien mit Anweisungen für das Erstellen von Container-Images.

- **Docker Hub** Eine cloudbasierte Registrierung, die es Docker-Benutzern ermöglicht, sowohl auf Image- und Code-Repositories zu verweisen als auch eigene Images zu erstellen und zu speichern.
- **Docker Cloud** Ein cloudbasierter Dienst, mit dem Sie Ihre Containeranwendungen bereitstellen können.

Docker auf Windows-Server installieren

Da Docker ein Open-Source-Produkt ist, gehört es nicht zum Lieferumfang von Windows Server 2016. Auf einem Computer, auf dem Windows Server 2016 mit der Option Desktopdarstellung oder Server Core installiert ist, müssen Sie Docker herunterladen und installieren, bevor Sie Container erstellen können. Docker lässt sich mithilfe von *OneGet* herunterladen, einem cloudbasierten Paketmanager für Windows.

Damit Sie auf OneGet zugreifen können, müssen Sie das Modul *DockerMsftProvider* mit dem folgenden Befehl installieren. Wenn die Aufforderung erscheint, einen NuGet-Anbieter zu installieren, antworten Sie mit [J] (oder drücken [↵]).

```
install-module -name dockermsftprovider
    -repository psgallery
    -force
```

Das Cmdlet *Install-Module* lädt das angeforderte Modul herunter und installiert es im Ordner *C:\Program Files\Windows PowerShell\Modules*, wo es von jeder PowerShell-Eingabeaufforderung aus zugänglich ist. Als Nächstes führen Sie den folgenden *Install-Package*-Befehl aus, um Docker herunterzuladen und zu installieren. Wenn die Abfrage erscheint, ob Sie das als nicht vertrauenswürdig gekennzeichnete Paket installieren möchten, antworten Sie mit [J].

```
install-package -name docker
    -providername dockermsftprovider
```

Nachdem die Docker-Dateien heruntergeladen sind, wird *Dockerd.exe* als Windows-Dienst registriert und der Client *Docker.exe* in den Pfad aufgenommen, sodass sich das Programm von jedem Ort im Dateisystem ausführen lässt.

Nachdem die Installation abgeschlossen ist, starten Sie den Computer mit dem folgenden Befehl neu:

```
restart-computer -force
```

Docker auf Nanoserver installieren

Wenn Sie einer PowerShell-Remotesitzung mit einem Nanoserver-Computer beigetreten sind, können Sie Docker mit den gleichen Befehlen wie auf einem Computer mit den Installationsoptionen Desktopdarstellung oder Server Core installieren. Microsoft empfiehlt allerdings, dass Sie den Docker-Client vom Remotesystem aus ausführen, nachdem Sie den *Dockerd*-Dienst auf dem Nanoserver installiert haben.

Hierfür müssen Sie die folgenden Aufgaben fertigstellen:

1. **Eine Firewallregel erstellen.** Damit Nanoserver den Docker-Clientverkehr in das System lässt, müssen Sie eine neue Firewallregel erstellen, die Port 2375 für TCP-Verkehr öffnet. Führen Sie dazu den folgenden Befehl in der Nanoserver-Sitzung aus:

   ```
   netsh advfirewall firewall
       add rule name="docker daemon"
       dir=in
       action=allow
       protocol=tcp localport=2375
   ```

2. **Das Dockerd-Modul konfigurieren, um Netzwerkverkehr zu akzeptieren.** Docker hat seine Wurzeln in Linux und, wie die meisten Linux-Anwendungen, verwendet auch Docker Textdateien für die Konfiguration. Um das *Dockerd*-Modul in die Lage zu versetzen, Clientverkehr über das Netzwerk zu akzeptieren, erstellen Sie auf dem Nanoserver im Verzeichnis *C:\ProgramData\Docker* eine Textdatei namens *daemon.json*, die die folgende Zeile enthält:

   ```
   { "hosts": ["tcp://0.0.0.0:2375", "npipe://"] }
   ```

   Die beiden folgenden PowerShell-Befehle legen die neue Datei an und fügen den erforderlichen Text ein:

   ```
   new-item -type file c:\programdata\docker\config\daemon.json

   add-content 'c:\programdata\docker\config\daemon.json'
       '{ "hosts":["tcp://0.0.0.0:2375", "npipe://"] }'
   ```

3. **Das Dockerd-Modul neu starten.** Nachdem Sie die Datei *daemon.json* erstellt haben, müssen Sie das *Dockerd*-Modul mit dem folgenden Befehl neu starten:

   ```
   restart-service docker
   ```

4. **Den Docker-Client herunterladen.** Um das *Dockerd*-Modul remote zu verwalten, müssen Sie den *Docker.exe*-Client auf dem Remotesystem (nicht innerhalb der Nanoserver-Sitzung) herunterladen und installieren. Öffnen Sie hierzu einen Browser und geben Sie die folgende URL ein, um das Docker-Paket herunterzuladen:

   ```
   https://download.docker.com/components/engine/windows-server/cs-1.12/docker.zip
   ```

5. In PowerShell lässt sich dies mit dem folgenden Befehl bewerkstelligen:

   ```
   invoke-webrequest "https://download.docker.com/
       components/engine/windows-server/cs-1.12/docker.zip"
       -outfile "$env:temp\docker.zip"
       -usebasicparsing
   ```

6. **Docker.exe installieren.** Wenn Sie die *Docker.zip*-Datei über einen Browser heruntergeladen haben, legen Sie einen Ordner *C:\ProgramData\Docker* an, extrahieren die Datei *Docker.exe* aus dem ZIP-Archiv und kopieren Sie in diesen Ordner, um die Anwendung zu installieren. Diese Schritte führen Sie in PowerShell mit dem folgenden Befehl aus:

   ```
   expand-archive -path "$env:temp\docker.zip"
       -destinationpath $env:programfiles
   ```

7. **Die Umgebungsvariable PATH festlegen.** Um den Docker-Client von jedem Ort im Verwaltungssystem ausführen zu können, müssen Sie den Ordner *C:\ProgramData\Docker* zur Umgebungsvariablen *PATH* des Systems hinzufügen. In der grafischen Benutzeroberfläche öffnen Sie über die Systemsteuerung die App *System*, klicken dort auf *Erweiterte Systemeinstellungen* und im Dialogfeld *Systemeigenschaften* auf die Schaltfläche *Umgebungsvariablen*, um das in Abbildung 4–3 gezeigte Dialogfeld anzuzeigen.

Abb. 4–3   Das Dialogfeld *Umgebungsvariablen*

8. In PowerShell erledigen Sie dies mit dem folgenden Befehl:

   ```
   [environment]::setenvironmentvariable("path",
     $env:path + ";c:\program files\docker",
     [environmentvariabletarget]::machine)
   ```

Nachdem Sie diese Schritte abgeschlossen haben, können Sie den *Docker.exe*-Client außerhalb der Nanoserver-Sitzung starten, müssen aber in jedem Befehl den folgenden Parameter angeben, wobei Sie die Variable *<ipaddress>* durch die Adresse des Nanoservers ersetzen, den Sie verwalten möchten:

   ```
   -h tcp://<ipaddress>:2375
   ```

So erstellen Sie beispielsweise mit dem folgenden Befehl einen neuen Container mit dem Image *microsoft/nanoserver*:

```
docker -h tcp://172.21.96.1:2375
    run -it microsoft/nanoserver
    cmd
```

Damit Sie den Parameter *-h* nicht an jeden Befehl anfügen müssen, erstellen Sie wie folgt eine neue Umgebungsvariable:

```
docker_host = "tcp://ipaddress:2375"
```

In PowerShell verwenden Sie hierfür einen Befehl wie den folgenden:

```
$env:docker_host = "tcp://172.21.96.1:2375"
```

Docker Daemon-Startoptionen konfigurieren

Wie bereits im vorherigen Abschnitt erwähnt, ist die Konfigurationsdatei für das *Dockerd*-Modul eine einfache Textdatei namens *daemon.json*, die Sie im selben Ordner wie die Datei *Dockerd.exe* speichern. Neben den Einstellungen, mit denen Sie weiter oben den Clientverkehr über das Netzwerk zugelassen haben, gibt es noch viele andere Konfigurationseinstellungen, die Sie in die Datei aufnehmen können. Sämtliche Einstellungen, die Sie in eine einzelne *daemon.json*-Datei schreiben, sollten in einem einzigen Satz von geschweiften Klammern eingeschlossen sein, wie das folgende Beispiel zeigt:

```
{
"graph": "d:\\docker"
 "bridge" : "none"
 "group" : "docker"
{"dns": 192.168.9.2, 192.168.9.5 }
}
```

PRÜFUNGSTIPP

Seien Sie sich bewusst, dass die Windows-Portierung von Docker zwar viele Konfigurationseinstellungen der Linux-Version von *Dockerd* unterstützt, aber nicht den kompletten Funktionsumfang bietet. Wenn Sie sich die Docker-Dokumentation ansehen, achten Sie darauf, dass es sich um die Windows-Version des Dokuments handelt.

Images und Container umleiten

Um das *Dockerd*-Modul so zu konfigurieren, dass es Imagedateien und Container in einem alternativen Speicherort ablegt, schreiben Sie in die Datei *daemon.json* den folgenden Befehl, wobei Sie *d:\\docker* durch den gewünschten Speicherort ersetzen:

```
{ "graph": "d:\\docker" }
```

NAT unterdrücken

Standardmäßig erzeugt das *Dockerd*-Modul eine NAT-Umgebung (Network Address Translation) für Container, damit diese untereinander und mit dem externen Netzwerk kommunizieren können. Sie können dieses Standardverhalten ändern und verhindern, dass das Modul NAT verwendet, wenn Sie den folgenden Befehl in die Datei *daemon.json* einfügen:

```
{ "bridge" : "none" }
```

Eine administrative Gruppe erstellen

Standardmäßig können nur Mitglieder der lokalen Gruppe *Administratoren* mit dem Docker-Client das *Dockerd*-Modul steuern, wenn sie im lokalen System arbeiten. In manchen Fällen können Sie aber Benutzern diese Fähigkeit gewähren, ohne ihnen die Mitgliedschaft *Administratoren* zu geben. *Dockerd* lässt sich mit der folgenden Einstellung in der Datei *daemon.json* so konfigurieren, dass eine andere Gruppe erkannt wird – in diesem Fall die Gruppe namens »docker«:

```
{ "group" : "docker" }
```

DNS-Serveradressen festlegen

Um alternative DNS-Serveradressen für die Betriebssysteme in Containern festzulegen, können Sie die folgende Einstellung in die Datei *daemon.json* einfügen, wobei *address1* und *address2* die IP-Adressen von DNS-Servern sind:

```
{"dns": "address1", "address2" }
```

Windows PowerShell für die Verwendung mit Containern konfigurieren

Das *Dockerd*-Modul wird zwar mit einer *Docker.exe*-Clientshell bereitgestellt, ist aber nicht davon abhängig. Die gleichen Funktionen können Sie auch mit Windows PowerShell-Cmdlets ausführen. Das PowerShell-Modul *Docker* befindet sich wie Docker selbst in einer ständigen Phase gemeinsamer Entwicklung und ist demzufolge kein Bestandteil von Windows Server 2016.

Die aktuelle Version des PowerShell-Moduls können Sie aus einem Repository namens *DockerPS-Dev* mit den folgenden Befehlen herunterladen:

```
register-psrepository -name dockerps-dev
    -sourcelocation https://ci.appveyor.com/nuget/docker-powershell-dev

install-module docker
    -repository dockerps-dev
    -scope currentuser
```

Wenn der Download abgeschlossen ist, können Sie sich eine Liste der Docker-Cmdlets mit dem folgenden Befehl anzeigen lassen:

```
get-command -module docker
```

Abbildung 4–4 zeigt die aktuelle Ausgabe des Befehls.

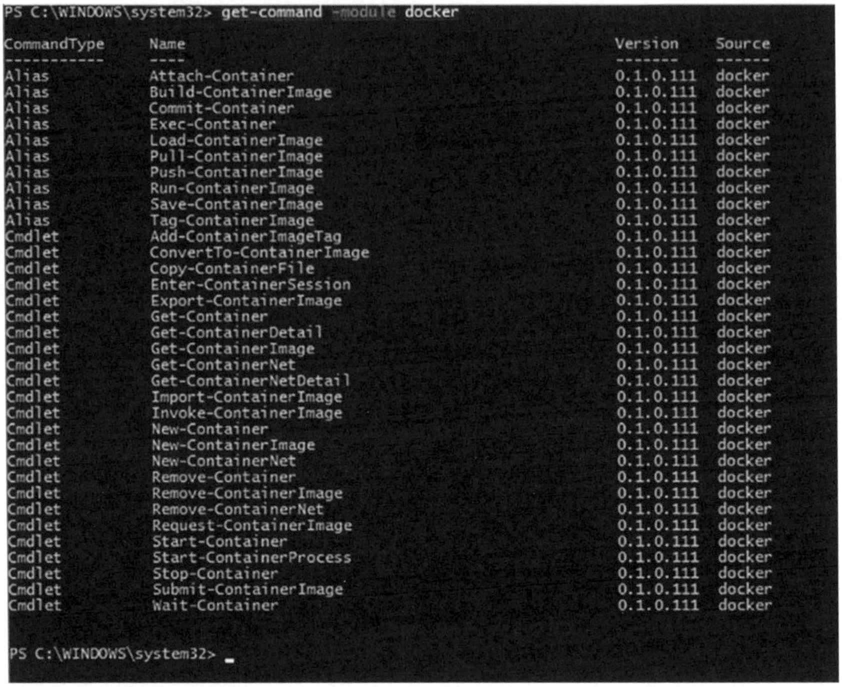

```
PS C:\WINDOWS\system32> get-command -module docker

CommandType     Name                              Version    Source
-----------     ----                              -------    ------
Alias           Attach-Container                  0.1.0.111  docker
Alias           Build-ContainerImage              0.1.0.111  docker
Alias           Commit-Container                  0.1.0.111  docker
Alias           Exec-Container                    0.1.0.111  docker
Alias           Load-ContainerImage               0.1.0.111  docker
Alias           Pull-ContainerImage               0.1.0.111  docker
Alias           Push-ContainerImage               0.1.0.111  docker
Alias           Run-ContainerImage                0.1.0.111  docker
Alias           Save-ContainerImage               0.1.0.111  docker
Alias           Tag-ContainerImage                0.1.0.111  docker
Cmdlet          Add-ContainerImageTag             0.1.0.111  docker
Cmdlet          ConvertTo-ContainerImage          0.1.0.111  docker
Cmdlet          Copy-ContainerFile                0.1.0.111  docker
Cmdlet          Enter-ContainerSession            0.1.0.111  docker
Cmdlet          Export-ContainerImage             0.1.0.111  docker
Cmdlet          Get-Container                     0.1.0.111  docker
Cmdlet          Get-ContainerDetail               0.1.0.111  docker
Cmdlet          Get-ContainerImage                0.1.0.111  docker
Cmdlet          Get-ContainerNet                  0.1.0.111  docker
Cmdlet          Get-ContainerNetDetail            0.1.0.111  docker
Cmdlet          Import-ContainerImage             0.1.0.111  docker
Cmdlet          Invoke-ContainerImage             0.1.0.111  docker
Cmdlet          New-Container                     0.1.0.111  docker
Cmdlet          New-ContainerImage                0.1.0.111  docker
Cmdlet          New-ContainerNet                  0.1.0.111  docker
Cmdlet          Remove-Container                  0.1.0.111  docker
Cmdlet          Remove-ContainerImage             0.1.0.111  docker
Cmdlet          Remove-ContainerNet               0.1.0.111  docker
Cmdlet          Request-ContainerImage            0.1.0.111  docker
Cmdlet          Start-Container                   0.1.0.111  docker
Cmdlet          Start-ContainerProcess            0.1.0.111  docker
Cmdlet          Stop-Container                    0.1.0.111  docker
Cmdlet          Submit-ContainerImage             0.1.0.111  docker
Cmdlet          Wait-Container                    0.1.0.111  docker

PS C:\WINDOWS\system32>
```

Abb. 4–4 Cmdlets im Modul *Docker* für Windows PowerShell

Wenn Sie einmal das Repository registriert und das Docker-Modul importiert haben, brauchen Sie diese Befehle nicht noch einmal auszuführen. Die neueste Version des Moduls rufen Sie mit dem folgenden Befehl ab:

```
update-module docker
```

Ein Basisbetriebssystem installieren

Sind das *Dockerd*-Modul und der Docker-Client installiert und betriebsbereit, können Sie den ersten Schritt zum Erstellen von Containern gehen: ein Basisbetriebssystemimage aus dem Docker Hub-Repository herunterladen. Microsoft stellt im Repository die Images für Windows Server 2016 Server Core und Nanoserver bereit. Diese können Sie herunterladen, Container damit erstellen und dann Ihre eigenen Container-Images erzeugen.

Um den Docker-Client zu verwenden, führen Sie die Datei *Docker.exe* mit einem Befehl und gegebenenfalls zusätzlichen Optionen und Parametern aus. Wollen Sie ein Image herunterladen, rufen Sie Docker mit dem Befehl *Pull* und dem Namen des Images auf. Zum Beispiel lädt der folgende Befehl das Server Core-Image aus dem Repository herunter:

```
docker pull microsoft/windowsservercore
```

Der äquivalente PowerShell-Befehl sieht folgendermaßen aus:

```
request-containerimage
    -repository microsoft/windowsservercore
```

Abbildung 4–5 zeigt die Ausgabe des Befehls (die je nach Geschwindigkeit Ihrer Internetverbindung etwas dauern kann).

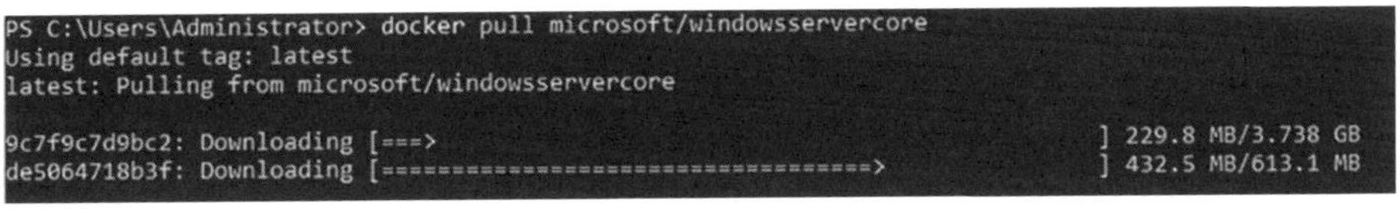

Abb. 4–5 Ausgabe des *Docker Pull*-Befehls

Der *Docker Pull*-Befehl lädt standardmäßig die neueste Version des angegebenen Images herunter, was an der Markierung »latest« zu erkennen ist. Stehen mehrere Versionen des gleichen Images zur Verfügung, wie es in einem Projekt der Anwendungsentwicklung der Fall ist, können Sie das jeweilige Tag spezifizieren und somit eines der vorherigen Images zum Download auswählen. Wenn Sie den *Docker Pull*-Befehl mit dem Parameter *-a* ausführen, erhalten Sie alle Versionen des Images. Besteht das Image, das Sie abrufen, aus mehreren Schichten, lädt der Befehl automatisch alle benötigten Schichten herunter, um das Image in einem Container bereitzustellen.

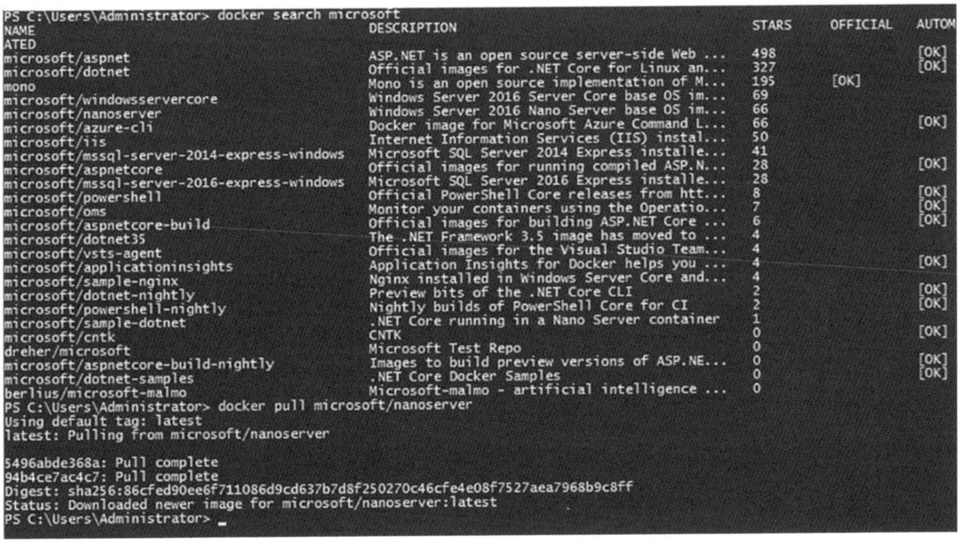

Abb. 4–6 Ausgabe des Befehls *Docker Search*

Wenn Sie wissen, dass im Repository ein Nanoserver-Image bereitsteht, Sie aber dessen genauen Namen nicht kennen, können Sie mit dem Befehl *Docker Search* das Image suchen und es dann mit *Docker Pull* herunterladen, wie Abbildung 4–6 zeigt.

Ein Image markieren

Das Markieren (Tagging) in einem Container-Repository ist ein Mechanismus der Versionskontrolle. Wenn Sie mehrere Versionen des gleichen Images erstellen, beispielsweise aufeinanderfolgende Builds einer Anwendung, ermöglicht Docker es, diesen Images Tags zuzuweisen, die die Versionen identifizieren. Tags sind normalerweise Nummern, die das relative Alter der Image-Iterationen anzeigen, etwa 1.1, 1.2, 2.0 usw.

Es gibt zwei Methoden, um einem Image ein Tag zuzuweisen: *Docker* mit dem Befehl *Tag* ausführen und *Docker Build* mit dem Parameter *-t* aufrufen. In beiden Fällen ist das Format des Image-Kennzeichners das gleiche.

Um ein Image auf Ihrem lokalen Containerhost zu markieren, verwenden Sie die folgende Syntax:

```
docker tag <imagename>:<tag>
```

Wenn Sie das Image auf den Docker Hub uploaden, müssen Sie vor den Imagenamen Ihren Docker Hub-Benutzernamen und einen Schrägstrich setzen:

```
docker tag <username>/<imagename>:<tag>
```

Zum Beispiel könnte ein Benutzer Holly Holt den letzten Build ihrer neuen Anwendung wie folgt markieren:

```
docker tag hholt/killerapp:1.5
```

In Windows PowerShell führen Sie den entsprechenden Befehl mit dem Cmdlet *Add-Container-ImageTag* wie folgt aus:

```
add-containerimagetag -imageidorname c452b8c6ee1a
    -repository hholt/killerapp
    -tag 1.5
```

Fehlt der Tag-Wert im Befehl, weist Docker dem Image automatisch den Tag-Wert »latest« zu, was zu Verwirrungen führen kann. Wenn Sie ein Image aus einem Repository abrufen, ohne ein Tag anzugeben, liefert das Repository das Image mit dem Tag »latest« zurück. Allerdings bedeutet das nicht unbedingt, dass Sie wirklich das neueste Image bekommen.

Das Tag »latest« soll anzeigen, dass es sich beim Image mit dieser Markierung um die neueste Version handelt. Ob das jedoch tatsächlich stimmt oder nicht, hängt von den Leuten ab, die die Tags für dieses Repository verwalten. Man könnte annehmen, dass das Tag »latest« automatisch der jeweils allerneuesten Version eines Images neu zugewiesen wird. Das ist aber nicht der Fall. Das Tag »latest« können Sie jeder Version eines Images zuweisen, auch der ältesten oder der neuesten. Es liegt allein bei den Managern des Repositorys, die Tag-Werte geeignet zu verwalten. Wenn Sie jemand um den letzten Build eines Images bittet, meint diese Person dann den neuesten Build oder den Build mit dem Tag »latest«? Das ist nicht immer dasselbe.

Ein Betriebssystem-Image deinstallieren

Wenn Sie *Docker* mit dem Befehl *Images* ausführen, werden alle Images auf dem Containerhost angezeigt, wie in Abbildung 4–7 zu sehen ist.

```
PS C:\WINDOWS\system32> docker images
REPOSITORY                      TAG                    IMAGE ID         CREATED         SIZE
microsoft/sample-dotnet         latest                 c14528829a37     9 days ago      911 MB
microsoft/iis                   latest                 b6a44de60ef9     3 weeks ago     8.96 GB
microsoft/windowsservercore     latest                 93a9c37b36d0     6 weeks ago     8.68 GB
microsoft/nanoserver            10.0.14393.206         853f9db844af     6 weeks ago     652 MB
microsoft/nanoserver            latest                 e14bc0ecea12     6 weeks ago     810 MB
microsoft/nanoserver            10.0.14393.206_de-de   a896e5590871     6 weeks ago     658 MB
microsoft/nanoserver            10.0.14393.206_cs-cz   ef42b616e27e     6 weeks ago     653 MB
microsoft/nanoserver            10.0.14300.1030        3a703c6e97a2     4 months ago    970 MB
PS C:\WINDOWS\system32>
```

Abb. 4–7   Ausgabe des Befehls *Docker Images*

In manchen Fällen wird Ihnen beim Durchsehen der Liste von Images auffallen, dass Sie manche Images nicht mehr brauchen. In diesem Beispiel sind dies zwei nicht-englische Versionen von Nanoserver, die versehentlich heruntergeladen wurden.

Möchten Sie nicht mehr benötigte Images entfernen und von ihnen belegten Speicherplatz freigeben, führen Sie Docker mit dem Befehl *Rmi* aus und geben entweder das Repository und das Tag des zu löschenden Images oder den Image-ID-Wert wie in den folgenden Beispielen an:

```
docker rmi -f microsoft/nanoserver:10.0.14393.206_de-de
```

```
docker rmi -f a896e5590871
```

Das PowerShell-Äquivalent ist das Cmdlet *Remove-ContainerImage*, wie in den folgenden Beispielen:

```
remove-containerimage microsoft/nanoserver:10.0.14393.206_de-de
```

```
remove-containerimage a896e5590871
```

Es ist durchaus möglich, dass dasselbe Image mit mehreren Tags aufgelistet ist. Das erkennen Sie an den übereinstimmenden Image-ID-Werten. Wenn Sie versuchen, eines dieser Images mithilfe des Tags zu entfernen, erscheint ein Fehler, weil das Image mit anderen Tags verwendet wird. Mit dem zusätzlichen Parameter *-f* zwingen Sie den Befehl, alle markierten Verweise auf dasselbe Image zu löschen.

Windows Server-Container erstellen

Mit dem eingerichteten Container-Feature und dem installierten Docker können Sie nun einen Windows Server-Container erstellen. Dazu führen Sie den Befehl *Docker Run* aus und geben das

Image an, das Sie im Container ausführen möchten. Zum Beispiel erzeugt der folgende Befehl einen neuen Container mit dem Server Core-Image, das von Docker Hub heruntergeladen wird:

```
docker run -it microsoft/windowsservercore powershell
```

Außer dass das Image in den Container geladen wird, bewirken die Parameter in diesem Befehl Folgendes:

- **i** Erstellt eine interaktive Sitzung mit dem Container.
- **t** Öffnet ein Terminalfenster in den Container.
- **powershell** Führt den PowerShell-Befehl in der Containersitzung aus.

Im Ergebnis erscheint nach dem Laden des Containers eine PowerShell-Sitzung, sodass Sie innerhalb des Containers arbeiten können. Wenn Sie in dieser Sitzung das Cmdlet *Get-ComputerInfo* ausführen, sehen Sie im oberen Teil der Ausgabe (siehe Abbildung 4–8), dass Server Core im Container ausgeführt wird, während die Version Desktopdarstellung im Containerhost läuft.

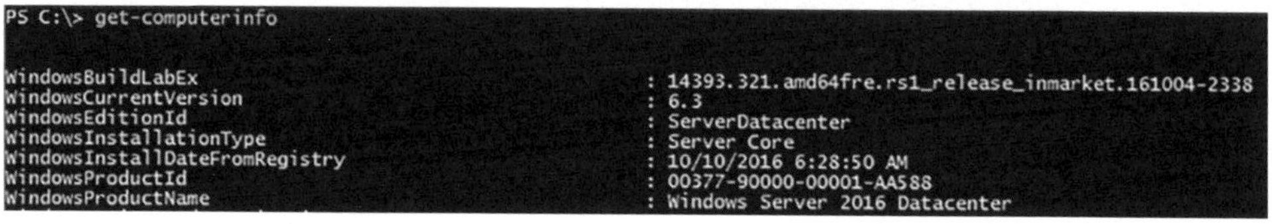

```
PS C:\> get-computerinfo

WindowsBuildLabEx                  : 14393.321.amd64fre.rs1_release_inmarket.161004-2338
WindowsCurrentVersion              : 6.3
WindowsEditionId                   : ServerDatacenter
WindowsInstallationType            : Server Core
WindowsInstallDateFromRegistry     : 10/10/2016 6:28:50 AM
WindowsProductId                   : 00377-90000-00001-AA588
WindowsProductName                 : Windows Server 2016 Datacenter
```

Abb. 4–8 Ausgabe des Cmdlets *Get-ComputerInfo*

Die Schalter des Befehls *Docker Run* können Sie zusammenfassen, sodass die Schalter *-i* und *-t* als *-it* erscheinen. Nach dem Namen des Images kann jeder Befehl stehen, der im Container auszuführen ist. Wenn Sie zum Beispiel *cmd* angeben, öffnen Sie damit die normale Befehlsshell von Windows anstelle von PowerShell.

> **HINWEIS   Images abrufen**
>
> Ein Image müssen Sie nicht unbedingt als Erstes vom Docker Hub abrufen, bevor Sie es ausführen können. Wenn Sie einen *Docker Run*-Befehl ausführen und das erforderliche Image in Ihrem Containerhost nicht vorhanden ist, leitet Docker automatisch ein Abrufen ein und erstellt dann den Container. Bei großen Images sparen Sie aber Zeit, wenn Sie neue Container erstellen und die jeweiligen Images vorab heruntergeladen haben.

Der Befehl *Docker Run* unterstützt viele Befehlszeilenparameter und Schalter, mit denen Sie die Umgebung des zu erzeugenden Containers optimieren können. Mit dem folgenden Befehl lassen sich diese Parameter und Schalter anzeigen:

```
docker run --help
```

> **HINWEIS   Docker-Befehle ausführen**
>
> Bei diesem und vielen anderen Docker-Befehlen sind die Befehlszeilenparameter mit doppelten Bindestrichen zu schreiben.

Abbildung 4–9 zeigt ungefähr die Hälfte der verfügbaren Parameter. Zum Beispiel können Sie mit dem Parameter *-h* einen Hostnamen für den Container angeben anstelle der hexadezimalen Zeichenfolge, die der Befehl standardmäßig zuweist.

```
PS C:\WINDOWS\system32> docker run --help
Usage:  docker run [OPTIONS] IMAGE [COMMAND] [ARG...]

Run a command in a new container

Options:
      --add-host value              Add a custom host-to-IP mapping (host:ip) (default [])
  -a, --attach value                Attach to STDIN, STDOUT or STDERR (default [])
      --blkio-weight value          Block IO (relative weight), between 10 and 1000
      --blkio-weight-device value   Block IO weight (relative device weight) (default [])
      --cap-add value               Add Linux capabilities (default [])
      --cap-drop value              Drop Linux capabilities (default [])
      --cgroup-parent string        Optional parent cgroup for the container
      --cidfile string              Write the container ID to the file
      --cpu-percent int             CPU percent (Windows only)
      --cpu-period int              Limit CPU CFS (Completely Fair Scheduler) period
      --cpu-quota int               Limit CPU CFS (Completely Fair Scheduler) quota
  -c, --cpu-shares int              CPU shares (relative weight)
      --cpuset-cpus string          CPUs in which to allow execution (0-3, 0,1)
      --cpuset-mems string          MEMs in which to allow execution (0-3, 0,1)
      --credentialspec string       Credential spec for managed service account (Windows only)
  -d, --detach                      Run container in background and print container ID
      --detach-keys string          Override the key sequence for detaching a container
      --device value                Add a host device to the container (default [])
      --device-read-bps value       Limit read rate (bytes per second) from a device (default [])
      --device-read-iops value      Limit read rate (IO per second) from a device (default [])
      --device-write-bps value      Limit write rate (bytes per second) to a device (default [])
      --device-write-iops value     Limit write rate (IO per second) to a device (default [])
      --disable-content-trust       Skip image verification (default true)
      --dns value                   Set custom DNS servers (default [])
      --dns-opt value               Set DNS options (default [])
      --dns-search value            Set custom DNS search domains (default [])
      --entrypoint string           Overwrite the default ENTRYPOINT of the image
  -e, --env value                   Set environment variables (default [])
      --env-file value              Read in a file of environment variables (default [])
      --expose value                Expose a port or a range of ports (default [])
      --group-add value             Add additional groups to join (default [])
      --health-cmd string           Command to run to check health
      --health-interval duration    Time between running the check (default 0s)
      --health-retries int          Consecutive failures needed to report unhealthy
      --health-timeout duration     Maximum time to allow one check to run (default 0s)
      --help                        Print usage
  -h, --hostname string             Container host name
      --init                        Run an init inside the container that forwards signals and reaps processes
  -i, --interactive                 Keep STDIN open even if not attached
      --io-maxbandwidth string      Maximum IO bandwidth limit for the system drive (Windows only)
      --io-maxiops uint             Maximum IOps limit for the system drive (Windows only)
      --ip string                   Container IPv4 address (e.g. 172.30.100.104)
      --ip6 string                  Container IPv6 address (e.g. 2001:db8::33)
```

Abb. 4–9   Ausgabe des Befehls *Docker Run --help*

Das PowerShell-Äquivalent des Befehls *Docker Run* verwendet das Cmdlet *New-Container*, wie das folgende Beispiel zeigt:

```
new-container -imageidorname microsoft/windowsservercore
    -input
    -terminal
    -command powershell
```

Hyper-V-Container erstellen

Einen Hyper-V-Container erstellen Sie in fast den gleichen Schritten wie einen Windows Server-Container. Hierfür verwenden Sie denselben *Docker Run*-Befehl, außer dass Sie den Parameter *--isolation=hyperv* anfügen, wie es im folgenden Beispiel zu sehen ist:

```
docker run -it
    --isolation=hyperv microsoft/windowsservercore
    powershell
```

Nachdem Sie einen Hyper-V-Container erstellt haben, lässt er sich kaum von einem Windows Server-Container unterscheiden. Es gibt nur wenige Methoden, die Arten der Container auseinanderzuhalten. So kann man untersuchen, wie sie mit Prozessen umgehen. Zum Beispiel können Sie zwei Container erstellen und in jedem einen Befehl ausführen, der an den jeweils anderen Computer fortlaufend Ping-Befehle sendet:

```
docker run -it microsoft/windowsservercore
    ping -t localhost

docker run -it
    --isolation=hyperv microsoft/windowsservercore
    ping -t localhost
```

Der vom ersten Befehl erstellte Windows Server-Container lässt im Container einen PING-Prozess laufen, wie die Ausgabe des Befehls *Docker Top* in Abbildung 4–10 zeigt. Die Prozess-ID (PID) lautet hier 404. Wenn Sie dann das Cmdlet *Get-Process* ausführen, um die Prozesse (die mit P beginnen) auf dem Containerhost anzuzeigen, sehen Sie denselben PING-Prozess mit der ID 404. Das hängt damit zusammen, dass der Container den Kernel mit dem Containerhost gemeinsam nutzt.

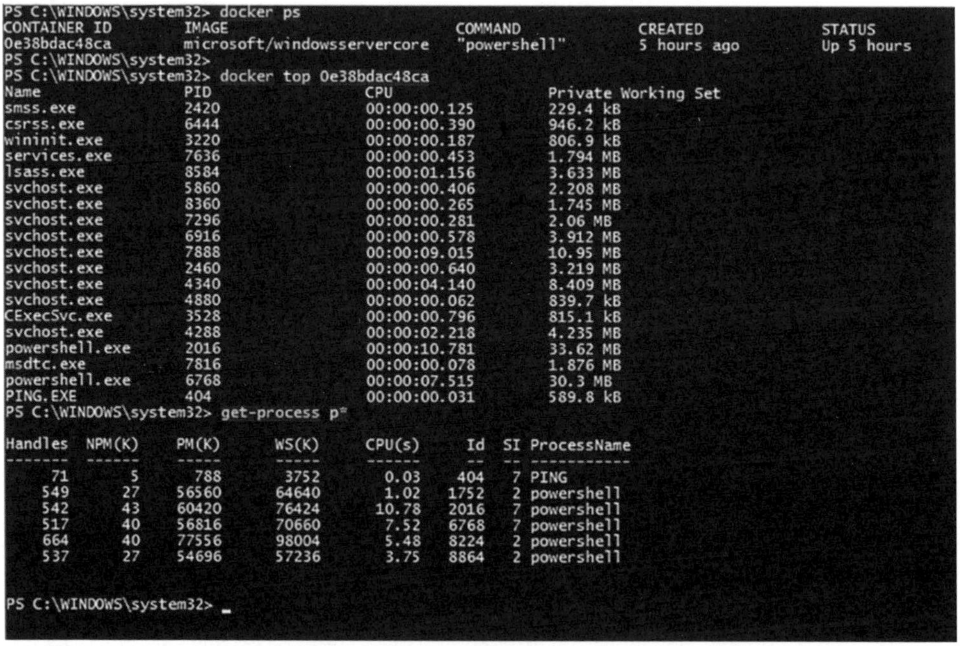

Abb. 4–10   Ausgabe der Befehle *Docker Top* und *Get-Process* für einen Windows Server-Container

Wenn Sie dagegen den Befehl *Docker Top* auf dem Hyper-V-Container ausführen, sehen Sie wieder den PING-Prozess, dieses Mal mit der PID 1852 (siehe Abbildung 4–11). In der Ausgabe des Cmdlets *Get-Process* erscheint aber kein PING-Prozess, weil dieser Container seinen eigenen Kernel besitzt, der vom Hypervisor bereitgestellt wird.

```
PS C:\Users\Administrator> docker ps
CONTAINER ID    IMAGE                       COMMAND              CREATED         STATUS
8d67f1679c68    microsoft/windowsservercore "ping -t localhost"  6 minutes ago   Up 5 minutes
y_lovelace
PS C:\Users\Administrator>
PS C:\Users\Administrator> docker top 8d67f1679c68
Name            PID        CPU              Private Working Set
smss.exe        248        00:00:01.156     233.5 kB
csrss.exe       312        00:00:00.750     921.6 kB
wininit.exe     644        00:00:00.453     737.3 kB
services.exe    920        00:00:01.296     1.532 MB
lsass.exe       828        00:00:00.515     2.22 MB
svchost.exe     1076       00:00:00.359     1.958 MB
svchost.exe     1124       00:00:00.234     1.401 MB
svchost.exe     1212       00:00:00.421     2.023 MB
svchost.exe     1228       00:00:00.953     4.919 MB
svchost.exe     1268       00:00:00.359     2.605 MB
svchost.exe     1280       00:00:09.000     13.43 MB
svchost.exe     1368       00:00:08.500     3.174 MB
svchost.exe     1528       00:00:00.703     3.146 MB
svchost.exe     1540       00:00:00.093     819.2 kB
CExecSvc.exe    1592       00:00:00.046     688.1 kB
PING.EXE        1852       00:00:00.031     589.8 kB
msdtc.exe       872        00:00:00.203     1.901 MB
WmiPrvSE.exe    2004       00:00:02.078     5.526 MB
PS C:\Users\Administrator>
PS C:\Users\Administrator> get-process p*

Handles   NPM(K)   PM(K)    WS(K)    CPU(s)    Id    SI  ProcessName
-------   ------   -----    -----    ------    --    --  -----------
    561       27   53540    61920     1.42   1096     2  powershell
    696       27   53540    61628     3.20   4564     2  powershell

PS C:\Users\Administrator> _
```

Abb. 4–11   Ausgabe der Befehle *Docker Top* und *Get-Process* für einen Hyper-V-Container

Prüfungsziel 4.2: Windows-Container verwalten

- Windows- oder Linux-Container mit dem Docker-Daemon verwalten
- Windows- oder Linux-Container mithilfe von Windows PowerShell verwalten
- Containernetzwerke verwalten
- Container-Datenvolumen verwalten
- Ressourcensteuerung verwalten
- Neue Container-Images mit Dockerfile erstellen
- Container-Images mit DockerHub-Repository für öffentliche und private Szenarien verwalten
- Container-Images mit Microsoft Azure verwalten

Windows- oder Linux-Container mit dem Docker-Daemon verwalten

Wenn Sie mit dem Befehl *Docker Run* einen neuen Container erstellen, können Sie die Schalter *-it* angeben, um mit ihm interaktiv zu arbeiten, oder sie weglassen und den Container im Hintergrund laufen lassen. In jedem Fall können Sie mit dem Docker-Client den Container verwalten – ob Windows oder Linux.

Container auflisten

Möchten Sie eine PowerShell- oder CMD-Sitzung verlassen, die Sie in einem Container begonnen haben, können Sie einfach den folgenden Befehl eingeben:

    exit

Dieser Befehl schließt allerdings nicht nur die Sitzung, sondern hält auch den Container an. Ein angehaltener Container existiert weiterhin auf dem Host; er ist lediglich funktionell abgeschaltet. Um eine Sitzung zu verlassen, ohne den Container anzuhalten, drücken Sie [Strg]+[P] und dann [Strg]+[Q].

Eine Liste aller auf dem Host ausgeführten Container zeigen Sie mit dem Befehl *Docker ps* an. Wenn Sie den Schalter *-a* (für alle) wie im folgenden Beispiel anfügen, zeigt der Befehl alle Container auf dem Host an, ob sie ausgeführt werden oder nicht (siehe Abbildung 4–12):

    docker ps -a

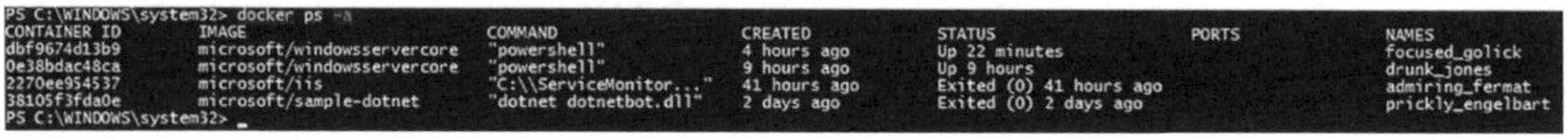

```
PS C:\WINDOWS\system32> docker ps -a
CONTAINER ID   IMAGE                           COMMAND                CREATED       STATUS                  PORTS   NAMES
dbf9674d13b9   microsoft/windowsservercore     "powershell"           4 hours ago   Up 22 minutes                   focused_golick
0e38bdac48ca   microsoft/windowsservercore     "powershell"           9 hours ago   Up 9 hours                      drunk_jones
2270ee954537   microsoft/iis                   "C:\\ServiceMonitor..."  41 hours ago  Exited (0) 41 hours ago        admiring_fermat
38105f3fda0e   microsoft/sample-dotnet         "dotnet dotnetbot.dll" 2 days ago    Exited (0) 2 days ago           prickly_engelbart
PS C:\WINDOWS\system32>
```

Abb. 4–12   Ausgabe eines Befehls *Docker ps*

Container starten und anhalten

Einen angehaltenen Container starten Sie mit dem Befehl *Docker Start*, zum Beispiel:

    docker start dbf9674d13b9

Mit dem Befehl *Docker Stop* können Sie einen Container auch zwangsweise anhalten, zum Beispiel:

    docker stop dbf9674d13b9

Die sechs Bytes umfassende hexadezimale Zeichenfolge in diesen Befehlen ist die Container-ID, die Docker dem Container beim Erstellen zuweist. Mit diesem Wert identifizieren Sie in Docker-Befehlen den Container, den Sie verwalten möchten. Außerdem wird dieser Wert zum Computernamen des Containers, wovon Sie sich mit dem Cmdlet *Get-ComputerInfo* überzeugen können, das Sie in einer Containersitzung ausführen. Wenn Sie *Docker PS* mit dem Parameter *--no-trunc* (für no truncation, ungekürzt) ausführen, zeigt sich, dass die Container-ID tatsächlich eine Zeichenfolge aus 32 Bytes in hexadezimaler Schreibweise ist, auch wenn es wesentlich bequemer ist, nur die ersten sechs Bytes auf der Befehlszeile zu verwenden (siehe Abbildung 4–13).

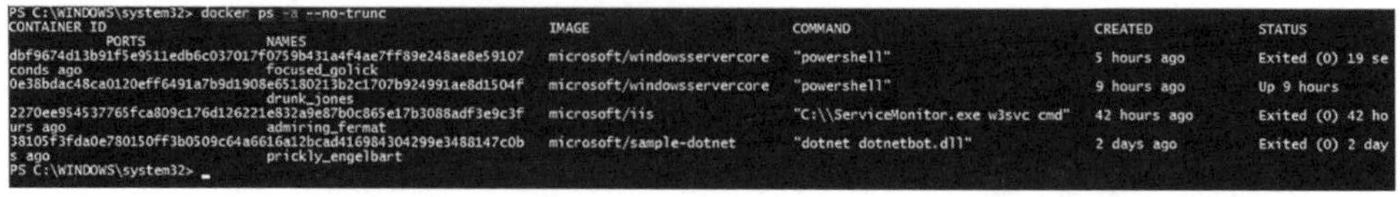

```
PS C:\WINDOWS\system32> docker ps -a --no-trunc
CONTAINER ID                                                       IMAGE                         COMMAND                  CREATED       STATUS
dbf9674d13b91f5e9511edb6c037017f075b9b431a4f4ae7ff83e248ae8e59107   microsoft/windowsservercore   "powershell"             5 hours ago   Exited (0) 19 se
conds ago                                        NAMES
                                                 focused_golick
0e38bdac48ca0120eff6491a7b9d1908e6518021ab2c1707b924991ae8d1504f   microsoft/windowsservercore   "powershell"             9 hours ago   Up 9 hours
                                                 drunk_jones
2270ee954537765fca809c176d126221e832a9e87b0c865e17b3088adf3e9c3f   microsoft/iis                 "C:\ServiceMonitor.exe w3svc cmd"  42 hours ago  Exited (0) 42 ho
urs ago                                          admiring_fermat
38105f3fda0e780150ff3b0509c64a6616a12bcad41698430429ae3488147c0b   microsoft/sample-dotnet       "dotnet dotnetbot.dll"   2 days ago    Exited (0) 2 day
s ago                                            prickly_engelbart
PS C:\WINDOWS\system32>
```

Abb. 4–13   Ausgabe des Befehls *Docker ps -a --no-trunc*

An Container anfügen

Mit dem Befehl *Docker Attach* können Sie sich mit einer Sitzung auf einem ausgeführten Container verbinden, wie das folgende Beispiel zeigt:

```
docker attach dbf9674d13b9
```

Wenn Sie den Befehl in mehreren Fenstern ausführen, werden zusätzliche Sitzungen geöffnet, sodass Sie in mehreren Fenstern gleichzeitig arbeiten können.

Images erstellen

Haben Sie einen Container in irgendeiner Weise geändert, können Sie die Änderungen in einem neuen Image speichern. Verwenden Sie hierfür den Befehl *Docker Commit* wie im folgenden Beispiel:

```
docker commit dbf9674d13b9 hholt/killerapp:1.5
```

Dieser Befehl erstellt ein neues Image namens *hholt/killerapp* mit einem Tag-Wert von 1.5. Der Befehl *Docker Commit* erzeugt kein Duplikat des Basisimages mit den von Ihnen vorgenommenen Änderungen, sondern speichert nur die Änderungen. Wenn Sie zum Beispiel mit dem Basisimage *Microsoft/windowsservercore* den Container erstellen und dann Ihre Anwendung installieren, speichert der Befehl *Docker Commit* nur die Anwendung. Und wenn Sie das neue Image einem Kollegen geben, muss er über das Basisimage verfügen (oder es abrufen), um den Container ausführen zu können.

Container entfernen

Möchten Sie einen Container vollständig entfernen, führen Sie den Befehl *Docker rm* wie im folgenden Beispiel aus:

```
docker rm dbf9674d13b9
```

Bevor Sie Container auf diese Weise entfernen können, müssen sie sich im angehaltenen Zustand befinden. Allerdings können Sie auch den Schalter *-f* (für force, erzwingen) anfügen, sodass der Befehl *Docker rm* jeden beliebigen Container entfernt, selbst einen, der gerade ausgeführt wird.

Windows- oder Linux-Container mithilfe von Windows PowerShell verwalten

Wie bereits weiter vorn erwähnt, ist es für das *Dockerd*-Modul nicht erforderlich, das Clientprogramm *Docker.exe* zu verwenden. Da es sich bei Docker um ein Open-Source-Projekt handelt, lässt sich auch eine alternative Clientimplementierung mit *Dockerd* verwenden, und in Zusammenarbeit mit der Docker-Gemeinde realisiert Microsoft genau dies mit einem PowerShell-Modul, mit dem Sie Docker-Container erstellen und verwalten können.

Weil sich das Docker-Modul für PowerShell noch im Entwicklungsstadium befindet, unterstützt es nicht unbedingt sämtliche Funktionen, die mit dem *Docker.exe*-Client möglich sind. Die wichtigsten Funktionen sind aber bereits realisiert, wie die folgenden Abschnitte zeigen.

Container auflisten

Eine Liste aller Container auf dem Host können Sie per Windows PowerShell mit dem Cmdlet *Get-Container* anzeigen, wie Abbildung 4–14 zeigt. Im Unterschied zum Befehl *Docker ps* zeigt das Cmdlet *Get-Container* sämtliche Container auf dem Host an, ob sie ausgeführt werden oder nicht.

```
PS C:\WINDOWS\system32> get-container
ID              Image           Command            Created              Status             Names
--              -----           -------            -------              ------             -----
080096dce22901167... microsoft/wi... powershell    11/5/2016 9:14:09 AM Up 5 minutes       infallible_mccarthy
d8d297343e8a1c27c... microsoft/wi... powershell    11/5/2016 6:26:51 AM Exited (1067) 54 ... small_brown
dbf9674d13b91f5e9... microsoft/wi... powershell    11/4/2016 10:39:56 PM Up 4 hours        focused_golick
0e38bdac48ca0120e... microsoft/wi... powershell    11/4/2016 6:09:47 PM Up 16 hours        drunk_jones
2270ee954537765fc... microsoft/iis  C:\ServiceMonitor... 11/3/2016 9:43:16 AM Exited (0) 2 days... admiring_fermat
38105f3fda0e78015... microsoft/sa... dotnet dotnetbot.dll 11/2/2016 5:41:28 AM Exited (0) 3 days... prickly_engelbart

PS C:\WINDOWS\system32>
```

Abb. 4–14   Ausgabe des Cmdlets *Get-Container*

Container starten und anhalten

Wenn Sie einen Container mit dem Cmdlet *New-Container* erstellen, startet es den Container standardmäßig nicht. Vielmehr müssen Sie ihn explizit starten. Um einen angehaltenen Container zu starten, führen Sie das Cmdlet *Start-Container* wie im folgenden Beispiel aus:

    start-container dbf9674d13b9

Einen Container können Sie auch anhalten, indem Sie einfach das Verb im Cmdlet zu *Stop-Container* wechseln:

    stop-container dbf9674d13b9

Container anfügen

Um sich mit einer Sitzung auf einem ausgeführten Container zu verbinden, rufen Sie das Cmdlet *Enter-ContainerSession* wie im folgenden Beispiel auf:

    Enter-containersession dbf9674d13b9

Dieses Cmdlet trägt auch den Aliasnamen *Attach-Container*, sodass Sie einen anderen Befehl wiederverwenden können, indem Sie lediglich ein Verb austauschen.

Images erstellen

Haben Sie einen Container in irgendeiner Weise geändert, können Sie die Änderungen in einem neuen Image speichern, indem Sie das Cmdlet *ConvertTo-ContainerImage* wie im folgenden Beispiel ausführen:

    convertto-containerimage -containeridorname dbf9674d13b9
       -repository hholt/killerapp
       -tag 1.5

Dieses Cmdlet hat auch den Alias *Commit-Container*.

Container entfernen

Einen Container entfernen Sie mit dem Cmdlet *Remove-Container*, zum Beispiel:

    remove-container dbf9674d13b9

Wie beim Befehl *Docker RM* müssen sich Container im angehaltenen Zustand befinden, bevor man sie entfernen kann. Mit dem Schalter *Force* entfernt der Cmdlet-Befehl jedoch jeden Container, selbst wenn er ausgeführt wird.

Containernetzwerke verwalten

Container können auf das externe Netzwerk zugreifen. Das lässt sich leicht nachweisen, indem man einen Server im lokalen Netzwerk oder im Internet anpingt. Wenn Sie allerdings den Befehl *Ipconfig /all* in einer Containersitzung ausführen (siehe Abbildung 4–15), sind Sie vielleicht vom Ergebnis überrascht.

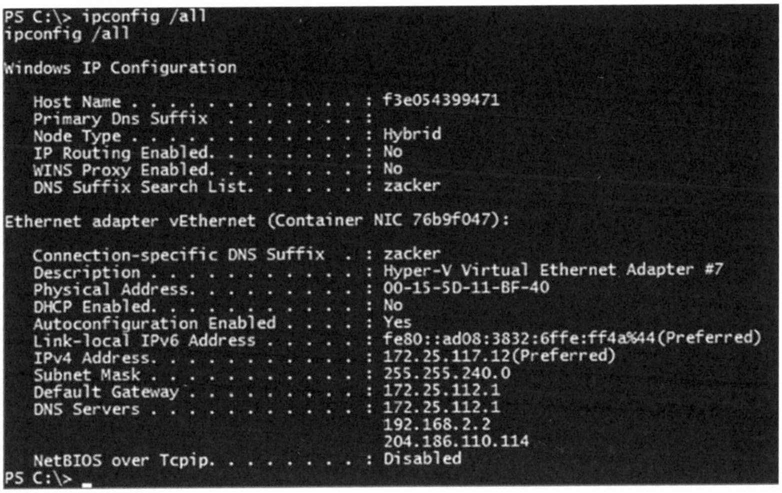

Abb. 4–15 Ausgabe des Befehls *Ipconfig /all* auf einem Container

In diesem Beispiel lautet die IP-Adresse des Netzwerkadapters im Container 172.25.117.12/12, was nichts weiter ist als die Adresse des Netzwerks, in dem sich der Containerhost befindet. Wenn Sie aber den Befehl *Ipconfig /all* auf dem Containerhost ausführen (siehe Abbildung 4–16), wird die Situation verständlicher.

Es gibt zwei Ethernet-Adapter, die im Containerhostsystem zu sehen sind. Der eine hat eine IP-Adresse im Netzwerk 192.168.2.0/24, die für das physische Netzwerk verwendet wird, mit dem der Containerhost verbunden ist. Der andere Adapter hat die Adresse 172.25.112.1/12, die im selben Netzwerk wie die Adresse des Containers liegt. Sehen Sie sich noch einmal die Konfiguration des Containers an: Die Adresse des Containerhosts ist als Standardgateway und DNS-Serveradresse für den Container aufgeführt. Der Containerhost fungiert letztlich als Router zwischen dem Netzwerk 172.16.0.0/12, in dem sich der Container befindet, und dem physischen

Netzwerk 192.168.2.0/24, mit dem der Host verbunden ist. Darüber hinaus fungiert der Host als DNS-Server für den Container.

```
PS C:\WINDOWS\system32> ipconfig /all
Windows IP Configuration

   Host Name . . . . . . . . . . . . : CZ10
   Primary Dns Suffix  . . . . . . . :
   Node Type . . . . . . . . . . . . : Hybrid
   IP Routing Enabled. . . . . . . . : No
   WINS Proxy Enabled. . . . . . . . : No
   DNS Suffix Search List. . . . . . : zacker

Ethernet adapter vEthernet (HNS Internal NIC):

   Connection-specific DNS Suffix  . :
   Description . . . . . . . . . . . : Hyper-V Virtual Ethernet Adapter #4
   Physical Address. . . . . . . . . : 00-15-5D-11-BB-AC
   DHCP Enabled. . . . . . . . . . . : Yes
   Autoconfiguration Enabled . . . . : Yes
   Link-local IPv6 Address . . . . . : fe80::49c7:9ebd:f079:2994%29(Preferred)
   IPv4 Address. . . . . . . . . . . : 172.25.112.1(Preferred)
   Subnet Mask . . . . . . . . . . . : 255.255.240.0
   Default Gateway . . . . . . . . . :
   DHCPv6 IAID . . . . . . . . . . . : 486544733
   DHCPv6 Client DUID. . . . . . . . : 00-01-00-01-1F-96-45-81-44-37-E6-C0-9D-DF
   DNS Servers . . . . . . . . . . . : fec0:0:0:ffff::1%1
                                       fec0:0:0:ffff::2%1
                                       fec0:0:0:ffff::3%1
   NetBIOS over Tcpip. . . . . . . . : Enabled

Ethernet adapter vEthernet (Intel(R) 82579LM Gigabit Network Connection):

   Connection-specific DNS Suffix  . : zacker
   Description . . . . . . . . . . . : Hyper-V Virtual Ethernet Adapter #2
   Physical Address. . . . . . . . . : 44-37-E6-C0-9D-DF
   DHCP Enabled. . . . . . . . . . . : Yes
   Autoconfiguration Enabled . . . . : Yes
   Link-local IPv6 Address . . . . . : fe80::e170:47de:5b5a:d24b%4(Preferred)
   IPv4 Address. . . . . . . . . . . : 192.168.2.41(Preferred)
   Subnet Mask . . . . . . . . . . . : 255.255.255.0
   Lease Obtained. . . . . . . . . . : Wednesday, November 2, 2016 12:32:22 AM
   Lease Expires . . . . . . . . . . : Monday, November 14, 2016 12:32:22 AM
   Default Gateway . . . . . . . . . : 192.168.2.99
   DHCP Server . . . . . . . . . . . : 192.168.2.2
   DHCPv6 IAID . . . . . . . . . . . : 205797350
   DHCPv6 Client DUID. . . . . . . . : 00-01-00-01-1F-96-45-81-44-37-E6-C0-9D-DF
   DNS Servers . . . . . . . . . . . : 192.168.2.2
                                       204.186.110.114
   NetBIOS over Tcpip. . . . . . . . : Enabled
```

Abb. 4-16 Ausgabe des Befehls *Ipconfig /all* auf einem Containerhost

Sehen Sie sich einen anderen Container auf demselben Host an: Er hat eine IP-Adresse im selben Netzwerk wie der erste Container. Die beiden Container können die Adressen des jeweils anderen anpingen, aber auch solche von Systemen außerhalb des Netzwerks 172.16.0.0/12.

Das ist möglich, weil das Feature *Container* und das Paket Docker standardmäßig mit Netzwerkadressübersetzung (Network Address Translation, NAT) arbeiten, um eine Netzwerkumgebung für die Container auf dem Host zu schaffen. NAT ist ein Routingverfahren. Es ersetzt die IP-Adressen in den Netzwerkpaketen, die von einem System generiert und an ein System gerichtet werden, sodass die Adressen so aussehen, als würden sie sich in einem anderen Netzwerk befinden.

Wenn Sie einen Computer im Hostnetzwerk aus einer Containersitzung heraus anpingen, modifiziert der Containerhost die Ping-Pakete und ersetzt die Adresse des Containers 172.25.117.12 durch seine eigene Adresse 192.168.2.43 in jedem Paket. Treffen die Antworten vom angepingten System ein, läuft der Vorgang in umgekehrter Richtung ab.

Das *Dockerd*-Modul erstellt standardmäßig ein NAT-Netzwerk, wenn es zum ersten Mal ausgeführt wird, und weist jedem Container eine Adresse in diesem NAT-Netzwerk zu. Die Verwendung der Netzwerkadresse 172.16.0.0/12 ist zudem eine Standardeinstellung, die in Docker codiert ist. Diese Standardeinstellungen können Sie aber ändern, indem Sie eine andere NAT-Adresse festlegen oder NAT überhaupt nicht verwenden.

Die Netzwerkadapter in den Containern sind selbstverständlich virtuell. In der weiter vorn gezeigten Konfiguration ist zu erkennen, dass der Adapter für diesen Container als *vEthernet (Container NIC 76b9f047)* gekennzeichnet ist. Auf dem Containerhost gibt es ebenfalls einen virtuellen Adapter, hier *vEthernet (HNS Internal NIC)* genannt. HNS ist der Hostnetzwerkdienst (Host Network Service), der die von Docker verwendete NAT-Implementierung darstellt. Wie die Ausgabe des Cmdlets *Get-VMSwitch* auf dem Containerhost zeigt oder wie Sie im Hyper-V-Manager im Manager für virtuelle Switches (siehe Abbildung 4–17) sehen können, hat Docker ebenfalls einen virtuellen Switch namens *nat* erstellt. Dabei handelt es sich um den Switch, mit dem alle Adapter in den Containern verbunden sind. Was das Netzwerk angeht, ist also festzustellen, dass Container fast so wie virtuelle Computer arbeiten.

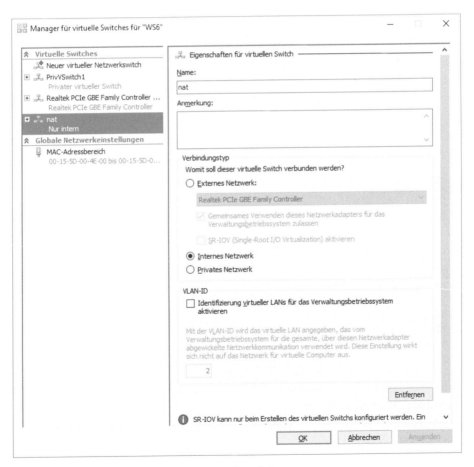

Abb. 4–17 Der Switch *nat* im Manager für virtuelle Switches

NAT-Standardeinstellungen anpassen

Wenn Sie für die NAT-Konfiguration von Docker eine andere Netzwerkadresse verwenden wollen, weil vielleicht ein Netzwerk mit derselben Adresse vorhanden ist, können Sie diese Adresse selbstverständlich ändern. Eine alternative Adresse legen Sie in der Konfigurationsdatei *daemon.json* fest, wie es bereits weiter vorn bei der Docker-Clientkonfiguration erläutert wurde.

Die Datei *daemon.json* ist eine einfache Textdatei, die Sie in dem Verzeichnis erstellen, in dem das Programm *Dockerd.exe* untergebracht ist. Eine alternative NAT-Netzwerkadresse legen Sie fest, indem Sie den folgenden Text in die Datei einfügen:

```
{ "fixed-cidr":"192.168.10.0/24" }
```

Für die NAT-Implementierung können Sie zwar beliebige Netzwerkadressen verwenden, doch um Adresskonflikte mit dem Internet zu verhindern, sollten Sie ein Netzwerk in einer der folgenden reservierten privaten Netzwerkadressen verwenden:

- 10.0.0.0/8
- 172.16.0.0/12
- 192.168.0.0/16

Soll das *Dockerd*-Modul erst gar keine Netzwerkimplementierung erstellen, schreiben Sie den folgenden Text in die Datei *daemon.json*:

```
{ "bridge":"none" }
```

Wenn Ihre Container über Netzwerkkonnektivität verfügen sollen, müssen Sie in diesem Fall ein Containernetzwerk manuell einrichten.

Portzuordnungen

Wollen Sie in einem Container eine Serveranwendung ausführen, die Ports für eingehenden Clientverkehr offenlegt, sind sogenannte *Portzuordnungen* erforderlich. Damit kann der Containerhost, der den Clientverkehr empfängt, die Pakete an den passenden Port im Container, der die Anwendung ausführt, weiterleiten. Um Portzuordnungen zu verwenden, fügen Sie den Schalter *-p* an den Befehl *Docker Run* zusammen mit den Portnummern auf dem Containerhost bzw. dem Container wie im folgenden Beispiel an:

```
docker run -it 
   -p 8080:80 microsoft\windowsservercore powershell
```

In diesem Beispiel wird jeder Datenverkehr, der über den Port 8080 des Containerhosts eintrifft, an den Port 80 des Containers weitergeleitet. Port 80 ist der bekannte Port für Webserververkehr und diese Anordnung versetzt den Container in die Lage, diesen Standardport zu nutzen, ohne ihn auf dem Containerhost vollkommen zu beanspruchen, der Port 80 möglicherweise für seinen eigenen Webserver benötigt.

Ein transparentes Netzwerk erstellen

Anstatt NAT zu verwenden, können Sie auch ein transparentes Netzwerk erstellen, in dem die Container mit demselben Netzwerk wie der Containerhost verbunden sind. Wenn der Containerhost ein physischer Computer ist, sind die Container mit dem physischen Netzwerk verbunden. Ist der Containerhost ein virtueller Computer, sind die Container mit dem virtuellen Switch verbunden, den der virtuelle Computer verwendet.

Docker erstellt standardmäßig kein transparentes Netzwerk. Folglich müssen Sie es mit dem Befehl *Docker Network Create* erstellen, wie das folgende Beispiel zeigt:

```
docker network create -d transparent trans
```

Der Befehl in diesem Beispiel erstellt ein Netzwerk mithilfe des transparenten Treibers, der durch den Schalter *-d* gekennzeichnet wird, und weist ihm den Namen *trans* zu. Der folgende Befehl zeigt eine Liste aller Containernetzwerke an, die jetzt auch das eben erstellte Netzwerk *trans* enthält (siehe Abbildung 4–18).

```
docker network ls
```

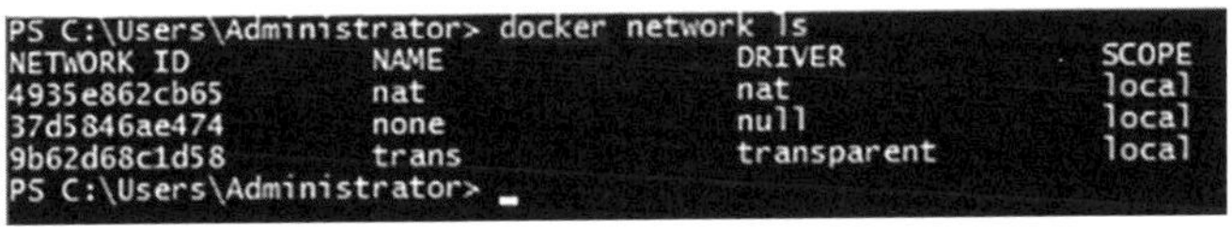

```
PS C:\Users\Administrator> docker network ls
NETWORK ID      NAME        DRIVER        SCOPE
4935e862cb65    nat         nat           local
37d5846ae474    none        null          local
9b62d68c1d58    trans       transparent   local
PS C:\Users\Administrator>
```

Abb. 4–18   Ausgabe des Befehls *Docker Network LS*

Ist das transparente Netzwerk erstellt, können Sie Container anlegen, die das Netzwerk verwenden. Dazu fügen Sie den Parameter *network* in den Befehl *Docker Run* wie im folgenden Beispiel hinzu:

```
docker run -it
    --network=trans microsoft/windowsservercore powershell
```

In diesem Container ausgeführt, zeigt der Befehl *Ipconfig /all*, dass der Container eine IP-Adresse im Netzwerk 10.0.0.0/24 besitzt, d. h. im selben Netzwerk, das der virtuelle Computer verwendet, der als Containerhost fungiert.

Beim Erstellen eines transparenten Netzwerks und der Container, die es verwenden, bekommen alle Teilnehmer die IP-Adressen von einem DHCP-Server im Containerhostnetzwerk zugeteilt. Ist jedoch kein DHCP-Server verfügbar, müssen Sie die Netzwerkadresseinstellungen festlegen, wenn Sie das Netzwerk erstellen, und die IP-Adressen aller Container manuell konfigurieren, indem Sie sie auf der *Docker Run*-Befehlszeile angeben.

Ein transparentes Netzwerk mit statischen IP-Adressen bauen Sie mit einem Befehl wie dem folgenden auf:

```
docker network create -d transparent
    --subnet=10.0.0.0/24
    --gateway=10.0.0.1
    trans
```

Um dann einen Container mit einer statischen IP-Adresse in diesem Netzwerk einzurichten, rufen Sie einen *Docker Run*-Befehl wie den folgenden auf:

```
docker run -it
  --network=trans
  --ip=10.0.0.16
  --dns=10.0.0.10 microsoft/windowsservercore powershell
```

Container-Datenvolumes verwalten

In manchen Fällen ist es erforderlich, Datendateien über Container hinweg zu bewahren. In Docker ist dies möglich, indem Sie Datenvolumes auf einem Container erzeugen, die einem Ordner auf dem Containerhost entsprechen. Nachdem Sie das Datenvolume auf dem Container erstellt haben, sind die Daten, die Sie dort speichern, auch im korrespondierenden Ordner auf dem Containerhost zu finden. Umgekehrt gilt das ebenso: Sie können Dateien in den Ordner auf dem Host kopieren und im Container darauf zugreifen.

Datenvolumes bestehen unabhängig vom Container. Wenn Sie den Container löschen, verbleibt das Datenvolume auf dem Containerhost. Dann können Sie den Containerhostordner in einem anderen Container bereitstellen, sodass Sie Ihre Daten über mehrere Iterationen einer Anwendung, die in Ihren Containern läuft, beibehalten können.

Um ein Datenvolume zu erstellen, fügen Sie den Schalter *-v* an einen *Docker Run*-Befehl an, wie zum Beispiel:

```
docker run -it
  -v c:\appdata microsoft/windowsservercore
  powershell
```

Dieser Befehl erstellt einen Ordner *C:\appdata* im neuen Container und verknüpft ihn mit einem Unterordner in *C:\ProgramData\docker\volumes* auf dem Containerhost. Um den genauen Speicherort zu erfahren, führen Sie den folgenden Befehl aus und sehen sich den Abschnitt *Mounts* an (siehe Abbildung 4–19):

```
docker inspect dbf9674d13b9
```

```
"Mounts": [
    {
        "Type": "volume",
        "Name": "85dabc769744f3166aea3dd12a460c3a64f6c31fe5e64414eb56adfd1e87b04c",
        "Source": "C:\\ProgramData\\docker\\volumes\\85dabc769744f3166aea3dd12a460c3a64f6c31fe5e64414eb56adfd1e87b04c\\_data",
        "Destination": "c:\\appdata",
        "Driver": "local",
        "Mode": "",
        "RW": true,
        "Propagation": ""
    }
],
```

Abb. 4–19 Ein Teil der Ausgabe des Befehls *Docker Inspect*

Der Abschnitt *Mounts* (Bereitstellungen), der nur ein kleiner Teil einer langen und umfangreichen Auflistung der Spezifikationen des Containers ist, enthält die Eigenschaften *Source* (Quelle) und *Destination* (Ziel). Die Eigenschaft *Destination* gibt den Ordnernamen im Container an und *Source* ist der Ordner auf dem Containerhost. Um ein Datenvolume wiederzuverwenden, können Sie die Ordner sowohl für die Quelle als auch für das Ziel im *Docker Run*-Befehl wie im folgenden Beispiel angeben:

```
docker run -it
    -v c:\sourcedata:c:\appdata microsoft/windowsservercore powershell
```

Wenn Sie ein Datenvolume erstellen und dabei auf dem Container einen Ordner angeben, der bereits Dateien enthält, wird der vorhandene Inhalt durch das Datenvolume überlagert, aber nicht gelöscht. Die betreffenden Dateien sind wieder zugänglich, wenn die Bereitstellung des Datenvolumes aufgehoben wird.

Docker erstellt Datenvolumes standardmäßig im Lese-/Schreibmodus. Um ein schreibgeschütztes (»read only«) Datenvolume anzulegen, fügen Sie *:ro* an den Ordnernamen des Containers an, wie es das folgende Beispiel zeigt:

```
docker run -it
    -v c:\appdata:ro microsoft/windowsservercore powershell
```

> **HINWEIS** **Ein Datenvolume hinzufügen**
>
> Um einem vorhandenen Container ein Datenvolume hinzuzufügen, haben Sie praktisch nur eine Möglichkeit: Sie speichern mit *Docker Commit* alle Änderungen, die Sie am vorhandenen Container vorgenommen haben, in einem neuen Image und erstellen dann mit *Docker Run* einen neuen Container aus dem neuen Image, wobei Sie den Schalter *-v* angeben, um das Datenvolume hinzuzufügen.

Ressourcensteuerung verwalten

Wie bereits weiter vorn erwähnt, unterstützt der Befehl *Docker Run* viele Parameter und Schalter, von denen Sie in diesem Kapitel bereits einige kennengelernt haben. Zum Beispiel haben Sie gesehen, wie der Schalter *-it* einen interaktiven Container erstellt, der eine bestimmte Shell oder einen anderen Befehl ausführt. Um einen Container zu erstellen, der im Hintergrund – im sogenannten getrennten Modus – läuft, fügen Sie den Schalter *-d* an, wie es folgendes Beispiel zeigt:

```
docker run -d -p 80:80 microsoft/iis
```

Mit einem getrennten Container können Sie über Netzwerkverbindungen oder Dateisystemfreigaben interagieren. Es ist auch möglich, die Verbindung zum Container mit dem Befehl *Docker Attach* herzustellen.

Mit Containernamen arbeiten

Wenn Sie mit dem Befehl *Docker Run* einen Container erstellen, weist das *Dockerd*-Modul dem Container standardmäßig drei Bezeichner zu, wie Abbildung 4–20 zeigt:

- **Lange UUID** Eine 32-Bytes-Zeichenfolge, die mit 64 Hexadezimalziffern dargestellt wird, zum Beispiel: 0e38bdac48ca0120eff6491a7b9d1908e65180213b2c1707b924991ae8d1504f.

- **Kurze UUID** Die ersten sechs Bytes der langen UUID, dargestellt mit 12 Ziffern, zum Beispiel: 0e38bdac48ca.

- **Name** Ein zufällig gewählter Name, bestehend aus zwei Wörtern, die durch einen Unterstrich getrennt sind, zum Beispiel: *drunk_jones*.

```
PS C:\WINDOWS\system32> docker ps --no-trunc
CONTAINER ID                                                         IMAGE                         COMMAND       CREATED
     STATUS              PORTS                        NAMES
0e38bdac48ca0120eff6491a7b9d1908e65180213b2c1707b924991ae8d1504f      microsoft/windowsservercore   "powershell"  3 days ago
     Up 32 minutes                                    drunk_jones
PS C:\WINDOWS\system32>
```

Abb. 4–20   Ausgabe des Befehls *Docker ps --no-trunc command*

Mit jedem dieser drei Bezeichner können Sie den Container auf der Befehlszeile referenzieren. Aber Sie haben auch die Möglichkeit, dem Container einen selbst gewählten Namen zuzuweisen, wenn Sie den Container erstellen. Dazu fügen Sie auf der *Docker Run*-Befehlszeile den Parameter *name* wie im folgenden Beispiel hinzu:

```
docker run -it microsoft/windowsservercore
    powershell
    --name core1
```

Arbeitsspeicher begrenzen

Über die Parameter des *Docker Run*-Befehls können Sie festlegen, wie viel Arbeitsspeicher ein Container verwenden darf. Standardmäßig dürfen Containerprozesse so viel Hostarbeitsspeicher verwenden und auslagern, wie sie benötigen. Wenn Sie mehrere Container auf demselben Host oder eine speicherhungrige Anwendung auf dem Host selbst ausführen, müssen Sie gegebenenfalls Beschränkungen hinsichtlich des Arbeitsspeichers, den bestimmte Container verwenden können, festlegen.

Die folgenden *Docker Run*-Parameter beziehen sich auf den Arbeitsspeicher:

- **-m** (oder **--memory**)   Gibt die Menge des Arbeitsspeichers an, den der Container verwenden darf. Die Werte bestehen aus einer Ganzzahl und dem Einheitenzeichen b, k, m oder g (für Bytes, Kilobytes, Megabytes und Gigabytes).

- **-memory-swap**   Gibt die Gesamtmenge des Arbeitsspeichers und des virtuellen Speichers an, den der Container verwenden kann. Die Werte bestehen aus einer Ganzzahl und dem Einheitenzeichen b, k, m oder g.

- **-memory-reservation**   Spezifiziert eine weiche Grenze für den Arbeitsspeicher, den der Host für den Container reserviert, selbst wenn um Systemspeicher konkurriert wird. Zum Beispiel können Sie mit dem Schalter *-m* eine harte Grenze von 1 GB und eine Speicherreservierung von 750 MB festlegen. Wenn andere Container oder Prozesse zusätzlichen Arbeitsspeicher benötigen, kann der Host bis zu 250 MB vom Arbeitsspeicher des Containers anfordern, lässt aber mindestens 750 MB unberührt. Die Werte bestehen aus einer Ganzzahl, die kleiner als die im Schalter *-m* ist, oder dem *--memory-swap*-Wert und dem Einheitenzeichen b, k, m oder g.

- **-kernel-memory**   Gibt an, dass die mit dem Schalter *-m* festgelegte Speichergrenze für Kernelspeicher gilt. Die Werte bestehen aus einer Ganzzahl und dem Einheitenzeichen b, k, m oder g.

- **-oom-kill-disable**   Hindert den Kernel daran, Containerprozesse abzubrechen, wenn ein Fehler aufgrund von Speichermangel (Out Of Memory, OOM) auftritt. Verwenden Sie diese Option niemals ohne den Schalter *-m*, um ein Speicherlimit für den Container festzulegen. Andernfalls könnte der Kernel Prozesse auf dem Host beenden, wenn ein OOM-Fehler auftritt.

CPU-Zyklen begrenzen

Es sind auch Parameter vorgesehen, über die Sie die Anzahl der CPU-Zyklen begrenzen können, die einem Container zugeteilt werden. Standardmäßig teilen sich alle Container auf einem Host die verfügbaren Zyklen gleichmäßig untereinander. Mit den Zyklusparametern lassen sich den Containern Prioritäten zuweisen, die bei CPU-Auslastung wirksam werden.

Den Zugriff auf CPUs können Sie mit folgenden *Docker Run*-Parametern steuern:

- **-c (oder --cpu-shares)**   Spezifiziert mit einem Wert von 0 bis 1024 das Gewicht des Containers im Rennen um CPU-Zyklen. Die tatsächliche Anzahl der Prozessorzyklen, die ein Container erhält, hängt von der Anzahl der Container, die auf dem Host laufen, und ihrer Gewichte ab.

- **-cpuset-cpus**   Spezifiziert in einem Multiprozessor-Hostsystem, welche CPUs der Container verwenden kann. Die Werte bestehen aus Ganzzahlen, die durch Kommas voneinander getrennt sind und die CPUs im Hostcomputer darstellen.

- **-cpuset-mems**   Gibt an, welche Knoten auf einem NUMA-Host der Container verwenden kann. Die Werte bestehen aus Ganzzahlen, die durch Kommas voneinander getrennt sind und die CPUs im Hostcomputer darstellen.

Neue Container-Images mit Dockerfile erstellen

Wurde ein Container geändert, seit Sie ihn mit dem Befehl *Docker Run* erstellt haben, lassen sich diese Änderungen auch speichern. Das ist beispielsweise möglich, wenn Sie ein neues Container-Image mit dem Befehl *Docker Commit* erstellen. Empfohlen wird jedoch, Container-Images von Grund auf neu zu erstellen, und zwar mit einem als *Dockerfile* bezeichneten Skript.

Eine *Dockerfile-Datei* ist eine einfache Textdatei mit dem Namen *dockerfile*. Sie enthält die erforderlichen Befehle, um ein neues Image zu erstellen. Die fertiggestellte Dockerfile-Datei führen Sie dann mit dem Befehl *Docker Build* aus, um die neue Datei zu erzeugen. Bei Dockerfile handelt es sich einfach um eine Methode, die die Schritte automatisiert, mit denen Sie einen Container sonst manuell ändern würden. Wenn Sie den Befehl *Docker Build* mit der Dockerfile-Datei aufrufen, führt das *Dockerd*-Modul jeden Befehl im Skript aus, indem es einen Container erstellt, die angegebenen Änderungen vornimmt und mit einem *Docker Commit*-Befehl die Änderungen als neues Image speichert.

Eine Dockerfile-Datei besteht aus Befehlen wie FROM oder RUN und einer Anweisung für jeden Befehl. Es hat sich eingebürgert, die Befehle großzuschreiben. In das Skript können Sie Kommentare einfügen, die mit einem Nummernzeichen (#) eingeleitet werden.

Das folgende Beispiel zeigt eine einfache Dockerfile-Datei:

```
#install DHCP server
FROM microsoft/windowsservercore
RUN powershell
    -command install-windowsfeature dhcp
    -includemanagementtools
RUN powershell
    -configurationname microsoft.powershell
    -command add-dhcpserverv4scope
    -state active
    -activatepolicies $true
    -name scopetest
    -startrange 10.0.0.100
    -endrange 10.0.0.200
    -subnetmask 255.255.255.0
RUN md boot
COPY ./bootfile.wim c:/boot/ CMD powershell
```

Die Elemente in diesem Beispiel bedeuten:

- Der FROM-Befehl spezifiziert das Basisimage, von dem das neue Image erstellt wird. In diesem Fall beginnt das neue Image mit dem Image *microsoft/windowsservercore*.

- Der erste RUN-Befehl öffnet eine PowerShell-Sitzung und ruft das Cmdlet *Install-WindowsFeature* auf, um die Rolle DHCP zu installieren.

- Der zweite RUN-Befehl richtet mit dem Cmdlet *Add-DhcpServerv4Scope* einen neuen Bereich auf dem DHCP-Server ein.

- Der dritte RUN-Befehl legt ein neues Verzeichnis namens *boot* an.

- Der COPY-Befehl kopiert eine Datei *bootfile.wim* aus dem aktuellen Ordner auf dem Containerhost in den Ordner *C:\boot* auf dem Container.

- Der CMD-Befehl öffnet eine PowerShell-Sitzung, wenn das Image ausgeführt wird.

Nachdem Sie das *dockerfile*-Skript erstellt haben, erzeugen Sie mit dem Befehl *Docker Build* das neue Image wie im folgenden Beispiel:

```
docker build -t dhcp .
```

Dieser Befehl liest die Dockerfile-Datei aus dem aktuellen Verzeichnis und erstellt ein Image namens *dhcp*. Wenn das *Dockerd*-Modul das Image erstellt, zeigt es die Ergebnisse jedes Befehls und die IDs der temporär angelegten Container (siehe Abbildung 4–21). Nachdem Sie das Image erstellt haben, können Sie davon mit dem Befehl *Docker Run* in der üblichen Art und Weise einen Container einrichten.

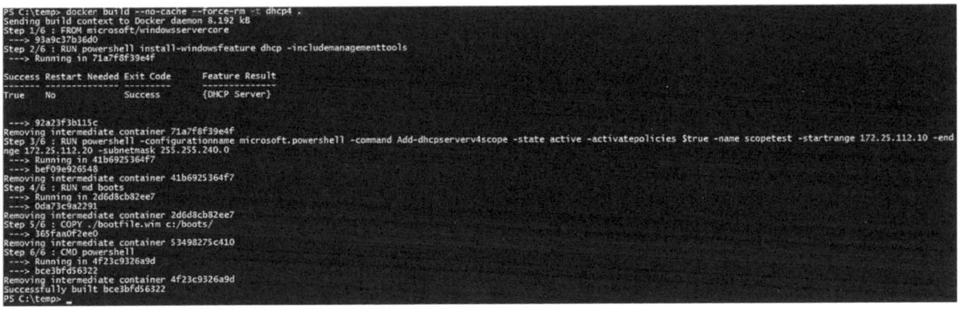

Abb. 4–21 Ausgabe des Befehls *Docker Build*

Die Dockerfile-Datei im Beispiel ist sehr einfach, doch können solche Dateien auch wesentlich länger und komplexer sein.

Schnelltest

Mit welchem der folgenden Docker-Befehle können Sie neue Container-Imagedateien erstellen?

1. Docker Run
2. Docker Commit
3. Docker Build
4. Docker Images

Antwort für den Schnelltest

Die Antworten 2 und 3 sind richtig. Mit dem Befehl *Docker Commit* erzeugt man ein neues Image aus einem vorhandenen Container. Der Befehl *Docker Build* erzeugt ein neues Container-Image entsprechend den Befehlen in einer Dockerfile-Datei.

Container-Images mit DockerHub-Repository für öffentliche und private Szenarien verwalten

DockerHub ist ein öffentliches Repository, mit dem Sie Container-Images speichern und verteilen können. Wenn Sie Container-Images mit dem Befehl *Docker Pull* herunterladen, kommen sie standardmäßig von DockerHub, sofern Sie im Befehl kein anderes Repository angeben. Mit dem Befehl *Docker Push* können Sie Images auch hochladen.

Wenn Sie Images zu DockerHub hochladen, können Sie sie mit Ihren Kollegen und sogar mit sich selbst teilen, sodass Sie Dateien nicht manuell übertragen müssen, um ein Container-Image auf einem anderen Host bereitzustellen.

Bevor Sie Images auf DockerHub hochladen können, müssen Sie sich auf der Site *http://hub.docker.com* registrieren. Nachdem das erledigt ist, wird Ihr Benutzername zum Namen Ihres Repositorys. Zum Beispiel ist das Image *microsoft/windowsservercore*, das Sie vorher heruntergeladen haben, ein Image namens *windowsservercore* im Microsoft-Repository. Lautet Ihr DockerHub-Benutzername *hholt*, beginnen alle Ihre Images mit diesem Repository-Namen, gefolgt vom Imagenamen, zum Beispiel:

```
hholt/nano1
```

Sobald Sie über ein Konto verfügen, müssen Sie sich beim DockerHub-Dienst von der Befehlszeile aus anmelden, bevor Sie Images hochladen können. Hierfür verwenden Sie den folgenden Befehl:

```
docker login
```

Docker fragt Ihren Benutzernamen und das Kennwort ab und bietet dann Upload-Zugriff auf Ihr Repository.

Nach Images suchen

DockerHub können Sie nach Images durchsuchen. Dazu gehen Sie auf die Website, wie sie Abbildung 4–22 zeigt. Diese Oberfläche bietet die neuesten Informationen über das Image sowie Kommentare von anderen Benutzern in der Docker-Community.

Abb. 4–22 Screenshot einer DockerHub-Websuche

Den DockerHub können Sie auch von der Befehlszeile aus durchsuchen, und zwar mit dem Befehl *Docker Search*, zum Beispiel:

```
docker search microsoft --no-trunc
```

Der Parameter *no-trunc* verhindert, dass der Befehl die Imagebeschreibungen abschneidet (siehe Abbildung 4–23).

Abb. 4–23   Ausgabe des Befehls *Docker Search*

Images hochladen

Möchten Sie Ihre Images in das Repository hochladen, rufen Sie den Befehl *Docker Push* wie im folgenden Beispiel auf:

```
docker push hholt/nano1
```

Standardmäßig lädt der Befehl *Docker Push* das angegebene Image in Ihr öffentliches Repository auf dem DockerHub hoch, wie Abbildung 4–24 zeigt. Somit kann jeder auf die hochgeladenen Images zugreifen.

```
PS C:\temp> docker push craigz3/nano1
The push refers to a repository [docker.io/craigz3/nano1]
0bc9597871ad: Pushed
2c195a33d84d: Skipped foreign layer
342d4e407550: Skipped foreign layer
0.9: digest: sha256:1518e997672c384bad70aeb897de64689fef78fcb420e9fda86b933e25f1cd6b size: 1155
PS C:\temp>
```

Abb. 4–24   Ausgabe des Befehls *Docker Push*

Weil Docker Open-Source-Software ist, macht das Freigeben von Images und Code für die Community einen großen Teil der Firmenphilosophie aus. Es ist aber auch möglich, private Repositories zu erstellen, die Sie für eine unbegrenzte Anzahl von ausgewählten Mitarbeitern freigeben können. Dadurch lässt sich DockerHub auch für sichere Projekte der Anwendungsentwicklung einsetzen oder allgemein für jede Situation, in der Sie ein Image nicht für die Öffentlichkeit bereitstellen wollen. DockerHub bietet ein einzelnes privates Repository im Rahmen des kostenlosen Dienstes, für zusätzliche Repositories ist ein kostenpflichtiges Abonnement erforderlich.

Außer dem Speichern und Bereitstellen von Images bietet DockerHub noch weitere Dienste, beispielsweise automatisierte Builds. Wenn Sie eine Dockerfile-Datei und alle anderen erforderlichen Dateien in ein Repository hochladen, können Sie DockerHub so konfigurieren, dass Builds nach Ihren konkreten Spezifikationen automatisch ausgeführt werden. Die Codedateien sind für Ihre Mitarbeiter zugänglich und neue Builds können stattfinden, sobald sich der Code geändert hat.

Container-Images mit Microsoft Azure verwalten

Container können Sie nicht nur lokal erstellen, sondern sie auch auf Microsoft Azure verwenden. Wenn Sie einen virtuellen Computer mit Windows Server 2016 auf Azure einrichten, können Sie Container genauso wie auf einem lokalen Server erstellen und verwalten. Darüber hinaus bietet Azure den Dienst Azure Container Service (ACS), mit dem Sie einen Cluster von virtuellen Computern erstellen, konfigurieren und verwalten können, um Container-basierte Anwendungen mithilfe verschiedener Open-Source-Technologien auszuführen.

Microsoft Azure ist ein abonnementbasierter Clouddienst, der Sie in die Lage versetzt, virtuelle Computer und Anwendungen bereitzustellen und sie in Ihr vorhandenes Unternehmen zu integrieren. Für eine monatliche Gebühr können Sie einen virtuellen Windows Server 2016-Computer erstellen (siehe Abbildung 4–25). Nachdem Sie den virtuellen Computer eingerichtet haben, können Sie das Feature *Container* und das Modul *Docker* installieren. Container und Images, die Sie auf einem virtuellen Azure-Computer installieren, sind vollkommen kompatibel mit den Docker-Implementierungen auf Ihren lokalen Computern.

Abb. 4–25 Microsoft Azure Resource Center

Kapitelzusammenfassung

- Container basieren auf Images. Um einen Container zu erstellen, führen Sie ein Image aus, und Sie erstellen ein Image, indem Sie den Inhalt eines Containers speichern.

- Windows Server 2016 enthält das Feature *Container*, das die Unterstützungsumgebung für die Docker-Plattform liefert.

- Sowohl die Server Core- als auch die Nanoserver-Installationsoptionen unterstützen das Erstellen von Windows Server- und Hyper-V-Containern. In Nanoserver können Sie den *Docker.exe*-Client auf einem Remotesystem ausführen.

- Docker ist eine Open-Source-Container-Lösung, die aus zwei Dateien besteht: *Dockerd.exe* ist das Modul, das als Dienst in Windows läuft, und *Docker.exe* ist der Befehlszeilenclient, der das *Dockerd*-Modul steuert.

- Mit einer Textdatei namens *daemon.json* können Sie die Startoptionen für das *Dockerd*-Modul konfigurieren.
- Der Docker-Client ist nicht die einzige Möglichkeit, das Docker-Modul zu steuern. Die gleichen Aufgaben können Sie auch mit dem Docker-Modul für Windows PowerShell durchführen.
- Mit dem Befehl *Docker Pull* lassen sich Images vom DockerHub herunterladen.
- Tags (Markierungen) sind Versionsindikatoren, mit denen Entwickler die Builds oder Versionen eines Container-Images nachverfolgen können. Tag-Werte weisen Sie mit dem Befehl *Docker Tag* zu.
- Ein Container-Image lässt sich mit dem Befehl *Docker RMI* deinstallieren.
- Um einen Windows Server-Container zu erstellen, führen Sie den Befehl *Docker Run* mit dem Namen eines Container-Images aus.
- Der Ablauf für das Erstellen eines Hyper-V-Containers mithilfe von Docker unterscheidet sich vom Ablauf für Windows Server-Container nur darin, dass der Parameter *--isolation* anzugeben ist.
- Der *Docker.exe*-Client erlaubt es Ihnen, Container zu steuern, indem Sie sie starten, anhalten, sichern und entfernen.
- Das Docker-Modul für Windows PowerShell bietet eine Alternative zum *Docker.exe*-Client und kann die meisten (wenn nicht sogar alle) Funktionen ausführen.
- Standardmäßig verwendet Docker Netzwerkadressübersetzung (NAT), um den Netzwerkzugriff für Container bereitzustellen. Allerdings können Sie die Standardeinstellungen überschreiben und Container als Teil Ihres größeren Netzwerks konfigurieren.
- Mit Docker haben Sie die Möglichkeit, Datenvolumes zu erstellen, die auf dem Containerhost existieren, und sie einem Container hinzuzufügen. Datenvolumes verbleiben auf dem Containerhost, selbst wenn Sie den Container löschen.
- Mit Parametern auf der Befehlszeile von *Docker Run* können Sie die Arbeitsspeicher- und CPU-Ressourcen begrenzen, die ein Container nutzen darf.
- Eine Dockerfile-Datei ist ein Skript, das Befehle für das Erstellen eines neuen Container-Images enthält. Mit dem Befehl *Docker Build* führen Sie das Skript aus und erzeugen das Image.
- DockerHub ist ein kostenloses, cloudbasiertes Repository, in das Sie Ihre Container-Images hochladen können.
- Microsoft Azure ermöglicht es, virtuelle Computer zu erstellen, die Sie als Containerhosts verwenden können.

Gedankenexperiment

In diesem Gedankenexperiment wenden Sie Ihre Fähigkeiten und Kenntnisse an, die Sie sich im Rahmen dieses Kapitels angeeignet haben. Die Antwort zu diesem Gedankenexperiment finden Sie im nächsten Abschnitt.

Ralph möchte einen virtuellen Computer namens Core1 erstellen, der als Containerhost sowohl für Windows Server- als auch für Hyper-V-Container fungiert. Um den Containerhost zu erstellen, plant er, die folgenden Aufgaben auszuführen:

- Einen virtuellen Computer erstellen
- Den virtuellen Computer mit 4 GB Arbeitsspeicher, zwei virtuellen Prozessoren und aktiviertem Spoofing von MAC-Adressen konfigurieren
- Windows Server 2016 auf dem virtuellen Computer installieren
- Das Feature *Container* installieren
- Die Rolle *Hyper-V* installieren
- Das Modul *dockermsftprovider* installieren
- Das Paket *Docker* installieren
- Das Server Core-Image von DockerHub abrufen
- Container mit dem Befehl *Docker Run* erstellen

Welchen Schritt hat Ralph vergessen, was ihn daran hindert, die benötigten Container zu erstellen? Welche Aufgabe muss er ausführen, um seinen Plan fertigzustellen, und wann sollte er ihn fertigstellen?

Antwort für das Gedankenexperiment

Dieser Abschnitt enthält die Lösung für das Gedankenexperiment.

Ralph hat vergessen, die Virtualisierungserweiterungen des Prozessors im physischen Computer für den virtuellen Computer offenzulegen, damit er die Hyper-V-Rolle ausführen kann. Hierzu muss er den folgenden Befehl in einer PowerShell-Sitzung ausführen, nachdem er den virtuellen Computer erstellt hat und bevor er ihn startet:

```
set-vmprocessor -vmname server1
    -exposevirtualizationextensions $true
```

KAPITEL 5

Hochverfügbarkeit implementieren

Anwendungen jederzeit betriebsbereit zu halten, steht bei vielen Systemadministratoren ganz oben auf der Prioritätenliste. Mit den Features in Windows Server 2016 sind Sie in der Lage, redundante Serverlösungen aufzubauen, die nahezu jeder Art von Notfallsituation zuvorkommen können. In Failoverclustern lassen sich Server einrichten, die auf gemeinsame Daten zurückgreifen. Damit ist sichergestellt, dass eine Anwendung trotz mehrerer Ausfälle weiterläuft. Durch Cluster mit Netzwerklastenausgleich können Sie sowohl Fehlertoleranz als auch Skalierbarkeit für Anwendungen realisieren.

Dieses Kapitel befasst sich mit folgenden Prüfungszielen:

- Hochverfügbarkeits- und Notfallwiederherstellungsoptionen in Hyper-V implementieren
- Failoverclustering implementieren
- »Direkte Speicherplätze« implementieren
- Failovercluster verwalten
- Umzug virtueller Computer in Clusterknoten verwalten
- Netzwerklastenausgleich implementieren

Prüfungsziel 5.1: Hochverfügbarkeits- und Notfallwiederherstellungsoptionen in Hyper-V implementieren

Durch Hyper-V sind Administratoren in der Lage, mehrere physische Server in einem einzigen Hyper-V-Server zusammenzufassen. Eine derartige Virtualisierung hat den Vorteil, dass Sie virtuelle Computer (virtual machines, VMs) ganz einfach von einem Hyper-V-Host auf einen anderen verschieben können. Ob mit Blick auf Fehlertoleranz oder Lastenausgleich – Hyper-V bietet mehrere Techniken, um virtuelle Computer zu replizieren und zu migrieren.

In diesem Abschnitt geht es um folgende Themen:

- Hyper-V-Replikat implementieren
- Livemigration implementieren
- Shared Nothing-Livemigration implementieren

- CredSSP- oder Kerberos-Authentifizierungsprotokoll für Livemigration konfigurieren
- Speichermigration implementieren

Hyper-V-Replikat implementieren

Hyper-V-Replikat ist ein Feature der Rolle *Hyper-V*, mit dem sich ein Replikat der virtuellen Computer auf einem Hyper-V-Server für einen anderen Server lokal oder an einem Remotestandort erzeugen lässt. Die Replikation läuft asynchron ab und der Failoverprozess für das Replikat findet nicht automatisch statt. Allerdings lässt sich Hyper-V-Replikat leicht einrichten und verlangt keine erweiterten Netzwerkfeatures wie zum Beispiel mehrstufigen Speicher oder einen Failovercluster. Es bietet eine einfache Möglichkeit, ein Replikat eines Hyper-V-Servers zu erstellen, das Sie starten können, wenn der primäre Server nicht verfügbar ist.

Da Hyper-V-Replikat auf Prüfpunkten basiert, werden nach der anfänglichen Replikation nur noch die Änderungen, die am primären Server vorgenommen wurden, als Prüfpunkte gespeichert und repliziert. Dadurch verringert sich der Umfang der über das Netzwerk übertragenen Daten und der Replikatserver kann den virtuellen Computer laden, indem er auf dessen Prüfpunkte zugreift.

Für Hyper-V-Replikat gibt es eine ganze Menge Optionen. Das Feature setzt zwar keinen Failovercluster voraus, funktioniert aber darauf. Es verlangt keine Zertifikate für verschlüsselte Übertragungen, kann sie aber verwenden. Administratoren können damit je nach Bedarf eine einfache oder eine komplexe Konfiguration schaffen.

Die Replikationsumgebung planen

In seiner einfachsten Form verwendet eine Hyper-V-Replikat-Implementierung zwei Server in der folgenden Konfiguration:

- Hyper-V ist auf beiden Servern installiert.
- Die Server befinden sich hinter derselben Firewall.
- Die Server sind nicht Bestandteil eines Clusters.
- Die Server sind derselben AD DS-Domäne (Active Directory Domain Services) beigetreten oder sind Mitglied von Domänen mit gegenseitigen Vertrauensbeziehungen.
- Die Server verwenden Kerberos-authentifizierte, nicht verschlüsselte Kommunikation.

Alle Ausnahmen von diesen Richtlinien erfordern zusätzliche Einrichtungsprozeduren, wie zum Beispiel:

- Wenn sich die Server an verschiedenen Standorten befinden, müssen Sie die dazwischenliegenden Firewalls so konfigurieren, dass der Replikationsverkehr passieren kann.
- Ist Verschlüsselung für Replikationsverkehr erforderlich, müssen Sie ein Sicherheitszertifikat von einer passenden Zertifizierungsstelle besorgen (oder ein selbst signiertes Zertifikat verwenden).

- Sind die Server Bestandteil eines Failoverclusters, müssen Sie die Rolle *Hyper-V-Replikatbroker* konfigurieren und sich den Namen des Clientzugriffspunkts merken.
- Möchten Sie mit einem dritten Server ein zusätzliches Replikat erstellen, müssen Sie Hyper-V-Replikat für die Verwendung der erweiterten Replikation konfigurieren.

Die Hyper-V-Server konfigurieren

Soll die Replikation nur in einer Richtung erfolgen, müssen Sie Hyper-V-Replikat auf dem Zielserver – auch *Replikatserver* genannt – konfigurieren. Um aber Hyper-V-Replikat als Failoverlösung zu nutzen, empfiehlt es sich, beide Server als Replikatserver zu konfigurieren. Wenn dann ein Failoverereignis auftritt, bei dem Sie einen Replikatserver aktivieren, können Sie alle zwischenzeitlich erfolgten Änderungen zurück auf den Ursprungsserver replizieren, sobald er wieder online ist.

Einen Hyper-V-Server konfigurieren Sie mit Hyper-V-Manager in folgenden Schritten als Replikatserver:

1. Öffnen Sie Hyper-V Manager, wählen Sie den Server aus und klicken Sie dann im Bereich *Aktionen* auf *Hyper-V-Einstellungen*, um das Dialogfeld *Hyper-V-Einstellungen* zu öffnen.

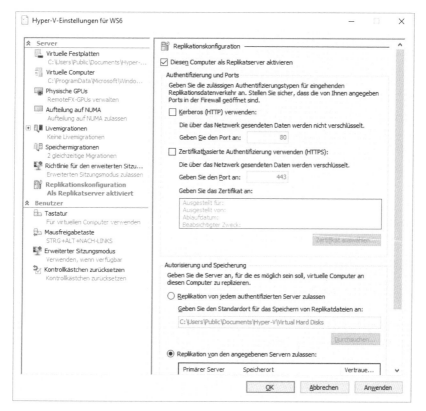

Abb. 5–1   Die Seite *Replikationskonfiguration* im Dialogfeld *Hyper-V-Einstellungen*

2. Auf der Seite *Replikationskonfiguration* setzen Sie das Kontrollkästchen *Diesen Computer als Replikatserver aktivieren* (siehe Abbildung 5–1).

3. Im Abschnitt *Authentifizierung und Ports* wählen Sie eine der folgenden Optionen aus:

   - **Kerberos (HTTP) verwenden** Der Replikatverkehr wird nicht verschlüsselt und die Server müssen derselben Domäne (oder vertrauenswürdigen Domänen) beigetreten sein.

   - **Zertifikatbasierte Authentifizierung verwenden (HTTPS)** Klicken Sie auf die Schaltfläche *Zertifikat auswählen*, um das Zertifikat festzulegen, das bei der Verschlüsselung des Replikatverkehrs verwendet werden soll.

4. Im Abschnitt *Autorisierung und Speicherung* wählen Sie eine der folgenden Optionen aus:

   - **Replikation von jedem authentifizierten Server zulassen** Ermöglicht Replikation von einem beliebigen Server und speichert Replikate am Speicherort, den Sie selbst festlegen.

   - **Replikation von den angegebenen Servern zulassen** Klicken Sie auf *Hinzufügen*, um das Dialogfeld *Autorisierungseintrag hinzufügen* zu öffnen (siehe Abbildung 5–2). Hier spezifizieren Sie einen Servernamen, einen Speicherort für die Replikate von diesem Server und eine vertrauenswürdige Gruppe, zu der er gehört.

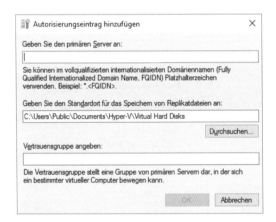

Abb. 5–2 Das Dialogfeld *Autorisierungseintrag hinzufügen*

5. Klicken Sie auf *OK*.

Die Einstellungen der Replikatkonfiguration eines Servers lassen sich auch mit dem Windows PowerShell-Cmdlet *Set-VmReplicationServer* konfigurieren. Da dieses Cmdlet im Hyper-V-Modul enthalten ist, müssen Sie die Hyper-V-Verwaltungstools installiert haben, um das Cmdlet verwenden zu können. Das folgende Beispiel zeigt den Befehl für eine einfache Hyper-V-Replikat-Konfiguration:

```
set-vmreplicationserver -replicationenabled $true
    -allowedauthenticationtype kerberos
    -replicationallowedfromanyserver $true
    -defaultstoragelocation d:\replicas
```

Außerdem müssen Sie auf einem Replikatserver die Windows-Firewall konfigurieren, um eintreffenden Datenverkehr vom primären Server zu erlauben. Öffnen Sie dazu die Konsole *Windows-Firewall mit erweiterter Sicherheit* und – je nachdem, welche Option Sie auf der Seite *Replikationskonfiguration* gewählt haben – aktivieren Sie auf der Seite *Eingehende Regeln* (siehe Abbildung 5–3) eine der folgenden Regeln:

- Bei gewählter Option *Kerberos (HTTP) verwenden* aktivieren Sie die Regel *Hyper-V-Replikat – HTTP-Listener (TCP eingehend)*.

- Bei gewählter Option *Zertifikatbasierte Authentifizierung verwenden (HTTPS)* aktivieren Sie die Regel *Hyper-V-Replikat – HTTPS-Listener (TCP eingehend)*.

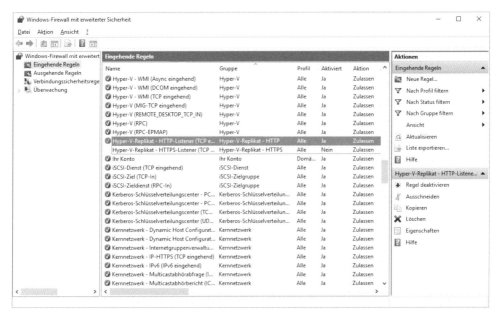

Abb. 5–3   Die Konsole *Windows-Firewall mit erweiterter Sicherheit*

In PowerShell konfigurieren Sie die Firewall-Regeln mit dem Cmdlet *Enable-NetFirewallRule*, wie in den folgenden Beispielen:

```
enable-netfirewallrule -displayname "hyper-v replica http listener (tcp-in)"
enable-netfirewallrule -displayname "hyper-v replica https listener (tcp-in)"
```

Wie weiter vorn erwähnt, ist dieser Konfigurationsprozess nur auf dem Replikatserver erforderlich. Gegebenenfalls werden Sie aber auch den primären Server in der gleichen Weise konfigurieren wollen, um für eine Notfallwiederherstellung gerüstet zu sein.

Die virtuellen Computer konfigurieren

Sobald der Replikatserver konfiguriert ist, können Sie auf dem primären Server die virtuellen Computer konfigurieren, die Sie replizieren wollen. Führen Sie hierzu die folgenden Schritte aus:

1. In Hyper-V-Manager klicken Sie mit der rechten Maustaste auf einen virtuellen Computer und wählen im Kontextmenü *Replikation aktivieren*, um den Assistenten *Replikation für <Servername> aktivieren* zu starten.

2. Auf der Seite *Replikatserver angeben* geben Sie den Namen des Replikatservers, den Sie konfiguriert haben, ein oder klicken auf *Durchsuchen*, um den Computer über das Dialogfeld *Computer auswählen* zu suchen.

3. Auf der Seite *Verbindungsparameter angeben* legen Sie im Feld *Authentifizierungstyp* fest, ob Sie Kerberos oder zertifikatbasierte Authentifizierung verwenden wollen. Wählen Sie hier die gleiche Einstellung, die Sie auf dem Replikatserver konfiguriert haben. Außerdem können Sie festlegen, ob Sie die Replikationsdaten komprimieren möchten.

4. Auf der Seite *Virtuelle Festplatten für Replikation auswählen* deaktivieren Sie die Kontrollkästchen für alle VHDs auf dem virtuellen Computer, die Sie nicht replizieren wollen.

5. Auf der Seite *Replikationshäufigkeit konfigurieren* legen Sie fest, wie oft der primäre Server Änderungen an den Replikatserver senden soll – alle 30 Sekunden, 5 Minuten oder 15 Minuten.

6. Auf der Seite *Zusätzliche Wiederherstellungspunkte konfigurieren* wählen Sie eine der folgenden Optionen aus:

    - **Nur den neuesten Wiederherstellungspunkt beibehalten** Diese Option erstellt ein Replikat, das nur den Status des primären virtuellen Computers zum Zeitpunkt des letzten Replikationsereignisses enthält.

    - **Zusätzliche stündliche Wiederherstellungspunkte erstellen** Bei dieser Option können Sie bis zu 24 stündliche Wiederherstellungspunkte und bis zu 12 stündliche Momentaufnahmen für Volumeschattenkopie-Dienste replizieren.

7. Auf der Seite *Methode für erste Replikation auswählen* (siehe Abbildung 5–4) legen Sie fest, ob Sie die erste Replikation über das Netzwerk senden, die Erstkopie manuell mit einem externen Medium übertragen oder einen vorhandenen virtuellen Computer auf dem Replikatserver verwenden wollen. Durch diese Optionen können Sie vermeiden, einen gesamten virtuellen Computer über relativ langsame oder teure Weitverkehrsverbindungen (WAN) zu replizieren.

Abb. 5–4 Die Seite *Methode für erste Replikation auswählen* im Assistenten Replikation für <Servername> aktivieren

8. Im Abschnitt *Erste Replikation planen* geben Sie an, wann die Replikation starten soll – sofort oder zu einem bestimmten Zeitpunkt.

9. Klicken Sie auf *Fertig stellen*.

Während der laufenden Replikation erscheint ein Kontextmenü *Replikation*, wenn Sie mit der rechten Maustaste auf den virtuellen Computer klicken. Dann haben Sie die Möglichkeit, einen geplanten Failover einzuleiten, den Replikationsvorgang anzuhalten oder zu entfernen und ein Dialogfeld *Replikationsstatus* anzuzeigen, das in Abbildung 5–5 zu sehen ist.

Abb. 5–5 Das Dialogfeld *Replikationsstatus*

Livemigration implementieren

Einer der wichtigsten Vorteile der Servervirtualisierung, wenn nicht der Vorteil schlechthin, ist ihre Fähigkeit, mehrere physische Server zu einem Hyper-V-Server zusammenzufassen, der mehrere virtuelle Computer ausführt. Da die virtuellen Computer alle auf derselben virtualisierten Hardwareplattform laufen, lassen sie sich leicht auf andere Hyper-V-Hosts verschieben, um Lastenausgleich oder Fehlertoleranz zu realisieren. *Livemigration* ist ein Hyper-V-Feature, das es ermöglicht, einen virtuellen Computer von einem Hyper-V-Host auf einen anderen zu übertragen, während er ausgeführt wird, wobei fast keine Dienstunterbrechung auftritt.

Livemigration ist keine Alternative zu Hyper-V-Replikat – sie verschiebt nicht die Datendateien des virtuellen Computers. Vielmehr ist Livemigration für Umgebungen gedacht, in denen virtuelle Computer bereits auf einen freigegebenen Datenspeicher zugreifen; migriert wird der Systemzustand und der aktuelle Speicherinhalt. Wenn Sie zum Beispiel in einem Hyper-V-Failovercluster einen Webserver betreiben, wobei die Clusterknoten alle auf dasselbe Speicherarray zugreifen, das die Websitedateien enthält, kann Livemigration einen virtuellen Computer vom Hyper-V-Host auf einen anderen verschieben, ohne laufende Clienttransaktionen zu unterbrechen.

Ursprünglich für die Verwendung in Failoverclustern mit physischen gemeinsamen Speichersubsystemen konzipiert, funktioniert Livemigration in Windows Server 2016 jetzt auch für nicht geclusterte Systeme, Systeme in verschiedenen Domänen oder in gar keiner Domäne sowie Systeme, die einen praktisch beliebigen Typ von – physischem oder virtuellem – freigegebenem Speicher verwenden.

Eine typische Livemigration eines virtuellen Computers läuft folgendermaßen ab:

1. Der Quellserver richtet eine Verbindung mit dem Zielserver ein, der einen nicht gefüllten virtuellen Computer erstellt und bestätigt, dass er die Ressourcen besitzt, um die Quell-VM neu erstellen zu können. Das betrifft unter anderem ausreichend Arbeitsspeicher und Zugriff auf den gemeinsamen Speicher, der die VM-Dateien enthält.
2. Der Zielserver weist dem neuen virtuellen Computer Arbeitsspeicher und andere Ressourcen zu. Damit erstellt er praktisch die virtuelle Hardwarekonfiguration der Quell-VM neu.
3. Der Quellserver überträgt die Speicherseiten des virtuellen Computers auf die Ziel-VM. Die Quell-VM funktioniert zu diesem Zeitpunkt weiterhin und bedient die Clients in der üblichen Art und Weise. Mit fortschreitendem Speichertransfer beginnt aber Hyper-V auf dem Quellserver alle Seiten in seinem Arbeitsspeicher zu markieren, die sich seit dem Start der Übertragung geändert haben.
4. Nachdem die erste Übertragung abgeschlossen ist, beginnt der Vorgang von Neuem, wobei der Quellserver alle Speicherseiten überträgt, die sich seit Beginn der anfänglichen Übertragung geändert haben. Dieser Vorgang wiederholt sich über mehrere Iterationen, bis die Server einen entscheidenden Punkt erreichen, an dem ihre Speicherzustände identisch sind.
5. Zu diesem Zeitpunkt werden Verarbeitung und Ein-/Ausgabe auf der Quell-VM angehalten und die Steuerung der Speicherressourcen auf die Ziel-VM übertragen.
6. Die Ziel-VM besitzt nun einen aktuellen »Arbeitssatz« aus Speicherinhalt, CPU-Status und Speicherressourcen und kann die Funktionalität der Quell-VM übernehmen.
7. Wenn die Ziel-VM bereit ist und ausgeführt wird, benachrichtigt Hyper-V den Netzwerkswitch von der Änderung. Daraufhin werden die MAC-Adressen der Ziel-VM registriert und ihnen ihre IP-Adresse zugewiesen, sodass der Netzwerkverkehr auf den neuen virtuellen Computer umgeleitet wird.

Trotz all dieser Aktivitäten ist eine Livemigration normalerweise schneller vollzogen als das TCP-TTL-Intervall des virtuellen Computers. Die Umschaltung ist demzufolge unsichtbar, sowohl für die Clients als auch für die Software, die auf dem virtuellen Computer läuft. Zu den vielen Faktoren, die die Geschwindigkeit einer Livemigration beeinflussen können, gehören der Umfang des zu übertragenden Arbeitsspeichers, die verfügbare Bandbreite im Netzwerk und die Arbeitsauslastung auf den Quell- und Zielservern. Allerdings entsteht jede wahrnehmbare Verzögerung normalerweise durch die Zeit, die das Netzwerk benötigt, um den Zielwechsel weiterzuleiten.

Livemigration in einem Cluster

Wenn Sie in Windows Server 2016 mit dem Feature *Failoverclustering* einen Hyper-V-Cluster erstellen, verwenden Sie die Konsole *Failovercluster-Manager*, um den Assistenten für neue virtuelle Computer zu starten. Der Assistent selbst ist derselbe, auf den Sie über den Hyper-V-Manager zugreifen können, doch nachdem der virtuelle Computer erstellt ist, startet Failovercluster-Manager den Assistenten für hohe Verfügbarkeit, der den virtuellen Computer für Livemigration konfiguriert. Im PowerShell-Äquivalent verwenden Sie die standardmäßigen Cmdlets, um den virtuellen Computer zu erstellen, und führen dann das Cmdlet *Add-ClusterVirtualMachineRole* aus, um den virtuellen Computer hochverfügbar zu machen.

Livemigration ohne Cluster

In Windows Server 2016 ist es möglich, Livemigrationen zwischen nicht geclusterten Hyper-V-Servern durchzuführen, wobei diese derselben Domäne (oder vertrauenswürdigen Domänen) angehören müssen. Bevor es aber losgehen kann, müssen Sie die Einstellungen für Livemigration sowohl auf dem Quellserver als auch auf dem Zielserver konfigurieren.

Öffnen Sie dazu im Hyper-V-Manager das Dialogfeld *Hyper-V-Einstellungen*, gehen Sie auf die Seite *Livemigrationen* und schalten Sie das Kontrollkästchen *Ein- und ausgehende Livemigrationen ermöglichen* ein (siehe Abbildung 5–6).

Konfigurieren Sie dann die folgenden Einstellungen auf dieser Seite und auf der Seite *Livemigrationen/Erweiterte Features*:

- **Gleichzeitige Livemigrationen** Hier können Sie festlegen, wie viele gleichzeitige Livemigrationen der Server durchführen darf, basierend auf der Bandbreite und den Verkehrsstufen Ihres Netzwerks sowie der Arbeitsauslastung auf dem Server. Die Standardeinstellung ist 2.

- **Eingehende Livemigrationen** Wenn der Server mit mehr als einem Netzwerk verbunden ist, können Sie mit dieser Einstellung festlegen, welches Netzwerk der Server für den Livemigrationsverkehr verwenden soll und in welcher Reihenfolge mehrere Netzwerke verwendet werden sollen. Außerdem empfiehlt es sich, den Datenverkehr für Livemigration vom normalen Verkehr im LAN zu trennen.

- **Authentifizierungsprotokoll** Mit dieser Einstellung legen Sie fest, ob die Authentifizierung zwischen den Servern per CredSSP oder Kerberos erfolgen soll. Kerberos verlangt eine zusätzliche Konfiguration der eingeschränkten Delegierung in Active Directory.

- **Leistungsoptionen** Hier legen Sie fest, ob das Protokoll TCP/IP oder SMB (Server Message Block) bei Datenübertragungen von Livemigrationen verwendet werden soll. Wenn Ihr Netzwerk für Speicherverkehr dediziert ist oder den LAN- und Speicherverkehr per Datacenter-Bridging trennt, ist SMB wahrscheinlich eine bessere Wahl. In einer Standard-LAN-Verbindung sollten Sie TCP/IP verwenden.

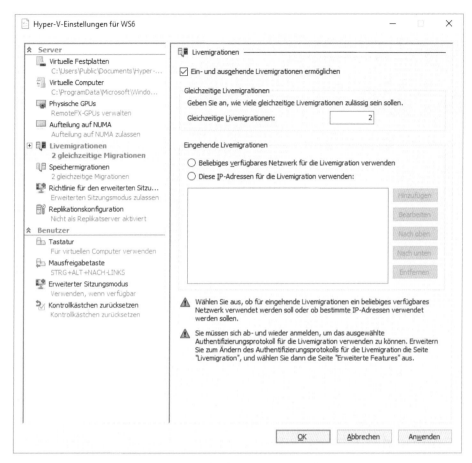

Abb. 5–6 Die Seite *Livemigrationen* im Dialogfeld *Hyper-V-Einstellungen*

In PowerShell konfigurieren Sie diese Einstellungen mit den folgenden Befehlen:

    enable-vmmmigration

    set-vmmigrationnetwork 192.168.4.0

    set-vmhost -virtualmachinemigrationauthenticationtype kerberos

    set-vmhost -virtualmachinemigrationperformanceoption smbtransport

Nachdem die Server konfiguriert sind, leiten Sie eine Livemigration mit dem Assistenten zum Verschieben von <Server> ein. Um den Assistenten zu starten, wählen Sie im Hyper-V-Manager einen virtuellen Computer aus und klicken im Bereich *Aktionen* auf *Verschieben*. Auf der Seite *Verschiebungstyp auswählen* (siehe Abbildung 5–7) erlaubt es die Option *Virtuellen Computer verschieben*, eine Livemigration auszuführen.

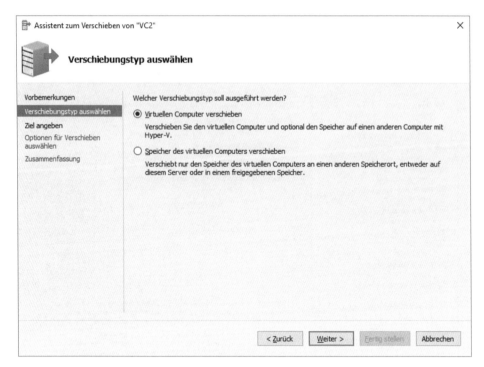

Abb. 5–7 Die Seite *Verschiebungstyp auswählen* im Assistenten zum Verschieben von <Server>

Wenn Sie die Option *Virtuellen Computer verschieben* gewählt haben, finden Sie auf der Seite *Optionen für Verschieben auswählen* die folgenden Optionen (siehe Abbildung 5–8):

- **Daten des virtuellen Computers in einen einzelnen Speicherort verschieben** Veranlasst den Assistenten, den virtuellen Computer und seinen Speicher an den Standardspeicherort auf dem Zielserver zu verschieben.

- **Daten des virtuellen Computers unter Angabe des Ziels für die zu verschiebenden Elemente verschieben** Veranlasst den Assistenten, den virtuellen Computer und seinen Speicher an einen von Ihnen festgelegten Speicherort auf dem Zielserver zu verschieben.

- **Nur den virtuellen Computer verschieben** Veranlasst den Assistenten, den virtuellen Computer ohne seinen Speicher auf den Zielserver zu verschieben. Diese Option bietet das nicht geclusterte Äquivalent einer Livemigration.

Per PowerShell führen Sie eine Livemigration mit dem Cmdlet *Move-VM* wie in folgendem Beispiel durch:

```
Move-vm -vm server1
    -destinationhost hyper2
```

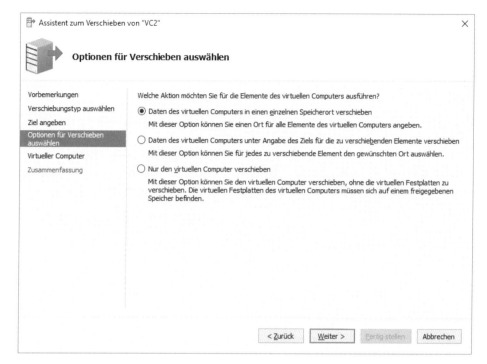

Abb. 5–8   Die Seite *Optionen für Verschieben auswählen* im Assistenten zum Verschieben von <Server>

Shared Nothing-Livemigration implementieren

Ursprünglich war Livemigration ein Tool mit äußerst restriktiven Anforderungen. Die Server mussten Bestandteil eines Clusters sein und die virtuellen Computer mussten auf gemeinsamen Speicher zugreifen können. In Windows Server 2016 ist es nun ohne diese Anforderungen möglich, virtuelle Computer zwischen Hyper-V-Hosts zu migrieren, und zwar mit einem Feature, das als Shared Nothing-Livemigration bezeichnet wird.

Praktisch ist Shared Nothing-Livemigration eine Kombination aus Livemigration und Speichermigration. Nach außen hin ist der Ablauf im Wesentlichen der gleiche wie der bei einer Livemigration, außer dass der Quellserver den Arbeitsspeicher des virtuellen Computers auf das Ziel kopiert und nicht nur seinen Speicher- und Systemzustand. Es liegt auf der Hand, dass der Migrationsvorgang wesentlich länger dauert als eine normale Livemigration, abhängig vom Umfang des betroffenen Speicherinhalts und der verfügbaren Netzwerkbandbreite. Doch wie bei einer Livemigration bleibt die Quell-VM weiterhin aktiv, bis die Datenübertragung abgeschlossen ist.

Für eine Shared Nothing-Livemigration gelten die folgenden Voraussetzungen:

- Die Quell- und Ziel-VMs müssen Mitglieder derselben AD DS-Domäne (oder vertrauenswürdiger Domänen) sein.

- Die Quell- und Domänenserver müssen dieselbe Prozessorfamilie verwenden (Intel oder AMD).

- Die Quell- und Zielserver müssen über ein Ethernet-Netzwerk mit einer Datenübertragungsrate von mindestens 1 Gbit/s verbunden sein.
- Die Quell- und Zielserver sollten über identische virtuelle Switches verfügen, die den gleichen Namen verwenden. Andernfalls wird der Migrationsvorgang unterbrochen, um den Operator aufzufordern, einen Switch auf dem Zielserver auszuwählen.

Wie bei einer nicht geclusterten Livemigration müssen Sie im Dialogfeld *Hyper-V-Einstellungen* die Livemigration aktivieren. Zudem gelten hier auch die verschiedenen Einstellungen auf den Seiten *Livemigrationen* und *Erweiterte Features*. Der Ablauf für eine Shared Nothing-Livemigration ist ebenfalls der gleiche, außer dass Sie im Assistenten zum Verschieben von <Server> auf der Seite *Optionen für Verschieben auswählen* die Option *Daten des virtuellen Computers in einen einzelnen Speicherort verschieben* wählen.

CredSSP- oder Kerberos-Authentifizierungsprotokoll für Livemigration konfigurieren

Wenn Sie Livemigration auf einem Hyper-V-Server aktivieren, haben Sie die Wahl zwischen zwei Authentifizierungsprotokollen:

- **CredSSP (Credential Security Support Provider)**   CredSSP ist ein Authentifizierungsprotokoll, bei dem ein Client die Anmeldeinformationen eines Benutzers für die Authentifizierung auf einem Remoteserver delegieren kann. In Hyper-V ist CredSSP das Standardauthentifizierungsprotokoll für Livemigration. Das Protokoll setzt keine besondere Konfiguration voraus, aber ein Benutzer muss sich beim Quellserver anmelden, bevor sich eine Livemigration durchführen lässt.
- **Kerberos**   Bei diesem standardmäßigen Authentifizierungsprotokoll für Active Directory brauchen Sie sich nicht wie bei CredSSP anzumelden, sondern müssen es für eingeschränkte Delegierung konfigurieren, bevor Sie Livemigrationen durchführen können.

Eingeschränkte Delegierung ist ein Element des Kerberos-Protokolls. Es erlaubt einem Server, im Namen eines Benutzers zu handeln, allerdings nur für bestimmte Dienste. Um eingeschränkte Delegierung zu konfigurieren, müssen Sie als Domänenadministrator angemeldet sein. Führen Sie die folgenden Schritte aus:

1. Öffnen Sie die Konsole *Active Directory-Benutzer und -Computer*.
2. Blättern Sie bis zum Container *Computers* und suchen Sie das Computerobjekt für den Quellserver der Livemigration.
3. Öffnen Sie das Eigenschaftenblatt für das Computerobjekt des Quellcomputers und gehen Sie auf die Registerkarte *Delegierung* (siehe Abbildung 5–9).
4. Wählen Sie die Option *Computer bei Delegierungen angegebener Dienste vertrauen* und lassen Sie die Option *Nur Kerberos verwenden* ausgewählt.
5. Klicken Sie auf *Hinzufügen* und im Dialogfeld *Dienste hinzufügen* auf *Benutzer oder Computer*.

Abb. 5–9 Die Registerkarte *Delegierung* auf dem Eigenschaftenblatt eines Computerobjekts

6. Geben Sie im Dialogfeld *Benutzer oder Computer auswählen* den Namen des Zielcomputers ein und klicken Sie auf *OK*.

7. Wählen Sie im Feld *Verfügbare Dienste* je nach Bedarf einen oder beide der folgenden Dienste aus und klicken Sie auf *OK*:

    - **cifs** Ermöglicht dem Computerbenutzer, den Speicher des virtuellen Computers zu verschieben. Optional kann er auch den virtuellen Computer selbst verschieben.
    - **Microsoft Virtual System Migration Service** Ermöglicht dem Computer, virtuelle Computer zu verschieben.

8. Klicken Sie auf *OK*, um das Eigenschaftenblatt zu schließen.

9. Wiederholen Sie die Prozedur für den Zielcomputer der Livemigration, wobei Sie im Dialogfeld *Benutzer oder Computer auswählen* den Namen des Quellcomputers angeben.

Speichermigration implementieren

Konzeptionell hat Livemigration die Aufgabe, einen virtuellen Computer von einem Hyper-V-Hostserver auf einen anderen zu verschieben, ohne die Dateien anzurühren, die voraussetzungsgemäß in einem freigegebenen Speicher zugänglich sind. Speichermigration (manchmal auch etwas ungenau als Speicher-Livemigration bezeichnet) ist das genaue Gegenteil – sie verschiebt die Dateien des virtuellen Computers an einen anderen Speicherort, während der virtuelle Computer selbst an Ort und Stelle verbleibt.

Mit Speichermigration können Sie die Dateien eines virtuellen Computers – einschließlich der Konfigurationsdateien, Prüfpunkte und Smart Paging-Dateien – an einen beliebigen Speicherort verschieben, für den der Benutzer Zugriffsberechtigungen besitzt. Das gilt auch für andere Laufwerke oder Verzeichnisse auf demselben oder auf einem anderen Computer. Wie Livemigrationen können auch Speichermigrationen stattfinden, während der virtuelle Computer ausgeführt wird oder wenn er angehalten wurde.

Verglichen mit einer Livemigration ist der Ablauf bei einer Speichermigration relativ einfach:

1. Wenn Sie eine Speichermigration einleiten, erzeugt der Zielserver neue VHD-Dateien, deren Größen und Typen denen auf dem Quellserver entsprechen.
2. Der virtuelle Computer auf dem Quellserver verarbeitet weiterhin seine lokalen Dateien, doch Hyper-V beginnt bereits, Schreibvorgänge auf die Festplatte auch auf dem Zielserver zu spiegeln.
3. Während die Spiegelschreibvorgänge fortgesetzt werden, leitet Hyper-V auf dem Quellserver eine Einpasskopie der Quellfestplatten zum Ziel ein. Blöcke, die durch das Spiegeln bereits auf das Ziel geschrieben wurden, werden übersprungen.
4. Wenn die Einpasskopie abgeschlossen ist und die Spiegelschreibvorgänge fortgesetzt werden, aktualisiert Hyper-V die Konfiguration des virtuellen Computers und geht dazu über, mit den Dateien auf dem Zielserver zu arbeiten.
5. Sobald der virtuelle Computer mit den migrierten Dateien erfolgreich läuft, löscht Hyper-V die Quelldateien.

Wenn die Quell-VM abgeschaltet ist, besteht keine Notwendigkeit, eine spezielle Prozedur auszuführen. Hyper-V kopiert einfach die Dateien von der Quelle auf das Ziel, konfiguriert den virtuellen Computer neu, um die Zieldateien zu verwenden, und löscht dann die Quelldateien.

Für eine Speichermigration gibt es kaum irgendwelche speziellen Anforderungen, außer dass Sie virtuelle Computer, die Pass-Through-Datenträger für ihre Speicherung verwenden, nicht migrieren können. Die Dateien müssen auf VHD- oder VHDX-Dateien gespeichert werden.

Um eine Speichermigration durchzuführen, verwenden Sie den gleichen Assistenten zum Verschieben von <Server> wie für nicht geclusterte Livemigrationen und Shared Nothing-Livemigrationen. Auf der Seite *Verschiebungstyp auswählen* aktivieren Sie die Option *Speicher des virtuellen Computers verschieben*. Auf der nächsten Seite des Assistenten (siehe Abbildung 5–10) finden Sie dann die folgenden Optionen:

- **Alle Daten des virtuellen Computers an einen einzelnen Ort verschieben** Bei dieser Option können Sie genau ein Ziel für alle Dateien der Quell-VM angeben.

- **Daten des virtuellen Computers in andere Speicherorte verschieben** Bei dieser Option zeigt der Assistent weitere Seiten an, auf denen Sie die zu migrierenden Dateitypen auswählen und für jeden Typ ein Ziel angeben können.

- **Nur die virtuellen Festplatten des virtuellen Computers verschieben** Hier können Sie auswählen, welche VHD/VHDX-Dateien zu migrieren sind, und für jede ein Ziel festlegen.

Abb. 5–10 Die Seite *Optionen für die Speicherverschiebung auswählen* im Assistenten zum Verschieben von <Server>

Prüfungsziel 5.2: Failoverclustering implementieren

Ein *Failovercluster* ist eine Gruppe von zwei oder mehr Computern – physischen oder virtuellen, die dieselbe Anwendung ausführen –, die als einzelne Entität fungieren, um einen hochverfügbaren, skalierbaren und fehlertoleranten Dienst für Clients im Netzwerk bereitzustellen. Clusteranwendungen realisieren normalerweise entscheidende Benutzerdienste, wie zum Beispiel Datenbank- und E-Mail-Serveranwendungen, oder Infrastrukturdienste, wie zum Beispiel Hyper-V- und Dateiserver. Da mehrere Computer – die sogenannten *Knoten* – dieselbe Anwendung ausführen, sind die Dienste immer verfügbar, selbst wenn ein Knoten ausfällt. Sollten die Ansprüche an die Dienste steigen, können Administratoren leicht weitere Knoten in den Cluster hinzufügen und damit dessen Gesamtkapazität erhöhen.

In Windows Server 2016 liefert das Feature *Failoverclustering* die erforderlichen Tools, um einen Cluster von bis zu 64 Computern aufzubauen, der bis zu 8000 virtuelle Computer mit maximal 1024 virtuellen Computern pro Knoten unterstützt. Zum Feature gehören die Konsole *Failovercluster-Manager* als grafisches Verwaltungstool und ein Windows PowerShell-Modul mit einer umfassenden Sammlung von Cmdlets.

Obwohl sich ein einfacher Zweiknotencluster in einer Laborumgebung und selbst auf einem einzelnen Hyper-V-Server einrichten ließe, sind die Anforderungen an Hardware und Software bei Failoverclustern in der Regel recht anspruchsvoll, vor allem wenn sie unverzichtbare Dienste für viele Clients in einer Produktionsumgebung bereitstellen. Unter anderem sind das folgende Hardware- und Softwareanforderungen:

- **Server** Die Computer, die als Clusterknoten fungieren, sollen austauschbar sein und demzufolge nach Möglichkeit identische Hardwarekonfigurationen haben. Im Idealfall hat jeder Clusterknoten die gleiche Anzahl und den gleichen Typ von Prozessoren und die gleiche Kapazität an Arbeitsspeicher. Die Netzwerkadapter in allen Computern sollten identisch konfiguriert sein. Für den Microsoft-Support müssen sämtliche Hardware- und Softwarekomponenten in den Clusterknoten den Bedingungen für das Logo *Zertifiziert für Windows Server 2016* genügen.

- **Betriebssystem** Alle Server in einem Cluster müssen die gleiche Version und Edition des Betriebssystems ausführen, wobei die gleichen Updates auf sie anzuwenden sind.

- **Speicher** Failovercluster nutzen in der Regel eine gemeinsame Speicherimplementierung, wie zum Beispiel ein SAN (Storage Area Network) oder NAS (Network Attached Storage), sodass alle Knoten auf dieselben Datendateien zugreifen können. Früher war dazu eine aufwendige, dedizierte Speicherhardwareinfrastruktur erforderlich, selbst wenn die Clusterknoten virtuell sein sollten, doch Technologien wie zum Beispiel iSCSI haben es jetzt möglich gemacht, gemeinsame Speichersubsysteme mit handelsüblichen Komponenten und virtuellen Festplatteninfrastrukturen aufzubauen.

- **Netzwerk** Failovercluster tauschen ihren eigenen Steuerungsverkehr unter den Knoten aus und in einer großen Bereitstellung empfiehlt es sich, ein eigenes Netzwerk für den Clusterverkehr einzurichten. Außerdem sollte die gemeinsame Speicherinfrastruktur normalerweise ebenfalls über ein eigenes dediziertes Netzwerk verfügen. Somit kann es bei einer Failovercluster-Implementierung pro Knoten drei oder mehr Netzwerkschnittstellen geben, die die verschiedenen Verkehrsarten unterstützen, sowie zusätzliche Switches, Kabel und andere Komponenten, die für die Unterstützung der zusätzlichen Netzwerke erforderlich sind. Für geschäftskritische Anwendungen kann es auch notwendig sein, die Netzwerkimplementierungen mit redundanten Adaptern, Switches und Kabeln zu realisieren, um einzelne Ausfallpunkte zu vermeiden. Bei kleineren Bereitstellungen, wie zum Beispiel in einer Laborumgebung, lassen sich auch QoS-Techniken (Quality of Service) wie zum Beispiel Datacenter Bridging nutzen, um Bandbreite in einem einzigen Netzwerk für die verschiedenen Arten des Datenverkehrs zu reservieren.

- **Anwendungen** Außer den Hardwareanforderungen für den Cluster selbst müssen Sie auch die Anforderungen für die Anwendung berücksichtigen, die auf den Clusterknoten läuft. Zum Beispiel müssen die Knoten in einem Hyper-V-Cluster den Hardwareanforderungen für Virtualisierung genügen, die für die Rolle Hyper-V spezifiziert sind.

Weil die Hardwarekonfiguration ein solch integraler Bestandteil beim Aufbau eines Clusters ist, bringt der Failovercluster-Manager einen Konfigurationsüberprüfungs-Assistenten mit, der mit einer Reihe von Tests auf den von Ihnen ausgewählten Servern bestimmt, ob sie für eine Mitgliedschaft in einem Cluster infrage kommen. Diese Tests können Sie auch mit dem PowerShell-Cmdlet *Test-Cluster* einleiten. Der Validierungsvorgang generiert einen ausführlichen Bericht, wie ihn Abbildung 5–11 zeigt.

Abb. 5–11   Ein Failovercluster-Prüfbericht

Nachdem die Hardwarekonfiguration des Clusters erfolgreich validiert wurde, können Sie mit dem Bilden des Clusters fortfahren, und zwar entweder mit dem Clustererstellungs-Assistenten oder mit dem Cmdlet *New-Cluster*. Hier geben Sie die Namen der Server an, die Sie als Knoten in den Cluster hinzufügen wollen. Außerdem spezifizieren Sie einen Namen für den Cluster. Unter diesem Namen wird der Cluster im Netzwerk adressiert, wie das folgende Beispiel zeigt:

```
new-cluster -name cluster1
    -node server1,server2
```

Der Cluster ist eine separate Entität mit eigenem Namen und eigener IP-Adresse. Wenn im Netzwerk ein DHCP-Server vorhanden ist, bezieht der Cluster von ihm eine IP-Adresse. Andernfalls müssen Sie dem Cluster eine statische Adresse wie im folgenden Beispiel zuweisen:

```
new-cluster -name cluster1
    -node server1,server2
    -staticaddress 10.0.0.3
```

Der Cluster besitzt auch sein eigenes Computerobjekt in Active Directory, ein sogenanntes Clusternamenobjekt (CNO). Sobald die Anwendung auf den Clusterknoten läuft, richten die Clients ihre Anfragen an den Cluster selbst und nicht an einen individuellen Server.

In diesem Abschnitt geht es um folgende Themen:

- Arbeitsgruppe, Cluster für einfache und mehrere Domänen implementieren
- Quorum konfigurieren
- Clusternetzwerk konfigurieren
- Einzelnen Knoten oder Clusterkonfiguration wiederherstellen
- Clusterspeicher konfigurieren
- Clusterfähiges Aktualisieren implementieren
- Paralleles Upgrade für Clusterbetriebssystem implementieren
- Freigegebene Clustervolumes (Clustered Shared Volumes, CSVs) konfigurieren und optimieren
- Cluster ohne Netzwerknamen konfigurieren
- Dateiserver mit horizontaler Skalierung (Scale-Out File Server, SoFS) implementieren
- Verschiedene Szenarien für die Verwendung von SoFS statt eines gruppierten Dateiservers bestimmen
- Nutzungsszenarien für die Implementierung von Gastclustering bestimmen
- Eine Clusterspeicherplätze-Lösung mit freigegebenen SAS-Speicheranlagen implementieren
- Speicherreplikat implementieren
- Cloudzeugen implementieren
- VM-Resilienz implementieren
- Freigegebenes VHDX als eine Speicherlösung für Gastcluster implementieren

Arbeitsgruppe, Cluster für einfache und mehrere Domänen implementieren

Vor Windows Server 2016 mussten alle Server in einem Failovercluster derselben AD DS-Domäne beitreten. Man bezeichnet das jetzt als *Single-domain Cluster*. Wie bereits weiter vorn erwähnt, erzeugen der Clustererstellungs-Assistent und das Cmdlet *New-Cluster* ein AD DS-Objekt, das standardmäßig den Cluster darstellt.

Seit Windows Server 2016 ist es aber möglich, einen Cluster mit Servern zu erstellen, die verschiedenen Domänen beigetreten sind, was man als *Multi-domain Cluster* bezeichnet, oder mit Servern, die überhaupt keiner Domäne angehören, wobei es sich um einen sogenannten *Arbeitsgruppencluster* handelt.

Failoverclustering stützt sich für verschiedene Dienste auf Active Directory, nicht zuletzt auf einen Dienst, der den Cluster selbst lokalisiert. Ohne Active Directory-Unterstützung muss der

Cluster mithilfe von DNS einen administrativen Zugriffspunkt registrieren, auch als *Clusternetzwerkname* bezeichnet.

Darüber hinaus gibt es bei einigen Anwendungen Active Directory-Probleme, die ihre Ausführung in einem Mehrdomänen- oder Arbeitsgruppencluster verhindern. Microsoft SQL Server funktioniert gut ohne Active Directory, weil es einen eigenen Authentifizierungsmechanismus besitzt. In einem Dateiservercluster ohne Active Directory-Authentifizierung wäre es aber erforderlich, dass Sie auf jedem Knoten im Cluster Benutzerkonten einrichten.

Bevor Sie einen Mehrdomänen- oder Arbeitsgruppencluster erstellen können, müssen Sie erst die folgenden Aufgaben erledigen.

Ein lokales Konto anlegen

In einem Single-domain Cluster kann ein einziges Domänenbenutzerkonto auf alle Knoten zugreifen. Ohne Active Directory ist der Zugriff auf die Knoten in Bezug auf die Clusterkommunikation problematisch. Folglich müssen Sie auf jedem Knoten ein lokales Benutzerkonto mit dem gleichen Benutzernamen und dem gleichen Kennwort anlegen. Dann fügen Sie den Benutzer der lokalen Administratorgruppe hinzu.

Für diesen Zweck können Sie das vordefinierte Konto *Administrator* verwenden, das bereits Mitglied der Gruppe *Administratoren* ist, wenn Sie ihm auf jedem Knoten das gleiche Kennwort zuweisen. Falls Sie aber nicht das Konto *Administrator* verwenden, müssen Sie einen Registrierungsschlüssel namens *LocalAccountTokenFilterPolicy* auf jedem Knoten festlegen. Verwenden Sie hierzu den folgenden Befehl in einer PowerShell-Sitzung mit Administratorrechten:

```
new-itemproperty -path
hklm:\software\microsoft\windows\currentversion\policies\system
    -name localaccounttokenfilterpolicy
    -value 1
```

DNS-Suffixe hinzufügen

Ohne Active Directory muss ein Cluster mithilfe von DNS die Clusterknoten und den Cluster selbst lokalisieren. Demzufolge müssen Sie ein primäres DNS-Suffix angeben, wenn Sie jedem Knoten einen Namen zuweisen, wie Abbildung 5–12 zeigt.

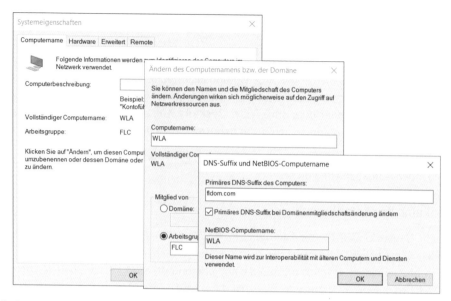

Abb. 5–12 Ein primäres DNS-Suffix zuweisen

Es gibt keinen direkten Weg, das primäre DNS-Suffix per PowerShell zu konfigurieren, doch Sie können hierzu eine Gruppenrichtlinie bearbeiten. Navigieren Sie zum Ordner *Computerkonfiguration\Administrative Vorlagen\Netzwerk\DNS-Client* und aktivieren Sie die Richtlinie *Primäres DNS-Suffix*, wie Abbildung 5–13 zeigt.

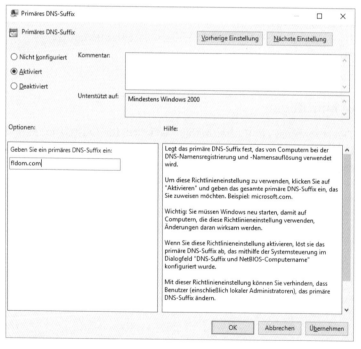

Abb. 5–13 Das Dialogfeld *Primäres DNS-Suffix*

Für einen Multi-domain Cluster müssen Sie die zusätzlichen DNS-Suffixe im Dialogfeld *Erweiterte TCP/IP-Einstellungen* auf jedem Knoten für alle Domänen, die im Cluster repräsentiert werden, konfigurieren (siehe Abbildung 5–14).

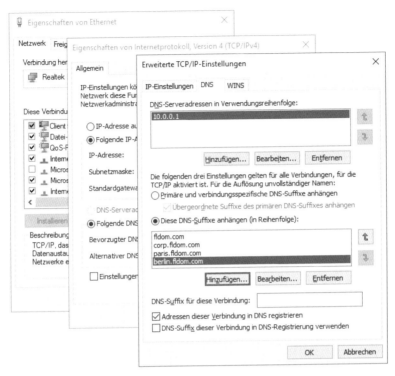

Abb. 5–14   Zusätzliche DNS-Suffixe festlegen

Das Gleiche lässt sich mit dem PowerShell-Cmdlet *Set-DnsClientGlobalSettings* wie im folgenden Beispiel ausführen:

```
set-dnsclientglobalsettings -suffixsearchlist @("adatum.com", "corp.adatum.com",
"paris.adatum.com", "rome.adatum.com")
```

Einen Arbeitsgruppen- oder Mehrdomänencluster erstellen

Nachdem Sie diese Einstellungen festgelegt haben, können Sie mit dem Erstellen des Clusters fortfahren. In PowerShell verwenden Sie das Cmdlet *New-Cluster*, genau wie für einen Einzeldomänencluster, wobei Sie aber den Parameter *AdministrativeAccessPoint* mit dem Wert *DNS* angeben müssen. Zum Beispiel:

```
new-cluster –name cluster1
    -node server1,server2,server3
    -administrativeaccesspoint dns
```

Der Parameter *AdministrativeAccessPoint* veranlasst das Cmdlet, einen DNS-Namen für den Cluster zu verwenden, und verhindert, dass es in Active Directory ein Computerobjekt anlegt. Den Cluster können Sie auch mit dem Failovercluster-Manager erstellen, wenn der verwendete Computer keiner AD DS-Domäne beigetreten ist.

Quorum konfigurieren

Im Failoverclustering soll *Quorum* verhindern, dass ein Cluster in zwei Cluster geteilt wird und beide Hälften weiterhin ausgeführt werden – eine sogenannte *Split-Brain*-Situation. Wenn zum Beispiel ein Netzwerkfehler dazu führt, dass ein Sechs-Knoten-Cluster in zwei Drei-Knoten-Cluster zerfällt, könnten beide weiterhin funktionieren, wäre da nicht Quorum. Falls der Cluster eine Datenbankanwendung ausführt, hieße das, dass es zwei getrennte Kopien der Datenbank gibt. Verschiedene Gruppen von Clients greifen gleichzeitig auf die eine oder andere Datenbank zu und aktualisieren die Daten. Für die Datenintegrität in der Datenbank wäre das katastrophal.

Quorum versieht jeden Knoten im Cluster mit einer Stimme und in vielen Fällen gibt es einen Zeugendatenträger, der eine weitere Stimme hinzufügt, um bei einem möglichen Gleichstand zu entscheiden. Alle Knoten überwachen die kontinuierlichen Votings der anderen Knoten und des Zeugen. Wenn ein Knoten erkennt, dass die Gesamtzahl der Stimmen unter 50 Prozent plus 1 fällt, entfernt er sich selbst aus dem Cluster. Im oben angeführten Beispiel des halbierten Sechs-Knoten-Clusters sehen alle Knoten, dass die Stimmenanzahl von 6 auf 3 fällt. Weil 3 kleiner als 50 Prozent plus 1 ist, entfernen sich alle Knoten selbst, das heißt, beide Hälften des Clusters fahren herunter.

Wenn es irgendwo in diesem Cluster einen Zeugendatenträger gibt, hat diejenige Hälfte, die den Zeugendatenträger kontaktieren kann, eine Gesamtstimmenanzahl von 4, was 50 Prozent plus 1 des ursprünglichen Clusters ausmacht. Demzufolge funktioniert die Hälfte mit dem Zeugendatenträger weiterhin, während sich die Knoten in der anderen Hälfte mit einer Gesamtzahl von 3 Stimmen selbst entfernen.

Quorumzeugen

Wenn Sie einen Failovercluster erstellen, erzeugt der Clustererstellungs-Assistent oder das Cmdlet *New-Cluster* eine Quorumkonfiguration, die auf der Anzahl der Knoten und der verfügbaren Speicherressourcen basiert und somit – in den meisten Fällen – für den Cluster geeignet ist. Standardmäßig erhält jeder Knoten eine Stimme und bei einer geraden Anzahl von Knoten versucht der Assistent oder das Cmdlet, einen Zeugen zu erstellen, der einen Gleichstand beseitigt. Wie die Knoten erhält der Zeuge eine Stimme.

Ein Zeuge ist eine Ressource, die allein durch ihre Anwesenheit eine Stimme für die Fortsetzung des Clusterbetriebs abgibt. In Windows Server 2016 unterstützt Failoverclustering die folgenden drei Arten von Zeugen:

- **Datenträgerzeuge** Ein dedizierter Datenträger im gemeinsamen Speicher des Clusters, der eine Kopie der Clusterdatenbank enthält. Dies ist die typische Option für einen Cluster, der sich an einem einzelnen Standort befindet.

- **Dateifreigabenzeuge** Eine SMB-Dateifreigabe auf einem Windows-Server mit einer Datei *Witness.log*, die Informationen über den Cluster enthält. Dies ist die typische Option für Cluster, die auf mehrere Standorte mit replizierter Speicherung aufgeteilt sind.

- **Cloudzeuge** Ein Blob, der in der Cloud mithilfe der regulären Microsoft Azure-Dienste gespeichert wird. Diese neue Option in Windows Server 2016 ist dafür vorgesehen, Cluster auf mehrere Datencenter an Remotestandorten aufzuteilen, wobei ein Zeuge verwaltet wird, der unabhängig von allen Datencentern ist.

Dynamische Quorumverwaltung

Die Quorumstandardkonfiguration in Windows Server 2016 beinhaltet auch eine *dynamische Quorumverwaltung*. Dieses Feature soll den Betrieb eines Clusters in Situationen aufrechterhalten, wo er in älteren Versionen des Features *Failoverclustering* angehalten worden wäre.

Wenn ein Knoten den Cluster verlässt, entfernt die dynamische Quorumverwaltung automatisch dessen Stimme, sodass die Funktionalität des Clusters auf dem Quorum der verbleibenden Stimmen basiert. Wenn zum Beispiel in einem Fünf-Knoten-Cluster ohne dynamische Quorumverwaltung drei Knoten ausfallen, fällt die Quorumstimme auf zwei von fünf und die verbleibenden zwei Knoten entfernen sich selbst – der Cluster fährt herunter. Im selben Cluster mit dynamischer Quorumverwaltung wird die Stimme jedes ausfallenden Knotens automatisch aus der »Strichliste« entfernt, was eine Quorumabstimmung von zwei aus zwei ergibt und der Cluster weiterhin funktioniert. Demzufolge kann dieses Feature die Funktion eines Clusters ermöglichen, selbst wenn alle außer einem Knoten ausgefallen sind.

Die Quorumkonfiguration ändern

Normalerweise ist die Quorumkonfiguration, die der Clustererstellungs-Assistent oder das Cmdlet *New-Cluster* einrichtet, für den Cluster geeignet und erfordert keine Anpassung. Allerdings können Sie mit dem Assistenten zum Konfigurieren des Clusterquorums oder dem Cmdlet *Set-ClusterQuorum* in Windows PowerShell die Quorumkonfiguration anpassen. So können Sie einen Zeugen hinzufügen oder ändern und festlegen, welche Knoten Stimmen im Quorum erhalten sollen.

Um den Assistenten zum Konfigurieren des Clusterquorums auszuführen, markieren Sie im Failovercluster-Manager den Cluster und im Bereich *Aktionen* wählen Sie *Weitere Aktionen/Clusterquorumeinstellungen konfigurieren*. Auf der Seite *Quorumkonfigurationsoption auswählen* (siehe Abbildung 5–15) finden Sie die folgenden Optionen.

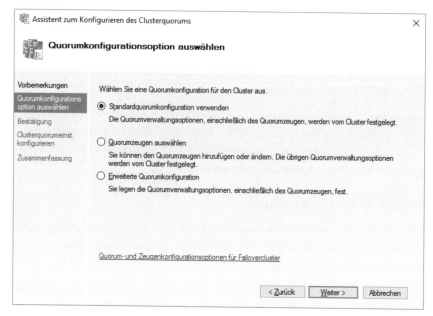

Abb. 5–15   Die Seite *Quorumkonfigurationsoption auswählen* im Assistenten zum Konfigurieren des Clusterquorums

- **Standardquorumkonfiguration verwenden**   Ermöglicht dem Assistenten, eine geeignete Quorumkonfiguration für den Cluster ohne manuelles Eingreifen zu konfigurieren.

- **Quorumzeugen auswählen**   Bei dieser Option können Sie einen Zeugen hinzufügen, falls noch keiner existiert, einen vorhandenen Zeugen entfernen und den Typ und den Standort des Zeugen angeben, den das Quorum verwenden soll (siehe Abbildung 5–16).

Abb. 5–16   Die Seite *Quorumzeuge auswählen* im Assistenten zum Konfigurieren des Clusterquorums

Erweiterte Quorumkonfiguration   Hier können Sie angeben, welche Knoten über Stimmen im Quorum verfügen sollen (siehe Abbildung 5–17). Außerdem werden die gleichen Zeugeneinstellungen wie bei der Option *Quorumzeugen auswählen* konfiguriert.

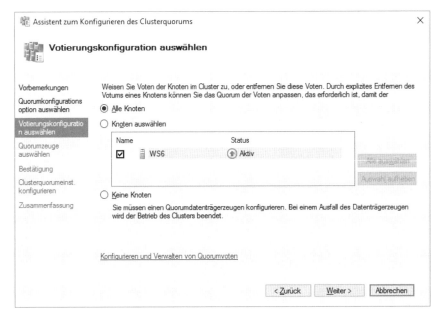

Abb. 5–17   Die Seite *Votierungskonfiguration auswählen* im Assistenten zum Konfigurieren des Clusterquorums

Die folgenden Befehle zeigen, wie Sie die Quorumkonfiguration mit Windows PowerShell einrichten.

Der erste Befehl legt das Quorum so fest, dass eine Knotenmehrheit ohne Zeugen verwendet wird:

```
set-clusterquorum -cluster cluster1
   -nodemajority
```

Beim nächsten Befehl verwendet das Quorum die Stimmen von jedem Knoten und von einem Datenträgerzeugen:

```
set-clusterquorum -cluster cluster1
   -nodeanddiskmajority "cluster disk 1"
```

Dieser Befehl konfiguriert einen Clusterknoten so, dass er keine Quorumstimme erhält:

```
(get-clusternode clusternode1).nodeweight=0
```

> **HINWEIS** Cluster-Cmdlets ausführen
>
> Viele PowerShell-Cmdlets im Failoverclustermodul für Windows PowerShell funktionieren von einem Remotestandort aus nicht ordnungsgemäß. Nach Möglichkeit sollten Sie versuchen, die Cmdlets auf einem Clusterknoten auszuführen.

Einen Zeugen konfigurieren

In den meisten Fällen erzeugt Failoverclustering einen Zeugen, wenn der Cluster aus einer geraden Anzahl von Knoten besteht. In einem Cluster kann es nur einen Zeugen geben und es wird empfohlen, keinen Zeugen zu erstellen, wenn dies zu einer geraden Anzahl von Stimmen im Quorum führen würde.

Haben alle Knoten in einem Cluster Zugriff auf denselben freigegebenen Speicher, ist ein Datenträgerzeuge die empfohlene Konfiguration. Im Assistenten zum Konfigurieren des Clusterquorums können Sie auf der Seite *Speicherzeugen konfigurieren* (siehe Abbildung 5–18) den Datenträger auswählen, der als Zeuge fungieren soll. Da der Zeugendatenträger nur eine geringe Datenmenge aufnehmen muss, sollten Sie für diesen Zweck einen NTFS-Datenträger mit der minimalen Größe von 512 MB erstellen.

Die Optionen, um einen Dateifreigabenzeugen oder einen Cloudzeugen zu erstellen, sind ähnlich. Hierbei können Sie den Standort für den Zeugen sowie – im Fall eines Cloudzeugen – den Namen und Schlüssel für Ihr Azure-Speicherkonto angeben.

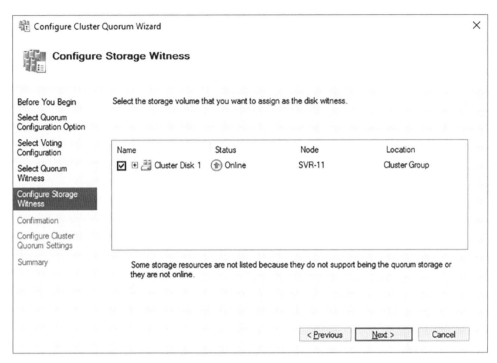

Abb. 5–18 Die Seite *Speicherzeugen konfigurieren* im Assistenten zum Konfigurieren des Clusterquorums

Quorumabstimmung ändern

In den meisten Fällen sollte jeder Knoten im Cluster eine Stimme haben. Es ist möglich, einen Cluster ohne Stimmenknoten und nur mit einer Zeugenstimme zu konfigurieren. Auf den ersten Blick scheint diese Option praktikabel zu sein. Wenn ein Knoten verfügbar ist, der auf den Speicher Zugriff hat, kann der Cluster ausgeführt werden. Allerdings wird der Zeuge in dieser Konfiguration zu einem einzelnen Fehlerpunkt (Single Point of Failure, SPOF). Sobald der Zeuge nicht mehr zugänglich ist, fährt der Cluster herunter, selbst wenn alle Knoten und die übrige Speicherung funktionsfähig sind.

Es gibt Situationen, in denen Sie bestimmten Knoten im Cluster die Stimme entziehen wollen. Nehmen Sie zum Beispiel an, Sie haben Clusterknoten an einem Remotestandort, die dort ausschließlich als Backup für manuelles Failover im Notfall stehen. Deren Stimmen können Sie zurückziehen, sodass diese Knoten nicht mehr in die Quorumberechnungen eingehen.

> **HINWEIS Knoten, die keine Stimmen beitragen**
>
> Ob ein Knoten eine Quorumstimme hat, steht in keinem Zusammenhang mit seiner Funktionalität im Cluster. Knoten, die am Quorum nicht teilnehmen, sind im Cluster dennoch vollständig aktiv.

Clusternetzwerk konfigurieren

Die Netzwerkverbindungen sind entscheidend, um die hohe Verfügbarkeit eines Failoverclusters zu gewährleisten. Trennt man den Datenverkehr auf zwei verschiedene Netzwerke auf und sieht redundante Verbindungen an allen Punkten im Netzwerk vor, lässt sich die ständige Funktionalität des Clusters sicherstellen.

Je nach der Rolle, die dem Cluster zufällt, werden Sie separate Netzwerke für die folgenden Arten von Datenverkehr einrichten:

- **Clientkommunikation** Der Clientzugriff auf die Anwendung, die auf dem Cluster läuft, hat die höchste Priorität. Dies ist üblicherweise das standardmäßige gemeinsame Netzwerk, das für andere Client/Server-Kommunikationen verwendet wird, doch nach Möglichkeit sollten die anderen hier aufgelisteten Arten des Datenverkehrs von diesem Netzwerk ferngehalten werden.

- **Clusterkommunikation** Die Taktung und andere Kommunikationen zwischen Clusterknoten sind wichtig für das kontinuierliche Funktionieren der Cluster.

- **iSCSI** iSCSI und andere SAN-Übertragungen sollten von allen anderen Arten des Netzwerkverkehrs getrennt werden.

- **Livemigration** Auf einem Hyper-Cluster ist Livemigration entscheidend für das kontinuierliche Funktionieren der virtuellen Computer und die Netzwerkleistung ist wichtig, damit Livemigration effizient ablaufen kann.

Die Netzwerkhardware auswählen

Die Netzwerkhardware sollte möglichst viel Redundanz bieten, um Single Points of Failure zu vermeiden. Hier einige Empfehlungen zur Hardwarebeschaffung:

- Verwenden Sie separate Netzwerkadapter und keine Adapter mit mehreren Schnittstellen. So vermeiden Sie, dass die Adapterkarte zu einem Single Point of Failure wird.

- Verwenden Sie nach Möglichkeit verschiedene Marken von Netzwerkadaptern, um Treiberprobleme zu vermeiden, die sich auf mehrere Adapter auswirken.

- Verwenden Sie separate physische Switches, anstatt VLANs auf einem einzelnen großen Switch zu konfigurieren. So vermeiden Sie, dass der Switch zu einem Single Point of Failure wird.

- Richten Sie nach Möglichkeit redundante Netzwerkverbindungen ein, insbesondere im Netzwerk für die Clientkommunikation.

- Bei Netzwerken ohne redundante Verbindungen, wie zum Beispiel für Clusterkommunikation und Livemigration, sollten Sie den NIC-Teamvorgang nutzen, um Failoverfunktionen beim Versagen eines Netzwerkadapters zu realisieren.

Standardeinstellungen des Netzwerks ändern

Wenn Sie einen Cluster erstellen, bewertet das System jedes der angeschlossenen Netzwerke und weist ihnen Verkehrsrollen nach den folgenden Kriterien zu:

- Jedes Netzwerk, das iSCSI-Verkehr überträgt, wird für jegliche Clusterkommunikation deaktiviert.
- Netzwerke ohne Adresse für ein Standardgateway werden nur für Clusterkommunikation konfiguriert.
- Netzwerke mit einer Adresse für ein Standardgateway werden sowohl für Client- als auch für Clusterkommunikation konfiguriert.

Die aktuellen Status der erkannten Netzwerke sehen Sie im Failovercluster-Manager auf der Seite *Netzwerke* (siehe Abbildung 5–19) oder in der Ausgabe des PowerShell-Cmdlets *Get-ClusterNetwork*.

Abb. 5–19   Die Seite *Netzwerke* im Failovercluster-Manager

Die mit dem Cluster eingerichteten Standardnetzwerkeinstellungen lassen sich mit dem Failovercluster-Manager oder mit dem PowerShell-Cmdlet *Get-ClusterNetwork* ändern. Im Failovercluster-Manager konfigurieren Sie das Netzwerk in folgenden Schritten:

1. Öffnen Sie den Failovercluster-Manager und navigieren Sie zur Seite *Netzwerke*.
2. Markieren Sie ein Netzwerk und klicken Sie im Bereich *Aktionen* auf *Eigenschaften*.
3. Auf dem Eigenschaftenblatt (siehe Abbildung 5–20) wählen Sie eine der folgenden Optionen aus:

    - **Netzwerkkommunikation für Cluster in diesem Netzwerk zulassen**   Diese Option erlaubt es, das Netzwerk nur für Clusterkommunikation zu verwenden.
    - **Clients das Herstellen einer Verbindung über dieses Netzwerk gestatten**   Lässt zu, dass das Netzwerk sowohl für Clientkommunikation als auch für Clusterkommunikation verwendet wird.
    - **Netzwerkkommunikation für Cluster in diesem Netzwerk nicht zulassen**   Verhindert, dass das Netzwerk für irgendeine andere Clusterkommunikation verwendet wird.

4. Klicken Sie auf *OK*.

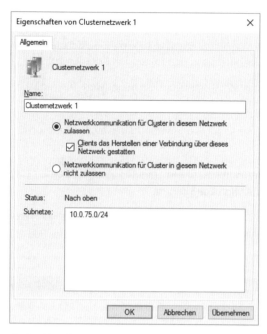

Abb. 5–20 Das Eigenschaftenblatt für ein Netzwerk

In Windows PowerShell konfigurieren Sie diese Einstellungen mit dem Cmdlet *Get-ClusterNetwork* wie im folgenden Beispiel:

```
(get-clusternetwork "network1").role =1
```

Die Eigenschaft *Role* kann folgende Werte annehmen:

- 0 Deaktiviert für Clusterkommunikation
- 1 Nur für Clusterkommunikation aktiviert
- 3 Für Client- und Clusterkommunikation aktiviert

> *HINWEIS* **Cmdlets für Failovercluster**
>
> In vielen Fällen sind die Cmdlets im Failoverclustermodul von Windows PowerShell nicht so intuitiv einsetzbar wie die Cmdlets in anderen Modulen. Selbst erfahrene PowerShell-Benutzer finden es bequemer, für viele Konfigurationsaufgaben mit Failovercluster-Manager zu arbeiten.

Einzelne Knoten oder Clusterkonfiguration wiederherstellen

Auch wenn Failovercluster eine Fehlertoleranz bieten, kommen Sie nicht ohne eine Sicherung Ihrer Server aus. Egal, welche gemeinsame Speicherlösung Sie für einen Failovercluster einsetzen, Sie sollten eine Sicherungsstrategie in petto haben, selbst wenn dabei gespiegelte oder paritätsbasierte Datenredundanz eingeschlossen ist. Das andere Problem in Bezug auf Sicherungen ist jedoch die Clusterkonfiguration an sich.

Windows Server-Sicherung ist darauf beschränkt, Sicherungen von freigegebenen Clustervolumes (Cluster Shared Volumes, CSVs) als Bestandteil des Server-Backups durchzuführen, kann aber die Clusterdatenbank nicht sichern (siehe Abbildung 5–21).

Abb. 5–21 Die Liste *Wiederherstellbare Elemente* für einen Windows Server-Sicherungsauftrag

Die Clusterdatenbank ist auf jedem Knoten eines Clusters gespeichert und wenn ein Datenträgerzeuge existiert, auch auf diesem. Der auf jedem Knoten ausgeführte Clusterdienst muss erkennen, ob die neueste Version der Clusterdatenbank auf jeden Knoten repliziert wird. Wenn Sie eine Wiederherstellung von einer Sicherung auf einem Clusterknoten planen, müssen Sie berücksichtigen, ob Sie eine autoritative Wiederherstellung der Clusterdatenbank durchführen wollen.

Eine der wahrscheinlicheren Notfallsituationen für eine Failovercluster-Umgebung ist der Verlust eines einzelnen Knotens. Wenn ein Knoten ausfällt und der Rest des Clusters weiterläuft, können Sie diesen Knoten höchstwahrscheinlich aus einem Backup vollständig wiederherstellen. Die Version der Clusterdatenbank im Backup wird veraltet sein und der Clusterdienst wird sie durch die neueste Version überschreiben, sobald der Knoten wieder als Teil des Clusters auftaucht. Dies ist eine sogenannte *nicht autoritative Sicherung*.

Eine andere Situation liegt vor, wenn Sie eine autoritative Wiederherstellung der Clusterdatenbank durchführen wollen, das heißt, der Cluster soll die Version der Datenbank aus dem Backup verwenden und nicht diejenige, die er momentan verwendet. Um dies mit Windows Server-Sicherung zu bewerkstelligen, müssen Sie die Wiederherstellung von der Eingabeaufforderung mit dem Programm *Wbadmin.exe* durchführen. Die grafische Benutzeroberfläche kommt hierfür nicht infrage.

Wenn Sie den folgenden *Wbadmin*-Befehl ausführen, zeigt er die Backups an, die für eine Wiederherstellung verfügbar sind. Das Ergebnis ist in Abbildung 5–22 zu sehen.

```
wbadmin get versions
```

```
PS C:\Users\Administrator> wbadmin get versions
wbadmin 1.0 - Sicherungs-Befehlszeilentool
(C) Copyright 2013 Microsoft Corporation. Alle Rechte vorbehalten.

Sicherungszeit: 01.12.2017 03:36
Sicherungsziel: 1394/USB-Datenträger, Beschriftung N:
Versions-ID: 12/01/2017-02:36
Wiederherstellbar: Volume(s), Datei(en), Anwendung(en), Bare-Metal-Recovery, Systemstatus
Snapshot-ID: {2acc36e4-db48-4525-8d9f-6f7deef28e44}

PS C:\Users\Administrator>
```

Abb. 5–22 Ergebnisse des Befehls *Wbadmin get versions*

Mit der in der Auflistung angegebenen ID können Sie nun den wiederherzustellenden Inhalt im Backup – einschließlich der Clusterdatenbank – mit einem Befehl wie dem folgenden anzeigen:

```
wbadmin get items -version:12/01/2017-02:36
```

In Abbildung 5–23 sehen Sie die Ergebnisse.

```
PS C:\Users\Administrator> wbadmin get items -version:12/01/2017-02:36
wbadmin 1.0 - Sicherungs-Befehlszeilentool
(C) Copyright 2013 Microsoft Corporation. Alle Rechte vorbehalten.

EFI-Systempartition
Volume-ID = {19e0b39b-54da-4d41-bdb6-45922edf71a4}
Volume "", bereitgestellt auf "C:"
Volumegröße = 146.38 GB
Wiederherstellung möglich = Vollständiges Volume

Volume-ID = {87056948-f579-49ec-a968-02b84cffacb4}
Volume "Data", bereitgestellt auf "D:"
Volumegröße = 443.79 GB
Wiederherstellung möglich = Vollständiges Volume

Anwendung = FRS
Komponente = 76BD7462-1C7D-4A35-8526-F06393C448A9-0FD6406F-9913-4C4C-832A-0DF75993ABC5 (SYSVOL\76BD7462-1C7D-4A35-8526-F
06393C448A9-0FD6406F-9913-4C4C-832A-0DF75993ABC5)

Anwendung = Cluster
Komponente = Cluster Database (\Cluster Database)

Anwendung = AD
Komponente = ntds (C:_Windows_NTDS\ntds)

Anwendung = Registry
Komponente = Registry (\Registry)

Anwendung = HyperV
Name des virtuellen Computers: VC2
Beschreibung des virtuellen Computers: Offline\VC2
ID des virtuellen Computers: 44A4D87F-3334-49C6-AE07-6C94C0AB3A5D
Gesamtgröße: 14.04 GB

Anwendung = HyperV
Name des virtuellen Computers: VC1
Beschreibung des virtuellen Computers: Offline\VC1
ID des virtuellen Computers: 780615C1-BCF0-4F71-95ED-B5D13F3F1FF0
Gesamtgröße: 10.66 GB

Anwendung = HyperV
Name des virtuellen Computers: VC3
Beschreibung des virtuellen Computers: Offline\VC3
ID des virtuellen Computers: F215451E-0B89-4EE0-A549-B412A8004952
Gesamtgröße: 226.19 KB

Anwendung = HyperV
Name des virtuellen Computers: Host Component
Beschreibung des virtuellen Computers: Host Component
ID des virtuellen Computers: Host Component
Gesamtgröße: 392.56 KB

PS C:\Users\Administrator>
```

Abb. 5–23 Ergebnisse des Befehls *Wbadmin get items*

Die autoritative Wiederherstellung führen Sie mit einem Befehl wie dem folgenden durch:

```
wbadmin start recovery -itemtype:app
    -items:cluster
    -version:12/01/2017-02:36
```

Wie die Ergebnisse (siehe Abbildung 5–24) zeigen, wurde die Datenbank erfolgreich wiederhergestellt. Außerdem erhalten Sie die Aufforderung, den Clusterdienst neu zu starten.

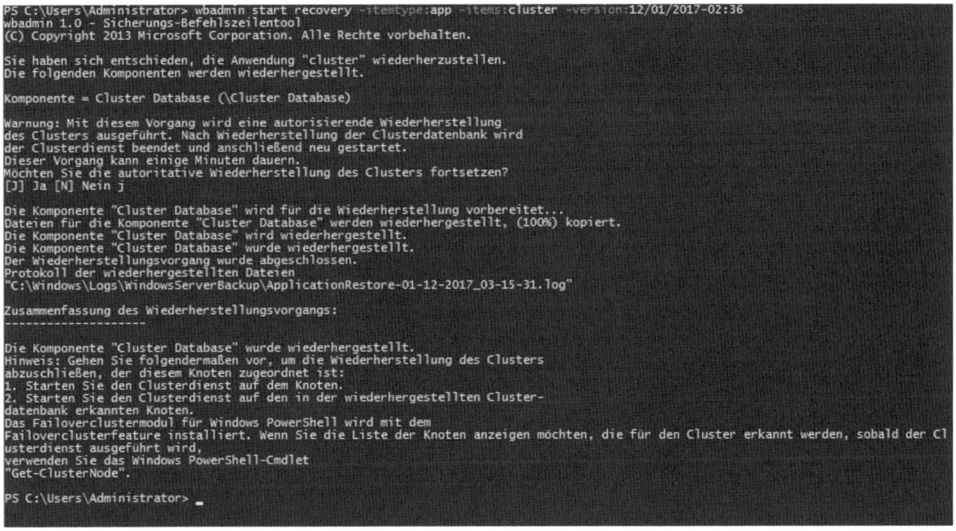

Abb. 5–24   Ergebnisse des Befehls *Wbadmin start recovery*

Den Clusterdienst können Sie auf den anderen Knoten remote starten, indem Sie im Failovercluster-Manager die Knoten markieren und im Bereich *Aktionen* auf *Weitere Aktionen/Clusterdienst starten* klicken.

Clusterspeicher konfigurieren

Wenn ein Failovercluster eine hochverfügbare Anwendung hostet, müssen sämtliche Knoten auf die Anwendungsdaten zugreifen können. Demzufolge muss der Cluster irgendeine Form von freigegebenem Speicher implementieren. Freigegebener Speicher ist eine Voraussetzung für das Feature *Failoverclustering* in Windows Server 2016. Bevor Sie dem Cluster Speicher hinzufügen können, müssen Sie gewährleisten, dass alle Server, die zu Clusterknoten werden, auf den Speicher Zugriff haben, der die Anwendungsdaten enthält.

Windows Server 2016 unterstützt unter anderem folgende Techniken für freigegebenen Speicher:

- **Fibre Channel**   Als eines der ersten SAN-Protokolle ist Fibre Channel ein dediziertes optisches Netzwerk, das zur Zeit seiner Einführung mit hoher Geschwindigkeit gelaufen ist, aber spezielle Geräte und Fachkenntnis verlangt, was beides recht teuer ist. Heute gibt es eine Fibre Channel-Variante, die auf dem standardmäßigen Ethernet aufsetzt (Fibre Channel over Ethernet, FCoE) und preiswerter ist, doch immer noch zum esoterischen High-End-Bereich der SAN-Technologien gehört.

- **Serial Attached SCSI (SAS)** SCSI (Small Computer System Interface) ist ein busbasiertes Speichergeräteprotokoll, das in seiner parallelen Version der Industriestandard für hochleistungsfähige lokale Speicherung gewesen ist. Die SAS-Variante arbeitet mit serieller Kommunikation, um die maximale Länge des Busses zu erhöhen, während die Kabel und Steckverbinder kleiner als bei den ursprünglichen parallelen Geräten sind.

- **Internet SCSI (iSCSI)** Diese Variante des SCSI-Protokolls überträgt die gleiche SCSI-Befehlssprache über ein standardmäßiges IP-Netzwerk. Wie bei SAS designiert iSCSI Speichergeräte als Ziele und die Server und die anderen Geräte, die auf den Speicher zugreifen, als Initiatoren. Da ein Server unter Windows Server 2016 sowohl als iSCSI-Ziel als auch als Initiator fungieren kann, lässt sich ein iSCSI-SAN vollständig in Software implementieren.

Die obigen Technologien sind nach fallenden Kosten angeordnet. Derzeit sind iSCSI-SANs für wenig mehr als die Kosten eines einfachen Festplattenarrays realisierbar. Während bestimmte High-End-Speichereinrichtungen verschiedene Stufen von Intelligenz, Fehlertoleranz und Hochverfügbarkeit beinhalten, gibt es auch preisgünstige Speicherarrays, JBOD[1] genannt, die kaum aus mehr als einigen Standardfestplattenlaufwerken in einem Gehäuse mit einer gemeinsamen Stromversorgung bestehen.

PRÜFUNGSTIPP

Mit Hyper-V und iSCSI lässt sich auf einem einzelnen physischen Server ein Failovercluster implementieren, der für Auswertungen, Testzwecke und Schulungen geeignet ist. Das Leistungsniveau des Clusters ist eher als äußerst begrenzt einzuordnen, doch können Sie mit einer derartigen Anordnung immerhin das Failoverclustering-Feature von Windows Server 2016 untersuchen.

Nachdem Sie den Cluster gebildet haben, sollten alle geeigneten Datenträger im Failovercluster-Manager erscheinen, wenn Sie auf der Seite *Speicher/Datenträger* auf *Datenträger hinzufügen* klicken (siehe Abbildung 5–25). Haben Sie eine Festplatte hinzugefügt, wird sie als *Verfügbarer Speicher* gekennzeichnet.

Alternativ können Sie den Speicher auf den Festplatten verwenden, um einen Cluster-Speicherpool zu erstellen. Dabei gehen Sie fast genauso vor wie beim Erstellen eines Pools mithilfe von »Speicherplätze« auf einem einzelnen Windows-Server, außer dass der Speicher für alle Knoten im Cluster freigegeben wird.

---

1. JBOD – Just a Bunch of Disks, nur ein Haufen Festplatten

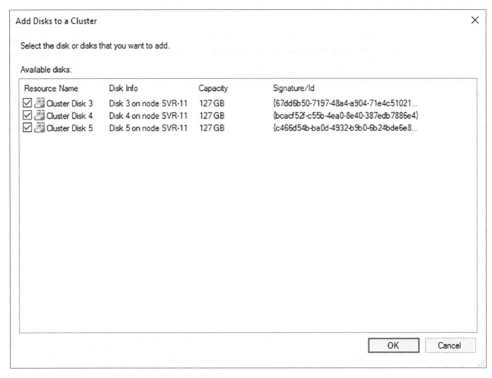

Abb. 5–25   Das Dialogfeld *Datenträger hinzufügen* im Failovercluster-Manager

Ein Cluster-Speicherpool benötigt mindestens drei Festplatten mit einer Kapazität von wenigstens 4 GB, die mit allen Clusterknoten über SAS oder iSCSI verbunden sind. Um einen Cluster-Speicherpool zu erstellen, führen Sie die folgenden Schritte aus:

1. Navigieren Sie im Failovercluster-Manager zur Seite *Speicher/Pools* und klicken Sie im Bereich *Aktionen* auf *Neuer Speicherpool*, um den Assistenten für neue Speicherpools zu starten.

2. Auf der Seite *Name und Subsystem für Speicherpool angeben* tragen Sie einen Namen für den Pool ein und wählen den ursprünglichen Pool mit den Datenträgern aus, die Sie verwenden möchten.

3. Auf der Seite *Physische Laufwerke für den Speicherpool auswählen* wählen Sie die Datenträger aus, die Sie dem Pool hinzufügen möchten, und legen ihre Zuordnung als *Automatisch*, *Hot-Spare* oder *Manuell* fest (siehe Abbildung 5–26).

4. Klicken Sie auf *Erstellen*.

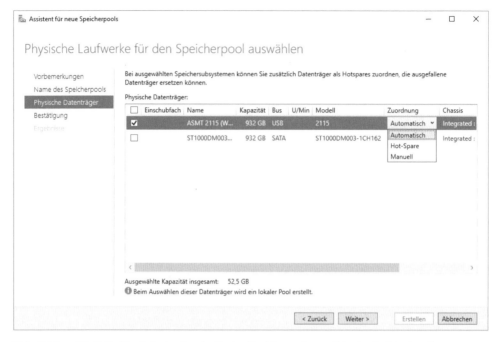

Abb. 5–26 Die Seite *Physische Laufwerke für den Speicherpool auswählen* im Assistenten für neue Speicherpools

Clusterfähiges Aktualisieren implementieren

Eine der wichtigen Voraussetzungen für Failoverclustering in Windows Server 2016 ist, dass alle potenziellen Clusterknoten die gleiche Version des Betriebssystems ausführen und auf alle dieselben Updates angewendet werden. Der Konfigurationsüberprüfungs-Assistent löst Warnungen aus, wenn er feststellt, dass die überprüften Server nicht identisch aktualisiert sind. Was tun Sie dann, um Ihre Knoten auf dem neuesten Stand zu halten, nachdem der Cluster betriebsbereit ist? *Clusterfähiges Aktualisieren* (Cluster-Aware Updating, CAU) ist ein Tool, das mit Failoverclustering bereitgestellt wird und Clusterknoten systematisch bei minimalen Ausfallzeiten aktualisieren kann. CAU wendet Updates auf einen Cluster im Roundrobin-Verfahren – Updateausführung genannt – in folgenden Schritten an:

1. Wählt einen zu aktualisierenden Knoten aus.
2. Verschiebt alle vorhandenen Rollen vom ausgewählten Knoten weg zu anderen Knoten im Cluster, und zwar per Livemigration oder mit anderen Techniken, die Clientdienste möglichst wenig unterbrechen.
3. Setzt den ausgewählten Knoten in den Knotenwartungsmodus.
4. Installiert die erforderlichen Updates auf dem ausgewählten Knoten und startet ihn bei Bedarf neu.
5. Nimmt den ausgewählten Knoten aus dem Wartungsmodus heraus.
6. Geht über zum nächsten Knoten im Cluster und wiederholt den Ablauf.

Auf diese Weise wird ein Knoten nach dem anderen vorübergehend außer Dienst gestellt, bis auf den gesamten Cluster dieselben Updates angewendet wurden.

CAU setzt einen Computer voraus, der als Updatecoordinator fungiert und die Aktualisierungsaktivitäten für den Cluster steuert. Die Frage, welcher Computer diese Funktion wahrnimmt, unterscheidet in erster Linie die beiden Betriebsmodi von CAU:

- **Selbstaktualisierungsmodus** In diesem Modus ist auf einem der Clusterknoten die CAU-Clusterrolle installiert, sodass dieser Knoten als Updatecoordinator arbeiten kann. Der Updatecoordinator-Knoten führt Updateausführungen entsprechend einem Zeitplan durch, den ein Administrator konfiguriert hat. Die Updates werden auf den anderen Knoten nacheinander ausgelöst. Wenn alle anderen Knoten aktualisiert wurden, geht die CAU-Rolle auf dem Updatecoordinator per Failover zu einem anderen Knoten über, der somit die Updatecoordinator-Rolle annehmen kann. Dann kann der ursprüngliche Coordinator selbst aktualisiert werden. In diesem Modus läuft der gesamte Vorgang automatisch ab.

- **Remoteaktualisierungsmodus** In diesem Modus wird ein Computer außerhalb des Clusters als Updatecoordinator konfiguriert. Von diesem Computer aus löst ein Administrator manuell eine Updateausführung auf dem Cluster aus. Der Updatecoordinator-Computer selbst wird nicht aktualisiert und der Vorgang lässt sich auch nicht automatisieren.

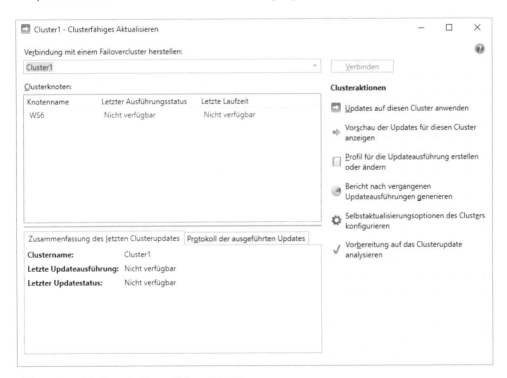

Abb. 5–27 Die Konsole *Clusterfähiges Aktualisieren*

Um CAU im Selbstaktualisierungsmodus zu verwenden, muss jeder Knoten im Cluster die Failoverclustering-Tools installiert haben. Die Tools werden standardmäßig installiert, wenn Sie per Server-Manager das Feature *Failoverclustering* hinzufügen. Wenn Sie aber das Feature mit PowerShell installieren, müssen Sie im Befehl *Install-WindowsFeature* den Parameter *IncludeManagementTools* angeben.

Für den Remote-Aktualisierungsmodus müssen auf dem Updatecoordinator die Failoverclustering-Tools installiert sein, wobei aber das Feature *Failoverclustering* nicht erforderlich ist. Die eigentlichen Tools finden sich unter *Remoteserver-Verwaltungstools* im Assistenten zum Hinzufügen von Rollen und Features. In Windows PowerShell sind sie unter RSAT-Clustering bekannt.

Zu den CAU-Tools gehören eine Konsole *Clusterfähiges Aktualisieren* (siehe Abbildung 5–27) und ein Modul *ClusterAwareUpdating* für Windows PowerShell, das Cmdlets für die Verwaltung des Dienstes enthält.

Für die Verwendung von CAU gibt es noch andere Voraussetzungen, die aber in einem ordnungsgemäß installierten Windows Server 2016-Failovercluster meistens erfüllt sind. Wenn Sie in der Liste *Clusteraktionen* der Konsole auf *Vorbereitung auf das Clusterupdate analysieren* klicken oder in PowerShell das Cmdlet *Test-CauSetup* auf einem Clusterknoten ausführen, laufen verschiedene Tests ab, die die Bereitschaft für den gesamten Cluster bewerten (siehe Abbildung 5–28).

Abb. 5–28   Ergebnisse der Vorbereitung auf das Clusterupdate

Um den Selbstaktualisierungsmodus zu verwenden, wenn der Cluster alle Voraussetzungen erfüllt, installieren Sie die CAU-Clusterrolle. Klicken Sie dazu in der Konsole auf *Selbstaktualisierungsoptionen des Clusters konfigurieren*. Daraufhin startet der Assistent zum Konfigurieren der Selbstaktualisierungsoptionen, in dem Sie die CAU-Clusterrolle hinzufügen und einen Zeitplan für die Selbstaktualisierung festlegen (siehe Abbildung 5–29). Auch erweiterte Optionen wie die maximale Anzahl zulässiger Wiederholungsversuche pro Knoten und die Reihenfolge, in der die Knoten aktualisiert werden sollen, lassen sich konfigurieren. Diese Einstellungen können Sie auch in PowerShell mit dem Cmdlet *Add-CauClusterRole* wie im folgenden Beispiel festlegen:

```
add-cauclusterrole -clustername "cluster1"
    -daysofweek sunday -weeksinterval 3
    -maxretriespernode
    -nodeorder node2, node1, node3
```

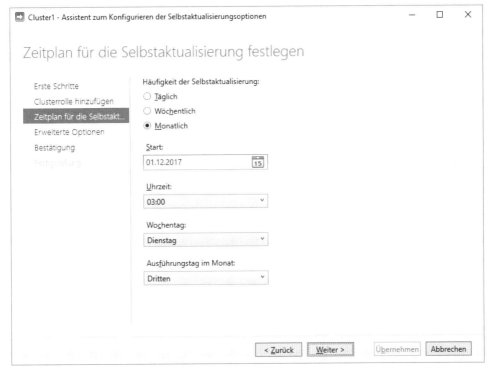

Abb. 5–29   Die Seite *Zeitplan für die Selbstaktualisierung festlegen* im Assistenten zum Konfigurieren der Selbstaktualisierungsoptionen

Sobald der Zeitplan aufgestellt ist, können Sie auf die geplante Ausführung warten oder sofort eine Updateausführung einleiten (siehe Abbildung 5–30), indem Sie auf *Updates auf diesen Cluster anwenden* klicken oder das Cmdlet *InvokeCauRun* ausführen.

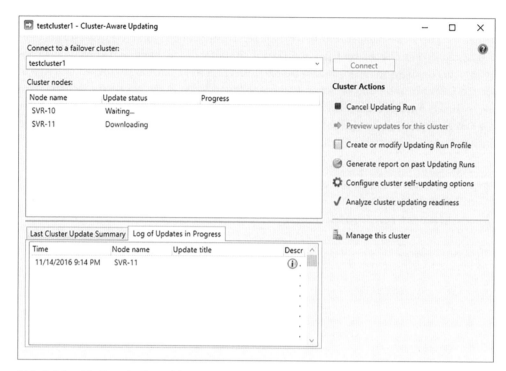

Abb. 5–30 Die Konsole *Clusterfähiges Aktualisieren* mit einer laufenden Updateausführung

Paralleles Upgrade für Clusterbetriebssysteme implementieren

Vor Windows Server 2016 musste man beim Aktualisieren des Betriebssystems auf einem Failovercluster den gesamten Cluster offline schalten, das neue Betriebssystem auf sämtlichen Knoten installieren und den Cluster praktisch von Grund auf neu bilden. Windows Server 2016 unterstützt jetzt eine Technik, die als *paralleles Upgrade für Clusterbetriebssysteme* bezeichnet wird und es möglich macht, einen Hyper-V- oder horizontal skalierten Clusterdateiserver von Windows Server 2012 R2 zu Windows Server 2016 zu aktualisieren, ohne den Cluster herunterfahren zu müssen.

Das parallele Upgrade für Clusterbetriebssysteme ist weder ein Tool noch ein Assistent; es gibt keinen automatisierten Prozess für das Aktualisieren eines Clusters. Vielmehr ist es eine Technik, bei der Sie jeden Clusterknoten nacheinander herunterfahren, ein sauberes Upgrade des Betriebssystems durchführen und ihn wieder zurück in den Cluster einfügen. Ermöglicht wird dies durch den sogenannten *gemischten Betriebssystemmodus*, einem neuen Betriebsmodus für Failoverclustering. Im Unterschied zu Clustern in vorherigen Windows-Versionen kann ein Cluster jetzt mit Knoten, die verschiedene Betriebssystemversionen – insbesondere Windows Server 2012 und Windows Server 2016 – ausführen, temporär arbeiten.

Die einzelnen Windows Server 2012 R2-Knoten im Cluster werden in folgenden Schritten aktualisiert:

1. Den Knoten anhalten.
2. Die Arbeitsauslastung des Knotens auf andere Knoten migrieren.
3. Den Knoten aus dem Cluster entfernen.
4. Das Systemlaufwerk neu formatieren und eine Neuinstallation von Windows Server 2016 ausführen.
5. Netzwerk- und Speicherverbindungen konfigurieren.
6. Das Feature *Failoverclustering* installieren.
7. Den neu installierten Knoten zurück in den Cluster einbinden.
8. Die Arbeitsauslastung des Clusters erneut implementieren.

Wenn ein neu installierter Windows Server 2016-Knoten wieder in den Cluster hinzugefügt wird, läuft er in einem Kompatibilitätsmodus, der es ihm ermöglicht, mit den verbliebenen Windows Server 2012 R2-Knoten zusammenzuarbeiten. Der Cluster arbeitet weiter auf der funktionellen Ebene von Windows Server 2012 R2, bis alle Knoten aktualisiert sind. Keines der neuen Failoverclustering-Features in Windows Server 2016 ist verfügbar. In diesem Zeitraum, der gegebenenfalls Tage oder Wochen umfassen kann, ist der gesamte Vorgang umkehrbar. Bei Bedarf können Sie Windows Server 2012 R2 auf den Knoten erneut installieren und zum Cluster in seinem ursprünglichen Zustand zurückkehren.

> **HINWEIS** Die Upgrades fertigstellen
>
> Microsoft empfiehlt, sämtliche Knoten in einem Cluster innerhalb eines Monats zu aktualisieren. Der MixedOS-Modus ist nicht als Dauerlösung für einen Failovercluster gedacht.

Wenn die Upgrades auf allen Knoten abgeschlossen sind, führen Sie das Cmdlet *Update-ClusterFunctionalLevel* aus, um den Vorgang zu finalisieren. Dies ist der »Point of no return«, der Punkt, an dem es kein Zurück mehr gibt, wenn die funktionale Ebene dauerhaft auf Windows Server 2016 angehoben wird. Jetzt sind die neuen Features verfügbar und Sie können nicht mehr zur vorherigen Version wechseln.

Freigegebene Clustervolumes konfigurieren und optimieren

Sieht man sich die Voraussetzungen für freigegebenen Speicher für Failoverclustering an, spricht man über Freigaben auf der Hardwareebene. Jeder Knoten im Cluster kann zwar die freigegebenen Festplatten sehen, doch es ist eine andere Sache, sie zu verwenden. Datenträger lassen sich einem Cluster im Failovercluster-Manager oder mit dem Cmdlet *Add-ClusterDisk* hinzufügen, und sie erscheinen als *Verfügbarer Speicher*, wie zum Beispiel als *Cluster Disk 4* und *Cluster Disk 5* in Abbildung 5–31.

Disks (5)			
Name	Status	Assigned To	Owner Node	Disk Number
Cluster Disk 1	Online	Disk Witness in Quorum	SVR-11	
Cluster Disk 2	Online	Cluster Shared Volume	SVR-10	
Cluster Disk 3	Online	Cluster Shared Volume	SVR-11	
Cluster Disk 4	Online	Available Storage	SVR-11	
Cluster Disk 5	Online	Available Storage	SVR-11	

Abb. 5–31 Verfügbarer Speicher im Failovercluster-Manager

Bei diesen beiden Festplatten ist ein Knoten (SVR-11) als designierter Besitzer aufgelistet. Wenn Sie zu diesem Knoten gehen und das Snap-in *Datenträgerverwaltung* öffnen, erscheinen diese Festplatten mit Laufwerkbuchstaben und Volumenamen als intakt und einsatzbereit, wie Abbildung 5–32 zeigt.

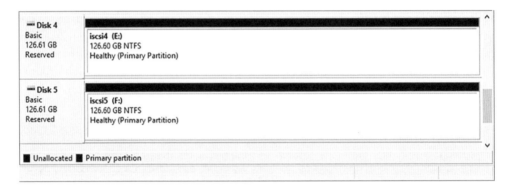

Abb. 5–32 Das Snap-In *Datenträgerverwaltung* mit zwei bereitgestellten iSCSI-Datenträgern

Wenn Sie zu einem anderen Knoten gehen und dasselbe Snap-In öffnen, haben dieselben beiden Datenträger keine Laufwerkbuchstaben und zeigen den Status *Reserviert* (siehe Abbildung 5–33). Es wird Ihnen auch nicht gelingen, sie online zu bringen. Wenn es sich hier um gemeinsamen Speicher handelt, warum sind dann diese Datenträger nicht auf beiden Knoten zugänglich?

Das Problem ist nicht iSCSI (oder welches Protokoll für freigegebenen Speicher Sie auch in Ihrem SAN verwenden), es liegt am Dateisystem. NTFS ist nicht für Zugriffe konzipiert, die gleichzeitig von mehr als einer Betriebssysteminstanz stattfinden. Diese beiden Laufwerke werden auf dem Besitzerknoten bereitgestellt und sind dort auch verwendbar. Um die Laufwerke auf einem anderen Knoten ansprechen zu können, müssen Sie zuerst ihre Bereitstellung auf dem aktuellen Knoten aufheben und sie auf dem neuen Knoten erneut bereitstellen. Dies ist zwar möglich, kostet aber unnötig Zeit.

In der ursprünglichen Version von Hyper-V in Windows Server 2008 war diese Verzögerung durch das Aufheben der Bereitstellung und der erneuten Bereitstellung das größte Hindernis bei der effizienten Verwendung von virtuellen Computern in einem Cluster. Erschwerend kam hinzu: Wenn Sie einen virtuellen Computer auf einen anderen Server migrieren wollten, mussten Sie alle anderen virtuellen Computer, die denselben Datenträger verwendeten, ebenfalls migrieren, weil nur jeweils ein Knoten auf einen Datenträger zugreifen konnte.

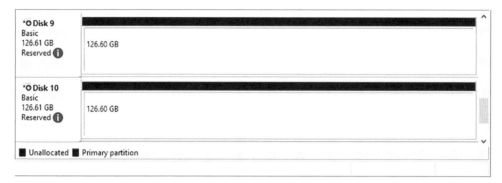

Abb. 5–33 Das Snap-In *Datenträgerverwaltung* mit zwei reservierten iSCSI-Datenträgern

Die Lösung für dieses Problem sind freigegebene Clustervolumes (Cluster Shared Volumes, CSVs). Freigegebene Clustervolumes schaffen gewissermaßen ein Pseudodateisystem (CSVFS genannt), das über dem NTFS-Dateisystem liegt. Das Problem bei mehreren Knoten, die auf ein NTFS-Laufwerk gleichzeitig zugreifen, ist der Zugriff auf die Metadaten, die die Struktur des Datenträgers und der darauf gespeicherten Dateien steuern. Wenn zwei Systeme diese Metadaten gleichzeitig ändern wollen, treten Fehler auf und die Daten gehen verloren. CSVFS wirkt praktisch als Filter, der es mehreren Knoten ermöglicht, Daten-E/A-Operationen auf dem Datenträger auszuführen, schränkt aber den Metadatenzugriff auf den designierten Besitzer (auch als Koordinator bezeichnet) ein.

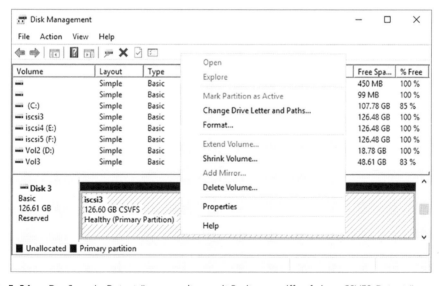

Abb. 5–34 Das Snap-In *Datenträgerverwaltung* mit Besitzerzugriff auf einen CSVFS-Datenträger

Davon können Sie sich überzeugen, wenn Sie einen Blick auf CSVs im Snap-In *Datenträgerverwaltung* werfen, wie Sie es bereits von Datenträgern mit dem Status *Verfügbarer Speicher* her kennen. Auf seinem Besitzerknoten (siehe Abbildung 5–34) ist für den Datenträger *iscsi3* das Dateisystem CSVFS angegeben und das Kontextmenü zeigt die üblichen Steuerelemente für Formatieren, Verkleinern und Löschen des Volumes.

Auf einem anderen Knoten, der nicht der Besitzer ist (siehe Abbildung 5–35), sieht derselbe *iscsi3*-Datenträger gleichermaßen zugreifbar aus und zeigt auch das gleiche CSVFS-Dateisystem, doch das Kontextmenü ist gänzlich ausgegraut. Das hängt damit zusammen, dass diese Befehle für Formatieren, Verkleinern und Löschen des Volumes in den Bereich der Metadaten fallen und nur der Besitzer darauf Zugriff hat.

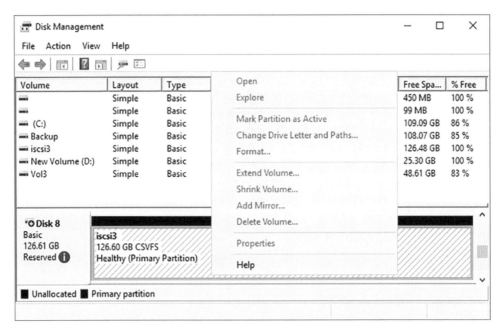

Abb. 5–35   Das Snap-In *Datenträgerverwaltung* mit einem Nicht-Besitzer-Zugriff auf einen CSVFS-Datenträger

Datenträger zu CSVs hinzufügen

Failoverclustering in Windows Server 2016 unterstützt standardmäßig CSVs. Wenn Sie einen Datenträger zu einem Cluster hinzufügen, erscheint er im Failovercluster-Manager als *Verfügbarer Speicher*. Dann können Sie einen so gekennzeichneten Datenträger markieren und im Bereich *Aktionen* auf *Zu freigegebenen Clustervolumes hinzufügen* klicken.

Verfügbarer Speicher lässt sich einem CSV per PowerShell mit dem Cmdlet *Add-ClusterSharedVolume* hinzufügen, wie das folgende Beispiel zeigt:

```
add-clustersharedvolume -name "cluster disk 5"
```

Auf diesen Befehl hin wird das CSV im Ordner *C:\ClusterStorage* auf allen Clusterknoten bereitgestellt. Im Snap-In *Datenträgerverwaltung* können Sie außerdem sehen, dass der Datenträger jetzt auf allen Knoten des Clusters verfügbar ist. Das CSV können Sie auch im Failovercluster-Manager auswählen und auf *Verschieben/Bestmöglicher Knoten* klicken. Der Besitzwechsel des CSV vollzieht sich in wenigen Sekunden. Dadurch ist es auch möglich, dass Hyper-V-Livemigrationen so schnell stattfinden. Vor CSVs bestand der Engpass in diesem Ablauf darin, dass die Bereitstellung der NTFS-Datenträger aufzuheben und erneut einzurichten war.

CSVs optimieren

CSVs enthalten einen Cache, der die Leistung von leseintensiven E/A-Operationen verbessern soll. Der Cache nutzt einen Teil des Systemspeichers, den Sie als Write-Through-Cache festlegen, vom dem Cluster profitieren können, die die Rollen Hyper-V und Dateiserver mit horizontaler Skalierung ausführen.

Im Failoverclustering von Windows Server 2016 ist der Cache standardmäßig vorhanden, allerdings mit einer Cachegröße von 0, wodurch er praktisch deaktiviert ist. Die maximale Größe für den Cache beträgt 80% des Systemspeichers. Um den CSV-Cache zu aktivieren, müssen Sie für ihn eine bestimmte Größe an Arbeitsspeicher (in Megabyte) angeben. Das lässt sich mit dem folgenden PowerShell-Befehl erledigen:

```
(get-cluster).blockcachesize = 512
```

> ## *Schnelltest*
>
> Welche der folgenden Speicherkomponenten verhindern, dass von zwei Clusterknoten gleichzeitig auf einen freigegebenen Datenträger zugegriffen wird?
>
> 1. iSCSI
> 2. NTFS
> 3. CSVFS
> 4. SAS
>
> ## *Antwort für den Schnelltest*
>
> NTFS ist nicht für den Zugriff durch zwei Betriebssysteminstanzen zur gleichen Zeit konzipiert. Wenn zwei Systeme auf einmal die NTFS-Metadaten ändern, können die Dateisystemtabellen beschädigt werden und Daten verloren gehen.

Cluster ohne Netzwerknamen konfigurieren

Failovercluster stützen sich auf Active Directory-Domänendienste (AD DS) für die Authentifizierung und die Namensdienste. Wenn Sie einen Cluster erstellen, legt AD DS standardmäßig ein Computerobjekt an, ein sogenanntes *Clusternamenobjekt* (CNO), das den Cluster selbst darstellt. Dies ist Zugriffspunkt für die Clusterverwaltung. Manche Clusteranwendungen erzeugen ebenfalls AD DS-Objekte, die Clientzugriffspunkte repräsentieren, sogenannte virtuelle Computerobjekte (VCOs).

Allerdings ist es möglich, einen Cluster zu bilden, der diese AD DS-Objekte nicht verwendet, selbst wenn die Clusterknoten einer Domäne beigetreten sind. Dies ist ein sogenannter *von Active Directory getrennter Cluster*. Da in Active Directory keine Objekte erstellt werden, muss derjenige, der den Cluster bildet, weder über Berechtigungen verfügen, um Objekte zu erstellen, noch vorab Computerobjekte in AD DS bereitstellen.

In einem von Active Directory getrennten Cluster werden der Name des Clusters und alle Namen für Clientzugriffspunkte im DNS statt Active Directory registriert. Die Knoten müssen aber trotzdem noch einer AD DS-Domäne beitreten und der Cluster verwendet weiterhin Kerberos, um die Clusterkommunikation zwischen den Knoten zu authentifizieren. Die Authentifizierung für die Clusternamen verwendet NTLM.

Wegen dieser Änderungen funktionieren manche Anwendungen nicht ordnungsgemäß, wenn Sie sie auf einem von Active Directory getrennten Cluster bereitstellen. Zum Beispiel verlässt sich Hyper-V auf Kerberos-Authentifizierung für Livemigration und ist somit kein geeigneter Kandidat für einen derartigen Cluster. Im Selbstaktualisierungsmodus ist es auch nicht möglich, BitLocker-Laufwerkverschlüsselung oder clusterfähiges Aktualisieren zu verwenden. Microsoft SQL Server besitzt jedoch einen eigenen internen Authentifizierungsmechanismus, der auch auf einem Active Directory-getrennten Cluster ein ordnungsgemäßes Funktionieren gewährleistet.

Einen Active Directory-getrennten Cluster erstellen Sie mit dem PowerShell-Cmdlet *New-Cluster*, dem Sie den Parameter *AdministrativeAccessPoint* mit dem Wert *DNS* statt des standardmäßigen *ActiveDirectoryAndDns*-Werts übergeben. Zum Beispiel:

```
new-cluster cluster1 –node node1,node2
    –staticaddress 10.0.0.1
    -nostorage
    –administrativeaccesspoint dns
```

Diese Parametereinstellung veranlasst das Cmdlet, den Netzwerknamen des Clusters und die Netzwerknamen aller Clusterrollen, die Sie später installieren, in DNS statt Active Directory zu erzeugen.

> **HINWEIS** **Cluster ohne Namen**
> Es ist auch möglich, einen Cluster gänzlich ohne Administratorzugriffspunkt zu erstellen, indem Sie im *New-Cluster*-Befehl für den Parameter *AdministrativeAccessPoint* den Wert *None* angeben. In diesem Fall können Sie allerdings den Cluster nicht mit dem Failovercluster-Manager verwalten und die Funktionalität mancher Clusterrollen könnte gestört sein.

Dateiserver mit horizontaler Skalierung implementieren

Dateiserver mit horizontaler Skalierung (Scale-Out File Server, SoFS) ist eine Clusterrolle, die hochverfügbaren Speicher für Anwendungen wie zum Beispiel Hyper-V und SQL Server bereitstellen soll. Im Unterschied zu einem Dateiserver für allgemeine Verwendung erzeugt ein SoFS Freigaben, die auf allen Clusterknoten gleichzeitig zugreifbar sind. Dies wird als Aktiv/Aktiv-System bezeichnet im Gegensatz zu einem Aktiv/Passiv-System, in dem ein Knoten zugreifbare Freigaben bereitstellt und die anderen im Ruhezustand verbleiben, bis ein Failover auftritt.

Ein SoFS gewährleistet die kontinuierliche Verfügbarkeit der Daten für Anwendungen, die auf diese Kontinuität angewiesen sind. Wenn ein Knoten wegen eines Hardwarefehlers, eines Wartungszyklus oder aus einem anderen Grund ausfällt, bleiben die Daten über die Freigaben auf den anderen Knoten verfügbar. Selbst wenn ein Knoten den Zugriff auf das SAN verliert, kann CSV den E/A-Verkehr über das Netzwerk zu einem anderen Knoten umleiten.

> **HINWEIS** **Metriken von Clusternetzwerken**
> Ein Cluster weist den verfügbaren Netzwerken Metrikwerte zu, die auf deren Geschwindigkeit und anderen Eigenschaften basieren, wie die Ausgabe des Befehls *Get-ClusterNetwork* in Abbildung 5–36 zeigt. CSV verwendet das Netzwerk mit dem kleinsten Metrikwert, um den Datenverkehr umzuleiten. In manchen Situationen kann es erforderlich sein, die Metriken anzupassen, um sicherzustellen, dass der von CSV umgeleitete Verkehr für ein SoFS ein bestimmtes Netzwerk verwendet. Mit einem Befehl wie dem folgenden können Sie die Netzwerkmetriken manuell ändern:
>
>   (get-clusternetwork -name "cluster network 3").metric = 30000

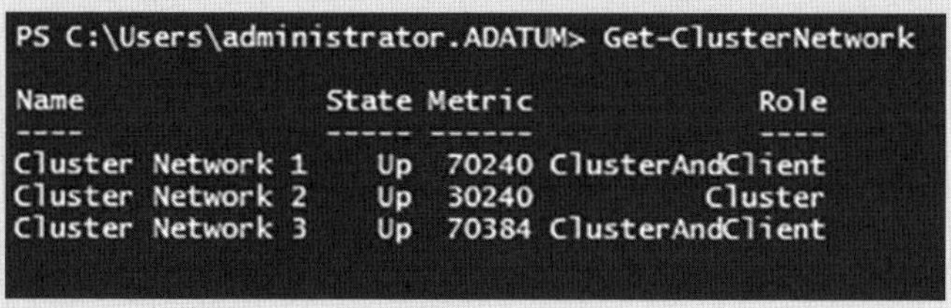

```
PS C:\Users\administrator.ADATUM> Get-ClusterNetwork

Name              State Metric     Role
----              ----- ------     ----
Cluster Network 1 Up    70240      ClusterAndClient
Cluster Network 2 Up    30240               Cluster
Cluster Network 3 Up    70384      ClusterAndClient
```

Abb. 5–36   Ergebnisse des Befehls *Get-ClusterNetwork*

SoFS erhöht auch die Effizienz des Clusters, indem die zusammengefasste Bandbreite aller Knoten für die Dateisystem-E/A verwendet wird. Um die verfügbare Bandbreite zu erhöhen, können Administratoren weitere Knoten zum Cluster hinzufügen. Schließlich balanciert SoFS automatisch Verbindungen aus, damit jeder Client zu dem Knoten mit dem besten Zugriff auf die angeforderten Daten geleitet wird.

Die Voraussetzungen für das Erstellen eines Dateiservers mit horizontaler Skalierung sind praktisch die gleichen wie für Failoverclustering. Die Hardwarekonfiguration der Clusterknoten sollte möglichst identisch sein und alle Knoten sollten auf freigegebenen Speicher über iSCSI, SAS, Fibre Channel oder eine ähnliche Technologie zugreifen können. Da ein SoFS eine Clusterrolle ist, müssen Sie das Feature *Failoverclustering* auf allen Knoten installieren und den Cluster bilden, bevor Sie SoFS installieren können. Außerdem müssen Sie Ihren verfügbaren Speicher als CSVs allozieren, da dies für einen Dateiserver mit horizontaler Skalierung erforderlich ist.

Nachdem der Cluster eingerichtet und betriebsbereit ist, installieren Sie SoFS in folgenden Schritten:

1. Öffnen Sie den Failovercluster-Manager und wählen Sie die Seite *Rollen* aus.
2. Klicken Sie auf *Rolle konfigurieren*, um den Assistenten für hohe Verfügbarkeit zu starten.
3. Auf der Seite *Dateiservertyp* wählen Sie die Option *Dateiserver mit horizontaler Skalierung für Anwendungsdaten* aus, wie Abbildung 5–37 zeigt.

Abb. 5–37   Die Seite *Dateiservertyp* im Assistenten für hohe Verfügbarkeit

4. Auf der Seite *Clientzugriffspunkt* geben Sie einen Namen an, den Clients beim Zugriff auf die Clusterrolle verwenden sollen. Der Assistent erstellt dann ein AD DS-Computerobjekt mit diesem Namen.

5. Klicken Sie auf *Fertig stellen*. Der Dateiserver mit horizontaler Skalierung erscheint auf der Seite *Rollen*.

> **HINWEIS** **PowerShell verwenden**
>
> Um die Rolle *Dateiserver mit horizontaler Skalierung* mit Windows PowerShell zu installieren, führen Sie das Cmdlet *Add-ClusterScaleOutFileServer* ohne Parameter aus.

Ist die Rolle *Dateiserver mit horizontaler Skalierung* installiert, können Sie mit den folgenden Schritten fortfahren, um eine Dateifreigabe zu erstellen:

1. Im Failovercluster-Manager markieren Sie auf der Seite *Rollen* die eben erstellte Rolle *Dateiserver mit horizontaler Skalierung* und wählen im Bereich *Aktionen* den Befehl *Dateifreigabe hinzufügen*, um den Assistenten für neue Freigaben zu starten.
2. Auf der Seite *Profil für die Freigabe auswählen* wählen Sie *SMB-Freigabe – Anwendungen* aus.
3. Trotz der Ähnlichkeit mit dem Assistenten für neue Freigaben in Server-Manager müssen Sie den Failovercluster-Manager oder das Cmdlet *New-SmbShare* verwenden, um SoFS-Dateifreigaben zu erstellen.
4. Auf der Seite *Server und Pfad für diese Freigabe auswählen* wählen Sie die von Ihnen erstellte Rolle *Dateiserver mit horizontaler Skalierung* aus (siehe Abbildung 5–38).

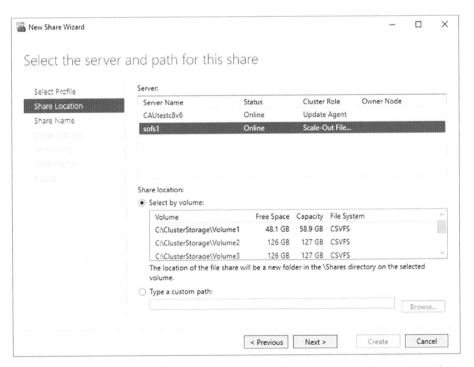

Abb. 5–38 Die Seite *Server und Pfad für die Freigabe auswählen* im Assistenten für neue Freigaben

5. Im Feld *Freigabeort* wählen Sie ein freigegebenes Clustervolume aus.
6. Auf der Seite *Freigabename angeben* geben Sie einen Namen und optional eine Beschreibung für die Freigabe ein.
7. Auf der Seite *Freigabeeinstellungen konfigurieren* achten Sie darauf, dass das Kontrollkästchen *Fortlaufende Verfügbarkeit konfigurieren* aktiviert und das Kontrollkästchen *Zugriffsbasierte Aufzählung aktivieren* deaktiviert ist.
8. Auf der Seite *Berechtigungen zur Zugriffssteuerung angeben* klicken Sie auf *Berechtigungen anpassen* und stellen sicher, dass alle AD DS-Computerobjekte für den Cluster und die Knoten, die die SoFS-Freigabe verwenden, über die Berechtigung *Vollzugriff* verfügen.
9. Klicken Sie auf *Erstellen*.

In PowerShell erstellen Sie eine SoFS-Freigabe mit dem Cmdlet *New-SmbShare* wie im folgenden Beispiel. Das Cmdlet *Set-SmbPathAcl* konfiguriert die Dateisystemberechtigungen des Ordners, um denen der Freigabe zu entsprechen.

```
new-smbshare -name share1
    -path c:\clusterstorsge\volume1
    -fullaccess adatum\cluster1, adatum\node1, adatum\node2
    -continuouslyavailable
    set-smbpathacl –sharename share1
```

Verschiedene Szenarien für die Verwendung von SoFS statt eines gruppierten Dateiservers bestimmen

Auf der Seite *Dateiservertyp* im Assistenten für hohe Verfügbarkeit können Sie wählen zwischen der standardmäßigen Clusterrolle *Dateiserver zur allgemeinen Verwendung* und der Rolle *Dateiserver mit horizontaler Skalierung für Anwendungsdaten*, die für gruppierte Anwendungen vorgesehen ist. In manchen Fällen ist vielleicht nicht ganz klar, welche Option die bessere Wahl für eine bestimmte Arbeitsauslastung ist.

SoFS-Freigaben sind auf freigegebenen Clustervolumes untergebracht und die zugrunde liegenden Eigenschaften von CSVs bestimmen zum großen Teil, welche Rollen und Anwendungen für einen Dateiserver mit horizontaler Skalierung am besten geeignet sind. Weil SoFS seine Freigaben auf allen Knoten des Clusters verfügbar macht, kann jeder Knoten Datenträgerlese- und -schreibanforderungen verarbeiten. Trotzdem verlangt das zugrunde liegende CSVFS-Dateisystem, dass der Datenträgerkoordinator (d. h. der Knoten, der den Datenträger besitzt) sämtliche Aktivitäten durchführt, die sich auf Metadaten beziehen. Demnach müssen sämtliche Anforderungen, Dateien auf einer SoFS-Freigabe zu öffnen, zu schließen, zu erstellen und umzubenennen, auf den Koordinatorknoten umgeleitet werden, egal welcher Knoten die Anforderungen empfängt.

Es ist somit einfacher zu verstehen, warum die SoFS-Rolle speziell für den Einsatz auf Hyper-V- und SQL Server-Cluster empfohlen wird. Diese beiden Anwendungen öffnen regelmäßig große Dateien – VHDs und Datenbanken – und lassen sie für längere Zeiträume geöffnet. Metadatenanforderungen treten bei derartigen Anwendungen nur vereinzelt auf, sodass die Belastung auf dem Koordinatorknoten des Datenträgers minimal ist.

Bei vielen anderen Anwendungen – inklusive der allgemeinen Dateiserveraktivitäten, die von typischen Benutzern und Administratoren durchgeführt werden – kann die Belastung auf dem Koordinatorknoten des Datenträgers zum Flaschenhals werden. Das kommt daher, dass es wesentlich mehr Anfragen gibt, die Zugriff auf die Metadaten des Dateisystems erfordern, einschließlich der allgemeinen Administratorenaktivitäten auf dem Dateiserver, wie zum Beispiel das Modifizieren der NTFS-Berechtigungen und anderer Dateisystemattribute.

Die ständige Verfügbarkeit von SoFS-Freigaben kann auch die Gesamtperformance eines Dateiservers beeinflussen. Um die Integrität der Daten zu gewährleisten, werden Schreibanforderungen direkt an den Datenträger gesendet, anstatt sie auf dem Knoten zwischenzuspeichern. Somit ist bei Ausfall eines Knotens die Wahrscheinlichkeit geringer, dass Daten aufgrund eines Cachefehlers verloren gehen.

Im Ergebnis müssen Sie das Wesen der Arbeitsauslastung Ihres Clusters betrachten, bevor Sie sich auf der Seite *Dateiservertyp* für eine Option entscheiden. Je größer der Anteil der Dateiverwaltungsanfragen, die die Anwendung generiert, umso weniger kommt sie als geeigneter Kandidat für einen Dateiserver mit horizontaler Skalierung infrage.

Nutzungsszenarien für die Implementierung von Gastclustering bestimmen

Ein Gast-Failovercluster ist ein Cluster, der ausschließlich aus virtuellen Computern besteht, die auf einem einzigen Hyper-V-Hostserver laufen. So können Sie zwei oder mehr identische virtuelle Computer erstellen, auf allen das Feature *Failoverclustering* installieren und einen Cluster mit diesen virtuellen Computern bilden, genauso als wären es physische Computer. Praktisch werden Sie sogar mit einem Gastcluster weniger Probleme bei der Clusterüberprüfung bekommen, weil die (virtuelle) Hardwarekonfiguration jedes Knotens identisch ist. Für den freigegebenen Speicher, den ein Gastcluster benötigt, können Sie jede Standard-SAN-Technologie – einschließlich Fibre Channel, SAS oder iSCSI – als Pass-Through-Datenträger verwenden.

Der Aufbau eines Gastclusters ist eine großartige Möglichkeit, sich mit Failoverclustering vertraut zu machen, und ein nützliches Tool, um Clusteranwendungen zu bewerten, ohne in Unmengen von Hardware investieren zu müssen. Für Bildungs- und Testzwecke können Sie einen Gastcluster mit einem virtualisierten SAN bilden, indem Sie die iSCSI-Ziel-Fähigkeit in Windows Server 2016 nutzen, um eine virtuelle Festplatte bereitzustellen, auf die Ihre virtuellen Computer mithilfe des iSCSI-Initiators zugreifen können. Für Produktionsumgebungen dürfte das Leistungsniveau höchstwahrscheinlich nicht geeignet sein, der Cluster funktioniert aber trotzdem.

Darüber hinaus können Sie sogar mit den Funktionen der geschachtelten Virtualisierung, die in Windows Server 2016 integriert sind, einen Gastcluster erstellen, indem Sie Hyper-V auf einem einzelnen virtuellen Computer installieren und mit geschachtelten virtuellen Computern einen Cluster bilden.

Gastcluster besitzen aber auch praktische Funktionen, unter anderem folgende:

- **Knotenüberwachung** Cluster können Ressourcen überwachen, beispielsweise das Speichersubsystem, die Netzwerkkonnektivität und die gruppierte Anwendung selbst, und automatisch eine Aktion auslösen, wenn ein Problem auftritt, indem sie die Rolle auf einen anderen Knoten migrieren oder einen Failover durchführen.

- **Anwendungsmigration** Wenn eine Anwendung als Rolle auf einem Gastcluster bereitgestellt wird, können Sie die Verfügbarkeit aufrechterhalten, indem Sie die Anwendung auf andere Knoten im Cluster migrieren. Anstatt zum Beispiel eine Anwendung auf einem einzelnen Netzwerkserver bereitzustellen, können Sie den Server als Hyper-V-Host konfigurieren und einen Cluster bilden, der die Anwendung ausführt. Sollte dann ein virtueller Computer ausfallen oder Wartung erfordern, kann die Anwendung einen Failover auf einen anderen Knoten durchführen.

- **Hostverfügbarkeit** Einen Gastcluster können Sie aus virtuellen Computern bilden, die sich auf verschiedenen Hyper-V-Hosts befinden. Sollte ein Host ausfallen, erkennen die Knoten auf anderen Hosts das Fehlen seiner virtuellen Computer und bringen alle gruppierten Anwendungen, die dort gelaufen sind, online.

- **Migration virtueller Computer** Wenn mehrere Hyper-V-Hosts verfügbar sind, können Sie virtuelle Computer bei Bedarf zwischen den Hosts migrieren. Damit sind beispielsweise Wartungsaufgaben möglich, bei denen Sie einen Host vorübergehend offline setzen müssen.

- **Geschachteltes Clustering** Es ist möglich, einen »Gastcluster innerhalb eines Clusters« zu erstellen, indem Sie zwei oder mehr physische Server in einem Hyper-V-Cluster verknüpfen und dann mit virtuellen Computern, die auf den Hyper-V-Hostknoten laufen, einen Gastcluster bilden. Dadurch ist das System in der Lage, automatisch auf den Ausfall eines Hyper-V-Hosts zu reagieren, indem es dessen virtuelle Computer auf die anderen Hosts migriert, oder auf den Ausfall eines virtuellen Computers, indem es dessen gruppierte Anwendungen migriert.

Eine Clusterspeicherplätze-Lösung mit freigegebenen SAS-Speicheranlagen implementieren

»Speicherplätze« ist das Windows Server 2016-Tool, mit dem Sie den von mehreren Datenträgern bereitgestellten Datenspeicher zu einem Speicherpool hinzufügen können. Den Speicher im Pool können Sie dann verwenden, um virtuelle Datenträger beliebiger Größe zu erzeugen, ungeachtet der Grenzen zwischen den physischen Datenträgern. Wenn Sie »Speicherplätze« mit Failoverclustering kombinieren, können Sie eine Lösung schaffen, die hochverfügbar und sowohl gegen Festplatten- als auch Serverausfälle widerstandsfähig ist. Eine solche Lösung wird auch als »Clusterspeicherplätze« (Clustered Storage Spaces) bezeichnet.

Eine Clusterspeicherplätze-Lösung beginnt mit einem oder mehreren SAS-Festplattenarrays, einfachen JBOD-Einheiten, die im Unterschied zu RAID[2]-Systemen keine zusätzlichen Funktionen bieten. Eine »Speicherplätze«-Bereitstellung realisiert die Datenfehlertoleranz per Software; diese Funktionen dürfen hardwareseitig nicht noch einmal realisiert sein. Wenn die Festplattenarrays diese Funktionen beinhalten, müssen Sie sie deaktivieren, um die Festplatten mit »Speicherplätze« verwenden zu können.

»Speicherplätze« realisieren Datenresilienz in Form von Datenspiegelung, bei der zwei oder drei Kopien aller Dateien auf verschiedene Datenträger geschrieben werden, oder mit einer paritätsbasierten Technik auf Bitebene, die die verlorenen Daten bei einem Datenträgerausfall mithilfe von Paritätsbits wiederherstellt. Das zweite Element der Lösung ist der Failovercluster, typischerweise eine Gruppe von zwei bis vier Servern, die mit den Datenträgereinheiten über redundante Hardware verbunden sind. Um eine wirklich zuverlässige Lösung für Unternehmensproduktivität zu schaffen, sollte Redundanz auf allen Hardwareebenen vorhanden sein, einschließlich mehrerer Hostbusadapter in jedem Server, redundanter Stromversorgungen in den Datenträgereinheiten und selbst redundante Datenträgereinheiten.

Bei gegebenen Hardwarevoraussetzungen besteht die restliche Lösung aus einem Speicherpool, der Daten redundant speichert, dem Failovercluster, der redundante Server bereitstellt, Clusterspeicherplätzen, die einen vereinheitlichten Namespace über den Cluster einrichten, und hochverfügbaren Dateifreigaben, über die die Benutzer letztlich auf die Daten zugreifen. Abbildung 5–39 zeigt die gesamte Lösung.

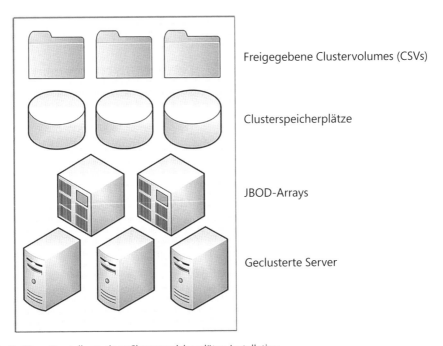

Abb. 5–39 Darstellung einer Clusterspeicherplätze-Installation

---

2. RAID – Redundant Array of Independent Disks, Redundante Anordnung unabhängiger Festplatten

Wenn die Hardwarekomponenten betriebsbereit sind und Sie Windows Server 2016 auf allen Servern installiert haben, müssen Sie sich davon überzeugen, dass der Speicher von allen Servern aus zugreifbar ist. Dann können Sie die Clusterspeicherplätze-Lösung nach zwei Methoden weiter aufbauen:

- **Speicherpool zuerst**   Wenn bereits ein Speicherpool existiert oder wenn Sie einen Cluster von Grund auf neu erstellen, können Sie den Speicherpool mit Server-Manager oder mit dem Cmdlet *NewStoragePool* anlegen, bevor Sie den Cluster bilden. Sobald der Cluster gebildet ist, steht ihm der Speicherpool zur Verfügung.
- **Failovercluster zuerst**   Ist bereits ein Cluster vorhanden, können Sie den Speicherpool im Failovercluster-Manager anlegen.

Um Clusterspeicherplätze in einem existierenden Cluster mit Failovercluster-Manager anzulegen, gehen Sie in folgenden Schritten vor:

1. Im Failovercluster-Manager wählen Sie *Speicher/Pools*, um die Seite *Pools* anzuzeigen.
2. Klicken Sie im Bereich *Aktionen* auf *Speicherpool hinzufügen*. Daraufhin startet der Assistent für neue Speicherpools.
3. Auf der Seite *Name und Subsystem für Speicherpool angeben* tragen Sie einen Namen für den Pool ein und wählen den ursprünglichen Pool, der die hinzuzufügenden Datenträger enthält.
4. Auf der Seite *Physische Laufwerke für den Speicherpool auswählen* setzen Sie die Kontrollkästchen für die Datenträger, die Sie in den Pool aufnehmen möchten. Für einen Clusterpool müssen Sie mindestens drei Datenträger auswählen, für eine Drei-Wege-Spiegelung mindestens fünf Datenträger.
5. Klicken Sie auf *Erstellen*.
6. Auf der Seite *Ergebnisse* aktivieren Sie das Kontrollkästchen *Virtuellen Datenträger erstellen, wenn dieser Assistent geschlossen wird* und klicken auf *Schließen*. Daraufhin erscheint der Assistent für neue virtuelle Datenträger.
7. Auf der Seite *Speicherpool auswählen* wählen Sie den eben erstellten Pool aus.
8. Auf der Seite *Geben Sie den Namen des virtuellen Datenträgers an* tragen Sie in das Feld *Name* einen Namen für den Datenträger ein.
9. Auf der Seite *Wählen Sie die Speicheranordnung aus* wählen Sie *Simple*, *Mirror* oder *Parity* aus. Wenn Sie sich für *Mirror* entschieden haben und fünf Datenträger im Pool vorhanden sind, erscheint eine Seite *Resilienzeinstellungen konfigurieren*, auf der Sie *Zwei-Wege-Spiegelung* oder *Drei-Wege-Spiegelung* auswählen sollen.
10. Auf der Seite *Geben Sie die Größe des virtuellen Datenträgers an* geben Sie eine Größe in MB, GB oder TB ein oder aktivieren das Kontrollkästchen *Maximale Größe*.
11. Klicken Sie auf *Erstellen*.
12. Auf der Seite *Ergebnisse anzeigen* aktivieren Sie das Kontrollkästchen *Volume erstellen, wenn dieser Assistent geschlossen wird* und klicken auf *Schließen*. Es startet der Assistent für neue Volumes.
13. Auf der Seite *Server und Datenträger auswählen* wählen Sie Ihren Cluster aus und den virtuellen Datenträger, den Sie eben erstellt haben.

14. Auf der Seite *Geben Sie die Größe des Volumes an* geben Sie eine Volumegröße ein.
15. Auf der Seite *Einem Laufwerkbuchstaben oder Ordner zuweisen* wählen Sie einen Laufwerkbuchstaben oder einen Ordner aus, wo Sie das Volume bereitstellen möchten.
16. Auf der Seite *Dateisystemeinstellungen auswählen* wählen Sie das Dateisystem aus (NTFS oder ReFS), spezifizieren die Größe der Zuordnungseinheiten und geben eine Volumebezeichnung ein.
17. Klicken Sie auf *Erstellen* und dann auf *Schließen*.

Die resiliente Speicherung ist jetzt für den Cluster verfügbar. Davon können Sie nun CSVs erzeugen, um hochverfügbare Freigaben in einem vereinheitlichten Namespace zu erhalten.

Speicherreplikat implementieren

Speicherreplikat ist ein Windows Server 2016-Feature, das es Ihnen ermöglicht, Volumes – synchron oder asynchron – als Vorbereitung für Notfälle und Wiederherstellungszwecke zu replizieren. Replikationen lassen sich zwischen Speichergeräten im selben Computer, im selben Datencenter oder an verschiedenen Standorten durchführen.

Mit Speicherreplikat können Sie einen Stretchcluster erstellen, d. h. einen Cluster, der auf zwei oder mehr Standorte aufgeteilt ist, ohne dass freigegebener Speicher die Standorte verbindet. Stellen Sie sich zum Beispiel einen Cluster aus vier Knoten mit einem Datensatz vor, wobei sich aber zwei Knoten in der New Yorker Filiale und zwei in den Hauptverwaltungen in San Francisco befinden. Die Idee ist, dass die Knoten am Standort New York als Failoversicherung fungieren, falls das Büro in San Francisco von einer Katastrophe betroffen sein sollte.

An jedem Standort gibt es freigegebenen Speicher für die beiden Knoten, doch die Knoten haben keinen Zugriff auf den jeweils anderen Standort. Man spricht hier von asymmetrischer Speicherung. Damit aber die beiden Standorte als echter Failovercluster fungieren können, müssen sie über die gleichen Daten verfügen. Speicherreplikat kann die Daten zwischen den beiden Standorten replizieren, und zwar entweder synchron oder asynchron.

> **WEITERE INFORMATIONEN** Speicherreplikat verwenden
>
> Weitere Informationen zum Implementieren von Speicherreplikat in einer Clusterumgebung finden Sie in Kapitel 2.

Cloudzeugen implementieren

Ein Cloudzeuge ist eine neue Art von Quorumzeuge für einen Failovercluster. Anstatt den Zeugen auf einem Datenträger oder einer Dateifreigabe zu speichern, wird er in der Cloud abgelegt – in einem Windows Azure Storage-Konto. Ein Cloudzeuge soll einen Cluster in Betrieb halten, selbst wenn die Hälfte seiner Knoten heruntergefahren ist oder sich in einem Split-Brain-Zustand befindet.

Wenn ein Cluster gleichmäßig auf zwei Standorte aufgeteilt ist, mussten Sie bei vorherigen Versionen von Failoverclustering den Zeugen an dem einen oder dem anderen Standort speichern. Dadurch wurde praktisch der eine Standort zum primären Standort und der andere zum sekundären Standort erklärt. Die einzige andere Option ist es, einen dritten Standort an einem anderen Ort zu erzeugen, wobei ein Server lediglich den Zeugen zu speichern hat – ein recht teurer Ansatz.

Ziel ist hier, eine der beiden Clusterhälften weiterzubetreiben, wenn auf der anderen Hälfte ein Stromausfall oder ein anderer Notfall auftritt. Ist der Zeuge an einem der Standorte gespeichert, wie Abbildung 5–40 zeigt, dann hat dieser Standort die meisten Quorumstimmen.

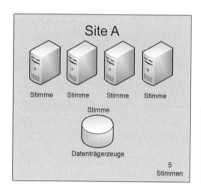
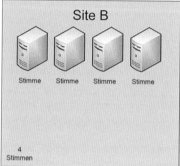

Abb. 5–40   Darstellung eines geteilten Clusters mit einem Datenträgerzeugen

Wenn der Cluster auf der Minderheitsseite herunterfährt, läuft der Cluster auf der Mehrheitsseite weiter, weil er über das Quorum verfügt. Wenn jedoch die Mehrheitsseite herunterfährt, muss die Minderheitsseite ebenfalls anhalten, weil sie nicht das Quorum hat. Wenn nun beim Failoverclustering von Windows Server 2016 der Zeuge in der Cloud gespeichert ist, wie Abbildung 5–41 zeigt, und sich der überlebende Cluster mit dem Internet verbinden kann, um die Zeugenstimme abzurufen, kann eine der Clusterhälften weiter ausgeführt werden, wenn die andere Hälfte ausfällt. Microsoft empfiehlt die Verwendung eines Cloudzeugen für jeden Failovercluster, in dem alle Knoten Zugriff auf das Internet haben.

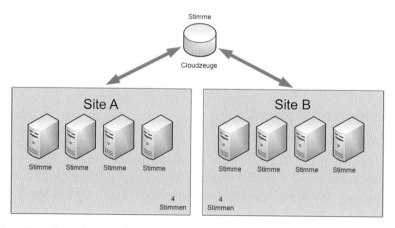

Abb. 5–41   Darstellung eines geteilten Clusters mit einem Cloudzeugen

Ein Cloudzeuge wird in der Cloud unter einem Microsoft Azure Storage-Konto gespeichert. Das ist eine kostengünstige Methode, um kleine Datenmengen in der Cloud abzulegen, ohne einen virtuellen Server allein für diesen Zweck zu betreiben. Der Zeuge wird als BLOB (Binary Large Object) gespeichert.

Um einen Cloudzeugen zu erstellen, müssen Sie zuerst ein Speicherkonto in Microsoft Azure einrichten und dann den Cloudzeugen konfigurieren, damit der Cluster dieses Konto verwendet. Ein Speicherkonto legen Sie in folgenden Schritten an:

1. Im Azure-Portal wählen Sie *Neu/Storage/Speicherkonto* (siehe Abbildung 5–42).

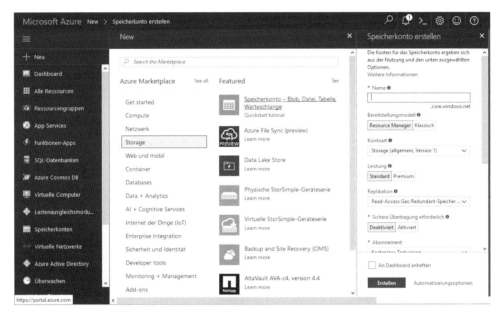

Abb. 5–42   Ein Speicherkonto im Azure-Portal erstellen

2. Geben Sie in das Feld *Name* einen Namen für das Konto ein.
3. In der Dropdownliste *Kontoart* wählen Sie *Blobspeicher* aus.
4. In der Dropdownliste *Replikation* wählen Sie *Lokal redundanter Speicher (LRS)* aus.
5. Klicken Sie auf *Erstellen*.
6. Wenn das Speicherkonto erstellt ist, wählen Sie es auf dem Azure-Dashboard aus und klicken auf das Schlüsselsymbol.
7. Beachten Sie die folgenden Informationen, die auf der Seite erscheinen. Diese brauchen Sie, um den Zeugen zu konfigurieren:
   - Speicherkontoname
   - Schlüssel
   - BLOB-Dienstendpunkt

Mit diesen Informationen können Sie nun Ihren Cluster mit einem Cloudzeugen in folgenden Schritten konfigurieren:

1. Im Failovercluster-Manager wählen Sie auf der Hauptseite für Ihren Cluster *Weitere Aktionen/Clusterquorumeinstellungen konfigurieren*, um den Assistenten zum Konfigurieren des Clusterquorums zu starten.
2. Auf der Seite *Clusterquorumskonfigurationsoption auswählen* aktivieren Sie die Option *Quorumzeugen auswählen*.
3. Auf der Seite *Quorumzeuge auswählen* aktivieren Sie die Option *Cloudzeugen konfigurieren*.
4. Auf der in Abbildung 5–43 gezeigten Seite *Cloudzeugen konfigurieren* geben Sie die Informationen ein, die Sie im Azure-Portal erhalten haben.

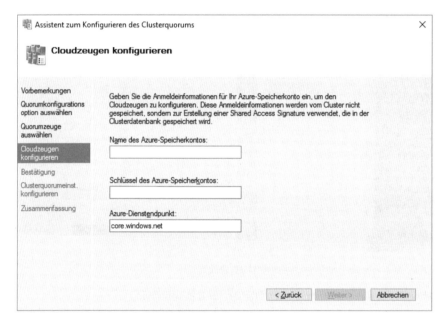

Abb. 5–43   Die Seite *Cloudzeugen konfigurieren* im Assistenten zum Konfigurieren des Clusterquorums

5. Klicken Sie auf *Fertig stellen*.

Mit PowerShell konfigurieren Sie einen Cloudzeugen wie folgt:

```
set-clusterquorum -cloudwitness
    -accountname clusterstorage1
    -accesskey
oyhmhpi1x9q5htonrcxhcnpz0xzw2zgf49lgdwmexn5lr7xcdrenuxtlxujdpfwcqcknzea8xx12ye25g8jdxw==
```

VM-Resilienz implementieren

Clustering liegt die Idee zugrunde, Dienste bereitzustellen, die trotz katastrophaler Ereignisse weiterhin funktionieren können. Im heutigen Umfeld treten jedoch örtliche kurzzeitige Ausfälle häufiger auf als große Katastrophen. Deshalb enthält Failoverclustering von Windows Server 2016 Erweiterungen, die die Resilienz von einzelnen virtuellen Computern in verschiedener Art und Weise erhöhen.

Clusterknoten kommunizieren ständig – zumindest sollten sie ständig kommunizieren. Es kommt aber durchaus vor, dass ein einzelner virtueller Computer vorübergehend den Kontakt zum Cluster verliert. Dafür kommen viele mögliche Ursachen infrage: Zum Beispiel könnte der Clusterdienst auf einem virtuellen Computer heruntergefahren sein, ein Arbeitsspeicher- oder Softwareproblem vorliegen, die Netzwerkkommunikation durch Probleme mit dem Treiber oder der IP-Adressierung gestört sein oder das Netzwerkkabel beschädigt oder einfach herausgezogen worden sein.

Um Administratoren bei diesen Problemen unter die Arme zu greifen, hat Windows Server 2016 neue VM-Status eingeführt, die im Failovercluster-Manager als Status einer Rolle oder eines Knotens erscheinen. Zu diesen Status gehören:

- **Nicht überwacht**   Der virtuelle Computer, der eine Rolle besitzt, wird durch den Clusterdienst nicht überwacht.

- **Isoliert**   Der Knoten ist derzeit kein aktives Mitglied des Clusters, aber immer noch im Besitz einer Rolle. Während eines vorübergehenden Fehlers nimmt ein virtueller Computer zunächst den Status *Isoliert* an und geht dann in den Status *Nicht überwacht* über, wenn er aus dem aktiven Cluster entfernt wird.

- **Quarantäne**   Weist auf einen Knoten hin, der keine Rollen mehr besitzt und aus dem Cluster für eine bestimmte Zeitdauer entfernt wurde, nachdem er in der vergangenen Stunde dreimal den Cluster verlassen hat und ihm wieder beigetreten ist.

Mit den folgenden Einstellungen in Windows PowerShell können Sie auch konfigurieren, auf welche Art und Weise der Cluster diese Status verwendet:

- **ResiliencyLevel**   Der Wert 1 erlaubt die Verwendung des Status *Isoliert* nur, wenn der Knoten einen bekannten Grund für die Trennung vom Cluster angibt. Andernfalls fällt der Knoten sofort aus. Der Standardwert 2 erlaubt die freie Verwendung des Status *Isoliert* und lässt dem Knoten Zeit zur Wiederherstellung.

    ```
    (get-cluster).resiliencylevel = 2
    ```

- **ResiliencyDefaultPeriod**   Gibt an, wie viele Sekunden die Knoten im gesamten Cluster im Status *Isoliert* verbleiben dürfen. Der Standardwert ist 240.

    ```
    (get-cluster).resiliencydefaultperiod = 240
    ```

- **ResiliencyPeriod** Gibt an, wie lange (in Sekunden) die Knoten in einer bestimmten Gruppe im Status *Isoliert* verbleiben dürfen. Der Wert -1 bewirkt, dass die Gruppe zur Einstellung *ResiliencyDefaultPeriod* zurückfällt. Der Standardwert ist 240.

  ```
  (get-clustergroup "group1").resiliencyperiod = 240
  ```

- **QuarantineThreshold** Gibt die Anzahl der Ausfälle an, die ein Knoten in einem Zeitraum von einer Stunde erfahren darf, bevor er in den Status *Quarantäne* versetzt wird. Der Standardwert ist 3.

  ```
  (get-cluster).quarantinethreshold = 3
  ```

- **QuarantineDuration** Gibt die Zeitdauer (in Sekunden) an, die ein Knoten in Quarantäne verbleibt. Der Standardwert ist 7200.

  ```
  (get-cluster).quarantineduration = 7200
  ```

Freigegebenes VHDX als eine Speicherlösung für Gastcluster implementieren

Einen Gastcluster auf einem vorhandenen Failovercluster zu erstellen, kann das Einrichten von freigegebenem Speicher erschweren. Es ist aber möglich, mit dem von einem physischen Cluster bereitgestellten freigegebenen Speicher eine freigegebene VHDX-Datei für den Gastcluster zu erstellen.

In diesem Szenario gibt es zwei oder mehr physische Hyper-V-Server, die in einem Failovercluster als Knoten fungieren. Diese physischen Server sind mit der Hardware für freigegebenen Speicher verbunden, und zwar per iSCSI, SAS oder Fibre Channel (siehe Abbildung 5-44). Der freigegebene Speicher wird als freigegebene Clustervolumes (CSVs) oder SMB 3.0-Freigaben konfiguriert.

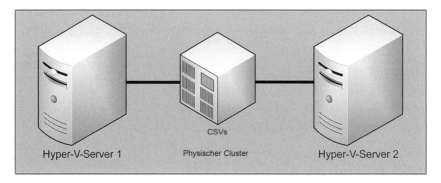

Abb. 5–44 Darstellung eines physischen Clusters mit freigegebenem Speicher

Für den Gastcluster hostet jeder Hyper-V-Server einen virtuellen Computer. Um den vom Gastcluster benötigten freigegebenen Speicher zu erstellen, können Sie eine freigegebene VHDX-Datei auf den CSVs des physischen Clusters anlegen, wie Abbildung 5–45 zeigt.

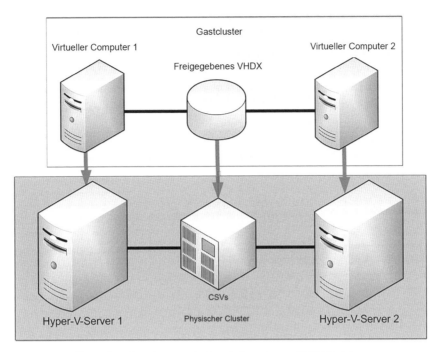

Abb. 5–45 Darstellung eines Gastclusters mit einer freigegebenen VHDX-Datei

Windows Server 2016 unterstützt die folgenden beiden Arten von freigegebenen virtuellen Festplattendateien:

- **VHDX** Die in Windows Server 2012 R2 eingeführten VHDX-Dateien, die auf einer freigegebenen Speicherinfrastruktur erstellt werden, lassen sich für die virtuellen Computer in einem Gastcluster freigeben. Freigegebene VHDX-Dateien werden in Windows Server 2016 immer noch unterstützt, um Abwärtskompatibilität für vorhandene Cluster bereitzustellen, doch Microsoft empfiehlt, für neue Dateien VHD-Sätze zu erstellen.

- **VHD-Satz** Diese Version wurde in Windows Server 2016 eingeführt. Ein VHD-Satz besteht aus einer 260 KB großen VHDS-Datei, die Metadaten enthält, und einer AVHDX-Datei mit den eigentlichen Daten. VHD-Sätze lassen sich online in der Größe ändern und unterstützen Host-basierte Sicherungen, was bei VHDX-Dateien nicht möglich ist.

> **HINWEIS** VHD-Formate konvertieren
>
> Mit dem Windows PowerShell-Cmdlet *Convert-VHD* können Sie eine VHDX-Datei in das neue Format VHD-Satz konvertieren. Das Cmdlet erstellt eine neue Datei im passenden Format und kopiert die Daten aus der Originaldatei in die neue Datei. Das Format der Zieldatei ergibt sich aus der Dateierweiterung, und zwar *.vhds* für einen VHD-Satz. Ein typischer Befehl sieht so aus:
>
> ```
> convert-vhd -path disk.vhdx
>     -destinationpath disk.vhds
> ```

Um eine neue freigegebene VHDX- oder VHD-Satz-Datei für einen Gastcluster zu erzeugen, öffnen Sie im Hyper-V-Manager das Dialogfeld *Einstellungen*, wählen den SCSI-Controller, wählen *Freigegebenes Laufwerk* und klicken auf *Hinzufügen*. Dann können Sie den Assistenten für neue virtuelle Festplatten starten, genau wie auf einem nicht geclusterten Hyper-V-Server. Der einzige Unterschied ist eine Seite *Datenträgerformat auswählen* (siehe Abbildung 5–46), auf der Sie festlegen, ob der Assistent eine VHDX- oder VHD-Satz-Datei erstellen soll.

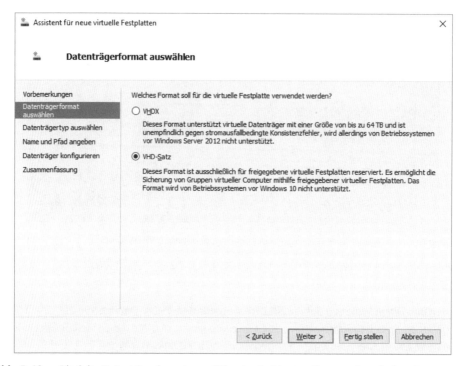

Abb. 5–46   Die Seite *Datenträgerformat auswählen* des Assistenten für neue virtuelle Festplatten

Prüfungsziel 5.3: »Direkte Speicherplätze« implementieren

»Direkte Speicherplätze« (Storage Spaces Direct, S2D) ist die nächste Stufe in der Entwicklung der softwaredefinierten Speichertechnologie, die in Servern erstmals in Windows Server 2012 als »Speicherplätze« (Storage Spaces) erschien. Mit »Speicherplätze« sind Pools möglich, die den Platz von mehreren physischen Festplattenlaufwerken beinhalten. Aus diesem Poolspeicher kann man dann ungeachtet der Grenzen der physischen Festplatten virtuelle Datenträger erstellen. »Direkte Speicherplätze« bieten gleichartige Dienste in einer Clusterumgebung, sodass sich freigegebene Speicherpools mit standardmäßigen lokalen SAS-, SATA- oder NVMe-Laufwerken innerhalb der Clusterknoten bilden lassen. Zum ersten Mal ist es nicht notwendig, teure externe Speicherarrays anzuschaffen, um einen Failovercluster bereitzustellen.

Dieser Abschnitt beschäftigt sich mit folgenden Themen:

- Szenarioanforderungen für die Implementierung von »Direkte Speicherplätze« bestimmen
- »Direkte Speicherplätze« mit Windows PowerShell aktivieren
- Ein verteiltes »Direkte Speicherplätze«-Szenario in einem Cluster implementieren
- Ein hyperkonvergiertes »Direkte Speicherplätze«-Szenario in einem Cluster implementieren

Szenarioanforderungen für die Implementierung von »Direkte Speicherplätze« bestimmen

»Direkte Speicherplätze« bietet viele der gleichen Vorteile wie »Speicherplätze«, wie zum Beispiel Datenredundanz und mehrstufigen Speicher. Realisiert wird dies softwareseitig mit handelsüblichen Festplattenlaufwerken und gebräuchlichen Netzwerkkomponenten. Allerdings heißt das nicht, dass S2D keine speziellen Anforderungen hätte. Die folgenden Abschnitte erläutern einige der Faktoren, die Sie betrachten müssen, bevor Sie ein S2D-Cluster bereitstellen.

> **HINWEIS** Verfügbarkeit von »Direkte Speicherplätze«
>
> »Direkte Speicherplätze« ist nur in der Datacenter-Edition von Windows Server 2016 enthalten, nicht in der Standardedition. Allerdings können Sie S2D auf einem Datacenter-Server mit jeder Installationsoption verwenden, einschließlich Server Core und Nanoserver sowie der vollständigen Desktopdarstellung.

Server

Ein »Direkte Speicherplätze«-Cluster kann aus bis zu 16 Knoten mit bis zu 400 Laufwerken bestehen. Obwohl S2D mit Standardkomponenten arbeiten kann, müssen die Server im Cluster in der Lage sein, sehr viele Laufwerke und mehrere Netzwerkschnittstellen zu unterstützen.

Festplattenlaufwerke

Die empfohlene Laufwerkkonfiguration für einen Knoten in einem S2D-Cluster umfasst mindestens sechs Laufwerke, darunter mindestens zwei SSDs (Solid State Drives) und mindestens vier Festplattenlaufwerke (Hard Disk Drives, HDDs). Der Formfaktor des Laufwerksgehäuses, ob intern oder extern, spielt keine Rolle. Es darf nur kein RAID oder ein anderes intelligentes System sein, das sich nicht deaktivieren lässt. S2D ist fehlertolerant und hochleistungsfähig. Konkurrierende Hardware wirkt sich nur negativ auf die Gesamtfunktionalität des Clusters aus.

Damit S2D die Festplatten erkennen und verwenden kann, müssen die Festplatten initialisiert werden (normalerweise mit GPT), dürfen aber nicht partitioniert sein. Festplatten mit Partitionen oder Volumes darauf gelten nicht als auswählbar für »Direkte Speicherplätze«.

Netzwerke

Der Schlüssel für »Direkte Speicherplätze« ist der *Softwarespeicherbus*, ein logischer Netzwerkkanal, der die lokalen Datenlaufwerke in allen Clusterknoten miteinander verbindet. Dieser Bus ist theoretisch zwischen den Servern und den Festplattenlaufwerken in ihrem Inneren angesiedelt, wie Abbildung 5–47 zeigt.

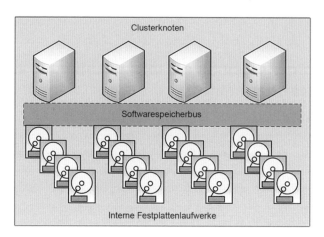

Abb. 5–47   Der Softwarespeicherbus

Weil S2D einen Pool aus den internen Speichern in verschiedenen Computern erzeugt, wird der gesamte Speicherverkehr über normale Ethernet-Netzwerke mit SMB3[3] und RDMA[4] übertragen. Es gibt keine herkömmliche Speichernetzwerkstruktur wie zum Beispiel SAS oder Fibre Channel, die die Abstandsbeschränkungen und die Notwendigkeit für verschiedene Arten der Verkabelung beseitigt. Demzufolge ist die Verwaltung des Datenverkehrs ein entscheidender Teil jeder S2D-Clusterbereitstellung in Produktionsumgebungen.

Die physische Umsetzung des logischen Softwarespeicherbusses muss Daten übertragen, auch wenn die Festplatten in den verschiedenen Clusterknoten eine einzelne Entität bilden. Darüber hinaus müssen die Netzwerke die redundanten Daten transportieren, die bei Spiegel- und Paritätsanordnungen auf virtuellen Datenträgern aus dem Pool generiert werden. Für eine effiziente S2D-Performance ist somit eine knoteninterne Ethernet-Kommunikation erforderlich, die sowohl mit hoher Bandbreite als auch geringer Latenz aufwarten kann.

Auf der physischen Schicht empfiehlt Microsoft mindestens zwei 10-Gbit/s-Ethernetadapter pro Knoten, und zwar vorzugsweise Adapter, die RDMA verwenden, sodass sie den Servern einen Teil der Prozessorbelastung abnehmen können.

S2D verwendet SMB3 für die Kommunikation zwischen Clusterknoten und nutzt dabei nach Möglichkeit die erweiterten Features des Protokolls wie zum Beispiel SMB Direct und SMB Multichannel.

---

3. SMB – Server Message Block, Netzwerkprotokoll für Datei-, Druck- und andere Serverdienste (auch NetBIOS-Protokoll genannt)
4. RDMA – Remote Direct Memory Access, Speicherdirektzugriff über Netzwerkverbindungen

»Direkte Speicherplätze« mit Windows PowerShell aktivieren

Der Bereitstellungsvorgang für einen Cluster, der »Direkte Speicherplätze« verwendet, ist größtenteils nahezu der gleiche wie für andere Cluster: Sie installieren Windows Server 2016 auf den Clusterknoten, aktualisieren sie identisch, fügen das Feature *Failoverclustering* und die Rolle *Hyper-V* hinzu und erstellen den Cluster.

Hier gibt es aber eine wichtige Abweichung von der Standardprozedur. Zwar können Sie den Cluster in der grafischen Benutzeroberfläche in Failovercluster-Manager mit dem Clustererstellungs-Assistenten bilden, doch müssen Sie verhindern, dass das System automatisch nach Speicher sucht und diesen hinzufügt. Demzufolge müssen Sie den Cluster in Windows PowerShell mit einem Befehl wie dem folgenden erstellen:

```
new-cluster -name cluster1
    -node server1,server2,server3,server4
    -nostorage
```

Der Parameter *NoStorage* ist hier wichtig und das Fehlen von Speicher würde einen Fehler während der Erstellung des Clusters erzeugen. Der Speicher wird hinzugefügt, wenn Sie »Direkte Speicherplätze« aktivieren. Dazu führen Sie das Cmdlet *Enable-ClusterStorageSpacesDirect* ohne Parameter aus:

```
enable-clusterstoragespacesdirect
```

Dieses eine Cmdlet führt mehrere Aufgaben aus, die für die S2D-Bereitstellung unabdingbar sind. Dazu gehören folgende:

- **Datenträger suchen** Das System durchsucht alle Knoten im Cluster nach lokalen, nicht partitionierten Datenträgern.

- **Caches anlegen** Das System klassifiziert die Datenträger in jedem Knoten nach ihren jeweiligen Bus- und Medientypen und richtet Bindungen zwischen ihnen ein, um Partnerschaften in jedem Server zu erzeugen, die die schnelleren Datenträger für Lese- und Schreibcaching verwenden.

- **Einen Pool erstellen** Das System fügt sämtliche verfügbaren Datenträger in allen Knoten zu einem einzigen clusterweiten Speicherpool hinzu.

Nachdem der Speicherpool erstellt ist, können Sie darauf virtuelle Datenträger einrichten (genau wie Sie es von »Speicherplätze« in Server-Manager auf einem eigenständigen Server her kennen). Im Failovercluster-Manager wählen Sie den Speicherpool aus, wie Abbildung 5–48 zeigt, und starten den Assistenten für neue virtuelle Datenträger (»Direkte Speicherplätze«). Im Assistenten legen Sie eine Größe fest und der Assistent erstellt einen Datenträger mit der standardmäßigen Resilienzeinstellung *Zwei-Wege-Spiegelung*.

Allerdings können virtuelle S2D-Datenträger einfache, gespiegelte und Paritätsdatenträger als Resilienztypen wie auch benutzerdefinierte Speicherebenen unterstützen. Mehr Flexibilität beim Erstellen von virtuellen Datenträgern bietet das Windows PowerShell-Cmdlet *New-Volume*. Es kann in einem Schritt Aufgaben ausführen, die einstmals mehrere getrennte Operationen erfordert haben – unter anderem den virtuellen Datenträger erstellen, partitionieren und formatieren, zum CSVFS-Dateisystem konvertieren und zum Cluster hinzufügen.

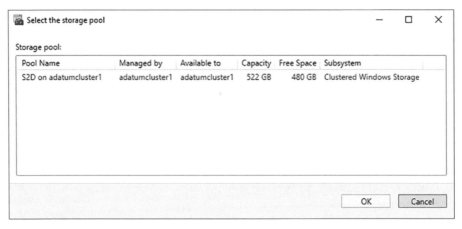

Abb. 5–48   Das Dialogfeld *Speicherpool auswählen*

Zum Beispiel können Sie mit einem Befehl wie dem folgenden einen virtuellen Datenträger erstellen, der Paritätsresilienz und zwei Ebenen mit den standardmäßigen Klartextnamen *Performance* für SSDs und *Capacity* für HDDs verwendet:

```
new-volume -storagepool "s2d*"
    -friendlyname vdisk1
    -filesystem csvfs_refs
    -resiliencysettingname parity
    -storagetiersfriendlynames performance, capacity
    -storagetiersizes 10gb, 100gb
```

Nachdem Sie die virtuellen Datenträger erstellt haben, können Sie sie zu freigegebenen Clustervolumes (CSVs) hinzufügen, um sie in jedem Knoten zugreifbar zu machen.

Ein verteiltes »Direkte Speicherplätze«-Szenario in einem Cluster implementieren

In zwei Bereitstellungsszenarios weist Microsoft als designierte Anwendung für »Direkte Speicherplätze« die Unterstützung eines Hyper-V-Clusters aus. Im ersten Szenario, das als verteilte oder zusammengeführte Bereitstellung bezeichnet wird, gibt es zwei verschiedenartige/eigenständige Cluster. Der erste ist ein Dateiserver mit horizontaler Skalierung, der mit »Direkte Speicherplätze« den Speicher für einen zweiten Cluster bereitstellt, einen Hyper-V-Cluster, der virtuelle Computer hostet (siehe Abbildung 5–49).

In diesem Szenario soll der S2D-Cluster den Speicher bereitstellen, den der Hyper-V-Cluster für seine virtuellen Computer benötigt. Von daher ist S2D praktisch ein Ersatz für ein SAN. Weil dieses Modell zwei getrennte Cluster verlangt, sind mehr Server erforderlich und es ist demzufolge teurer, es zu implementieren. Allerdings hat eine derartige Bereitstellung den Vorteil, dass der S2D-Cluster und der Hyper-V-Cluster unabhängig voneinander skalierbar sind.

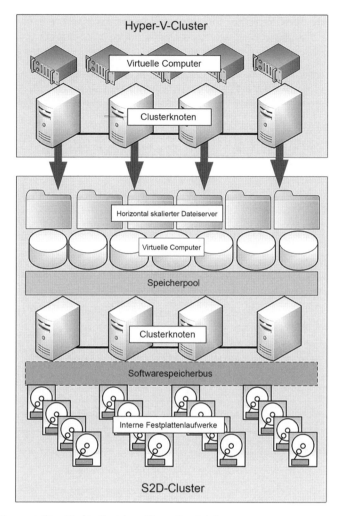

Abb. 5–49   Eine verteilte »Direkte Speicherplätze«-Bereitstellung

»Direkte Speicherplätze« erstellt eine hochskalierbare Umgebung, in der Sie Laufwerke zu den Knoten oder Knoten zum Cluster hinzufügen können. So oder so passt sich S2D an jeden neuen Speicher an, den es im Pool entdeckt. In einer verteilten Bereitstellung können Sie Speicher zum S2D-Cluster hinzufügen, ohne den Hyper-V-Cluster zu beeinflussen. Auf dieselbe Weise können Sie Knoten zum Hyper-V-Cluster hinzufügen, ohne die Speicherinfrastruktur zu beeinflussen.

Das verteilte Szenario implementieren Sie wie oben beschrieben: Sie erstellen einen Cluster, aktivieren S2D, legen virtuelle Datenträger an und fügen sie zu CSVs hinzu. Dann fügen Sie die Rolle *Dateiserver mit horizontaler Skalierung* hinzu, um die Konfiguration des Speicherclusters fertigzustellen. Der zweite Cluster ist ein Standard-Hyper-V-Cluster, der die Freigaben vom SoFS-Cluster verwendet, um seine virtuellen Computer zu speichern.

Ein hyperkonvergiertes »Direkte Speicherplätze«-Szenario in einem Cluster implementieren

Das zweite »Direkte Speicherplätze«-Szenario heißt *hyperkonvergiert*, weil es direkte Speicherdienste mit Hyper-V in einem einzigen Cluster zusammenfasst, wie Abbildung 5–50 zeigt. Diese Lösung hat einen geringeren Hardwarebedarf und sie generiert zweifellos auch weniger Netzwerkverkehr. Außerdem ist sie kostengünstiger und erfordert weniger Wartungsaufwand. Es ist nicht notwendig, Dateiserverberechtigungen zu konfigurieren oder zwei Cluster zu überwachen.

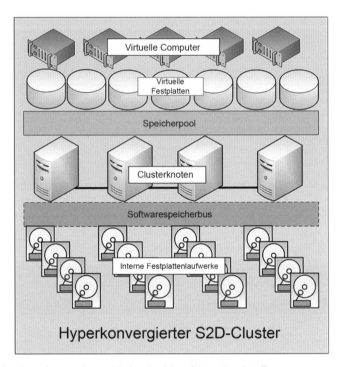

Abb. 5–50   Eine hyperkonvergierte »Direkte Speicherplätze«-Bereitstellung

---

PRÜFUNGSTIPP

Mit Windows Server 2016 ist es durchaus möglich, für Test- und Schulungszwecke einen hyperkonvergierten S2D-Cluster auf einem einzelnen Hyper-V-Server zu bilden. Nachdem Sie Failovercluster und Hyper-V installiert haben, können Sie zwei oder mehr virtuelle Computer mit jeweils mehreren VHDX-Dateien einrichten, sie clustern und »Direkte Speicherplätze« aktivieren. Wenn Sie dann noch die Virtualisierungserweiterungen des Hostservers eingerichtet haben, können Sie Hyper-V auf den virtuellen Computern installieren, geschachtelte virtuelle Computer erstellen und sie clustern. Diese Anordnung erzielt keine Geschwindigkeitsrekorde und die Flut der Datenträgeranforderungen, die von den physischen Datenträgern des Hostservers zu bewältigen ist, erscheint chaotisch, doch es funktioniert.

Der Nachteil dieses Szenarios ist, dass Sie die SoFS- und Hyper-V-Dienste nicht unabhängig voneinander skalieren können. Wenn Sie einen Server hinzufügen möchten, um dem Pool mehr Speicher zu spendieren, müssen Sie dem Hyper-V-Cluster ebenfalls einen Knoten hinzufügen.

Die Bereitstellung eines hyperkonvergierten »Direkte Speicherplätze«-Clusters unterscheidet sich kaum von der eines normalen Hyper-V-Clusters, außer dass Sie S2D aktivieren müssen, nachdem Sie den Cluster erstellt haben. Einer der positiven Aspekte von S2D ist, dass es Funktionen zum Durchbruch verhilft, die Administratoren wahrscheinlich schon kennen. Wenn Sie schon früher mit Windows-Failoverclustern gearbeitet haben, sollte es kaum etwas großartig Neues für Sie in einer S2D-Bereitstellung geben. Verglichen mit einem SAN ist »Direkte Speicherplätze« tatsächlich wesentlich einfacher einzurichten.

> **WEITERE INFORMATIONEN**
> Eine ausführliche Lösungsbeschreibung für eine hyperkonvergierte »Direkte Speicherplätze«-Clusterbereitstellung finden Sie unter *https://docs.microsoft.com/de-de/windows-server/storage/storage-spaces/hyper-converged-solution-using-storage-spaces-direct*.

Schnelltest

Welche der folgenden Lösungen für freigegebenen Speicher ermöglicht es Clustern, die lokalen Datenträger innerhalb eines Computers zu nutzen?

1. Fibre Channel
2. Freigegebene Clustervolumes
3. Serial Attached SCSI
4. »Direkte Speicherplätze«

Antwort für den Schnelltest

»Direkte Speicherplätze« (Nr. 4) kann einen Pool erstellen, der den lokalen Datenträgerspeicher in allen Clusterknoten zusammenfasst und für den gesamten Cluster freigibt.

Prüfungsziel 5.4: Failovercluster verwalten

Nachdem Sie einen Failovercluster installiert und konfiguriert haben, fallen laufende Wartungsarbeiten und Verwaltungsaufgaben an, die Sie mit Tools wie Failovercluster-Manager und Windows PowerShell-Cmdlets im Modul *FailoverClusters* erledigen.

Dieser Abschnitt befasst sich mit folgenden Themen:

- Rollenspezifische Einstellungen einschließlich ständig verfügbarer Freigaben konfigurieren
- VM-Überwachung konfigurieren

- Failover und Einstellungen konfigurieren
- Stretch- und standortabhängige Failovercluster implementieren
- Node Fairness aktivieren und konfigurieren

Rollenspezifische Einstellungen einschließlich ständig verfügbarer Freigaben konfigurieren

Jede Clusterrolle, die Sie in Failovercluster-Manager oder mit einem PowerShell-Cmdlet installieren, besitzt eigene Einstellungen, die für die Funktion der Rolle spezifisch sind. Wenn Sie im Failovercluster-Manager auf der Seite *Rollen* eine Ihrer Rollen auswählen, erscheint ein Abschnitt für sie im Bereich *Aktionen*, wie Abbildung 5–51 zeigt. Einige der Aktionen im Bereich sind rollenspezifisch und einige sind generische Aktionen, die in jedem Rollenbereich erscheinen.

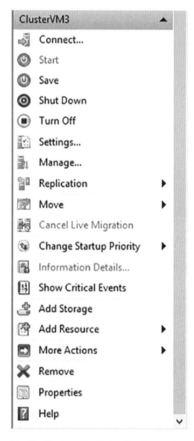

Abb. 5–51 Die Liste *Aktionen* für die Clusterrolle *Virtueller Computer*

Einstellungen für die Rolle Virtueller Computer

In diesem Beispiel für die Rolle *Virtueller Computer* gibt es Aktionen wie in Hyper-V-Manager, mit denen Sie den virtuellen Computer starten, anhalten, eine Verbindung zu ihm herstellen und sein Dialogfeld *Einstellungen* öffnen können. Im Menü *Verschieben* können Sie Livemigrationen und Schnellmigrationen ausführen sowie den Speicher des virtuellen Computers migrieren. Abbildung 5–52 zeigt die entsprechende Benutzeroberfläche.

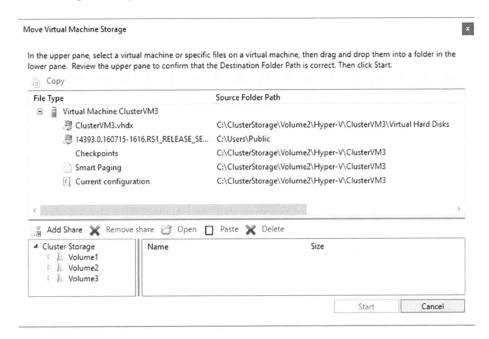

Abb. 5–52 Das Dialogfeld *Speicher des virtuellen Computers verschieben*

Einstellungen für fortlaufend verfügbare Freigaben

Wenn Sie die Clusterrolle *Dateiserver* installieren, haben Sie die Wahl, einen Dateiserver zur allgemeinen Verwendung zu erstellen oder Dateiserver mit horizontaler Skalierung für Anwendungsdaten wie zum Beispiel Hyper-V und SQL Server. Bei beiden Rollen können Sie Freigaben einrichten, die über das Protokoll SMB 3.0 ständig verfügbar sind.

In der Version 3.0 des SMB-Protokolls sind unter anderem die folgenden Erweiterungen besonders in einer Clusterumgebung nützlich:

- **SMB Transparent Failover** Ermöglicht es, eine Clientsitzung unterbrechungsfrei von einem Clusterknoten auf einen anderen zu übertragen. Diese Erweiterung wird standardmäßig auf allen Failovercluster-Dateiserverfreigaben implementiert. Sowohl der Client als auch der Server müssen SMB 3.0 unterstützen (Windows Server 2012 oder Windows 8).

- **SMB Scale-out** Ermöglicht es, dass Clients von allen Knoten im Cluster auf Freigaben gleichzeitig zugreifen können. Praktisch erhöht das die verfügbare Bandbreite der Freigabe auf die zusammengefasste Bandbreite der Knoten. Freigaben mit horizontaler Skalierung sind nur für Clients zugreifbar, die SMB der Versionen 2 und 3 ausführen.

- **SMB Multichannel** Ermöglicht es Dateiservern, die Bandbreite von mehreren Netzwerkadaptern zusammenzufassen, um den Durchsatz und die Fehlertoleranz zu verbessern. SMB kann automatisch erkennen, ob mehrere Adapter vorhanden sind, und sich selbst konfigurieren, um sie zu verwenden.

- **SMB Direct** Verwendet RDMA (Remote Direct Memory Access), um direkte Speicher-zu-Speicher-Datenübertragungen zwischen Remotesystemen durchzuführen, was die Belastung des Systemprozessors senkt. Sowohl der Client als auch der Server müssen SMB 3.0 verwenden.

- **SMB Encryption** Bietet Ende-zu-Ende-AES-Verschlüsselung zwischen Servern und Clients, die SMB 3.0 verwenden.

Wenn Sie eine Dateiserverfreigabe im Failovercluster-Manager erstellen oder ändern, präsentiert der Assistent für neue Freigaben eine Seite *Freigabeeinstellungen konfigurieren* (siehe Abbildung 5–53). Das standardmäßig eingeschaltete Kontrollkästchen *Fortlaufende Verfügbarkeit aktivieren* aktiviert das Feature *SMB Transparent Failover* und das Kontrollkästchen *Datenzugriff verschlüsseln* aktiviert *SMB Encryption*.

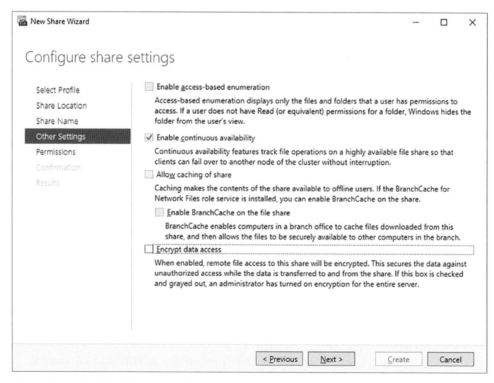

Abb. 5–53 Die Seite *Freigabeeinstellungen konfigurieren* des Assistenten für neue Freigaben

VM-Überwachung konfigurieren

Hyper-V in einem Cluster auszuführen, hat unter anderem den Vorteil, dass der Cluster bestimmte Dienste auf den virtuellen Computern überwachen, auftretende Probleme melden und eine konfigurierbare Aktion ausführen kann. Somit können Sie den Dienst auswählen, der einer wichtigen Anwendung auf dem virtuellen Computer zugeordnet ist, und den virtuellen Computer so konfigurieren, dass er neu startet oder ein Failover auf einen anderen Knoten durchführt, wenn ein Problem auftritt.

Um VM-Überwachung in Failoverclustering zu verwenden, muss der virtuelle Computer die folgenden Voraussetzungen erfüllen:

- Der virtuelle Computer muss zur selben Domäne gehören wie der Hyper-V-Host.
- In der Windows-Firewall auf dem virtuellen Computer müssen die eingehenden Regeln in der Gruppe *Überwachung für virtuelle Computer* aktiviert sein.
- Der Administrator des Hyper-V-Clusters muss Mitglied der Gruppe *Lokale Administratoren* auf dem virtuellen Computer sein.

Die Überwachung für einen bestimmten virtuellen Computer konfigurieren Sie in folgenden Schritten:

1. Öffnen Sie den Failovercluster-Manager und klicken Sie auf *Rollen*, um die Seite *Rollen* anzuzeigen.
2. Wählen Sie die *Virtueller Computer*-Rolle aus, die Sie überwachen möchten, und klicken Sie im Bereich *Aktionen* auf *Weitere Aktionen/Überwachung konfigurieren*.

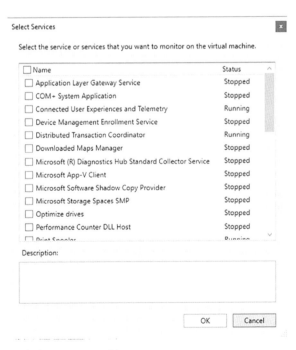

Abb. 5–54   Das Dialogfeld *Dienste auswählen*

3. Im Dialogfeld *Dienste auswählen*, das Abbildung 5–54 zeigt, aktivieren Sie das Kontrollkästchen für den Dienst, den Sie überwachen möchten. Klicken Sie auf *OK*.

In einem Windows PowerShell-Fenster konfigurieren Sie die Überwachung mit dem Cmdlet *Add-ClusterVMMonitoredItem*, wie das folgende Beispiel zeigt:

```
add-clustervmmonitoreditem –virtualmachine clustervm3
    -service spooler
```

Sollten bei einem Dienst, den Sie ausgewählt haben, Probleme auftreten, werden sie zuerst vom Dienststeuerungs-Manager auf dem virtuellen Computer behandelt, der anhand der Eigenschaften des individuellen Dienstes die Aktionen steuert, wie Abbildung 5–55 zeigt. Diese Eigenschaften können Sie ändern, um Art und Häufigkeit der Aktionen des Dienststeuerungs-Managers festzulegen.

Abb. 5–55 Das Eigenschaftenblatt eines Dienstes

Wenn die Bemühungen des Dienststeuerungs-Managers scheitern und der Dienst immer noch nicht funktioniert, übernimmt der Cluster und führt seine eigenen Wiederherstellungsaktionen wie folgt aus:

- Der Cluster erzeugt einen Eintrag mit der Ereignis-ID 1250 im Systemprotokoll des Hosts.

- Der Cluster ändert den Status des virtuellen Computers in *Anwendung in VM kritisch*.

- Der Cluster startet den virtuellen Computer auf demselben Knoten neu. Scheitert der Dienst weiterhin, verschiebt der Cluster die Rolle auf einen anderen Knoten.

Diese standardmäßigen Neustartaktivitäten können Sie im Eigenschaftendialogfeld *WMI für den Cluster des virtuellen Computers* verändern (siehe Abbildung 5–56). Das Dialogfeld erreichen Sie über die Hauptseite des Clusters im Abschnitt *Hauptressourcen des Clusters*.

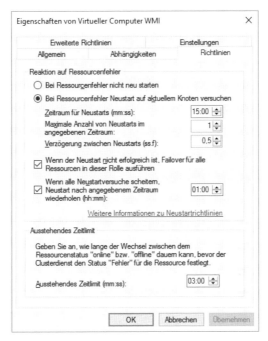

Abb. 5–56   Das Eigenschaftendialogfeld *WMI für den Cluster des virtuellen Computers*

Failover und Einstellungen konfigurieren

Von einem *Failover* spricht man, wenn eine Rolle, die auf einem Knoten läuft, nicht mehr ausgeführt werden kann und der Cluster sie auf einen anderen Knoten verschiebt. Es gibt zahlreiche Gründe, warum ein Failover auftritt: Der Strom fällt aus, die Software stürzt ab oder ein Administrator fährt den Knoten zu Wartungszwecken herunter. Bei einem Failback verschiebt der Cluster die Rolle zurück auf ihren ursprünglichen Knoten, nachdem das Problem, das den Failover verursacht hat, behoben ist.

Administratoren können das Verhalten des Clusters in Bezug auf die Auswahl der Knoten und das Failover-Verhalten für eine bestimmte Rolle steuern, indem sie dessen Eigenschaften anpassen. Wenn Sie im Failovercluster-Manager auf der Seite *Rollen* eine Rolle auswählen und im Bereich *Aktionen* auf *Eigenschaften* klicken, erscheint das Eigenschaftsblatt der Rolle, wie Abbildung 5–57 zeigt.

Abb. 5–57 Die Registerkarte *Allgemein* auf dem Eigenschaftenblatt einer Clusterrolle

Auf der Registerkarte *Allgemein* geben Sie den Knoten an, der die Rolle vorzugsweise ausführen soll. Eigentlich ist es egal, welcher das ist, weil die Knoten funktionell identisch sind, doch Sie können das Kontrollkästchen für einen der Knoten aktivieren und mit den Schaltflächen *Nach oben* und *Nach unten* die bevorzugte Reihenfolge ändern.

In der Dropdownliste *Priorität* können Sie mit den Werten *Hoch*, *Mittel* oder *Niedrig* anzeigen, wann die Rolle in Bezug auf die anderen Rollen im Cluster starten soll. Die Werte sind nur relativ zu denen der anderen Rollen zu sehen und es gibt auch eine Einstellung *Kein automatischer Start*, um zu verhindern, dass die Rolle zusammen mit dem Cluster startet. Dann müssen Sie die Rolle manuell starten, wenn Sie sie ausführen wollen.

Auf der Registerkarte *Failover*, die in Abbildung 5–58 zu sehen ist, legen Sie fest, wie oft der Cluster höchstens versuchen soll, eine Rolle neu zu starten, oder sie innerhalb des angegebenen Zeitraums auf einen anderen Knoten übertragen soll. Außerdem können Sie angeben, ob die Rolle ein Failback zum bevorzugten Knoten durchführt und ob dies geschieht, sobald der bevorzugte Knoten wieder online ist, oder ob eine festgelegte Zeitdauer gewartet wird.

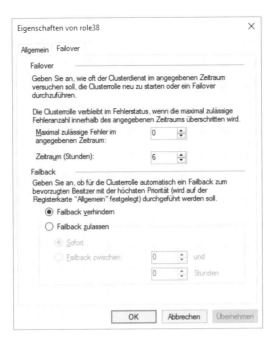

Abb. 5-58 Die Registerkarte *Failover* auf dem Eigenschaftenblatt einer Clusterrolle

Stretch- und standortabhängige Failovercluster implementieren

Bei Fehlertoleranz geht es um die Planung für alle Fälle und Failovercluster sind ein Mittel, um Hardware- und Softwareausfällen bereits vorab zu begegnen. Manche Ausfälle treten allerdings in einem größeren Rahmen auf, bei dem nicht nur einzelne Festplattenlaufwerke oder Server betroffen sind, sondern vielmehr ganze Gebäude oder Städte. Aus diesem Grund sollten Unternehmen, die ihre Anwendungen selbst bei solchen Katastrophen weiterhin betriebsfähig halten wollen, Stretch-Cluster einrichten.

Bei einem *Stretch-Cluster* sind die Knoten auf verschiedene Standorte aufgeteilt, oftmals in verschiedenen Städten. Im Katastrophenfall wie zum Beispiel bei einem Hurrikan oder Erdbeben kann der Cluster seine Rollen auf Knoten übertragen, die vom Katastrophengebiet weit entfernt liegen. Allerdings bringen Stretch-Cluster einige schwierige Probleme für Administratoren mit sich. So müssen sie klären, dass Clusterknoten in verschiedenen Städten mit den gleichen Daten arbeiten und wie das Failover-Verhalten in einer Situation zu steuern ist, in der die Knoten nicht untereinander austauschbar sind.

Weil es normalerweise nicht praktikabel ist, eine freigegebene Speicherlösung zu erstellen, die sämtliche Knoten in einem Stretch-Cluster mit denselben Festplattenlaufwerken verbinden kann, gehen Stretch-Cluster auf asymmetrische Speicherung über, bei der jeder Standort eine eigene freigegebene Speicherlösung betreibt. Administratoren können dann das Feature *Speicherreplikat* in Windows Server 2016 nutzen, um die Daten zwischen den Standorten zu synchronisieren, wie Abbildung 5-59 veranschaulicht.

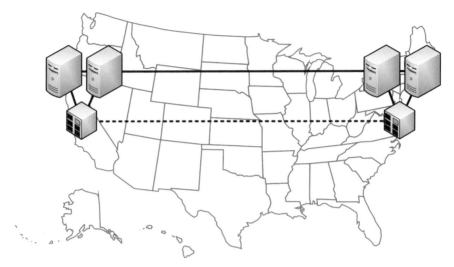

Abb. 5–59 Ein Stretch-Cluster mit replizierter Speicherung

Selbst wenn das Problem der freigegebenen Daten gelöst ist, gibt es noch andere Fragen in einem Stretch-Cluster zu klären. Wie soll zum Beispiel in einer Failover-Situation der Cluster unterscheiden zwischen den Knoten in New York und den Knoten in San Francisco? Failoverclustering von Windows Server 2016 begegnet diesem Problem dadurch, dass sich standortabhängige Failovercluster erstellen lassen.

Ein *standortabhängiger Failovercluster* ist ein Cluster, der Fehlerdomänen enthält. Diese basieren auf den Werten einer Standorteigenschaft, die für jeden Knoten konfigurierbar ist. Die Cluster bestimmen anhand dieser Fehlerdomänen ihr Verhalten während des Failovers und anderer Rollenübertragungen. Um einen standortabhängigen Cluster zu erstellen, definieren Sie zuerst die Standorte mit dem PowerShell-Cmdlet *New-ClusterFaultDomain*. Dann weisen Sie mit dem Cmdlet *Set-ClusterFaultDomain* die Clusterknoten den eben definierten Standorten zu.

Zum Beispiel richten Sie mit den folgenden Befehlen Standorte für Büros in New York und San Francisco ein:

```
new-clusterfaultdomain –name ny
    –type site
    –description "primary"
    –location "new york ny"

new-clusterfaultdomain –name sf
    –type site
    –description "secondary"
    –location "san francisco ca"
```

Dann weisen Sie mit den folgenden Befehlen die Knoten den Standorten für einen Cluster mit vier Knoten zu:

```
set-clusterfaultdomain –name node1
    –parent ny

set-clusterfaultdomain –name node2
    –parent ny

set-clusterfaultdomain –name node3
    –parent sf

set-clusterfaultdomain –name node4
    –parent sf
```

Nachdem diese Eigenschaften konfiguriert sind, verwendet der Cluster die Standortinformationen, um die Aktivitäten bei Ressourcenübertragungen zwischen Knoten zu steuern. Wenn zum Beispiel ein Knoten ausfällt, versucht der Cluster als Erstes, ihn auf einen anderen Knoten am selben Standort zu übertragen. Nur wenn alle Knoten an diesem Standort nicht verfügbar sind, führt er einen Failover auf einen anderen Knoten an einem anderen Standort durch. Das ist die sogenannte *Failover-Affinität*.

Ähnlich sieht es aus, wenn ein Administrator einen Knoten von seinen Rollen befreit, bevor er ihn zur Wartung herunterfährt. In diesem Fall verschiebt der Cluster die Rollen auf einen Knoten am selben Standort. Freigegebene Clustervolumes werden auch die Verbindungen unter den Knoten nach Möglichkeit am selben Standort verteilen.

Auch die Heartbeat-Einstellungen lassen sich konfigurieren. Ein Cluster bestimmt damit, ob die Knoten noch funktionieren. In einem Stretch-Cluster sind die Latenzzeiten bei der Kommunikation zwischen den Standorten zwangsläufig größer als zwischen Subnetzen. Deshalb können Sie die folgenden Einstellungen ändern, um zu verhindern, dass Knoten fälschlicherweise als ausgefallen gelten:

- **CrossSiteDelay** Gibt die Anzahl der Millisekunden zwischen den Heartbeats an, die an Knoten an verschiedenen Standorten gesendet werden. Die Standardeinstellung ist 1000.
- **CrossSiteThreshold** Gibt die Anzahl der fehlenden Heartbeats an, die auftreten müssen, bevor ein Knoten an einem anderen Standort als ausgefallen gilt. Die Standardeinstellung ist 20.

Diese Einstellungen konfigurieren Sie mit PowerShell-Befehlen wie den folgenden:

```
(get-cluster).crosssitedelay = 2000

(get-cluster).crosssitethreshold = 30
```

Mit einem Befehl wie dem folgenden können Sie auch einen der Standorte, die Sie definiert haben, als bevorzugten Standort für den Cluster konfigurieren:

    (get-cluster).preferredsite = ny

Wenn Sie diese Einstellung festlegen, starten Rollen am bevorzugten Standort bei einem Kaltstart des Clusters, und der bevorzugte Standort genießt Vorrang bei Quorumverhandlungen, sodass er bei Bedarf auf Kosten der anderen Standorte am Leben gehalten wird.

Node Fairness aktivieren und konfigurieren

Wartung, Failover und andere Aktivitäten können veranlassen, dass virtuelle Computer auf einem Hyper-V-Cluster in einer Weise migriert werden, dass manche Knoten übermäßig belastet, andere dagegen kaum genutzt werden. Das Feature *Node Fairness* von Windows Server 2016 versucht nun, die Lastverteilung unter den Knoten auszugleichen.

Node Fairness bewertet die Arbeitsspeicher- und CPU-Belastungen auf jedem Knoten über die Zeit und versucht, die zu stark beanspruchten Knoten zu ermitteln. Wenn der Cluster einen überlasteten Knoten entdeckt, gleicht er die Belastung durch eine Livemigration von virtuellen Computern auf andere Knoten, die praktisch im Leerlauf arbeiten, aus, wobei Fehlerdomänen und bevorzugte Besitzer beobachtet werden.

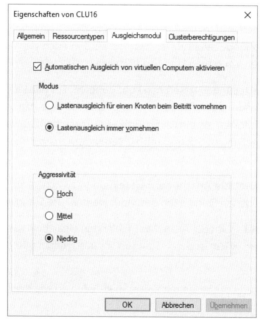

Abb. 5–60   Die Registerkarte *Ausgleichsmodul* auf dem Eigenschaftenblatt eines Clusters

Die Node Fairness ist standardmäßig aktiviert, doch Sie können auch konfigurieren, wann das Feature startet und wann der Lastenausgleich stattfindet. Außerdem können Sie die Aggressivität des stattfindenden Lastenausgleichs konfigurieren. Hierzu gehen Sie im Eigenschaftenblatt des Clusters auf die Registerkarte *Ausgleichsmodul*, die in Abbildung 5–60 zu sehen ist.

Diese Einstellungen können Sie auch per Windows PowerShell mit den folgenden Befehlen konfigurieren:

- **(Get-Cluster).AutoBalancerMode**   Legt fest, ob Node Fairness ausgeführt werden sollte und wie oft sie die Belastung ausgleichen soll. Dafür sind die folgenden Werte definiert:
    - 0   Node Fairness ist deaktiviert.
    - 1   Lastenausgleich findet statt, wenn ein Knoten dem Cluster beitritt.
    - 2   Lastenausgleich findet statt, wenn ein Knoten dem Cluster beitritt und danach alle 30 Minuten. Dies ist die Standardeinstellung.

- **(Get-Cluster).AutoBalancerLevel**   Legt die Aggressivität fest, mit der Node Fairness die Belastung auf jedem Knoten beurteilen sollte. Dafür sind die folgenden Werte definiert:
    - 1   Gering. Migriert virtuelle Computer, wenn der Host zu mehr als 80 Prozent ausgelastet ist. Dies ist die Standardeinstellung.
    - 2   Mittel. Migriert virtuelle Computer, wenn der Host zu mehr als 70 Prozent ausgelastet ist.
    - 3   Hoch. Migriert virtuelle Computer, wenn der Host zu mehr als 60 Prozent ausgelastet ist.

Prüfungsziel 5.5: Umzug virtueller Computer in Clusterknoten verwalten

Haben Sie einen Cluster installiert, konfiguriert und in Betrieb gesetzt, werden Sie sicherlich in Situationen geraten, in denen es notwendig ist, die Verteilung der virtuellen Computer unter den Clusterknoten zu ändern. Windows Server 2016 bietet verschiedene Methoden, um virtuelle Computer zu verschieben und ihr Verhalten beim Umzug zu steuern.

Dieser Abschnitt befasst sich mit folgenden Themen:

- Eine Livemigration durchführen
- Eine Schnellmigration durchführen
- Eine Speichermigration durchführen
- VMs importieren, exportieren und kopieren
- Netzwerkintegrität von VM-Netzwerken konfigurieren
- Belastung beim Herunterfahren konfigurieren

Eine Livemigration durchführen

Wenn Sie auf einem Cluster eine Rolle *Virtueller Computer* erstellen, dann erstellen Sie den virtuellen Computer selbst und konfigurieren ihn anschließend für hohe Verfügbarkeit. Die zweite Aktion, die Sie mit dem Assistenten für hohe Verfügbarkeit oder in PowerShell mit dem Cmdlet *ClusterVirtualMachineRole* durchführen, aktiviert Livemigration für die Rolle. Es ist nicht erforderlich, den Hyper-V-Server manuell zu konfigurieren, um Livemigration zu aktivieren oder ein Authentifizierungsprotokoll auszuwählen.

Nachdem der virtuelle Computer im Cluster erstellt ist, führen Sie eine Livemigration ganz einfach aus, indem Sie auf der Seite *Rollen* mit der rechten Maustaste auf den virtuellen Computer klicken und im Kontextmenü *Verschieben/Livemigration* auswählen. Sie können den Cluster den besten Knoten wählen lassen oder einen beliebigen Knoten im Cluster als Ziel auswählen, wie Abbildung 5–61 zeigt.

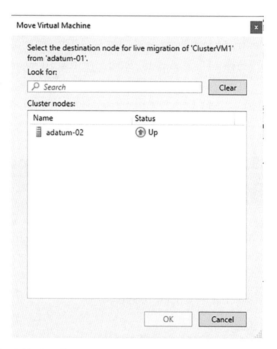

Abb. 5–61   Das Dialogfeld *Virtuellen Computer verschieben*

In PowerShell leiten Sie eine Livemigration mit dem Cmdlet *Move-ClusterVirtualMachineRole* wie im folgenden Beispiel ein:

```
move-clustervirtualmachinerole -name clustervm1
    -node server2
```

Eine Schnellmigration durchführen

Schnellmigration ist der Vorläufer der Livemigration und diente ursprünglich als Tool, um einen virtuellen Computer von einem Cluster auf einen anderen zu verschieben. Die größtenteils durch Livemigration in Windows Server 2012 ersetzte Schnellmigration ist immer noch Bestandteil von Windows Server 2016, weil es Situationen gibt, in denen sie weiterhin nützlich ist.

Verglichen mit Livemigration, bei der die Übergabe eines virtuellen Computers von einem Knoten zum anderen fast verzögerungsfrei geschieht, tritt bei Schnellmigration eine Verzögerung auf, die man als kurze Pause beschreiben würde. Wie bei einer Livemigration ziehen die Datendateien während einer Schnellmigration nicht um. Allerdings können Sie eine Schnellmigration auf virtuellen Computern durchführen, die ausgeführt werden oder angehalten wurden. Für eine Livemigration müssen die virtuellen Computer ausgeführt werden. In der Praxis greifen Administratoren nur dann auf eine Schnellmigration zurück, wenn sie keine Livemigration durchführen können.

Eine typische Schnellmigration einer ausgeführten Rolle *Virtueller Computer* läuft folgendermaßen ab:

1. Der Cluster hält die Rolle *Virtueller Computer* an und damit auch die E/A- und CPU-Funktionen des virtuellen Computers.
2. Der Cluster speichert den Arbeitsspeicherinhalt und Systemstatus der Quell-VM in freigegebenem Speicher und versetzt den virtuellen Computer in den Status *Gespeichert*.
3. Der Cluster kopiert die symbolische Verknüpfung, die den Speicherort der Dateien der Quell-VM angibt, auf den Zielknoten und überträgt den Besitz der Dateien der Quell-VM auf die Ziel-VM.
4. Der Cluster entfernt die symbolische Verknüpfung von der Quell-VM.
5. Der Cluster setzt die Rolle aus dem Status *Gespeichert* wieder fort und kopiert dabei den Arbeitsspeicherinhalt und den Systemstatus aus dem freigegebenen Speicher zur Ziel-VM, die jetzt auf dem Zielknoten läuft.

Der grundlegende Unterschied zwischen Schnellmigration und Livemigration besteht darin, dass eine Schnellmigration zuerst den Arbeitsspeicher des virtuellen Computers auf die Festplatte kopiert und dann von der Festplatte zum Ziel, während eine Livemigration den Arbeitsspeicher direkt von der Quelle zum Ziel kopiert. Die Länge der Pause in einer Schnellmigration hängt von der Größe des Arbeitsspeichers des virtuellen Computers und der Performance des Speichersubsystems ab. Direkt von der Quell-VM zur Ziel-VM wird nur die winzige symbolische Verknüpfung kopiert.

> **HINWEIS** Schnellmigration in angehaltenen virtuellen Computern
> Wenn der virtuelle Computer angehalten ist, erfordert eine Schnellmigration nur die Übertragung der symbolischen Verknüpfung von der Quelle zum Ziel. In diesem Fall findet der Prozess praktisch verzögerungsfrei statt.

Wie sich das Anhalten auf der Clusterrolle auswirkt, hängt von den Anwendungen ab, die auf dem virtuellen Computer laufen. Manche Anwendungen können sich leicht innerhalb von wenigen Sekunden aus dem angehaltenen Status wiederherstellen, andere Anwendungen eventuell nicht. Allerdings erschien den Entwicklern von Windows Server 2012 die Situation wichtig genug, dass sie ein Tool für eine nahezu verzögerungsfreie Migration – Livemigration – ganz oben auf ihre Prioritätenliste gesetzt haben.

Eine Schnellmigration führt man fast genauso durch wie eine Livemigration. Auf der Seite *Rollen* klicken Sie mit der rechten Maustaste auf den virtuellen Computer, klicken im Kontextmenü auf *Verschieben/Schnellmigration* und wählen den gewünschten Zielknoten aus. Während der Migration sehen Sie, dass die Rolle in den Status *Gespeichert* übergeht, und wenn sie wieder fortgesetzt wird, in den Status *Startend*.

Eine Speichermigration durchführen

Livemigration und Schnellmigration sind dafür konzipiert, den Arbeitsspeicherinhalt und den Systemstatus von einem virtuellen Computer auf einen anderen zu übertragen. Sie verschieben aber nicht die virtuellen Festplattendateien, in denen der virtuelle Computer sein Betriebssystem, die Anwendungsdateien und Daten speichert. In einem Failovercluster befinden sich diese Dateien erwartungsgemäß in einem freigegebenen Speicher, sodass die Ziel-VM bereits darauf zugreifen kann.

Speichermigration hat die entgegengesetzte Wirkung: Sie verschiebt die Festplattendateien eines virtuellen Computers, aber weder seinen Arbeitsspeicher noch den Systemstatus. Es gibt relativ wenige Beschränkungen für eine Speichermigration. Der virtuelle Computer muss keinem Cluster angehören, sodass Sie ihn in Hyper-V wie auch als Failoverclustering implementiert sehen.

Auf einem eigenständigen Hyper-V-Server können Sie die Dateien zu jedem Ziel verschieben, für das Sie die Zugriffsberechtigungen besitzen, einschließlich eines anderen Speicherorts auf demselben Computer. Dies ist hilfreich, weil es den virtuellen Computer mit den neuen Speicherorten der Dateien aktualisiert, während sie migriert werden.

In Hyper-V führen Sie die Speichermigrationen mit dem Assistenten zum Verschieben von <Server> durch. Im Failovercluster-Manager gibt es aber ein anderes Tool. Wenn Sie eine Clusterrolle *Virtueller Computer* auswählen und auf *Verschieben/Speicher des virtuellen Computers* klicken, erscheint das Dialogfeld *Speicher des virtuellen Computers verschieben* (siehe Abbildung 5–62).

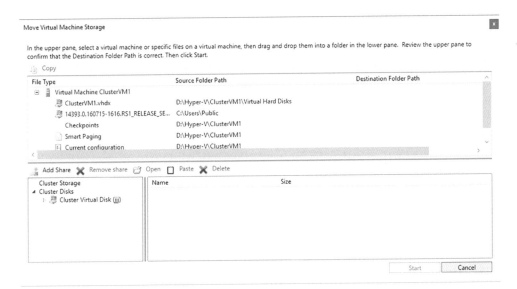

Abb. 5–62 Das Dialogfeld *Speicher des virtuellen Computers verschieben*

PRÜFUNGSTIPP

Bei der Vorbereitung auf die Prüfung 70-740 sollten Sie daran denken, dass Speichermigration und Livemigration getrennte Prozesse sind. Im Hyper-V-Manager bringt der Assistent zum Verschieben von <Server> die Funktionalität von Livemigration und Speichermigration in einer Benutzeroberfläche zusammen, was verwirrend sein kann. Mit diesem Assistenten können Sie einen virtuellen Computer auf einen anderen Hyper-V-Host verschieben; Sie können den Speicher eines virtuellen Computers verschieben, während der virtuelle Computer an Ort und Stelle verbleibt; oder Sie können sowohl den virtuellen Computer als auch dessen Speicher auf einen anderen Host verschieben, was letztlich Livemigration und Speichermigration kombiniert. Vergessen Sie aber nicht, dass es sich um zwei separate Tools und zwei separate Prozeduren handelt, auch wenn der Assistent den Eindruck vermittelt, es wäre ein Prozess.

In diesem Dialogfeld können Sie beliebige gespeicherte Ressourcen des virtuellen Computers auswählen, einschließlich der individuellen VHD- und VHDX-Dateien, Prüfpunkte und Smart Paging-Dateien, und sie per Drag&Drop an einen Speicherort an einer beliebigen Stelle im Clusterspeicher übertragen. Ein neuer Wert *Pfad des Zielordners* erscheint und gibt an, wohin das Tool die Datei verschiebt. Wenn Sie für alle Dateien, die Sie verschieben möchten, Ziele ausgewählt haben, können Sie auf die Schaltfläche *Start* klicken, um das Dialogfeld zu schließen und die Speichermigration zu beginnen.

Virtuelle Computer importieren, exportieren und kopieren

In Hyper-V hat die Fähigkeit, virtuelle Computer exportieren und importieren zu können, mehrere nützliche Anwendungsfälle. Es ist eine einfache, wenn auch umständliche Methode, einen virtuellen Computer von einem Host auf einen anderen Host zu übertragen, und zwar vollständig mit allen seinen virtuellen Datenträger-, Prüfpunkt- und Smart Paging-Dateien, ohne dass solche Vorbedingungen wie bei Livemigration oder Schnellmigration erfüllt sein müssen. Es ist auch eine Methode, um einen virtuellen Computer zu kopieren – oder zu klonen – mit seinen sämtlichen Updates, Konfigurationseinstellungen und funktionierenden Anwendungen.

Über Hyper-V-Manager können Sie auf ein Dialogfeld *Virtuellen Computer exportieren* und einen Assistenten *Virtuellen Computer importieren* zugreifen, wie Kapitel 3 beschrieben hat, doch im Failovercluster-Manager steht eine solche Benutzeroberfläche nicht zur Verfügung. Allerdings können Sie in Windows PowerShell mit den Cmdlets *Export-VM* und *Import-VM* einen geclusterten virtuellen Computer effektiv klonen.

Einen – laufenden oder angehaltenen – virtuellen Computer exportieren Sie mit einem Befehl wie dem folgenden:

```
export-vm -name clustervm1
    -path d:\vm
```

Den Befehl können Sie von jedem Knoten im Cluster ausführen. Wenn Sie jedoch einen lokalen, nicht freigegebenen Datenträger für den Parameter *Path* angeben, wird der virtuelle Computer zum angegebenen Pfad auf dem Knoten exportiert, wo er momentan ausgeführt wird. Deshalb sollten Sie für den Wert *Path* vorzugsweise einen freigegebenen Speicher angeben.

Um den virtuellen Computer in den Hyper-V-Host zu importieren, kopieren Sie die Dateien in die Standardordner des Hosts und generieren einen neuen Sicherheitsbezeichner (SID) für den virtuellen Computer. Verwenden Sie einen Befehl wie den folgenden, um Konflikte zu verhindern:

```
import-vm -path "d:\vm\virtual machines\5ae40946-3a98-428e-8c83-081a3c68d18c.xml"
    -copy
    -generatenewid
```

Wenn der Vorgang abgeschlossen ist, haben Sie auf diesem Host einen neuen virtuellen Computer. Ist der Hyper-V-Host so konfiguriert, dass er standardmäßig VM-Dateien im freigegebenen Speicher ablegt, können Sie dann mithilfe des Failovercluster-Managers diesen virtuellen Computer als Rolle *Virtueller Computer* hinzufügen und für hohe Verfügbarkeit konfigurieren.

Integrität von Netzwerken virtueller Computer konfigurieren

Die Integrität von Netzwerken ist ein Feature, das erkennt, ob ein virtueller Computer in einem Clusterknoten eine funktionsfähige Verbindung zu einem bestimmten Netzwerk besitzt. Ist das nicht der Fall, überträgt der Cluster automatisch per Livemigration die VM-Rolle auf einen anderen Knoten, der über eine Verbindung zu diesem Netzwerk verfügt.

Ohne dieses Feature können Clustercomputer den Kontakt zum Netzwerk verlieren, das sie eigentlich instand halten sollen, und laufen weiter, als ob alles richtig wäre. Handelt es sich nur um ein einfaches Problem, beispielsweise ein abgezogenes Kabel, können andere Knoten im Cluster möglicherweise noch auf dieses Netzwerk zugreifen und das Migrieren des virtuellen Computers auf einen dieser Knoten kann ihn betriebsfähig halten, bis der Netzwerkfehler repariert ist.

Auch wenn die Integrität von Netzwerken standardmäßig aktiviert ist, gibt es Situationen, in denen ein Administrator nicht daran interessiert ist, dass eine Livemigration automatisch stattfindet. Sind zum Beispiel die Clusterknoten mit Verbindungen zu redundanten Netzwerken ausgestattet, sollen keine Livemigrationen als Reaktion auf den Ausfall eines Netzwerks stattfinden, wenn der Knoten bereits auf andere Netzwerke zugreifen kann.

Um zu steuern, ob die Integrität der Netzwerke angewendet wird, öffnen Sie das Dialogfeld *Einstellungen* für den virtuellen Computer entweder im Failovercluster-Manager oder im Hyper-V-Manager, erweitern den Netzwerkadapter, der die Verbindung für das fragliche Netzwerk bereitstellt, und gehen auf die Seite *Erweiterte Features*, wie Abbildung 5–63 zeigt. Wenn Sie das Kontrollkästchen *Geschütztes Netzwerk* deaktivieren, verhindern Sie Livemigrationen aufgrund von Ausfällen, die in diesem Netzwerk erkannt werden.

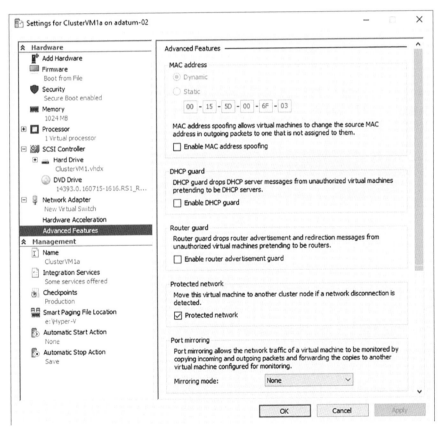

Abb. 5–63 Die Seite *Erweiterte Features* für einen Netzwerkadapter im Dialogfeld eines virtuellen Computers

Belastung beim Herunterfahren konfigurieren

Wenn Sie einen Clusterknoten, der virtuelle Computer enthält, zu Wartungszwecken oder aus anderen Gründen herunterfahren möchten, sollten Sie zunächst die Rollen des Knotens ausgleichen (das heißt, sie per Livemigration auf andere Knoten verschieben), bevor Sie den Computer herunterfahren. In Failovercluster-Manager markieren Sie dazu einen Knoten und klicken im Bereich *Aktionen* auf *Anhalten/Rollen ausgleichen*. Wenn Sie am unteren Rand der Seite die Registerkarte *Rollen* aktivieren, sollte jede Rolle live migriert auf einem anderen Knoten im Cluster zu sehen sein.

In PowerShell können Sie einen Knoten mit dem Cmdlet *Suspend-ClusterNode* ausgleichen, wie das folgende Beispiel zeigt:

```
suspend-clusternode
```

Wenn Sie bisher versäumt hatten, den Knoten auszugleichen, und ihn einfach bei noch ausgeführten Rollen heruntergefahren haben, wurden die Rollen in einen Status *Gespeichert* versetzt, was einen Dienstausfall bewirkt, bis die virtuellen Computer auf einen anderen Knoten verschoben und wieder fortgesetzt wurden. Failoverclustering von Windows Server 2016 enthält nun das Feature *Belastung beim Herunterfahren*, das automatisch sämtliche Rollen auf einem Knoten per Livemigration verschiebt, bevor das System heruntergefahren wird. Es sei allerdings darauf hingewiesen, dass Microsoft trotzdem empfiehlt, einen Knoten erst anzuhalten und auszugleichen, bevor das Herunterfahren initiiert wird.

Belastung beim Herunterfahren ist standardmäßig aktiviert, wovon Sie sich mit dem Befehl *(Get-Cluster).DrainOnShutdown* überzeugen können, wie Abbildung 5–64 zeigt. Der Wert 1 zeigt dann, dass das Feature aktiviert ist, bei 0 ist es deaktiviert.

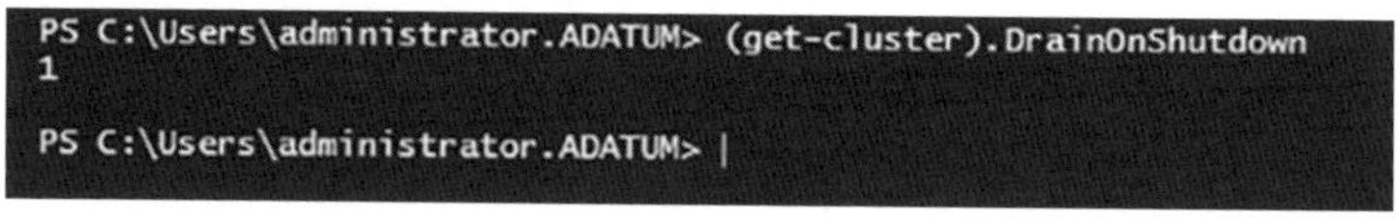

```
PS C:\Users\administrator.ADATUM> (get-cluster).DrainOnShutdown
1
PS C:\Users\administrator.ADATUM>
```

Abb. 5–64 Ausgabe des Befehls *(Get-Cluster).DrainOnShutdown*

Möchten Sie das Feature *Belastung beim Herunterfahren* deaktivieren, führen Sie also den folgenden Befehl aus:

```
(get-cluster).drainonshutdown = 0
```

Prüfungsziel 5.6: Netzwerklastenausgleich implementieren

Prinzipiell zielt ein Failovercluster auf Fehlertoleranz ab, wobei ein Computer einen Dienst ausführt, während andere im Leerlauf arbeiten und darauf warten, beim Ausfall des aktiven Computers als Ersatz einzuspringen. Dagegen liegt dem *Netzwerklastenausgleich* (Network Load Balancing, NLB) die Idee zugrunde, dass viele Computer denselben Dienst gleichzeitig realisieren. Diese Anordnung bietet ebenfalls Fehlertoleranz, doch liegt der Aufgabenschwerpunkt darauf, die Verkehrslast unter vielen Computern aufzuteilen, sodass der Cluster mehr Clients auf einmal bedienen kann, als es ein einzelner Computer jemals könnte.

Dieser Abschnitt beschäftigt sich mit folgenden Themen:

- NLB-Voraussetzungen konfigurieren
- NLB-Knoten installieren
- Affinität konfigurieren
- Portregeln konfigurieren
- Clusterbetriebsmodus konfigurieren
- NLB-Cluster aktualisieren

NLB-Voraussetzungen konfigurieren

Ein NLB-Cluster kann aus 2 bis 32 Servern – *Hosts* genannt – bestehen, die jeweils eine separate Kopie der gewünschten Anwendung ausführen. NLB verwendet dann TCP/IP-Adressierung, um eingehende Clientanforderungen an die verschiedenen Hosts zu senden und so die Belastung unter ihnen auszubalancieren. Am besten geeignet ist der Netzwerklastenausgleich für zustandslose Anwendungen, wie zum Beispiel Webserver, mit variablen Clientbelastungen. Bei zunehmendem Datenverkehr ist es möglich, mit zusätzlichen Hosts die Kapazität des Clusters zu erhöhen. Ebenso einfach lassen sich Hosts entfernen, wenn sich die Clientbelastung verringert.

PRÜFUNGSTIPP

Failoverclustering-Cluster bestehen aus *Knoten*, während NLB-Cluster aus *Hosts* bestehen. Denken Sie bei der Prüfung 70-740 an diesen Unterschied.

Die NLB-Hosts in einem Cluster tauschen einmal pro Sekunde Nachrichten aus, die sogenannten *Heartbeats*. Anhand dieser Nachrichten können sie die ständige Funktionalität der anderen Hosts verfolgen. Wenn die Heartbeats von einem einzelnen Host für eine bestimmte Zeitdauer fehlen, entfernen die anderen Hosts ihn aus dem Cluster. Immer wenn ein Host hinzugefügt oder entfernt wird, führt der NLB-Cluster eine sogenannte *Konvergenz* durch, während der er die aktuelle Clustermitgliedschaft bewertet und bestimmt, wie Clientanforderungen auf die Hosts verteilt werden sollten.

Wie beim Failoverclustering hat ein NLB-Cluster seine eigene virtuelle Identität im Netzwerk, mit einem Namen und einer IP-Adresse, über die sich Clients mit der Anwendung verbinden. Wenn Sie sich zum Beispiel mit einer großen Website im Internet verbinden, rufen Sie eine Clusteradresse mit einem Mechanismus wie NLB auf, der Ihre Anforderung an einen der Computer in einer Serverfarm weiterleitet. Dabei wissen Sie nicht, auf welchen Server Sie zugreifen, und das spielt auch keine Rolle, weil alle den gleichen Dienst bereitstellen.

Da die Anwendung auf allen Hosts im Cluster läuft, sind viele der komplizierten Verhandlungen, die beim Failoverclustering anfallen, gar nicht notwendig. Es gibt weder ein Quorum noch stellt sich die Frage, welcher Server eine bestimmte Rolle ausführt. Alle sind aktiv. Somit ist NLB wesentlich einfacher einzurichten und zu administrieren als Failoverclustering und kommt mit weniger Voraussetzungen aus.

Hardwarevoraussetzungen

NLB-Cluster können bis zu 32 Hosts unterstützen. Im Allgemeinen ist weder freigegebener Speicher noch andere spezialisierte Hardware für NLB erforderlich. Im Unterschied zu einem Failovercluster müssen die Computer, mit denen Sie die NLB-Hosts erstellen, nicht identisch sein. Allerdings sollten sie schon ähnliche technische Daten aufweisen, damit sich nicht manche Hosts deutlich schlechter verhalten als andere.

Sämtliche Hosts in einem NLB-Cluster müssen im selben Subnetz liegen und die Netzwerklatenz ist möglichst gering zu halten, damit der Konvergenzprozess normal ablaufen kann. Die Hosts brauchen nicht im selben Servergestell oder Datencenter untergebracht zu sein, doch können weit auseinanderliegende Standorte dazu führen, dass Hosts aus dem Cluster herausfallen.

> **HINWEIS** **Standortbasierte Fehlertoleranz für NLB**
>
> Um standortbasierte Fehlertoleranz für den Fall einer größeren Katastrophe zu realisieren, ist es am besten, getrennte NLB-Cluster an verschiedenen Standorten zu betreiben und mit einem anderen Mechanismus die Clientanforderungen auf die beiden Standorte aufzuteilen. So ist zum Beispiel DNS-Roundrobin eine Technik, die es DNS-Servern erlaubt, den Clusternamen aufzulösen, um aufeinanderfolgenden Anforderungen verschiedene IP-Adressen zuzuweisen. Dadurch wird letztlich der eingehende Datenverkehr auf die Standorte aufgeteilt und NLB teilt ihn seinerseits an jedem Standort auf die Hosts auf.

Die NLB-Hosts dürfen beliebig viele Netzwerkadapter enthalten, wie für andere Zwecke erforderlich sind, wobei aber sämtliche Netzwerkadapter für den Netzwerklastenausgleich entweder Multicast- oder Unicast-Übertragungen verwenden müssen. Die Clusterparameter – und insbesondere der Clusterbetriebsmodus – beeinflussen die Hardwarekonfiguration Ihres Netzwerks. Da Sie dieses auswählen, wenn Sie den NLB-Cluster einrichten, ist dieser Punkt gleich von Anfang an zu berücksichtigen.

Softwarevoraussetzungen

Beim Netzwerklastenausgleich müssen Sie unter anderem folgende Anforderungen an die Softwarekonfiguration betrachten, bevor Sie einen NLB-Cluster erstellen:

- **Betriebssystem** Windows Server unterstützt den Netzwerklastenausgleich schon seit mehreren Versionen und die Implementierungen sind seit Windows Server 2008 größtenteils gleich geblieben. Allerdings empfiehlt es sich, dass sämtliche Hosts in einem NLB-Cluster dieselbe Version und dieselbe Edition von Windows Server ausführen.

- **IP-Adressen** Alle Hosts in einem NLB-Cluster müssen statische IP-Adressen besitzen. NLB unterstützt DHCP[5] nicht und deaktiviert den DHCP-Client auf den Computern, die Sie als Hosts konfigurieren. Demzufolge müssen Sie sich mit der Adressierung im jeweiligen Subnetz befassen und für geeignete IP-Adressen sorgen, die Sie den Hosts und dem Cluster zuweisen können. Falls das Subnetz für die anderen Computer DHCP verwendet, müssen Sie die statischen Adressen für die Hosts so wählen, dass sie außerhalb des von DHCP automatisch zugewiesenen Bereichs liegen.

- **Lokale Benutzerkonten** Alle Hosts in einem NLB-Cluster sollten über ein identisches Benutzerkonto verfügen, das Mitglied der lokalen Gruppe *Administratoren* ist und über das der Netzwerklastenausgleich-Manager auf die Hosts zugreift. Ohne identische Konten müssen Sie für jeden Host, auf den Sie zugreifen, entsprechende Anmeldeinformationen für die Authentifizierung angeben. Auch wenn die Mitgliedschaft in einer AD DS-Domäne für einen NLB-Cluster nicht erforderlich ist, gestaltet sich die Verwaltung einfacher, weil die AD DS-Gruppe *Domänenadministratoren* Mitglied der lokalen Administratorengruppe auf jedem beigetretenen Computer ist.

NLB-Knoten installieren

Wie Failoverclustering ist der Netzwerklastenausgleich ein Feature, das zu Windows Server 2016 gehört. Das Feature müssen Sie in Server-Manager mit dem Assistenten zum Hinzufügen von Rollen und Features auf allen Servern installieren, die als NLB-Hosts fungieren. Alternativ installieren Sie dieses Feature in Windows PowerShell mit dem Cmdlet *Install-WindowsFeature*:

```
install-windowsfeature -name nlb
    -includemanagementtools
```

Die NLB-Verwaltungstools können Sie mit dem folgenden Befehl auch ohne das NLB-Feature installieren, um einen Cluster von einer Remoteworkstation zu administrieren:

```
install-windowsfeature -name rsat-nlb
```

---

5. DHCP – Dynamic Host Configuration Protocol

Nachdem das Feature auf allen Servern installiert ist, können Sie einen NLB-Cluster in folgenden Schritten bilden:

1. Starten Sie in Server-Manager über das Menü *Tools* die Konsole *Netzwerklastenausgleich-Manager* (siehe Abbildung 5–65).

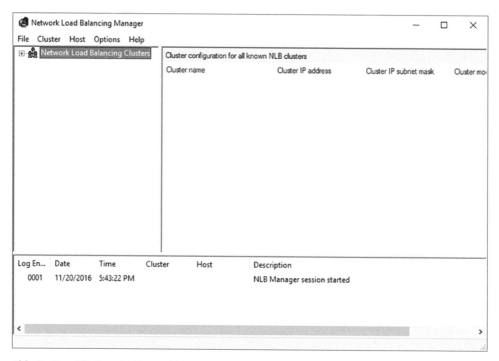

Abb. 5–65 Die Konsole *Netzwerklastenausgleich-Manager*

2. Klicken Sie im Menü *Cluster* auf *Neu*.

3. Auf der Seite *Neuer Cluster: Verbinden*, die in Abbildung 5–66 zu sehen ist, geben Sie in das Textfeld *Host* den Namen des ersten Hosts ein, den Sie dem Cluster hinzufügen möchten (selbst wenn es der Name des lokalen Computers ist), und klicken auf *Verbinden*. Die Schnittstelle(n) und IP-Adresse(n) des Computers erscheinen.

4. Markieren Sie die Schnittstelle, die der Host für den Cluster verwenden soll, und klicken Sie auf *Weiter*.

5. Auf der Seite *Neuer Cluster: Hostparameter* legen Sie einen Wert für *Priorität (eindeutige Host-ID)* mithilfe der Dropdownliste fest. Dieser Wert muss auf jedem Host, den Sie installieren, eindeutig sein. Jeder Datenverkehr, der nicht den Portregeln entspricht, die für den Cluster konfiguriert sind, wird an den Host mit dem niedrigsten Prioritätswert weitergeleitet.

Abb. 5–66 Die Seite *Neuer Cluster: Verbinden*

6. Auf der Seite *Neuer Cluster: Cluster-IP-Adressen* klicken Sie auf *Hinzufügen*.

7. Im Dialogfeld *IP-Adresse hinzufügen* (siehe Abbildung 5–67) geben Sie die Werte für *IPv4-Adresse* und *Subnetzmaske* an, die der Cluster verwendet, und klicken auf *OK*. Daraufhin wird die virtuelle Identität für den Cluster erzeugt, die zur Netzwerkadapterkonfiguration jedes Hosts im Cluster hinzugefügt wird.

Abb. 5–67 Das Dialogfeld *IP-Adresse hinzufügen*

8. Auf der Seite *Neuer Cluster: Clusterparameter*, die in Abbildung 5–68 zu sehen ist, geben Sie den vollständigen Internetnamen für den Cluster ein. Clients verwenden diesen Namen, um sich mit der Anwendung zu verbinden, die auf dem Cluster läuft. Dies ist zum Beispiel für einen Webservercluster der Servername in der URL der Website.

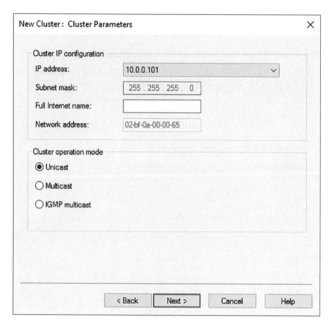

Abb. 5–68 Die Seite *Neuer Cluster: Clusterparameter*

9. Im Abschnitt *Clusterausführungsmodus* wählen Sie einen der folgenden Werte aus:

   - **Unicast** Legt fest, dass der Cluster eine Unicast-MAC[6]-Adresse für Clusterkommunikationen verwenden soll.
   - **Multicast** Legt fest, dass der Cluster eine Multicast-MAC-Adresse für Clusterkommunikationen verwenden soll.
   - **IGMP-Multicast** Legt fest, dass der Cluster eine Multicast-MAC-Adresse für Clusterkommunikationen mit IGMP verwenden soll, um Port-Flooding zu verhindern.

10. Auf der Seite *Neuer Cluster: Portregeln* (siehe Abbildung 5–69) klicken Sie auf *Bearbeiten*, um die Standardportregel zu ändern.

11. Im Dialogfeld *Portregel hinzufügen/bearbeiten* (siehe Abbildung 5–70) modifizieren Sie die Einstellungen im Abschnitt *Portbereich*, um die Ports für die Anwendung festzulegen, die der Cluster ausführt.

---

6. MAC – Media Access Control, eindeutiger Identifikator eines Geräts in einem Netzwerk

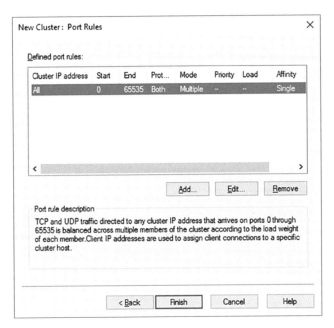

Abb. 5–69   Die Seite *Neuer Cluster: Portregeln*

Abb. 5–70   Das Dialogfeld *Portregel hinzufügen/bearbeiten*

12. Im Abschnitt *Filterungsmodus* wählen Sie eine der folgenden Optionen aus und klicken auf *OK*, um die Einstellungen in der Portregel zu kontrollieren:

   - **Mehrfachhost** Ermöglicht, dass eingehender Verkehr, der der Portregel entspricht, von mehreren Clusterhosts verarbeitet wird. Mit einer Option für *Affinität* legen Sie fest, wie wiederholter Verkehr von Clients auf die Hosts verteilt wird.
   - **Einzelhost** Ermöglicht, dass eingehender Verkehr, der der Portregel entspricht, von einem einzelnen Clusterhost verarbeitet wird.
   - **Diesen Portbereich deaktivieren** Bewirkt, dass der Cluster den gesamten Verkehr blockiert, der der Portregel entspricht.

13. Klicken Sie auf *Fertig stellen*.

Damit haben Sie einen NLB-Cluster gebildet und seinen ersten Host konfiguriert. Um weitere Hosts in den Cluster aufzunehmen, wählen Sie den Cluster in der Konsole aus und klicken auf *Cluster/Host hinzufügen*. Für jeden hinzugefügten Host brauchen Sie nur die Seiten *Verbinden*, *Hostparameter* und *Portregeln* zu konfigurieren. Wenn Sie die einzelnen Hosts hinzufügen, konvergiert der Cluster, bis sämtliche Hosts erkannt und in den Cluster eingebunden sind (siehe Abbildung 5–71).

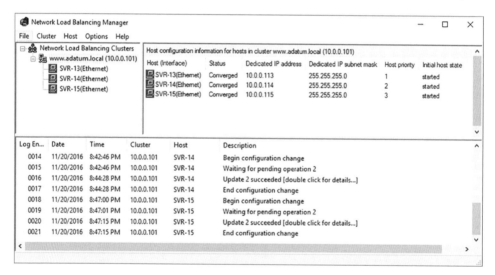

Abb. 5–71 Die Konsole *Netzwerklastenausgleich-Manager* mit einem Drei-Knoten-Cluster

Affinität konfigurieren

Wenn Sie in einer Portregel die Einstellung *Filterungsmodus* konfigurieren, legen Sie fest, wie der Cluster den Verkehr verarbeitet, der dieser Portregel entspricht. Haben Sie *Einzelhost* gewählt, verwenden Sie NLB praktisch als Failovercluster für diese Regeln, mit Fehlertoleranz, aber ohne Skalierbarkeit. Nur der Host mit dem niedrigsten Prioritätswert verarbeitet den Verkehr für diese Regel. Sollte dieser Host ausfallen, übernimmt der Host mit der nächstniedrigeren Priorität.

Bei gewählter Option *Diesen Portbereich deaktivieren* nimmt der Cluster keinerlei Verkehr an, der der Regel entspricht. Mit dieser Einstellung erstellen Sie eine Regel, die den Verkehr für eine bestimmte IP-Adresse oder einen Port blockiert.

Wenn Sie die Option *Mehrfachhost* wählen, wird der Verkehr, der dieser Regel entspricht, unter allen Hosts des Clusters verteilt. Dies bietet sowohl Fehlertoleranz als auch Skalierbarkeit. Bei dieser Anordnung kann es durchaus passieren, dass ein Client vom Cluster getrennt, erneut damit verbunden und an einen anderen Host geschickt wird.

Bei manchen Anwendungen ist das kein Problem. Wenn Sie zum Beispiel einen Webserver betreiben, der nur statische Seiten anbietet, spielt es keine Rolle, ob ein Client von einem Host zu einem anderen verschoben wird. Dagegen würde bei einer E-Commerce-Website eine laufende Transaktion unterbrochen, wenn der Client zu einem anderen Host wechseln muss. Die Einstellung *Affinität* für die Option *Mehrfachhost* soll dieses Problem beseitigen.

Mit der Affinitätseinstellung legen Sie fest, wie der Cluster auf wiederholte Anforderungen vom selben Client reagieren soll. Folgende Einstellungen sind verfügbar:

- **Keine** Ohne Clientaffinität kann jeder Host eingehende Anforderungen von derselben IP-Adresse verarbeiten. Vermeiden Sie diese Einstellung für transaktionsbasierte Anwendungen, die konsistente Verbindungen zu ein und demselben Host voraussetzen. Diese Einstellung sollten Sie ebenfalls vermeiden, wenn die Einstellung *Protokolle* auf die Optionen *UDP* oder *Beide* für die Regeln gesetzt ist, damit keine IP-Fragmente an verschiedene Hosts gesendet werden.

- **Einfach** Diese Einstellung gewährleistet, dass sämtlicher Datenverkehr, der von einer einzelnen IP-Adresse kommt, an denselben Host gesendet wird. Sollte sich ein Client trennen, dann verwendet eine erneute Verbindung dieselbe Quell-IP-Adresse. NLB erkennt dies und leitet den Verkehr entsprechend weiter, sodass die Sitzung fortgesetzt werden kann.

- **Netzwerk** Bei dieser Einstellung ist es möglich, dass der gesamte Verkehr, der vom selben Klasse-C-Netzwerk stammt, an denselben Host gesendet wird. In manchen Fällen könnten Clients verschiedene Proxyserver im selben Netzwerk verwenden, wenn sie sich mit dem Cluster verbinden. Solange sich aber diese Proxyserver im selben Subnetz befinden, erkennt NLB, dass der Verkehr wahrscheinlich vom selben Client stammt, und sendet ihn an einen einzelnen Host.

Aktivieren Sie das Kontrollkästchen *Zeitlimit*, um die maximale Zeit festzulegen, die zwischen Verbindungen vergehen darf, bevor die Affinitätsregeln nicht mehr gelten.

Portregeln konfigurieren

Portregeln definieren, welche Arten von TCP/IP-Verkehr der NLB-Cluster verarbeiten sollte und wie das bei jeder Art geschieht. Wenn Sie einen neuen Cluster bilden, lässt die Standardportregel den Datenverkehr für alle IP-Adressen und alle Ports zu. Bei Bedarf können Sie diese Regel anpassen und auch andere Regeln definieren, um abweichende Einstellungen für verschiedene Verkehrsarten festzulegen.

Neben den bereits beschriebenen Einstellungen *Filterungsmodus* und *Affinität* sind für eine Portregel die folgenden Einstellungen verfügbar:

- **Cluster-IP-Adresse** Einem Cluster können mehrere IP-Adressen zugewiesen sein, die verschiedene Dienste repräsentieren, beispielsweise verschiedene Websites, die von IIS (Internet Information Services) gehostet werden. Indem Sie eine bestimmte Adresse auswählen, können Sie für jeden Dienst eine andere Regel definieren. Ist das Kontrollkästchen *Alle* aktiviert, erzeugen Sie eine globale Regel für sämtliche IP-Adressen des Clusters.

- **Portbereich** Ein Cluster kann auch Dienste anbieten, die verschiedene Ports verwenden. Zum Beispiel ist Port 80 für einen Webserver allgemein bekannt, der Port für einen gesicherten Webserver hat aber die Nummer 443. Wenn Sie mit NLB den Verkehr für einen Webserver ausgleichen, der mehrere Sites ausführt, können Sie eine Regel für jede Site definieren, in der Sie ihre IP-Adresse und/oder ihre Portnummer angeben. Eine Site, die statische Webseiten bereitstellt, kann durchaus den Filterungsmodus *Mehrfachhost* ohne Clientaffinität verwenden, doch für eine sichere E-Commerce-Site, die nur auf einem Host unterstützt wird, sollten Sie den Filterungsmodus *Einzelhost* verwenden.

- **Protokolle** Gibt an, ob die Regel für TCP, UDP oder beide gelten soll. TCP wird normalerweise für längere Transaktionen verwendet, die mehrere Pakete umfassen, während UDP für schnelle Anfrage-/Antwort-Transaktionen gebräuchlich ist. Je nach der Anwendung, die Sie auf dem Cluster ausführen, werden Sie verschiedene Affinitätseinstellungen für jedes Protokoll konfigurieren.

Wenn Sie auf die Portregeln über das Eigenschaftenblatt für einen der Hosts zugreifen, wie Abbildung 5–72 zeigt, können Sie zwar die oben aufgeführten Regeleinstellungen nicht ändern, aber die beiden folgenden hostspezifischen Einstellungen:

- **Lastgewicht** Die nur im Modus *Mehrfachhost* verfügbare Einstellung gibt an, wie viel Verkehr, der der Regel entspricht, vom ausgewählten Host verarbeitet werden soll. In der Standardeinstellung erfolgt die Aufteilung des Verkehrs gleichmäßig, doch Sie können einen relativen Wert von 0 bis 100 angeben.

- **Behandlungspriorität** Diese nur im Modus *Einzelhost* verfügbare Einstellung spezifiziert eine Priorität, mit der der Host den Verkehr, der der Regel entspricht, verarbeitet. Der Host mit dem niedrigsten Wert verarbeitet den gesamten Verkehr für die Regel.

Abb. 5–72 Die Einstellungen *Portregeln* im Eigenschaftenblatt eines Hosts

Clusterbetriebsmodus konfigurieren

Die Einstellung *Clusterbetriebsmodus* legt fest, welche Art von TCP/IP-Verkehr die Clusterhosts verwenden sollten. Ein Unicast ist eine TCP/IP-Übertragung, die an ein einzelnes Ziel gerichtet ist. Eine Multicast-Übertragung wird an mehrere Ziele mithilfe einer speziellen Multicast-IP-Adresse gesendet.

Die MAC-Adresse ist ein eindeutiger 6-Byte-Wert, den jeder Netzwerkadapter bei seiner Herstellung zugewiesen bekommt. Wenn Sie den Unicast-Modus für einen Cluster auswählen, ersetzt NLB die Hardware-MAC-Adresse in der Schnittstelle, die Sie für jeden Host auswählen, durch die virtuelle MAC-Adresse des Clusters. Dadurch gelangt der Datenverkehr, der an den Cluster adressiert ist, zu all seinen Hosts. Diese Vorgehensweise bringt aber auch Ihre Netzwerkswitches durcheinander, die nicht ermitteln können, zu welchem Port die Cluster-MAC-Adresse gehört. Deshalb müssen sie den Verkehr durch seine sämtlichen Ports weiterleiten, was zum »Fluten« des Netzwerks führt.

Der Unicast-Modus hindert Clusterhosts auch daran, miteinander über ihre designierten Clusteradapter zu kommunizieren. Weil alle Hosts die gleiche MAC-Adresse verwenden, wird der ausgehende Verkehr in einer Schleife zurückgeführt und erreicht niemals das Netzwerk. Aus diesem Grund sollten Sie einen zweiten Netzwerkadapter in jedem Host installieren, falls Sie Unicast-Modus verwenden wollen und normale Kommunikation zwischen den Hosts erforderlich ist.

Wenn Sie die Option *Multicast* auswählen, teilt NLB der Netzwerkschnittstelle auf jedem Host eine zweite MAC-Adresse zu. Dabei handelt es sich um eine Multicast-MAC-Adresse, die nicht die ursprüngliche Adresse ersetzt. Weil jeder Host seine eindeutige MAC-Adresse behält, ist kein zweiter Netzwerkadapter erforderlich. Zwar verursacht die Multicast-Option standardmäßig ebenfalls Switch-Flooding, doch es gibt Abhilfe. Die Option *IGMP-Multicast* verwendet das IGMP (Internet Group Management Protocol), um die Switches zu programmieren, sodass der Verkehr, der an die MAC-Adresse des Clusters gerichtet ist, nach außen nur über die Switch-Ports weitergeleitet wird, die mit NLB-Hosts verbunden sind. Darüber hinaus können Administratoren ein virtuelles lokales Netzwerk (VLAN) im Switch einrichten, das die gleichen Ergebnisse erzielt.

Der Multicast-Modus ist die bevorzugte Option, außer wenn Ihre Netzwerkhardware keine Multicastübertragungen unterstützt oder die Verwendung von Multicasts die Clusterperformance ernsthaft bremst.

NLB-Cluster aktualisieren

Es gibt zwei Methoden, einen vorhandenen Windows Server-NLB-Cluster auf die Windows Server 2016-Version zu aktualisieren:

- **Simultanes Upgrade**   Bei dieser Option fahren Sie den gesamten NLB-Cluster herunter, aktualisieren sämtliche Hosts und starten dann den Cluster wieder. Offensichtlich bedeutet das eine lange Ausfallzeit für die Clusteranwendung. Diese Option ist nur praktikabel, wenn Sie auf die Anwendung eine Zeit lang verzichten können oder wenn Sie einen Sicherungscluster parat haben, der die Aufgaben übernehmen kann.

- **Paralleles Upgrade**   Bei dieser Option entfernen Sie die Hosts jeweils einzeln aus dem Cluster, aktualisieren jeden Host und fügen ihn dann wieder in den Cluster ein. NLB ist für das Hinzufügen und Entfernen von Hosts ausgelegt, sodass der Cluster jedes Mal konvergiert, wenn Sie einen der Server entfernen oder hinzufügen.

Kapitelzusammenfassung

- *Hyper-V-Replikat* ist ein Feature, das den Speicher eines virtuellen Computers entweder synchron oder asynchron duplizieren kann.

- Bei einer *Livemigration* werden der Arbeitsspeicher und der Systemstatus eines virtuellen Computers nahezu verzögerungsfrei von einem Clusterknoten auf einen anderen übertragen.

- *Speichermigration* verschiebt die virtuellen Festplattendateien eines virtuellen Computers von einem Speicherort zu einem anderen, entweder auf demselben oder einem anderen Hyper-V-Host.

- Windows Server 2016 unterstützt Failovercluster, die Knoten in einer einzelnen Domäne, in mehreren Domänen und in Arbeitsgruppen enthalten.

- *Quorum* ist die Abstimmungsprozedur, nach der Cluster feststellen, ob sie bei einem Ausfall weiterlaufen oder herunterfahren sollen.

- *Failovercluster* setzen freigegebenen Speicher voraus, sodass die Anwendung, die auf den Clusterknoten läuft, trotz eines Knotenausfalls weiterhin funktionieren kann.
- Das Feature *clusterfähiges Aktualisieren* stellt sicher, dass alle Knoten in einem Failovercluster die gleichen Updates zeitnah erhalten.
- *Paralleles Upgrade für Clusterbetriebssysteme* ist ein neuer Betriebsmodus, der Clusterknoten in die Lage versetzt, vorübergehend mit verschiedenen Betriebssystemen zusammenzuarbeiten.
- *Freigegebene Clustervolumes* verkörpern freigegebenen Speicher, der auf allen Knoten des Clusters gleichzeitig zur Verfügung steht.
- Von *Gastclustering* spricht man, wenn ein Failovercluster mit virtuellen Computern auf Hyper-V-Servern erstellt wird.
- Ein *Cloudzeuge* ist ein stimmberechtigtes Quorummitglied, das in Microsoft Azure residiert und die entscheidende Stimme für Cluster mit mehreren Standorten liefert.
- »Direkte Speicherplätze« ermöglicht es, freigegebenen Clusterspeicher mit lokalen Festplatten in den Knoten aufzubauen.
- »Direkte Speicherplätze« kann freigegebenen Speicher für einen separaten Cluster oder für Rollen, die im selben Cluster ausgeführt werden, bereitstellen.
- Bei *VM-Überwachung* können Sie einen Dienst spezifizieren, der auf einem virtuellen Computer läuft, sodass der Cluster Maßnahmen ergreifen kann, wenn der Dienst ausfällt.
- Ein *Stretch-Cluster* ist ein Cluster, der auf zwei oder mehr Standorte aufgeteilt ist. Standortabhängigkeit ist die Fähigkeit, Clusterknoten mit ihren Standorten zu konfigurieren, um ihr Failover-Verhalten zu steuern.
- Livemigrationen und Speichermigrationen können Sie mit dem Failovercluster-Manager oder mit Windows PowerShell-Cmdlets durchführen.
- *Schnellmigration* kopiert als Vorgänger der Livemigration den Arbeitsspeicherinhalt in freigegebenen Speicher und dann auf den Zielknoten.
- Das Feature *Netzwerkintegrität* führt automatisch einen Failover einer Rolle auf einen anderen Knoten durch, wenn ein Netzwerk nicht mehr zugänglich ist.
- Das Windows Server 2016-Feature *Netzwerklastenausgleich* (NLB) ermöglicht es, Cluster zu bilden, in denen alle Server dieselbe Anwendung gleichzeitig ausführen.
- *NLB-Cluster* besitzen ihre eigenen Identitäten, d. h. Namen und IP-Adressen, über die Clients auf sie zugreifen können.
- Einen NLB-Cluster erstellen Sie mit dem *Netzwerklastenausgleich-Manager*, in dem Sie jeden Host hinzufügen und die Einstellungen für die Hosts und den Cluster konfigurieren.
- *Portregeln*, in denen Sie IP-Adressen, Protokolle und Ports angeben, identifizieren die Arten des Datenverkehrs, den NLB-Clusterhosts verarbeiten können.

Gedankenexperiment

In diesem Gedankenexperiment wenden Sie Ihre Fähigkeiten und Kenntnisse an, die Sie sich im Rahmen dieses Kapitels angeeignet haben. Die Antwort zu diesem Gedankenexperiment finden Sie im nächsten Abschnitt.

Alicia richtet einen NLB-Cluster aus fünf Hosts ein, die IIS ausführen, um eine E-Commerce-Website zu hosten. Jeder Hostserver besitzt einen einzelnen Netzwerkadapter, die alle mit demselben Subnetz verbunden sind. Beim Erstellen des NLB-Clusters arbeitet Alicia am ersten Hostserver, fügt den lokalen Computer hinzu, konfiguriert den Cluster für Unicast-Übertragungen und modifiziert die Standardportregel, um den Filterungsmodus *Mehrfachhost* mit der Affinitätseinstellung *Einfach* zu verwenden.

Nachdem sie den ersten Host zum NLB-Cluster hinzugefügt hat, entdeckt Alicia, dass sie mit den vier anderen Hostcomputern im Cluster nicht kommunizieren kann. Zwar versucht sie, die Computer in den Cluster hinzuzufügen, doch sie kann sich nicht verbinden. Auch Ping-Befehle zeigen, dass das Ziel unerreichbar ist. Alicia deaktiviert sogar die Windows-Firewall, vergeblich.

Was verhindert die Kommunikation und was sind die beiden möglichen Lösungen, mit denen Alicia die Probleme beheben kann?

Antwort zum Gedankenexperiment

Dieser Abschnitt enthält die Lösung für das Gedankenexperiment.

Die Einstellung *Unicast-Übertragung* hat bewirkt, dass die MAC-Adresse des Netzwerkadapters im Host durch die virtuelle MAC-Adresse des Clusters ersetzt wird. Weil diese MAC-Adresse zum Cluster aufgelöst wird, richtet Alicia den Ping-Befehl letztlich an sich selbst, wenn sie versucht, die anderen Server zu kontaktieren. Um die Situation zu bereinigen, kann sie entweder in alle Hostserver einen zweiten Netzwerkadapter einbauen oder den Cluster für Multicast-Übertragungen umkonfigurieren, wodurch die eigene MAC-Adresse des Servers nicht mehr unterdrückt wird.

KAPITEL 6

Serverumgebungen verwalten und überwachen

Nachdem Server installiert und konfiguriert sind, stehen weitere Aufgaben für Administratoren an. Server erfordern Wartung, damit sie sich immer auf dem neuesten Stand befinden und geschützt sind. Außerdem muss ihre Leistung überwacht werden, damit ihre Effizienz kontinuierlich gewährleistet ist.

Dieses Kapitel befasst sich mit folgenden Prüfungszielen:

- Serverinstallationen verwalten
- Serverinstallationen überwachen

Prüfungsziel 6.1: Serverinstallationen verwalten

Egal, welche Fehlertoleranzmechanismen Sie in Ihrem Netzwerk verwenden, Server benötigen regelmäßig Wartung, damit sie effizient funktionieren. Administratoren müssen Updates für Betriebssysteme und Anwendungen einspielen, Antimalwareprogramme überwachen und regelmäßige Sicherungen durchführen, um Daten gegen Verlust zu schützen. Mit den entsprechenden Features von Windows Server 2016 lassen sich derartige Aufgaben durchführen.

In diesem Abschnitt geht es um folgende Themen:

- Windows Server Update Services(WSUS)-Lösungen implementieren
- WSUS-Gruppen konfigurieren
- Patchverwaltung in gemischten Umgebungen
- Eine Antimalwarelösung mit Windows Defender implementieren
- Windows Defender mit WSUS und Windows Update integrieren
- Sicherungs- und Wiederherstellungsvorgänge mit Windows Server-Sicherung durchführen
- Sicherungsstrategien für verschiedene Windows Server-Rollen und -Arbeitsauslastungen bestimmen, darunter Hyper-V-Host, Hyper-V-Gäste, Active Directory, Dateiserver und Webserver mit Windows Server 2016-eigenen Tools und Lösungen

WSUS-Lösungen implementieren

Windows Server 2016 ist mit einem Windows Update-Client ausgestattet, der Betriebssystemupdates automatisch von den Microsoft-Webservern herunterlädt und installiert. Wenn Sie eine optionale Einstellung aktivieren, können Sie veranlassen, dass Windows Update auch die Updates für andere Microsoft-Produkte herunterlädt.

Wenn Sie Windows Update mit Standardeinstellungen ausführen, ist das die einfachste Softwareaktualisierungsstrategie, die Sie in einem Netzwerk implementieren können. Normalerweise lädt der Client die Updates etwa einmal pro Monat herunter und installiert sie. In einer Unternehmensumgebung kann diese Praxis jedoch zu einigen Problemen führen, unter anderem bei:

- **Bandbreitennutzung** Jeder Computer, der den Windows Update-Client ausführt, lädt seine eigene Kopie jedes Updates von den Microsoft-Servern im Internet herunter. Ein großes Netzwerk kann demzufolge eine riesige Menge von Internet-Bandbreite verbrauchen, um Hunderte Kopien derselben Dateien herunterzuladen.

- **Updategenehmigung** Die Standardeinstellungen des Windows Update-Clients bieten Benutzern oder Administratoren keine Möglichkeit, die Updates zu beurteilen, bevor sie sie installieren. Zwar können Sie einen Zeitraum angeben, in dem das System bei Bedarf neu startet, doch wäre dazu jemand erforderlich, der jeden Computer individuell verwaltet.

- **Konformität** In der Windows Update-Standardkonfiguration erhalten Administratoren keine Rückmeldung, ob der Client alle erforderlichen Updates erfolgreich installiert hat. Dies lässt sich nur feststellen, wenn der Updateverlauf auf jedem Computer individuell inspiziert wird.

Außer bei den kleinsten Netzwerken ist der Windows Update-Client mit seinen Standardeinstellungen keine zuverlässige Updatelösung. Um diese Probleme zu beseitigen, können Sie eine alternative Update-Bereitstellungsstrategie für Ihr Netzwerk mithilfe von Gruppenrichtlinieneinstellungen und Windows Server Update Services (WSUS) entwerfen.

WSUS-Architekturen

Windows Server Update Services (WSUS) ist eine Rolle in Windows Server 2016, durch die ein lokaler Server in Ihrem Netzwerk als Backend für den Windows Update-Client fungieren kann, genau wie es die Microsoft Update-Server im Internet tun.

Nachdem Sie einen WSUS-Server installiert haben, können Sie ihn verwenden, um alle anderen Server und Workstations in Ihrem Netzwerk mit Updates zu versorgen. WSUS lädt alle neuen Updates von den Microsoft Update-Servern im Internet herunter und die anderen Computer holen sich die Updates vom WSUS-Server. Somit zahlen Sie nur für die Bandbreite, die für das Herunterladen von einer Kopie jedes Updates erforderlich ist.

Außer Bandbreite einzusparen, können Administratoren mit WSUS die verfügbaren Updates durchsuchen, in einer Laborumgebung testen und der Bereitstellung an die Clients zustimmen.

Administratoren behalten also ihre ultimative Autorität darüber, welche Updates installiert werden und wann die Installationen stattfinden.

Da ein einzelner WSUS-Server viele Windows Update-Clients unterstützen kann, genügt theoretisch ein Server für alle Netzwerke außer den größten. Allerdings unterstützt WSUS auch einige Architekturvariationen, um sich an Topologien verschiedener Größen anzupassen, Remotebenutzer und Filialbüros mit begrenzten Kommunikationsfähigkeiten eingeschlossen.

Es gibt die folgenden fünf grundlegenden WSUS-Architekturen:

- **Einzelner WSUS-Server** Ein einzelner WSUS-Server lädt Updates von der Microsoft Update-Website herunter und alle anderen Computer im Netzwerk laden die Updates von diesem WSUS-Server herunter (siehe Abbildung 6–1). Da ein einzelner WSUS-Server bis zu 25.000 Clients unterstützen kann, ist diese Konfiguration für die meisten Unternehmensnetzwerke geeignet.

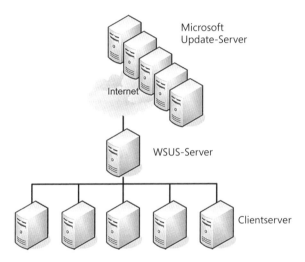

Abb. 6–1 Architektur mit einem einzelnen WSUS-Server

- **Replikat-WSUS-Server** Ein zentraler WSUS-Server lädt Updates von der Microsoft Update-Site im Internet herunter. An diesem zentralen Standort bewerten und genehmigen Administratoren die heruntergeladenen Updates. WSUS-Server an Remotestandorten – die sogenannten Downstream-Server – erhalten die genehmigten Updates von diesem ersten Server (siehe Abbildung 6–2). Diese Anordnung ist für Netzwerke mit gut verbundenen Zweigstellen gedacht. Clients können ihre Updates von einer lokalen Quelle beziehen, was die beanspruchte Internetbandbreite minimiert, und die Administratoren des zentralen Servers können die Updates für das gesamte Unternehmen verwalten.

- **Autonome WSUS-Server** Entspricht der Architektur *Replikat-WSUS-Server*, außer dass die Remote-WSUS-Server alle verfügbaren Updates vom zentralen Server herunterladen und Administratoren an jedem Standort dafür zuständig sind, die Updates für ihre eigenen Benutzer zu bewerten und zu genehmigen.

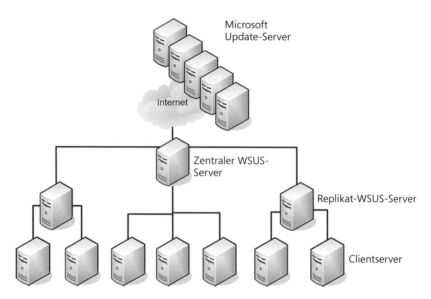

Abb. 6–2 Die Architektur mit WSUS-Remoteserver

- **WSUS-Server mit geringer Bandbreite** WSUS-Server an Remotestandorten laden lediglich die Liste der genehmigten Updates vom zentralen WSUS-Server herunter, ohne die Updates selbst herunterzuladen. Die Remoteserver laden dann die genehmigten Updates von den Microsoft Update-Servern im Internet herunter, wobei sie ihre relativ schnelle Internetverbindung nutzen. Diese Anordnung ermöglicht es Remotestandorten mit geringer Bandbreite oder gebührenpflichtigen WAN-Verbindungen zur Zentrale, den WAN-Verkehr zu minimieren.

- **Getrennte WSUS-Server** Administratoren in der Zentrale speichern die Updates auf einem Offline-Medium, beispielsweise einem tragbaren Laufwerk oder auf DVD-ROMs, und senden sie an die Remotestandorte, wo andere Administratoren die Updates zur Bereitstellung importieren. Dadurch können die Administratoren in der Zentrale den Update-Vorgang steuern, ohne WAN- oder Internet-Bandbreite zu beanspruchen.

Wenn Sie in Ihrem Unternehmensnetzwerk mehrere WSUS-Server betreiben, erstellen Sie eine Architektur, indem Sie die Upstreamserver festlegen, von denen jeder Server seine Updates erhalten soll. Für Ihren zentralen WSUS-Server verkörpert der Upstreamserver immer die Microsoft Update-Server im Internet. Dann können Sie die Server der zweiten Ebene konfigurieren, um den zentralen Server als ihren Upstreamserver zu verwenden.

Es lässt sich auch eine Dreiebenenarchitektur erstellen, indem man WSUS so konfiguriert, dass ein Server der zweiten Ebene als Upstreamserver dient. Auch wenn Microsoft WSUS-Architekturen bis zu einer Tiefe von fünf Ebenen getestet hat, wird empfohlen, nicht über drei Ebenen hinauszugehen.

Schnelltest

Welcher der folgenden Typen ist kein grundlegender WSUS-Servertyp?

1. Getrennter WSUS-Server
2. Autonomer WSUS-Server
3. Replikat-WSUS-Server
4. WSUS-Server mit hoher Bandbreite

Antwort für den Schnelltest

Der Typ mit hoher Bandbreite (Nr. 4) gehört nicht zu den WSUS-Standardservertypen.

WSUS-Datenbank

WSUS erfordert eine SQL Server-Datenbank, um Konfigurationseinstellungen für den WSUS-Server, Metadaten für jedes Update und Informationen über Client/Server-Interaktionen zu speichern. Standardmäßig installiert WSUS für diesen Zweck das Feature *Windows Internal Database* unter Windows Server 2016, doch Sie können auch Microsoft SQL Server 2008 SP2 oder später in den Editionen Standard oder Express verwenden.

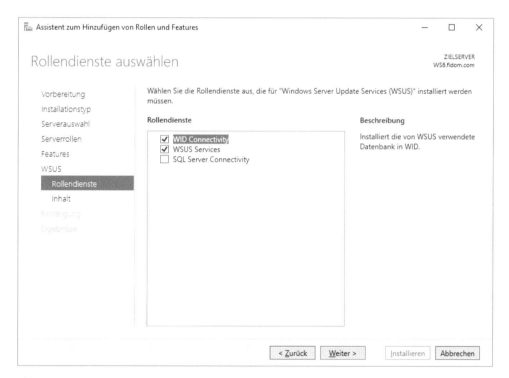

Abb. 6–3 Die Seite *Rollendienste auswählen* für die Installation einer WSUS-Rolle

Wenn Sie in Server-Manager mit dem Assistenten zum Hinzufügen von Rollen und Features die Rolle *Windows Server Update Services (WSUS)* installieren, ist auf der Seite *Rollendienste auswählen* (siehe Abbildung 6–3) der Rollendienst *WID Connectivity* standardmäßig ausgewählt. Um eine vollständige Version von SQL Server einzusetzen, müssen Sie zuerst das Kontrollkästchen *WID Connectivity* deaktivieren und dafür dann den Rollendienst *SQL Server Connectivity* aktivieren.

Für eine Konfiguration mit einem einzelnen WSUS-Server bietet SQL Server gegenüber der internen Windows-Datenbank keinen Leistungsvorteil. SQL Server bringt die Datenbankverwaltungstools mit, die es bei der internen Windows-Datenbank nicht gibt, doch konzeptionell funktioniert WSUS auch ohne direkten administrativen Zugriff auf die Datenbank.

Eine vollständige Version von SQL Server erlaubt es, die Datenbank auf einem Backendserver – von WSUS getrennt – unterzubringen. Administratoren können somit den Zugriff auf eine freigegebene Datenbank für einen Failovercluster von WSUS-Servern einrichten. Eine Konfiguration mit mehreren Servern, die aus zwei Frontend-WSUS-Servern und einem einzelnen Backend-SQL Server-Datenbankserver besteht, kann möglicherweise bis zu 100.000 Clients bedienen.

Um eine vollständige Version von SQL Server mit WSUS zu verwenden, müssen Sie die Server wie folgt konfigurieren:

- Der Computer, der SQL Server ausführt, darf kein Domänencontroller sein.
- Der WSUS-Server darf keine Remotedesktopdienste verwenden.
- Die Server, die WSUS und SQL Server ausführen, müssen Mitglieder derselben oder einer vertrauenswürdigen AD DS-Domäne sein.
- Die Server, die WSUS und SQL Server ausführen, müssen in derselben Zeitzone stehen oder für UTC synchronisiert sein.
- Jeder WSUS-Server muss über eine eigene Datenbankinstanz verfügen. SQL Server kann mehrere Instanzen bereitstellen, die es dem Administrator ermöglichen, den Server für andere Zwecke zu verwenden.

WSUS-Speicherung

Im Assistenten zum Hinzufügen von Rollen und Features kommen Sie nun zur Seite *Auswahl des Inhaltsspeicherorts* (siehe Abbildung 6–4). Auf dieser Seite können Sie festlegen, ob Sie heruntergeladene Updates auf dem lokalen NTFS-Laufwerk des Servers speichern möchten. Das Kontrollkästchen *Updates am folgenden Speicherort speichern* ist standardmäßig aktiviert und Sie können Laufwerk und Ordner angeben, wo der Server die Update-Dateien ablegen soll.

Abb. 6–4 Die Seite *Auswahl des Inhaltsspeicherorts* im Assistenten zum Hinzufügen von Rollen und Features

Wenn Sie das Kontrollkästchen deaktivieren, lädt der WSUS-Server nur Metadaten zu den verfügbaren Updates und nicht die Updates selbst herunter. Das spart Festplattenplatz auf dem Server und konfiguriert WSUS praktisch als Clearingstelle für die Updates, die auf den Microsoft Update-Webservern verfügbar sind. Administratoren können die Updates auswählen, die sie bereitstellen wollen, und die Windows Update-Clients im Netzwerk laden die eigentlichen Update-Dateien von den Microsoft-Servern im Internet herunter.

WSUS bereitstellen

Um WSUS auf Windows Server 2016 zu installieren, müssen Sie die Rolle *Windows Server Update Services* hinzufügen. Das erledigen Sie mit dem Assistenten zum Hinzufügen von Rollen und Features in der gewohnten Art und Weise. Der Assistent fügt die zusätzlichen Seiten hinzu, auf denen Sie den Rollendienst *SQL Server Connectivity* auswählen und festlegen können, wo die heruntergeladenen Updates gespeichert werden sollen. Außerdem installiert der Assistent die Rolle *Webserver* und bietet dafür die Seite *Rollendienste auswählen* an.

WSUS ist einfach eine lokale Version eines Microsoft Update-Servers, benötigt also einen Webserver, mit dem Clients sich verbinden können. Standardmäßig installiert der Assistent die Rolle *Webserver* mit den von WSUS benötigten Komponenten. Auf der Seite *Rollendienste auswählen* können Sie aber auch andere Komponenten auswählen, die Sie gegebenenfalls für andere Zwecke brauchen. Wenn die Rolle *Webserver (IIS)* bereits auf dem Server installiert ist, dann installiert der Assistent alle zusätzlichen Rollendienste, die WSUS benötigt.

Hat der Assistent die Rollen installiert, klicken Sie auf den Link *Nachinstallationsaufgaben starten*. Daraufhin gelangen Sie zum Dialogfeld *WSUS-Installation abschließen*. Klicken Sie hier auf *Ausführen*, um die Installationsaufgaben fertigzustellen.

Die WSUS-Rolle können Sie auch von der Befehlszeile aus installieren, und zwar mit dem PowerShell-Cmdlet *Install-WindowsFeature* und dem Tool *Wsusutil.exe*. In PowerShell sieht der Befehl für die Installation der Rolle mit Standardeinstellungen folgendermaßen aus:

```
install-windowsfeature -name updateservices
    -includemanagementtools
```

Da es mit dem Cmdlet *Install-WindowsFeature* nicht möglich ist, zusätzliche Parameter für eine Rolle zu konfigurieren, müssen Sie nach diesem Befehl das Tool *Wsusutil.exe* ausführen, um den Speicherort für die heruntergeladenen Updates festzulegen. Zum Beispiel:

```
wsusutil.exe postinstall content_dir=d:\wsus
```

Wenn Sie das Feature *UpdateServices* mit PowerShell installieren, schließt das Cmdlet den Rollendienst *WID Connectivity* ein. Möchten Sie einen separaten SQL-Server verwenden, können Sie das mit dem folgenden Befehl erreichen:

```
install-windowsfeature -name updateservices-services,updateservices-db
    -includemanagementtools
```

Haben Sie das Feature *UpdateServices-Services* angegeben, wird keine Datenbankkonnektivität installiert, sodass Sie auch die SQL Server-Datenbankfeatures, *UpdateServices-Db*, einbinden müssen. Zum Beispiel:

```
wsusutil.exe postinstall sql_instance_name="db1\sqlinstance1?
    content_dir=d:\wsus
```

WSUS konfigurieren

Nachdem Sie die Rolle installiert haben, müssen Sie die Konsole *Update Services* starten. Wenn das zum ersten Mal geschieht, erscheint der Assistent für die Konfiguration von Windows Server Update Services, sodass Sie WSUS fertig einrichten können.

> **HINWEIS** Den Assistenten erneut öffnen
>
> Der Assistent für die Konfiguration von Windows Server Update Services startet nur, wenn Sie die Konsole *Update Services* erstmals öffnen. Sollten Sie den Assistenten nicht vollständig abgearbeitet haben, können Sie ihn erneut von der Konsole aus starten, wo er gut versteckt ganz unten auf der Seite *Optionen* untergebracht ist.

WSUS konfigurieren Sie in folgenden Schritten:

1. Klicken Sie im Server-Manager auf *Tools/Windows Server Update Services (WSUS)*. Der Assistent für die Konfiguration von Windows Server Update Services erscheint.
2. Wählen Sie auf der Seite *Upstreamserver auswählen* eine der folgenden Optionen aus:
   - **Von Microsoft Update synchronisieren**   Konfiguriert den Server, um alle Updateinformationen und Updates von den Microsoft Update-Servern im Internet herunterzuladen. Verwenden Sie diese Option für Einzelserver-WSUS-Implementierungen oder für den ersten WSUS-Server, den Sie an der Spitze einer WSUS-Hierarchie installieren.
   - **Von einem anderen Windows Server Update Services-Server synchronisieren**   Konfiguriert den Server, um alle Updateinformationen von einem anderen WSUS-Server in Ihrem Netzwerk herunterzuladen. Verwenden Sie diese Option, um die unteren Ebenen einer WSUS-Serverhierarchie in Ihrem Netzwerk zu erstellen. Wenn Sie diese Option auswählen, wie Abbildung 6–5 zeigt, müssen Sie den Namen und die Portnummer für einen WSUS-Upstreamserver in Ihrem Netzwerk angeben und festlegen, ob die Verbindung zwischen den Servern mit SSL verschlüsselt werden soll. Aktivieren Sie das Kontrollkästchen *Dies ist ein Replikat des Upstreamservers*, um nur die genehmigten Updates auf dem Upstreamserver herunterzuladen.

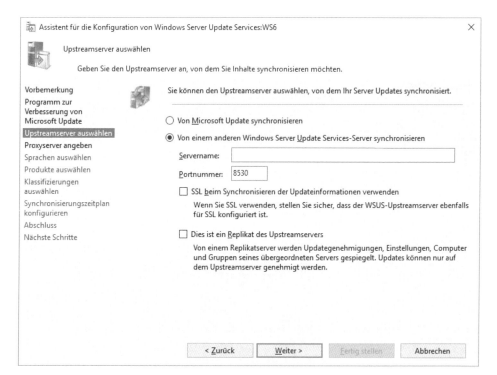

Abb. 6–5   Die Seite *Upstreamserver auswählen* im Assistenten für die Konfiguration von Windows Server Update Services

3. Auf der Seite *Proxyserver angeben* aktivieren Sie das Kontrollkästchen *Proxyserver für die Synchronisierung verwenden*, wenn der Server einen Proxyserver benötigt, um auf das Internet oder den von Ihnen angegebenen Upstreamserver zuzugreifen. Falls erforderlich, geben Sie dann den Proxyservernamen und die Portnummer sowie die Anmeldeinformationen für den Zugriff auf den Proxyserver ein.

4. Auf der Seite *Mit Upstreamserver verbinden* klicken Sie auf *Verbindung starten*, um auf den ausgewählten Upstreamserver zuzugreifen und Informationen über die verfügbaren Updates herunterzuladen. In WSUS wird dieser Vorgang als *Synchronisierung* bezeichnet.

5. Standardmäßig lädt WSUS die Updates in allen verfügbaren Sprachen herunter, was unnötige Bandbreite und Festplattenplatz verbrauchen kann. Auf der in Abbildung 6–6 gezeigten Seite *Sprachen auswählen* können Sie die Option *Updates nur in folgenden Sprachen herunterladen* auswählen und festlegen, welche Sprachen Ihre WSUS-Clients verwenden. Damit konfigurieren Sie den WSUS-Server, um Updates nur in den ausgewählten Sprachen herunterzuladen.

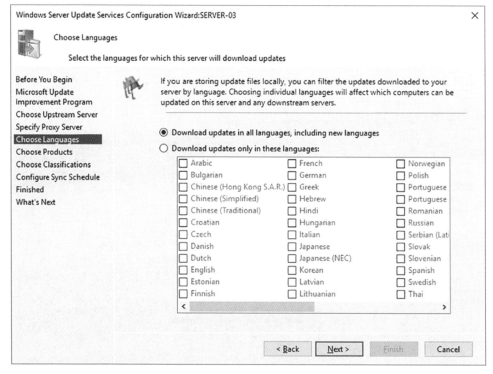

Abb. 6–6 Die Seite *Sprachen auswählen* im Assistenten für die Konfiguration von Windows Server Update Services

6. Auf der Seite *Produkte auswählen* (siehe Abbildung 6–7) wählen Sie die Microsoft-Produkte und Versionen aus, für die Sie Updates herunterladen möchten. Standardmäßig sind alle Windows-Produkte und Versionen ausgewählt. Sollten ausgewählte Elemente in Ihrem

Netzwerk nicht erforderlich sein, können Sie die jeweiligen Kontrollkästchen deaktivieren und somit Bandbreite und Festplattenplatz sparen.

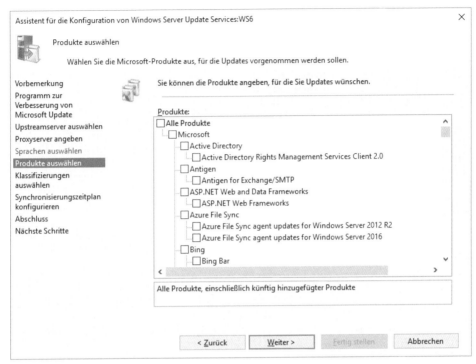

Abb. 6-7   Die Seite *Produkte auswählen* des Assistenten für die Konfiguration von Windows Server Update Services

7. Auf der Seite *Klassifizierungen auswählen* (siehe Abbildung 6–8) legen Sie fest, welche Arten von Updates der Server herunterladen soll. Standardmäßig sind *Definitionsupdates*, *Sicherheitsupdates*, *Upgrades* und *Wichtige Updates* ausgewählt. Wenn Sie weitere Klassifizierungen auswählen, sollten Sie bedenken, dass einige davon sehr groß sein können, beispielsweise die Service Packs für ältere Windows-Versionen.

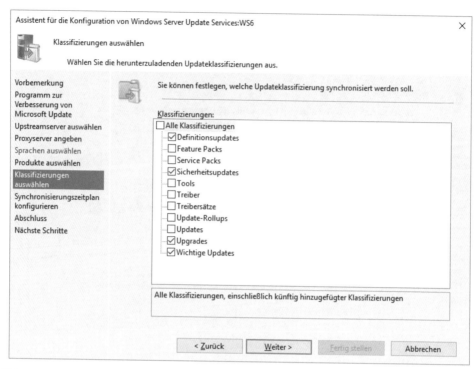

Abb. 6–8 Die Seite *Klassifizierungen auswählen* des Assistenten für die Konfiguration von Windows Server Update Services

PRÜFUNGSTIPP

Worin unterscheiden sich Updates und Upgrades? Semantisch bedeutet Update, etwas auf den aktuellen Stand bringen (in der deutschen Benutzeroberfläche von Windows deshalb auch *Aktualisierung* genannt), während Upgrade heißt, etwas verbessern oder auf eine höhere Ebene bringen. In den meisten Fällen beziehen sich diese Definitionen auf Software. Ein typisches Update soll Softwareprobleme beseitigen oder eine neue Technologie unterstützen, während ein Upgrade neue Features oder Funktionen hinzufügt. Bei Updates inkrementiert man die Versionsnummern in der Regel nach dem Dezimalpunkt, wie in 2.1 und 2.2, bei Upgrades die Nummer vor dem Dezimalpunkt, wie in 2.0 und 3.0. Einstmals waren diese Definitionen genauso auf Microsoft-Produkte anwendbar. Mit Windows Server 2016 und Windows 10 verschwimmen jedoch die Begriffe Update und Upgrade zunehmend. Weitergezählte Buildnummern haben die Versionsnummern ersetzt und was wie Updates aussieht, sind größere Upgrades, die signifikante neue Features enthalten.

8. Auf der Seite *Synchronisierungszeitplan festlegen* ist *Manuell synchronisieren* die Standardoption. Hierbei müssen Sie die Synchronisierung starten, um neue Updates herunterzuladen. Wenn Sie die Option *Automatisch synchronisieren* auswählen (wie Abbildung 6–9 zeigt), können Sie einen Zeitpunkt für die erste Synchronisierung und Anzahl der Synchronisierungen pro Tag festlegen.

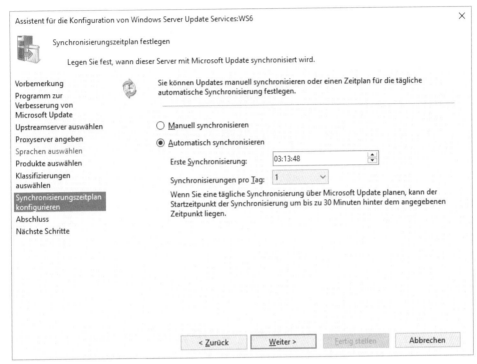

Abb. 6–9 Die Seite *Synchronisierungszeitplan festlegen* des Assistenten für die Konfiguration von Windows Server Update Services

9. Auf der Seite *Beendet* aktivieren Sie das Kontrollkästchen *Erstsynchronisierung starten* und klicken auf *Fertig stellen*. WSUS beginnt nun die Synchronisierung mit dem Upstreamserver und lädt Informationen über die verfügbaren Updates herunter.

WSUS-Gruppen konfigurieren

Um steuern zu können, welche Windows Update-Clients im Netzwerk bestimmte Updates erhalten, verwendet WSUS ein System von Gruppen, die unabhängig von den Sicherheitsgruppen in AD DS und den lokalen Gruppen in Windows sind. Wenn Sie Updates zur Bereitstellung genehmigen, wählen Sie die Gruppen aus, die die Updates erhalten sollen, wie Abbildung 6–10 zeigt.

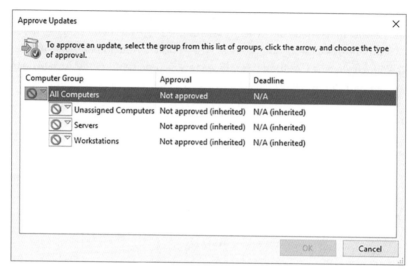

Abb. 6–10   Das Dialogfeld *Updates genehmigen*

WSUS-Gruppen erstellen und verwalten Sie mithilfe der Konsole *Update Services*, die in Abbildung 6–11 zu sehen ist. Es gibt zwei Standardgruppen: *Alle Computer* und *Nicht zugewiesene Computer*. Jeder Windows Update-Clientcomputer, der sich mit WSUS-Server verbindet, wird automatisch in diese beiden Gruppen aufgenommen.

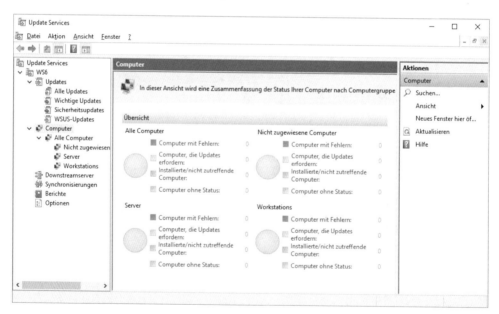

Abb. 6–11   Computergruppen in der Konsole *Update Services*

Möchten Sie eine neue Gruppe erstellen, klicken Sie mit der rechten Maustaste auf die Gruppe *Alle Computer* und wählen aus dem Kontextmenü *Computergruppe hinzufügen*. Im Dialogfeld *Computergruppe hinzufügen* geben Sie einen Namen für die neue Gruppe ein und klicken auf *Hinzufügen*.

Nachdem Sie Ihre eigenen Gruppen in der Konsole angelegt haben, können Sie Computer aus der Gruppe *Nicht zugewiesene Computer* in die Gruppe Ihrer Wahl verschieben. Dafür gibt es zwei Methoden:

- **Serverseitige Zielzuordnung** Markieren Sie manuell einen Computer in der Konsole *Update Services*. Um seine Mitgliedschaft zu einer vorhandenen Gruppe zu ändern, klicken Sie mit der rechten Maustaste darauf und wählen *Mitgliedschaft ändern*. Daraufhin erscheint das Dialogfeld *Gruppenmitgliedschaft für Computer festlegen* (siehe Abbildung 6–12).

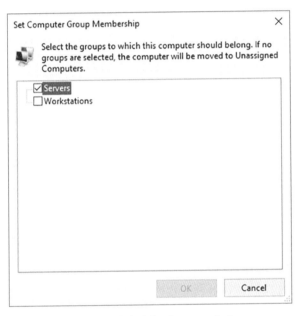

Abb. 6–12   Das Dialogfeld *Gruppenmitgliedschaft für Computer festlegen*

- **Clientseitige Zielzuordnung** Aktivieren Sie die Gruppenrichtlinieneinstellung *Clientseitige Zielzuordnung aktivieren* (siehe Abbildung 6–13). Dann können Sie Clients zum Empfang der Einstellung konfigurieren, um automatisch sich selbst zu der Gruppe hinzuzufügen, die Sie in der Richtlinieneinstellung angeben.

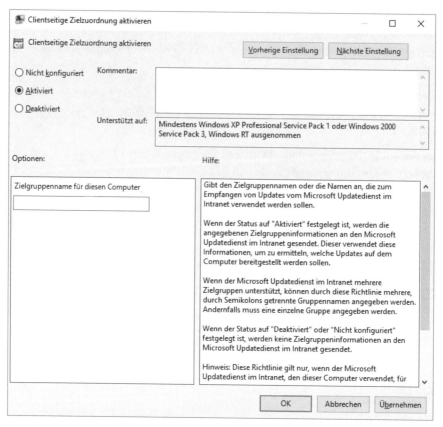

Abb. 6–13 Die Richtlinie *Clientseitige Zielzuordnung aktivieren*

Schnelltest

Welche der folgenden Antworten beschreibt am besten die Funktion der Gruppenrichtlinieneinstellung *Clientseitige Zielzuordnung aktivieren*?

1. Erlaubt es Clients, Updates von einem WSUS-Server statt von den Microsoft Update-Servern im Internet herunterzuladen.
2. Erstellt automatisch WSUS-Computergruppen.
3. Ermöglicht es Clientcomputern, sich automatisch selbst einer WSUS-Gruppe hinzuzufügen.
4. Ermöglicht es Administratoren, WSUS-Clientcomputer manuell zu Gruppen hinzuzufügen.

Antwort für den Schnelltest

Die Gruppenrichtlinieneinstellung *Clientseitige Zielzuordnung aktivieren* erlaubt es Clientcomputern, sich automatisch selbst zu einer WSUS-Gruppe hinzuzufügen (Nr. 3).

Patchverwaltung in gemischten Umgebungen

Einer der herausragenden Vorteile von WSUS ist, dass Administratoren die Updates bewerten und testen können, bevor sie sie in Produktionsnetzwerken bereitstellen. Das Verfahren, wie Updates bewertet und getestet werden, muss der Netzwerkadministrator entwickeln. Microsoft testet die Updates sorgfältig, bevor sie veröffentlicht werden, doch höchstwahrscheinlich lassen sich nicht sämtliche Kombinationen von Betriebssystemen, Gerätetreibern, Anwendungen und anderen Softwarekomponenten testen, die in einer gemischten Umgebung existieren. Es können Konflikte und Inkompatibilitäten auftreten und der Administrator muss Richtlinien entwickeln, die Updates unter derartigen Aspekten durchleuchten, bevor er sie bereitstellt.

Je nach den Eigenschaften der Updates und der Komplexität der Workstationkonfigurationen kann der Bewertungsprozess folgende Elemente beinhalten:

- Eine Bewertung der Dokumentation, die zum Updaterelease gehört
- Eine Wartefrist, um festzustellen, ob andere Benutzer auf Probleme gestoßen sind
- Eine Pilotbereitstellung in einem kleinen Unterabschnitt des Netzwerks
- Ein internes Testregime, das in einem labormäßigen Netzwerk durchgeführt wird

In einer gemischten Umgebung mit Computern, die viele Versionen und Editionen von Windows ausführen, variiert vermutlich die Bewertung neuer Updates. Zum Beispiel sollten Serverupdates gründlicher als Workstationupdates bewertet und getestet werden. Ältere Betriebssystemversionen erfordern in der Regel viel mehr Updates als neuere und gegebenenfalls sind die Prioritäten anzupassen, um alle Updates zu bewerten.

Updates genehmigen

Ist die Bewertung für ein bestimmtes Update abgeschlossen, kann ein Administrator über die Konsole *Update Services* auf dem WSUS-Server das Update für die Bereitstellung genehmigen. Klicken Sie mit der rechten Maustaste auf ein Update und wählen Sie im Kontextmenü *Genehmigen*. Wie weiter vorn gezeigt, erscheint das Dialogfeld *Updates genehmigen*, in dem Sie die Gruppen spezifizieren, die dieses Update empfangen sollen.

WSUS-Clients konfigurieren

Bevor die Clientcomputer im Netzwerk Updates vom WSUS-Server herunterladen können, müssen Sie deren Windows Update-Clients konfigurieren. Die Seite *Windows Update* in den Betriebssystemen Windows Server 2016 und Windows 10 bietet keine Mittel, um den Client so zu konfigurieren, dass er einen internen WSUS-Server anstelle der Microsoft Update-Server verwendet. Und selbst wenn es die Möglichkeit gäbe, wäre es keine praktikable Lösung für ein großes Netzwerk. Stattdessen konfigurieren Sie die Windows Update-Clients in Ihrem Netzwerk mithilfe von Gruppenrichtlinieneinstellungen.

Um Gruppenrichtlinieneinstellungen bereitzustellen, ist es in einer AD DS-Umgebung empfohlene Praxis, ein neues Gruppenrichtlinienobjekt (GPO) anzulegen, die erforderlichen Windows

Update-Einstellungen zu konfigurieren und das GPO mit einem passenden Domänen-, Site- oder Organisationseinheit-Objekt zu verknüpfen.

Wenn Sie mehrere WSUS-Server betreiben, können Sie die Clientbelastung zwischen ihnen aufteilen, indem Sie ein separates GPO für jeden Server anlegen und sie mit verschiedenen Objekten verknüpfen.

> **HINWEIS** Windows-Update und Betriebssystemversionen
> Die Windows Update-Gruppenrichtlinieneinstellung gilt für alle Server- und Workstationversionen von Windows bis zurück zu Windows 2000. Es ist nicht notwendig, unterschiedliche GPOs oder AD DS-Objekte für verschiedene Windows-Versionen einzurichten, um Windows Update zu konfigurieren.

In einem GPO sind die Windows Update-Einstellungen im Ordner *Computerkonfiguration\Richtlinien\Administrative Vorlagen\Windows-Komponenten\Windows Update* untergebracht. Die entscheidende Gruppenrichtlinieneinstellung für den Windows Update-Client ist *Automatische Updates konfigurieren* (siehe Abbildung 6–14).

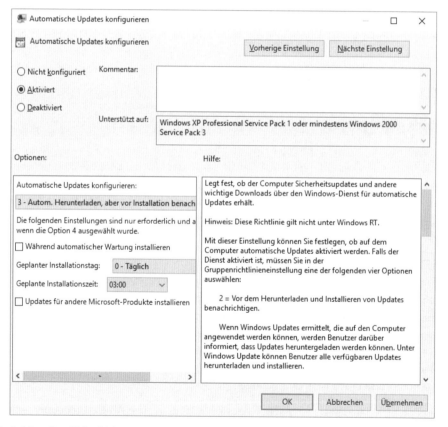

Abb. 6–14 Das Dialogfeld *Automatische Updates konfigurieren*

Wenn diese Einstellung eingeschaltet ist, aktiviert sie den Client, legt den Grad der Benutzerinteraktivität im Updateprozess fest und plant den Zeitpunkt (Uhrzeit und Tag), wann automatisierte Update-Installationen stattfinden sollen. In einer Unternehmensumgebung ist es für Administratoren normal, den Update-Prozess gänzlich zu automatisieren und damit dem Benutzer keine Wahl zu lassen, ob der Computer Updates herunterladen und installieren sollte.

Es gibt vor allem zwei Probleme, die einen derartigen automatisierten Update-Prozess verkomplizieren:

1. Manche Updates ersetzen Dateien, die aber bei laufendem Betriebssystem in Verwendung sind. Deshalb muss der Client das System neu starten, um diese Dateien ersetzen zu können. Da ein unfreiwilliger Neustart für den Benutzer, der an der Workstation arbeitet, gegebenenfalls Probleme mit sich bringt, gibt es Gruppenrichtlinieneinstellungen, die in dieser Hinsicht das Standardverhalten des Clients modifizieren können.

   - **Neustart für geplante Installationen verzögern**   Ist diese Einstellung aktiviert, spezifiziert sie den Zeitraum (in Minuten), den der Client wartet, bevor er nach einer Updateinstallation das System neu startet. Wenn die Richtlinie deaktiviert oder nicht konfiguriert ist, beträgt die Standardzeitdauer 15 Minuten.

   - **Erneut zu einem Neustart für geplante Installationen auffordern**   Ist diese Einstellung aktiviert, spezifiziert sie den Zeitraum (in Minuten), bevor der Client den Benutzer erneut zu einem Neustart auffordert, wenn der Benutzer einen vom Client angeforderten Neustart auf später verschiebt.

   - **Keinen automatischen Neustart für geplante Installationen automatischer Updates durchführen, wenn Benutzer angemeldet sind**   Ist diese Einstellung aktiviert, verhindert sie, dass der Client den Computer automatisch neu startet, wenn ein Benutzer angemeldet ist. Stattdessen benachrichtigt der Client den Benutzer, dass das System neu gestartet werden muss, um die Update-Installation fertigzustellen.

2. Das zweite Problem ist das Verhalten des Windows Update-Clients, wenn der Computer während eines geplanten Updates ausgeschaltet ist. Es liegt auf der Hand, dass ein Update nicht erfolgen kann, wenn der Computer nicht läuft. Beim nächsten Start des Computers führt der Client alle geplanten Aufgaben aus, die er versäumt hat. In diesen Fällen lässt sich aber das Verhalten des Clients mit den folgenden Gruppenrichtlinieneinstellungen steuern:

   - **Windows Update-Energieverwaltung aktivieren, um das System zur Installation von geplanten Updates automatisch zu reaktivieren**   Ist diese Einstellung aktiviert, erwacht der Computer aus einem Ruhezustand, wenn Updates zu installieren sind. Läuft der Computer im Akkubetrieb, bricht der Client die Updateinstallation ab und bringt den Computer nach zwei Minuten in den Ruhezustand zurück.

   - **Zeitplan für geplante Installationen neu erstellen**   Ist diese Einstellung aktiviert, gibt sie die Zeitspanne (in Minuten) an, die der Client nach dem Systemstart warten soll, bevor er eine verpasste, geplante Updateinstallation ausführt. Wenn die Einstellung nicht konfiguriert ist, wartet der Client standardmäßig eine Minute, bevor er eine übergangene, geplante Installation einleitet. Ist die Einstellung deaktiviert, verschiebt der Client das Update bis zur nächsten geplanten Installation.

Die entscheidende Gruppenrichtlinieneinstellung für WSUS-Clients ist *Internen Pfad für den Microsoft Updatedienst angeben* (siehe Abbildung 6–15).

Abb. 6–15   Das Dialogfeld *Internen Pfad für den Microsoft Updatedienst angeben*

Geben Sie in die Textfelder *Interner Updatedienst zum Ermitteln von Updates* und *Intranetserver für die Statistik* die URL für den WSUS-Server ein, den die Clients verwenden sollen. Standardmäßig haben diese eine Form wie im folgenden Beispiel:

```
http://server1:8530
```

> **HINWEIS** **WSUS-Portnummer**
>
> WSUS verwendet standardmäßig den Port 8530 bei der Konfiguration von IIS, um die Website zu hosten. Wenn Sie die Standard-IIS-Konfiguration ändern, müssen Sie die URL dementsprechend anpassen.

Diese Einstellung veranlasst, dass sich der Windows Update-Client für Updates mit Ihrem WSUS-Server statt mit den Microsoft Update-Servern verbindet. Wenn Sie Ihren WSUS-Server so konfiguriert haben, dass er Updates nicht lokal speichert, kontaktiert der Client den WSUS-Server, um die erforderlichen Dateien zu ermitteln, und lädt dann diese Dateien von den Internet-Servern herunter.

Außerdem können Sie die folgenden Einstellungen konfigurieren, die nur wirksam werden, wenn Sie die Einstellung *Internen Pfad für den Microsoft Updatedienst angeben* aktivieren:

- **Suchhäufigkeit für automatische Updates** Ist diese Einstellung aktiviert, legt sie den Abstand (in Stunden) fest, in dem der Client beim Server auf neue Updates prüft.

- **Signierte Updates aus einem Intranetspeicherort für Microsoft-Updatedienste zulassen** Ist diese Einstellung aktiviert, dürfen Clients Updates, die von Microsoft nicht signiert sind, herunterladen und installieren. Allerdings müssen Updates mit einem Zertifikat signiert sein, das im Speicher für vertrauenswürdige Herausgeber des Computers hinterlegt sein muss. Dadurch sind Administratoren in der Lage, ihre eigenen Updates mithilfe von WSUS bereitzustellen.

Eine Antimalwarelösung mit Windows Defender implementieren

Windows Defender ist das Antimalware-Feature, das auch in Windows Server 2016 enthalten ist. Das als Dienst namens *Windefend* ausgeführte Feature wird standardmäßig auf allen Windows Server 2016-Installationen installiert und aktiviert. Defender überwacht ständig das System auf Spyware, Viren und andere Bedrohungen und erzeugt Benachrichtigungen und Systemereignisse, wenn eine Bedrohung erkannt wird.

Weil Defender standardmäßig aktiviert ist, müssen Sie nichts tun, um das Feature zu installieren. Allerdings kann es erforderlich sein, es zu deaktivieren, wenn Sie zum Beispiel ein Antimalware-Produkt eines Drittanbieters testen möchten, mit dem Defender nicht kompatibel ist. Es ist auch möglich, Windows Defender zu deinstallieren, und zwar in Server-Manager mit dem Assistenten zum Entfernen von Rollen und Features oder in Windows PowerShell mit dem Cmdlet *Uninstall-WindowsFeature*, wie im folgenden Beispiel:

```
uninstall-windowsfeature -name windowsserverantimalware
```

Defender in der grafischen Benutzeroberfläche konfigurieren

Um Windows Defender zu konfigurieren, öffnen Sie das Fenster *Einstellungen*, wählen *Update und Sicherheit* und gehen auf die Seite *Windows Defender*, die in Abbildung 6–16 zu sehen ist.

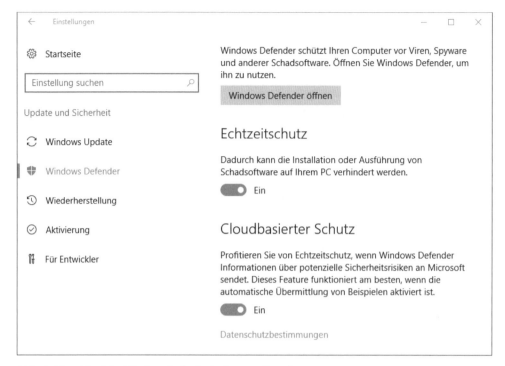

Abb. 6–16 Die Seite *Windows Defender* im Fenster *Einstellungen*

Auf dieser Seite können Sie die folgenden Defender-Eigenschaften konfigurieren:

- **Echtzeitschutz** Ist diese Einstellung auf *Ein* gesetzt, durchsucht Windows Defender das System fortlaufend nach Malware. Wenn Sie diese Option ausschalten, versucht Windows letztendlich, den Echtzeitschutz wieder einzuschalten. Möchten Sie Defender ausschalten, um eine andere Antimalware-Lösung zu installieren, die mit Windows Defender nicht kompatibel ist, erzeugt das System Fehler, wenn es den Echtzeitschutz nicht wieder einschalten kann. In diesem Fall ist es am besten, Windows Defender ganz zu deinstallieren, falls Sie ein anderes Produkt einsetzen wollen.

- **Cloudbasierter Schutz** Erlaubt es Windows Defender, Informationen über potenzielle Sicherheitsrisiken für Forschungszwecke an Microsoft-Server in der Cloud zu senden.

- **Automatische Übermittlung von Beispielen** Erlaubt es Windows Defender, ohne Nachfrage Beispiele für infizierte Dateien an Microsoft-Server in der Cloud zu senden. Wenn Sie diese Option deaktivieren, fordert Windows Defender vom Benutzer eine Bestätigung, bevor Beispiele hochgeladen werden.

- **Ausschlüsse** Hier können Sie Dateien, Ordner, Dateitypen und Prozesse festlegen, die Windows Defender nicht überprüft.

- **Erweiterte Benachrichtigungen** Ermöglicht es Windows Defender, Benachrichtigungen hinsichtlich seiner Aktivitäten zu generieren. Wenn Sie dieses Feature deaktivieren, unterdrückt Defender alle außer den wichtigen Benachrichtigungen.

Windows Defender durchsucht das System regelmäßig. Doch es ist auch möglich, manuelle Überprüfungen durchzuführen und die Aktivitäten von Defender zu untersuchen. Über die Schaltfläche *Windows Defender öffnen* starten Sie die grafische Benutzeroberfläche von Defender (siehe Abbildung 6–17).

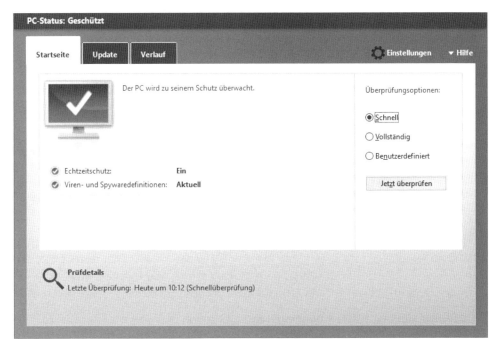

Abb. 6–17   Die grafische Benutzeroberfläche von Windows Defender

Dieses Fenster zeigt den Status von Defender an und von hier aus können Sie das System vollständig oder teilweise überprüfen lassen. Die Registerkarte *Update* enthält den Stand der Viren- und Spywaredefinitionen von Defender und auf der Registerkarte *Verlauf* finden Sie die Überprüfungsergebnisse.

Defender per PowerShell konfigurieren

Über die grafische Benutzeroberfläche von Windows Defender lassen sich nur einige Grundeinstellungen beeinflussen. Mehr Kontrolle über Windows Defender bekommen Sie mit dem Windows PowerShell-Modul *Defender*. Die Cmdlets dieses Moduls ermöglichen es, die Aktivitäten von Defender wesentlich detaillierter zu überwachen und zu steuern. So zeigt das Cmdlet *Get-MpComputerStatus* an, welche Funktionen von Windows Defender aktiviert sind und welchen Zeitstempel die neuesten Updates und Überprüfungen tragen (siehe Abbildung 6–18).

```
PS C:\Users\Administrator> Get-MpComputerStatus

AMEngineVersion                  : 1.1.14306.0
AMProductVersion                 : 4.10.14393.1794
AMServiceEnabled                 : True
AMServiceVersion                 : 4.10.14393.1794
AntispywareEnabled               : True
AntispywareSignatureAge          : 0
AntispywareSignatureLastUpdated  : 03.12.2017 09:42:54
AntispywareSignatureVersion      : 1.257.1311.0
AntivirusEnabled                 : True
AntivirusSignatureAge            : 0
AntivirusSignatureLastUpdated    : 03.12.2017 09:42:58
AntivirusSignatureVersion        : 1.257.1311.0
BehaviorMonitorEnabled           : True
ComputerID                       : A0763EA6-1563-4672-A5B3-4B5C369F2ABB
ComputerState                    : 0
FullScanAge                      : 4294967295
FullScanEndTime                  :
FullScanStartTime                :
IoavProtectionEnabled            : True
LastFullScanSource               : 0
LastQuickScanSource              : 2
NISEnabled                       : True
NISEngineVersion                 : 2.1.14202.0
NISSignatureAge                  : 4294967295
NISSignatureLastUpdated          :
NISSignatureVersion              : 118.2.0.0
OnAccessProtectionEnabled        : True
QuickScanAge                     : 0
QuickScanEndTime                 : 03.12.2017 10:18:09
QuickScanStartTime               : 03.12.2017 10:12:53
RealTimeProtectionEnabled        : True
RealTimeScanDirection            : 0
PSComputerName                   :
```

Abb. 6–18   Ausgabe des Cmdlets *Get-MpComputerStatus*

In Windows PowerShell konfiguriert man Windows Defender vor allem mit dem Cmdlet *Set-MpPreference*, das Dutzende von Parametern für die Features von Defender unterstützt. Die folgende Übersicht gibt einige Parameter an, die Sie mit *Set-MpPreference* verwenden können:

- **CheckForSignaturesBeforeRunningScan**   Gibt an, ob Defender vor einer Überprüfung nach neuen Definitionen suchen soll.

- **DisableArchiveScanning**   Gibt an, ob Defender den Inhalt von Archivdateien (zum Beispiel ZIP- und CAB-Dateien) durchsuchen soll.

- **DisableEmailScanning**   Gibt an, ob Defender den Inhalt von Standard-Mailboxdateien durchsuchen soll.

- **DisableIOAVProtection**   Gibt an, ob Defender heruntergeladene Dateien und Anhänge untersuchen soll.

- **DisableRealtimeMonitoring**   Gibt an, ob Defender den Echtzeitschutz aktivieren soll. Dieser Parameter entspricht dem Schalter *Echtzeitschutz* im Fenster *Einstellungen*.

- **ExclusionPath**   Gibt einen Pfad an, den Defender bei den Überprüfungen ausschließen soll. Ähnliche Parameter erlauben es, Dateierweiterungen und Prozesse auszuschließen.

- **LowThreatDefaultAction {Clean | Quarantine | Remove | Allow | UserDefined | NoAction | Block}**   Legt fest, welche Maßnahmen Defender treffen soll, wenn er eine geringfügige Bedrohung erkennt. Ähnliche Parameter gibt es für mittlere und schwerwiegende Bedrohungen.

- **ScanParameters {QuickScan | FullScan}**   Gibt an, welche Art Überprüfung Defender bei geplanten Überprüfungen ausführen soll.

Defender per Gruppenrichtlinie konfigurieren

Windows Defender auf jedem Server einzeln zu konfigurieren oder die Konfiguration dem jeweiligen Serveradministrator zu überlassen, ist keine praktikable Lösung für ein Unternehmen, das Sicherheit ernst nimmt. Die bevorzugte Alternative in einer derartigen Umgebung ist es, Windows Defender-Einstellungen auf Netzwerkebene zu konfigurieren. Per Gruppenrichtlinie lassen sich Windows Defender-Einstellungen für alle Computer in AD DS-Domänen, -Sites oder -Organisationseinheiten zuweisen.

Windows Defender-Einstellungen sind in Gruppenrichtlinienobjekten im Ordner *Computerkonfiguration/Richtlinien/Administrative Vorlagen/Windows-Komponenten/Windows Defender* zu finden, wie Abbildung 6–19 zeigt.

> **HINWEIS** **Endpoint Protection**
>
> Gehört Ihr Rechner keiner Domäne an, lautet der Pfad *Computerkonfiguration/Administrative Vorlagen/Windows-Komponenten/Endpoint Protection*. Mehr Infos zum Thema Endpoint Protection finden Sie hier:
>
> https://docs.microsoft.com/de-de/sccm/protect/deploy-use/endpoint-protection

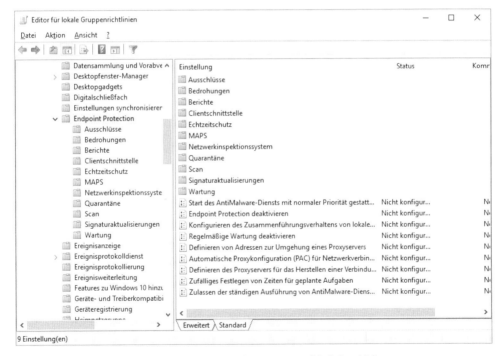

Abb. 6–19 Der Windows Defender-Ordner in einem Gruppenrichtlinienobjekt

Gruppenrichtlinien erlauben eine noch feinstufigere Kontrolle von Windows Defender als Windows PowerShell. Es gibt fast einhundert Defender-Richtlinieneinstellungen in einem Gruppenrichtlinienobjekt, sodass Sie nahezu jeden Aspekt der Leistung von Defender wie zum Beispiel die Informationen, die der Benutzer zu sehen bekommt, konfigurieren können.

Windows Defender mit WSUS und Windows Update integrieren

Um den gebotenen Schutz aufrechtzuerhalten, braucht Windows Defender regelmäßig Updates für die Spyware- und Virensignaturdefinitionen. Anhand dieser Signaturen weiß Windows Defender, wonach bei den Überprüfungen zu suchen ist.

Standardmäßig wird Windows Defender von Windows Server 2016 zusammen mit den Betriebssystemupdates aktualisiert, indem sie direkt aus dem Internet per Windows Update heruntergeladen werden. Wenn Sie aber die Updates auf Ihren Netzwerkcomputer per WSUS bereitstellen, müssen Sie sicherstellen, dass die Definitionsupdates für Windows Defender automatisch genehmigt werden, damit sie sich möglichst schnell bereitstellen lassen. Das erreichen Sie mit folgenden Schritten in der Konsole *Update Services*:

1. Starten Sie *Update Services*, erweitern Sie das Serversymbol und klicken Sie auf *Optionen*.
2. Klicken Sie auf den Link *Produkte und Klassifizierungen*.
3. Scrollen Sie auf der Registerkarte *Produkte* nach unten, aktivieren Sie das Kontrollkästchen *Windows Defender* (Abbildung 6–20) und klicken Sie auf *Anwenden*.

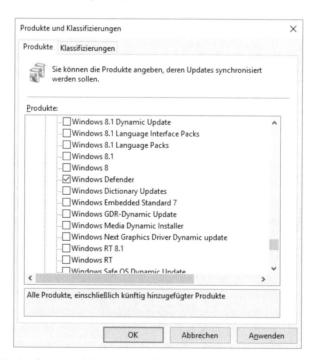

Abb. 6–20 Die Registerkarte *Produkte* im Dialogfeld *Produkte und Klassifizierungen*

4. Auf der Registerkarte *Klassifizierungen* aktivieren Sie das Kontrollkästchen *Definitionsupdates* und klicken auf *OK*.
5. Klicken Sie auf den Link *Automatische Genehmigungen*.
6. Auf der Registerkarte *Updateregeln* klicken Sie auf *Neue Regel*.
7. Im Dialogfeld *Regel hinzufügen* (siehe Abbildung 6–21) aktivieren Sie im Kasten *Schritt 1* das Kontrollkästchen *Wenn ein Update in einer bestimmten Klassifizierung enthalten ist*.

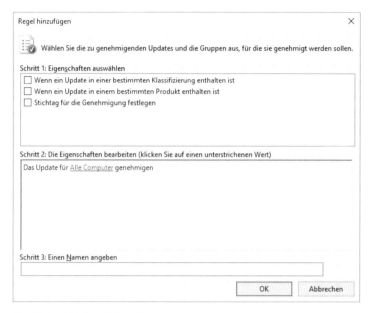

Abb. 6–21 Das Dialogfeld *Regel hinzufügen*

8. Klicken Sie im Feld *Schritt 2* auf den Link *beliebige Klassifizierung*.

Abb. 6–22 Das Dialogfeld *Updateklassifizierungen auswählen*

9. Im Dialogfeld *Updateklassifizierungen auswählen* (siehe Abbildung 6–22) deaktivieren Sie alle Kontrollkästchen außer dem für *Definitionsupdates* und klicken auf OK.
10. Klicken Sie jetzt im Feld *Schritt 2* auf den Link *Alle Computer*.
11. Im Dialogfeld *Computergruppen auswählen* deaktivieren Sie alle Kontrollkästchen außer denjenigen für die Gruppen, die Updates empfangen sollen, und klicken auf OK.
12. Im Feld *Schritt 3* geben Sie einen Namen für die Regel ein und klicken auf OK.
13. Klicken Sie auf OK, um das Dialogfeld *Automatische Genehmigungen* zu schließen.

Sicherungs- und Wiederherstellungsvorgänge mit Windows Server-Sicherung durchführen

Windows Server 2016 enthält auch ein Sicherungsprogramm, mit dem Sie Volumes auf eine interne oder externe Festplatte, ein beschreibbares DVD-Laufwerk oder eine Netzwerkfreigabe sichern können. Windows Server-Sicherung ist in erster Linie dafür ausgelegt, Sicherungen von ganzen Servervolumes auf einem externen Festplattenlaufwerk zu erstellen. Somit fehlen in Windows Server-Sicherung viele erweiterte Features von Sicherungssoftware, wie sie in Produkten von Drittanbietern üblich sind.

In Bezug auf Windows Server-Sicherung müssen Administratoren vor allem folgende Faktoren verstehen:

- **Beschränkte Laufwerksunterstützung** Windows Server-Sicherung unterstützt weder Bandlaufwerke noch optische Laufwerke, die über das Dateisystem nicht zugreifbar sind. Das Programm ist vor allem konzipiert für externe Festplattenlaufwerke, die über eine USB- oder IEEE-1394-Verbindung angeschlossen sind.

- **Beschränkte Zeitplanung** Windows Server-Sicherung kann immer nur eine einzelne Aufgabe planen und sie entweder nur täglich oder mehrmals am Tag ausführen. Es ist nicht möglich, eine Aufgabe für ein zukünftiges Datum festzulegen oder ein Intervall von mehr als 24 Stunden zwischen den Aufträgen zu spezifizieren.

- **Beschränkte Auftragstypen** Mit Windows Server-Sicherung lassen sich vollständige, inkrementelle und differenzielle Sicherungen nicht pro Auftrag durchführen. Entweder konfigurieren Sie alle Ihre Sicherungen als vollständig oder inkrementell oder Sie wählen vollständig oder inkrementell für jedes Zielvolume aus. Das Programm unterstützt keine differenziellen Aufträge.

- **Abweichendes Sicherungsformat** Windows Server-Sicherung schreibt Sicherungsdateien im VHDX-Format, sodass solche Sicherungen auch per Hyper-V oder im Snap-In *Datenverwaltung* zugänglich sind.

Windows Server-Sicherung kommt in Form eines Features daher, das Sie in Server-Manager mit dem Assistenten zum Hinzufügen von Rollen und Features oder in Windows PowerShell mit dem Cmdlet *Install-WindowsFeature* installieren müssen. Wenn Sie das Feature hinzufügen, wird die Konsole *Windows Server-Sicherung* installiert, die in Abbildung 6–23 dargestellt ist.

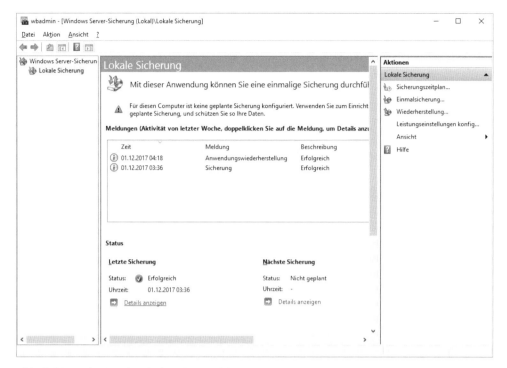

Abb. 6–23 Die Konsole *Windows Server-Sicherung*

Es muss nicht nur das Feature *Windows Server-Sicherung* installiert sein, dem System muss auch ein Sicherungsgerät zur Verfügung stehen, und zwar entweder eine Festplatte oder eine Netzwerkfreigabe. Haben Sie Windows Server-Sicherung installiert, können Sie eigene Sicherungsaufträge erstellen.

Einen einzelnen Sicherungsauftrag erstellen

Windows Server-Sicherung kann einen einzelnen, interaktiven Sicherungsauftrag durchführen, der unmittelbar beginnt oder den Sie für einen späteren Zeitpunkt planen. Einzelne Sicherungsaufträge bieten mehr Flexibilität als geplante, natürlich mit dem Nachteil, dass es jemanden geben muss, der sie erstellt und den Auftrag startet. Für die Sicherungen können Sie einen lokalen Datenträger oder eine Netzwerkfreigabe verwenden. Wenn für den Sicherungsauftrag auf dem ausgewählten Ziel nicht genügend Platz ist, schlägt der Auftrag fehl.

Einen einzelnen Sicherungsauftrag mit einer lokalen Festplatte als Auftragsziel erstellen Sie in folgenden Schritten:

1. Öffnen Sie die Konsole *Windows Server-Sicherung* und klicken Sie im Bereich *Aktionen* auf *Einmalsicherung*, um den Assistenten für die Einmalsicherung zu starten.
2. Auf der Seite *Sicherungsoptionen* lassen Sie die Option *Unterschiedliche Optionen* ausgewählt. Haben Sie bereits einen geplanten Sicherungsauftrag im System konfiguriert, kön-

nen Sie *Optionen für geplante Sicherung* auswählen und eine einzelne Instanz dieses Auftrags sofort ausführen.

3. Auf der Seite *Sicherungskonfiguration auswählen* (siehe Abbildung 6–24) wählen Sie die Option *Benutzerdefiniert*.

Abb. 6–24 Die Seite *Sicherungskonfiguration auswählen* des Assistenten für die Einmalsicherung

4. Auf der Seite *Elemente für Sicherung auswählen* klicken Sie auf *Elemente hinzufügen*.

> **HINWEIS** **Dateitypen ausschließen**
>
> Klicken Sie auf der Seite *Elemente für Sicherung auswählen* auf die Schaltfläche *Erweiterte Einstellungen*, um Dateitypen anzugeben, die aus dem Sicherungsauftrag ausgeschlossen werden sollen.

5. Im Dialogfeld *Elemente auswählen* (siehe Abbildung 6–25) aktivieren Sie die Kontrollkästchen für die Systemelemente, die Sie sichern möchten.

Abb. 6–25 Das Dialogfeld *Elemente auswählen* des Assistenten für die Einmalsicherung

6. Auf der Seite *Zieltyp angeben* (siehe Abbildung 6–26) lassen Sie die Option *Lokale Datenträger* ausgewählt.

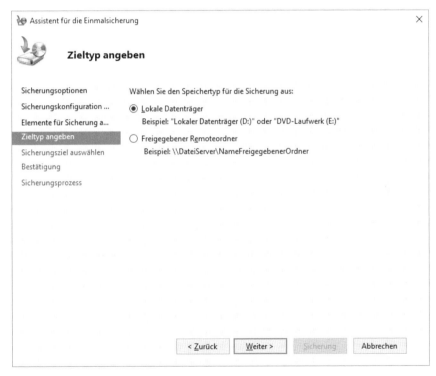

Abb. 6–26 Die Seite *Zieltyp angeben* des Assistenten für die Einmalsicherung

7. Auf der Seite *Sicherungsziel auswählen* (siehe Abbildung 6–27) wählen Sie in der Dropdownliste *Sicherungsziel* das Volume aus, auf dem das Programm die Sicherungen speichern soll.

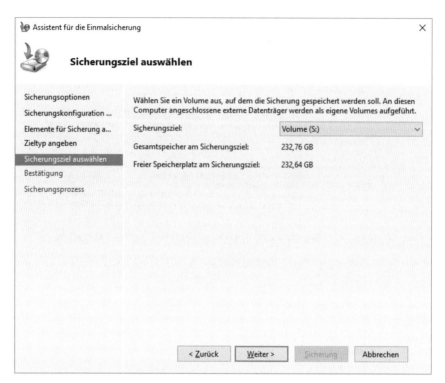

Abb. 6–27 Die Seite *Sicherungsziel auswählen* des Assistenten für die Einmalsicherung

8. Auf der Seite *Bestätigung* klicken Sie auf *Sicherung*, um den Auftrag zu starten.
9. Auf der Seite *Sicherungsprozess* (siehe Abbildung 6–28) können Sie den Fortschritt des Prozesses verfolgen.
10. Klicken Sie auf *Schließen*. Der Sicherungsauftrag läuft im Hintergrund weiter, selbst nachdem Sie den Assistenten und die Konsole geschlossen haben.

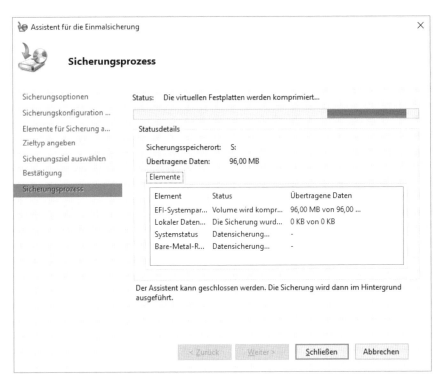

Abb. 6–28 Die Seite *Sicherungsprozess* des Assistenten für die Einmalsicherung

Eine geplante Sicherung durchführen

Windows Server-Sicherung ermöglicht es, einen Sicherungsauftrag jeden Tag zum selben Zeitpunkt bzw. zu denselben Zeitpunkten auszuführen. Wenn Sie einen Sicherungsauftrag erstellen, unterscheiden sich die Optionen etwas von einem einzelnen, interaktiven Auftrag. Erstens scheiden optische Laufwerke und Netzwerkfreigaben als Sicherungslaufwerke aus. Sie müssen eine Festplatte verwenden, die – intern oder extern – am Computer angeschlossen ist. Zweitens ist es nicht möglich, eine Sicherung einfach in eine Datei zu schreiben, irgendwo auf dem Computer zu speichern und sie mit Windows-Explorer zu verwalten, wie Sie es mit jeder anderen Datei tun könnten. Windows Server-Sicherung formatiert das ausgewählte Sicherungslaufwerk neu und verwendet es ausschließlich für Sicherungen.

Einen geplanten Sicherungsauftrag erstellen Sie in folgenden Schritten:

1. Öffnen Sie die Konsole *Windows Server-Sicherung* und klicken Sie im Bereich *Aktionen* auf *Sicherungszeitplan*, um den Assistenten für Sicherungszeitplan zu starten.
2. Auf der Seite *Sicherungskonfiguration auswählen* wählen Sie die Option *Benutzerdefiniert*.
3. Auf der Seite *Elemente für die Sicherung auswählen* klicken Sie auf *Elemente hinzufügen*.
4. Im Dialogfeld *Elemente auswählen* aktivieren Sie die Kontrollkästchen für die Systemelemente, die Sie sichern möchten.

5. Auf der Seite *Sicherungszeit angeben* (siehe Abbildung 6–29) lassen Sie die Option *Einmal pro Tag* ausgewählt und legen den Zeitpunkt für die Sicherung mit der Dropdownliste *Tageszeit auswählen* fest.

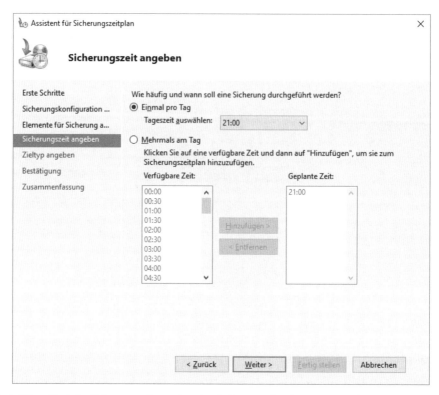

Abb. 6–29 Die Seite *Sicherungszeit angeben* des Assistenten für Sicherungszeitplan

> **HINWEIS Mehrere tägliche Sicherungen ausführen**
>
> Für einen Computer, auf dem eine volatile Anwendung – beispielsweise ein Webserver – läuft, kann es zweckmäßig sein, die Option *Mehrmals am Tag* auszuwählen und mehrere Zeitpunkte für die Sicherung festzulegen.

6. Auf der Seite *Zieltyp angeben* (siehe Abbildung 6–30) wählen Sie die Option *Sicherung auf spezieller Backupfestplatte erstellen (empfohlen)*.

7. Auf der Seite *Zieldatenträger auswählen* wählen Sie die Festplatte aus, die Sie für Ihre Sicherungen vorgesehen haben. Das Feld *Verfügbare Datenträger* listet nur die externen Festplatten auf, die an den Computer angeschlossen sind. Um eine interne Festplatte zu verwenden, klicken Sie auf *Alle verfügbaren Datenträger anzeigen* und wählen im Dialogfeld *Alle verfügbaren Datenträger anzeigen* die Festplatte(n) aus, die Sie der Liste hinzufügen möchten.

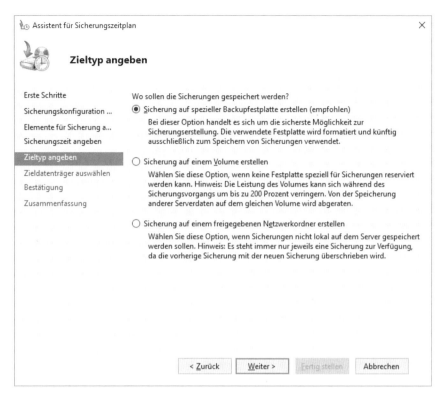

Abb. 6–30 Die Seite *Zieltyp angeben* des Assistenten für Sicherungszeitplan

> **HINWEIS Gespiegelte Sicherungen erstellen**
> Wenn Sie auf der Seite *Zieldatenträger auswählen* mehrere Festplatten auswählen, erzeugt Windows Server-Sicherung auf jeder Festplatte identische Kopien der Sicherungsdateien.

8. Es erscheint ein Meldungsfeld *Windows Server-Sicherung* mit dem Hinweis, dass das Programm die ausgewählten Datenträger neu formatiert und ausschließlich für Sicherungen verwendet. Klicken Sie auf *Ja*, um fortzufahren.
9. Auf der Seite *Bestätigung* klicken Sie auf *Fertig stellen*. Der Assistent formatiert den Sicherungsdatenträger und plant den Sicherungsauftrag für den angegebenen Zeitpunkt.
10. Klicken Sie auf *Schließen*.

Mit Windows Server-Sicherung lässt sich jeweils nur ein Sicherungsauftrag planen. Wenn Sie also das nächste Mal den Assistenten für Sicherungszeitplan öffnen, können Sie den aktuellen Sicherungsauftrag nur modifizieren oder abbrechen.

Inkrementelle Sicherungen konfigurieren

Windows Server-Sicherung unterstützt inkrementelle Aufträge, die sich aber etwas von anderen Sicherungsprodukten unterscheiden. Wenn Windows Server-Sicherung die Kontrolle über einen Sicherungsdatenträger übernimmt, erstellt das Programm neue, separate Dateien für die Sicherungsaufträge, die es jeden Tag durchführt. Das System behält die Dateien für sämtliche alten Aufträge bei, bis entweder der Datenträger voll ist oder 512 Aufträge auf dem Datenträger gespeichert sind, je nachdem, welches Ereignis eher eintritt. Dann beginnt das System, bei Bedarf nach und nach die jeweils ältesten Aufträge zu löschen.

Im Unterschied zu den meisten Sicherungsprogrammen erlaubt es Ihnen Windows Server-Sicherung nicht, einen Auftragstyp für jeden einzelnen ausgeführten Job festzulegen. So ist es zum Beispiel nicht möglich, eine vollständige Sicherung am Samstag und eine inkrementelle oder differenzielle Sicherung an jedem Wochentag durchzuführen. Herkömmliche Auftragsplanungsstrategien und Methoden wie das Rotationsschema bei Bandsicherung lassen sich also hier nicht anwenden.

Windows Server-Sicherung unterstützt zwar inkrementelle Sicherungen, aber nur als allgemeine Einstellung, die für alle Sicherungsaufträge gilt. Wenn Sie in der Konsole *Windows Server-Sicherung* im Bereich *Aktionen* auf *Leistungseinstellungen konfigurieren* klicken, erscheint das Dialogfeld *Sicherungsleistung optimieren* (siehe Abbildung 6–31).

Abb. 6–31 Das Dialogfeld *Sicherungsleistung optimieren*

Die standardmäßig ausgewählte Option *Normale Sicherungsleistung* veranlasst das Programm, bei jeder durchgeführten Sicherung alle Dateien der ausgewählten Volumes auf das Sicherungsmedium zu kopieren. Das heißt, das Programm kopiert sämtliche Betriebssystem- und Anwendungsdateien auf den Volumes – d. h. Dateien, die sich nie ändern – immer wieder auf den Sicherungsdatenträger, was möglicherweise jede Menge Speicherplatz ohne erkennbaren Nutzen belegt.

Wenn Sie die Option *Schnellere Sicherungsleistung* auswählen, kopiert das Programm nur die Dateien, die sich seit der vorherigen Sicherung geändert haben – eine sogenannte inkrementelle Sicherung. Der erste Sicherungsauftrag ist selbstverständlich immer eine vollständige Sicherung, doch die darauf folgenden Aufträge belegen wesentlich weniger Speicherplatz, sodass das Programm einen längeren Sicherungsverlauf verwalten kann. Schließlich können Sie bei der Option *Benutzerdefiniert* festlegen, ob Sie für die einzelnen Volumes auf dem Computer vollständige oder inkrementelle Sicherungen durchführen möchten.

Eine Wiederherstellung durchführen

Windows Server-Sicherung ermöglicht es, gesamte Volumes oder ausgewählte Dateien, Ordner und Anwendungen in der Konsole *Windows Server-Sicherung* mit einer Assistenten-basierten Benutzeroberfläche wiederherzustellen. Nachdem Sie wenigstens einen Sicherungsauftrag abgeschlossen haben, können Sie mit der Konsole *Windows Server-Sicherung* die Daten von Ihrem Sicherungsdatenträger insgesamt oder teilweise wiederherstellen. Administratoren sollten regelmäßig Testwiederherstellungen durchführen, um sich zu vergewissern, dass die Sicherungen korrekt abgeschlossen wurden.

Ausgewählte Dateien oder Ordner stellen Sie in folgenden Schritten wieder her:

1. Öffnen Sie die Konsole *Windows Server-Sicherung* und klicken Sie im Bereich *Aktionen* auf *Wiederherstellung*, um den Wiederherstellungs-Assistenten zu starten.

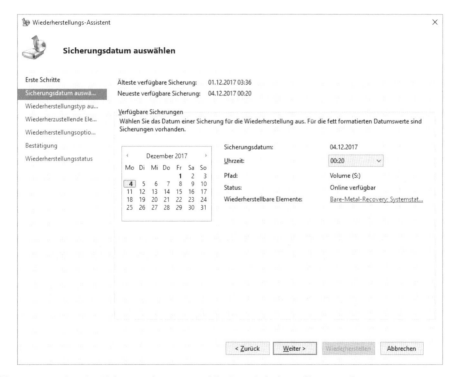

Abb. 6–32 Die Seite *Sicherungsdatum auswählen* im Wiederherstellungs-Assistenten

2. Auf der Seite *Erste Schritte* behalten Sie die standardmäßig ausgewählte Option *Dieser Server* bei.

3. Auf der Seite *Sicherungsdatum auswählen* (siehe Abbildung 6–32) wählen Sie das Datum der Sicherung aus, von der Sie Dateien wiederherstellen möchten. Wenn Sie an diesem Tag mehrere Sicherungen angelegt haben, dann wählen Sie zusätzlich die Uhrzeit für die Sicherung aus.

4. Auf der Seite *Wiederherstellungstyp auswählen* (siehe Abbildung 6–33) behalten Sie die ausgewählte Option *Dateien und Ordner* bei.

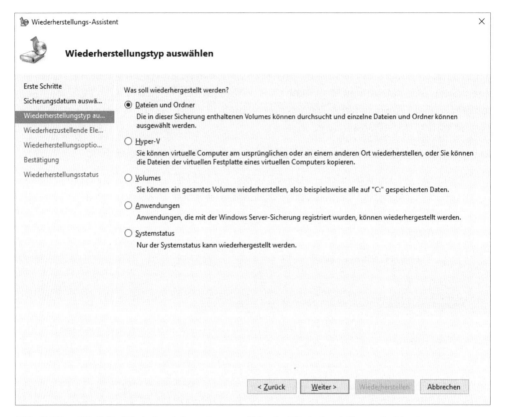

Abb. 6–33 Die Seite *Wiederherstellungstyp auswählen* im Wiederherstellungs-Assistenten

5. Auf der Seite *Wiederherzustellende Elemente auswählen* erweitern Sie den Serverordner (siehe Abbildung 6–34) und wählen die Dateien oder Unterordner aus, die Sie wiederherstellen möchten.

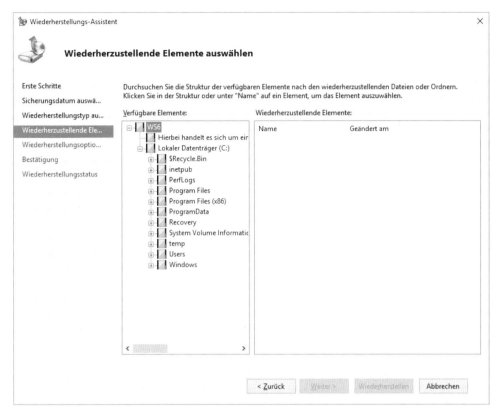

Abb. 6–34 Die Seite *Wiederherzustellende Elemente auswählen* im Wiederherstellungs-Assistenten

---

HINWEIS Volumes und Anwendungen wiederherstellen

Die Seite *Wiederherzustellende Elemente auswählen* erlaubt es auch, ganze Volumes sowie Anwendungen wiederherzustellen. Wenn Sie ein Volume sichern, das Anwendungen enthält, die VSS[1]- und Windows Server-Sicherung-kompatibel sind, können Sie eine ganze Anwendung und ihre Daten auf einmal wiederherstellen, indem Sie sie im Assistenten auswählen.

---

6. Auf der Seite *Wiederherstellungsoptionen angeben* (siehe Abbildung 6–35) legen Sie im Abschnitt *Wiederherstellungsziel* fest, ob Sie die ausgewählten Elemente an ihrem ursprünglichen Speicherort oder an einem anderen Speicherort Ihrer Wahl wiederherstellen möchten.

---

1. VSS – Volume Shadow Copy Service, Volumeschattenkopie

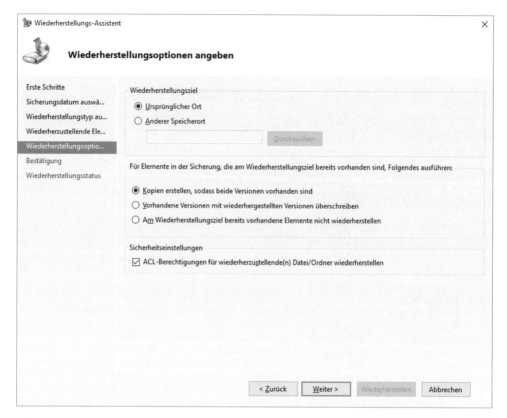

Abb. 6–35 Die Seite *Wiederherstellungsoptionen angeben* im Wiederherstellungs-Assistenten

7. Im Abschnitt *Für Elemente in der Sicherung, die am Wiederherstellungsziel bereits vorhanden sind, Folgendes ausführen* legen Sie fest, ob Sie vorhandene Dateien und Ordner kopieren, überschreiben oder überspringen wollen.

8. Im Abschnitt *Sicherheitseinstellungen* geben Sie an, ob Sie die ACLs der ausgewählten Dateien und Ordner wiederherstellen wollen.

9. Auf der Seite *Bestätigung* klicken Sie auf *Wiederherstellen*. Daraufhin stellt der Assistent die ausgewählten Dateien wieder her.

10. Klicken Sie auf *Schließen*.

Anders als bei vielen anderen Sicherungsprogrammen ist der Umgang mit inkrementellen Aufträgen im Wiederherstellungsprozess für den Benutzer an der Konsole vollkommen unsichtbar. Wenn Sie zum Beispiel einen Ordner zum Wiederherstellen auswählen, greift der Wiederherstellungs-Assistent automatisch auf alle vorherigen Aufträge zu, die erforderlich sind, um die neueste Version jeder Datei im Ordner zu finden.

> *Schnelltest*
>
> Welcher der folgenden Gerätetypen ist als Sicherungslaufwerk für eine Windows Server-Sicherung nicht geeignet?
>
> 1. Bandlaufwerke
> 2. Interne Festplattenlaufwerke
> 3. Externe Festplattenlaufwerke
> 4. Remote Netzwerkfreigaben
>
> *Antwort für den Schnelltest*
>
> Windows Server-Sicherung unterstützt keine Bandlaufwerke (Nr. 1), kann aber auf interne und externe Festplattenlaufwerke sowie auf remote Netzwerkfreigaben sichern.

Sicherungsstrategien für verschiedene Windows Server-Rollen und -Arbeitsauslastungen bestimmen, darunter Hyper-V-Host, Hyper-V-Gäste, Active Directory, Dateiserver und Webserver mit Windows Server 2016-eigenen Tools und Lösungen

Manche Windows Server 2016-Komponenten offerieren spezielle Schwierigkeiten für eine Sicherungslösung und noch dazu sind diese Komponenten oftmals gerade diejenigen, die in erster Linie geschützt werden sollten.

Active Directory sichern

Da die Active Directory-Datenbank in den meisten Windows-Netzwerken eine entscheidende Ressource ist, dürfen Administratoren sie keinesfalls bei Sicherungen ignorieren. Allerdings ist das Sichern und Wiederherstellen von Active Directory in praktisch jeder Hinsicht ein außerordentlicher Prozess. Wenn Sie eine geplante Sicherung eines Active Directory-Domänencontrollers oder eine Einmalsicherung mit aktiviertem Kontrollkästchen *Systemstatus* durchführen, schließt Windows Server-Sicherung die Active Directory-Datenbank als Teil des Systemstatus neben anderen Dingen ein.

Active Directory-Domänen sollten mindestens zwei Domänencontroller enthalten. Ist das der Fall und der eine davon fällt aus oder ist nicht verfügbar, dürfte es nicht notwendig sein, die Active Directory-Datenbank aus einer Sicherung wiederherzustellen. Stattdessen können Sie die Rolle *Active Directory-Domänendienste* erneut installieren, den Computer zu einem Domänencontroller heraufstufen und dem Replikationsprozess erlauben, die Datenbank auf dem neuen Domänencontroller wiederherzustellen.

Zu einer vollständigen Serverwiederherstellung gehören der Systemstatus und folglich auch die Active Directory-Datenbank. Es kann aber Situationen geben, in denen Sie lediglich Teile von Active Directory abrufen möchten, beispielsweise Objekte, die Sie versehentlich gelöscht haben.

> **HINWEIS** Den Systemstatus sichern
>
> Den Systemstatus können Sie nur als Einheit verarbeiten. Einzelne Elemente innerhalb des Systemstatus lassen sich weder sichern noch wiederherstellen.

Es ist zwar möglich, aus einer Sicherung lediglich den Systemzustand wiederherzustellen, doch müssen Sie hierfür das Befehlszeilentool *Wbadmin.exe* wie im folgenden Beispiel verwenden:

```
wbadmin start systemstaterecovery -version:11/27/2016-11:07
```

Der Wert aus Datum und Uhrzeit, der auf den Parameter *version:* folgt, ist der Bezeichner für die Sicherung, aus der Sie den Systemstatus wiederherstellen möchten. Die Versionsbezeichner der verfügbaren Sicherungen können Sie mit dem folgenden Befehl auflisten:

```
wbadmin get versions
```

Abbildung 6–36 zeigt ein Beispiel für die Ausgabe des Befehls.

```
PS C:\Users\Administrator> wbadmin get versions
wbadmin 1.0 - Sicherungs-Befehlszeilentool
(C) Copyright 2013 Microsoft Corporation. Alle Rechte vorbehalten.

Sicherungszeit: 01.12.2017 03:36
Sicherungsziel: 1394/USB-Datenträger, Beschriftung N:
Versions-ID: 12/01/2017-02:36
Wiederherstellbar: Volume(s), Datei(en), Anwendung(en), Bare-Metal-Recovery, Systemstatus
Snapshot-ID: {2acc36e4-db48-4525-8d9f-6f7deef28e44}

Sicherungszeit: 04.12.2017 00:20
Sicherungsziel: 1394/USB-Datenträger, Beschriftung S:
Versions-ID: 12/03/2017-23:20
Wiederherstellbar: Volume(s), Datei(en), Anwendung(en), Bare-Metal-Recovery, Systemstatus
Snapshot-ID: {60baec27-585f-4bb6-8eaa-588556c7a97c}

PS C:\Users\Administrator>
```

Abb. 6–36 Ausgabe des Befehls *wbadmin get versions*

Der Administrator muss wissen, dass es zwei Arten der Systemstatuswiederherstellung gibt: *nicht autoritativ* und *autoritativ*.

- **Nicht autoritativ** Wenn Sie in einer normalen Windows-Sitzung ein Fenster *Eingabeaufforderung* öffnen und den Systemstatus wiederherstellen, führen Sie eine nicht autoritative Wiederherstellung durch. Das heißt, dass das Programm die Active Directory-Datenbank in genau den Zustand vor der Sicherung zurücksetzt. Allerdings werden bei der nächsten Active Directory-Replikation die anderen Domänencontroller das neu wiederhergestellte System mit allen Änderungen aktualisieren, die seit der Sicherung aufgetreten sind. Wenn Sie also versuchen, versehentlich gelöschte AD-Objekte wiederherzustellen, kommt es durch die Replikation dazu, dass das System die neu wiederhergestellten Objekte löscht.

- **Autoritativ** Um gelöschte Objekte wiederherzustellen, müssen Sie eine autoritative Wiederherstellung ausführen. Hierfür ist es erforderlich, den Computer im Reparaturmodus für Verzeichnisdienste (Directory Services Repair Mode, DSRM) neu zu starten, indem Sie während des Startvorgangs F8 drücken und den entsprechenden Eintrag im Menü *Erweiterte Startoptionen* auswählen. Wenn Sie sich dann mit einem Administratorkonto und dem DSRM-Kennwort, das Sie während der AD DS-Installation festgelegt haben, anmelden, können Sie den Systemstatus mithilfe von *Wbadmin.exe* wiederherstellen. Nachdem der Systemstatus fertiggestellt ist, können Sie mit dem Tool *Ntdsutil.exe* die Objekte angeben, die Sie autoritativ wiederhergestellt haben möchten.

Gruppenrichtlinienobjekte sichern

Gruppenrichtlinienobjekte (GPOs) stellen einen Sonderfall dar. Versehentlich gelöschte Gruppenrichtlinienobjekte können Sie nicht mit dem autoritativen Verfahren wiederherstellen. GPOs müssen Sie mithilfe der Konsole *Gruppenrichtlinienverwaltung* sichern und wiederherstellen. Wenn Sie in der Konsole mit der rechten Maustaste auf ein Gruppenrichtlinienobjekt klicken und *Sichern* im Kontextmenü wählen, erscheint das Dialogfeld *Gruppenrichtlinienobjekt sichern* (siehe Abbildung 6–37), in dem Sie den Speicherort für die Sicherung angeben können.

Abb. 6–37 Das Dialogfeld *Gruppenrichtlinienobjekt sichern*

Um ein Gruppenrichtlinienobjekt wiederherzustellen, klicken Sie mit der rechten Maustaste auf den Container *Gruppenrichtlinienobjekte* und wählen *Sicherungen verwalten* im Kontextmenü. Daraufhin erscheint das Dialogfeld *Sicherungen verwalten* (siehe Abbildung 6–38). Wählen Sie das wiederherzustellende GPO aus und klicken Sie auf die Schaltfläche *Wiederherstellen*.

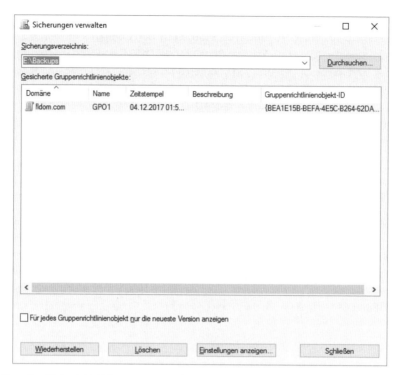

Abb. 6–38 Das Dialogfeld *Sicherungen verwalten*

Hyper-V sichern

Sicherungsadministratoren sehen sich bei Hyper-V vor ein Problem gestellt. Es ist vorstellbar, dass man virtuelle Computer wie separate Systeme sichern kann, indem man Windows Server-Sicherung im Gastbetriebssystem ausführt. Virtuelle Computer kann man auch als Teil des Hostservers sichern, indem man die VM-Dateien und die virtuellen Festplatten sichert.

Eine Sicherung aus dem Gastbetriebssystem heraus kann Zugriff auf Ressourcen bringen, die über den Host nicht verfügbar sind, beispielsweise Pass-Through-Datenträger, sichert aber keine Einstellungen der virtuellen Computer. Wenn es um eine Wiederherstellung des Gasts geht, müssen Sie zuerst den virtuellen Computer mit den passenden Einstellungen neu erstellen und dann das Gastbetriebssystem wiederherstellen. Microsoft empfiehlt, dass Administratoren diese Methode zusätzlich zu und nicht anstelle einer Host-Sicherung anwenden.

Das Sichern von virtuellen Computern vom Hyper-V-Host verwendet den Dienst *Hyper-V-Volumeschattenkopie-Anforderer* im Gastbetriebssystem, um es dem Host zu ermöglichen, den virtuellen Computer im laufenden Betrieb zu sichern. Der *Anforderer*-Dienst im Gast kommuniziert mit dem Dienst *Volumeschattenkopie* (VSS) im Host, sodass er die Konfigurationsdateien des virtuellen Computers, die virtuellen Festplatten und alle Prüfpunkte des virtuellen Computers sichern kann. Dann können Sie bei Bedarf den virtuellen Computer vom Host wiederherstellen, ohne ihn zuerst in Hyper-V konfigurieren zu müssen.

Windows Server-Sicherung unterstützt VSS Writer und den Gast-Anforderer-Dienst, wodurch sich virtuelle Computer und deren Host-Einstellungen relativ leicht sichern lassen. Wenn Sie eine Sicherung eines Hyper-V-Hosts erstellen, enthält das Dialogfeld *Elemente auswählen* einen Eintrag *Hyper-V*, wie Abbildung 6–39 zeigt, über den Sie die Hostkomponenten und die individuellen virtuellen Computer, die auf dem Server laufen, auswählen können.

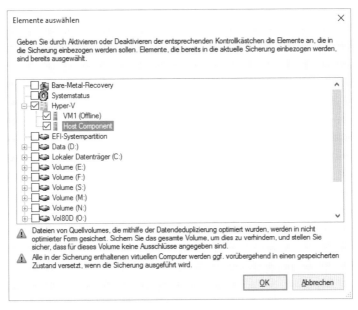

Abb. 6–39 Das Dialogfeld *Elemente auswählen* eines Hyper-V-Hosts

IIS sichern

Websites, die IIS (Internet Information Services) ausführen, können Komponenten enthalten, die eine Sicherung verkomplizieren. Das Problem sind nicht die statischen Dateien einer Website (beispielsweise HTML-Dateien), weil sie als Dateien auf einem Dateiserver verarbeitet und dementsprechend gesichert werden können.

Viele Websites sind jedoch mit Backend-Datenbanken verbunden, die von Microsoft SQL Server oder anderen Anwendungen gehostet werden. Die Datenbank kann sich auf dem Server befinden, der IIS ausführt, oder auf einem anderen Server. Um diese zu sichern, brauchen Sie ein Produkt, das SQL Server-Sicherungen unterstützt. Windows Server-Sicherung kann VSS-Sicherungen von SQL Server-Datenbanken durchführen.

Die dritte mögliche Komponente einer IIS-Website sind die Konfigurationsdateien, einschließlich *ApplicationHost.config*, *Administration.config* und *Redirection.config*. Dabei handelt es sich um XML-Dateien im Ordner *Windows\System32\inetsrv*, die die Konfigurationseinstellungen für die IIS-Sites und -Anwendungen enthalten.

XML-Dateien stellen ohnehin kein Problem für eine Sicherung dar, doch müssen Administratoren daran denken, sie für die Sicherung auszuwählen. Es ist auch möglich, diese Konfigurationsdateien mit einem IIS-Hilfsprogramm namens *Appcmd.exe* zu sichern. Eine Sicherung der IIS-Konfigurationsdateien führen Sie mit einem Befehl wie dem folgenden im Ordner *Windows\System32\inetsrv* aus:

```
appcmd add backup configbackup1
```

Die Konfigurationsdateien aus einer vorherigen Sicherung stellen Sie mit einem Befehl wie dem folgenden wieder her:

```
appcmd restore backup configbackup1
```

Prüfungsziel 6.2: Serverinstallationen überwachen

Die Serverleistung kann sich im Lauf der Zeit aus verschiedenen Gründen ändern. Gleiches gilt für die Arbeitsbelastungen und vielleicht werden auch Hardwarekomponenten getauscht. Zu den Aufgaben des Serveradministrators gehört es auch, die Leistung der Server zu überwachen und somit sicherzustellen, dass sie effizient arbeiten. Windows Server 2016 bringt hierfür entsprechende Tools mit, wie zum Beispiel die Konsole *Leistungsüberwachung*.

Dieser Abschnitt befasst sich mit folgenden Themen:

- Arbeitsauslastungen mit Leistungsüberwachung überwachen
- Datensammlersätze konfigurieren
- Geeignete Leistungsindikatoren für Prozessor, Arbeitsspeicher, Datenträger und Netzwerk für Speicher- und Computing-Arbeitsauslastungen bestimmen
- Warnungen konfigurieren
- Arbeitsauslastungen mit Ressourcenmonitor überwachen

Arbeitsauslastungen mit Leistungsüberwachung überwachen

Leistungsüberwachung ist ein Tool, das statistische Daten der Systemleistung in Echtzeit anzeigt. Per *Leistungsüberwachung* können Sie Hunderte verschiedene Kenndaten (sogenannte Leistungsindikatoren) anzeigen und zugeschnittene Grafiken aus frei wählbaren Indikatordaten erzeugen.

Wenn Sie die Konsole *Leistungsüberwachung* aus der Gruppe *Windows-Verwaltungsprogramme* öffnen, sehen Sie als Erstes die Seite *Übersicht über die Leistungsüberwachung* mit einer Zusammenfassung des Systems. Mit einem Klick auf das Symbol *Leistungsüberwachung*[2] erscheint ein Diagramm, in dem der aktuelle Wert des Leistungsindikators *Prozessorzeit (%)* in Echtzeit aktualisiert wird (siehe Abbildung 6–40).

---

2. In älteren Windows-Versionen als *Systemmonitor* bezeichnet

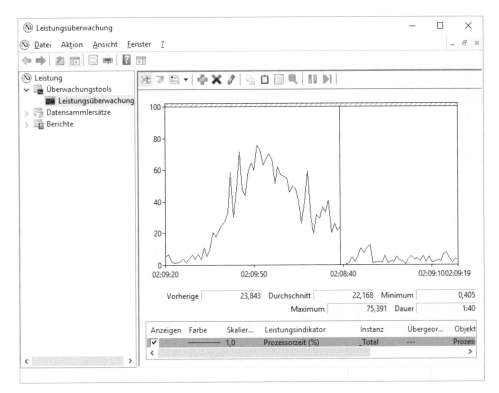

Abb. 6–40 Die Standardanzeige der *Leistungsüberwachung*

Ein Leistungsindikator ist ein Maß für die aktuelle Aktivität in einem Aspekt einer bestimmten Hardware- oder Softwarekomponente. Der standardmäßig angezeigte Leistungsindikator *Prozessorzeit (%)* gibt den prozentualen Anteil der Systemprozessortakte an, die der Prozessor nicht im Leerlauf arbeitet. Stößt der Leistungsindikator *Prozessorzeit (%)* ständig an die 100%-Marke, weist das darauf hin, dass der Prozessor die auszuführende Aufgabe nicht bewältigen kann. Es gibt auch Leistungsindikatoren, die die Prozessorleistung nach anderen Methoden messen, sowie Leistungsindikatoren für viele andere Systemkomponenten. Dem Diagramm können Sie beliebig viele Leistungsindikatoren hinzufügen. Allerdings sind zu viele Indikatoren schwer zu interpretieren. Wenn Sie sich die Ergebnisse dieser Leistungsindikatoren ansehen und sich mit ihrer Bedeutung vertraut machen, können Sie die Leistung des Computers unter verschiedenen Gesichtspunkten beurteilen.

Die grafische Darstellung ändern

Die Legende unterhalb des Diagramms *Leistungsüberwachung* gibt für jeden im Diagramm dargestellten Leistungsindikator die Linienfarbe, den Skalierungsfaktor und andere Kennzeichnungen an. Wenn Sie in der Legende einen Indikator markieren, erscheinen seine aktuellen Werte in numerischer Form am unteren Rand des Diagramms.

> **HINWEIS** **Leistungsindikatoren markieren**
>
> Bei mehreren Leistungsindikatoren im Diagramm der Leistungsüberwachung können Sie in der Symbolleiste auf die Schaltfläche *Markieren* klicken (oder Strg+H drücken). Daraufhin wird der ausgewählte Leistungsindikator mit einer dickeren Linie dargestellt, die einfacher von den anderen zu unterscheiden ist.

Wenn Ihr Computer häufig im Leerlauf arbeitet, kommt die Linie im Standarddiagramm möglicherweise kaum über den unteren Teil des Diagramms hinaus, wodurch sich der genaue Wert nur schwer erfassen lässt. Um dieses Problem zu beseitigen, ändern Sie die Skalierung der Y-Achse (d. h. der vertikalen Achse) des Diagramms. Klicken Sie dazu auf die Schaltfläche *Eigenschaften* (oder drücken Sie Strg+Q), um das Dialogfeld *Eigenschaften von Leistungsüberwachung* zu öffnen (siehe Abbildung 6–41). Im Abschnitt *Vertikale Skalierung* können Sie den Maximalwert für die Y-Achse verringern, sodass die Indikatordaten besser zu erkennen sind.

Abb. 6–41 Die Registerkarte *Grafik* im Dialogfeld *Eigenschaften von Leistungsüberwachung*

Je nach Art der im Diagramm angezeigten Leistungsindikatoren kann es zweckmäßig sein, die Werte für *Maximal* und *Minimal* im Abschnitt *Vertikale Skalierung* zu erhöhen oder zu verringern, um einen optimalen Bereich für die Y-Achse zu erhalten. Verschiedene Leistungsindikatoren verwenden verschiedene Maßeinheiten für die darzustellenden Daten. Es handelt sich nicht nur um Prozentwerte. Um die Leistungsüberwachung effektiv zu nutzen, gehört es auch zu den Fertigkeiten, Leistungsindikatoren mit Maßeinheiten und Wertebereichen auszuwählen, die im selben Diagramm harmonieren.

Auf der Registerkarte *Allgemein* des Dialogfelds *Eigenschaften von Leistungsüberwachung* können Sie auch die Abtastrate für das Diagramm ändern. Standardmäßig aktualisiert das Diagramm die Werte der Leistungsindikatoren einmal pro Sekunde und zeigt Daten für 100 Sekunden an. Sie können aber diesen Wert (*Stichprobe alle*) erhöhen, um die Daten für einen längeren Zeitraum auf einer einzelnen Seite des Diagramms anzuzeigen. Dadurch ist es einfacher, längerfristige Tendenzen in den Werten von Leistungsindikatoren zu erkennen.

> **HINWEIS** Die grafische Darstellung anpassen
>
> Das Eigenschaftenblatt *Leistungsüberwachung* enthält weitere Steuerelemente, mit denen Sie das Erscheinungsbild der Diagramme modifizieren können. Zum Beispiel können Sie auf der Registerkarte *Grafik* Achsentitel und Rasterlinien hinzufügen und auf der Registerkarte *Darstellung* die Farbe des Diagrammhintergrunds ändern sowie eine andere Schriftart auswählen.

Andere Grafikansichten

Neben dem Liniendiagramm bietet die Leistungsüberwachung mit *Histogrammleiste* und *Bericht* zwei andere Ansichten derselben Daten. Um die Ansicht zu wechseln, klicken Sie in der Symbolleiste auf die Schaltfläche *Diagrammtyp ändern*. Die Histogrammansicht ist ein Säulendiagramm mit einer eigenen senkrechten Säule für jeden Leistungsindikator (siehe Abbildung 6–42). In dieser Ansicht lässt sich eine große Anzahl von Leistungsindikatoren überwachen, weil sie sich nicht überlappen.

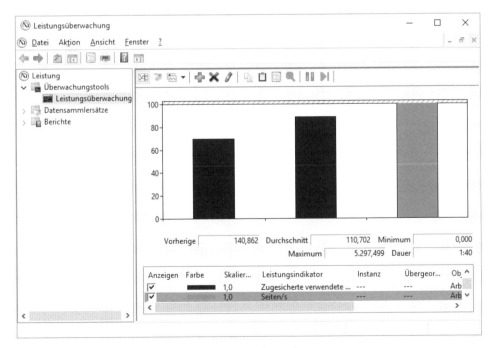

Abb. 6–42 Die Histogrammansicht in der *Leistungsüberwachung*

Die Berichtsansicht (siehe Abbildung 6–43) zeigt die numerischen Werte für die einzelnen Leistungsindikatoren an.

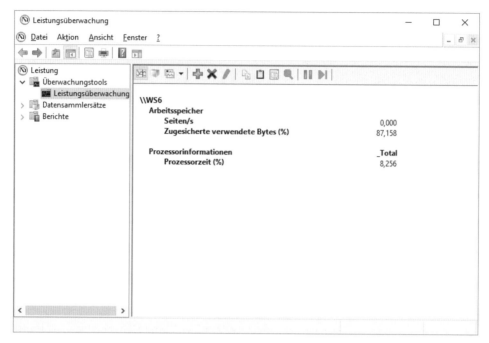

Abb. 6–43 Die Berichtsansicht der *Leistungsüberwachung*

Wie beim Liniendiagramm aktualisieren Histogramm- und Berichtsansicht die Werte der Leistungsindikatoren in dem Intervall, das im Dialogfeld *Eigenschaften von Leistungsüberwachung* auf der Registerkarte *Allgemein* festgelegt ist. Der Nachteil dieser beiden Ansichten ist jedoch, dass sie keinen Verlauf der Leistungsindikatorwerte zeigen, sondern nur den aktuellen Wert. Jede neue Stichprobe überschreibt in der Anzeige die vorherige, während das Liniendiagramm auch die vorhergehenden Werte anzeigt.

Leistungsindikatoren hinzufügen

Um Leistungsindikatoren zur Anzeige der Leistungsüberwachung hinzuzufügen, klicken Sie in der Symbolleiste auf die Schaltfläche *Hinzufügen* (das grüne Pluszeichen) oder drücken Strg+I. Daraufhin erscheint das Dialogfeld *Leistungsindikatoren hinzufügen*, das in Abbildung 6–44 zu sehen ist.

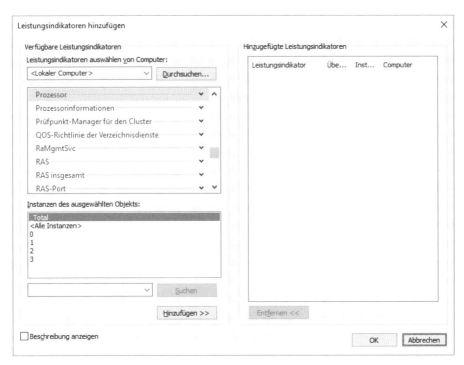

Abb. 6–44 Das Dialogfeld *Leistungsindikatoren hinzufügen*

Im Dialogfeld *Leistungsindikatoren hinzufügen* sind die folgenden vier Angaben erforderlich, um einen Leistungsindikator zur Anzeige hinzuzufügen:

- **Computer** Gibt den Namen des Computers an, den Sie mit dem ausgewählten Leistungsindikator überwachen möchten. Im Unterschied zu den meisten MMC-Snap-Ins können Sie den gesamten Fokus von *Leistungsüberwachung* nicht auf einen anderen Computer im Netzwerk umleiten. Stattdessen geben Sie für jeden Leistungsindikator, den Sie der Anzeige hinzufügen möchten, einen Computernamen an. Dadurch können Sie eine Anzeige erzeugen, die Leistungsindikatoren für verschiedene Computer im Netzwerk darstellt, beispielsweise in einem einzigen Diagramm die Prozessoraktivitäten aller Ihrer Server.

- **Leistungsobjekt** Spezifiziert die Hardware- oder Softwarekomponenten des Computers, die Sie überwachen möchten. Klicken Sie auf den nach unten weisenden Pfeil neben einem Leistungsobjekt, um die Leistungsindikatoren anzuzeigen, die sich auf diese Komponente beziehen.

- **Leistungsindikator** Kennzeichnet einen statistischen Wert, der einen bestimmten Aspekt von Aktivitäten des ausgewählten Leistungsobjekts darstellt.

- **Instanz** Identifiziert ein bestimmtes Vorkommen des ausgewählten Leistungsindikators. Zum Beispiel gibt es auf einem Computer mit zwei Netzwerkadaptern für jeden Leistungsindikator im Leistungsobjekt *Netzwerkschnittstelle* zwei Instanzen, mit denen Sie die Leistung jedes Adapters einzeln verfolgen können. Manche Leistungsindikatoren verfügen auch über Instanzen wie _Total, mit denen Sie die zusammengefasste Leistung sämtlicher Instanzen oder den Durchschnittswert aller Instanzen verfolgen können.

Wenn Sie einen Computernamen, ein Leistungsobjekt, einen Leistungsindikator in diesem Objekt und eine Instanz dieses Leistungsindikators ausgewählt haben, klicken Sie auf *Hinzufügen*, um den Leistungsindikator in die Liste *Hinzugefügte Leistungsindikatoren* zu übernehmen. Das Dialogfeld bleibt geöffnet, damit Sie weitere Leistungsindikatoren hinzufügen können. Klicken Sie auf *OK*, wenn Sie das Diagramm mit Ihren ausgewählten Leistungsindikatoren fertig aktualisiert haben.

> **HINWEIS** Leistungsobjekte verstehen
>
> Wenn Sie das Kontrollkästchen *Beschreibung anzeigen* aktivieren, erscheint im Feld *Beschreibung* eine ausführliche Erläuterung des ausgewählten Objekts oder Leistungsindikators.

Welche Leistungsobjekte, Leistungsindikatoren und Instanzen im Dialogfeld *Leistungsindikatoren hinzufügen* erscheinen, hängt von der Hardwarekonfiguration des Computers, der auf dem Computer installierten Software und der Rolle des Computers im Netzwerk ab.

Die Anzeige steuern

Bei der ersten Begegnung mit der Leistungsüberwachung ist es oft so, dass der Benutzer Hunderte verfügbare Leistungsindikatoren vor sich hat und einfach ein Liniendiagramm mit einem Dutzend oder mehr verschiedenen statistischen Kenndaten erzeugt. In den meisten Fällen ist das Ergebnis ein überladenes und zusammenhangloses Diagramm. Wie viele Leistungsindikatoren Sie effektiv anzeigen können, hängt unter anderem von der Größe und der Bildschirmauflösung Ihres Monitors ab.

Berücksichtigen Sie die folgenden Tipps, wenn Sie Leistungsindikatoren auswählen:

- **Anzahl der Leistungsindikatoren beschränken** Bei zu vielen Leistungsindikatoren ist das Diagramm schwer zu überblicken. Eine größere Anzahl an statistischen Kenngrößen lässt sich anzeigen, wenn Sie mehrere Konsolenfenster öffnen (indem Sie in der Konsolenstruktur mit der rechten Maustaste auf *Leistungsüberwachung* klicken und *Neues Fenster hier öffnen* im Kontextmenü auswählen) und in jedem Fenster andere Leistungsindikatoren anzeigen lassen. Alternativ dazu können Sie zum Diagrammtyp *Histogrammleiste* oder *Bericht* wechseln, um eine große Anzahl von Leistungsindikatoren in kompakter Form anzuzeigen.

- **Anzeigeeigenschaften der Leistungsindikatoren anpassen**   Abhängig von der Größe und den Fähigkeiten Ihres Monitors sind die Leistungsindikatoren in den Farben und Linienbreiten, die Leistungsüberwachung in den Diagrammen standardmäßig verwendet, möglicherweise schwer voneinander zu unterscheiden. Im Dialogfeld *Eigenschaften von Leistungsüberwachung* können Sie auf der Registerkarte *Daten* die Farbe, die Breite und den Stil der Linie für den jeweiligen Leistungsindikator im Diagramm ändern, um ihn einfacher unterscheiden zu können.

- **Leistungsindikatoren mit vergleichbaren Werten auswählen**   Leistungsüberwachung kennt prinzipiell keine Beschränkungen hinsichtlich der Kombination von Leistungsindikatoren, die Sie für ein Diagramm auswählen können. Allerdings ist es bei manchen Kenndaten wegen ihrer grundverschiedenen Werte nicht sinnvoll, sie im selben Diagramm anzuzeigen. Enthält ein Diagramm einen Leistungsindikator mit einem typischen Wert unterhalb von 20 und einen anderen Leistungsindikator mit einem Wert in den Hunderten, lässt sich ein Diagramm kaum so konstruieren, dass beide Leistungsindikatoren deutlich erkennbar sind. Wählen Sie also Leistungsindikatoren mit Werten aus, die sich sinnvoll vergleichen lassen, damit Sie sie lesbar anzeigen können. Auch hier gilt: Wenn Sie Leistungsindikatoren mit unterschiedlichen Wertebereichen anzeigen müssen, sollten Sie die Ansicht *Bericht* der Ansicht *Diagramm* vorziehen.

Datensammlersätze konfigurieren

Leistungsengpässe können sich auf einem Server über einen längeren Zeitraum entwickeln und sie lassen sich oftmals schwer erkennen, wenn man die Leistungsindikatoren lediglich zu einem Zeitpunkt beobachtet. Deshalb empfiehlt es sich, mit Tools wie *Leistungsüberwachung* die Vergleichsbasis für einen Server einzurichten. Eine Vergleichsbasis ist ein Satz von Kennwerten, die unter normalen Betriebsbedingungen erfasst wurden. Die Nullmessung können Sie speichern und mit später erfassten Kenndaten vergleichen. Wenn Sie die aktuellen Kenndaten eines Servers regelmäßig mit der hinterlegten Vergleichsbasis vergleichen, können Sie Trends ausmachen, die letztlich die Leistung des Computers beeinflussen können.

Um in der Konsole *Leistungsüberwachung* statistische Daten zu Leistungsindikatoren für eine spätere Auswertung zu erfassen, erstellen Sie Datensammlersätze in folgenden Schritten:

1. Öffnen Sie die Konsole *Leistungsüberwachung* und erweitern Sie den Ordner *Datensammlersätze*.

2. Klicken Sie mit der rechten Maustaste auf den Ordner *Benutzerdefiniert* und wählen Sie im Kontextmenü *Neu/Datensammlersatz*. Daraufhin startet der Assistent *Neuen Datensammlersatz erstellen* mit der Seite *Wie soll dieser neue Datensammlersatz erstellt werden?* (siehe Abbildung 6–45).

3. Geben Sie im Textfeld *Name* einen Namen für den Datensammlersatz ein. Wählen Sie dann die Option *Manuell erstellen (Erweitert)* aus.

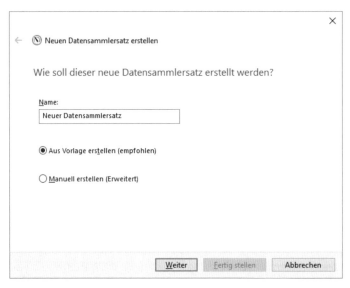

Abb. 6–45 Die Seite *Wie soll dieser neue Datensammlersatz erstellt werden?* des Assistenten *Neuen Datensammlersatz erstellen*

4. Auf der Seite *Welcher Datentyp soll eingeschlossen werden?* (siehe Abbildung 6–46) behalten Sie die Option *Datenprotokolle erstellen* bei und aktivieren das Kontrollkästchen *Leistungsindikatoren*.

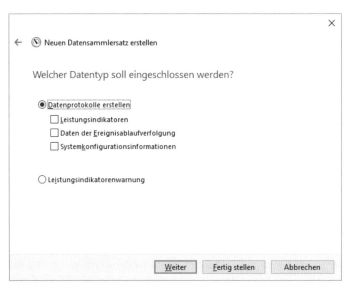

Abb. 6–46 Die Seite *Welcher Datentyp soll eingeschlossen werden?* des Assistenten *Neuen Datensammlersatz erstellen*

5. Auf der Seite *Welche Leistungsindikatoren möchten Sie protokollieren?* klicken Sie auf *Hinzufügen*, um das Dialogfeld *Leistungsindikatoren hinzufügen* zu öffnen.
6. Wählen Sie die Leistungsindikatoren, die Sie protokollieren möchten, in der schon bekannten Art und Weise aus und klicken Sie dann auf *OK*. Die Leistungsindikatoren erscheinen im Feld *Leistungsindikatoren*.
7. Legen Sie das Abtastintervall fest, in dem die *Leistungsüberwachung* die Stichproben erfassen soll.
8. Auf der Seite *Wo sollen die Daten gespeichert werden?* geben Sie den Namen des Ordners ein (oder wählen ihn über die Schaltfläche *Durchsuchen* aus), wo der Datensammlersatz gespeichert werden soll.
9. Auf der Seite *Möchten Sie den Datensammlersatz erstellen?* können Sie das Anmeldekonto ändern. Wenn Ihr aktuelles Konto nicht über die erforderlichen Rechte verfügt, um die Protokollinformationen zu sammeln, klicken Sie auf *Ändern*. Es erscheint ein Dialogfeld *Leistungsüberwachung*, in dem Sie alternative Anmeldeinformationen eingeben können.
10. Wählen Sie anschließend eine der folgenden Optionen aus:
    - **Eigenschaften für diesen Datensammlersatz öffnen**   Speichert den Datensammlersatz am festgelegten Speicherort und öffnet dessen Eigenschaftenblatt, in dem Sie weitere Änderungen vornehmen können.
    - **Diesen Datensammlersatz jetzt starten**   Speichert den Datensammlersatz am festgelegten Speicherort und beginnt sofort, Daten zu erfassen.
    - **Speichern und schließen**   Speichert den Datensammlersatz am festgelegten Speicherort und schließt den Assistenten.
11. Klicken Sie auf *Fertig stellen*. Der neue Datensammlersatz erscheint im Ordner *Benutzerdefiniert*.
12. Klicken Sie mit der rechten Maustaste auf den neuen Datensammlersatz und wählen Sie *Starten* im Kontextmenü. Die Konsole sammelt nun Daten, bis Sie erneut mit der rechten Maustaste darauf klicken und *Beenden* im Kontextmenü wählen.

Wenn Sie die Daten, die Sie mit dem Datensammlersatz erfasst haben, anzeigen möchten, gehen Sie in den Ordner, den Sie für den Datensammlersatz im Assistenten festgelegt haben, und doppelklicken auf die Datei mit dem Datensammlersatz. Daraufhin wird ein Fenster *Leistungsüberwachung* mit einem Diagramm der gesammelten Daten geöffnet, wie Abbildung 6–47 zeigt, anstatt die Aktivitäten in Echtzeit anzuzeigen.

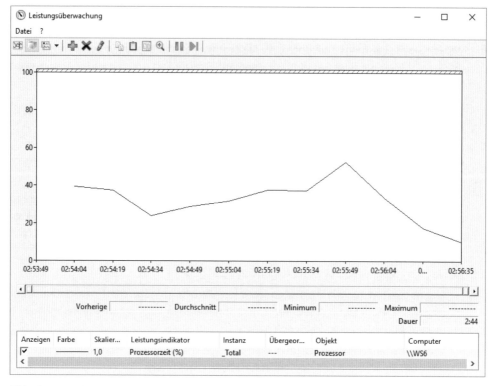

Abb. 6–47 Die von *Leistungsüberwachung* mit einem Datensammlersatz erfassten Daten

Wenn Sie diesen Vorgang später wiederholen und die Informationen in den beiden Datensammlersätzen vergleichen, können Sie oftmals Leistungstrends erkennen, die auf vorhandene Engpässe hinweisen.

Geeignete Leistungsindikatoren für Prozessor, Arbeitsspeicher, Datenträger und Netzwerk für Speicher- und Computing-Arbeitsauslastungen bestimmen

Nachdem Sie wissen, wie Sie mit der Konsole *Leistungsüberwachung* arbeiten, geht es nun darum, wie Sie einen Computer überwachen und auftretende Probleme beheben. Serveradministratoren haben oftmals mit Leistungsproblemen zu tun, die sich keiner offensichtlichen Ursache zuordnen lassen, beispielsweise einem Hardware- oder Dienstausfall. Benutzer beschweren sich möglicherweise, dass die Leistung eines Servers zu bestimmten Tageszeiten zu wünschen übrig lässt oder dass die Leistung im Verlauf von Wochen oder Monaten allmählich abnimmt. Die häufigste Ursache in solchen Fällen ist ein Leistungsengpass irgendwo im Server.

Ein *Engpass* ist eine Komponente, die im Vergleich zu den anderen Komponenten im System kein akzeptables Leistungsniveau bietet. Zum Beispiel könnten sich Benutzer beschweren, dass die Leistung ihres Dateiservers schlecht ist. Vielleicht würden Sie dann viel Zeit und Geld investieren, um das Netzwerk auf den neuesten Stand zu bringen, und erwarten dabei eine drastische Verbesserung. Wenn aber der Server ein älterer Computer mit einem veralteten Prozessor ist, ergibt sich vielleicht nur eine minimale Verbesserung, weil der Prozessor und nicht das Netzwerk den Engpass darstellt. Alle anderen Komponenten laufen möglicherweise zufriedenstellend, doch der Prozessor kann mit der Datenkapazität des neuen, schnelleren Netzwerks nicht mithalten.

Engpässe können aus den verschiedensten Gründen auftreten, unter anderem den folgenden:

- **Erhöhte Serverbelastung** Ein Server kann in einer bestimmten Rolle zunächst angemessen funktionieren, doch sobald mehr Benutzer oder mehr Aufgaben hinzukommen, kann die Unzulänglichkeit einer oder mehrerer Komponenten deutlicher hervortreten. Zum Beispiel kann ein Webserver zunächst genügen, um die Website einer Firma zu hosten, doch dann führt die Firma ein neues Produkt ein und der Datenverkehr zur Site verdreifacht sich. Plötzlich stellen Sie fest, dass die Festplattenleistung des Webservers nicht ausreicht, um den zusätzlichen Verkehr zu verarbeiten.

- **Hardwareausfall** Hardwareausfälle äußern sich nicht immer als abrupter Stillstand. Eine geringere Serverleistung kann auch an Komponenten liegen, die über längere Zeit hinweg mit Aussetzern arbeiten, die sich aber nicht plausibel erklären lassen. Zum Beispiel kann ein fehlerhaftes Netzwerkkabel, das einen Server mit einem Switch verbindet, zu gelegentlichen Unterbrechungen des Datenverkehrs führen, was sich als herabgesetzte Leistung im Server bemerkbar macht.

- **Geänderte Serverrollen** Verschiedene Anwendungen haben unterschiedliche Ressourcenanforderungen. Ein Computer mag als Webserver adäquat funktionieren, doch wenn man seine Rolle in die eines Datenbankservers ändert, ist der Prozessor möglicherweise nicht mehr schnell genug, um die Belastung zu verkraften, die ihm die neue Anwendung aufbürdet.

Es ist mitunter schwierig, den Engpass, der die Leistung bremst, aufzuspüren, doch die Konsole *Leistungsüberwachung* bietet hierfür fast alle erforderlichen Werkzeuge. Um einen Engpass zu finden, untersucht man normalerweise die vier wichtigsten Teilsysteme eines Computers, womit sich die folgenden Abschnitte befassen.

Leistungsindikatoren für den Prozessor

Ein unangemessenes oder nicht ordnungsgemäß funktionierendes Prozessorarray kann der Grund dafür sein, dass ein Server die eingehenden Clientanforderungen in eine Warteschlange stellt, was verhindert, dass er sie umgehend erfüllt. Für eine allgemeine Überwachung des Prozessorsubsystems sollten Sie die folgenden Leistungsindikatoren heranziehen:

- **Prozessor: Prozessorzeit (%)** Gibt den prozentualen Anteil der Zeit an, die der Prozessor beschäftigt ist. Dieser Wert sollte möglichst niedrig sein, wobei alles unter 85 als akzeptabel gilt. Wenn dieser Wert ständig zu hoch liegt, sollten Sie die Prozesse ermitteln, die zu viel Prozessorzeit verbrauchen, und, falls möglich, einen besseren Prozessor einbauen oder einen weiteren Prozessor hinzufügen.

- **System: Prozessor-Warteschlangenlänge**   Gibt die Anzahl der Threads an, die auf die Ausführung durch den Prozessor warten. Dieser Wert sollte möglichst niedrig liegen, wobei Werte kleiner als 10 akzeptabel sind. Wenn der Wert zu hoch ist, sollten Sie den Prozessor durch einen besseren ersetzen oder einen weiteren Prozessor hinzufügen.

- **Serverwarteschlangen: Warteschlangenlänge**   Gibt die Anzahl der Anforderungen an, die auf die Verwendung eines bestimmten Prozessors warten. Dieser Wert sollte möglichst niedrig liegen, wobei Werte kleiner als 4 akzeptabel sind. Wenn der Wert zu hoch ist, sollten Sie den Prozessor durch einen besseren ersetzen oder einen weiteren Prozessor hinzufügen.

- **Prozessor: Interrupts/s**   Gibt die Anzahl der Hardwareinterrupts an, die der Prozessor pro Sekunde bedient. Der Wert dieses Leistungsindikators kann sehr stark variieren und ist nur in Bezug zu einer bekannten Vergleichsbasis aussagekräftig. Ein Hardwaregerät, das zu viele Interrupts generiert, kann den Prozessor vereinnahmen und somit die Ausführung anderer Aufgaben verhindern. Wenn der Wert steil ansteigt, untersuchen Sie die verschiedenen anderen Hardwarekomponenten im System, um zu ermitteln, welche zu viele Interrupts generiert.

Leistungsindikatoren für den Speicher

Wenn die Kapazität von Arbeitsspeicher in einem Server nicht ausreicht, kann der Computer häufig verwendete Daten nicht mehr im Cache zwischenspeichern, sodass sich die Prozesse mehr auf Lesevorgänge vom Datenträger als vom Arbeitsspeicher stützen müssen, was das gesamte System bremst. Arbeitsspeicher ist das entscheidende Subsystem, das zu überwachen ist, weil Speicherprobleme alle anderen Subsysteme beeinflussen können. Wenn zum Beispiel ein Arbeitsspeicherzustand übermäßig viele Auslagerungsvorgänge hervorruft, scheint das System ein Problem im Speichersubsystem zu haben, obwohl der Arbeitsspeicher daran schuld ist.

Zu den häufigsten Zuständen, die speicherbezogene Probleme hervorrufen können, gehört der Arbeitsspeicherverlust. Ein Arbeitsspeicherverlust ist das Ergebnis eines Programms, das Speicher reserviert, aber nicht wieder freigibt, wenn es ihn nicht mehr benötigt. Im Laufe der Zeit kann der Freispeicher des Computers komplett verbraucht sein, wodurch die Leistung sinkt und das System letztlich angehalten wird. Arbeitsspeicherverluste können schnell entstehen und somit zu einer schlagartigen Verringerung der Gesamtserverleistung führen, eventuell entstehen sie auch langsam und sind somit schwer zu erkennen, wobei die Systemleistung allmählich über einen Zeitraum von Tagen oder Wochen abnimmt. In den meisten Fällen sind Arbeitsspeicherverluste auf Anwendungen von Drittherstellern zurückzuführen. Doch auch Betriebssysteme können ungeahnte Arbeitsspeicherverluste hervorrufen.

Die grundlegende Speicherleistung können Sie mit den folgenden Leistungsindikatoren überwachen:

- **Arbeitsspeicher: Seitenfehler/s**   Gibt an, wie häufig (pro Sekunde) der Code oder die für die Verarbeitung erforderlichen Daten nicht im Arbeitsspeicher gefunden wurden. Dieser Wert sollte möglichst niedrig liegen, wobei Werte unter 5 akzeptabel sind. In den Leistungsindikator gehen sowohl Softwarefehler (bei denen die angeforderte Seite irgendwo im Arbeitsspeicher gefunden wird) als auch Hardwarefehler (bei denen die angeforderte Seite von einem Datenträger gelesen werden muss) ein. Während Softwarefehler im Allgemeinen kein großes Problem darstellen, können Hardwarefehler spürbare Verzögerungen hervorrufen, weil Festplattenzugriffe wesentlich langsamer sind als Speicherzugriffe. Wenn der Wert dieses Leistungsindikators zu hoch liegt, sollten Sie ermitteln, ob im System übermäßig viele Hardwarefehler auftreten. Hierzu können Sie den Leistungsindikator *Arbeitsspeicher: Seiten/s* heranziehen. Ist die Anzahl der harten Seitenfehler überhöht, sollten Sie entweder ermitteln, welcher Prozess für die übermäßig vielen Auslagerungen verantwortlich ist, oder mehr Arbeitsspeicher (RAM) im System installieren.

- **Arbeitsspeicher: Seiten/s** Gibt an, wie oft (pro Sekunde) angeforderte Informationen nicht im RAM verfügbar waren und vom Datenträger gelesen werden mussten oder Informationen auf den Datenträger geschrieben werden mussten, um Platz im RAM zu schaffen. Dieser Wert sollte möglichst niedrig liegen, wobei Werte von 0 bis 20 akzeptabel sind. Wenn der Wert zu hoch liegt, sollten Sie entweder ermitteln, welcher Prozess für die übermäßig vielen Auslagerungen verantwortlich ist, oder mehr Arbeitsspeicher (RAM) im System installieren.

- **Arbeitsspeicher: Verfügbare MB** Gibt die Menge des verfügbaren physischen Speichers (in Megabyte) an. Dieser Wert sollte so hoch wie möglich liegen und nicht unter 5 Prozent des gesamten physischen Speichers im System fallen, da dies ein Anzeichen für Arbeitsspeicherverluste sein kann. Wenn der Wert zu niedrig liegt, sollten Sie zusätzlichen RAM in das System einbauen.

- **Arbeitsspeicher: Zugesicherte Bytes** Gibt die Menge des virtuellen Speichers an, für den in Auslagerungsdateien Speicherplatz reserviert wurde. Dieser Wert sollte möglichst niedrig liegen und immer kleiner als die Menge des physischen RAM im Computer sein. Wenn der Wert zu hoch ist, könnte dies ein Anzeichen für Arbeitsspeicherverluste oder die Notwendigkeit für zusätzlichen RAM im System sein.

- **Arbeitsspeicher: Nicht-Auslagerungsseiten (Bytes)** Gibt die Größe eines Speicherbereichs an, den das Betriebssystem für Objekte verwendet, die sich nicht auf den Datenträger schreiben lassen. Dieser Wert sollte stabil sein und nicht wachsen, ohne dass die Serveraktivität zunimmt. Wenn der Wert im Lauf der Zeit zunimmt, könnte dies auf einen Arbeitsspeicherverlust hinweisen.

Leistungsindikatoren für Datenträger

Ein Speichersubsystem, das mit Lese- und Schreibbefehlen überlastet ist, kann die Rate verringern, mit der das System Clientanforderungen verarbeitet. Die Festplattenlaufwerke des Servers tragen eine größere physische Last als die drei anderen Subsysteme, weil sich die Schreib-/Leseköpfe des Laufwerks ständig zu verschiedenen Positionen auf den Laufwerksplatten bewegen müssen, um die E/A-Anforderungen vieler Clients zu erfüllen. Der Mechanismus mit den Schreib-/Leseköpfen des Laufwerks kann sich aber nur mit endlicher Geschwindigkeit bewegen und sobald das Laufwerk seine maximale Schreib-/Lesegeschwindigkeit erreicht hat, stapeln sich zusätzliche Anforderungen in der Warteschlange und warten auf ihre Verarbeitung. Deshalb ist das Speichersubsystem häufig Verursacher für einen Engpass.

Das Speichersubsystem können Sie in *Leistungsüberwachung* mit den folgenden Leistungsindikatoren überwachen:

- **Physikalischer Datenträger: Bytes/s** Gibt die durchschnittliche Anzahl der Bytes an, die pro Sekunde vom oder zum Datenträger übertragen werden. Dieser Wert sollte den Niveaus entsprechen, die in der ursprünglichen Vergleichsbasis erfasst wurden, oder höher sein. Ein abnehmender Wert weist eventuell auf eine fehlerhafte Festplatte hin, die schließlich ausfallen könnte. Wenn das der Fall ist, sollten Sie ein Upgrade des Speichersubsystems durchführen.

- **Physikalischer Datenträger: Mittlere Bytes/Übertragung** Gibt die durchschnittliche Anzahl der Bytes an, die bei Lese- und Schreiboperationen übertragen werden. Dieser Wert sollte den Niveaus entsprechen, die in der ursprünglichen Vergleichsbasis erfasst wurden, oder höher sein. Ein abnehmender Wert weist eventuell auf eine fehlerhafte Festplatte hin, die schließlich ausfallen könnte. Wenn das der Fall ist, sollten Sie ein Upgrade des Speichersubsystems durchführen.

- **Physikalischer Datenträger: Aktuelle Warteschlangenlänge** Gibt die Anzahl der ausstehenden Lese- oder Schreibanforderungen auf dem Datenträger an. Dieser Wert sollte möglichst klein sein, wobei Werte kleiner als 2 pro Plattenspindel als akzeptabel gelten. Hohe Werte für diesen Leistungsindikator weisen eventuell auf ein Laufwerk hin, das fehlerhaft arbeitet oder das mit den geforderten Aktivitäten nicht mithalten kann. Wenn das der Fall ist, sollten Sie ein Upgrade des Speichersubsystems durchführen.

- **Physikalischer Datenträger: Zeit %** Gibt den Prozentanteil der Zeit an, die das Laufwerk beschäftigt war. Dieser Wert sollte möglichst klein sein, wobei Werte kleiner als 80 Prozent als akzeptabel gelten. Hohe Werte für diesen Leistungsindikator können darauf hinweisen, dass das Laufwerk fehlerhaft arbeitet, dass es mit den geforderten Aktivitäten nicht mithalten kann oder dass ein Speicherproblem übermäßige Auslagerungsvorgänge verursacht. Wenn sich weder Arbeitsspeicherverluste noch ähnliche Probleme finden lassen, sollten Sie ein Upgrade des Speichersubsystems durchführen.

- **Logischer Datenträger: Freier Speicherplatz (%)** Gibt den prozentualen Anteil des auf dem Datenträger verfügbaren freien Speicherplatzes an. Dieser Wert sollte so groß wie möglich sein, wobei schon Werte ab 20 Prozent als akzeptabel gelten. Wenn der Wert zu klein ist, sollten Sie die Festplattenkapazität erhöhen.

Sofern sie nicht auf fehlerhafte Hardware zurückzuführen sind, lassen sich die meisten Probleme mit dem Speichersubsystem durch ein Upgrade des Speichersystems lösen. Diese Upgrades können von folgenden Maßnahmen begleitet werden:

- Schnellere Festplattenlaufwerke installieren, beispielsweise SSDs (Solid State Drives)
- Zusätzliche Festplatten installieren und die Daten unter ihnen aufteilen, um die E/A-Belastung auf jedem Laufwerk zu verringern
- Eigenständige Laufwerke durch ein RAID-System ersetzen
- Einem vorhandenen RAID-System mehr Laufwerke hinzufügen

Leistungsindikatoren für das Netzwerk

Es ist komplizierter, die Netzwerkleistung zu überwachen als die drei anderen Subsysteme, weil viele Faktoren außerhalb des Computers auf die Netzwerkleistung einwirken können. Mit den folgenden Leistungsindikatoren können Sie versuchen zu ermitteln, ob ein Netzwerkproblem existiert, doch wenn Sie ein Problem vermuten, sollten Sie zunächst nach Ursachen außerhalb des Computers suchen:

- **Netzwerkschnittstelle: Gesamtanzahl Bytes/s** Gibt die Anzahl der Bytes an, die über den ausgewählten Netzwerkadapter pro Sekunde gesendet und empfangen werden. Dieser Wert sollte den Niveaus entsprechen, die in der ursprünglichen Vergleichsbasis erfasst wurden, oder höher liegen. Ein abnehmender Wert könnte auf eine fehlerhaft arbeitende Netzwerkhardware oder andere Netzwerkprobleme hinweisen.

- **Netzwerkschnittstelle: Ausgabewarteschlangenlänge** Gibt die Anzahl der Pakete an, die auf die Übertragung durch den Netzwerkadapter warten. Dieser Wert sollte so niedrig wie möglich sein, vorzugsweise null, obwohl Werte bis zu 2 noch akzeptabel sind. Ist der Wert zu hoch, könnte der Netzwerkadapter fehlerhaft arbeiten oder ein anderes Netzwerkproblem bestehen.

- **Server: Gesamtanzahl Bytes/s** Gibt die Gesamtanzahl der Bytes an, die der Server über alle seine Netzwerkschnittstellen an das Netzwerk gesendet und vom Netzwerk empfangen hat. Dieser Wert sollte nicht mehr als 50 Prozent der gesamten Bandbreitenkapazität der Netzwerkschnittstellen im Server betragen. Wenn der Wert zu hoch ist, sollten Sie einige Anwendungen auf andere Server migrieren oder in ein schnelleres Netzwerk investieren.

Die Bandbreite der Netzwerkverbindungen begrenzt den Umfang des Datenverkehrs, der den Server über seine Netzwerkschnittstellen erreicht. Wenn die Werte dieser Leistungsindikatoren anzeigen, dass das Netzwerk selbst den Engpass darstellt, gibt es prinzipiell zwei Methoden, ein Upgrade des Netzwerks durchzuführen – und keine davon ist eine einfache Korrekturmaßnahme:

- **Die Geschwindigkeit des Netzwerks erhöhen** Diese Methode bedeutet, alle Netzwerkadapter in allen Computern zu ersetzen, ebenso die Switches, Router und anderen Geräte im Netzwerk und möglicherweise auch die Verkabelung.

- **Zusätzliche Netzwerkadapter im Server installieren und das Netzwerk neu gliedern**
Wenn die bereits im Server vorhandenen Netzwerkschnittstellen durch den Datenverkehr häufig voll ausgelastet sind, lässt sich der Netzwerkdurchsatz ohne Erhöhung der Geschwindigkeit im Netzwerk nur dadurch verbessern, dass mehr Netzwerkschnittstellen installiert werden. Verbindet man aber mehr Schnittstellen mit demselben Netzwerk, kann trotzdem nicht mehr Datenverkehr den Server erreichen. Stattdessen müssen Sie zusätzliche Subnetze im Netzwerk einrichten und die Computer unter ihnen neu verteilen, sodass der Verkehr in jedem Subnetz geringer wird.

Warnungen konfigurieren

Leistungsüberwachung ist ein nützliches Tool, doch nur wenige Administratoren haben die Zeit, die Liniendiagramme zu studieren, die die Serverleistung mit den Leistungsindikatoren verfolgen. Deshalb können Sie mit dem *Assistenten Neuen Datensammlersatz erstellen* auch *Leistungsindikatorenwarnungen* einrichten, die die Werte bestimmter Leistungsindikatoren überwachen und eine Aufgabe ausführen, beispielsweise eine E-Mail an einen Administrator senden, wenn der Leistungsindikator einen bestimmten Wert erreicht.

Der Ablauf, um eine Warnung einzurichten, entspricht etwa der Prozedur, mit der Sie einen Datensammlersatz erstellen:

1. Öffnen Sie die Konsole *Leistungsüberwachung* und erweitern Sie den Ordner *Datensammlersätze*.
2. Klicken Sie mit der rechten Maustaste auf den Ordner *Benutzerdefiniert* und wählen Sie im Kontextmenü *Neu/Datensammlersatz*.
3. Auf der Seite *Wie soll dieser neue Datensammlersatz erstellt werden?* geben Sie einen Namen für den Datensammlersatz ein und wählen die Option *Manuell erstellen (Erweitert)*.
4. Auf der Seite *Welcher Datentyp soll eingeschlossen werden?* wählen Sie die Option *Leistungsindikatorenwarnung*.
5. Auf der Seite *Welche Leistungsindikatoren möchten Sie überwachen?* klicken Sie auf *Hinzufügen* und wählen dann den zu überwachenden Leistungsindikator aus.
6. In der Dropdownliste *Warnung bei* und im Textfeld *Grenzwert* geben Sie die Werte an, bei denen Leistungsüberwachung eine Warnung auslösen soll. Die Werte, die Sie in diese Felder eintragen, hängen von den Eigenschaften des ausgewählten Leistungsindikators ab. Wenn Sie zum Beispiel den Leistungsindikator *Prozessorzeit (%)* überwachen, möchten Sie vielleicht eine Warnung auslösen, wenn der Wert über 95 Prozent geht. Leistungsindikatoren, die keine Messungen in Prozentwerten bieten, können jedoch Werte verwenden, die auf anderen Faktoren basieren.
7. Auf der Seite *Möchten Sie den Datensammlersatz erstellen?* klicken Sie auf *Ändern*, wenn Ihr aktuelles Konto keine Berechtigungen besitzt, um die Protokollinformationen einzuholen. Daraufhin erscheint ein Dialogfeld *Leistungsüberwachung*, in dem Sie alternative Anmeldeinformationen eingeben können.
8. Wählen Sie eine der folgenden Optionen aus:
    - **Eigenschaften für diesen Datensammlersatz öffnen** Speichert den Datensammlersatz am festgelegten Speicherort und öffnet das Eigenschaftenblatt des Datensammlersatzes, in dem Sie weitere Änderungen vornehmen können.
    - **Diesen Datensammlersatz jetzt starten** Speichert den Datensammlersatz am festgelegten Speicherort und beginnt sofort, Daten zu erfassen.
    - **Speichern und schließen** Speichert den Datensammlersatz am festgelegten Speicherort und schließt den Assistenten.

9. Klicken Sie auf *Fertig stellen*. Der neue Datensammlersatz erscheint im Ordner *Benutzerdefiniert*.
10. Wählen Sie den neuen Datensammlersatz im Ordner *Benutzerdefiniert* aus.
11. Klicken Sie mit der rechten Maustaste auf die Warnung und wählen Sie *Eigenschaften*.
12. Im Eigenschaftenblatt für die Warnung gehen Sie auf die Registerkarte *Warnungsaufgabe* (siehe Abbildung 6–48).

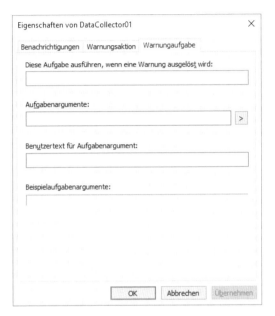

Abb. 6–48 Die Registerkarte *Warnungsaufgabe* im Eigenschaftenblatt für eine Leistungsindikatorwarnung

13. Geben Sie in die Felder des Dialogfelds eine WMI-Aufgabe ein oder ein Skript, das beim Auslösen der Warnung ausgeführt werden soll.
14. Klicken Sie auf *OK*.

Wenn Sie die Warnung starten, überwacht sie den ausgewählten Leistungsindikator und führt die Aufgabe aus, wenn er den festgelegten Wert erreicht. Im selben Dialogfeld können Sie auf der Registerkarte *Benachrichtigungen* ein Abtastintervall für die Warnung konfigurieren, damit sie weder mit der Serverleistung kollidiert noch unerwünschte Warnungen zu oft auslöst.

Arbeitsauslastungen mit Ressourcenmonitor überwachen

Wenn Sie die Konsole *Leistungsüberwachung* starten, können Sie mit der rechten Maustaste auf den Ordner *Überwachungstools* klicken und *Ressourcenmonitor* im Kontextmenü auswählen, um die Konsole *Ressourcenmonitor* anzuzeigen (siehe Abbildung 6–49).

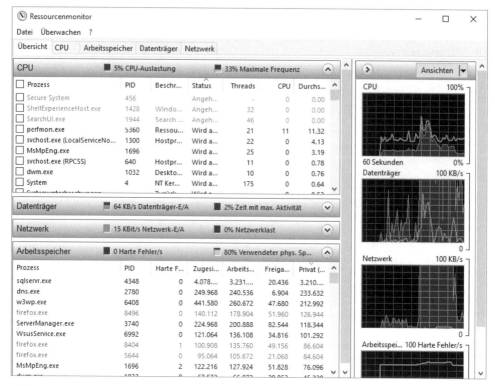

Abb. 6–49 Die Konsole *Ressourcenmonitor*

Auf der Registerkarte *Übersicht* des Ressourcenmonitors zeigen vier Liniendiagramme Informationen über die vier Haupthardwarekomponenten des Servers in Echtzeit an: CPU, Datenträger, Netzwerk und Arbeitsspeicher. Die vier Komponenten haben zudem jeweils einen eigenen, erweiterbaren Abschnitt, der ausführlichere Informationen in Textform bietet, wie zum Beispiel die Ressourcen, die von den einzelnen Anwendungen und Prozessen verwendet werden.

Tabelle 6–1 listet die statistischen Angaben auf, die von den Diagrammen und den Textabschnitten angezeigt werden.

Komponente	Daten im Liniendiagramm	Textangaben
CPU	CPU – Gesamt (%)	**Prozess** Die Anwendung, die CPU-Ressourcen verwendet **PID** Die Prozess-ID der Anwendung **Status** Gibt an, ob die Anwendung derzeit läuft oder suspendiert ist **Threads** Die Anzahl der aktiven Threads, die von der Anwendung generiert werden **CPU** Die Anzahl der CPU-Zyklen, die derzeit von der Anwendung verwendet werden

Tab. 6–1 Statistische Daten als Liniendiagramm und in Textform

Komponente	Daten im Liniendiagramm	Textangaben
		▪ **Durchschnittliche CPU-Auslastung** Der prozentuale Anteil der CPU-Kapazität, die von der Anwendung verwendet wird
Datenträger	Datenträger E/A-Rate, gesamt (KB/s)	▪ **Prozess** Die Anwendung, die Datenträgerressourcen verwendet
		▪ **PID** Die Prozess-ID der Anwendung
		▪ **Datei** Die derzeit von der Anwendung gelesene oder geschriebene Datei
		▪ **Lesen** Die Geschwindigkeit der aktuellen Leseoperation (in Byte/s)
		▪ **Schreiben** Die Geschwindigkeit der aktuellen Schreiboperation (in Byte/s)
		▪ **Gesamt** Die Geschwindigkeit der aktuellen Lese- und Schreiboperationen (in Byte/s)
		▪ **E/A-Priorität** Die Priorität der E/A-Aufgabe, die momentan von der Anwendung ausgeführt wird
		▪ **Antwortzeit** Die Zeitspanne zwischen dem Auslösen eines Befehls an den Datenträger und dessen Reaktionszeit (in Millisekunden)
Netzwerk	Aktueller Netzwerkverkehr, gesamt (KBit/s)	▪ **Prozess** Die Anwendung, die Netzwerkressourcen verwendet
		▪ **PID** Die Prozess-ID der Anwendung
		▪ **Adresse** Die Netzwerkadresse oder der Computername des Systems, mit dem der Computer kommuniziert
		▪ **Senden** Die Geschwindigkeit der aktuellen Sendeoperation im Netzwerk (in Byte/s)
		▪ **Empfangen** Die Geschwindigkeit der aktuellen Empfangsoperation (in Byte/s)
		▪ **Gesamt** Die zusammengefasste Bandbreite der aktuell im Netzwerk stattfindenden Sende- und Empfangsprozesse (in Byte/s)
Arbeitsspeicher	Aktuelle harte Seitenfehler pro Sekunde	▪ **Prozess** Die Anwendung, die Speicherressourcen verwendet
	Prozentualer Anteil des physischen Arbeitsspeichers, der momentan verwendet wird	▪ **PID** Die Prozess-ID der Anwendung
		▪ **Harte Fehler/s** Die Anzahl der harten Fehler, die momentan von der Anwendung erzeugt werden
		▪ **Zugesichert** Der Umfang des Speichers (in KB), der von der Anwendung zugesichert wird
		▪ **Arbeitssatz** Der Umfang des physischen Speichers (in KB), der momentan von der Anwendung genutzt wird

Tab. 6–1 Statistische Daten als Liniendiagramm und in Textform *(Forts.)*

Komponente	Daten im Liniendiagramm	Textangaben
		Freigabe möglich Der Umfang des Speichers (in KB), der von Anwendungen verwendet wird und den sie mit anderen Anwendungen gemeinsam nutzen können
		Privat Der Umfang des Speichers (in KB), der von den Anwendungen verwendet wird und den sie nicht mit anderen Anwendungen gemeinsam nutzen können

Tab. 6–1 Statistische Daten als Liniendiagramm und in Textform *(Forts.)*

Anhand der Ressourcen, die bestimmte Anwendungen und Prozesse in einem bestimmten Zeitraum beanspruchen, können Sie ermitteln, wie sich die Leistung eines Computers verbessern lässt. Wenn zum Beispiel der gesamte physische Speicher des Systems häufig genutzt wird, geht die Leistung des Systems aufgrund vieler Auslagerungsprozesse wahrscheinlich zurück. Wenn man die Kapazität des physischen Speichers erhöht oder die Arbeitsbelastung durch die Anwendung verringert, wird sich das Gesamtleistungsniveau des Computers wahrscheinlich verbessern.

Kapitelzusammenfassung

- *Windows Server Update Services (WSUS)* ist ein Feature in Windows Server 2016, mit dem ein lokaler Server in Ihrem Netzwerk als Backend für den Windows Update-Client fungieren kann, und zwar genauso wie die Microsoft Update-Server im Internet.

- Wenn Sie mehrere WSUS-Server in Ihrem Unternehmensnetzwerk einsetzen, erstellen Sie eine Architektur, indem Sie den Upstreamserver spezifizieren, von dem jeder Server seine Updates beziehen soll.

- In einer WSUS-Replikatserver-Konfiguration lädt ein zentraler WSUS-Server die Updates von der Microsoft Update-Site im Internet herunter und die WSUS-Server an anderen Standorten beziehen die genehmigten Updates von diesem ersten Server.

- Autonome WSUS-Server laden alle verfügbaren Updates vom zentralen Server herunter und Administratoren an jedem Standort sind dafür verantwortlich, die Updates für ihre eigenen Benutzer zu beurteilen und zu genehmigen.

- Der Vorgang, bei dem ein WSUS-Server die Updates von einem Upstreamserver herunterlädt, wird als Synchronisierung bezeichnet.

- WSUS steuert mit einem System von Gruppen, welche Windows Update-Clients im Netzwerk bestimmte Updates empfangen.

- Windows Defender ist eine Antimalware-Lösung, die automatisch auf allen Servern, die Windows Server 2016 ausführen, installiert und aktiviert wird.

- Damit Windows Defender wirksam bleibt, muss das Programm regelmäßige Updates für die Antispyware- und Antivirus-Definitionen erhalten.

- In Windows Server-Sicherung bieten einzelne Sicherungsaufträge mehr Flexibilität gegenüber geplanten Aufträgen, allerdings mit dem offensichtlichen Nachteil, dass es jemanden geben muss, der den Auftrag erstellt und startet.

- Wenn Sie einen geplanten Sicherungsauftrag erstellen, unterscheiden sich die Optionen geringfügig von einem einzelnen, interaktiven Auftrag.

- Wenn Sie eine geplante Sicherung eines Active Directory-Domänencontrollers durchführen oder eine einzelne Sicherung mit aktiviertem Kontrollkästchen *Systemstatus*, schließt Windows Server-Sicherung die Active Directory-Datenbank als Bestandteil des Auftrags ein.

- Windows Server-Sicherung kann sowohl Hyper-V-Hosts als auch virtuelle Gastcomputer sichern.

- *Leistungsüberwachung* ist ein Tool, das statistische Kenndaten der Systemleistung in Echtzeit anzeigt. Leistungsüberwachung kann Hunderte verschiedener Statistikdaten (sogenannte Leistungsindikatoren) erfassen. Darüber hinaus haben Sie die Möglichkeit, benutzerdefinierte Diagramme mit den für Sie interessanten Leistungsindikatoren zu erstellen.

- Ein Engpass ist eine Komponente, die verglichen mit den anderen Komponenten im System kein akzeptables Leistungsniveau bereitstellen kann.

- Die Konsole *Ressourcenmonitor* enthält vier Liniendiagramme, die Informationen über vier der Haupthardwarekomponenten des Servers in Echtzeit anzeigen.

Gedankenexperiment

In diesem Gedankenexperiment wenden Sie Ihre Fähigkeiten und Kenntnisse an, die Sie sich im Rahmen dieses Kapitels angeeignet haben. Die Antwort zu diesem Gedankenexperiment finden Sie im nächsten Abschnitt.

Norton ist Administrator bei Adatum, Ltd. Er hat die Aufgabe erhalten, neue Server im gesamten Unternehmen bereitzustellen. Die Server laufen unter Windows Server 2016 und Norton erstellt gerade einen längerfristigen Plan, um die Server in jedem der fünf Büros der Firma zu ersetzen. Er möchte auf einem der Server in jedem Büro *Windows Server Update Services* installieren, sodass die Clients die Updates von einer lokalen Quelle herunterladen können. Allerdings muss er sich in diesem Prozess mit einigen administrativen Problemen herumschlagen.

Das Büro in Winnipeg (Provinz Manitoba, Kanada) arbeitet unter einem anderen Namen und mit eigenem IT-Personal. Allerdings ist dessen Internetverbindung beträchtlich teurer als die Verbindungen der US-Büros und wird zudem nach der genutzten Bandbreite abgerechnet. Die Büros in Minneapolis und Detroit sind über ein Hochgeschwindigkeitsnetz mit der Firmenzentrale in Chicago verbunden, die aber keine eigenen IT-Administratoren beschäftigt. Die neu eröffnete Zweigstelle in St. Louis ist mit zwei Vertriebsmitarbeitern recht winzig. Der Zugang zum Internet wird zwar über ein Hochgeschwindigkeitsnetz hergestellt, doch das Büro verwendet eine VPN-Verbindung für die Kommunikation mit dem Netzwerk der Zentrale.

Wie sollte Norton die WSUS-Architektur für den Hauptsitz und die vier Filialen konfigurieren?

Antwort zum Gedankenexperiment

Dieser Abschnitt enthält die Lösung für das Gedankenexperiment.

Der WSUS-Server im Chicagoer Stammhaus sollte als zentraler Server konfiguriert werden und seine Updates von den Microsoft Update-Servern im Internet beziehen. Der Server im Winnipeg-Büro sollte Updates vom Chicago-Server herunterladen, die dortigen Administratoren sollten aber die Updates für sich selbst beurteilen und genehmigen. Die WSUS-Server in den Büros von Minneapolis und Detroit sollten Replikate des Chicago-Servers sein. Für den Server im Büro von St. Louis sollte der Chicagoer Server als Upstreamserver fungieren, aber die Option *Updatedateien nicht lokal speichern; Computer installieren von Microsoft Update* im Dialogfeld *Updatedateien und -sprachen* sollte ausgewählt sein, sodass der Server die *Genehmigungsliste* von Chicago und die eigentlichen Updates von den Microsoft Update-Servern im Internet herunterlädt.

Index

.avhd 258
.avhdx 258
.cab 83
.inf 82
.msu 83
.vhd 49
.vhds 397
.vhdx 49
.vmc 204
.vsv 204
/image 82
$PSVersionTable 64

A

ACE
    Typen 128
    verweigern 128
    zulassen 128
ACS (Azure Container Service) 332
Active Directory
    Cluster, von ~ getrennter 382
    Objekte wiederherstellen 479
    Sicherung 479
Active Directory Domain Services (AD DS) 43
Active Directory-Domänendienste 479
AD DS (Active Directory Domain Services) 43
Adapter
    emulierter 281
    Fibre Channel- 261
    Legacy- 281
Add-CauClusterRole 375
Add-ClusterScaleOutFileServer 385
Add-ClusterSharedVolume 172, 380
Add-ClusterVirtualMachineRole 344
Add-ClusterVMMonitoredItem 410
Add-Computer 22
Add-ContainerImageTag 310
Add-VMHardDiskDrive 255
Add-VMNetworkAdapter 268
Administratoren 307
Adprep.exe 43
Affinität 415, 432
Aggressivität 416
Aktiv/Aktiv-System 383
Aktiv/Passiv-System 383
Aktivierung
    automatische 45
    KMS 40
    Lizenzierung 39
    MAK 39
    Modell bestimmen 38
    über Active Directory 43

Aktivierungsintervall 41
Aktivierungsschwellenwert 40
Aktualisierung 30
    Installation ausführen 33
    NIC-Teamvorgang 32
    vorbereiten 32
Analysepunkte 177
Antimalware 459
Anwendungen
    Born-In-The-Cloud 47
    Cloud-orientierte 47
Anwendungsmigration 388
Appcmd.exe 483
Arbeitsauslastungen 179
Arbeitsbelastungen 77
Arbeitsgruppencluster 354
Arbeitsspeicher
    dynamisch hinzufügen/entfernen 207
    dynamischen ~ konfigurieren 208
    Verluste 496
Arbeitsspeicher *siehe auch* Speicher
Arbeitsspeicher, dynamischer
    Balloon-Treiber 211
    Einstellungen 208
Arbeitsspeicherpuffer 209
Assistenten
    Bearbeiten virtueller Festplatten 256
    Clustererstellung 358
    Einmalsicherung 467
    Erstellen neuer einfacher Volumes 93
    Freigaben 109
    Hinzufügen von Rollen und Features 13, 190
    hohe Verfügbarkeit 384
    Inventory And Assessment- 76
    Konfiguration von Windows Server Update Services 446, 447
    Konfigurationsüberprüfung 352
    Konfigurieren der Selbstaktualisierungsoptionen 375
    Konfigurieren des Clusterquorums 360, 362, 394
    neue Freigaben 385
    neue Speicherpools 371
    neue virtuelle Computer 204, 266
    neue virtuelle Datenträger 141, 390
    neue virtuelle Festplatten 244, 398
    neue virtuelle iSCSI-Datenträger 153
    neue Volumes 390
    neuen Datensammlersatz erstellen 491
    Performance Metrics 75

Replikation für 340
Server Virtualization And Consolidation 76
Setup für das Microsoft Assessment and
    Planning Toolkit 71
Sicherungszeitplan 471
Speicherpools 139, 390
Verschieben von 345
Virtuellen Computer importieren 236, 422
Volumenaktivierungstools 44
Wiederherstellung 475
Attach-Container 318
Aufzählung, zugriffsbasierte 111
Ausrichtung
    NUMA 212
Authentifizierung
    Credential Security Support Provider
        (CredSSP) 196
    Livemigration 348
Autorisierung 126
Autorisierungs-Manager 194
AVMA (Automatic Virtual Machine Activation) 45
    Schlüssel 45
AVMAkey 46
Azman.msc 194
Azure Container Service (ACS) 332

B

Backups 367
Balloon-Treiber 211, 218
Bandbreite 279
    Gewichtung 290
    maximale 289
    minimale 289
Bandbreitenverwaltung 289
Bare-Metal-Installation 7
Basisbetriebssystem, Installation 308
Bedrohungen 459
Behandlungspriorität 434
Belastung beim Herunterfahren 424
Benutzer, Prinzipal 117
Benutzeroberfläche
    grafische 20
    minimale Serverschnittstelle 20
Berechtigungen
    anpassen 117, 132
    Datei- 124
    effektiver Zugriff 129
    erweiterte 126
    grundlegende 126
    NTFS 131
    Ordner- 124
    verweigern 128
    zulassen 128
    Zuweisen erweiterter NTFS- 134

Berechtigungsvererbung 128
Bereitstellung, Windows Deployment Services
    (WDS) 12
Bereitstellungen
    Arbeitsbelastungen 77
    FreeBSD 68
    Linux 68
Berichte, Leistungsüberwachung 487
Betriebssysteme
    Basis-installieren 308
    Gast- 186
    herunterfahren 219
    Image deinstallieren 311
    Modus, gemischter 376
Bildschirmauflösung
    Computer, virtueller 225
BIS (FreeBSD Integration Services) 68
Blob-Datei erstellen 51
Blockgröße 227
BlockSizeBytes 227
Block-SmbShareAccess 122
Blockspeicher 177
Born-In-The-Cloud 47
Build, Docker 310

C

CAU (Cluster-Aware Updating) 372
Checkpoints 258
Checkpoint-VM 258
Chkdsk.exe 106
Churn 178
Clientseitige Zielzuordnung 453
Close-SmbOpenFile 121
Close-SmbSession 120
Clouds, Ressourcenmessung 216
Cloudzeugen 359
    Failovercluster 391
    Speicherkonto 393
Cluster
    Arbeitsgruppen- 354
    Ausführungsmodus 430
    Belastung beim Herunterfahren 424
    DrainOnShutdown 424
    Fehlerdomänen 414
    Gast- 387
    Internetname 429
    Lastenausgleich 416
    Metrikwerte 383
    Multi-domain 354
    Netzwerk konfigurieren 364
    Node Fairness 416
    Single-domain 354
    Stretch- 413
    Upgrade, paralleles 376

von Active Directory getrennter 382
  Zugriffspunkt 382
Cluster Shared Volumes (CSVs) 379
ClusterAwareUpdating 374
Clusterbetriebsmodus 435
Clustererstellungs-Assistent 358
Clustering
  geschachteltes 388
  Resilienz 395
Clusternamenobjekt 353, 382
Clusternetzwerkname 354
Clusterrollen
  Dateiserver 407
  Hyper-V-Replikatbroker 337
Clusterspeicherplätze 388
  Failovercluster-Manager 390
Clustervolumes 377
Cmdlets
  Add-CauClusterRole 375
  Add-ClusterScaleOutFileServer 385
  Add-ClusterSharedVolume 172, 380
  Add-ClusterVirtualMachineRole 344
  Add-ClusterVMMonitoredItem 410
  Add-Computer 22
  Add-ContainerImageTag 310
  Add-VMHardDiskDrive 255
  Add-VMNetworkAdapter 268
  Attach-Container 318
  Block-SmbShareAccess 122
  Checkpoint-VM 258
  Close-SmbOpenFile 121
  Close-SmbSession 120
  Cluster konfigurieren 172
  Commit-Container 318
  Convert-VHD 397
  Copy-Item 202
  Copy-VMFile 220
  Dateien kopieren 202
  Dateien schließen 121
  Datenträgertypen 149
  Direkte Speicherplätze aktivieren 401
  Disable-PnpDevice 240
  Disable-VMResourceMetering 218
  Disconnect-PSSession 24
  Disconnect-VMNetworkAdapter 239
  Dismount-DiskImage 104
  Dismount-VHD 104, 253
  Dismount-VmHostAssignableDevice 240
  Docker 308
  DockerMsftProvider 303
  Edit-NanoServerImage 55, 86
  Enable-ClusterStorageSpacesDirect 401
  Enable-DedupVolume 177
  Enable-NetAdapterRdma 288
  enable-netadaptervmq 286
  Enable-NetFirewallRule 339
  Enable-NetQosFlowControl 162
  Enable-PSRemoting 198
  enable-vmresourcemetering 217
  Enter-PSSession 24, 64, 201
  Ereignisprotokolle überprüfen 173
  Exit-PSSession 24
  exportieren 235
  Export-VM 236, 422
  Features hinzufügen 55
  Festplatten, virtuelle 246
  Freigabe beenden 121
  Freigaben erstellen 118
  Get-ClusterNetwork 365, 366, 383
  Get-Command 23
  Get-Container 318
  Get-DedupStatus 180
  Get-Disk 255
  Get-help 23
  Get-MpComputerStatus 461
  Get-NetAdapter 21
  GetNetAdapterRdma 288
  Get-NetAdapterVmq 286
  Get-NetAdapterVmqQueue 287
  Get-PnpDevice 239
  Get-PnpDeviceProperty 240
  Get-SmbClientConfiguration 123
  Get-SmbOpenFile 120
  Get-SmbSession 119
  Get-SmbShareAccess 121
  Get-SRGroup 173
  Get-VMCheckpoint 260
  Get-VMHostSupportedVersion 235
  Get-WindowsFeature 17
  Get-WinEvent 173
  Grant-SmbShareAccess 121
  Grant-SRAccess 172
  Hochverfügbarkeit 344
  Import-VM 238, 422
  Install-WindowsFeature 17, 36, 190, 191, 427, 446
  InstallWindowsFeature 253
  InvokeCauRun 375
  Invoke-Command 201
  Livemigration 346
  Livemigration initiieren 418
  Measure-VM 217, 265
  Merge-VHD 258
  Metrikwerte 383
  Mount-DiskImage 104

Mount-VHD 104, 253
Move-ClusterVirtualMachineRole 418
Move-VM 346
Nanoserver 48
Netzwerkkarte erstellen 268
Netzwerklastenausgleich 427
New-Cluster 357
New-ClusterFaultDomain 414
New-NanoServerImage 48, 301
New-NetIpAddress 21
New-NetQosPolicy 161
New-NetQosTrafficClass 161
New-PSSession 24, 63, 198
New-SmbShare 118
New-SRPartnership 172
New-VHD 101, 246, 252
New-VMSwitch 274, 288
New-Volume 401
Optimize-VHD 257
Pass-Through-Datenträger 255
PFC aktivieren 162
PowerShell-Befehl auf VM ausführen 201
Prüfpunkte 258
Prüfpunkte anwenden 260
QoS-Richtlinien 161
RDMA aktivieren 288
Remove-Container 319
Remove-ContainerImage 311
Remove-Smb-Share 121
Replikationspartnerschaft 172
Reset-VMResourceMetering 218
Resize-VHD 257
Ressourcenmessung 217
Restore-VMCheckpoint 260
Revoke-SmbShareAccess 121
Rollen hinzufügen 55
Set-ClusterFaultDomain 414
Set-ClusterQuorum 359
Set-DnsClientGlobalSettings 357
Set-DnsClientServerAddress 22
Set-FileStorageTier 149
Set-MpPreference 462
Set-NetAdapterVmq 287
Set-NetFirewallRule 27
Set-NetQoSbcdxSetting 161
Set-SmbPathAcl 386
Set-SmbServer Configuration 122
Set-VM 261
Set-VMFirmware 232, 234
Set-VMHardDiskDrive 265

Set-VMMemory 208
Set-VMNetworkAdapter 290
Set-VmReplicationServer 338
Sitzungen beenden 120
Sitzungen verwalten 119
Sitzungen, persistente 201
Speicherzuordnung 208
Standorte definieren 414
Start-Container 318
Start-DscConfiguration 30
Status der Partnerschaft 173
Stop-VM 219
Suspend-ClusterNode 424
Test-CauSetup 374
Test-SRTopology 170
Unblock-SmbShareAccess 122
Uninstall-WindowsFeature 459
Update-VMVersion 235
Verkehrsklassen 161
Versionen anzeigen 235
VMQ aktivieren 286
Willing-Bit 161
Windows Defender deinstallieren 459
Windows Server-Migrationstools 36
WSUS installieren 446
Zeichenfolgenarray 200
CNA (Converged Network Adapter) 160
CNO (Clusternamenobjekt) 353, 382
Collector Technology 72
Commit-Container 318
Computer umbenennen 23
Computer, virtuelle 335
    Dateien 204
    Einstellungen 203, 206
    erstellen in Hyper-V-Manager 204
    erstellen in PowerShell 206
    exportieren 235, 422
    Generation 220
    Generation 2, Beschränkungen 223
    Generation 2, Vorteile 221
    Generation festlegen 205
    herunterfahren 219
    importieren 235, 422
    kopieren 422
    Nanoserver 52
    NUMA konfigurieren 214
    übertragen 234
    Überwachung 409
    umwandeln 234
    Verwaltung delegieren 194
ComputerName, Zeichenfolgenarray 200

Container 298
    anfügen 317, 318
    anhalten 316, 318
    auflisten 316, 318
    Azure Container Service (ACS) 332
    Computername 316
    Datenvolumes verwalten 324
    Docker 302
    entfernen 317, 319
    Hyper-V 313
    Images 297
    Portzuordnungen 322
    Ressourcensteuerung 325
    starten 316, 318
    verwalten 315, 319
    virtualisieren 300
Containerhosts 297
    installieren 298
    Nanoserver 301
    Server Core 301
Converged Network Adapter (CNA) 160
Convert-VHD 397
Copy-Item 202
Copy-VMFile 220
CPU
    Docker 327
    Zyklen begrenzen 327
Credential Security Support Provider (CredSSP) 196
CredSSP (Credential Security Support Provider) 348
CSV (Cluster Shared Volume) 379
    Failoverclustering 380
    konfigurieren 377
    optimieren 381
    Sicherungen 367
CSVFS 379

D

daemon.json 304
    Adressen, alternative 322
Data Execution Prevention (DEP) 299
Datacenter Bridging (DCB) 160
Datei- und Speicherdienste
    Datendeduplizierung 174
    iSCSI-Zielserver (Rollendienst) 151
Dateien
    .avhd 258
    .avhdx 258
    .cab 83
    .inf 82
    .msu 83
    .vhd 49
    .vhds 397
    .vhdx 49

    .vmc 204
    .vsv 204
    Berechtigungen 124
    Blob erstellen 51
    Clientzugriffe 120
    daemon.json 304
    freigegebene VHDX- 248
    HOSTS 276
    ISO 7
    Konfiguration virtueller Computer 204
    kopieren 202
    MOF (Management Object Format) 29
    Prüfpunkte 258
    Status, gespeicherter 204
    Treiber- 82
    VHD-Satz 397
    Witness.log 359
Dateifreigabenzeugen 359
Dateiserver 108, 169
    Scale-Out File Server (SoFS) 383
    SMB 407
Dateisysteme
    auswählen 104
    Chkdsk.exe 106
    CSVFS 379
    NTFS 104
    Pseudo- 379
    ReFS 104
Datenausführungsverhinderung 299
Datenbanken, WSUS 443
Datenbereinigung 178
Datendeduplizierung *siehe* Deduplizierung
Datensammlersätze 491
Datenträger
    differenzierende 250
    konfigurieren 91
    MBR (Master Boot Record) 94
    Nummer ermitteln 255
    Partitionstabelle 94
    Pass-Through- 254
    Schlupfspeicher 92
    Speicherebenen 148
    Zuordnungseinheiten 92
Datenträger, virtuelle
    dünn bereitgestellt 141
    erstellen 141
    vs. VHD 141
Datenträgertypen zuordnen 149
Datenträgerverwaltung 252
    Diskmgmt.msc 100
    VHD(X)-Dateien erstellen 99
Datenträgerzeugen 359

Datenvolumes
    hinzufügen 325
    verwalten 324
    wiederverwenden 324
DCB (Datacenter Bridging) 160
DcbQos 160
DCBX-Willing 161
DCOM (Distributed Component Object Model) 27
Ddpeval.exe 179
Deduplizierung 174
    Analysepunkte 177
    Arbeitsauslastungen 179
    Blockspeicher 177
    Datenbereinigung 178
    Deoptimierung 178
    Garbage Collection 178
    Nutzungsszenarien 177
    Optimierung 178
    Sicherungen 181
    Tools 179
    überwachen 180
Defender
    Gruppenrichtlinien 463
    Modul 461
Delegierung, eingeschränkte 348
Deoptimierung 178
DEP (Data Execution Prevention) 299
Deployment Image Servicing and Management (DISM.exe) 78
Desired State Configuration (DSC) 28
Device Specific Module 163
DHCP
    Nanoserver 57
    virtuelles Netzwerk 271
Dienstanbieter für Netzwerkvirtualisierung 280
Dienste
    Hyper-V-Volumeschattenkopie-Anforderer 482
    Rollen 13
    Volumeschattenkopie 260
    Windefend 459
    Windows-Remoteverwaltung 24
Dienstqualität 264
Dienststeuerungs-Manager, Überwachung 410
Directory Services Repair Mode (DSRM) 481
Direkte Speicherplätze 223, 398
    hyperkonvergiert 404
    Softwarespeicherbus 400
    Szenarios 402
    Windows PowerShell 401
Disable-PnpDevice 240
Disable-VMResourceMetering 218
Disconnect-PSSession 24
Disconnect-VMNetworkAdapter 239
Discrete Device Assignment (DDA) 239

Diskmgmt.msc 100
DISM (Deployment Image Servicing and Management) 78
    /image 82
    Befehlszeile vs. Cmdlet 87
DISM.exe
    Hyper-V installieren 192, 306, 370, 404, 421, 425, 450
Dismount-DiskImage 104
Dismount-VHD 104, 253
Dismount-VmHostAssignableDevice 240
Distributionen
    FreeBSD 68
    Linux 68, 227
    Ubuntu 227
Djoin.exe 51
DNS
    Docker 307
    Suffixe hinzufügen 355
DNS-Serveradresse, Nanoserver 61
Docker 302
    Arbeitsspeicher begrenzen 326
    Attach 317
    Befehle 308
    Build 310
    Commit 317, 325
    CPU-Parameter 327
    daemon.json 304
    Daemon-Startoptionen 306
    DNS-Serveradresseen 307
    Gruppen 307
    herunterladen 303
    Image suchen 310
    Images 311
    Images entfernen 311
    Installation auf Nanoserver 303
    Login 330
    OneGet 303
    PATH 305
    ps 316
    Pull 308
    Push 329, 331
    Ressourcensteuerung 325
    rm 317
    Rmi 311
    Run 311
    Search 310, 330
    Start 316
    Startoptionen 304
    Tag 310
    Top 314
    Windows PowerShell 307
Docker Daemon *siehe auch* Dockerd

Dockerd
    Container umleiten 306
    Images umleiten 306
    NAT-Umgebung 307
Dockerfile 327
DockerHub 329
DockerMsftProvider 303
DockerPS-Dev 307
Domänen
    Fehler- 414
    Offline-Beitritt 50
DrainOnShutdown 424
Drei-Wege-Spiegelung 144
DSC (Desired State Configuration) 28, 54
    Konfigurationsskript 28
    Pull-Architektur 29
    Push-Architektur 30
DSM (Device Specific Module) 163
    hinzufügen 164
    Richtlinien 165
DSRN (Directory Services Repair Mode) 481
DVD-Laufwerke 246

E

Edit-NanoServerImage 55, 86
Effektiver Zugriff 129
Eingeschränkte Delegierung 348
Einstellungen
    Computer, virtuelle 203, 206
    Windows Defender 459
Enable-ClusterStorageSpacesDirect 401
Enable-DedupVolume 177
Enable-NetAdapterRdma 288
enable-netadaptervmq 286
Enable-NetFirewallRule 339
Enable-NetQosFlowControl 162
Enable-PSRemoting 198
enable-vmresourcemetering 217
Engpässe 494
Enter-PSSession 24, 64, 201
EPT (Extended Page Tables) 300
Ereignisanzeige 27
Ereignisprotokoll 27
Exit-PSSession 24
Exportieren
    Computer, virtuelle 235
Export-VM 236, 422
Extended Page Tables (EPT) 300

F

Failover 411
    Affinität 415
Failovercluster 248, 351
    Cloudzeugen 391
    Prüfbericht 352
    standortabhängiger 414
Failoverclustering 54, 351
    Betriebssystemmodus, gemischter 376
    clusterfähiges Aktualisieren 372
    CSV 380
    Quorum 358
    Speicher, freigegebener 369
Failoverclustering-Tools 374
Failovercluster-Manager 351
    Clusterquorumeinstellungen 360
    Clusterspeicherplätze 390
FCoE (Fibre Channel over Ethernet) 159
Features 13
    Container 298
    Failoverclustering 351
    Hyper-V-Replikat 336
    Hyper-V-Verwaltungstools 189
    iSNS 158
    Nanoserver 54
    offline installieren 253
    Windows Server-Migrationstools 36
Fehlerdomänen 414
Fehlerpunkt, einzelner 363
Fehlersuche, SMB 123
Fehlertoleranz, Stretch-Cluster 413
Festplatten, virtuelle
    ändern 252
    bereitstellen 103
    erstellen 244
    erweitern 256
    Formate 242
    Größe ändern 256
    hinzufügen zu virtuellem Computer 246
    komprimieren 256
    konvertieren 256
    trennen 104
    verkleinern 256
    zusammenführen 256
Fibre Channel 261
Filterungsmodus, Affinität 432
Firewall 196
Firewallregeln 61
Flusskontrolle 162
Force 240
FreeBSD
    Bereitstellungen 68
    Computer, virtuelle 226
    Distributionen 68
    Installation 228
    Integration Services (BIS) 230
FreeBSD Integration Services (BIS) 68
FreeBSD Integration Services (FIS) 229
Freigabeberechtigungen
    ändern 121

Jeder 116
konfigurieren 116
Prinzipale 117
Freigaben
entfernen 121
fortlaufend verfügbare 407
Kontingente 116
Profile 109
SMB 109
SoFS 385
Verschlüsselung aktivieren 123
FSRM (File Server Resource Manager)
Ressourcen-Manager für Dateiserver 115

G

Garbage Collection 178
Gastbetriebssystem 186
installieren 243
Gastcluster
Anwendungsmigration 388
Knotenüberwachung 388
Gastclustering 387
Gäste 185
Gedankenexperiment
Hyper-V 293
Netzwerklastenausgleich 438
WSUS 506
Gehäuseresilienz 142
Generation
2, Vorteile der 221
konvertieren 223
Parameter 221
Generic Volume Licensing Key (GVLK) 43
Geräteinstanzpfad 239
Geräte-Manager 240
Get-ClusterNetwork 365, 366, 383
Get-Command 23
Get-ComputerInfo, Container 312
Get-Container 318
Get-DedupStatus 180
Get-Disk 255
Get-help 23
Get-MpComputerStatus 461
Get-NetAdapter 21
GetNetAdapterRdma 288
Get-NetAdapterVmqQueue 287
Get-PnpDevice 239
Get-PnpDeviceProperty 240
Get-SmbClientConfiguration 123
Get-SmbOpenFile 120
Get-SmbSession 119
Get-SmbShareAccess 121
Get-SRGroup 173
Get-VMCheckpoint 260

Get-VMHostSupportedVersion 235
Get-WindowsFeature 17
Get-WinEvent 173
GLVK (Generic Volume Licensing Key) 43
GPT (GUID-Partitionstabelle) 94
GPT-Datenträger booten 98
Grant-SmbShareAccess 121
Grant-SRAccess 172
Gruppen
Administratoren 307
erstellen 453
Hyper-V-Administratoren 194
Prinzipal 117
Gruppenrichtlinien, Defender 463
Gruppenrichtlinieneinstellungen
Clientseitige Zielzuordnung 453
Gruppenrichtlinienobjekte sichern 481
Gruppenrichtlinienverwaltung 481
GUID-Partitionstabelle (GPT) 94

H

Hardware
Anforderungen, minimale 3
Hardwareadresse 277
Hardwarebeschleunigung 275
Heartbeat-Einstellung 415
Heartbeats 425
Hilfe, PowerShell 200
Hinzufügen, Leistungsindikatoren 488
Histogrammleiste 487
HNS (Host Network Service) 321
HOSTS 276
Hosts 185, 425
Heartbeats 425
Knoten 425
vertrauenswürdige 197
Hot-Spare 146
Hyperkonvergiert 404
Hyperthreading 4
Hyper-V 185
Container 313
Gruppe Administratoren 194
Hardwarebeschränkungen 187
Hosts remote verwalten 195
installieren 190
installieren ohne Validierung 192, 306, 370, 404, 421, 425, 450
Integrationsdienste 218
Livemigration 342
Prüfpunkte 258
Replikatserver konfigurieren 337
Ressourcenmessung 216
Rolle 186
Sicherung 482

SLAT 189
Smart Paging 215
Speicher 240
Speichermigration 420
Systeminfo.exe 189
verschachteln 192
Verwaltungstools 192, 338
VMConnect (Virtual Machine Connection) 224
Windows-Firewall 339
Hypervisor 186
Partitionen 187
Hyper-V-Manager 192
Manager für virtuelle Switches 271
Remoteverwaltung 195
virtuellen Computer erstellen 204
Hyper-V-Replikat 336
Hyper-V-Replikatbroker 337
Hyper-V-Server 188
Hyper-V-Volumeschattenkopie-Anforderer 482

I

IDE-Controller 246
IGMP-Multicast 430
IIS, Sicherung 483
Images
Bare-Metal- 7
bereitstellen 79
Bereitstellung aufheben 84
bestätigen 84
Container 297
Docker 311
Dockerfile 327
entfernen 311
erstellen 65, 317
hochladen 329, 331
markieren 310
Nanoserver 48, 86
pflegen 65
Rollen und Features installieren 85
Tags 310
Treiber hinzufügen 81
Updates hinzufügen 83
verwalten 65
Importieren
Computer, virtuelle 235
Import-VM 238, 422
Inbound Firewall Rules 61
IncludeAllSubFeature 18
IncludeManagementTools 18
Input/Output operations per second (IOPS) 264
Installation
Basisbetriebssystem 308

FreeBSD 228
Hyper-V 190
Linux 228
MAP-Toolkit 70
Nanoserver 46, 48
Neu- 7
Preboot Execution Environment (PXE) 13
Server Core 19
Setup.exe 33
Windows Deployment Services (WDS) 12
Install-WindowsFeature 17, 36, 190, 191, 446
Hyper-V-Verwaltungstools 193
Netzwerklastenausgleich 427
InstallWindowsFeature 253
Integrationsdienste 218
Adapter, synthetische 281
Linux 229
Integrity Scrubbing 178
Internet Storage Name Service (iSNS) 157
Internetname 429
Inventory And Assessment-Assistent 76
InvokeCauRun 375
Invoke-Command 201
IP-Adressen 276
Nanoserver 57
ipconfig 319
iSCSI (Internet SCSI) 370
Initiator 150
Initiator verwenden 155
Ziel 151
Ziel erstellen 151
iSCSI-Zielserver 151
iSNS (Internet Storage Name Service) 157
installieren 158
konfigurieren 157
ISO-Dateien 7

J

JBOD (Just a Bunch of Disks) 370
Jeder 116

K

Kanalbündelung 168
Kennwörter, Tastaturlayout 57
Kerberos
eingeschränkte Delegierung 348
Key Management Service (KMS) 40
Key Management Service (KMS) *siehe auch* Schlüsselverwaltungsdienst
KMS (Key Management Service) 40
Beschränkungen 40
Clients konfigurieren 43
Hostschlüssel 41
Kommunikation 42

Knoten 351
    bestmöglicher 381
    Hosts 425
    NUMA 211
    Status 395
Knotenüberwachung 388
Knotenwartungsmodus 372
Kompatibilitätsbericht 32
Konsolen
    Active Directory-Benutzer und -Computer 348
    Clusterfähiges Aktualisieren 374
    Ereignisanzeige 27
    Gruppenrichtlinienverwaltung 481
    Leistungsüberwachung 484
    Microsoft Assessment and Planning Toolkit 72
    Nanoserver, Wiederherstellung 57
    Ressourcenmonitor 501
    Update Services 446
    Windows Server-Sicherung 466
    Windows-Firewall mit erweiterter Sicherheit 339
Konten
    lokale 355
    wiederverwenden 51
Kontingente, Freigaben 116
Konvergenz 425

L

LAN, virtuelles 268, 274
Lastenausgleich 416
    Multipfad-E/A 165
Lastgewicht 434
LCM (Lokaler Konfigurations-Manager) 28
Legacynetzwerkadapter 281
Leistungsengpässe 494
Leistungsindikatoren
    Arbeitsauslastung 494
    Arbeitsspeicherverluste 496
    Beschreibung 490
    hinzufügen 488
    markieren 486
    Netzwerkschnittstelle 489
    Speicher 496
Leistungsüberwachung 484
    Bericht 487
    Datensammlersätze 491
    Histogrammleiste 487
    Leistungsindikatoren 484
    Ressourcenmonitor 501
    Speichersubsystem 497
    Vergleichsbasis 491
    Warnungen 500

Linux 227
    Bereitstellungen 68
    Computer, virtuelle 226
    Computer, virtuelle konfigurieren 227
    Distributionen 68
    Installation 228
    sicherer Start 232
Linux Integration Services (LIS) 68, 229
LIS (Linux Integration Services) 68
Livemigration 342, 418
    Authentifizierung 348
    Netzwerk, geschütztes 422
    ohne Cluster 344
    Shared Nothing- 194, 347
Lizenzierung, Aktivierung 39
LocalAccountTokenFilterPolicy 355
Logische Prozessoren (LPs) 4
Lokaler Konfigurations-Manager (LCM) 28
LP (logischer Prozessor) 4
LUN (Logical Unit Number) 151

M

MAC (Media Access Control) 277
    Adressbereich 278
    Spoofing 300
Manager für virtuelle Switches 271, 278
    MAC-Adressbereich 278
MAP, Erkennungsmethoden 73
MAP-Toolkit 69
    Installation 70
Markieren
    Images 310
    Leistungsindikatoren 486
MBR (Master Boot Record) 94
    Unzulänglichkeiten 95
Measure-VM 217, 265
Mehrfachaktivierungsschlüssel 39
Merge-VHD 258
Metrikwerte 383
Microsoft Assessment and Planning-Toolkit (MAP-Toolkit) 69
Microsoft Azure
    Cloudzeuge 393
    Speicherkonto 393
Microsoft UEFI-Zertifizierungsstelle 233
Microsoft Virtual Academy (MVA) xiv
Microsoft Volume Licensing Service Center 41
Microsoft Windows 233
Microsoft-Multiplexortreiber für Netzwerkadapter 284
Migration 30
    Rollen 35
    Verteilungsordner 37
    Windows Server-Migrationstools 35

Minimale Serverschnittstelle 20
MMC
    DCOM 27
    verbinden 27
MMC *siehe auch* Snap-Ins
Module
    ClusterAwareUpdating 374
    DcbQos 160
    Defender 461
    Nanoserver-Image 48
MOF (Management Object Format) 29
Mount-DiskImage 104
Mount-VHD 104, 253
Move-ClusterVirtualMachineRole 418
Move-VM 346
MPIO (Multipath I/O) 162
Multicast 430
Multichannel 124
Multi-domain Cluster 354
Multipath I/O (MPIO) 162
Multipfad-E/A 162
Multiple Activation Key (MAK) *siehe* Mehrfach-
    aktivierungsschlüssel

N

Namespace-Isolierung 296
Nano Server Recovery Console 57
Nanoserver 46
    Anforderungen 47
    Containerhosts 301
    DHCP 57
    DNS-Serveradresse 61
    Domäne beitreten 50
    Features implementieren 54
    ferngesteuert verwalten 63
    Firewallregeln 61
    Image erstellen 48
    Images 86
    Installation 48
    IP-Adressen 57
    konfigurieren 56
    Nutzungsszenarien 47
    Rollen implementieren 54
    Vertrauenswürdige Hosts 64
    verwalten 56
    Wiederherstellungskonsole 57
NAT (Network Address Translation) 320
    Dockerd 307
    Einstellungen ändern 322
    unterdrücken 307
nat (virtueller Switch) 321
Netdom.exe 23

Netzwerkadapter
    Bandbreite 279
    Hardwareadresse 277
    Hardwarebeschleunigung 275
    Legacy- 280
    MAC-Adresse 277
    Microsoft-Multiplexortreiber für 284
    NIC-Team 284
    synthetische 280
    virtuelle ~ hinzufügen 266
Netzwerkadressen, private 322
Netzwerkadressübersetzung 320
Netzwerke
    Bandbreitenverwaltung 289
    Converged 160
    geschützte 423
    Hardware auswählen 364
    Integrität 422
    ipconfig 319
    Isolation konfigurieren 279
    isolierte 279
    Konfiguration für Cluster 364
    konfigurieren 266
    Leistungsindikatoren 499
    Metrikwerte 383
    private 276
    Standardeinstellungen ändern 365
    transparente 323
    zusammengeführte 160
Netzwerkeinstellungen, New-NanoServerImage 58
Netzwerkkarte *siehe* Netzwerkadapter
Netzwerkkarten, Preboot Execution Environment
    (PXE) 13
Netzwerklastenausgleich 424
    Heartbeats 425
    Konvergenz 425
    Manager 427
    Softwarevoraussetzungen 427
Netzwerkschnittstelle 489
Neuinstallation 7
New-Cluster 357
New-NanoServerImage 48, 301
    Netzwerkeinstellungen 58
    Parameter 54
New-NetIpAddress 21
New-NetQosPolicy 161
New-NetQosTrafficClass 161
New-PSSession 24, 63, 198
New-SmbShare 118
New-SRPartnership 172
New-VHD 101, 246
    BlockSizeBytes 227
    differenzierende Festplatte 252

New-VM, Parameter 221
New-VMSwitch 274
    EnableEmbeddedTeaming 288
New-Volume 401
NFS, Freigaben konfigurieren 107
NIC-Teamvorgang 32, 282
    SET 287
NLB (Network Load Balancing) 424
    Hosts 425
NLB (Network Load Balancing) *siehe auch* Netzwerklastenausgleich
Node Fairness 416
Non-Uniform Memory Access (NUMA) 211
N-Port-ID-Virtualisierung (NPIV) 262
Ntdsutil.exe 481
NTFS 104
    Autorisierung 126
    Berechtigungen zuweisen 131
NUMA
    Aufteilung 212
    Ausrichtung 212
    Knoten 211
    Topologie 213
    Verhältnis 212

O

Offlinezwischenspeicherung 119
OneGet 303
OOM (Out Of Memory) 327
Optimierung, Speicher 178
Optimize-VHD 257
Ordner, Berechtigungen 124
Ordnerverwendung 115
OSI (Open Systems Interconnection) 269
OUI (Organizationally Unique Identifier) 277

P

P2V-Konvertierung 67
Pakete
    Manager 303
    OneGet 303
Parameter, Force 240
Parität 146
Partitionen 187
    Installation 11
Partitionsstile 95
    auswählen 97
Partitionstabelle 94
Pass-Through, Fibre Channel 262
Pass-Through-Datenträger 254
PATH, Docker 305
PFC (Priority-based Flow Control) 162
Ping 314

Pool, ursprünglicher 371
Portregeln 428, 434
    globale 434
    hinzufügen/bearbeiten 430
Ports
    SMB-Verkehr 162
    Switches, virtuelle 269
    WSUS 458, 463
    Zuordnungen 322
PowerShell Direct 201
PowerShell, Editionen 64
PowerShell-Remoting 197
Preboot Execution Environment (PXE) 13, 222
Prinzipale 117
Priority-based Flow Control (PFC) 162
Produktionsprüfpunkte 260
Profile, Freigaben 109
Protokolle
    Authentifizierung 348
    CredSSP 348
    FCoE 159
    Kerberos 348
    SMB (Server Message Block) 344
    TCP/IP 344
Proxyserver 448
Prozessoren
    Hyperthreading 4
    Leistungsindikatoren 495
    logische (LP) 4
    VT-c 189
Prozessorzeit (%) 484
Prüfpunkte 258
    anwenden 259
    erstellen 258
    Hyper-V-Replikat 336
    Produktions- implementieren 260
    Standard- 260
    Volumeschattenkopie 260
Pull 308
Pull-Architektur 29
Push-Architektur 30
PXE, Betriebssysteme installieren 281

Q

QoS-Richtlinien 161
Quality of Service 264
Quorum 358
    Konfiguration ändern 359
    Verwaltung, dynamische 359
    Zeugen 358
Quorumzeugen, Failovercluster 391

R

RAM 208
  maximaler 209
  minimaler 208
RDMA (Remote Direct Memory Access) 288, 400
  aktivieren 288
ReFS 104
  Chkdsk.exe 106
Regeln, effektiver Zugriff 129
Registrierung, LocalAccountTokenFilterPolicy 355
Remote Direct Memory Access (RDMA) 288
Remoteaktualisierungsmodus 373
Remotedesktop
  Sitzungsmodus, erweiterter 224
Remotespeicher 211
Remoteverwaltung 62, 197
Remotezugriff auf den direkten Speicher 288
Remoting
  explizites 197
  implizites 197
  PowerShell- 197
Remove-Container 319
Remove-ContainerImage 311
Remove-Smb-Share 121
Reparaturmodus für Verzeichnisdienste 481
Replikation
  synchrone 166
  Umgebung planen 336
Replikatserver 337
Reset-VMResourceMetering 218
Resilienz 144, 395
  Speicherplätze 389
  Zwei-Wege-Spiegelung 401
Resize-VHD 257
Ressourcenbesitz 136
Ressourcenkontrolle 296
Ressourcen-Manager für Dateiserver
  Klassifizierungsregeln 115
  Rollendienst 110
Ressourcenmessung 216
Ressourcenmonitor 501
Ressourcensteuerung 325
Restore-VMCheckpoint 260
ReuseDomainNode 51
Revoke-SmbShareAccess 121
Richtlinien, DSM 165
Rmi 311
Rollen 13
  Active Directory-Domänendienste 479
  Assistent für hohe Verfügbarkeit 384
  ausgleichen 424
  CAU 373
  Dateiserver mit horizontaler Skalierung 385
  Failoverclustering 54

Hyper-V 186
  konfigurieren 384
  Migration 35
  Nanoserver 54
  offline installieren 253
  Status 395
  Virtueller Computer 407
  Volumenaktivierungsdienste 41
  WDS 12
  Windows Server Update Services (WSUS) 440
Rollendienste
  Dateiserver 108, 169
  Datendeduplizierung 174
  iSCSI-Zielserver 151
  Ressourcen-Manager für Dateiserver 110
  Server für NFS 109
  Speicherdienste 108
Router, Standardgateway 22
RSAT-Clustering 374

S

S2D (Storage Spaces Direct) 398
SAN (Storage Area Network) 150
  virtuelles 263
SAS (Serial Attached SCSI) 162, 370
Schlupfspeicher 92
Schlüssel
  AVMA 45
  KMS-Host 41
Schlüsselverwaltungsdienst 40
Schnellmigration 419
Sconfig 188
SCSI 162
Secure Boot 231
  Microsoft UEFI-Zertifizierungsstelle 227
Selbstaktualisierungsmodus 373
Server
  aktualisieren 30
  konvertieren 68
Server Core 19
  Containerhost 301
  Hyper-V Server 188
  Installation 19
  konfigurieren 21
  Sconfig 188
  verwalten 23
  Vorteile 20
Server für NFS 109
Server-Manager
  remote verwenden 24
  Rollen installieren 13
SET (Switch Embedded Teaming) 287
  NIC-Teamvorgang 287

Index 519

Set-ClusterFaultDomain 414
Set-ClusterQuorum 359
Set-DnsClientGlobalSettings 357
Set-DnsClientServerAddress 22
Set-FileStorageTier 149
Set-MpPreference 462
Set-NetAdapterVmq 287
Set-NetFirewallRule 27
Set-NetQoSbcdxSetting 161
Set-SmbPathAcl 386
Set-SmbServer Configuration 122
Setup.exe 33
Set-VM 261
Set-VMFirmware 232, 234
Set-VMHardDiskDrive 265
Set-VMMemory 208
Set-VMNetworkAdapter 290
Set-VmReplicationServer 338
Shared Nothing-Livemigration 194, 347
Shutdown.exe 23
Sicherer Start 231
    Linux 232
    Vorlagen 233
    Windows 231
Sicherheitsprinzipale 125
Sicherung 367
    Active Directory 479
    Einmal- 467
    geplante 471
    Gruppenrichtlinienobjekte 481
    Hyper-V 482
    IIS 483
    implementieren 181
    inkrementelle 474
    Leistungseinstellungen 474
    nicht autoritative 367
    SQL Server 483
    Volumeschattenkopie 220
    Wbadmin.exe 367
    Wiederherstellung 475
Sicherungen *siehe auch* Windows Server-Sicherung
Single Point of Failure (SPOF) 363
Single-domain Cluster 354
SIS (Single Instance Store) 177
Sitzungen 24
    beenden 120
    persistente 201
    verbinden 318
    verwalten 119
Sitzungsmodus, erweiterter
    implementieren 224
Skripte, Dockerfile 327
SLAT 189
Smart Paging 215

SMB (Server Message Block) 344, 400
    Dateiserver 407
    Direct 400
    Freigaben konfigurieren 107
    Multichannel 124, 400
SMB Direct 288
SmbShare 118
SmigDeploy.exe 37
Snap-Ins
    Datenträgerverwaltung 100, 252
    remote verwenden 27
    verbinden 27
SoFS (Scale-Out File Server) 383
Softwarespeicherbus 400
Speicher
    Arbeitsspeicherverluste 496
    dynamisch zuordnen 210
    freigegebener 369
    Hyper-V 240
    implementieren 138
    Infrastruktur vorbereiten 169
    Leistungsindikatoren 496
    Leistungsüberwachung 497
    lokaler 211
    mehrstufiger 148, 399
    Remote- 211
Speicher *siehe auch* Arbeitsspeicher
Speicherbereinigung 178
Speicherdienste 108
Speicherebenen 148
Speicherkonto 393
Speichermigration 349, 420
Speicherortpfade 240
Speicherplätze 138
    direkte 399
    Fehlertoleranz 144
Speicherpools
    erweitern 147
    konfigurieren 138
    Layoutoptionen 141
    physische Laufwerke hinzufügen 140
    Pool, ursprünglicher 371
Speicherreplikat 166
    implementieren 169, 391
    Partnerschaft erstellen 172
    Topologie 170
Spiegelung
    Drei-Wege- 144
    Zwei-Wege- 144
Split-Brain 391
Split-Brain-Situation 358
SPOF (Single Point of Failure) 363
Spoofing 300
Spyware 459

SR-IOV (Single Root I/O Virtualization) 274, 276
Standardprüfpunkte 260
Standardspeicher 204
Start-Container 318
Start-DscConfiguration 30
Stop-VM 219
Storage Spaces Direct (S2D) *siehe* Direkte Speicherplätze
Stretch-Cluster 413
Suspend-ClusterNode 424
Switch Embedded Teaming (SET) 287
Switches
    externe 271
    nat 321
    virtuelle 266
Symmetrisches Multiprocessing (SMP) 212
Synchronisierung 448
    Erst- 451
    Updates 451
System Center Virtual Machine Manager (VMM) 54, 194
Systeminfo.exe 189
Systemstatus, Wiederherstellung 480

T

Tagging *siehe* Markieren
Tags, Images 310
Takt 220
Tastaturlayout 57
TCP/IP 344
Test-CauSetup 374
Test-SRTopology 170
Tool für die Volumenaktualisierungsverwaltung 39
Tools
    Adprep.exe 43
    Appcmd.exe 483
    Auswertung der Einsparungen bei der Datendeduplizierung 179
    Ddpeval.exe 179
    Djoin.exe 51
    Failoverclustering- 374
    Netdom.exe 23
    Ntdsutil.exe 481
    Shutdown.exe 23
    Wbadmin.exe 480
    Winrm.exe 64
    Wsusutil.exe 446
Topologie, Speicherreplikat 170

U

Überwachung, Dienststeuerungs-Manager 410
Überwachungstools 501
Ubuntu 227
UEFI (Extensible Firmware Interface) 222

UEFI (Unified Extensible Firmware Interface) 96
Unblock-SmbShareAccess 122
Unicast 430
Uninstall-WindowsFeature 459
Update Services, Konsole starten 446
Updateausführung 372
Updatecoordinator 373
Updates
    Gruppen 451
    Synchronisierung 451
    Upgrades 450
Update-VMVersion 235
Upgradepfade 31
Upgrades
    parallele 376
    Updates 450

V

Verbindungen, Snap-Ins 27
Vererbung, Berechtigungen 128
Vergleichsbasis
    Datensammlersätze 491
    Datenträger, differenzierende 250
Verkehrsklassen 161
Verschlüsselung
    aktivieren 123
    Verbindungen abweisen 123
Verteilungsordner 37
Vertrauenswürdige Hosts 64
Verwaltungstools, Installation 192
Verweigern 128
VHD (Virtual Hard Disk) 48
    bereitstellen 103, 252
    erstellen 101
    herunterladen 243
VHD-Satz 248, 397
VHDX
    bereitstellen 103
    freigegebene Dateien 248
    freigegebenes 396
Viren 459
Virtual Hard Disk (VHD) 48
Virtual Machines 216
Virtualisierung
    geschachtelte 202, 300, 387
    Hypervisor 186
    Partitionen 187
    Reihenfolge 67
    Server 67
    Typ I 187
    Typ II 186
    Windows Server 65
Virtualization Service Provider (VSP) 280

VLAN 268, 274
    Identifizierung 268
    Netzwerk, isoliertes 280
VLSC (Microsoft Volume Licensing Service Center) 41
VMBus 220, 280
VMConnect (Virtual Machine Connection) 224
VMM (Virtual Machine Monitor) 186
VMQ (Virtual Machine Queue) 275, 285
VM-Überwachung 409
Volumenaktivierungsdienste 41, 44
Volumenaktivierungstools 41
Volumes konfigurieren 91
Volumeschattenkopie 220, 260
Vorlagen
    Microsoft UEFI-Zertifizierungsstelle 233
    Microsoft Windows 233
VSP (Virtualization Service Provider) 280
VT-c 189

W

Warnungen, Leistungsüberwachung 500
Warteschlange für virtuelle Computer 285
Wbadmin.exe 367, 480
WDS (Windows Deployment Services) 281
    Bereitstellung 12
Wiederherstellung 367, 475
    autoritativ/nicht autoritativ 480
    autoritative 367
    Gruppenrichtlinienobjekte 481
    Systemstatus 480
    Wbadmin.exe 480
Wiederherstellungskonsole, Nanoserver 57
WiFi 239
Windefend 459
Windows Defender 459
    deinstallieren 459
    konfigurieren 459
Windows Deployment Services (WDS) 12
Windows PowerShell
    ClusterAwareUpdating 374
    Cmdlets, verfügbare 23
    DcbQos 160
    Deduplizierung konfigurieren 177
    DNS-Adressen konfigurieren 22
    Docker 307
    Firewallregeln aktivieren 27
    Freigaben 118
    Hyper-V 192
    Netzwerkadresse konfigurieren 21
    Remoteverwaltung 24, 197
    Rollen und Features auflisten 17
    Rollen und Features installieren 17
    Schnittstellenindex ermitteln 21

Sitzung beenden 24
Sitzung erstellen 24
Sitzung verlassen 24
SmbShare 118
Verbindung einrichten 24
Versionen 64
Windows Server-Migrationstools 36
Windows Server Update Services (WSUS) 440
Windows Server-Migrationstools 35
    Cmdlets 36
    installieren 36
Windows Server-Sicherung 367, 466
    Leistungseinstellungen 474
    Wiederherstellung 475
Windows Server-Sicherung *siehe auch* Sicherungen
Windows, sicherer Start 231
Windows-Container
    angemessene Szenarien 296
    bereitstellen 295
Windows-Firewall
    Hyper-V 339
    MMC 27
    Remoteverwaltung 27
    Überwachung für virtuelle Computer 409
Windows-Remoteverwaltung 24
WinRM (Windows Remote Management) 24, 46
    Nanoserver 62
Winrm.exe 64
Witness.log 359
WMI (Windows Management Interface) 46
WSUS (Windows Server Update Services) 440
    Architekturen 440
    bereitstellen 445
    Datenbank 443
    Gruppen 451
    Ports 458, 463
    Synchronisierung 448
Wsusutil.exe 446
WWNNs (World Wide Node Names) 263
WWPNs (World Wide Port Names) 263

Z

Zeitlimit 433
Zeitsynchronisierung 219
Zeugendatenträger 358, 362
Zugriff, effektiver 129
Zugriffsbasierte Aufzählung 111
    aktivieren 119
Zugriffssteuerungseinträge 125
Zugriffssteuerungsliste 125
Zulassen 128
Zuordnungseinheiten 92
Zwei-Wege-Spiegelung 144

Rezensieren
Sie dieses Buch

Senden
Sie uns Ihre Rezension
unter **www.dpunkt.de/rez**

Erhalten
Sie Ihr Wunschbuch aus
unserem Verlagsangebot

Um die MCSA-Zertifizierung für Windows 10 zu erhalten, müssen Sie die Prüfungen 70-697 »Configuring Windows Devices« und 70-698 »Installing and Configuring Windows 10« absolvieren. Bei der Vorbereitung helfen Ihnen unsere beiden *Original Microsoft Prüfungstrainings* mit der richtigen Herangehensweise an die Prüfungsfragen sowie praktischen Gedankenexperimenten und Lernzielkontrollen.

Andrew Bettany, Jason Kellington
**Konfigurieren von
Windows 10-Geräten**
Original Microsoft
Prüfungstraining 70-697

2016
434 Seiten, € 49,90 (D)
ISBN: 978-3-86490-375-5

Andrew Bettany, Andrew James Warren
**Installieren und Konfigurieren
von Windows 10**
Original Microsoft
Prüfungstraining 70-698

2. Quartal 2018
ca. 500 Seiten, ca. € 49,90 (D)
ISBN: 978-3-86490-456-1

Wieblinger Weg 17
69123 Heidelberg

fon: 0 62 21/14 83-0
fax: 0 62 21/14 83-99

msp@dpunkt.de
www.dpunkt.de

Unsere *Original Microsoft Prüfungstrainings* helfen Ihnen dabei, sich effizient auf die Microsoft-Zertifizierungsprüfungen 70-740, »Installation, Storage, and Compute with Windows Server 2016«, 70-741 »Networking with Windows Server 2016« und 70-742 »Identity with Windows Server 2016« vorzubereiten, um die MCSA-Zertifizierung für Windows Server 2016 zu erhalten. Dabei konzentrieren sich die Bücher auf die richtigen Herangehensweisen an die Prüfungsfragen sowie die dafür nötige kritische Analyse der Fragen und den richtigen Ansatz zur Entscheidungsfindung.

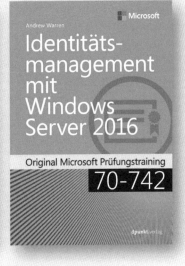

Craig Zacker
Installation, Speichertechnologien und Computing mit Windows Server 2016
Original Microsoft Prüfungstraining 70-740

2018
538 Seiten, € 49,90
ISBN: 978-3-86490-445-5

Andrew James Warren
Netzwerkinfrastruktur mit Windows Server 2016 implementieren
Original Microsoft Prüfungstraining 70-741

2017
382 Seiten, € 49,90
ISBN: 978-3-86490-442-4

Andrew James Warren
Identitätsmanagement mit Windows Server 2016
Original Microsoft Prüfungstraining 70-742

2017
424 Seiten, € 49,90
ISBN: 978-3-86490-443-1

dpunkt.verlag
www.dpunkt.de

Wieblinger Weg 17
69123 Heidelberg

fon: 0 62 21/14 83-0
fax: 0 62 21/14 83-99

msp@dpunkt.de
www.dpunkt.de